U0407311

民法研究系列

2023年重排版

# 民法物权 第二版

王泽鉴 著

**北京市版权局著作权合同登记号　图字:01-2009-3919**

**图书在版编目(CIP)数据**

民法物权/王泽鉴著.—2版.—北京:北京大学出版社,2010.11

(民法研究系列)

ISBN 978-7-301-17915-4

Ⅰ.①民…　Ⅱ.①王…　Ⅲ.①物权法-研究　Ⅳ.①D913.04

中国版本图书馆CIP数据核字(2010)第197190号

简体中文版由元照出版有限公司(Taiwan)授权出版发行

民法物权，王泽鉴著

2009年7月版

**书　　名**　民法物权(第二版)

MINFA WUQUAN(DI-ER BAN)

**著作责任者**　王泽鉴　著

**责任编辑**　陈晓洁

**标准书号**　ISBN 978-7-301-17915-4

**出版发行**　北京大学出版社

**地　　址**　北京市海淀区成府路205号　100871

**网　　址**　http://www.pup.cn　http://www.yandayuanzhao.com

**电子邮箱**　编辑部 yandayuanzhao@pup.cn　总编室 zpup@pup.cn

**新浪微博**　@北京大学出版社　@北大出版社燕大元照法律图书

**电　　话**　邮购部010-62752015　发行部010-62750672　编辑部010-62117788

**印 刷 者**　三河市北燕印装有限公司

**经 销 者**　新华书店

650毫米×980毫米　16开本　50印张　825千字

2009年12月第1版

2010年11月第2版　2024年2月第24次印刷

**定　　价**　118.00元

---

# 总　　序

拙著民法研究系列丛书包括《民法学说与判例研究》(八册)、《民法思维:请求权基础理论体系》《民法概要》《民法总则》《债法原理》《不当得利》《侵权行为》及《民法物权》,自2004年起在大陆发行简体字版,兹再配合法律发展增补资料,刊行新版,谨对读者的鼓励和支持,表示诚挚的谢意。

《民法学说与判例研究》的写作时间长达二十年,旨在论述1945年以来台湾地区民法实务及理论的演变,并在一定程度上参与、促进台湾地区民法的发展。《民法思维:请求权基础理论体系》乃在建构请求权基础体系,作为学习、研究民法,处理案例的思考及论证方法。其他各书系运用法释义学、案例研究及比较法阐述"民法"各编(尤其是总则、债权及物权)的基本原理、体系构造及解释适用的问题。现行台湾地区"民法"系于1929年制定于大陆,自1945年起适用于台湾地区,长达六十四年,乃传统民法的延续与发展,超过半个世纪的运作及多次的立法修正,累积了相当丰富的实务案例、学说见解及规范模式,对大陆民法的制定、解释适用,应有一定的参考价值,希望拙著的出版能有助于增进两岸法学交流,共为民法学的繁荣与进步而努力。

作者多年来致力于民法的教学研究,得到两岸许多法学界同仁的指教和勉励,元照出版公司与北京大学出版社协助、出版发行新版,认真负责,谨再致衷心的敬意。最要感谢的是,蒙　神的恩典,得在喜乐平安中从事卑微的工作,愿民法所体现的自由、平等、人格尊严的价值理念得获更大的实践与发展。

王泽鉴

二〇〇九年八月一日

# 2023年重排版说明

拙著《民法物权》初版发行于1992年,第三版刊印于2022年9月,感谢读者的爱护与鼓励,能有机会增订本版,再次检视全书内容文字,增补内容,增加不少篇幅。思虑不周,漏误难免,敬请不吝指教。

此次修正重点有五:(1)更深刻阐释物权法上人格自由尊严的价值理念及产权配置的经济效率,如何实践于立法、司法之上。(2)整合判例(裁判)学说,连接于总则与债编,建构法释义体系。(3)探究物权法解释适用的重要课题及其发展方向。(4)强化案例研习,将重要实务裁判加以案例化,采请求权基础方法加以解说,期能增进法之适用的思维方法及论证结构。(5)以统计资料说明物权的发展,以简易图解阐明复杂的法律关系,体现法律制度的体系构造之美。

在修正过程中更认识物权编实施九十余年来的发展过程、社会变迁、法律原则的形成与实践,以及法律智慧的累积。感恩所有参与者的贡献,期待未来更宽广长远的开展。

本次重排版由李昊教授负责专业审校,认真尽责,为本书增色不少,谨致谢意。

最要感谢的是 神的恩典,保守我的身心,使我在往后的岁月仍能喜乐平安,持续从事微小的工作,彰显 祂的公义与荣耀。

王泽鉴

二〇二三年春节

# 第三版序言

拙著《民法物权》初版发行于1992年,曾多次修订再版,兹再全面增订,其重点有四:

1. 综合判例学说,连接于总则及债法,建构物权法的法释义体系,安定法之适用,并作为未来开展的基础。

2. 物权系受"宪法"保障的基本权利,旨在维护个人自主与人格尊严,并促进物尽其用的经济效率。本书增列了物权法的经济分析,提供一个理解分析法律的工具。资源的配置效率及有效率的产权制度,有助于强化巩固个人形成生活空间的自由。

3. 台湾地区物权法的发展有四个具有争议的重要课题:(1)借名登记。(2)违章建筑买受人的事实上处分权。(3)"土地法"第34条之1的共有人优先承买权。(4)不动产让与担保的习惯物权化。本书特作较详细的论述。

4. 法学是实践的科学,法律人的任务在于法之适用。为提升法之适用的思维,本书特别强调案例研习的重要功能,运用请求权基础方法演练物权法的基本案例。期能经由法律教育使所有的法律人同具法之适用的思维方法及论证能力,维护法之适用的安定及可预见性,实现平等保护原则,建构法治基础。

本书的写作要感谢师长的教诲、同仁的鼓励以及读者的爱护,尤其是受益于学者的著作与法院的判决。限于学识能力,疏漏欠缺在所难免,敬请不吝指教。希望本书仍能有助于物权法的教育研究,继续共同参与民法的进步发展。

新学林出版公司许承先先生负责本书的缮打编辑,其他同仁协助绘图校对,认真负责,备极辛劳,谨致诚挚的谢意。

王泽鉴

二〇二二年八月一日

# 物权法的现代化

## ——自由的扩大、效率的提升

## （第二版序言）

“民法”物权编制定于1929年，施行迄今已有八十余年，建立了台湾地区的物权法秩序，明确了产权制度，维护了人民的自由与尊严，有着重大深远的贡献。为因应社会经济变迁，于2007年修正物权编“担保物权”部分，2009年修正“通则、所有权”部分，2010年2月3日公布新修正的“用益物权”及“占有”部分条文，并于6个月后（2010年8月3日）施行。为配合此项发展，特整理补充拙著相关内容，纳入最近判例学说，阐述物权法的指导原则、体系构造及解释适用的基本问题。

物权编修正明定物权，除法律外，亦得依习惯（法）创设，缓和了物权法定主义。所有权发展的重点在于建筑物区分所有及共有制度，以规范公寓大厦的权利义务关系，调整共有物的管理及分割机制，并明定共有物上债权约定的物权效力。用益物权中的永佃权及典权业已式微没落，设定地役权的，亦属不多，突显了台湾地区土地利用关系的变迁。物权编修正，将地上权分为普通地上权及区分地上权两个次级种类；删除永佃权，创设农育权，以强化农地的使用；将地役权修改为不动产役权，扩大物（不动产）及人（不动产所有人、需役不动产使用收益权人）的适用范围；调整典权的内容，以避免争议，此次重大修正能否再现用益物权的功能，实值关注。担保物权的修正明定最高限额抵押权，解决了数十年来因法律不完备而致法院造法的困难，由于抵押权的设定已普遍使用定型化契约，将有助于促进融通资金，活跃社会经济活动。占有制度旨在维护社会平和秩序，为物权的基础，自1803年萨维尼发表著名的《论占有》以后，一直为民法学的核心问题，因其有助于培养增进概念体系的法律思考方法，提升法释义的素养,特详为论述。

"民法"物权编已完成全面修正,在传统的基础上加以现代化,加强对所有权的保护;活化用益物权,物尽其用及永续利用的功能,并增设用益物权关系上债权约定物权化的规定;完善担保物权制度,活跃资金融通,均有助于重构物权法体系,促进社会经济发展。物权法的现代化使人民在私法自治上有了更多物权种类的选择及内容形成的自由,提升了资源利用的效率,更进一步维护、体现了人的尊严及人格的自由发展。

本书在各章节之前设有"问题及例题",包括物权制度的设计及立法上的价值判断与利益衡量,现行法上解释适用的争议,尤其是采用请求权基础的案例,其目的在于引发思考方向,可以作为预习及复习之用,希望读者特为留意,若能共同讨论,形成自己的见解,并尽可能写成简要书面文字,必有益于启发法学研究的灵感及想象力。

本书承蒙林清贤先生细心校阅,实深感荷。台湾大学法律学院图书馆、"法务部"司法官训练所图书室、学林出版社及月旦出版社的同仁协助查阅资料,并致诚挚谢意。蒙 神的恩典与保守,仍有时日对本书再作全面的修订。

王泽鉴

二〇一〇年六月二日

# 序　　言

## （第一版序言）

“民法”物权编制定于1929年，施行迄今已有80年，建立了台湾地区物权法秩序，明确产权制度，维护人民的自由与尊严，有着重大深远的贡献。为适应社会经济变迁，于2007年修正物权编“担保物权”部分，2009年修正“通则、所有权”部分。为配合此项发展，特整理补充拙著相关内容，纳入最近判例学说，阐述物权法的指导原则、体系构造及解释适用的基本问题。

所有权发展的重点在于建筑物区分所有及共有制度，以规范公寓大厦的权利义务关系，调整共有物的管理及分割机制，并明定共有物上债权约定的物权效力。用益物权中的永佃权及典权业已式微没落，设定地役权的，亦属不多，突显了台湾地区土地利用关系的变迁。物权编修正草案预定增订农用权，以强化农地的使用，能否再现用益物权的功能，实值关注。担保物权的修正明定最高限额抵押权，解决数十年来因法律不完备而致法院造法的困难，由于抵押权的设定已普遍使用定型化契约，将有助于促进融通资金，活跃社会经济活动。占有制度旨在维护社会平和秩序，为物权的基础，自1803年萨维尼发表著名的《论占有》以后，一直为民法学的核心问题，因其有益于培养增进概念体系的法律思考方法，提升法释义的素养，特详为论述。

本书承蒙林清贤先生细心校阅，实深感荷。台湾大学法律学院图书馆、“法务部”司法官训练所图书室、学林出版社及月旦出版社的同仁协助查阅资料，并致诚挚谢意。蒙　神的恩典与保守，仍有时日对本书再作全面的修订。

王泽鉴

二〇〇九年六月二日

# 目　录

# 第一章　总　论

## 第一节　物权法的意义和性质

### 第一款　物权法的意义

人类须利用物质以谋生活，物质有限，为定分止争，促进对物有效率的使用，并使个人得享有自主形成其生活的自由空间，乃有制定物权法，规范物权制度的必要。

物权，系指对物的权利，即将某物归于某特定主体，由其直接支配，享受其利益。例如所有权为典型物权，所有人于法令限制之范围内，得自由使用、收益、处分其所有物，并排除他人之干涉（第765条）。所谓物权法，系指规范物权关系的法律。在理论上或有认为可以制定一部法典，规定一切物权关系，然因牵涉甚广，技术上诚有困难，各国及地区尚无其例。现行法所采的规范方式，系于"民法"第三编（物权编）明定物权种类、物权得丧变更和各种物权的内容等基本问题，而于"民法"其他各编设一般或特别规定。关于特殊种类的物权、不动产登记等问题，则由特别法加以规定。

基上所述，可知物权法有形式和实质二种意义。形式意义的物权法（狭义的物权法），系指"民法"物权编而言。实质意义的物权法（广义的物权法），乃泛指以物权关系为规范对象的法律，除"民法"物权编外，尚包括其他关于物权的法律。本书系以"民法"物权编为主要论述对象，不动产登记等相关问题，亦一并加以说明。

本书条文未注明的皆为"民法"规定，引用的裁判未注明法院的均为"最高法院"裁判。学习法律的重要方法之一，系阅读教科书（或法院判决)时必须要查阅相关条文,来回于教科书与法条之间,精读条文(或朗诵之),虽不必强行记忆,但须了解其规范目的及内容,把握其体系关联及结构,明确构成要件与法律效果,构思适用的案例,发现问题,检验思考,明辨异同,以开发法律思维的想象力。

## 第二款　物权法的性质

### 一、私法与公法

物权法旨在规范私人间关于财产上的权利义务,是为私法。物权法为私法,但因其与社会、经济有直接密切的关系,影响匪浅,亦有甚多公法性质的规定。"民法"第 765 条规定:"所有人,于法令限制之范围内,得自由使用、收益、处分其所有物,并排除他人之干涉。"立法理由谓:"限制所有权之法令有二:一为公法之限制。一为私法之限制。民法所定以私法之限制为主,若公法之限制,不能规定于民法中也。"此种未规定于民法的公法规定,种类繁多,与日俱增,兹举一例加以说明:

甲有某笔都市建地,未依法使用时,为空地("土地法"第 87 条第 1 项)。地政机关对于管辖区内之私有空地,得划定区域,规定期限,强制依法使用("土地法"第 89 条)。私有空地,经限期强制使用,而逾期未使用者,应于依法使用前加征空地税("土地法"第 173 条)。土地所有人申报之地价未满公告地价百分之八十时,得照价收买("平均地权条例"第 16 条、第 28 条以下)。甲欲在该地建造房屋,关于其建筑许可、建筑界限、施工管理、使用管理、拆除管理等,建筑法设有详细规定(查阅条文!)。其属违章建筑的,应适用违章建筑管理办法加以处理。又为公益的需要,得依法征收甲的土地("土地法"第 208 条、"土地征收条例")。

### 二、物权法上的强行规定、任意规定

(一) 强行规定

物权具有排他性,涉及第三人和社会公益,故物权法的规定多具强行性,当事人不得以合意加以排除,如"民法"第 757 条规定:"物权除依法律或习惯外,不得创设。"违反此项规定时,其所创设者,不具物权效力。违反强行规定者,应属无效,但法律不以之为无效者,不在此限,如"民法"第 912 条规定:"典权约定期限不得逾三十年。逾三十年者缩短为

三十年。”

物权法上的强行规定多涉及物权的种类和内容。值得研究的是相邻关系上的规定是否具强行性。“民法”第 787 条第 1 项本文规定:“土地因与公路无适宜之联络,致不能为通常使用时,除因土地所有人之任意行为所生者外,土地所有人得通行周围地以至公路。”关于通行的时间、方法、当事人得为约定。有疑问的是,通行权本身得否预为抛弃?对此,“最高法院”1986 年台上字第 947 号判例采否定说,认为:“‘民法’第 787 条第 1 项所定之通行权,其主要目的,不仅专为调和个人所有之利害关系,且在充分发挥袋地之经济效用,以促进物尽其用之社会整体利益,不容袋地所有人任意预为抛弃。”系认此项规定乃属强行规定。

(二)任意规定

为顾及当事人的私法自治,物权法亦有任意规定,多明文加以表示,如“民法”第 820 条第 1 项规定:“共有物之管理,除契约另有约定外,应以共有人过半数及其应有部分合计过半数之同意行之。但其应有部分合计逾三分之二者,其人数不予计算。”第 838 条第 1 项规定:“地上权人得将其权利让与他人或设定抵押权。但契约另有约定或另有习惯者,不在此限。”关于此等物权关系上的债权契约(如共有物分管契约)对第三人的效力,系近年来物权法发展的重大问题(第 826 条之 1),将于相关部分,再行说明。

## 第二节　物权法的体系

### 第一款　“民法”物权编

#### 一、“民法”物权编的制定和结构

(一)制定

“民法”分为总则、债、物权、亲属和继承五编,第三编规定物权,学说上称为形式(狭义)的物权法,前已论及。“民法”物权编于 1929 年 11 月 30 日公布,1930 年 5 月 5 日施行,共分十章(第 757 条至第 966 条),目前计有 277 条规定。

(二) 立法技术与体系构成

"民法"物权编系采由抽象到具体、由一般到特殊的立法技术,于第一章设有通则,宣示物权法定原则,明定物权得丧变更的基本原则,作为以下各章共同适用的规定。第二章规定所有权,亦设有通则,适用于不动产所有权和动产所有权。此种通则化的立法技术系台湾地区"民法"的特色,有助于体系构成,精简条文。

兹将"民法"物权编的体系构造图示如下,认识其体系关联:

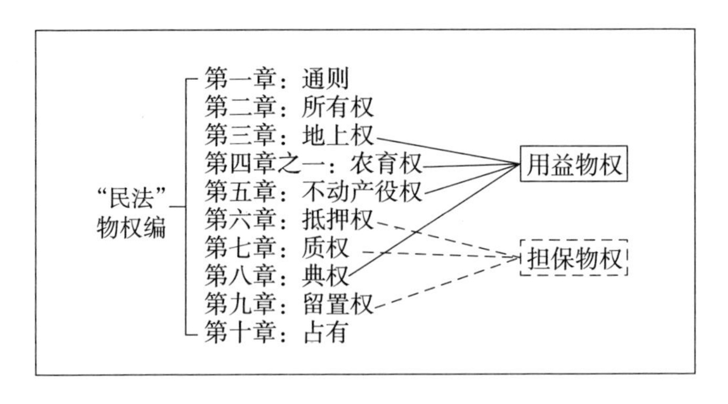


(三) 不动产物权与动产物权的区别

在体系构成上,"民法"物权编系以不动产物权与动产物权的区别作为架构基础。不动产价值较高,难以移动,不易增加(尤其是土地),与社会经济关系较为密切,故法律对不动产物权与动产物权的种类、物权变动要件、得丧原因(尤其是时效取得、善意取得)和效力(尤其是相邻关系)等,设有不同规定。此等区别对于了解现行法规定,极为重要,应予注意(请查阅条文,自行整理)。又权利亦得为物权的客体,例如以用益物权(地上权、农育权及典权)设定担保物权,如权利抵押(第 882 条)、权利质权(第 900 条)。

(四) 物权与占有

"民法"物权编规定八种物权和占有,区别物权与占有。物权为对物之法律上支配,占有系对物之事实上支配。

所有权为完全物权,并以此为基础而规定得设定用益物权与担保物权,其编排次序为所有权、地上权、农育权、不动产役权、抵押权、质权、典权、留置权和占有。关于此等物权,除所有权和占有外,"民法"皆设有定义性规定。掌握各种物权类型及其定义，了解其基本内容、体系构造，是学习物权法的出发点，兹先图示物权种类，并说明各种物权的意义：

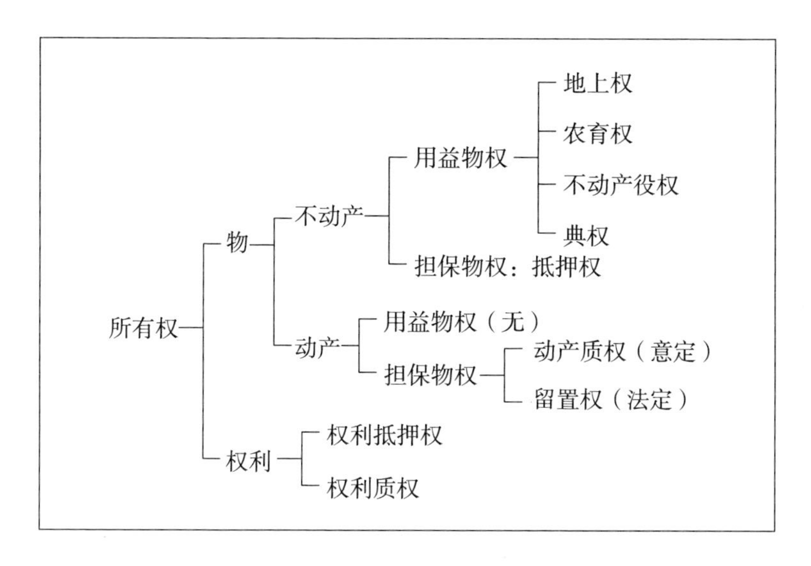


1. 所有权："民法"未设定义性规定，系指在法令限制范围内对物为全面支配之权利。

2. 地上权：(1)称普通地上权者，谓以在他人土地之上下有建筑物或其他工作物为目的而使用其土地之权(第832条)；(2)称区分地上权者，谓以在他人土地上下之一定空间范围内设定之地上权(第841条之1)。

3. 农育权：称农育权者，谓在他人土地为农作、森林、养殖、畜牧、种植竹木或保育之权(第850条之1第1项)。

4. 不动产役权：称不动产役权者，谓以他人不动产供自己不动产通行、汲水、采光、眺望、电信或其他以特定便宜之用为目的之权(第851条)。

5. 抵押权：(1)称普通抵押权者，谓债权人对于债务人或第三人不移转占有而供其债权担保之不动产，得就该不动产卖得价金优先受偿之权(第860条)；(2)称最高限额抵押权者，谓债务人或第三人提供其不动产为担保，就债权人对债务人一定范围内之不特定债权，在最高限额内设定之抵押权(第881条之1)。

6. 质权：称动产质权者，谓债权人对于债务人或第三人移转占有而供其债权担保之动产，得就该动产卖得价金优先受偿之权(第884条)；称权利质权者,谓以可让与之债权或其他权利为标的物之质权(第900条)。

7. 典权:称典权者,谓支付典价在他人之不动产为使用、收益,于他人不回赎时,取得该不动产所有权之权(第911条)。性质上为用益物权。

8. 留置权:称留置权者,谓债权人占有他人之动产,而其债权之发生与该动产有牵连关系,于债权已届清偿期未受清偿时,得留置该动产之权(第928条第1项)。

9. 占有:"民法"未设定义性规定,参照"民法"第940条规定,系指对于物有事实上之管领力。

## 二、"民法"其他各编关于物权关系的规定

为说明物权法与"民法"各编的适用关系,先将"民法"五编体系图示如下:

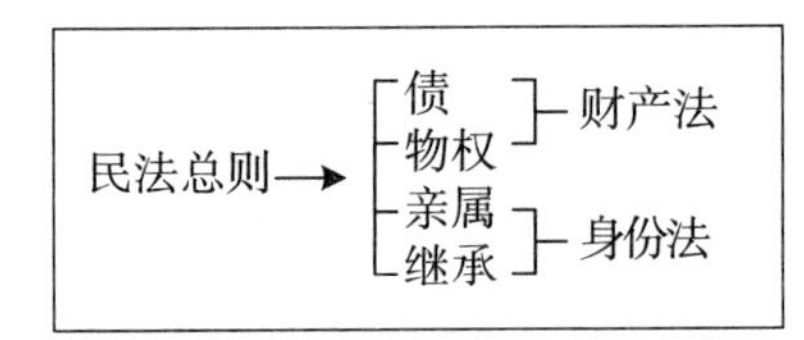


### (一) 总则编

"民法"总则编系关于民法的一般规定,对物权关系原则上均有适用余地,俟于相关部分再行详论,兹简要言之:

1. 自然人因出生而取得权利能力,法人于法令限制内有权利能力,得享有物权上的权利义务。胎儿以将来非死产者为限,关于其权利(物权)之取得,视为既已出生(第7条、第1148条,"土地登记规则"第121条)。

2. 物是物权的客体,"民法"总则编关于不动产、动产、主物、从物、天然孳息、法定孳息的规定(第66条以下),均得适用。

3. "民法"总则编所称法律行为,包括物权行为,关于行为能力、意思表示、代理、条件和期限等规定,原则上均得适用于物权行为。

4. 消灭时效的规定对基于物权关系而生的请求权,原则上均有适用余地,其构成例外的,系"司法院"释字第107号及第164号解释,认为已登记不动产所有人之回复请求权及除去妨害请求权(第767条),无"民法"第125条消灭时效之适用。未登记不动产或动产所有人之回复请求

权等仍应适用“民法”第 125 条之规定,因 15 年间不行使而消灭。另“司法院”释字第 771 号解释认为,真正继承人依“民法”第 767 条规定行使物上请求权时,仍应有“民法”第 125 条等有关时效规定之适用。

5. “民法”第 148 条规定:“权利之行使,不得违反公共利益,或以损害他人为主要目的。行使权利,履行义务,应依诚实及信用方法。”“最高法院”1982 年台上字第 737 号判例针对所有物返还请求权的行使特别表示:查权利之行使,是否以损害他人为主要目的,应就权利人因权利行使所能取得之利益,与他人及社会因其权利行使所受之损失,比较衡量以定之。倘其权利之行使,自己所得利益极少而他人及社会所受之损失甚大者,非不得视为以损害他人为主要目的,此乃权利社会化之基本内涵所必然的解释。(参照 2014 年台上字第 2521 号、2013 年台上字第 666 号。)[①]

(二) 债编

债权法与物权法系财产法的二个主要领域,共同组成财产法的体系,建构私法秩序,在规范功能及法律适用上具有密切关系,分六点言之:

1. 债权与物权功能上的关联[②]

债权与物权具有功能上的关系和互补的作用。物权的变动多以债权契约(买卖、赠与)为其原因行为,且受侵权行为法的保护(第 184 条),并以不当得利调整其无法律上原因的财产变动(第 179 条)。“民法”系采物权法定原则,当事人不能创设法律未规定的物权,常须以债权来满足其社会生活上的需要。例如,甲与乙在某栋建物各有一层房屋的区分所有权,由于法律未设优先承买权的规定,而且在现行法上亦不能创设具有物权效力的优先承买权,但当事人得以契约订立债权的优先承买权。

2. 物权编规定的债之关系

债之关系,有附随于其他制度在物权编加以规定的,如基于相邻关系所发生的损害赔偿责任(第 779 条、第 786 条)、遗失物拾得人的报酬请求

---

① “最高法院”1990 年台上字第 2419 号判决谓:“设上诉人所辩系争土地上所建之变电设施,一旦拆除,高雄市都会区居民之生活势将陷于瘫痪,所有生产工厂均将停顿云云,并非夸大其词,而事实上复无其他适当土地取代,则被上诉人仍本于所有权请求上诉人拆除地上变电设施,交还系争土地,其行使权利显然违反公共利益,依‘民法’第 148 条第 1 项规定,应为法所不许。”

② 关于物上之债,参阅常鹏翱:《物上之债的构造、价值和借鉴》,载苏永钦教授七秩华诞祝寿论文集编辑委员会主编:《法学的想象(第一卷):大民法典》,元照出版公司 2022 年版,第 250—264 页;张译文:《从债物二分的底蕴看德国物上之债》,载苏永钦教授七秩华诞祝寿论文集编辑委员会主编:《法学的想象(第一卷):大民法典》,元照出版公司 2022 年版,第 283—296 页。

权(第805条)等。

值得特别提出的是,物权编设有二个重要的法定债之关系(gesetzliches Schuldverhältnis):(1)动产质权人关于质物的保管义务(第888条第1项);(2)物之回复请求权人与占有人间的回复关系(第948条以下)。

3. 债编规定的物权关系

物权关系亦有附带在债编规定的,如不动产出租人的留置权(第445条)、承揽人的法定抵押权(第513条)等。

4. 债编规定的类推适用

债编若干规定对物权关系亦得类推适用,例如:(1)关于债权契约成立的规定(第153条以下),可类推适用于物权契约。(2)债权请求权,尤其是债务不履行(如给付迟延)的规定,原则上得类推适用于物权请求权。(3)"民法"第440条第1项关于催告迟延租金规定,对地上权得类推适用。[①] (4)关于定有存续期间的地上权,于期间届满后,土地所有人对于地上权人继续使用土地,未即表示反对之意思时,有无"民法"第451条的类推适用?"最高法院"明确采取否定的见解。[②]

5. 债权与物权的互换

债权与物权亦具有互换关系,例如租用基地建筑房屋,应由出租人与承租人于契约成立后二个月内,声请该管市县地政机关为地上权之登记("土地法"第102条)。"民法"第422条之1亦规定:"租用基地建筑房屋者,承租人于契约成立后,得请求出租人为地上权之登记。"

6. 债权与担保物权

最值得注意的是,债权与担保物权的关系。担保物权旨在保障债权,具有诱导债权发生的功能。债权本身亦可作为权利质权之标的(第

---

① "最高法院"1979年台上字第777号判例谓:"建筑房屋基地之出租人,以承租人积欠租金额达二年以上为原因,终止租赁契约,仍应依'民法'第440条第1项规定,定相当期限催告承租人支付租金,必承租人于其期限内不为支付者,始得终止租赁契约,非谓一有承租人欠租达二年以上之事实,出租人即得随时终止租赁契约,对于地上权人之保护,不宜较土地承租人为薄,故土地所有人以地上权人积欠地租达二年之总额为原因,依'民法'第836条第1项规定,撤销其地上权,仍应类推适用'民法'第440条第1项规定,践行定期催告程序。"(参照第836条第1项)

② "最高法院"1981年台上字第3678号判例谓:"法律关系定有存续期间者,于期间届满时消灭,期满后,除法律有更新规定外,并不当然发生更新之效果,地上权并无如'民法'第451条之规定,其期限届满后自不生当然变更为不定期限之效果,因而应解为定有存续期间之地上权于期限届满时,地上权当然消灭。"

900 条)。债权让与时,该债权之担保及其他从属之权利,随同移转于受让人(第 295 条本文)。债权与担保物权的相互为用,有助于促进社会经济发展。

(三) 亲属编

亲属法系属身份法,其涉及的物权关系主要为夫妻财产制及未成年子女的特有财产(第 1087 条、第 1088 条)。关于夫妻财产制,“民法”设有法定财产制和约定财产制(共同财产制、分别财产制),对财产的构成及其所有、管理、用益或处分,设有详细复杂的规定(第 1004 条以下)。

应特别指出的是,在亲属编修正(1985 年 6 月 3 日)前,夫购买不动产,以妻名义登记时,其所有权究属何人,争论甚多,影响夫妻间和第三人(尤其是夫或妻的债权人)的利益至巨。修正后“民法”第 1017 条第 1 项规定:“夫或妻之财产分为婚前财产与婚后财产,由夫妻各自所有。不能证明为婚前或婚后财产者,推定为婚后财产;不能证明为夫或妻所有之财产,推定为夫妻共有。”

(四) 继承编

“宪法”第 15 条规定人民财产权应予保障,其保障范围包括财产权的继承。继承与物权(及其他财产权)变动具有直接关系。“民法”第 1148 条第 1 项明定:“继承人自继承开始时,除本法另有规定外,承受被继承人财产上之一切权利、义务。但权利、义务专属于被继承人本身者,不在此限。”所谓财产上之一切权利义务,包括物权在内,故继承为物权变动发生的主要原因。因继承而取得之不动产物权,应经办理继承登记,始得处分(第 759 条)。继承人有数人时,在分割遗产前,各继承人对于遗产全部为公同共有(第 1151 条)。关于公同共有人之权利义务,公同共有物之管理及分割,原则上应先适用继承法规定(第 828 条第 1 项、第 1152 条以下)。无人继承之财产,其遗产于偿还债务,并交付遗赠物后,如有剩余,归属政府所有(第 1177 条以下)。

(五) 案例研习

须再强调的是,“民法”五编制是一种私法规范体系的分工与协力关系,从而于处理具体案例时必须通盘理解、整合各编规定而为法之适用,此常体现于请求权基础的思维方法:谁得向谁、依据何种法律规定有所主张。兹举二个基本案例,以供复习思考:

1. 甲向乙购买 A 画,支付价金,受领乙的店员丙交付之画。甲将该画转售于丁,并为交付。其后乙发现店员丙误将B画交付于甲。

2. 甲继承其父乙之遗产,将遗产中的A屋出卖于丙,并办理登记后,发现该A屋系误为登记,实乃属丁所有。

## 第二款 物权的特别法

规范物权关系的特别法为数甚多,就其内容加以归纳,可别为四类:

1. 物权种类的创设:例如"海商法"规定船舶抵押权("海商法"第33条),"民用航空法"规定民用航空器抵押权("民用航空法"第19条),"动产担保交易法"规定动产抵押权、附条件买卖(保留所有权)与信托占有("动产担保交易法"第15条以下),"土地法"规定地上权人、典权人或承租人的基地优先购买权("土地法"第104条、第107条)。

2. 不动产登记制度:不动产物权,依法律行为而取得、设定、丧失及变更者,非经登记,不生效力(第758条第1项)。因继承、强制执行、征收、法院之判决或其他非因法律行为,于登记前已取得不动产物权者,应经登记,始得处分其物权(第759条)。关于不动产登记,其主要法令为"土地法"及"土地登记规则"。此外尚有"未办继承登记土地及建筑改良物列册管理作业要点""'土地法'第三十四条之一执行要点""时效取得地上权登记审查要点""典权登记法令补充规定"等。此等法令在实务上甚属重要,应特别注意。

3. 物权(尤其是所有权)的限制:此类限制所有权或其他物权的法令甚多,例如:"土地征收条例"关于土地之征收;"平均地权条例"关于照价收买;"建筑法"关于建筑许可;"文化资产保存法"关于古物、古迹的保护;"农业发展条例"关于农地所有权分割的限制;"违章建筑处理办法"关于违章建筑的拆除;"大众捷运法"关于得使用他人土地的规定;"动物保护法"关于动物的保护等(请查阅相关法条及其规定)。

4. 物权的实现:物权的保护与实现,须依民事诉讼程序,并与"强制执行法"及"破产法"具有密切关系,应予注意。应特别提出的有二:

(1)第三人异议之诉:"强制执行法"第15条规定:"第三人就执行标的物有足以排除强制执行之权利者,得于强制执行程序终结前,向执行法院对债权人提起异议之诉。如债务人亦否认其权利时,并得以债务人为被告。"得提起第三人异议之诉的包括所有权人、对标的物有使用权益的物权人等。

(2)别除权与取回权:“破产法”第108条第1项规定:“在破产宣告前,对于债务人之财产有质权、抵押权或留置权者,就其财产有别除权。”别除权(Abssonderungsrecht)系就破产财团中的特别财产优先个别受偿的权利,乃基于破产宣告前已有在破产人的特定财产上的担保物权而来,并非因破产程序所创设的权利。又“破产法”第110条规定:“不属于破产人之财产,其权利人得不依破产程序,由破产管理人取回之。”此为一般取回权(Aussonderungsrecht),指第三人主张破产管理人支配下的财产,不属于破产财团,而得请求排除其支配的权利。①

## 第三款　物权法与“宪法”

### 一、物权(财产权)在“宪法”上的保障

#### (一)“司法院”释字第400号解释:个人自由与人格尊严

“宪法”第15条规定,人民的财产权应予保障。所称财产权,包括物权、债权、知识产权等具有财产价值的权利。“司法院”释字第400号解释谓:“‘宪法’第15条关于人民财产权应予保障之规定,旨在确保个人依财产之存续状态行使其自由使用、收益及处分之权能,并免于遭受公权力或第三人之侵害,俾能实现个人自由、发展人格及维护尊严。”应说明者有四:

1. 人民的财产权之所以应予保障,旨在实现个人自由、发展人格及维护尊严。易言之,即在确保个人在财产领域的自由空间。

2. 所谓“确保个人依财产之存续状态行使其自由使用、收益及处分之权能,并免于遭受公权力或第三人之侵害”,指财产权个别性保障,乃在肯定财产权系具防御性质,得对抗公权力侵害的基本权利。

3. 财产权个别性保障系以“财产权制度性保障”为前提,即立法者须本诸实现个人自由、发展人格及维护尊严的意旨,在实体及程序上制定保障人民财产权的法律,以确保财产权的私使用性,使权利人对其财产权得为自由使用、收益处分。

4. “民法”系为实现财产权制度性保障而制定的主要法律,并具体化

---

① 关于强制执行法上的第三人异议之诉,参见张登科:《强制执行法》,2022年版,第187页。关于破产法上的别除权及取回权,参见陈计男:《破产法论》,2006年版,第183页。

于第765条,即“所有人,于法令限制之范围内,得自由使用、收益、处分其所有物,并排除他人之干涉”。关于排除他人的干涉,“民法”于物权编设有物权请求权(第767条),使个人免于遭受第三人之侵害。关于法令对所有权的限制,涉及如何使个人财产权免于遭受公权力之侵害,则属“违宪审查”问题。

(二)“司法院”释字第580号解释:契约自由与财产权保护

值得注意的是,“司法院”释字第580号解释于“耕地三七五减租条例”约满收回须补偿承租人等规定是否“违宪”问题,强调:“基于个人之人格发展自由,个人得自由决定其生活资源之使用、收益及处分,因而得自由与他人为生活资源之交换,是‘宪法’于第15条保障人民之财产权,于第22条保障人民之契约自由。惟因个人生活技能强弱有别,可能导致整体社会生活资源分配过度不均,为求资源之合理分配……自得于不违反‘宪法’第23条比例原则之范围内,以法律限制人民缔约之自由,进而限制人民之财产权。”(请参阅解释文及解释理由)本号解释攸关台湾地区土地改革所涉及契约自由与财产权保护,具有重要意义。

## 二、物权法令(包括判例决议)的合宪性审查

物权属“宪法”第15条所保障财产权的范围。依“宪法”第23条规定,此项受“宪法”保障的财产权,“除为防止妨碍他人自由,避免紧急危难,维持社会秩序,或增进公共利益所必要者外,不得以法律限制之”。“司法院”大法官依“法律保留”及“比例原则”审查限制财产权法令的“合宪性”,作成甚多解释,对财产权保障有所贡献。“合宪性”审查对象包括法律、命令、“最高法院”判例,兹就八个涉及民法的重要解释列表整理如下,俟于相关部分,再行说明[①]:

① 其他关于物权的解释,参阅释字第26号、第55号、第107号、第139号、第141号、第164号等解释(请查阅读之!)。值得参照的是,“宪法法庭”2013年1月13日作成2013年“宪判字”第1号判决,认为“祭祀公业条例”第4条第1项后段及第2项以性别为派下员标准之规定,抵触“宪法”第7条保障性别平等之意旨(此为重要问题,请参阅判决主文及理由)。

| 解释字号 | 解释客体 | 争点 | 解释效果 |
|---|---|---|---|
| 291 | 命令 | 地上权时效取得之限制(合法建物证明之要求) | "违宪"(立即失效) |
| 304 | 法律 | 先设定抵押权对后设定地上权等的效力 | "合宪" |
| 349 | 判例(1959年台上字第1065号) | 共有物分割契约的效力与善意受让人保护 | "违宪"(立即失效) |
| 350 | 命令 | 地上权时效取得之限制(申请登记) | 部分"违宪"(立即失效) |
| 358 | 命令 | 共有物分割之限制 | "合宪" |
| 408 | 命令 | 地上权时效取得之限制(耕地之例外) | "合宪" |
| 451 | 命令 | 地上权时效取得之限制 | "违宪"(立即失效) |
| 674 | 命令 | "土地登记规则"(2001年9月14日发布)第107条关于就共有不动产应有部分设定的抵押权,于共有物分割后转载于分割后各宗土地之上时对其他共有人财产权保障的问题 | "合宪" |

### 三、符合"宪法"的法律解释

为贯彻"宪法"保障基本权利的意旨,法律应作符合"宪法"(基本权利)的解释。关于物权法的符合"宪法"解释,"最高法院"2003年台上字第92号判决可资参照:土地因与公路无适宜之联络,致不能为通常使用者,土地所有人得通行周围地以至公路,"民法"第787条第1项前段定有明文。所谓"与公路无适宜之联络",并非指最快捷方式之联络。所谓"得通行周围地",并非排斥自己所有近邻之地,而专指通行他人所有最快捷方式之地而言。土地是否不能为通常之使用,应斟酌土地之形状、面积、位置及用途定之,至其前此有无通行他人所有土地,在所不问。又"民法"第787条第1项所定之通行权,固在调和个人所有之利害关系,也在充分发挥袋地之经济效用为目的,然依"司法院"释字第400号解释:"'宪法'第15条关于人民财产权应予保障之规定,旨在确保个人依财产之存续状态行使其自由使用、收益及处分之权能,并免于遭受公权力或第三人之侵害,俾能实现个人自由、发展人格及维护尊严。"意旨,人民财产权之保障免受第三人之侵害,应优先适用。故在审酌有无容忍通行他人土地之前,应先就其是否能在自有之土地上排除通行之困难方面考虑之。

## 第三节 物权法的基本原则

### 第一款 物权法上的自由和效率

物权法旨在建构对物和其他有限资源的法律规范秩序,其所要处理的基本问题有四:

1. 何种之物(或财产)得为私有?
2. 如何创设物权?何种物权?
3. 物权人对于其物得为如何的使用、收益和处分?
4. 物权被侵害时的救济方法?

此四个物权法上的基本问题均涉及私法上二个基本原则:自由和效率。就自由言,应如何保障和实现个人在其财产上范畴的形成空间。就效率言,应如何使物归于最适于发挥其效用之人。为此,在法律规范上应明确界定物权(产权),减少交易成本,排除达成私人协议的障碍,并减少协议失败所生的损害。自由与效率并非互相排斥,而是相互协力,如物权的让与自由,有助于物之使用效率。以下仅就私有财产制度、私法自治、物权法结构原则及物权法的解释适用先作简要说明,其他问题俟于相关部分,再为论述。

### 第二款 私有财产制度

#### 一、以私有财产制为基础的物权法秩序

台湾地区物权法是建立在一个重要的政治社会基本原则之上,那就是私有财产制,即个人得拥有财产,包括所谓生活资料及生产资料(土地及其他生产工具),可以继承,原则上并得自由使用、收益、处分。"宪法"第15条规定人民的财产权应受保障,即以私使用性为其制度性保障的内

容。一个国家和地区的物权法及其法律秩序,因其是否或在何种程度承认私有财产制而有不同。

## 二、私有财产制的伦理性

私有财产制的主要意义,在于维护个人的自由和尊严。财产是个人经济独立自主的必要基础,没有独立自主的个人,一个民主的社会将难以存在或发展。拥有私产使个人的生存获得基本保障。私有财产的废除将带来集体化的制度,使个人有遭受政治奴役的危险。私有财产使人负责,有助于人格形成。私有财产通常是由劳动而获得,亦具有伦理基础。

## 三、私有财产制的经济功能

私有财产制,除了定分止争,明人己的分界,维持社会秩序的功能外,亦可促进对有限资源作有效率地使用,增进物的使用和交换价值,此为私有财产制的一项重要优点,亦为市场经济受到肯定的主要理由。兹举一例加以说明:

有某块草地,适于牧羊,倘人人可以任意放牧,则每个牧羊人所考虑的将是如何增加羊的数目而获取利益,争先恐后,该草地终将因过度使用而贫瘠。另一种可能的选择是将该块草地收为公有,但面临许多问题:何人可以放牧,数量多少,费用若干,依据何种标准决定,如何管理。此等问题不易解决,难免造成浪费、滥权及无效率,产生负外部性,损害其他人对公有资源的使用。若采取私有财产制,将该块草地归属私人,则所有人为追求最大利益(利益极大化),何时放牧,数量多少,如何维护草地,通常会作最有效的管理使用。由此可知,将物归属于某人私有,由其支配使用,有助于物尽其用。此为私有财产制物权法的经济功能。①

---

① Hardin, The Tragedy of the Commons (公有地的悲剧), in: Science, Vol. 162 (1968), pp. 1243 f. 这是中世纪欧洲一个小镇的故事,系经济学上著名的问题,为避免悲剧发生,经济学家想出了二个解决办法:(1)征收牧羊税,或者拍卖有限量的牧羊许可证,把牧羊的外部性加以内化,同于现代社会治污的原理,控制羊群的数量;(2)把土地平分给每个家庭,用于圈羊和养羊,此为英国圈地运动,相当于私有化(产权)的策略。

### 四、私有财产的普遍性及让与性

为发挥物之效用,而创设物权,除使其具有直接支配、排他性外,尚有二点应予提出:

1. 普遍性,即原则上应尽量使一切资源私有化,动产或不动产均包括在内。

2. 让与性(处分性),即物权可以自由移转,变更其主体,使物归属于能作较有效率使用之人。

### 五、私有财产的社会义务

强调私有财产,绝非将之神化、绝对化。私有财产,尤其是所有权,负有社会义务。"宪法"第15条规定人民之财产权,应予保障,肯定私有财产权为一种基本权,但依"宪法"第23条规定,为防止妨碍他人自由,避免紧急危难,维持社会秩序或增进公共利益所必要时,亦得依法律加以限制,前已论及。现行物权法是"宪法"规范的具体化,在承认私有财产原则下,加以必要的规范,具有多种意义:对个人言,为自由与拘束的调和;对法律体系言,则为私法与公法的协力,构成了社会经济秩序的基础。

## 第三款 物权法上的私法自治

私法自治是民法的基本原则,体现于契约自由和权利行使的自由,在物权法上亦有其适用。然物权具有绝对性,攸关第三人利益,当事人的私法自治应受合理必要的限制。兹分物权创设自由、物权内容自由与物权行使自由加以说明。

### 一、物权创设自由

私法自治在债权法最主要的表现是缔约自由,即当事人原则上得自由创设债之关系(包括债权和债务)。台湾地区物权法系采物权法定原则,当事人不得创设法律规定以外的物权,其自由甚受限制。此项限制在立法上应为必要的缓和:

1. 肯定除法律外,亦得依习惯(习惯法)创设物权(第757条)。

2. 增删物权种类,并创设次类型的物权(如普通地上权、区分地上权;普通抵押权、最高限额抵押权)。

3. 调整个别物权的内容。“民法”物权编修正规定得于“土地上下之一定空间范围内”设定区分地上权(第841条之1),废除永佃权,增设农育权(第850条之1)。将地役权修正为不动产役权,扩大其在客体及设定权利人的范围(第851条,第859条之3、之4),并于抵押权增设“最高限额抵押权”(第881条之1以下),有助于强化当事人选择自由,促进物的用益和担保功能。

## 二、物权内容自由

### (一) 当事人的自由形成空间和定型化契约的规范

物权法定原则兼括物权类型强制及物权内容固定,虽因此限制了物权内容的形成自由,但仍保留一定程度的自由形成空间,例如关于地上权的期限、地租、地上权让与及建筑物补偿(第834条、第835条、第838条、第840条);不动产抵押权担保范围(第861条);动产抵押所担保债权的清偿方法等(“动产担保交易法”第16条第1项第5款、第27条第6款、第33条第6款)。值得注意的是,不动产抵押权、“动产担保交易法”上的动产抵押、附条件买卖及信托占有,多采定型化契约条款,如何依诚信原则(“消费者保护法”第11条以下)加以规范,实值重视。

### (二) 法院介入私法关系的调整

关于共有物的管理,除契约另有订定外,原应由共有人共同管理(旧“民法”第820条)。共有人关于管理方法不能获致合意时,共有人不能起诉请求法院定之。值得注意的是,“民法”物权编修正第820条将“全体同意原则”改为“多数决原则”,并明定管理方法显失公平,或其管理因情事变更难以继续时,不能定其管理方法等情形,法院得依共有人声请以裁定变更其管理。

### (三) 物权行为的方式自由

债权行为,原则上采方式自由,但对特定契约明定其要式性(如第709条之3规定合会的要式性)。在物权行为,现行法系依物权种类设不同的规定,即不动产物权之移转或设定,应以书面为之(第758条第2项),为要式行为。动产物权的移转或设定不以订立书面为必要,属非要式行为。

### 三、物权行使自由

基于私法自治,物权人原则上得自由行使其物权,包括物权的让与和抛弃。邻地所有人得否预先抛弃邻地通行权(第 787 条)?“最高法院”采否定说,前已提及,此涉及相邻关系,俟后再为说明。

## 第四款 物权与债权

关于物权与债权(尤其是契约)的关系,前已论述,此为重要问题,特再图示如下,并加以说明①:

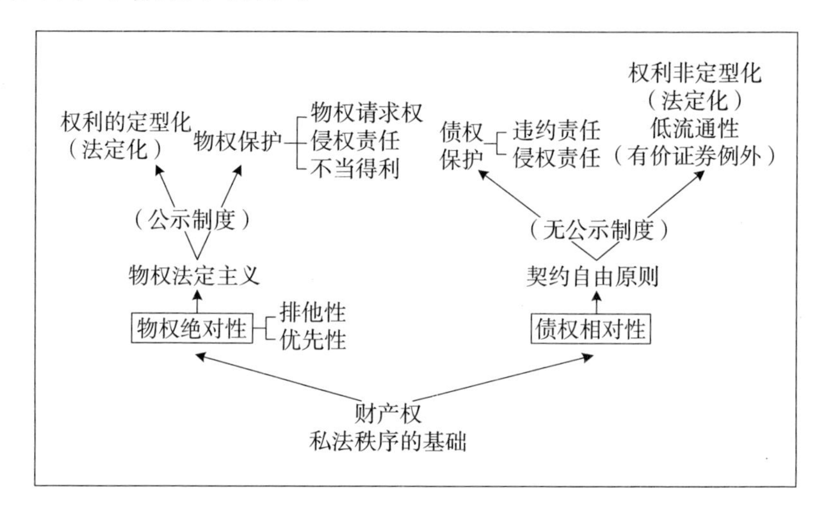


1. 财产权与契约自由系同受“宪法”保障的基本权,旨在实现个人自由、人格自由发展、维护人之尊严,并促进生活资源的交换与合理分配(分配正义)(参照“司法院”释字第 400 号、第 580 号解释)。

2. 物权法定旨在明确产权,契约自由使物权得以交易移转,归于最适使用之人,发挥资产配置的经济效率。

3. 物权的特性在于绝对性、物权法定、移转性及公示原则,除物权请求权外(第 767 条),并受侵权行为法(第 184 条)及不当得利(第 179 条)的保护。

4. 债权具相对性,采契约自由原则、无公示原则,原则上不受侵权行

① 参照〔日〕加藤雅信:《物权法》(第 2 版),有斐阁 2005 年版,第 29 页。

为法的保护。债权非属"民法"第 184 条第 1 项前段所称的权利,但得适用同条项后段关于故意以背于善良风俗之方法加损害于他人的规定,及"民法"第 184 条第 2 项违反保护他人之法律,致生损害于他人者的规定。债权主要保护机制在于违约责任(损害赔偿及解除契约)。

5. 私法秩序体现在物权与债权结构的不同,二者共同协力维护、促进个人生活及社会经济发展。

## 第五款 物权法的结构原则

学习任何法律,首须理解认识形成法律规范内容的立法政策及基本思想。此等指导理念源自一定的政治哲学及意识形态。民法典本身系建构于个人自由平等、私法自治、所有权保护及性别平等原则。

请读者先浏览阅读物权法条文,思考整理形成这些规定的法律原则。物权法旨在维护人的自由及促进物的效率,前已论及,其法律原则可以归纳为二类:

1. 以私有财产制为其社会政治原则,前已说明。

2. 法律体系结构原则,分为七项简述如下(阅读条文),于相关部分再为详论:

### 一、物权的绝对性

此指物权的支配性及排他的效力,体现于"民法"第 765 条规定:"所有人,于法令限制之范围内,得自由使用、收益、处分其所有物,并排除他人之干涉。"

### 二、物权法定

物权具有对世效力,涉及第三人利益。为维持物权秩序的安定,"民法"第 757 条规定:"物权除依法律或习惯外,不得创设。"立法目的在于明确产权,此为产权自由交易的前提。

### 三、物权客体的特定

为使物权支配得以确实,便于公示,物权应以特定之物为其客体,一个物权不能存在于二个以上之物(Bestimmtheitsprinzip,物权确定原则)。所有权仅能存在于个别之物(Spezialitätsprinzip,物权特定原则)。

## 四、物权效力的优先性

此为物权排他性的当然效果，体现于物权优先于债权（第866条）及物权的次序关系（第865条）。

## 五、物权的让与性

### （一）物权让与自由与限制

关于债权让与自由原则及限制，“民法”第294条设有规定（阅读之）。关于物权的让与性，“民法”未设明文，但有相关规定（如第758条、第761条、第765条、第838条、第867条等）肯定物权让与自由原则。问题在于物权让与得否依当事人约定加以排除或限制？例如，债权人与债务人得否约定抵押人不得将设定抵押的不动产让与他人？或约定地上权人不得将地上权让与他人或设定权利抵押权？“民法”未设规定，应说明者有二：

1. 类推债权让与规定：当事人得为物权不得让与的特约，但不得以之对抗善意第三人（第294条第1项第2款、第2项）。

2. 采《德国民法典》第137条规定：“处分可让与权利之权限，不得以法律行为排除或限制之。就该权利负有不为处分之义务者，对其权利所为之负担行为，其效力不受本条规定影响。”此项规定旨在促进物或权利的交易性与流通性，以及人之行为自由，乃属一般法律原则，应适用于物权让与。本书采此见解，认为当事人以特约排除或限制物权让与者，无效，不具物权效力。但此项约定具有债之效力，违反时，应负债务不履行损害赔偿责任。[①]

### （二）一个重要的思考模式

物权的设定与让与系物权法的核心，学习法律要兼具体系宏观与微观精细研究，图示如下（查阅条文，不要强记，研读相关部分时再深入理解），A、B、C、D等表示物权设定变动的次序：

---

① Larenz/Wolf, Allgemeiner Teil des Bürgerlichen Rechts (9. Aufl., 2004), S. 414; Bork, Allgemeiner Teil des Bürgerlichen Rechts (2000), S. 420.

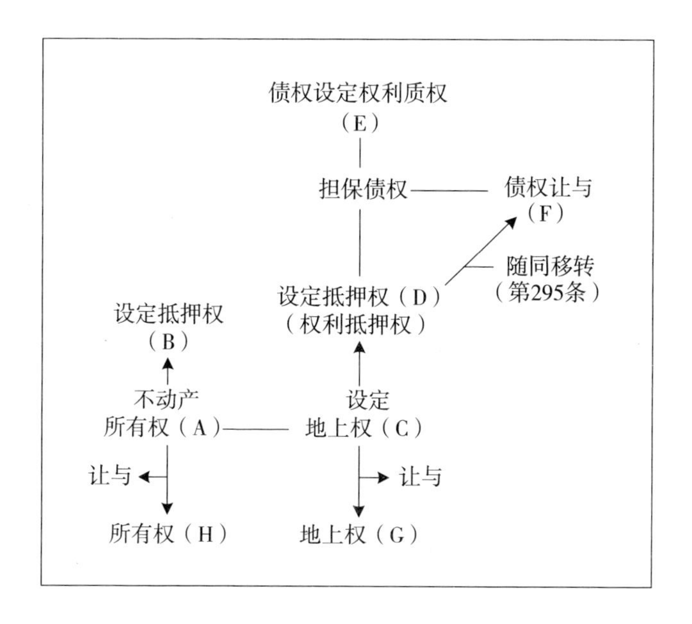


1. 物权设定及让与(移转)所建立的体系,体现物权法物尽其用、经济效率的功能,请查阅条文,说明其物权变动关系。

2. 前揭图示可供更清楚地认识及处理物权变动的基本法律构造,例如:不动产物权让与时,定限物权的存续、各种物权的并存位序关系、实行抵押权的效力等。

3. 法律人(包括律师、法务人员)应善用物权设定及让与的机制,为当事人规划经营社会生活及经济活动。

## 六、物权行为独立性及无因性

物权行为独立性旨在使物权行为与债权行为(原因行为)分离(分离原则),无因性旨在使物权变更不受其原因行为(债权行为)的影响。

## 七、公示及公信原则

不动产物权依法律行为(物权行为)而取得、设定、丧失及变更,非经登记不生效力(第758条第1项)。动产物权之让与,非将动产交付不生效力。但受让人已占有动产者,于让与合意时,即生效力(第761条第1项)。物权变动以登记(不动产)及交付占有(动产)为公示方式,具有三种效力:

1. 移转效力：物权变动的双重要件，即物权行为与公示方法。

2. 推定效力：关于不动产，“民法”第759条之1第1项规定：“不动产物权经登记者，推定登记权利人适法有此权利。”关于动产，“民法”第952条规定：“善意占有人于推定其为适法所有之权利范围内，得为占有物之使用、收益。”例如甲在网络上出卖A画，乙以该画系其所有，向甲诉请返还。乙不能对此举证，法院不能认定其事实时，应驳回乙之诉。

3. 善意取得效力：关于不动产，“民法”第759条之1第2项规定：“因信赖不动产登记之善意第三人，已依法律行为为物权变动之登记者，其变动之效力，不因原登记物权之不实而受影响。”（不动产物权善意取得）第801条规定：“动产之受让人占有动产，而受关于占有规定之保护者，纵让与人无移转所有权之权利，受让人仍取得其所有权。”[动产所有权善意取得（第948条以下）；关于质权善意取得，参见第886条以下。]

物权法的规定系前揭私有财产制（社会政治原则）及七个结构原则的具体化，将于相关部分详为论述。把握这些原则，有助于了解个别规定的内容，并作合理的解释适用。鉴于其重要性，列表如下，以便参照：

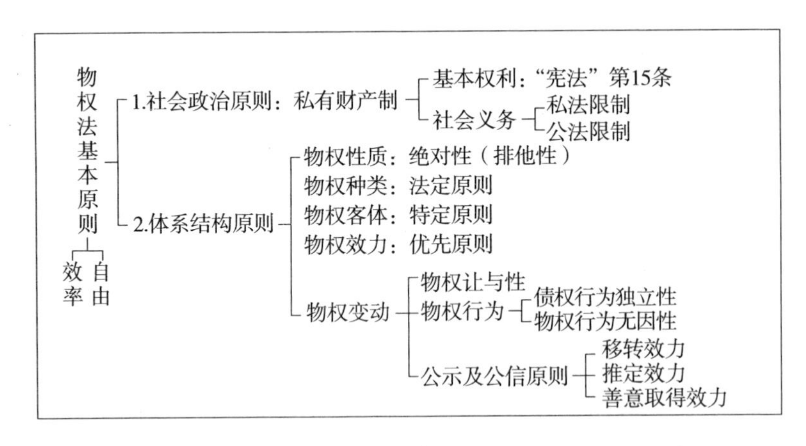


## 第四节 物权法的解释适用

### 第一款 法律经济分析的基本理论

财产权（尤其是所有权）系受“宪法”保障的基本权，旨在实现个人自由、发展人格权及维护尊严（“司法院”释字第400号解释）。基于个人之人格发展自由，个人得自由决定其生活资源之使用、收益及处分，因而得自由与他人为生活资源之交换，是“宪法”于第15条保障人民之财产权，于第22条保障人民之契约自由。惟因个人生活技能强弱有别，可能导致整体社会生活资源分配过度不均，为求资源之合理分配，政府自得于不违反“宪法”第23条比例原则之范围内，以法律限制人民缔约之自由，进而限制人民之财产权（“司法院”释字第580号解释）。

物权法的适用应作符合前揭“宪法”保障财产权及契约自由的解释及法之续造。此涉及生活资源配置使用的效率。法院实务常以物之效用、经济目的等作为物权法适用的准则。“民法”物权编修正原则亦强调促进物之效用及社会整体经济利益。此系以经济效率作为一种法律原则及法之适用方法。特简要介绍法律的经济分析（economic analysis of law，法经济分析、法经济学），说明法律学和经济学对话的重要性，增加一个分析法律的工具，强化法之适用的论证构造。

## 一、法律经济分析的任务

### （一）三个标的

法律在于规范个人的行为，改变人的行为方式。法律经济分析旨在以经济理论探究法律如何、以何种目的达成其规范目的，采取结果导向的方法，预测、解释与评价法律（或司法判决，下同）对个人行为的作用。法律的经济分析具有三个密切关联的标的：

1. 预测特定的法律将带来的影响。
2. 解释法律之所以存在的理由。
3. 决定应该制定怎样的法律或作成怎样的判决。

法律经济分析源于亚当·斯密的《国富论》（1776年），其现代形式的开展始于20世纪60年代的美国，由经济学家及法律学者共同推动倡导①，应用于反托拉斯法、侵权行为法。其研究对象迅速扩大及于宪法、刑法、民法等，并广传于世界各地。台湾地区自20世纪80年代亦开始引

① Calabrei, The Costs of Accidents: A Legal and Economic Analysis (1977); Cooter/Ulen, Law and Economics (5th ed. 2007); Posner, Economic Analysis of Law (9th ed. 2014).

入法律经济分析,为开拓新的研究领域,作出了奠基性的贡献。[①]

(二) 二个研究层面

法律经济分析的研究包括二个层面:实证层面(实证分析,positive approach)及规范层面(规范分析,normative approach)。实证分析系在事后或事前预测法律对人之行为的影响,以经济行为模式为研究重点,旨在描述现象、进行解释,通过证据加以证明或否定。规范分析系就法律对人之行为的作用,借助某种标准加以评价,而以效率为核心的概念。举例言之,典权系传统的物权,其登记件数、适用的案例及社会变迁的影响,系属实证层面的研究。基此实证研究从经济效率的观点,检讨典权的存废,乃规范层面的问题。制定法律与法院判决需要结果分析与结果评价。前者是实证分析,后者为规范分析。在立法、法之解释及续造的过程中,一方面要证明及解释法律或法院判决所追求的标的,另一方面更要阐明二者之间的实证分析关系。

## 二、经济行为模式及评价基准:经济人的理性选择

(一) 经济行为模式

法律的经济分析采用个人主义的方法论,用于预测及解释法律(或法院判决)对人的行为的影响,即个人在若干由不同因素决定的行为领域,如何受到法律(或法院判决)的影响,选择某种行为的可能性,建立经济行为模式来解释人的行为。

1. 新古典经济行为模式

法律经济分析所采用的新古典经济理论,系建构在二个假定前提之上:

---

① 谢哲胜主编:《法律经济学》,2007 年版;简资修:《经济推理与法律》,2017 年版;张永健:《法经济分析:方法论与物权法应用》,2021 年版,附有详细中文及英文参考文献,可供参照;熊秉元二本小品文性的著作:熊秉元:《熊秉元漫步法律》,2003 年版;熊秉元:《正义的效益:一场法学与经济学的思辨之旅》,2015 年版;戴维·傅利曼:《经济学与法律的对话》,徐源丰译,2002 年版。值得特别提出的是,德国学者关于法律经济分析的著作,从大陆法系的观点检视美国法的经济分析,对台湾地区法学而言,具有参考价值,参阅〔德〕汉斯-贝恩德·舍费尔、〔德〕克劳斯·奥特:《民法的经济分析》(第四版),江清云、杜涛译,法律出版社 2009 年版,附有德文参考文献;Eidenmüller, Effizienz als Rechtsprinzip (2. Aufl., 1988); Kirchner, ökonomische Theorie des Rechts (1997); Kötz/Schäfer (Hrsg.), Judex oeconomicus (2003); Towfigh/Petersen, Ökonomische Methoden im Recht (2010); Rühl, ökonomische Analyse des Rechts, im: Grundlagen der Rechts (Hrsg: Krüper), § 11 (S. 223); Karl-Heinz Fezer, Aspekte einer Rechtskritik an der economic analysis of law und am property rights approach, JZ 18/1986, S. 819.

其一,资源稀缺,所以要物尽其用,追求达成经济效率。

其二,人是所谓的理性自利的经济人(Homo Economicus)。这一个假设是经济学的基础,用来阐释许多经济学的问题。经济学是对选择的研究,发展可供测试的行为模式来解释人的行为。法律的制定修改与司法判决也是以个人行为的预测为基础而建构的。

经济人的特色在于具有理性,追求己利的极大化,得就受客观限制的各种行为可能性,依其偏好加以排序比较衡量,而选择对其最有利的行为。理性自利的经济人具有三个特色:(1)具有理性,有明确的目标及目的选择,并且在尽可能减少资源浪费的情况下,利用一定的方法或工具实现其目标。(2)具有加工其所获资讯的能力。(3)人的偏好不受外部影响,在时间上具稳定性,据以衡量其行为可能性的标准固定不变。

2. 新制度经济行为模式

新古典经济学所提出经济理性的行为模式,对于解释经济问题具有重大功用,但批评者认为此种模式预测个人行为的功能受到限制,因为个人通常不能获得必要资讯,亦不具加工所获资讯的能力,乃倡导所谓新制度经济行为模式。此种新的模式系建立在新制度理论(New Institutionalism,强调法律制度的作用)之上,并受到公共选择学说的影响,强调个人仅具有限理性(bounded rationality),其理论建构及发展深受行动心理学的启示。新制度经济行为模式具有三个特色:(1)人的理性受有限制。(2)个人仅具有限搜集资讯并评估其行为可能性的能力。(3)人的偏好受到时空外在因素的影响。[①]

(二) 评价标准

经济行为模式的提出在于预测及解释个人如何理性选择,追求效率。关于其效率的评价,有二个代表性的学说:

1. 帕累托标准

意大利经济学者帕累托(Pareto)提出所谓的帕累托标准(Pareto criterion),认为某种社会状态之优于其他状态,其须至少为一人所接受而未被其他人所拒绝。易言之,即须至少对一人有利而无害于其他人(有得无

---

① 参见〔美〕康芒斯:《制度经济学(上、下)》,赵秋严译,1971年版,此为制度经济学中法律学派的巨著;Simon, Bounded Rationality, in the New Palgrave Dictionary of Economics and the Law, Utility and Probability (1987);〔日〕友野典男:《有限理性》,谢敏怡译,2019年版,附有英文文献,可供参照。

失)。就法律的经济分析言,即某个法律为一人带来利益(为一人所赞同),而未对他人造成不利益(未为他人所反对)时,该法律(或法院判决)即可认为具有帕累托效率(或称为帕累托最适)。

帕累托标准在经济学界及法律学界最受批评的是,此项标准使改变现状成为不可能,因为一般现状或法律的变更涉及多数人的利益,一人因现状变更受益而无害于他人,事实上殆不可能,势将造成有人反对而不能对现状有所变更或改革。

2. 卡尔多/希克斯标准

英国二位经济学家卡尔多(Kaldor)和希克斯(Hicks)提出所谓的卡尔多/希克斯标准,其异于帕累托标准的主要论点在于,强调某种社会状态为少数人所拒绝或反对,但对多数人有利,而能对其他不利者加以补偿(补偿可能性)时,仍应肯定该社会状态具有效率。就法律经济分析言,某个法律(或法院判决)对多数人有利,虽为少数人所反对,但能对其有所补偿时,该法律仍可认为具有效率。在卡尔多/希克斯标准,受不利益的个人或少数人并无否决权,故又称为共同决策规则。法律应以社会多数的利益作为衡量标准。

卡尔多/希克斯标准受到普遍赞同,但批评者认为,该项标准未考虑到配置正义的问题,忽略了社会状况或法律的品质,具有维护现状的风险。赞成者则强调,此类问题可经由社会制度、基本权利的保障、私法自治、最低工资、累进所得税制等加以补充完善。

## 三、配置效率及思考模式

### (一) 配置效率

法律经济分析的基本任务,在于探究如何经由法律(或司法判决)促进资源的配置效率(allocative efficiency)。配置效率系由四个相互关联的概念所构成:

1. 效率

效率系法律经济分析的核心概念,指有限资源最大可能的效用,得以帕累托标准或卡尔多/希克斯标准加以评价,前已说明,可供参照。

2. 产权

产权(property rights),又称行为权(Handlungsrecht)或处分权(Verfügungsrecht),指得以具体行为使用某种财产、获得使用某种财产权利的方式,或改变财产权利组合。产权具有排他性,不等同于所有权(物权),二者不具必然的联系,可以分开。所有权的概念在一定程度上可供分析产权。经济学的产权理论使法律规范成为法律经济分析的对象,丰富了法学对产权的认识和研究。

3. 成本

产权系由法律原始配置,并通过交易而移转。产权的移转须以产权的明确界定为前提。著名的经济学家科斯(Coase)[①]在其于1960年发表的《社会成本问题》(the Problem of Social Cost)论文中提出了被称为科斯定理的见解,认为:(1)产权明确,其从产权中导出的行为可能性得自由转让;(2)交易成本,即资讯成本、权利转让时的协调成本、执行成本为零时,不论产权自始如何配置,均能达到帕累托最优标准。[②]

科斯定理的意义在于指明没有零成本的交易,任何交易均有成本(外部性),并具相互性。法律的任务在于减少交易成本。法律的经济分析系建立在科斯定理之上,包括四个主要内容:(1)配置效率。(2)帕累托标准。(3)减少交易成本。(4)外部效果内部化。

4. 资讯

交易成本中以资讯成本最为重要,包括决策成本及控制成本。资讯是一种社会资源,通常系不对称地配置于交易(契约)当事人及第三人之间,产生重大的后果,并涉及资讯超量及处理资讯的能力等,此亦为立法

---

① 关于科斯的生平、发表此篇文章的背景及对法律经济分析的贡献,参阅吴惠林:《寇斯》,2017年版。

② Coase, The Problem of Social Cost, Journal of Law and Economics, Vol. 3 (Oct., 1960), 此为最常被引用的经济学论文;科斯研究英国侵权行为法(尤其是相邻关系)的案例,作为其获得诺贝尔经济学奖论文(《社会成本问题》)的基础:(1)铁路公司的火车喷火烧毁附近农民种植的作物。(2)甲的牛进入乙的牧场吃草。在此情形得有四种不同的法律规定:

1. 铁路公司有"财产权利":火车得任意喷火。

2. 农民有"财产权利":须得所有农民同意,火车始能喷火,否则任何一位农民皆得诉请法院禁止火车喷火(财产规则)。

3. 农民有"补偿权利":火车得任意喷火,但须赔偿农民损失。

4. 铁路公司有"补偿权利":任何农民皆得禁止火车喷火,但须补偿铁路公司安装火花消除器的成本。

这四种法律规定乃在处理二个问题:(1)由谁决定火车得否喷出火花:铁路公司或农民。(2)由谁负担决策成本:铁路公司或农民。科斯认为,在零成本的情形,无论财产权利如何,当事人均会经由自由谈判达到最具效率的协议(契约)。由于任何交易均有交易成本,应由法律(或法院)衡量成本效益,配置界定原始产权的归属(参见〔美〕戴维·傅利曼:《经济学与法律的对话》,徐源丰译,2002年版,第77页)。

及法院判决面临的难题。

资源配置的核心在于如何使产权得经由自由交易,归于最适于使用之人。此乃市场的供需问题,而由市场中一只不可见的手加以引导调整。亚当·斯密在其《国富论》中作有如下说明:“一般来说,个人实际上既没有增进公共利益的打算,也不知道他的行为增进了多少公共利益。但是,由于他偏好支持本国产业而不是外国产业,他只在意自身的经济安全;由于他以产品价值最大化的方式来管理他的产业,他只在意自身的获利;个人在这一过程以及其他许多过程中,都是由一只看不见的手引导着并最终增进了社会的利益,虽然这最终的结果并非出自其个人的意愿。”

这一只市场中不可见的手,需要有另一只可见的手的协力,那就是法律制度,包括物权法、契约法及侵权行为法等法律及司法制度。二只手共同维护市场的经济秩序,并在市场失灵的时候采用必要的工具(如税捐、产业政策等),最大化市场的功能,使社会资源的配置达到最有效率的境界。

(二) 思考模式

兹综据前述,将以法律经济分析为基础建立的资源配置的思考模式图示如下:

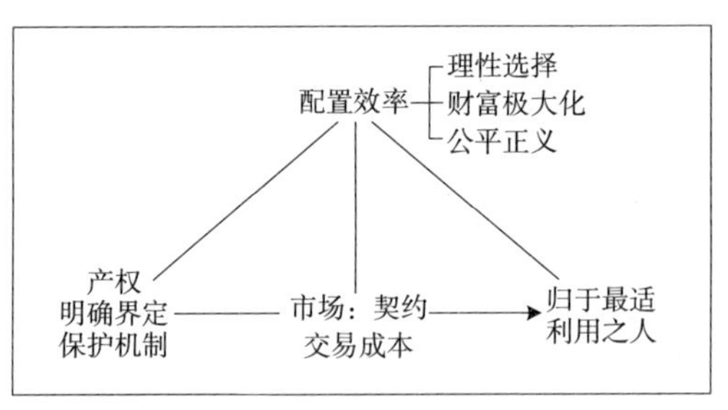


1. 配置效率,系指个人的理性选择,从事成本效益分析,追求达到最大净社会效益,增加社会福利,实现以价格计算财富的最大化。

2. 配置效率旨在“将饼做大”。饼如何配置涉及公平正义。二者同为法律的任务,经由各部门法律(宪法、行政法、税法、民法等)的协力而达成。就物权法言,财产权系受宪法保障的基本权利,旨在维护人格自由、自主的生活空间,并促进生活资源的交换与配置的经济效率。经济效率的极大化有助于个人扩大自主生活的空间,提升人格自由发展及人的尊严。

3. 产权必须明确界定或定义,包括产权的原始创设、产权使用的权利形式。法律经济分析学者一再强调:“产权必须适当界定及定其归属”

(property right must be properly defined and assigned),使明确界定的产权得以较少的成本,经由自由交易(契约),归于最适利用之人。

4. 法律制定及法院作成判决的重要任务在于促进达成资源配置的经济效率,并保护人民的自由权利。

## 第二款　物权法的经济分析

### ——法律经济分析作为一种法学方法

### 一、物权体系的建构及发展:资源配置的效率

产权制度及物权法的建构是一个持续不断的发展过程,由霍布斯所说的所有的人对所有的人为获得生活资源的战争,逐渐经由权力的集中而形成的社会平和秩序,创设法律规范,保护私权,明确产权,而建立物权制度。[①] 这是一个长期持续发展的过程。兹将台湾地区现行民法物权的体系图示如下:

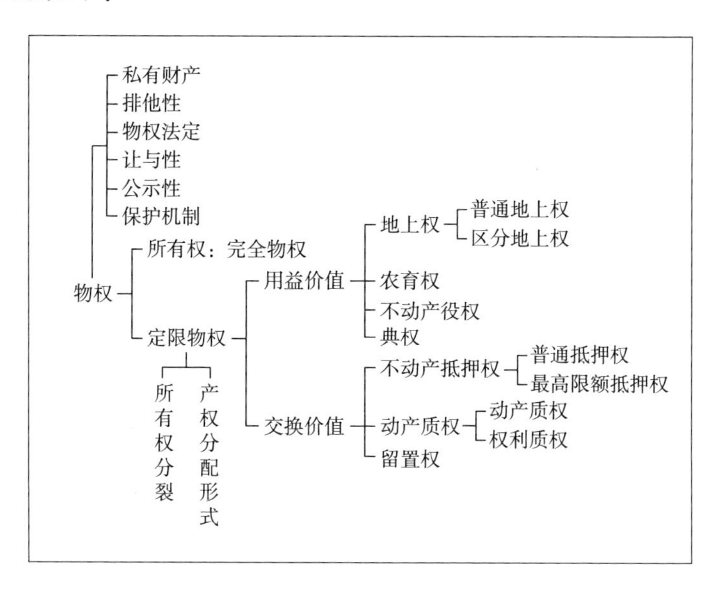


① 参见〔德〕汉斯-贝恩德·舍费尔、〔德〕克劳斯·奥特:《民法的经济分析》(第四版),江清云、杜涛译,法律出版社2009年版,第531页以下。此书英文新版于2022年上市:Hans-Bernd Schäfer and Claus Ott, The Economic Analysis of Civil Law, Cheltenham, UK: Edward Elgar, 2022.

从法律经济分析加以检视,应肯定现行物权法是一个具有配置效率的体系:

1. 私有财产使物权(财权)归属于个人,具有经济效率,因为私有提供了生产的正确诱因,使人愿意以少于出卖价格的成本,生产物品,从事交易,解决生产和配置的问题。有经济学家常质疑为何有些东西不是私有财产;非经济学家则不懂为什么许多东西都要私有化。法律人如何考虑这个重要问题?在决定是否让某事物成为私有财产而非公有物时,应考虑的因素包括相关成本、产权的界定、权利的执行及交易的难易。

2. 排他性体现物权的对世效力,可以保护权利人的自由使用、收益、处分,并排除他人的干涉。

3. 物权法定原则使物权种类明确,内容固定,系自由交易的前提。所有权是完全物权,定限物权是所有权用益价值及交换价值的权利配置形式,乃财产权的重组,因社会变迁而修正调整。"民法"修正第757条肯定得依习惯(法)创设物权,其目的亦在促进经济效率。

4. 公示原则(尤其是不动产登记制度)旨在对第三人提供资讯,减少交易成本。

5. 值得再特别提出的是,物权的让与性使物权得经自由交易而归于最适利用之人,最能体现资源配置的效率。

6. 保护机制的建构:物权的保护包括物上请求权(第767条)、侵权行为责任(第184条)及不当得利(第179条),此外尚有作为自由交易基础的契约制度(契约成立、履行及违约责任)。物权法、契约法及侵权行为法共同维护、促进物权的配置效率。

## 二、经济效率作为立法原则

应再提出的是,"物权法"于2007年、2009年及2010年三度修正,其主要重点在于废除永佃权(删除第842条),增设农育权(第850条之1)、区分地上权(第841条之1)、最高限额抵押权(第881条之1)。此等物权的原始创设、废除或增订,均以资源配置经济效率为立法原则,如地上权的立法理由谓:"谨按称地上权者,谓以在他人土地上有建筑物,或其他工作物或竹木为目的而使用其土地之权也。供给土地之人,谓之土地所有人,其权利人,谓之地上权人。盖社会进步,经济发达,土地价格,逐渐腾贵,建筑物或其他工作物及竹木之所有人,有时不得并有土地之所有权,宜设地上权以应经济上之需要,故有本章之规定。”抵押权在于担保债权,融通资金,具有活化财产交易、促进经济发展的功能。经济效率不仅是立法原则,亦应作为法律解释的目的。

## 三、实证研究的重要

诚如前述,法律的经济分析包括规范研究与实证研究。实证研究应善用统计资料。为增强认识用益物权及抵押权因所有权分离而为资源配置的经济功能,将近年各种用益物权及抵押权的登记笔数整理如下(含设定、移转、变更、涂销及其他):

| 权利项目 / 年度 | 总计 | 抵押权 | 地上权 | 不动产役权 | 典权 | 农育权 | 永佃权 | 耕作权 |
|---|---|---|---|---|---|---|---|---|
| | 笔数 | 笔数 | 笔数 | 笔数 | 笔数 | 笔数 | 笔数 | 笔数 |
| 2011 年 | 1557900 | 1530785 | 19489 | 1277 | 56 | 1067 | 15 | 1826 |
| 2012 年 | 1558851 | 1533474 | 18941 | 995 | 127 | 1166 | 27 | 1733 |
| 2013 年 | 1727285 | 1691121 | 27625 | 2245 | 108 | 1301 | 41 | 1773 |
| 2014 年 | 1684704 | 1649505 | 24927 | 2533 | 74 | 1630 | 6 | 2223 |
| 2015 年 | 1531152 | 1496223 | 24382 | 2846 | 45 | 2250 | 31 | 2431 |
| 2016 年 | 1446163 | 1413888 | 21715 | 2977 | 18 | 2075 | 11 | 2527 |
| 2017 年 | 1503661 | 1469061 | 22929 | 3006 | 41 | 2773 | 9 | 2800 |
| 2018 年 | 1595616 | 1558485 | 24182 | 3104 | 48 | 3449 | 12 | 3153 |
| 2019 年 | 1610634 | 1576398 | 23619 | 3159 | 29 | 2984 | 22 | 1313 |
| 2020 年 | 1725745 | 1687672 | 25190 | 3624 | 46 | 4410 | 17 | 1464 |
| 2021 年 | 1708082 | 1670684 | 27050 | 3827 | 19 | 2844 | 8 | 1086 |

资料来源:“内政部”统计处内政统计查询网

法律经济分析可供更深刻解释说明用益物权与担保物权的经济机能、社会变迁及发展,尤其是如何修正、重构用益物权的类型与内容,使之再生而能适应社会需要,调和物之“所有”与“利用”,发挥有效率的资源配置、物尽其用的经济效用。统计资料的搜集、公布及应用最足表现一个国家和地区的现代化程度。如何运用土地登记资料,使物权法的研究能够建立在科学的基础上,实在是一个值得重视的课题。①

## 四、法律适用

### (一) 符合经济效率目的的法之适用

台湾地区法之适用系建立在传统法学方法论及法释义学之上。法学方法论旨在提供法之适用(包括法律解释及法之续造)的规则及论证构造。法释义学的主要功能在于描述现行法的解释适用,结合判例学说建构体系,引导法律的发展。

法律的经济分析与法学方法论、法释义学具有何种关系?

法律的经济分析不能取代法学方法论、法释义学,亦不可能独立成为一种法之适用的方法。为维护法之适用的一贯性,应将法律经济分析纳入传统的法学方法论、法释义学。② 传统法学方法论认为,法律的解释有文义、历史、体系、目的及符合宪法等方法。如前所述,法院的主要任务在于依据法律规范防止或减少资源浪费、提高经济效率而作成判决,引导从事符合经济效率的行为(效果引导的解释),因此法律的经济分析应纳入目的性解释方法,与其他解释方法共同协力。③

### (二) 法律规范的经济分析:"民法"第 793 条

法律经济分析有助于立法,认识立法意旨及其解释适用。前文提及科斯系以英国侵权行为法上相邻关系"不当干扰"(Nuisance)的法院判决为出发点,研究社会的交易成本,而创立交易成本的理论。兹以科斯定理(外部性交易成本、产权界定、财产规则、补偿规则)说明第 793 条规定:"土地所有人于他人之土地、建筑物或其他工作物有瓦斯、蒸气、臭气、烟

---

① 运用统计资料于物权法、土地法的分析,参见张永健:《法实证研究——原理、方法、应用》,2022 年版;张永健:《土地征收与管制之补偿——理论与实务》,2020 年版。

② Möllers, Juristische Methodenlehre (2017), S. 165 f, 180 f. 关于法律适用上的效果指向,参见 Deckert, Folgenorientierung in der Rechtsanwendung (1995). 具体探讨法释义学与法律经济分析的结合方法,参见王鹏翔、张永健:《论经济分析在法学方法之运用》,载《台湾大学法学论丛》2019 年第 48 卷第 3 期。此文扩充修改后,收录于张永健:《社科民法释义学》,2020 年版,第 11—112 页。

③ 参见张永健:《法经济分析:方法论与物权法应用》,2021 年版,第 22 页。该书运用法经济分析方法论述阐释物权类型法定或自由创设、物权习惯、法定通行权、越界建筑、附合与混合共有物分管、事实上处分权等物权法核心问题,具有启发性的贡献。参见林俊廷:《论物之经济效用解释——案例事实之类型化分析》,载《物权与民事法新思维》,2014 年版,第 463 页。

气、热气、灰屑、喧嚣、振动及其他与此相类者侵入时,得禁止之。但其侵入轻微,或按土地形状、地方习惯,认为相当者,不在此限。”

1. 邻地气响侵入对土地所有人造成外部性侵害:土地所有人与邻地他人间因交易成本巨大,常难以经由自由磋商而达成符合经济效率的财产权利配置,从而有制定法律加以规定的必要。

2. “民法”第793条规定土地所有人原则上可以禁止气响侵入,乃明定土地所有人有财产权利(财产规则),邻地所有人没有请求补偿的权利(补偿规则),惟依同条但书:“但其侵入轻微,或按土地形状、地方习惯,认为相当者,不在此限。”土地所有人不能禁止气响侵入,旨在维护和谐的相邻生活,减少争讼成本。值得注意的是,在此情形,土地所有人对邻地所有人并无补偿清偿请求权,不同于《德国民法典》的规定(《德国民法典》第906条)。

3. “民法”第793条在解释上应认为系任意规定,使当事人得依成本效益的考虑,约定气响侵入的程度,达到符合经济效率的结果。

4. 土地所有人对具相当性轻微气响的侵入应予容忍,但因气响侵入致其权利(物权或人格权)受侵害时,仍得依侵权行为规定请求损害赔偿(参照2019年台上字第2437号)。

5. 关于气响侵入的相当性的解释,“最高法院”2010年台上字第223号判决认为,应参酌主管机关依法所颁布之管制标准予以考虑,俾与事业之经营获得平衡,以发挥相邻关系,积极调节不动产利用之功能,此乃基于经济效率的考虑。

(三) 法律解释

在实务上的应用,兹举六个“最高法院”判决说明符合经济效率的法律解释方法:

1. 定着物的认定:电杆(动产与不动产的区别)

“最高法院”2016年台声字第534号裁定谓:“相对人设置之电杆所欲达之经济上目的及价值,不能由整体联结架构抽离,而单独以设置成本或其他单一因素予以评价;电杆之变更设置,非仅考虑电杆本身移动之难易而已,尚牵涉其他如前述之经济上、供电线路之技术可行性等因素。是审酌电杆属电业设备,系密切附着于土地,不易移动其所在,而达供电业使用之经济目的,除临时施设者外,其设置具有继续性者,不失为‘民法’第66条第1项规定之定着物。声请人使用相对人电杆附挂电信线路之费用,核属不动产租赁……而此项租杆之租金,其请求权时效期间为五年,相对人依不当得利之法律关系,请求声请人如数给付本息,尚未罹于消灭时效,为有理由。"

某物究为动产或不动产,具有重要的法律意义,影响产权配置及物之效用,例如得否设定抵押权或用益物权。本件裁定以电杆使用的经济目的等因素认定其为定着物,而属不动产,具有明确产权的重要功能。

2. 物的成分:鱼池(重要成分或非重要成分)

"最高法院"2014年台上字第280号判决谓:"按动产因附合而为不动产之重要成分者,该动产已失其独立性,所有权消灭,不动产所有权范围因而及于该动产。此项附合,须其结合依经济目的、社会一般交易通念及其他客观状况而言,具有固定性、继续性。原审审酌系争鱼池,系直接于系争土地上开挖土壤,形成池状,再于池底及四壁以石块堆砌附着于系争土地,用以蓄养水产品。依社会一般交易状况,鱼池不能与土地分离为独立之不动产,而当然含于土地权利变动之对象内;买受鱼池所在之土地,通常包括土地上重要成分之鱼池,如予分离,所买受土地将失其功能及价值,系争鱼池既与土地密着成为土地之一部,亦不能自土地分开而具有独立之交易价值,因认堆砌之石块与土地已结合,且具固定性及继续性,即石块附合于系争土地,要无不合。"

物的成分分为重要成分与非重要成分,其区别实益在于非重要成分得单独作为所有权的客体,例如电杆非属重要成分,出卖人得设定抵押权,此具担保债权的重要功能。"最高法院"以土地使用功能及价值认定鱼池所堆砌的石块与土地结合,而成为土地重要成分,不得单独成为所有权的客体,旨在保护物之经济效用。[①]

3. 越界建筑的拆除

"最高法院"2018年台上字第1801号判决谓:"查被上诉人以系争地上物(均属骑楼范围),非因故意而越界占用邻地所有人(上诉人)之系争土地如附图所示E至A部分,被上诉人未举证证明其等有占用系争土地之私法权源,然衡酌系争地上物若予拆除,上诉人所获个人经济利益小于系争建物、紧邻建物结构及所在区域住民安全、财产之公共危险,以免被

---

① 附合的经济分析,参见张永健:《法经济分析:方法论与物权法应用》,2021年版,第369—402页。

上诉人移去系争地上物为允当,既为原审所认定,则被上诉人越界占用系争土地如附图所示 E 至 A 部分,本属无权占有,纵法院依'民法'第 796 条之 1 第 1 项规定行使裁量权,免被上诉人移去系争地上物之义务,俾顾全社会整体经济利益,惟尚非谓被上诉人在价购或支付偿金前,因而取得占用系争土地之法律权源,而变为有权占用。"

越界建筑应否拆除,涉及越界建筑所有人、土地所有人与社会整体利益,以及生活资源的配置与利用问题。本件"最高法院"判决以此为基准认定得否拆除,系一种经济效率结果引导的判决。[①]

4. 裁判分割

"最高法院"2015 年台上字第 726 号判决谓:"按分割共有物,究以原物分割或变价配置其价金,法院固有自由裁量之权,不受共有人主张之拘束,但仍应斟酌当事人之声明、共有人之利益轻重、共有物之性质及其使用状况等,公平裁量。若共有人对共有物在感情上或生活上有密不可分之依存关系而法院未予斟酌考虑即为变价分割,则其所定之分割方法,是否适当,有无符合公平原则,即值推求。"

裁判分割方法攸关共有权益,本件"最高法院"判决认为除考虑共有人利益之轻重、共有物之性质及其使用状况外,尚须顾及共有人对共有物在感情或生活上有密不可分的依存关系,应值肯定。其主要意义在于,法律解释,除经济效率外,尚须考虑人之尊严,维持其自由生活空间。[②]

5. 法定地上权的成立

"最高法院"1968 年台上字第 1303 号判例谓:"'民法'第 876 条第 1 项之法定地上权,须以该建筑物于土地设定抵押时业已存在,并具相当之经济价值为要件。系争甲部分房屋,既足认系建筑物于设定抵押权之后,于抵押权设定当时尚未存在,系争乙部分猪舍,虽建于设定抵押权之前,但其价值无几,虽予拆除,于社会经济亦无甚影响,均不能视为上开法条中,可成立法定地上权之建筑物。"本件判决系以经济利益认定可成立地上权的建筑物,系一种经济效率的论证。值得参照的是"最高法院"

---

① 2009 年至 2020 年地方法院所有运用第 796 条之 1 的越界建筑判决的实证研究,参见张永健:《法实证研究——原理、方法、应用》,2022 年版,第 173—200 页。越界建筑的经济分析,参见张永健:《法经济分析:方法论与物权法应用》,2021 年版,第 323—368 页。

② 地方法院分割共有物判决的实证研究,参见张永健:《法实证研究——原理、方法、应用》,2022 年版,第 115—154 页。

2021年台上字第2576号判决谓:“按设定抵押权时,土地及其土地上之建筑物,同属于一人所有,而仅以土地为抵押者,于抵押物拍卖时,视为已有地上权之设定,‘民法’第876条第1项规定甚明,其规范目的在维护建筑物之经济价值,以免土地拍定后建筑物无从利用土地以致拆除之结果。”

6. 优先承买权的行使

“最高法院”2022年台上字第2146号判决谓:“按‘土地法’第104条第1项规定,基地出卖时,地上权人有依同样条件优先购买之权。此一优先购买之权,系为保护地上权人之权益,并调和房屋与土地之利用关系,俾使房屋所有权与土地利用权得结为一体,以维持房屋所有权之安定性,避免危害社会经济,而赋予地上权人之权利,具有法定形成权之性质,自不容许当事人任意予以限制或剥夺。又地上权人之权利有无,应依行使权利时之状态认定之,倘地上权人行使优先购买权时,本于地上权而在土地上建有房屋者,其行使优先购买权即属合法。”本件判决亦采经济效率的论证,实值赞同。

## 五、概括条款具体化

“民法”第148条第1项规定:“权利之行使,不得违反公共利益,或以损害他人为主要目的。”此为“民法”上重要的概括条款。“最高法院”1982年台上字第737号判例谓:“查权利之行使,是否以损害他人为主要目的,应就权利人因权利行使所能取得之利益,与他人及……社会因其权利行使所受之损失,比较衡量以定之。倘其权利之行使,自己所得利益极少而他人及……社会所受之损失甚大者,非不得视为以损害他人为主要目的,此乃权利社会化之基本内涵所必然之解释。”又“最高法院”2015年台简上字第17号判决谓:“上诉人所有之系争房屋占有系争土地之原因系与系争土地之原共有人刘○烈交换土地使用,对系争土地占应有部分十分之九之刘○烈或其后手黄○源均非无权占有,被上诉人又系经由法院拍卖取得系争土地应有部分,关于系争土地使用情形,其应甚为明了。而系争土地既系公园预定地,被上诉人之土地应有部分亦仅十分之一,如何利用?其可取得之利益若干?且系争房屋如经拆除,造成上诉人及社会经济之损害与被上诉人所得利益为何?原审俱未调查审认,比较衡量之,即认上诉人抗辩被上诉人属权利滥用为不可采,遽命上诉人拆屋还地,亦有可议。”

前揭二个判决系将经济分析方法运用于不确定法律概念及概括条款的具体化:比较衡量所涉及相关利益及损害的大小,以资源配置效率判断行使权利是否构成权利滥用,体现配置效率对法律体系的要求,以及法之发展的重要原则。

## 六、法之续造

### (一) 类推适用

物权法上法之续造的类推适用,因物权法采物权法定主义,相关案例不多,兹就关于邻地通行的重要判决加以说明。

1. 区分共有建物专有部分的袋地通行权:“民法”第 787 条规定的类推适用

“最高法院”2007 年台上字第 584 号判决谓:“‘民法’第 787 条规定,土地因与公路无适宜之联络,致不能为通常之使用者,土地所有人得通行周围土地以至公路之邻地通行权,旨在调和相邻土地用益权之冲突,以充分发挥袋地之经济效用,促进物尽其用之社会整体利益。而一栋建筑物,在物理上本属一体,各部原不具独立性,因法律上承认区分所有权,得由各区分所有人就其区分建物之一部享有单独所有权,各区分所有人对其专有部分得全面、直接而排他性之支配,故就整体建物而细分各区分所有时,区分所有建物专有部分,因其他专有部分之间隔,无法对外为适宜之联络,不能为通常之使用,显与袋地同,自有调整区分所有建物专有部分相邻关系之必要,始能充分发挥其经济效用,此与邻地通行权之规范目的相同;但区分所有建物专有部分相邻关系之调整,并不限于他人正中宅门之使用一项。从而区分所有建物之专有部分,如为其他专有部分所围绕,无法对外为适宜之联络,致不能为通常之使用,既与袋地之情形类似,法律就此情形,本应同予规范,因立法者之疏忽,而发生显在之法律漏洞,自得类推适用‘民法’第 787 条之规定。”

本件判决在法学方法论上具有重要的意义,分四点言之:

(1)认定“民法”第 787 条的规范目的在于调和相邻土地用益权的冲突,以充分发挥袋地之经济效用,促进物尽其用之社会整体利益。

(2)以此规范目的,认定关于区分建物专有部分因其他专有部分间隔,无法对外为适当联络,不能为通常之使用,显与袋地相同。衡诸“民法”第 787 条规定的规范计划，其未相同设定，系立法者的疏忽，发生法律漏洞。

（3）本诸“民法”第 787 条的规范目的，及等者等之，相类者应为相同处理的平等原则，就区分建物专有部分的通行，认为自应类推适用“民法”第 787 条规定。

（4）就法律经济分析言，此乃以经济效率的后果评估引导的法之续造，贯彻“民法”第 787 条对资源配置的立法目的。[①]

2. 由类推适用到准用：邻地通行规则的创设

“民法”第 787 条关于邻地通行权之规定可否类推适用于承租人等土地使用人，是实务上长期争议的问题。

“最高法院”1990 年度第 2 次民事庭会议决议认为：“‘民法’创设邻地通行权，原为发挥袋地之利用价值，使地尽其利增进社会经济之公益目的，是以袋地无论由所有权人或其他利用权人使用，周围地之所有权及其他利用权人均有容忍其通行之义务。‘民法’第 787 条规定土地所有权人之邻地通行权，依同法第 833 条、第 850 条、第 914 条之规定准用于地上权人、永佃权人或典权人间，及各该不动产物权人与土地所有权人间，不外本此立法意旨所为一部分例示性质之规定而已，要非表示于所有权以外其他土地利用权人间即无相互通行邻地之必要而有意不予规定。从而邻地通行权，除上述法律已明定适用或准用之情形外，于其他土地利用权人相互间，包括承租人、使用借贷人在内，亦应援用‘相类似案件，应为相同之处理’之法理，为之补充解释，以求贯彻。”

本件判决所谓补充解释，在方法论言，应系指类推适用，乃属一种法之续造，具有三个法之发展上的意义：

（1）以发挥袋地之利用价值、地尽其利、增进社会公益之目的，认定“民法”未就承租人、使用借贷人等其他土地利用人间的邻地通行权设有规定，应依“民法”第 833 条等相关规定的“经济目的”认定其系法律漏洞，并类推“民法”第 833 条相关规定，加以补充，以求贯彻。

（2）为避免此项类推适用争议，并全面处理不动产相邻关系的规范

---

① 袋地通行权判决的实证研究，参见张永健：《法实证研究——原理、方法、应用》，2022 年版，第 155—172 页。袋地通行权的经济分析，参见张永健：《法经济分析：方法论与物权法应用》，2021 年版，第 281—322 页。

问题,物权编修正时乃创设准用条文,删除第 833 条及第 850 条规定,增订第 800 条之 1 规定:"第七百七十四条至前条规定,于地上权人、农育权人、不动产役权人、典权人,承租人、其他土地、建筑物或其他工作物利用人准用之。"①

(3)就法律经济分析言,体现"最高法院"判决的任务在于根据法律规范,以提升或促进资源的使用效率(邻地通行)的目的为导向,形成创造一般化的法律规则。

(二) 物权(产权)的创设

台湾地区物权法发展上最具争论的问题,系违章建筑买卖上的事实上处分权与不动产让与担保。二者均涉及物权创设及法律经济分析所强调的产权明确界定及归属的问题:

1. 违章建筑买受人的法律地位

"最高法院"认为违章建筑买受人有所谓事实上的处分权,四十年来争议不断,就法律经济分析的观点言,其根本问题在于"事实上处分权"在物权体系上的定位,将于本书的相关部分再详为论述。

2. 让与担保

债务人为担保债权,依担保契约将财产所有权移转于债务人,约定债权人于债务届清偿期未受清偿时,得拍卖或私卖标的物受偿,此系为促进资金融通而创设的非典型担保制度。"最高法院"肯定此种历经数十年发展累积性具有物权效力,而为一种法律承认的习惯物权("最高法院"2020 年台上字第 3214 号判决)。就法律的经济分析言,乃在促进资源配置的经济效率,其关键在于明确产权(所有权)及其配置形式,以处理其内部与外部关系,强制执行与破产的法律关系,此为法释义学与法律经济分析共同负担的任务。

### 第三款　21 世纪的法律人

法学及法律的进步在于方法的反省与更新,法律经济分析探究有限

① 准用条文系简化条文,于性质不相抵触之范围内始得准用,故在何种情形可以准用,应依具体个案分别认定。"民法"物权编的准用性条文,除第 800 条之 1 外,尚有第 767 条第 2 项、第 772 条、第 786 条第 4 项、第 787 条第 3 项、第 799 条之 1 第 2 项、第 824 条之 1 第 3 项、第 830 条第 2 项、第 881 条之 17、第 899 条之 1 第 2 项、第 937 条第 2 项、第 946 条第 2 项、第 966 条第 2 项等(请查阅所有准用性条文,共计 50 条,并阅读之)。

资源配置的经济效率,以经济效率作为一种立法原则、法之适用方法的论证工具。财产权系受宪法保障的基本权利,旨在维护促进人的自由生活空间及人格自由发展。财产权的配置效率追求实现资源效益的极大化,增进人的自由及人格尊严,并以较少的成本、更大的财富实践法律正义。

美国著名的联邦最高法院法官、伟大的法学家霍姆斯(Holmes)在20世纪初曾提出一句广为流传的名言:"20世纪的法律人不是研究白纸黑字的人,必须通晓统计学及经济学,否则将有害于社会。"法律经济分析开展法学与经济学的对谈,为法学问题的思维架构增添了一个提升思考论证的工具。我们要肯定法律经济分析方法的功用,善为运用,但也需要认识其局限性,而从事更深刻的科际整合的研究。我们要强化法学教育,使21世纪的法律人能够兼具法律思维及经济推理的方法与能力,使立法能建立在实证基础之上,使法院的判决更为精致深刻,更具说服力,而对法律进步与社会发展作出更大的贡献。

## 第五节 物权法的发展

### 第一款 物权法与社会变迁[①]

现行"民法"物权编系于1929年11月30日公布,1930年5月5日施行,迄今已逾九十年,自1945年起适用于台湾地区,超过半个世纪。兹就重要课题说明物权法(广义)的发展:

#### 一、20世纪30年代物权法体系的建立

现行"民法"物权编制定于1929年,在同一时期制定的相关法令,其主要者有"土地法"(1930年)、"土地登记规则"(1946年)、"建筑法"(1938年)、"都市计划法"(1939年)。此等法律建构了现行物权法的基本体系,建构了物权法的基础。因应社会需要,多次修正(请查出修正条

---

① 参见陈宛妤:《探寻台湾财产法秩序的变迁——台湾财产法史研究的现状与课题》,载《"中研院"法学期刊》2019年第1期特刊,附有参考文献;谢哲胜:《台湾物权法制的变迁与前瞻》,载《军法专刊》2011年第57卷第3期。

文,并了解修正理由)。

## 二、20世纪50年代的土地改革

对台湾地区物权(尤其是土地所有权)制度影响最为深远重大的,乃20世纪50年代的土地改革。就法律言,则为实现"宪法"第143条关于土地的基本政策。土地改革之所以能够顺利实施,因素甚多,设计周全的法律架构亦属关键,即在"民法"和"土地法"的基础上,分阶段制定以下三个重要特别法,除实体规定外,并设有解决争议的救济程序:(1)"耕地三七五减租条例"(1951年)。(2)"台湾省放领公有耕地扶植自耕农实施办法"(1951年)。(3)"实施耕者有其田条例"(1953年制定,1993年废止)。此项土地改革重新配置了台湾地区土地所有权,改变了台湾地区社会结构,对于安定农村、促进工业的发展,具有相当程度的贡献。

## 三、"动产担保交易法":美国法的继受

特别值得提出的是,1963年制定的"动产担保交易法",引进了美国法上动产抵押、附条件买卖及信托占有制度,创设了不占有标的物的动产担保制度,有助于适应工商业及农业资金融通及动产用益的需要。

## 四、20世纪70年代的土地使用规划

20世纪70年代立法的重点,系为因应工商业的快速发展及振兴农业,而对土地为必要的使用规划。其主要的,如修正1939年施行的"都市计划法",修正1954年施行的"平均地权条例",制定"农业发展条例"(1973年),制定"区域计划法"(1974年)等。其在80年代以后制定者,有"农地重划条例"(1980年)、"都市更新条例"(1998年)。此等关于土地和农地规划和发展的法律亦多涉及土地所有权的使用、收益、处分,与"宪法"保障人民财产权具有密切关系("司法院"释字第400号、第406号、第444号解释)。

## 五、20世纪80年代以后的发展

20世纪80年代以后,对物权法发展影响较为重大的立法,系1995年制定的"公寓大厦管理条例"。另外,值得注意的是,"土地法"原第30条规定:"私有农地所有权之移转,其承受人以能自耕者为限,并不得移转为

共有。但因继承而移转者,得为共有。违反前项规定者,其所有权之移转无效。”又第30条之1规定:“农地继承人部分不能自耕者,于遗产分割时,应将农地分归能自耕者继承之。其不能按应继份分割者,依协议补偿之。农地继承人均无耕作能力者,应于继承开始后一年内,将继承之农地出卖与有耕作能力之人。”此二条规定于2000年1月26日修正“土地法”时被删除,期能促进农村的发展,对台湾地区农地所有权制度产生的影响,是一个值得深入研究的课题。

### 六、公有财产(尤其是土地所有权)与物权法

财产权得为私有,亦得为公有。就土地言,“宪法”第143条规定,土地属于人民全体。人民依法取得之土地所有权,应受法律之保障与限制。台湾地区土地总面积为360万余公顷,已完成测量登记者有189万余公顷,占总面积53%,其中属公有者有36万余公顷,占已登记土地19%,其余未完成测量登记土地172万余公顷,大部分为公有林地及区域外保安林地。[①] 公有的土地应依“土地法”办理登记(“土地法”第52条)。

为促进土地有效率的使用,公有土地逐渐私有化。财产管理机关正在积极推动非公用土地的处分,包括研订公有非公用土地与私有土地的交换办法,放宽非公用土地出售限制,推动改进设定地上权,以及推行非公用土地信托制度等。此等发展与物权法具有密切关系,甚属重要,限于篇幅,在此难以详论。

本书的内容旨在论述“民法”物权编及相关法律,以上说明乃在使读者能较宏观地观察物权法(尤其是土地所有权)与台湾地区社会变迁的相互作用关系。[②] 此种认识将有助于探讨如何在“宪法”保障财产权的基础上,经由立法、行政和司法确保个人在财产法上的自由形成空间,及促进物尽其用的经济效率。

---

① 应注意的是,实务上认为关于未登记为公有或私有之林地,则不论已否办理登记,均不适用消灭时效或取得时效之规定。“最高法院”1998年台上字第1738号、2000年台上字第1550号判决。

② 参阅魏家弘:《台湾土地所有权概念的形成经过——从业到所有权》,台湾大学法律学研究所1996年硕士论文。

## 第二款　物权法的演变[①]

物权法,一般被认为是静态的法律,不若债权法的活泼,富于变动。实则,物权因与社会经济具有密切的关系,亦随着社会经济的发展而历经变迁。促进物权法发展变迁的因素,有为立法(如"动产担保交易法"的制定),有为司法实务,有为学说理论。就变动的内容言,有为立法原则的修正,有为体系的调整,有为理论的再构成,有为法学方法的反省与应用。兹提出八个重点,以供参考:

### 一、所有权社会化的继续进行与所有权保护的强化

所有权社会化的继续进行,系物权法最重要的发展趋势。在私法方面,系权利滥用禁止原则和诚实信用原则的适用(第148条)。在公法方面,与日俱增的环境保护法规对物权关系的影响最为深远。必须特别指出的是,在物权法的发展过程中,所有权一方面受到公法上的限制,但他方面所有权在基本权及权利程序保护上亦更臻周全。

### 二、相邻关系的双轨规范体系

"民法"对不动产相邻关系设有详细规定,多达32个条文(第774条至第800条),约占物权编的八分之一,实务上案例有增加的趋势,多集中于袋地通行权(第787条)、越界建筑(第796条),尤其是区分所有建筑物(第799条)。由于人口集中,公寓拥挤、工厂林立、生活环境恶化,为期合理规范,已逐渐形成私法与公法并重的双轨规范体系。1995年6月28日公布施行的"公寓大厦管理条例",系一项具有开创性的立法,被称为"住宅宪法",最值重视。

### 三、共有制度的调整

共有制度不利于物的使用,常为纷争之源,法律和实务上采取四种途径加以改进。

---

① 参见蔡明诚:《"民法"物权编的发展与展望》,载《"民法"七十年之回顾与展望论文集(三)》,2000年版,第45页;值得比较参照的是德国物权法的发展,参见 Baur, Entwicklungstendz im Sachenrecht, JA 1987, 181; M. Wolf, Beständigkeit und Wandel im Sachenrecht, NJW 1987, 2647. 关于日本物权法的发展,参见〔日〕广中俊雄:《星野英一编民法典の百年 II》,有斐阁 1998年版。

1. 放宽共有土地或建筑改良物的处分、变更及设定负担的要件(第819条、"土地法"第34条之1)。

2. 关于共有物的管理采多数决原则(第820条)。

3. 便利共有物分割,认分割请求权乃属形成权,不罹于消灭时效(1940年上字第1529号判例)。协议分割后时隔15年迄未办理登记时,共有人仍得诉请裁判分割。

4. 肯定共有物分割或分管等约定对应有部分受让人的效力(第826条之1)。

## 四、用益物权与担保物权的消长

### (一) 统计资料

"民法"上的物权,除所有权外,尚有地上权、农育权、不动产役权、典权(合称"用益物权"),不动产抵押权、质权、留置权(合称"担保物权")。台湾地区有极为完善、业已全部电脑化的土地登记。可惜的是,关于已登记物权的数量、时效取得地上权、抵押权担保债权的金额历年变动的情形,迄未资料化,未能提供可作分析研究的资料。

### (二) 担保物权的重要功能

由上揭统计资料可知,设定抵押权登记笔数最多(可惜缺少担保债权金额的统计),足见担保物权在市场经济中的重要功能,其发展重点有三:

1. 增设最高限额抵押权(第881条之1以下)。

2. 共有的不动产,如非基于公同关系而共有,各共有人得就其应有部分设定抵押权。

3. 抵押权与用益物权的并存,"民法"仅明定不动产所有人设定抵押权后,于同一不动产上得设定地上权及其他物权,但其抵押权不因此而受影响(第866条)。应进一步肯定不动产所有人设定典权及其他用益物权后,仍得于同一不动产设定抵押权,以发挥物之担保功能。

### (三) 用益物权的变动

据前揭统计资料,地上权登记笔数近年皆达二万多笔,尚属不少。其值得注意的有二:

1. 地上权时效取得争议甚多,系实务上的重要问题。

2. 财产局正在推动于公有土地设定地上权。

近三年不动产役权登记笔数皆超过3000笔,有逐年增加的趋势。典权 2011 年有 56 笔,2021 年仅有 19 笔,已丧失其重要性。永佃权因实施耕者有其田,已无新设定者,业于物权编修正时废除,另增设农育权,其登记笔数逐年增加,2021 年达 2844 笔。上揭统计资料显示用益物权的发展与台湾地区社会经济的变迁。

## 五、物权与债权的相对化①

物权系支配权,属于绝对权,与具相对性债权的性质不同,但随着理论发展和事实上的需要,物权与债权的关系在许多方面业已相对化。举其重要者而言,例如:债编若干规定对物权关系的类推适用;债权的物权化(租赁权及预告登记);物权关系上约定(如共有物分管契约)具有对抗第三人的效力;在让与担保制度上,物权让与与信托约款的结合;债权行为与物权行为的条件关联及共同瑕疵理论等。诸此问题充分显示物权和债权在许多法律关系中互相牵连交错,共同形成财产法的结构体系和功能规范。

## 六、比较法和物权法的发展

现行"民法"物权编的基本原则体例、内容系参照《德国民法典》《瑞士民法典》和《日本民法典》而制定,其后判例学说亦深受其影响,历经九十余年的解释适用,固已逐渐建立自有的理论体系,但仍须借助比较法的研究,引进或创设新的制度,以因应社会经济发展的需要。1963 年的"动产担保交易法"系参考美国法制,创设动产抵押、附条件买卖、信托占有三种不占有标的物的动产担保制度。1995 年公布施行的"公寓大厦管理条例"系参照德国和日本相关立法例而制定。比较法提供不同的规范模式,突显共同的发展趋势,扩大视野,启发灵感,其研究层面若能由单纯立法例的比较,更深化及于判例学说及实际运作,将更具参考价值。

---

① 参见吴从周:《互易契约之债权物权化》,载《台湾法学杂志》2009 年第 123 期;陈聪富:《使用借贷契约之债权物权化》,载《月旦裁判时报》2010 年第 2 期;陈聪富:《债权物权化之适用基础》,载《法令月刊》2010 年第 61 卷第 10 期;张译文:《债权物权化与类型法定原则》,载《台湾大学法学论丛》2021 年第 50 卷第 1 期;张译文:《物权化公式 4.0》,载《台湾法律人》2021 年第 5 期;陈荣传:《塔位买卖契约与债权物权化》,载《月旦裁判时报》2021 年第 114 期。

## 七、“民法”物权编的修正

现行“民法”物权编自1930年5月5日施行以来，迄今已逾九十年，其间社会结构、经济形态和人民观念均有重大变迁，原本立基于农业生活形态的民法物权已难因应今日多变的生活态样。经多年全面检讨，终于在2007年、2009年、2010年及2012年完成“民法”物权编的修正。修正内容有：为文字订正，以避免解释上的误会；为使法律适用周延明确；为将实务见解纳入法典；为解决实务与理论上的争议。其全面修正范围包括通则及所有权、用益物权、担保物权及占有。其重要修正包括：

1. 缓和物权法定主义，肯定得依习惯创设物权（第757条）。
2. 调整相邻关系。
3. 共有物的使用管理方法、分割等。
4. 全面更新不动产抵押，分为普通抵押权、最高限额抵押权及其他抵押权。
5. 关于用益物权的修正，其重点为：（1）删除永佃权。（2）增设农育权。（3）将地上权分为普通地上权及区分地上权。（4）将地役权修正为不动产役权，扩大其客体及设定人的范围。（5）调整典权的内容。

## 八、回顾与展望

### （一）物权法发展的年表

“民法”物权编制定于1929年，发展迄今已逾九十年，兹将相关法规范（及司法造法）作一年表，便于了解其演变过程，请特别注意制定法规范当时的社会经济状况，以及物权法与台湾地区政治社会变迁：

| 年份 | 法规范（最新修正时点） | 意义与功能 |
|---|---|---|
| 1929年 | “民法”物权编 | 现行法的历史基础 |
| 1930年 | “土地法”（2022年） | 建构土地登记制度 |
| 1946年 | “土地登记规则”（2021年） | 完善土地登记制度 |
| 1951年 | “耕地三七五减租条例”（2002年） | 土地改革 |
| 1953年 | “实施耕者有其田条例”（1993年废止） | 土地改革 |

（续表）

| 年份 | 法规范（最新修正时点） | 意义与功能 |
|---|---|---|
| 1955 年 | “平均地权条例”（2023 年） | 土地改革 |
| 1963 年 | “动产担保交易法”（2007 年） | 美国法的继受 |
| 1990 年 | “土地征收条例”（2012 年） | “宪法”保障财产权的具体化 |
| 1994 年 | “司法院”释字第 349 号解释 | 共有物分管契约的“违宪审查” |
| 1995 年 | “公寓大厦管理条例”（2022 年） | 住宅“宪法” |
| 1996 年 | “司法院”释字第 400 号解释 | 财产权与人格尊严：既成道路征收 |
| 1999 年 | “不动产经纪业管理条例”（2021 年） | 房地产交易安全与消费者保护 |
| 2003 年 | “不动产证券化条例”（2017 年） | 活络不动产市场、保护投资 |
| 2004 年 | “司法院”释字第 580 号解释 | “耕地三七五减租条例”的“违宪审查” |
| 2007 年 | “祭祀公业条例” | 习惯法的成文化 |
| 2007 年<br>2009 年<br>2010 年<br>2012 年 | “民法”物权编修正 | 物权法现代化 |
| 2020 年 | “最高法院”2020 年台上字第 3214 号判决 | 肯认“让与担保”为习惯法物权 |

（二）社会变迁与物权法理念的实践：人格自由与经济效率

前揭物权法相关法律的年表，体现了台湾地区物权法的历史基础，台湾地区政治社会经济变迁，九十多年的发展建构了一个稳定、公平、具有效率的物权法秩序，体现个人人格尊严的价值理念。其中若干法律及问题可作为专攻的领域，开拓物权法律人的职业生涯。研究物权法除认识个别法律规定内容外，尚须对物权法的演变及社会经济发展有宏观的认识，经由立法及法之适用促进物权法持续不断地开展，并维护法秩序之一贯性及统一性。

（三）判例学说与法释义学的建构

物权法的发展与物权法学有密切关系。法律譬如身体，判例（裁判）为其血肉，学说为其神经，物权法学在于整合判例与学说，建构法释义学,其任务在于建构现行物权法的理论体系,且融合法学方法(论)之应用,以减少法之适用的论证负担,以及检讨引领物权法的开展进步。

实务案件及各级法院(尤其是"最高法院")的裁判对物权法规范功能的实践及物权法的发展,作出重大长远的贡献。

物权法学体现于"民法"1929年施行以来的著作(请参阅本书第777页所整理的主要参考书目),充分展现承先启后累积性的研究成果。每一本著作都有其背景目的、内容及风格,值得提出的是四本具有代表性的著作:

1. 史尚宽的《物权法论》(1957年初版),整合德国及日本的判例学说,创设奠定台湾地区物权法的理论基础及引导法之适用,直至今日仍具学术价值。

2. 郑玉波的《民法物权》(1958年初版,2012年黄宗乐修订十八版),体系严谨,阐释基本理论,明确法之适用的要件与效果,文字优雅,具有普及物权法的重大功能。

3. 谢在全的《民法物权论》(1989年初版,2020年修订七版),全面整理分析物权法的判例(裁判)学说,引进日本法的比较研究,并对于争议问题提出延伸探讨,有助于促进物权法的立法修正及解释适用。

4. 郑冠宇的《民法物权》(2010年初版,2022年十二版),参酌德国法的判例学说,具有重点特色及见解,足供参照。

台湾地区物权法的著作多集中于教科书,应更多元化,包括简明的入门书、大型的体系性著作、专题性的研究及案例研习等。尤其是要集合众力完成一本民法注释书,扩大强化法学方法(包括比较法),提升认识社会变迁,拓展国际化的视野。期待更多的人投入物权法的教学研究,共同努力参与推动台湾地区物权法的进步发展。

## 第三款 法之适用、法律思维与案例研习

### 一、始于案例

#### (一) 结合理论与实务

法的实践在于法之适用。法学是实践的科学。法之适用及法的诠释不是始于文本,而是始于案例。案例研究旨在培养法之适用及法学实践的思维能力。诚如康德所言:"有理论无实务(案例),犹如空谈;

有实务(案例)无理论,殆如盲目飞行。”案例研习联结法释义学与法在具体案例的适用,本书亦以此为重点,先就案例研习的方法论作简要的说明(参阅王泽鉴:《民法思维:请求权基础理论体系》,北京大学出版社 2022 年重排版,以下简称《民法思维》)。

（二） 法学教育的核心课题

要落实案例研习的效用,必须使其成为法学教育的核心课题,其重点为:

1. 使案例研习作为正式课程,每一个基本课程均应有案例研习。

2. 每一位授课老师均应教授案例研习课程,俾能教学相长。

3. 授课老师应批改学生的学习作业,至少要发给所谓的模范解答(Musterlösung),并加以解说。

4. 学校及社会应投入更多资源,强化法律教育的内容及品质。

## 二、十个基本案例

（一） 基本案例

物权的案例层出不穷,兹举十个基本案例,说明当事人间的法律关系(略读即可,参照本书相关部分说明):

**案例 1**

甲出卖 A 屋、B 车于乙,乙转售于丙,均依让与合意,办理登记、交付其物,移转其所有权:

1. 甲与乙间的买卖契约不成立(无效或被撤销)。

2. 甲以当事人(或意思表示内容)错误,撤销其意思表示。

3. 甲以受乙诈欺(或胁迫),撤销其意思表示。

4. 请借此案例彻底理解负担行为与处分行为的区别,以及物权行为无因性理论。

**案例 2**

甲为避免 A 屋被其债权人强制执行,与乙为 A 屋的通谋虚伪买卖并移转其所有权。乙向丙贷款 500 万元,擅以 A 屋设定抵押权。

**案例 3**

甲擅在乙所有的土地上兴建 A 屋,让售于丙,并为交付:

1. 丙无权占用 A 屋。

2. 或乙的债权人对 A 屋为强制执行。

**案例4**

甲、乙、丙共有A地，乙、丙将该地出售于丁，未通知他共有人甲，径行办理登记并移转A地所有权。甲向乙、丙行使优先购买权。

**案例5**

甲某日向乙购买小提琴，约定暂存乙处三天。乙于翌日擅将该琴出售于丙，并依让与合意而为交付。设该小提琴为丁所有，借乙使用时，其法律关系。

**案例6**

1. 甲之A屋遭地震毁损，甲误取乙的水泥砖块修缮该屋。

2. 甲由丙承揽修缮其屋，丙擅盗取丁的水泥砖块，并使用丁保留所有权的建材修缮。

**案例7**

1. 甲借乙500万元，约定由乙提供A地设定抵押权，乙收到借款后，借故迟不为抵押权的设定。

2. 甲借乙500万元，由乙及第三人丙提供不动产设定抵押权，其后确认甲与乙间的消费借贷不成立（或无效、被撤销）。

3. 甲有A地出租于乙，乙于该地建造房屋，出租于丙。其后甲将A地设定抵押权于丁，再将A地设定地上权于戊，戊亦于该地建造房屋，出租于庚。其后丁实行抵押权拍卖A地，由辛拍定取得A地所有权。

**案例8**

1. 甲有A地出租于乙经营停车场，丙侵夺该地摆设摊位，出租于丁。

2. 甲有B车出租于乙，丙盗窃该车，丁又自丙处盗用该车。

**案例9**

甲有A地，误登记为乙所有。乙死亡后，其子丙明知（或非因重大过失不知）A地非其父乙所有，于该地经营农场，种植果树，收取果实出售，并支出必要、有益费用。

**案例10**

1. 甲有A、B二画（时值各为10万元、5万元），借乙观赏。乙死亡后，其子丙因过失不知该二画非其父乙所有，而将A画以12万元让售于丁，并将B画赠送于戊，皆依让与合意交付。丁、戊均非因重大过失不知丙无让与的权利。

2. 甲有A古瓶,设定质权于乙,乙保管该瓶的受雇人丙擅将该瓶让售于善意之丁,并依让与合意而为交付。

(二) 案例的功用

前举十个案例系物权法理论与实务的重要问题,旨在结合判例(裁判)学说,演练法之适用及法学上的论证。案例可以引导法律思考,更精确研读理解教科书。法学著作及论文应善用案例阐明法律争点,发现法律原则,区辨案例异同,激发法学想象力。

## 三、思考模式:案例研习的方法论

(一) 请求权基础方法与鉴定体裁

案例研习有一定方法,体现于思考模式及一定的规则,始能确保法之适用的安定性、可预测性及可检验性。此应为台湾地区法学教育的核心课题及任务。

拙著《民法思维》倡导"请求权基础鉴定体裁"的案例思维方法:

1. 请求权基础方法(Anspruchsgrundlage):系指法之适用在具体案例认定谁得向谁依据何种法律规范有所主张。例如在前揭案例1,甲得否向丙依"民法"第767条第1项前段规定请求返还A屋、B车?

2. 鉴定体裁(Gutachten):鉴定在于验证一定的法律规范(请求权基础)的适用,具有三个特征:

(1)法律问题应先提出:例如在前揭案例1,甲向丙依"民法"第767条第1项前段规定请求返还A屋、B车,须以甲系所有人、丙系无权占有为要件。

(2)逐步验证法律规范的适用:对于提出的问题,应逐步求证,检视法律规范(请求权基础)的构成要件是否具备,即案例事实得否涵摄于构成要件。在推论上所使用的文句,系"因此""从而""故"。例如:"甲为A屋、B车所有人,丙系无权(或有权)占有,故甲得(或不得)向丙依'民法'第767条第1项前段规定请求返还A屋、B车。"

(3)结论:在鉴定体裁,结论置于最后,对提出的问题作明确的表示,或为肯定,或为否定,如:"甲得(或不得)向丙依'民法'第767条第1项前段规定请求返还A屋、B车。"

关于鉴定体裁与判决体裁的区别,案例研习为何要采鉴定体裁,以及如何兼用鉴定体裁及判决体裁，请参阅王泽鉴：《民法思维》，北京大学出版社 2022 年重排版，第 108 页以下。

（二）思维模式

兹将处理案例的思维模式图示如下（参阅王泽鉴：《民法思维》，北京大学出版社 2022 年重排版，第 49 页以下）：

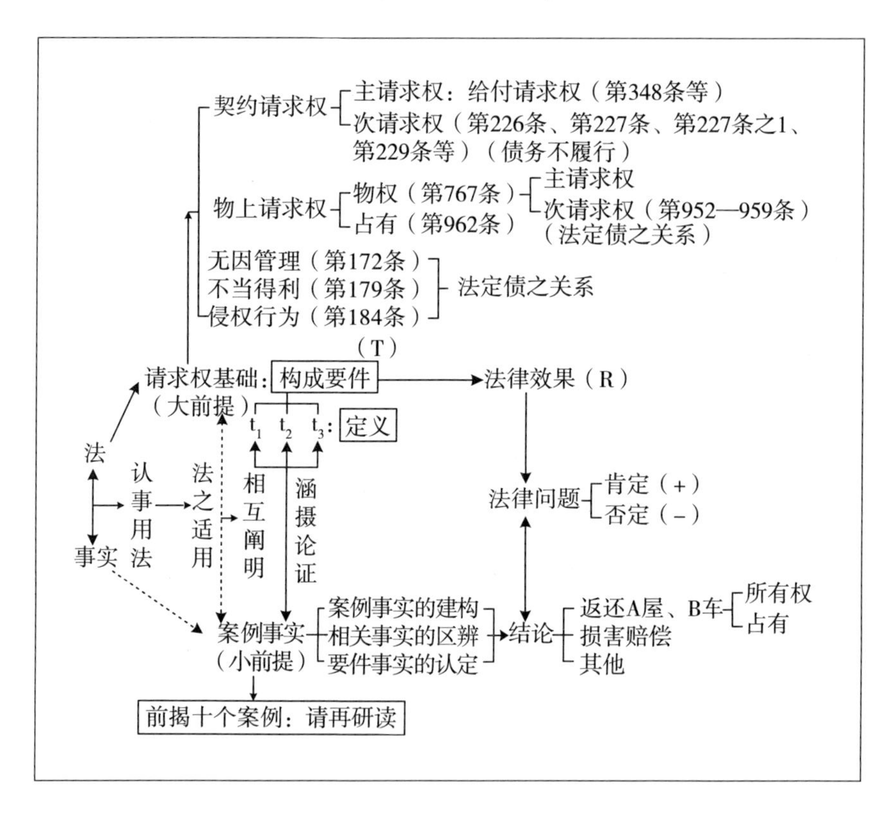


1. 法之适用始于案例。

2. 案例指向法律问题。

3. 来回于案例与规范之间，寻找得适用于案例事实的法律规范（请求权基础），包括法律解释与法之续造（参阅王泽鉴：《民法思维》，北京大学出版社 2022 年重排版，第 127 页以下）。

4. 建构符合请求权规范的案例事实（要件事实），就构成要件的概念针对案例事实加以定义，经由涵摄论证而为法之适用。

## 四、案例解说

请再阅读、思考案例 1,参考前揭说明,先自行解答,写成书面。

（一）解题结论

1. 基本法律关系

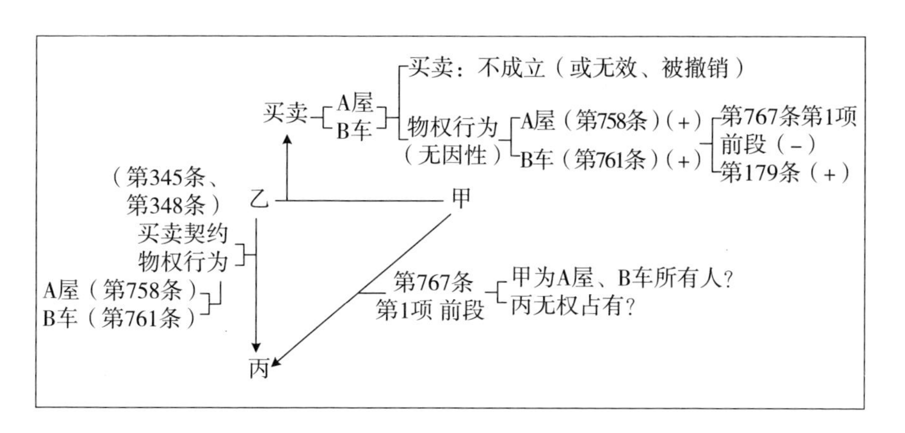


2. 请求权基础

(1)谁向谁:应先讨论甲向丙。案例 1 涉及甲、乙、丙三人之间的法律关系,在此情形,首应考虑甲得先向谁(乙或丙)行使其权利,此攸关当事人间的利益状态及法之适用的关系。就此而言,宜先考虑甲对丙的请求权,因为甲的主要利益在于请求返还 A 屋、B 车,而甲与丙间的法律关系可作为甲得向乙主张何种权利的基础。

(2)请求权基础:所有可能的请求权基础,依序检查。

（二）解说

1. 甲对丙的请求权:“民法”第 767 条第 1 项前段、中段规定

(1)甲得向丙依“民法”第 767 条第 1 项前段、中段规定请求返还 A 屋的占有,涂销 A 屋所有权的登记,以及依“民法”第 767 条第 1 项前段规定请求返还 B 车的占有,此须甲系 A 屋、B 车的所有人,丙为无权占有。

(2)甲原系 A 屋、B 车所有人。甲将 A 屋、B 车出卖于乙(负担行为),A 屋系依法律行为(物权行为)及登记移转其所有权(第 758 条),B 车系依让与合意(物权行为)及交付移转其所有权(第 761 条第

1 项)。甲与乙间的买卖契约不成立(或无效、被撤销),但甲与乙间的物权行为根据无因性理论,不因此而受影响,乙为 A 屋、B 车所有人。乙将 A 屋、B 车出售于丙并移转其所有权,系属有权处分,丙取得其所有权。

(3)结论:甲不得向丙依"民法"第 767 条第 1 项前段、中段规定请求返还对 A 屋的占有、涂销 A 屋所有权的登记;甲不得向丙依"民法"第 767 条第 1 项前段规定请求返还 B 车。

2. 甲对乙的请求权:"民法"第 179 条

(1)给付不当得利:甲得否向乙依"民法"第 179 条规定请求返还 A 屋及 B 车所有权(给付不当得利)?

①乙与甲的买卖契约不成立(或无效、被撤销),乙因物权行为无因性理论,受有 A 屋、B 车的所有权的利益。

②乙受利益系因甲的给付。

③甲与乙间买卖契约不成立(或无效、被撤销),乙受利益系无法律上原因。甲得向乙依"民法"第 179 条规定请求返还 A 屋、B 车的所有权。乙已将 A 屋、B 车所有权移转于丙,不能返还其所受利益,应偿还其价额(第 181 条)。

(2)权益侵害不当得利:

①乙受有取得 A 屋、B 车所有权的利益。

②乙系因甲的给付及物权行为无因性理论取得 A 屋、B 车的所有权,并未侵害归属于甲的权利。

(3)结论:甲对乙无权益侵害不当得利请求权。

(三) 其他案例

关于案例 1 的其他二个问题,请参阅前揭解题思考方法,自行解题,写成书面。

案例 1 至案例 10 在于理解认识物权法的基本问题,作为研读相关部分预习及复习之用,亦请认真研习,务必写成书面。用心、彻底研读一个案例,胜过听讲或阅读十个案例!尤其期待授课老师能够重视案例研习,讲授处理案例的方法,提供案例的解答以供学生参照。

## 五、法律人的任务

案例体现法律与社会生活。法之适用在于实践个案正义,创设规则，是一种技术、科学及艺术。技术可重复演练，熟能生巧。科学体现于体系构成及论证思辨。艺术在于创造和谐与风格。经由案例研习锻炼培养法律人的论证思辨能力及法学想象力，将有助于强化法律人的基本能力及思维素养，而能在其法律生涯及各种职业活动中作出贡献。

# 第二章　物权通论

## 第一节　物权的意义

1. 甲于3月1日出售某屋于乙,业已交付,但未办理登记。甲于4月1日又将该屋出售于丙,并即办妥所有权移转登记。试问:(1)甲与乙、甲与丙间之买卖契约是否均为有效?何者优先?(2)丙得否向乙请求返还该屋?

2. 甲在某风景区兴建别墅,与其邻居乙约定,乙不得在别墅前兴建房屋,以免妨碍眺望。半年后,乙将该地出售于丙,丙欲在该地盖大厦。甲提出异议,请求停工,有无理由?丙明知甲、乙间的约定时,是否不同?甲与乙应设定何种权利,始足确保其眺望不受妨碍?

### 第一款　物权的概念

#### 一、学习方法

物权系物权法的核心概念。何谓物权?借此问题,提出二个学习法律的方法:

1. 概念定义:法律系为实现一定规范目的,以法律概念及法律原则形成其规范内容,从而精确理解法律每一个概念的定义,对学习法律及法之适用,极为重要。

2. 明辨异同:此为法律人的基本能力,遇到争议难题,应查阅教科书等资料,整理分析不同学说,慎思明辨,形成自己的见解。

## 二、学说见解

“民法”对于个别物权，除所有权外，皆设有定义，但对于何谓“物权”，则未设明文规定。学者所下定义如下：(1)物权者，直接支配物之权利。[①] (2)物权者，直接支配物，而享受其利益之权利。[②] (3)物权者，直接支配物，而具有排他性之权利。[③] (4)物权者，直接支配物，享受其利益而具有排他性之权利。[④] (5)物权者，直接支配物，享受其利益，而具有排他性之绝对权。[⑤] (6)物权者，人对物的支配，进而排除他人干涉的权利。[⑥]

## 三、本书见解

以上六种定义，本质上并无不同。物权既然是对物直接支配的权利，当然得享受其利益，并具有排他的绝对效力。归纳言之，物权的内容有二：

1. 对物的直接支配，并享受其利益。
2. 排他的保护绝对性。

此二者系来自物的归属(Zuordnung)，即法律将特定物归属于某权利主体，由其直接支配，享受其利益，并排除他人对此支配领域的侵害或干预，此为物权本质的所在。[⑦] 分别说明如下：

### (一) 物权是一种物之归属的权利

物权是物之归属的权利，法律赋予权利人直接支配其物之力。所谓

---

① 参见梅仲协：《民法要义》，第369页；杨与龄：《民法物权》，第7页。

② 参见姚瑞光：《民法物权论》，第1页；谢在全：《民法物权论》(上)，第9页。

③ 参见倪江表：《民法物权论》，第15页；张企泰：《中国民法物权论》，第9页。

④ 参见郑玉波(黄宗乐修订)：《民法物权》，第21页。

⑤ 参见黄栋培：《民法物权论》，第10页。

⑥ 参见郑冠宇：《民法物权》，第3页。

⑦ 关于物权性的本质(Wesen der Dinglichkeit)，学说上甚有争论(Kühne, AcP 140, 11)。德国学者有认为物权性的本质在于对物的直接关联(Unmittelbarkeit der Sachbeziehung)；有认为在于诉之保护的绝对性(Absolutheit des Klageschutzes)。德国著名物权法学者韦斯特曼认为，二者无论个别或结合，均不足说明物权性的本质，乃提出权利归属理论(Zuordnung)，认为客体的直接支配性及保护绝对性源自物权财货归属功能(Güterzuordnende Funktion der dinglichen Rechte), Westermann, Sachenrecht, Bd. I. (9. Aufl. 1994) S. 8. 此项见解目前已成为德国的通说，Wieling, Sachenrecht (4. Aufl. 2001), S. 5 ff; Wilhelm, Sachenrecht (2001), S. 18 ff.

直接支配,系指物权人得依自己的意思享受物的利益,无待他人的介入。例如房屋所有人得依己意居住、出租或设定其他物权;地上权人得依己意在设定地上权的土地上建筑房屋;抵押权人于债权届期未获清偿时,得依法请求法院拍卖抵押物,不必得抵押人的同意。

法律将物归属于某人支配,在于使其享受物的利益。物的利益可分为用益价值和交换价值。所有权人所享受的,系物的全部利益,包括使用、收益、处分等。用益物权人所享受的,系对物的使用价值,或为全面的使用收益(典权);或以在他人土地上下有建筑物或其他工作物,而使用其土地(地上权);或在他人土地为农作、森林、养殖、畜牧、种植竹木或保育(农育权);或以他人不动产供自己不动产便宜之用(不动产役权)。担保物权(抵押权、质权或留置权)人所享受的,系物的交换价值,即债务人届期不清偿时,债权人得依法变卖担保标的物,就其价金满足债权。

(二) 物权是绝对的物之归属的权利

物权作为一种物之归属的权利,具有绝对性,得对抗任何人。任何人非经物权人的同意不得侵害。于受他人侵害时,物权人得主张物权请求权(第767条),排除他人的侵害,以回复物权应有的圆满状态。绝对性为物权的特性,故物权又称为绝对权或对世权。

## 第二款　物权与债权

### 一、物权与债权的区别:物权的绝对性与债权的相对性

物权与债权虽然同属财产权,但性质有别,物权系对物支配的绝对权,债权则属相对权,即债权人基于债之关系,得向债务人请求给付。债权不是对债务人人身的支配,也不是对给付标的物的支配,而是请求给付和保有给付的权利。兹先图示物权与债权的构造,再举三例说明绝对性物权与相对性债权的不同:

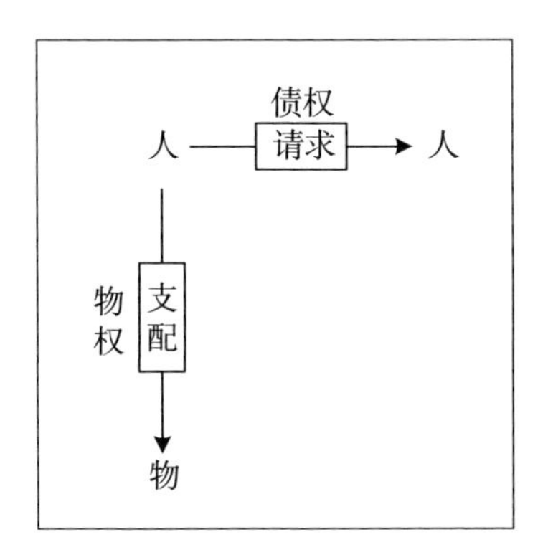


（一）一屋二卖：债权平等原则及物权优先性

在例题1中，甲出卖A屋给乙，乙对甲享有债权，得向甲请求交付该屋，并移转登记其所有权（第348条），但不能对该屋直接支配。甲将该屋交付于乙时，乙虽取得占有，但在办理登记前，仍未取得所有权。其后甲又将该屋出售于丙，丙亦取得向甲请求交付该屋，并移转其所有权的债权（第348条）。在同一标的物上数个债权可以同时并存，居于平等地位（债权平等原则）。设甲将该屋登记于丙时，丙即取得其所有权（第758条）。对丙而言，乙为无权占有，乙不能以其与甲之间的买卖契约，对丙主张对该屋有占有的本权（债的相对性），故丙得向乙请求返还该屋（第767条第1项前段），乙仅能依债务不履行的规定，向甲请求损害赔偿或解除契约（第226条、第256条）。[①] 此为基本案例，图示如下：

---

① 高等法院暨所属法院1976年度法律座谈会民事类第10号提案提出如下问题："甲将其所有A建地一笔出卖于乙，订立买卖契约书后，即将该地交付乙使用，但未办理所有权移转登记。旋甲复将该地出卖于丙，并办毕所有权移转登记，丙可否认乙为无权占有，本于所有人地位，诉请乙交还A建地？"研讨结果认为："所有权为对世权，对于任何人皆有效力，物之所有人同意他人使用后，将所有权让与该他人以外之第三人，除法律另有特别规定外（第425条），该他人不得对抗嗣后取得所有权之受让人，乙既未取得所有权而占用A建地，自属无权占有，丙基于所有人地位，自可诉请交还土地。"

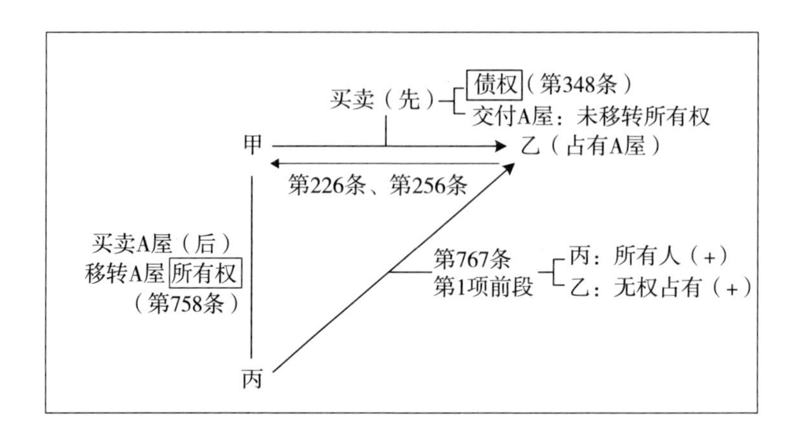


（二）契约的不作为义务

在例题2中，甲在风景区兴建别墅，与邻居乙约定，乙不得在别墅前建屋，以免妨碍眺望，乙负有契约上不作为义务（第199条）。[①] 乙将该地让售于丙，而丙未承担乙的债务时，不受此项约定的拘束，纵丙明知甲、乙间的约定亦然，因为甲与乙所订的契约，仅具债权的性质，无对世的效力，甲不得阻止丙兴建房屋。甲欲使其与乙的约定得对土地的受让人发生效力，须设定不动产役权，以乙的土地供甲的土地便宜之用（第851条）。不动产役权系属物权，直接支配其物，不因土地让与他人而受影响。[②]

（三）买卖不破租赁（债权物权化）

甲出租A屋于乙，交付后，复将该屋出售于丙，并办理所有权移转登记。"民法"第425条规定："出租人于租赁物交付后，承租人占有中，纵将其所有权让与第三人，其租赁契约，对于受让人仍继续存在。前项规定，于未经公证之不动产租赁契约，其期限逾五年或未定期限者，不适用之。"学说上称之为租赁权的物权化。

---

① 参见王泽鉴：《契约上的不作为义务》，载《民法学说与判例研究》（第八册），北京大学出版社2009年版，第86—101页。

② 类此问题，"最高法院"1977年台上字第1635号判决可供参考："按契约通行权仅为债权之一种，原审认上诉人之父谢财旺出卖土地时，与李义杰就系争土地所为通行权之约定，为物权契约，所持法律上之见解，实有违误；且上开通行权之约定，仅于契约当事人间有其效力，如经李义杰让与此项权利，依'民法'第297条规定，非经通知，对于债务人不生效力。原审竟谓此项权利之让与，无通知上诉人之必要，亦嫌无据。"

"民法"第425条规定不能类推适用于使用借贷。"最高法院"1970年台上字第2490号判例谓:"使用借贷,非如租赁之有'民法'第425条之规定,纵令上诉人之前手将房屋及土地,概括允许被上诉人等使用,被上诉人等要不得以上诉人之前手,与其订有使用借贷契约,主张对现在之房地所有人即上诉人有使用该房地之权利。""最高法院"此项见解,可资赞同。使用借贷系属无偿,且不涉及借用人保护问题,与租赁不同,自不能同等待之。[①]

### 二、物权关系上债权约定的效力

物权法虽多强行规定,但基于私法自治原则,仍留有当事人自由形成其权利义务的空间,得在物权关系上为债权的约定。因而有一个重要问题:何种物权关系上的债权约定,在何种要件之下,具有对抗第三人效力?

值得特别提出的是,"民法"第826条之1规定:"不动产共有人间关于共有物使用、管理、分割或禁止分割之约定或依第八百二十条第一项规定所为之决定,于登记后,对于应有部分之受让人或取得物权之人,具有效力。其由法院裁定所定之管理,经登记后,亦同。动产共有人间就共有物为前项之约定、决定或法院所为之裁定,对于应有部分之受让人或取得物权之人,以受让或取得时知悉其情事或可得而知者为限,亦具有效力。共有物应有部分让与时,受让人对让与人就共有物因使用、管理或其他情形所生之负担连带负清偿责任。"

本条规定系参照"司法院"释字第349号解释,并仿其他立法例,于不动产为上述约定或决定经登记后,即对应有部分之受让人或取得物权之人,具有效力(《德国民法典》第746条、第1010条第1项,《瑞士民法典》第649条之1),将于相关部分再行说明(本书第342页)。

## 第二节　物权的种类

1. 何谓物权法定原则?为何要采物权法定原则?有无"债权法定原则"?现行"民法"上有多少种类的法定物权?

---

① 详见王泽鉴:《基于债之关系占有权的相对性及物权化》,载《民法学说与判例研究》(第七册),北京大学出版社2009年版,第40—56页。

2. 得否依习惯创设物权？其要件如何？有无习惯所创设的物权？

3. 甲、乙、丙等王氏宗亲兴建祠堂，为维护祖产和观瞻，约定出售祠堂两侧房屋时，其他宗亲有优先承买权，其效力如何？设甲违反此项约定径将其所有房屋出售于第三人，并办理登记时，其法律关系如何？

## 第一款　物权法定原则①

### 一、物权法定主义

#### （一）物权法定主义的功能

"民法"第757条原规定："物权，除本法或其他法律有规定外，不得创设。"学说上称之为物权法定原则（物权法定主义）。债权并无法定原则。债之关系，除法律规定外（如无因管理、不当得利、侵权行为，合称为"法定债之关系"），当事人得依契约自由创设，原则上不受任何限制（第71条、第72条）。然则，为何要采物权法定原则（例题1）？其主要理由有四：

1. 物权的绝对性："民法"第757条立法理由载："物权，有极强之效力，得对抗一般之人，若许其以契约或习惯创设之，有害公益实甚，故不许创设。"

2. 明确界定产权：物权与社会经济有密切关系，任意创设，对所有权设种种限制及负担，妨碍所有权自由，影响物的利用。以法律明定其种类内容，明确界定产权，建立物权类型体系，有助于发挥物尽其用的经济效益。

---

① 关于物权法定原则，在立法例上设有明文的，除中国台湾地区"民法"外，尚有《日本民法典》第175条、《韩国民法典》第185条、《奥地利民法典》第308条、《中华人民共和国民法典》第116条。《德国民法典》虽未设明文规定，但判例学说肯定之。关于物权法定原则的历史发展，Heck, Grundriss des Sachenrechts, 1930, S. 72 ff., 论述甚详，可供参考。参见苏永钦：《物权法定主义的再思考——从民事财产法的发展与经济观点分析》，载《民法论文选辑》，1991年版，第1页；张永健：《法经济分析：方法论与物权法应用》，2021年版，第196页。值得注意的是，T. W. Merrill and H.E. Smith, Optimal Standardization in the Law of Property: The Numerus Clausus Principle (Yale Law Journal, Vol. 110, 1)，论述美国法上的物权法定原则，并作深入的法律经济分析，具参考价值。

3. 交易安全与便捷:物权具有对世的效力,物权的得丧变更,应力求透明。物权种类和内容的法定化,便于公示(尤其是土地登记),可确保交易安全与便捷,减少交易成本。

4. 契约自由与物权法定原则之不足:物权法上的私法自治虽因物权法定原则而受限制,但当事人间的需要,仍可经由债权契约而获得满足。兹以优先购买权为例加以说明。传统上向有卖产应先尽(先问)亲房的习惯,现行物权法不采之,其主要理由是认为此等亲房拦产的习惯,助长把持掯勒之风,于社会经济毫无实益。[①] 又现行"民法"亦不承认不动产的近邻有先买权,因其于经济的流通,地方之发达,均有障碍(参照最高法院1941年上字第191号判例)。"土地法"设有若干承认优先购买权的特别规定("土地法"第34条之1、第104条、第107条,并请参阅"民法"第426条之2)。在此等情形以外,当事人认为有必要时,得订立"卖产应先问邻居或亲房"的契约,以满足其交易上的需要(参阅例题2)。物权法定原则对私法自治的限制,可经由债权契约自由而获得缓和或补充。

(二) 类型强制和类型固定

"民法"第757条所谓"法律",系指经"立法院"通过,"总统"公布的法律而言,包括"民法"及其他法律(如"动产担保交易法"),命令不包括在内。"习惯",系指习惯法而言。所谓"不得创设",其意涵有二:

1. 类型强制:不得创设"民法"(或其他法律)所未规定或习惯法所未形成的物权,例如设定"不动产质权"。学说上称之为类型强制(Typenzwang)。

2. 类型固定:不得创设与物权法定内容相异的内容,例如设定不移转占有的动产质权。学说上称之为类型固定(Typenfixierung)。

(三) 强行规定与违反的法律效果

"民法"第757条系属强行规定(第71条),违反的法律效果为:

1. 法律有规定时,从其规定。例如"民法"第912条规定:"典权约定期限不得逾三十年。逾三十年者缩短为三十年。"

2. 法律无特别规定时,其创设物权的法律行为无效。最高法院1941

---

① 参照最高法院1928年上字第691号判例、1929年上字第1346号判例、1930年上字第1710号判例、1941年上字第131号判例、1941年上字第2040号判例(不再援用)、1942年上字第2235号判例(不再援用)。由诸此众多判例可知,此种优先承买权系当时社会的重大问题。

年上字第2040号判例谓:“民法第757条规定:物权,除本法或其他法律有规定外,不得创设。此所谓法律,按之采用物权限定主义之本旨,系指成文法而言,不包含习惯在内。故依地方习惯房屋之出租人出卖房屋时,承租人得优先承买者,惟于租赁契约当事人间有以之为契约内容之意思时,发生债之效力,不能由是创设有物权效力之先买权。”关于此项判例,应注意的有三点:

(1)旧“民法”第757条所谓法律,不包括习惯(法)。“民法”第1条所称习惯,系指习惯法。新修正“民法”第757条规定得依习惯法创设物权。

(2)承租人优先承买的地方习惯,不具习惯法的效力。

(3)法律行为违反“民法”第757条规定时,虽不发生创设物权之效果,但得具有债的效力。

3. 一部无效,他部仍有效(第111条但书)。如当事人约定以移转占有为内容之抵押权设定,除去移转占有之约定部分,该抵押权设定仍为有效。

## 二、物权法定主义的缓和:以习惯法创设新物权

### (一) 立法理由

应特别指出的是,新修正“民法”第757条规定:“物权除依法律或习惯外,不得创设。”立法说明谓:“为确保交易安全及以所有权之完全性为基础所建立之物权体系及其特性,物权法定主义仍有维持之必要,然为免过于僵化,妨碍社会之发展,若新物权秩序法律未及补充时,自应许习惯予以填补,故习惯形成新物权,若明确合理,无违物权法定主义存立之旨趣,能依一定之公示方法予以公示者,法律应予承认,以促进社会之经济发展,并维护法秩序之安定,爰仿《韩国民法典》第185条规定修正本条。又本条所称‘习惯’系指具备惯行之事实及法的确信,即具有法律上效力之习惯法而言,并予指明。”分二点加以说明(例题3):

1. 物权除法律外,亦得依习惯(法)加以创设(习惯物权),仍维持物权“法定”主义,所谓法定,包括法律及习惯(法)。习惯法具补充性,不得变更法律规定的物权(第1条)。

2. 物权得依习惯(法)而创设,系立法政策问题。立法理由表示“民法”第757条系采韩国民法立法例,然韩国实务上究有何种依习惯创设的

物权，立法理由未作说明。此类重大修正宜有较深入的比较法研究，并应有专题的研究报告。

（二）习惯物权的创设

习惯物权的创设须具备三个要件：

1. 习惯（法）须指具备惯行之事实及法的确信。

2. 明确合理，无违物权法定主义。

3. 有一定的公示方法。

值得提出的是，“最高法院”在一件关于区分所有公共使用部分的判决（2012年台上字第1615号）中认为：“原审徒依……当年规划、双方小区本即各有互不相通之建物却有各自之共同使用部分、停车位之坐落（即1989年使字第0258号及第0272号使用执照及其附表上之记载）、以往管理及使用情形等，认定双方小区之区分所有权人间，就各该栋之共同使用部分，有类似共有人之关系存在，并进而认定就系争停车位有类似分管契约存在，固非全然无见。惟何谓‘类似共有人之关系’？其内容及相互间之权利义务关系为何？何以须承认现行法律本无规定之物上权利？等项，于‘民法’第757条修正可依习惯创设物权后，自应详为审酌，并说明其认定理由，以求慎重而维护法秩序之安定。乃原审未说明其创设‘类似共有人之关系’之新物权，是否明确合理、有无违反物权法定主义存立之旨趣、是否能依一定之公示方法予以公示、是否具备惯行之事实及法的确信等项，遽认被上诉人享有类似物权之排除侵害权利，不免率断，而有判决不备理由之违法。”

本件判决具有二点意义：

1. 习惯物权乃原始产权的创设，法院应详为审酌，说明其认定理由，以求慎重而维护法秩序之安定。

2. 习惯物权须经法院认定，学说的任务在于明确建构其内容，系一种法院实务与学说共同协力的法之续造的发展过程。

（三）有无习惯物权

1. 最高限额抵押权：可认系习惯法所创设的担保物权，业已成文化为一种抵押权（第881条之1）。

2. 违章建筑买受人的事实上处分权：违章建筑买受人的事实上处分权在物权法的定位，系一个具有争论、值得深入研究的课题（本书第130页）。

3. 不动产让与担保：让与担保（尤其是不动产让与担保）经判例法

四十余年的发展,系习惯法所创设的第一个习惯物权(2020 年台上字第 3214 号),具里程碑的历史意义(本书第 575 页)。

## 三、物权法上的习惯

"民法"第 757 条明定得依习惯(法)创设物权(习惯物权)。与此种习惯物权应予区别的是物权法上的习惯(简称"物权习惯")。"民法"关于相邻关系、地上权、农育权、不动产役权和典权等明定物权习惯,具有形成物权关系的重要功能,分四点加以说明①:

1. 习惯物权,须具备惯行之事实及法之确信。物权习惯,须具备一定惯行之事实,但不以有法之确信为必要,与具有法律上效力的习惯物权,应予区别。

2. 物权习惯可以排除"民法"规定的适用,具有优先于成文法的效力②,其规范类型有四:

(1)另有习惯者,从其习惯:如"民法"第 776 条规定:"土地因蓄水、排水、或引水所设之工作物、破溃、阻塞,致损害及于他人之土地,或有致损害之虞者,土地所有人应以自己之费用,为必要之修缮、疏通或预防。但其费用之负担,另有习惯者,从其习惯。"其他规定,例如"民法"第 778 条、第 850 条之 5 等(请阅读条文)。

(2)法令另有规定或另有习惯者,从其规定或习惯:例如"民法"第 779 条、第 781 条、第 785 条、第 786 条等(请阅读条文)。

(3)另有特约或另有习惯者,从其特约或习惯(或不在此限):例如"民法"第 838 条第 1 项:"地上权人得将其权利让与他人或设定抵押权。但契约另有约定或另有习惯者,不在此限。"其他规定,例如"民法"第 800 条、第 850 条之 3、第 915 条等(请查阅条文)。

(4)地方习惯:例如"民法"第 790 条、第 793 条。

---

① 参照"民法"第 776 条、第 778 条、第 781 条、第 786 条、第 793 条(相邻关系)、第 836 条、第 838 条(地上权)、第 850 条之 5 第 1 项(农育权)、第 915 条(典权)。诸此规定,务请查阅读之。

② 最高法院 1939 年上字第 1078 号判例:"民法第 915 条第 1 项但书所称之习惯,固有优先于成文法之效力,惟此系指限制典权人将典物转典或出租于他人之习惯而言,并不包含转典得不以书面为之之习惯在内,转典为不动产物权之设定,依民法第 760 条之规定,应以书面为之,纵有相反之习惯,亦无法之效力。"应注意的是,"民法"第 915 条第 1 项但书所称之习惯,系指物权习惯,而非第 1 条所称之习惯(法)。另"民法"第 760 条规定已于 2009 年 1 月删除,修正增订于第 758 条第 2 项。

此等规定旨在调整物权内容,以不同的规范方式缓和物权内容固定的强制规定。

3. 查阅相关司法资料,尚未发现法院适用物权习惯的案例。查其原因,或因少有物权习惯;或因物权习惯发现认定不易,需要信息成本;或因当事人多自行依物权习惯处理纠纷,减少诉讼成本,以免破坏相邻关系的和谐。

4. 就物权法的发展言,立法者得将物权习惯加以成文化(法定物权)。未来值得观察的是,“物权习惯”如何演变成为“习惯物权”。

## 第二款 物权的类型体系

### 一、民法上的物权类型

物权须依法律而创设,法律创设何种类型的物权,视社会经济需要而定,故各国和地区的法律规定物权的种类不同。“民法”规定八种物权(法定物权):所有权、地上权、农育权、不动产役权、抵押权、质权、典权和留置权。另设占有,系属一种对物管领的事实状态,称为类似物权。此等物权可从不同的角度或观点加以分类:

1. 所有权与定限物权:此系以对于标的物的支配范围为标准而为区别。所有权系对于物之用益价值和交换价值为全面支配的物权,故又称为完全物权。定限物权具有二个意义:(1)于一定范围内对物为支配的物权;(2)对所有权加以限制,系所有权以外的其他物权(参阅第762条、第763条),“土地法”称为他项权利(“土地法”第11条)。

定限物权以其所支配内容为标准,可别为用益物权和担保物权。用益物权系以支配物的使用价值为内容的物权,地上权、农育权、不动产役权、典权属之。担保物权系以支配物的交换价值为内容的物权,抵押权、质权、留置权属之。

2. 不动产物权、动产物权与权利物权:此系以标的物之种类为标准而区分。存在于不动产上的物权,称为不动产物权,属之者有不动产所有权、地上权、农育权、不动产役权、典权和抵押权。存在于动产上的物权,称为动产物权,属之者有动产所有权、动产质权和留置权。存在于权利上的物权,称为权利物权,属之者有权利质权、权利抵押权。此项区别的实益在于其成立要件、效力及得丧变更的不同。

3. 主物权与从物权:此系以物权是否具有独立性为标准而区分。物权得独立存在,不须从属于他权利者,称为主物权,属之者有所有权、地上权、农育权和典权。物权不具独立性,须从属于他权利而存在者,称为从物权,属之者有担保物权(从属于债权)、不动产役权(从属于需役不动产之所有权)。二者区别的实益在于主物权得独立存在,从物权则随主物权的命运。

4. 意定物权与法定物权:此系以物权发生的原因为标准而区分。意定物权者,指物权的发生系基于当事人的意思,“民法”上规定的物权,除留置权外,均得依当事人的意思而发生。法定物权者,指物权的发生,不问当事人的意思如何,依法律规定而发生,如留置权、法定地上权(第876条)。二者区别的实益在于其成立要件和适用法规的不同。

5. 登记物权与不登记物权:此系以物权的变动是否须经登记为标准而区分。物权的变动须经登记者,称为登记物权,不动产物权属之。动产物权的变动无须登记,只须交付即生效力者,称为不登记物权(或交付物权),动产物权属之。二者区别的实益在于前者的变动依登记而生效力(第758条);后者的变动依交付而生效力(第761条)。

6. 有期限物权与无期限物权:此系以物权存续有无期限为标准而区分。仅能于一定期限内存续的物权,称为有期限物权,如典权、抵押权、质权、留置权。其存续期间无限制,且能永久存续的物权,称为无期限物权,如所有权。至于地上权和不动产役权是否有存续期限,则依当事人的约定。二者区别的实益在于前者其存续期间届至时,当然归于消灭;后者除抛弃、标的物灭失或其他原因外,不因时间经过而消灭。

7. 本权与占有:此系以其有无物权的实质内容为标准而区分。占有仅系对于标的物有管领力的一种事实,并非物权。对占有而言,所有权、其他物权,甚至租赁权,均为本权。二者区别的实益在于确定有无本权的存在,以定其保护的方法。

## 二、特别法上的物权类型

依“民法”第757条所称“法律”而创设的物权,除“民法”外,尚有特别法,可分为四个类型(请参阅条文):

1. “动产担保交易法”规定的动产抵押、附条件买卖、信托占有三种担保制度。“民用航空法”规定的民用航空器抵押权(“民用航空法”第

19 条以下)。“海商法”规定的船舶抵押权(“海商法”第 33 条以下)。此类物权的特色在于其成立不以移转标的物的占有为必要,具有兼顾动产担保和用益的功能。

2. “大众捷运法”规定的空间地上权(“大众捷运法”第 19 条)。

3. “土地法”规定的耕作权(“土地法”第 133 条)、优先承买权(“土地法”第 104 条、第 107 条)。

4. “矿业法”规定的矿业权(“矿业法”第 4 条),“渔业法”规定的渔业权(“渔业法”第 15 条)。

依特别法优先普通法的一般原则,特别法设有规定时,依其规定,无规定时,应适用或准用“民法”相关规定。例如航空器抵押权准用“动产担保交易法”有关动产抵押之规定(“民用航空法”第 19 条);关于动产抵押,“动产担保交易法”无规定者,适用“民法”及其他法律的规定(“动产担保交易法”第 3 条)。“矿业法”第 8 条规定:“矿业权视为物权,除本法有特别规定外,准用‘民法’关于不动产物权之规定。”

## 三、物权类型的体系构成

“民法”上的物权,已说明如上,兹依其客体和内容,组成如下的类型体系:

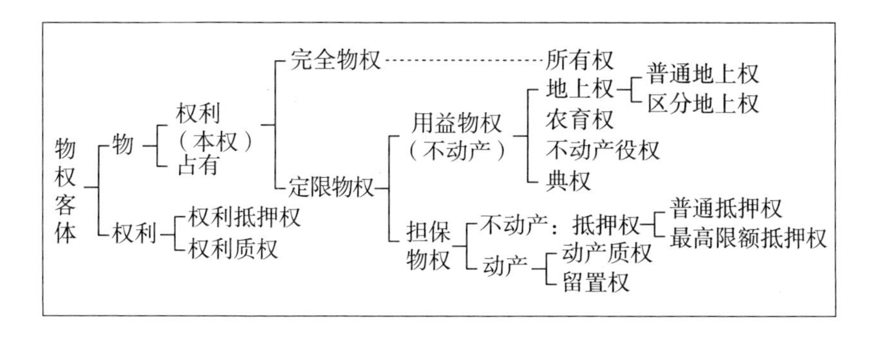


物权的分类有助于了解个别物权的性质和内容,兹举三例说明如下,以供参考:

1. 不动产所有权:物权、不动产物权、完全物权、主物权、意定物权(或法定物权)、登记物权、无期限物权。对占有而言,为本权。

2. 地上权:物权、不动产物权、定限物权、用益物权、主物权、意定物权(或法定物权,如“民法”第876条)、登记物权、有期限或无期限物权依当事人约定。对占有而言,为本权。

3. 动产质权:物权、动产物权、定限物权、担保物权、从物权、意定物权、不登记物权,有期限物权。对占有而言,为本权。

关于不动产役权、抵押权及权利质权,请读者参照前述,加以说明。

## 第三节 物权的客体①

1. 甲经营小农场,自有土地2笔,共计3000坪;养牛30只。甲另在相邻乙所有土地设定地上权,盖2栋房屋。又甲对牛商丙有2个各为5万元的债权。试问:

(1)甲有何种权利?以何为客体?

(2)甲出售其“所有财产”于丁时,如何将其财产移转于丁?共需多少法律行为?何种法律行为?

(3)甲向戊银行贷款时,如何以其财产设定担保?

2. 试举例说明何谓物、定着物、从物、重要成分、天然孳息,及其在物权法上的规范意义。就民法基本概念加以定义,并举例说明,系法律人的基本功,前已说明,兹再强调。

### 一、物权客体特定原则

物权系指直接支配某物而享受其利益,从而物权系以“物”为其客体(客体系上位概念,标的物为下位概念,但常互用之)。需注意的是,物权亦有以他物权或债权为客体,如地上权、农育权及典权得为抵押权标的物(权利抵押权,第882条)。可让与之债权及其他权利得为质权的标的物(权利质权,第900条)。何种权利得作为物权的客体(权利上的权利,Recht an der Rechte),须有法律依据,并准用物权的规定,如权利抵押权准用关于不动产抵押权的规定(第883条);权利质权准用关于动产质权的规定(第901条)。

物权在于支配其物,享受其利益,为明确物权,便于公示,以保护交易

---

① 关于本节论述,参见王泽鉴:《民法总则》,北京大学出版社2022年重排版,第210页以下。

安全,现行“民法”采取所谓物权标的物特定原则,即一个物权的客体(标的物),应以一物为原则,一个物权不能存在于二个物之上,又称为一物一权原则。单一物(如土地)和合成物(如房屋、汽车)在法律上均为独立之物,得为一个单独所有权的客体。集合物(如图书馆),系由数个独立之物集合而成,其本身不能作为物权之标的物,所有权仅得存在于各个独立之物之上(如每一本书、每一台电脑)。

基于物权标的物特定原则,物权的变动应就个别之物作成之,应予注意(包括所有权的移转、用益物权或担保物权的设定)。物是一个兼具法律与经济的概念,包括物的种类、主物与从物、成分(重要成分与非重要成分)、孳息(天然孳息与法定孳息),除涉及物权变动,还与担保物权的效力具有密切关系(第 862 条、第 863 条、第 864 条)。

## 二、物、不动产、动产

### (一) 物之概念

1. 不动产与动产

物权以物为客体,但何谓物,“民法”未设规定,通说认为系指除人之身体外,凡能为人力所支配,具有独立性,能满足人类社会生活需要的有体物和自然力。物分为不动产和动产。称不动产者,谓土地及其定着物(第 66 条第 1 项)。动产系指不动产以外之物(第 67 条),例如汽车、珠宝、图书、尸体(2020 年台上字第 2062 号)等。

大数据、虚拟货币(如比特币)等新兴科技的人工智能产物,是否为动产?得否为物权的客体?尚有争议。笔者认为民法上之物限于有体物,货币系属动产。比特币是一种在公开市场买卖的加密货币,但非有体物,不能定性为民法之物而为一种动产。惟比特币系一种财产(如比特币买卖、作为计价单位或付款工具),在交易上依其情形得类推适用动产规定,或解释当事人意思表示而为处理。[①]

2. 不动产:土地与定着物

(1)土地:土地指地球上表面的部分。土地有地籍,以市或县为单

---

① 虚拟货币之定性,相关争论的论述,有无体财产说、无体物说、债权说等,参见杨岳平:《论虚拟通货之法律定性——以民事法与金融法为中心》,载《月旦法学杂志》2020 年第 301 期;谢在全:《民法物权论》(上),2020 年版,第 23 页;陈荣传:《实用民法物权》,2021 年版,第 6 页。

位,市或县分区,区内分段,段内分宗,按宗编号("土地法"第 40 条,如坐落台北市松山区福德段○○小段,地号陆肆伍)。每号俗称为每笔,一笔一物,为个别的不动产。土地的岩石、土砂为土地构成部分,包括于土地所有权之内。附着于土地之矿,不因土地所有权之取得而成为私有。此项不得私有之矿,其种类依"矿业法"规定("土地法"第 15 条)。

(2)定着物:定着物系指固"定",且附"着"于土地之物,例如房屋、纪念碑、灵骨塔等。临时搭设者(如庙会戏台),或与土地密切不可分离者(如围墙、假山)皆非不动产。"民法"总则所称定着物,在物权编称为建筑物(第 832 条、第 876 条),在"土地法"称为建筑改良物(简称"建物")。建物所有权状载有基地坐落、建物门牌及建号。建物得区分所有,区分所有权人得就其区分所有部分之权利,单独申请登记("土地登记规则"第 80 条以下)。

至于违章建筑物虽不能请领建筑执照,但已符合定着物的要件时,系独立于土地外的不动产,仍得为物权客体,由原始建筑人取得其所有权。

(二) 不动产与动产区别的实益与认定

1. 区别不动产与动产的实益

物可分为不动产(土地及其定着物)与动产,其区别具有重大实益,体现于物权变动及其得设定定限物权的种类,图示如下:

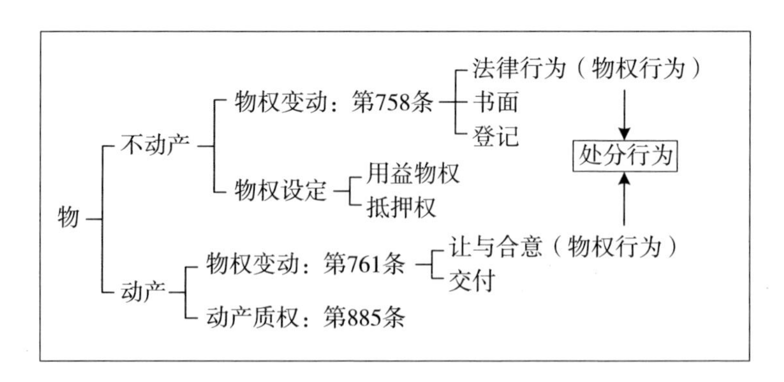


2. 不动产与动产的认定

关于不动产与动产的认定,实务上有四个争议问题:

(1)建筑房屋完成至何程度,始可认为是不动产(定着物):"最高法院"1974 年第 6 次民庭庭推总会决议谓:"'民法'第 66 条第 1 项所谓定着物,系指非土地之构成部分,继续附着于土地,而达一定经济上目的,不易移动其所在之物而言。凡屋顶尚未完全完工之房屋,其已足避风雨,可达经济上使用之目的者,即属土地之定着物,买受此种房屋之人,乃系基于法律行为,自须办理移转登记,始能取得所有权。”反面言之,未完成的建物未达上开“最高法院”决议所提出的标准时,应属动产,买受此种建物之人,仅须依让与合意而为交付,即可取得其所有权(第761条)。[①]

(2)轻便轨道:“司法院”释字第93号解释谓:“轻便轨道,除系临时敷设者外,凡继续附着于土地而达一定经济上之目的者,应认为不动产。”

(3)电杆:“最高法院”2016年台声字第534号裁定谓:“电杆之变更设置,非仅考量电杆本身移动之难易而已,尚牵涉其他如前述之经济上、供电线路之技术可行性等因素。是审酌电杆属电业设备,系密切附着于土地,不易移动其所在,而达供电业使用之经济目的,除临时施设者外,其设置具有继续性者,不失为‘民法’第66条第1项规定之定着物。声请人使用相对人电杆附挂电信线路之费用,核属不动产租赁。”

(4)污水处理厂:“最高法院”2016年台上字第1120号判决谓:“污水处理厂包括已登记之建物、未登记之增建物及其内之机器设备与排水管线,系……公共设施系统之一……系争污水处理厂既系为处理全小区之污水而起造之具有构造上独立性之厂房,并具有处理引至该污水处理厂污水之功能,非仅与……小区及……学校等建筑物为一体使用,自具独立之经济效用……应属独立之不动产。纵上述各建筑物之使用与系争污水处理厂关系密切,系争污水处理厂亦不当然成为各该建筑物之附属物。”

综据前述,关于不动产与动产的认定,实务上均以其是否继续、密切附着于土地,以达一定经济上之目的,作为判断基准。

### (三)建筑物增建之附属物

房屋所有人在其屋顶增建的建筑(如在屋顶加盖一间储藏室或三温

---

① 参见“最高法院”1972年台上字第1283号判决谓:“‘民法’第66条第1项所谓定着物,系指非土地之构成部分继续的密接附着于土地,独立供人使用之物,故定着物须系社会观念上视为独立之物始足当之。上诉人与曹某间所订合建契约,原系约定建筑二层砖造加强铁筋房屋,而曹某出卖被上诉人者,既仅完成基础结构,自难认为定着物,亦非土地之部分,即非不动产,关于其所有权之移转,即无‘民法’第760条(按:现行‘民法’第758条第2项)规定之适用,依同法第761条第1项前段规定,于曹某交付该未完成之建筑物予被上诉人之时,应认所有权之移转业已发生效力。”依此判决意旨,未完成之建筑物不是土地的成分,而是动产。关于其所有权的移转,应适用“民法”第761条规定。

暖房),涉及是否为所谓的建筑物增建之附属物,为实务上的重要问题。“最高法院”2003年台上字第998号判决提出三点法律见解(并请参照2021年台上字第1169号、2016年台上字第1119号):

1. 不具独立性的附属物:所谓建筑物增建之附属物,系指于原独立之建筑物所增建之建筑,已具有构造上之独立性,但在使用功能上,与原建筑物系作一体利用,欠缺使用上之独立性,为不具独立性之建筑,而从属于独立之原建筑物者而言。增建之附属物,因不符建筑物独立性之要求,不得为物权之客体。

2. 具独立性的附属物:增建之建筑物,如已具构造上之独立性,及使用上之独立性,则属独立之建筑物,自得为物权之客体。又所谓具有使用上之独立性,系指该部分建筑物与一般建筑物相同,可作为一建筑物单独使用,有独立之经济效用者而言。

3. 独立性的判断基准:判断增建部分是否具有使用上之独立性,须斟酌其对外通行之直接性,增建部分之面积、隔间及向来之利用状况,暨增建部分之利用机能与原有建筑物之依存程度等情形定之。

据前揭的判断基准,屋顶加盖的储藏室及三温暖房均不具构造上的独立性,属建筑物增建之附属物,而非独立的建筑物,不得为独立物权的客体,应从属于原建筑物。

## 三、主物与从物

### (一) 主物与从物的区别

物可分为主物和从物。“民法”第68条第1项规定:“非主物之成分,常助主物之效用,而同属于一人者,为从物。但交易上有特别习惯者,依其习惯。”从物所从属者,即为主物。从物的要件有四:(1)非主物之成分;(2)常助主物之效用;(3)从物与主物同属一人;(4)交易上无特别习惯。台灯与灯罩,戏院与其座椅,电视与遥控器,农场与农舍,房屋与车库,皆具主物与从物的关系。由此数例可知,动产与动产、动产与不动产相互间均得成立主物与从物的关系。

### (二) 主物的处分及于从物

“民法”第68条第2项规定:“主物之处分,及于从物。”又依“民法”第862条第1项规定:“抵押权之效力,及于抵押物之从物与从权利。”此为区别主物与从物的实益,立法目的在于维护物的经济上的利用价值,某物既常助他物的效用，分属二人，势必减少其效用，对社会经济，实属不利。所谓处分，应采广义解释，除物权行为外，尚包括债权行为在内。此项使从物的命运从属于主物的规定，乃任意规定，不具强行性，当事人得排除其适用。

主物的处分及于从物，就债权行为言，例如，甲出售戏院（不动产）所有权于乙时，其买卖契约效力亦及于座椅。问题在于物权行为，主物的处分如何及于从物，分三种情形说明如下：

1. 所有权的移转：主物所有权移转时，并不当然使从物的所有权因而移转，为贯彻一物一权和物权公示原则，从物所有权的移转仍应分别依相关法律规定为之，即从物为不动产时，须经登记（第 758 条），从物为动产时，须经交付（第 761 条），始生效力。

2. 抵押权的设定：不动产抵押权的设定，不以移转占有为要件，从物（无论其为不动产或动产）均不必交付。从物为不动产时，是否须办理抵押权登记，不无疑问，衡诸“民法”第 862 条的规范意旨，应不以登记为必要。

3. 动产质权的设定：动产质权的设定，以动产之移转占有为生效要件，为贯彻此项公示目的，从物亦须交付，始为质权效力之所及。

## 四、物之成分

甲修建别墅，盗用乙的建材、丙的冷气机，并装设由丁保留所有权的电梯。嗣后甲将该屋出售于戊并移转所有权。试说明物权变更及当事人间的法律关系。

### （一）重要成分与非重要成分

1. 意义和区别

（1）意义

前述案例涉及物之成分。成分系指物的构成部分。

（2）区别

物之成分可分为重要成分及非重要成分：

①重要成分：指各部分互相结合，非经毁损或变更其性质不能分离者，则各该部分均属重要成分，“民法”第 811 条所称动产因附合而为不动产的“重要成分”，即指此而言，如房屋的栋梁、土地的石墙。又“民法”第 812 条所称：“动产与他人之动产附合，非毁损不能分离，或分离需费过巨

者……”亦系指数动产附合而为合成物的重要成分而言,例如添加颜料于画,则颜料为油画的重要成分。

②非重要成分:凡不属于物的重要成分者均系所谓非重要成分,就不动产言,如房屋的活动门窗。就动产言,如汽车的音响、轮胎或马达。

2. 区别的实益

区别物之重要成分与非重要成分的主要实益:

(1)重要成分不得独立为物权的客体:“民法”第811条规定:“动产因附合而为不动产之重要成分者,不动产所有人,取得动产所有权。”即明示此项原则。例如在前揭案例,甲取乙的建材修建自己房屋,建材因附合而成为房屋的重要成分,甲取得该建材所有权(乙的权益保护,参阅第816条)。法律之所以设此规定,在于维护物的经济价值,甲是否具有过失,是否构成侵权行为,在所不问。

(2)非重要成分得单独为物权客体:不必与合成物同一法律上的命运,例如甲盗取丙之冷气机装于自己的房屋,该冷气机所有权仍属于丙。丙对该非构成房屋重要成分的冷气机,仍有所有权,丙得对甲主张所有物返还请求权(第767条第1项前段)。

3. 电梯的定性

“最高法院”1987年台上字第119号判决谓:“物之构成部分,不得独立为权利之客体。本件系争违章建筑部分之电梯如已装入上诉人买受房屋内即与该房屋有不可分离之关系,而为该房屋之构成部分,从而买卖房屋即应包括此电梯在内。”此为具有意义的案例,分四点言之:

(1)电梯系动产,装入房屋之内,成为该房屋的构成部分,但不因附合而成为重要部分(参阅第811条),盖装入房屋内的电梯可随时拆除而不影响其物的价值。

(2)出卖房屋应包括电梯在内。

(3)电梯出卖人得保留电梯所有权。

(4)电梯系盗赃物时,所有人得向屋主请求回复其物(第949条)。

4. 土地与树木的关系

最高法院1940年上字第1678号判例谓:“物之构成部分,除法律有特别规定外,不得单独为物权之标的物。未与土地分离之树木,依民法第66条第2项之规定,为土地之构成部分,与同条第一项所称之定着物为独立之不动产者不同。故土地所有人保留未与土地分离之树木,而将土地所有权让与他人时,仅对于受让人有砍伐树木之权利,不得对于更自受让人受让所有权之第三人,主张其有独立之树木所有权。”对此具有启示性的判例,应说明者有三:

(1)“民法”第66条第2项规定不动产之出产物,尚未分离者为该不动产的“部分”,其所谓“部分”,系德文Bestandteil的移译(参阅《德国民法典》第94条),与成分殆属同义,即指物之部分而言。此项构成部分之所以不得单独为物权的标的物,乃因其已成为不动产的重要成分。又现行法上尚无物之构成部分(重要成分)得单独为物权之标的物的特别规定。

(2)设甲擅自占用乙所有土地种植树木,该树木即成为不动产的出产物,而为土地的部分(重要成分),由乙取得其所有权(第811条),甲砍伐树木时,即不能谓乙未因甲的侵权行为而受损害(第184条第1项前段)。

(3)土地所有人保留未与土地分离之树木,而将土地所有权让与乙时,甲对乙有砍伐树木的权利,但不能主张其对树木有独立的所有权。乙将该土地所有权让与第三人丙时,甲不得对丙主张其有独立的树木所有权,而有砍伐树木的权利,此项权利乃基于甲与乙的约定,不具物权效力,不得对丙主张之。

(二)物之成分与原物分离

最后尚须说明的是,物之成分,于分离后,无论其为重要成分或非重要成分,除法律另有规定外,属于其物之所有人(第766条)。例如甲盗乙的音响装于甲向丙借用的汽车,该车解体后,音响所有权仍属于乙,其余成分则归属于丙。

### 五、天然孳息与法定孳息

天然孳息,乃物之孳息,系指果实、动产出产物及其他依物之用法所收获之出产物(第69条第1项)。有收取天然孳息权利之人,其权利存续期间内,取得与原物分离之孳息(第70条第1项)。孳息与原物分离时,除法律另有规定或当事人另有约定外,属于其物之所有人(第766条)。由此可知,天然孳息在分离前,不能作为物权的客体。在孳息与原物分离以前,有收取天然孳息权利之人不能主张已单独取得孳息的所有权。

应予区别的是所谓的法定孳息。“民法”第69条第2项规定：“称法定孳息者，谓利息、租金及其他因法律关系所得之收益。”第70条第2项规定：“有收取法定孳息权利之人，按其权利存续期间内之日数，取得其孳息。”第863条规定：“抵押权之效力，及于抵押物扣押后自抵押物分离，而得由抵押人收取之天然孳息。”第864条规定：“抵押权之效力，及于抵押物扣押后抵押人就抵押物得收取之法定孳息。但抵押权人，非以扣押抵押物之事情，通知应清偿法定孳息之义务人，不得与之对抗。”

## 六、案例解说

学习物权始于对物及物上权利变动的认识，兹综据前述将物作为物权客体的构造，图示如下（阅读条文），并请参照本书第21页所图示的物权变动图表，解说前揭例题：

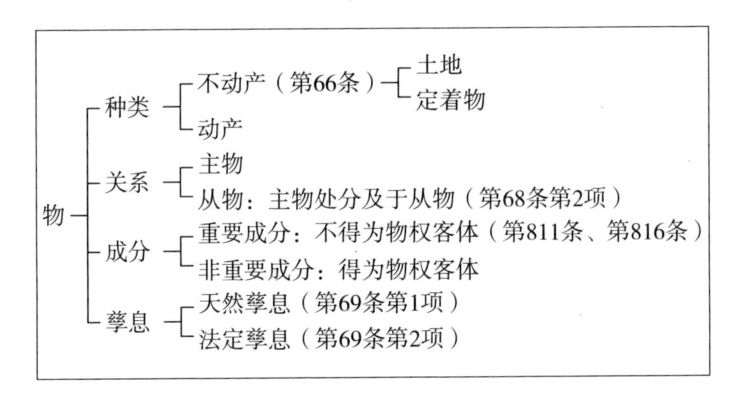


### （一）案例1：农场买卖：物权客体与物权变动

兹据上述，就前开案例1（本书第59页，请再阅读之，并参阅以上说明，先试作解答），分三点加以说明：

1. 甲的财产，由以下之物（所有权）及其他权利所构成：（1）二个土地（不动产）所有权。（2）二个建物（不动产）所有权。（3）三十个动产（牛）所有权。（4）一个地上权（不动产）。（5）二个5万元的债权。

2. 甲得以“一个买卖契约”将整个财产出售于丁。易言之，买卖契约（或其他债权行为）得以多数之物或权利为内容。关于物权（或债权）的移转（处分行为），依物权客体特定原则，则须就个别之物或权利分别为之。甲有四个不动产所有权，一个地上权，三十个动产所有权，故甲须与丁作成四个不动产所有权移转的法律行为(第758条),一个地上权设定的法律行为(第758条)、三十个动产所有权移转的让与合意(第761条),及二个债权让与行为(第294条),始能将其“所有财产”移转于丁。

3. 关于设定担保物权,在现行法上不能以“财产或企业”为客体,亦须就个别之物设定之。于不动产(土地及其定着物),得设定抵押权(第860条、第758条)。就地上权得设定权利抵押权(第882条)。于动产,倘甲无占有使用的必要时,得交付于乙,设定动产质权(第884条)。甲有占有使用之必要时(如机器设备等),得依“动产担保交易法”设定动产抵押(“动产担保交易法”第15条)。

4. 关于可让与的债权,得设定权利质权(第900条)。需注意的是,债权让与、设定权利质权,均属处分行为,亦适用标的物特定原则,应就各个债权作成之。

为便于观察,将上所述图示如下:

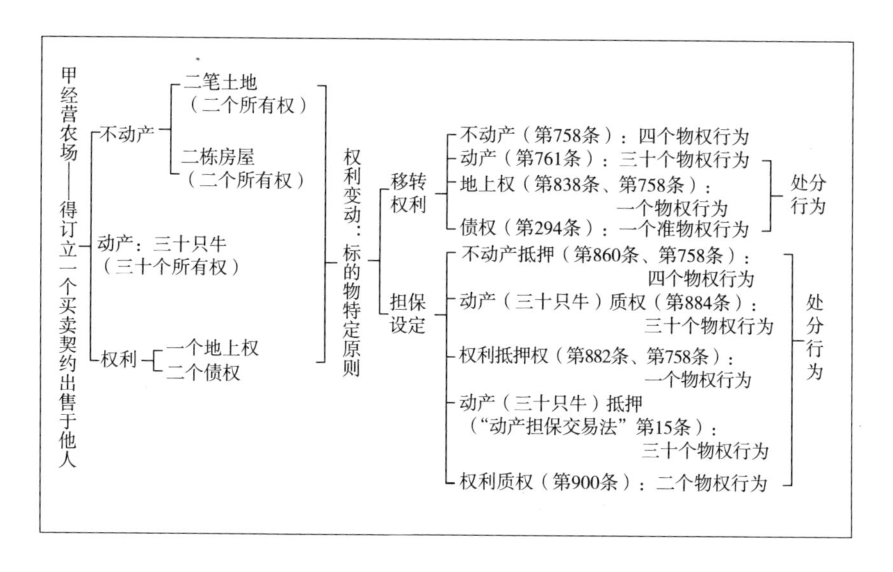


(二) 案例2:果树与土地

甲有A地,被乙无权占有。乙盗丙的果树,种于A地。乙于其后收取果实,让售于丁。试说明其法律关系。

处理案例首需理解案例事实,兹将当事人间的法律关系图示如下(查

阅条文)[①]:

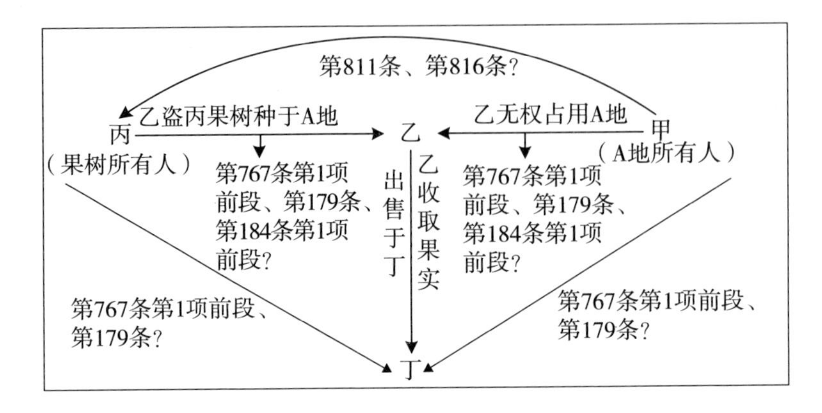


如何处理多数人间的法律关系?不能纯采所谓的历史方法,依时间过程论述甲、乙、丙、丁间的法律关系,而应兼采请求权基础方法,认定谁得向谁有所主张,此须探讨发现其关键问题。就本件案例言,此系甲与丙间的法律关系,即果树及果实所有权的归属(第 811 条、第 816 条),而以此为基础分别论述甲与丙间、甲对丁、甲对乙的请求权基础,以及丙对乙、丙对丁的请求权基础。

本件案例可供理解民法基本问题,请参照本书相关部分说明,自行研究,采请求权基础鉴定体裁写成书面。必须再次强调的是,只有写成书面才能彻底理解,读十个案例,不如认真写一个案例研习(参阅王泽鉴:《民法思维》,北京大学出版社 2022 年重排版)。

(三) 案例研习:汽车上的物之关系

甲有 A 车,试说明 A 车与其轮胎(包括备胎)、引擎、音响、钥匙的物之关系(主物与从物、重要成分与非重要成分),并就下列情形说明当事人间的法律关系,参阅前揭说明,采请求权基础鉴定体裁,自行研究写成书面。

1. 甲盗取乙的油漆用于烤漆其车,盗取丙的轮胎安装于其车。

---

① 案例 2 的灵感来自最高法院 1942 年上字第 453 号判例:“上诉人在双方因确认卖约无效案判决确定后,仍将系争地强行耕种,其所用籽种、肥料及牛工、人工等损失,非由于被上诉人之侵权行为,固不得请求赔偿。但被上诉人就上诉人耕种所获之农产品,如已收取,显系无法律上之原因而受利益,致他人受有损害,则上诉人所施用之籽种、肥料、牛工、人工等项,依不当得利之法则,尚非无请求返还之权。”

2. 甲将该车交由丁检修,丁擅取该车引擎、音响出售于戊,并换装庚所有的引擎、音响。

3. 甲出卖该车于辛,迟不交车,辛擅取甲的钥匙,开走该车。

## 第四节 物权的效力

A有土地先设定抵押权于其债权人B,再设定地上权于C,复设定抵押权于D。C以地上权为客体先后设定抵押权于E和F。试问:(1)各种权利的并存位序关系。(2)A将该地出卖于G,并办理所有权移转登记时,B、C、D得对G主张何种权利?试说明何谓物权的排他效力、优先效力及追及效力?

物权因具有法律赋予的直接支配排他性,而产生不同的效力,其为个别物权所特有的,俟于个别物权再行论述。关于其共同效力,分别为排他效力、优先效力、追及效力及物上请求权,说明如下:

### 一、排他效力

排他效力,系指在同一标的物上,不能同时成立二个以上内容互不兼容的物权。申言之,即:

1. 所有权:在同一标的物上不能有二个所有权。同一标的物上的所有权,其后为他人善意取得(或时效取得)时,前之所有权消灭。

2. 用益物权:用益物权,因系以物之占有使用为内容,在同一标的物(不动产)上不能成立二个典权、二个农育权;但得成立二个以上内容不同(如汲水、通行),或内容相同但互不排斥(如不作为)的不动产役权。在同一土地的上下,得成立不同范围的数个地上权,如建筑房屋的普通地上权和地下停车场的区分地上权(参阅"大众捷运法"第19条规定的区分地上权)。

3. 担保物权:担保物权,系所谓的变价权,因系以物的交换价值为内容,得在同一不动产上得设定数个抵押权,法有明文(第865条)。在同一动产上亦得设定多数动产抵押权("动产担保交易法"第15条)。

4. 不同种类物权:不同种类物权得同时并存的,如所有权和定限物权,用益物权和担保物权。于同一土地设定抵押权后,得再设定地上权或其他以使用为目的之物权,或成立租赁关系(第866条)。

## 二、优先效力

### (一) 物权对债权的优先效力

1. 所有权的优先性:此多发生于一物数卖的情形。例如,甲先售A屋于乙,再售该屋于丙,并办理登记于丙,由丙取得其所有权时,乙不能以其债权发生在前,而主张丙不能取得该屋所有权。

2. 用益物权的优先性:甲借B地给乙无偿使用(使用借贷)。其后甲将该地所有权让与丙时,丙得对乙主张所有物返还请求权,无"民法"第425条规定的适用或类推适用。在甲将该地设定地上权于丙的情形,丙亦得向乙请求返还。

3. 担保物权的优先性:担保物权不论其发生先后,除法律有特别规定外,应优先于债权受清偿。

4. 租赁权物权化:对于上述物权对债权的优先性,"民法"设有保护承租人的特别规定,即:"出租人于租赁物交付后,承租人占有中,纵将其所有权让与第三人,其租赁契约,对于受让人仍继续存在。"(第425条)出租人就租赁物设定物权,致妨碍承租人使用收益者,准用第425条规定(第426条)。学说上称为租赁权物权化。①

### (二) 物权相互间的效力

1. 不兼容物权相互间的效力

于同一标的物不容许有数个同一内容的物权并存其上,先发生者具有优先性,例如,就同一土地设定典权后,不得再设定地上权或典权。此亦可认系物权排他效力。

2. 可兼容物权相互间的优先效力

分三种情形说明如下:

(1)在所有权与其他物权间,其他物权得在一定范围内支配其物,当然具有优先于所有权的效力。例如地上权人得优先于土地所有人使用土地。

(2)数个担保物权并存于同一标的物之上时,成立在先的,位序在

---

① 参见王泽鉴:《买卖不破租赁:第425条规定之适用、准用及类推适用》,载《民法学说与判例研究》(第六册),北京大学出版社2009年版,第145—170页。

前,有优先于后成立物权的效力(成立时间在先、权利在先原则)。例如不动产所有人,因担保数债权,就同一不动产设定数抵押权者,其次序依登记之先后定之(第865条)。

(3)用益物权与担保物权并存时,成立在先者,亦具有优先效力。例如不动产所有人设定抵押权后,于同一不动产上再设定地上权或其他以使用收益为目的之物权,或成立租赁关系时,其抵押权不因此而受影响(第866条)。

## 三、关于区分地上权与不动产役权排他性及优先效力的特别规定

值得提出的是,在用益物权方面,"民法"修正为发挥物的使用功能,强调不宜拘泥于用益物权的排他性,特设二个规定(详见本书相关部分的说明):

1. "民法"第841条之5规定:"同一土地有区分地上权与以使用收益为目的之物权同时存在者,其后设定物权之权利行使,不得妨害先设定之物权。"

2. "民法"第851条之1规定:"同一不动产上有不动产役权与以使用收益为目的之物权同时存在者,其后设定物权之权利行使,不得妨害先设定之物权。"

## 四、追及效力

物权的追及效力,指物权成立后,其标的物不论辗转落于何人之手,物权人均得追及物之所在,而直接支配其物的效力。例如,不动产所有人设定抵押权后,得将不动产让与他人,但其抵押权不因此而受影响(第867条),抵押权人于其债权届期未获满足时,可追及该不动产,声请法院拍卖抵押物。

## 五、物上请求权

物上请求权(物的请求权),包括二种请求权:

1. 为基于所有权及其他物权而生的请求权(第767条),即物权人于其物权被侵害或有被侵害之虞时,得请求回复圆满状态的权利(物权请求权)。

2. 占有人的物上请求权(第962条)。

### 六、案例解说

前揭案例旨在显示同一不动产上成立各种物权的可能态样及其位序并存关系,可作为一种基本思考模式,处理错综复杂的物权关系,为观察方便,先图示如下,再分二点加以说明:

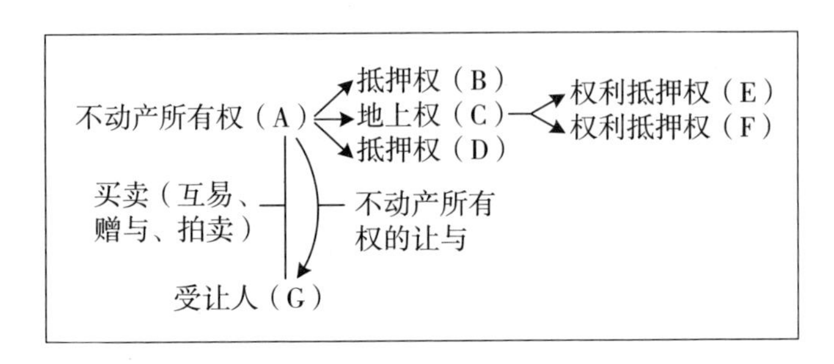


1. 所有权得就其使用价值设定用益物权,就其交换价值设定担保物权。于内容不相冲突的范围内,各种物权可以重叠并存,物的效用发挥得淋漓尽致。在上举案例,于A的土地上除A的所有权外,有B的抵押权、C的地上权和D的抵押权,得同时并存,以成立(登记)先后,定其优先次序,先成立的物权不受后成立物权的影响。C以其地上权为客体而设定的数抵押权(权利抵押权),亦以成立先后定其次序。

2. A将该土地所有权因买卖、互易、赠与等原因而让与于G时,抵押权和地上权不因此受影响(物权的追及效力、优先效力,第867条)。易言之,即抵押权人(B、D)于债权已届清偿期,而未受清偿者,得声请法院拍卖抵押物(即G自A受让取得所有权的土地),就其卖得价金而受清偿(第873条)。C的地上权仍继续存在于G自A受让之土地,而在C与G之间发生地上权人与土地所有人的法律关系。

## 第五节 物权的保护

### 第一款 私法上的保护

甲有A地,出租于乙,作为停车场。丙强行占有该地,经营槟榔摊和地下加油站,严重污染该地。试问甲、乙得向丙主张何种权利?

物权在私法上的保护,可分为物权法上的保护和债权法上的保护。前者指物上请求权,包括物权请求权(第767条)和占有人的物上请求权(第962条),前已提及,将于相关部分再行详论。后者包括侵权行为损害赔偿请求权(第184条)和不当得利请求权(第179条)。

所有人或其他物权人行使权利时,须证明其权利的存在。为加强对物权的保护,法律设有权利推定制度。"民法"第759条之1第1项明定:"不动产物权经登记者,推定登记权利人适法有此权利。""民法"第943条第1项规定:"占有人于占有物上行使之权利,推定其适法有此权利。"例如,在确认某名画所有权存在之诉,原告就所有权存在,固有举证之责任,惟原告如为占有该画而行使所有权之人,应依"民法"第943条第1项推定其适法有所有权者,除被告有反证外,原告即毋庸举证。

关于债权法上的保护,首先应提出的是,"民法"第184条第1项前段规定:"因故意或过失,不法侵害他人之权利者,负损害赔偿责任。"其所谓权利,包括物权在内。基于一定法律关系而为的占有,其占有亦视为权利而受保护。关于不当得利法上的保护,可分给付不当得利和权益侵害不当得利二种类型。给付不当得利指无法律上之原因而移转或设定物权,交付其物或办理登记,致他方受利益时,得请求返还之(第179条)。例如,甲出卖某地给乙,办理所有权移转登记后,以意思表示错误为理由撤销买卖契约时,得依不当得利规定向乙请求返还该地所有权。所谓权益侵害不当得利,系指对他人之物为无权处分、任意使用收益或因添附而受有利益,致他人受损害,亦应依不当得利规定返还之。例如甲无权在他人墙壁上悬挂广告,受有使用他人之物的不当得利,应偿还相当于租金的价额。

物上请求权、侵权行为损害赔偿请求权、不当得利返还请求权因其构成要件、法律效果和消灭时效期间不同,得发生竞合关系,有利于物权的保护。兹就上揭例题(请再阅读之,先自行研究),图示甲、乙对丙的请求权如下,以便参照。

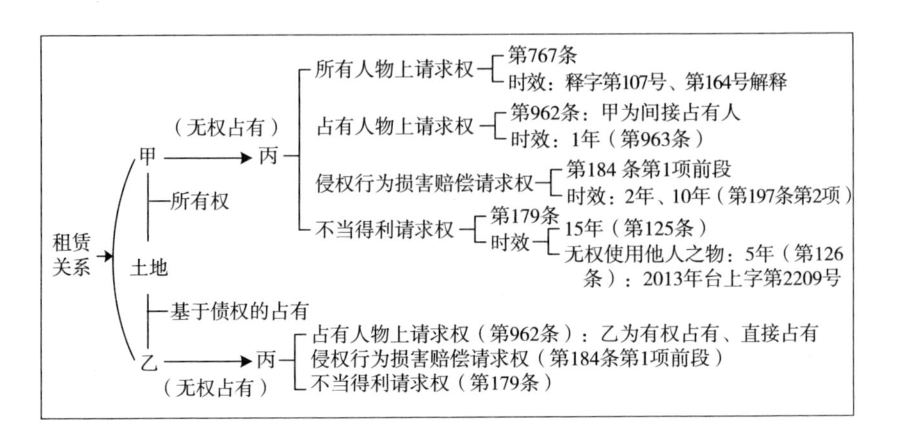


为使读者对民法物权的保护有更进一步的认识，兹就人格权、物权和债权的保护，制作下图，以资比较，以了解各种权利的位阶层次及其不同的救济方法（请阅读条文，明辨异同）：

| 保护<br>权益 | 保护请求权（防御请求权） | 侵权行为 | | 不当得利 | 消灭时效 |
|---|---|---|---|---|---|
| | | 损害赔偿 | 慰抚金 | | |
| 人格权 | 第18条第1项<br>须具违法性<br>不以故意过失为要件 | 第184条第1项前段、第213条等 | 第184条第1项前段、<br>第195条第1项、<br>第227条之1 | 第179条：如使用他人肖像作为商品广告（权益侵害不当得利）不以故意或过失为要件 | 人格权保护请求权不适用消灭时效规定（2017年台上字第2677号） |
| 物权 | 第767条<br>须具违法性<br>不以故意过失为要件 | 第184条第1项前段、第2项，第196条，第213条等 | | 第179条：如占用他人土地（权益侵害不当得利） | 已登记不动产所有权（物权）的保护请求权不适用消灭时效规定（释字第107号解释） |
| 债权 | | 第184条第1项后段、第2项，第213条等<br>契约责任 | | 第179条：如债权人于债权让与后仍自债务人受领给付（给付不当得利） | 债权请求权（侵权行为、不当得利、债务不履行等）适用消灭时效规定（第125条以下） |

1. 人格权（第18条）及物权（第767条）的保护请求权（防御请求权）均不以侵害人具有故意或过失为要件，但加害行为须具违法性，旨在维护此等权利的绝对性。已登记的不动产，其物权的回复请求权及妨害除去请求权无"民法"第125条消灭时效规定的适用。关于人格权的保护

请求权,“最高法院”2017 年台上字第 2677 号判决谓:“按‘民法’第 18 条第 1 项前段规定:‘人格权受侵害时,得请求法院除去其侵害。’所谓人格权,系以人格为内容之权利,以体现人性尊严价值之精神利益为其保护客体,乃个人所享有之私权,即关于生命、身体、名誉、自由、姓名、身份及能力等权利(立法理由参照)。此项以人格权受侵害为内容,而向法院请求除去之侵害除去请求权,为维护人性尊严所必要,应予终身保障,自不得因受侵害者于一定时间不请求除去其侵害,即不予保障,与‘民法’规范消灭时效之立法目的在于确保交易之安全与维持社会秩序之公平无涉,故‘民法’第 18 条第 1 项前段规定之人格权侵害除去请求权,并无消灭时效之适用。”

2. 侵权行为损害赔偿(包括慰抚金)均以侵害行为具违法性及侵害人的有责性(故意或过失)为要件。关于侵权行为损害赔偿请求权,“民法”第 197 条第 1 项规定:“因侵权行为所生之损害赔偿请求权,自请求权人知有损害及赔偿义务人时起,二年间不行使而消灭,自有侵权行为时起,逾十年者亦同。”其争议重点在于侵害身体健康(医疗或公害)而发生的后续性损害。“最高法院”2018 年台上字第 1939 号判决谓:“所谓知有损害及赔偿义务人之‘知’,系指明知而言。如系一次之加害行为,致他人于损害后尚不断发生后续性之损害,该损害为属不可分(质之累积),或为一侵害状态之继续延续者,自应以被害人知悉损害程度呈现底定(损害显在化)时起算其时效。”(参照 2019 年台上字第 778 号)

3. 权益侵害不当得利旨在保护权益归属,不以加害人(受益人)具有过失、加害行为具违法性、被害人(受损人)受有损害为要件,具有补充侵权责任的重要功能。关于不当得利请求权,原则上应适用“民法”第 125 条规定,其时效期间为 15 年。值得提出的是,在无权占用他人土地所生的不当得利请求权,“最高法院”2009 年台上字第 2496 号判决认为:“按租金请求权因五年间不行使而消灭,为‘民法’第 126 条所明定;无法律上之原因而使用他人房屋,可能获有相当租金之利益亦为社会通常之观念,名称虽与租金异,然实质上仍为使用房屋之代价;又无法律上之原因而获得相当于租金之利益,致他人受损害时,如该他人返还利益请求权已逾租金短期消灭时效之期间,对于相当于已罹消灭时效之租金之利益,不得依不当得利之法则,请求返还。”(参照“最高法院”1960 年台上字第 1730 号判例:“租金之请求权因五年间不行使而消灭,既为‘民法’第 126

条所明定,至于终止租约后之赔偿与其他无租赁契约关系之赔偿,名称虽与租金异,然实质上仍为使用土地之代价,债权人应同样按时收取,不因其契约终止或未成立而谓其时效之计算应有不同。")此为"最高法院"长期以来所采见解,其问题有二:(1)无权占用他人土地,其所受利益究为占用本身,抑或相当之租金;(2)所谓相当于租金之利益,乃无权占有他人土地所受利益的计算方法,名称与租金有异,实质上亦不同于定期收取的租金,应无"民法"第126条规定的适用或类推适用。"最高法院"见解屡遭质疑,但始终坚持其说,迄未见具说服力的论证。之所以如此,似在维持法之适用的安定。

4. 保护请求权、侵权行为损害赔偿请求权及权益侵害不当得利,以不同的要件及效果,并存竞合,保护人格权与物权。

5. 债权(尤其是契约)系相对权,无所谓的保护请求权,亦非属"民法"第184条第1项前段所称权利,但得适用"民法"第184条第1项后段、第2项规定。其主要救济方法在于私法自治的契约约定及违约责任(第225条以下)。关于债权请求权(侵权行为、不当得利等),均有消灭时效规定的适用。

## 第二款 公法上的保护

物权在公法上保护的"宪法"基础,系"宪法"第15条关于人民财产权应受保障的规定。关于"法律保留"和"比例原则"的适用,前已论及(本书第12页)。应再强调的是,在物权关系,公法与私法具有密切关系,兹应特别说明者有二:

### 一、对所有权征收、限制与补偿

1. 征收:对财产权(尤其是土地所有权)的侵害,以征收最属严重,台湾地区相关法制已渐趋完备,即对人民财产权的征收,须有法律依据,符合法定要件,依一定的程序,并为相当的补偿(参照"土地法"第五编第208条以下,"土地征收条例"及"司法院"相关解释)。[①]

---

① "司法院"释字第215、236、322、336、344、409、425、440号等解释。关于"司法院"大法官相关解释之研析,参见李建良:《行政法上损失补偿制度之基本体系》,载《东吴法律学报》1999年第11卷第2期。

2. 对所有权的限制,构成个人特别牺牲者,亦应予合理补偿:“司法院”释字第440号解释谓:人民之财产权应予保障,“宪法”第15条设有明文。政府机关依法行使公权力致人民之财产遭受损失,若逾其社会责任所应忍受之范围,形成个人之特别牺牲者,应予合理补偿。主管机关对于既成道路或都市计划道路用地,在依法征收或价购以前埋设地下设施物妨碍土地权利人对其权利之行使,致生损失,形成其个人特别之牺牲,自应享有受相当补偿之权利。

## 二、权利保护程序

有权利而无救济程序,犹如无刃之刀。行政诉讼制度的完善(“行政诉讼法”的制定)、大法官“释宪”(“宪法”诉讼)功能的增进,在程序上强化了对所有权及其他财产权的保护,乃台湾地区法治的重大发展,实值肯定。

# 第三章　物权变动

## 第一节　基本理论

### 第一款　物权变动和法律事实

#### 一、物权变动的意义和态样

物权变动,指物权的发生、内容变更和消灭,“民法”第758条称为物权之取得、设定、丧失及变更。分述如下:

1. 物权的发生

物权的发生就物权与特定主体结合而言,自物权人方面观察,为物权的取得(广义,包括设定),可分为原始取得及继受取得:

(1)原始取得,指非依据他人既存的权利而取得物权,如无主物之先占(第802条)、时效取得(第768条以下)。原始取得既非继受他人的权利,故标的物上的一切负担均因原始取得而消灭。

(2)继受取得,指就他人既存的权利而取得物权,又可分为移转取得和创设取得:

①移转取得,指就他人的物权依其原状而取得,如基于买卖、赠与而受让某物所有权(特定继受取得);基于继承而取得被继承人的一切物权(概括继受取得)。

②创设取得,指于他人的权利上设定用益物权(如地上权)或担保物权(如动产质权、权利抵押)。

2. 物权的变更

物权的变更包括主体变更、客体变更和内容变更:

(1)主体变更,指物权的取得或丧失,例如甲先占无主的野生动物而取得其所有权(第 802 条),其后赠与该动物于乙,并移转其所有权(第 761 条),乙随后抛弃该动物所有权(所有权消灭,第 764 条)。

(2)客体变更,指标的物在量上有所增减,如不动产所有权的客体因附合而增加(第 811 条)、抵押权的客体因部分毁损而减少。

(3)内容变更,指物权的内容有所改变,如典权或地上权存续期间的增长或缩短、农育权地租的增减、抵押权次序的升降、动产抵押权因登记而具有对抗第三人的效力。

3. 物权的消灭

物权的消灭指物权与其主体分离,就物权人方面言,为物权的丧失,可分为绝对丧失和相对丧失:

(1)绝对丧失,指物权本身的消灭,例如,房屋焚毁时,该屋的所有权及设定其上的典权均客观地失其存在,终局地归于消灭。通常所谓物权的消灭系指物权绝对丧失而言。

(2)相对丧失,指物权离开其原主体,而与另一主体相结合,如某屋所有权的移转。

## 二、法律事实

物权变动系将法律适用于法律事实而发生一定法律效果的现象。法律事实可分为人的行为和人的行为以外的事实。

(一) 人的行为

人的行为又可分为事实行为和法律行为:

(1)事实行为,指行为人毋庸表现其一定的心理状态,仅须有此行为,即发生一定法律效果的行为,不以具有行为能力为必要,如无主物先占(第 802 条)、遗失物拾得(第 803 条)。

(2)法律行为,指行为人欲发生一定法律效果,而将其意思表示于外部的行为,法律即依其意思使之发生一定的法律效果,如所有权移转、抵押权设定(第 758 条)。人的行为包括公权力的行使,例如行政机关依法律规定,以没入处分取得财产之所有权,乃基于公权力之作用而取得,属原始取得。一经处分确定,其原存于该财产上之其他权利均归于消灭(1988 年台上字第 1969 号)。

(二) 人的行为以外的事实

人的行为以外的事实,如死亡、天然孳息的分离、添附等。事实行为和人的行为以外的事实所发生的物权变动,均系直接基于法律规定。

## 第二款 立法原则和规范模式

甲出卖 A 屋和 B 车给乙,关于其所有权的移转,法律上应如何设其规定?试思考可能的规范模式,并说明现行法上的制度(请查阅条文)。

### 一、问题的提出和规范模式

在物权变动的法律事实中,最重要的是法律行为。物权如何依法律行为而发生变动,系立法政策的重大课题。为便于了解,兹提出一个问题作为讨论的出发点:甲出售 A 屋和 B 车给乙,如何移转其所有权?就各国和地区立法例加以分析,有以下二种基本规范模式[①]:

(一) 意思主义

意思主义,指仅凭当事人的意思(如买卖、赠与)即生物权变动的效力,不必另外作成以物权变动为内容的物权行为。其主要规范类型有三:

1. 买卖契约有效成立时,A 屋和 B 车的所有权即行移转。英国法采此制度。

2. 买卖契约有效成立时,A 屋和 B 车的所有权即行移转,但非经登记(不动产)或交付(动产)不得对抗善意第三人。法国民法和日本民法采此制度。[②]

3. 买卖标的物不因买卖契约有效成立而当然移转,尚须以登记(不动产)或交付(动产)作为物权变动之生效要件。

(二) 形式主义

形式主义,指物权的变动尚须作成一个物权行为,并践行法定方式。就买卖标的物所有权的移转言,除登记或交付外,尚须当事人就此标的物所有权的移转作成一个独立于买卖契约的意思合致。此项意思合致系以物

---

① 比较法上的分析检讨,参见 Stadler, Gestaltungsfreiheit und Verkehrsschutz durch Abstraktion (1994).

② 参见〔日〕鹰巢信孝:《物权变动论の法理的检讨》,九州岛大学出版会 1994 年版。

权的变动为内容,学说上称为物权行为(dingliches Rechtsgeschäft)、物权合意、让与合意(dingliche Einigung)或物权契约(dinglicher Vertrag)。德国民法采之,又称为德国主义。标的物所有权的移转,除买卖契约(赠与、互易等)外,尚须有一个独立的物权行为,学说上称为分离原则(Trennungsprinzip)。于此发生一个问题,即买卖契约不成立,无效或被撤销时,物权行为的效力是否受其原因行为(如买卖契约)的影响,此乃物权行为有因性、无因性的问题:其受影响者,为物权行为有因性;其不受影响者,为物权行为无因性。

为便于观察,兹以买卖为例,将上述物权变动(所有权移转)的规范模式图示如下:

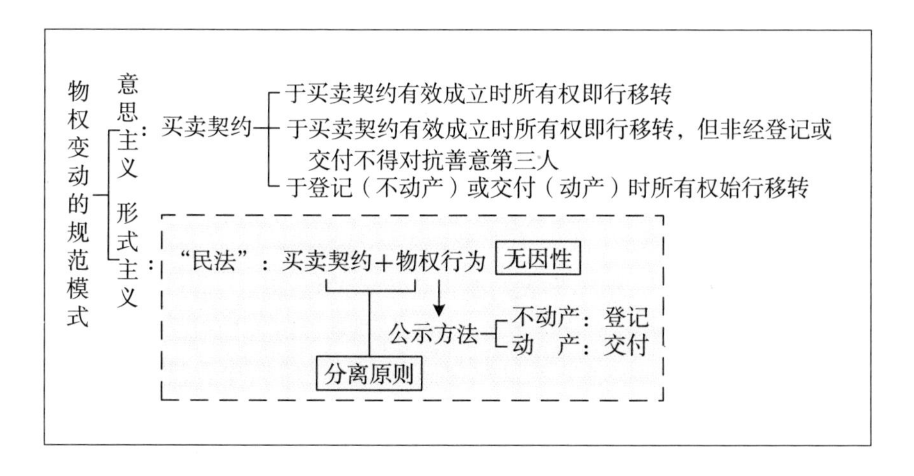


## 二、现行"民法"的规定

现行"民法"系采上述第二种规范模式形式主义①,即于买卖契约(债权行为)外,尚须有独立的物权行为,并采无因性原则。申言之,即买卖契约有效成立时,物之出卖人负交付其物,并使买受人取得该物所有权之义务(第348条第1项),此为债之关系。至于该物的所有权移转,则须另依物权行为为之。此为台湾地区物权法的基本构造原则,务必彻底理解。兹分就法律规定和实务见解加以说明:

---

① 参见史尚宽:《物权法论》,第17页以下;李肇伟:《民法物权》,第53页;郑玉波(黄宗乐修订):《民法物权》,第47页;谢在全:《民法物权论》(上),第55页。

(一) 法律规定

"民法"第758条规定:"不动产物权,依法律行为而取得、设定、丧失及变更者,非经登记,不生效力。前项行为,应以书面为之。"其所称法律行为系指物权行为而言。"民法"第761条第1项规定:"动产物权之让与,非将动产交付,不生效力。但受让人已占有动产者,于让与合意时,即生效力。"其所称让与合意,系指物权合意(物权契约)。

(二) 实务见解

物权行为系通说的定论,如何适用于具体案例,乃物权法理论与实务上的重要问题[①],兹举七则"最高法院"判例、判决及大法官解释如下,以便参照:

1. 最高法院1941年上字第441号判例谓:"不动产之出卖人于买卖契约成立后,本有使物权契约合法成立之义务,系争之买卖契约苟已合法成立,纵令移转物权契约未经某甲签名,欠缺法定方式,但被上诉人为某甲之概括继承人,负有补正法定方式,使物权契约合法成立之义务,自不得借口该物权契约尚未合法成立,即请求确认买卖契约为不存在。"

2. "最高法院"1981年台上字第453号判例谓:"不动产抵押权之设定,固应以书面为之。但当事人约定设定不动产抵押权之债权契约,并非要式行为。若双方就其设定已互相同意,则同意设定抵押权之一方,自应负使他方取得该抵押权之义务。"此判例明确区分债权行为(设定抵押权的约定)和物权行为(抵押权的设定)。

3. "最高法院"1999年台上字第1310号判决谓:"查法律行为分为债权行为与物权行为,前者系以发生债的关系为目的之要因行为,后者之目的则在使物权直接发生变动,以避免法律关系趋于复杂,影响交易安全,乃使之独立于原因行为之外而成为无因行为。"

4. "最高法院"2000年台上字第961号判决谓:"按无法律上之原因而受利益,致他人受损害者,应返还其利益。虽有法律上之原因,而其后

① 大理院1913年上字第8号判决:"以直接发生物权上之变动为目的,其普通有效成立之要件约有三端:当事人须有完全能力,且缔约者除法律有特别规定外,须就该物或权利有完全处分之权,故无处分权者所为之物权契约,当然不发生效力。如卖自己所有之特定物,则物权契约即包含于债权契约,二者同时发生效力。若卖他人所有之物,或不确定之物,则其债权契约虽属有效,然不能即发生移转物权之效力,有时仍不能不为物权契约之意思表示。标的物须确定。当事人之意思表示,不得反于一般法律行为及契约之原则。"

已不存在者,亦同。'民法'第 179 条定有明文。无法律上之原因取得不动产所有权而受利益,致他人受损害者,该他人自得依不当得利规定,请求移转不动产所有权登记,以返还利益,并不发生涂销登记之问题。盖物权行为有其独立性及无因性,不因其原因之债权行为系无效或得撤销而失效。"①

5. "最高法院"2013 年台上字第 860 号判决谓:"按不动产所有权移转登记行为系物权行为,具有无因性,若义务人有移转不动产所有权登记之意思,并作成书面,纵该书面所载移转不动产所有权登记之债之原因与其真意不符,除其意思表示有无效或得撤销之原因而经撤销者外,尚不生所有权移转登记应否涂销之问题。系争房地所有权已移转登记予被上诉人,物权行为即已完成,纵该移转登记原因为买卖,与赠与原因不符,不影响已为所有权移转之物权行为。上诉人复未能举证证明双方间就系争房地权利范围二分之一部分有赠与意思表示不合致之情形,其以该登记买卖原因与赠与真意不符为由,基于所有权人地位,请求涂销系争房地所有权移转登记,亦不足取。"

6. "最高法院"2015 年台上字第 473 号判决谓:"当事人通过债权行为(如买卖、赠与)及物权行为(如移转所有权登记)而完成其交易行为者,该债权行为虽成为物权行为之原因,惟基于物权行为之无因性,该债权行为于物权行为完成后,即自物权行为中抽离,物权行为之效力,尚不因债权行为(原因行为)不存在、撤销或无效而受影响。易言之,债权行为之效力并不能左右物权行为之效力。于此情形,原所有权人因物权之变动而丧失之所有权,除物权行为本身亦有不成立、无效或撤销之事由外,仅得依不当得利或其他之规定(如'民法'第 113 条)另请求救济,而不得再行使'民法'第 767 条所规定之权利。"

7. "司法院"大法官释字第 349 号解释涉及共有物分管契约的第三人效力,解释理由谓:"'民法'上之法律行为,有债权行为与物权行为,除法律有特别规定外,前者于特定人间发生法律上之效力,后者于以公示方法使第三人得知悉之状态下,对任何第三人均发生法律上之效力。

---

① 在 3、4 二个判决,"最高法院"明确提出物权行为独立性及无因性的概念,乃在回应学说上的通说,实具意义。实务上关于物权行为独立性及无因性的判决不少,甚值参考,参见"最高法院"1995 年台上字第 154 号、1998 年台上字第 1140 号、1998 年台上字第 2138 号、2000 年台上字第 1981 号判决(阅读之)。

故动产以交付为公示方法,不动产以登记为公示方法,而以之作为权利取得、丧失、变更之要件,以保护善意第三人。"

### 三、德国民法物权行为无因性理论的继受与实践

债权行为与物权行为的分离(分离原则)及物权行为无因性系德国民法体系构成的基本原则,体现了德国法风格。"民法"对此未明确规定(但请参阅第758条、第761条),学说继受德国物权行为无因性理论,并在实务上加以实践。前揭"最高法院"的判决完全正确适用物权行为无因性理论,充分显示法之继受、学说判例(判决)的协力,稳定民法的发展,并显现法学创造能力。

## 第三款　案例解说

试就下列二例说明当事人间之物权变动关系:

1. 甲在某山坡向阳处建一小屋。甲死亡,该小屋由乙继承,乙办理该继承登记后,出售于丙,并移转其所有权。丙以该小屋设定抵押权于丁。

2. 甲上山捕获无主白猴,出售于乙,依让与合意交付之。乙将该猴设定质权于丙。丙擅将该猴作为己有,出售于善意之丁,依让与合意交付之。

### 一、物权变动的体系构成

关于"民法"上物权变动的态样和法律事实,前已详述,为便于观察,提出如下思考模式:

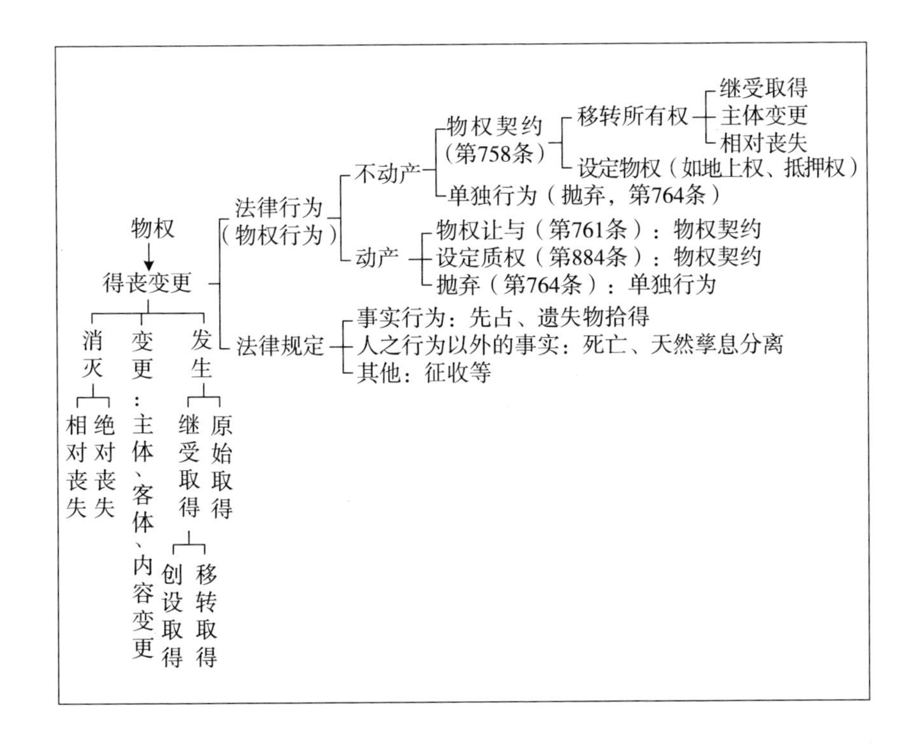


## 二、案例1:别墅上的物权变动

甲在某山坡向阳处建一小屋(A屋),系依事实行为原始取得不动产所有权。甲死亡后该小屋由乙继承,乙系依法律规定概括取得该屋所有权及其他财产(第1148条)。乙出售该小屋于丙(债权行为,第345条),并办理登记移转其所有权,丙系依法律行为(物权行为、物权契约)继受取得该小屋所有权(第758条)。丙与丁约定将该小屋设定抵押权于丁,系属债权行为;丁因抵押权(第860条)之设定(物权行为、物权契约,第758条)而创设取得抵押权(参阅下列图示,查阅条文)。

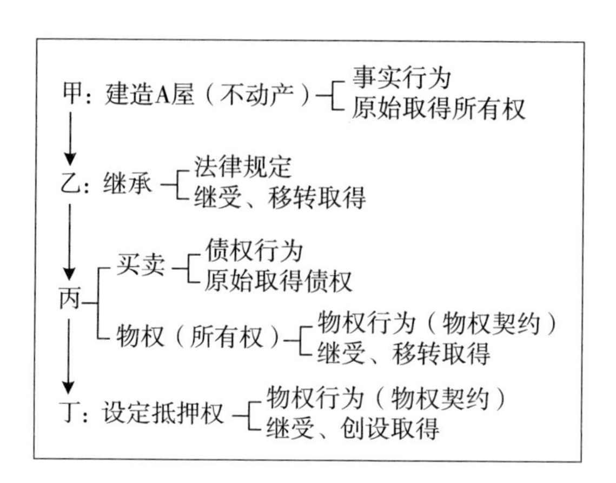


**三、案例2:白猴的故事**

甲上山捕获白猴,系依事实行为(法律规定)无主物先占取得该猴所有权(第802条)。甲出售该猴于乙(债权行为),并依让与合意交付该猴(第761条),乙依法律行为(物权行为、物权契约)继受取得该猴所有权。乙将该猴设定质权于丙(第884条),丙系继受创设取得质权。丙擅将该猴作为已有出售于丁,系出卖他人之物,买卖契约系属有效,但丙让与该猴所有权(第761条),乃无权处分(第118条第1项),丁系善意,依法律规定(第801条、第948条)原始取得该猴所有权(请参照案例1,作一图解!)。

## 第二节 物权行为

1. 甲出卖其所有的A屋与B车于乙,如何移转其所有权?

2. “民法”第758条规定:“不动产物权,依法律行为而取得、设定、丧失及变更者,非经登记,不生效力。前项行为,应以书面为之。”“民法”第761条第1项规定:“动产物权之让与,非将动产交付,不生效力。但受让人已占有动产者,于让与合意时,即生效力。”何谓法律行为与让与合意?

3. 何谓负担行为(债权行为)与处分行为(物权行为)?二者之间的关系?

4. 甲出卖A屋与B车于乙，移转其所有权后，发现甲与乙间的买卖契约不成立（或无效、被撤销）时，甲与乙间的法律关系？

## 第一款　物权行为与负担行为的意义、体系构成与适用法律
### ——“民法”上的“任督二脉”

### 一、规范模式

请彻底理解下图所示法律行为的构造。

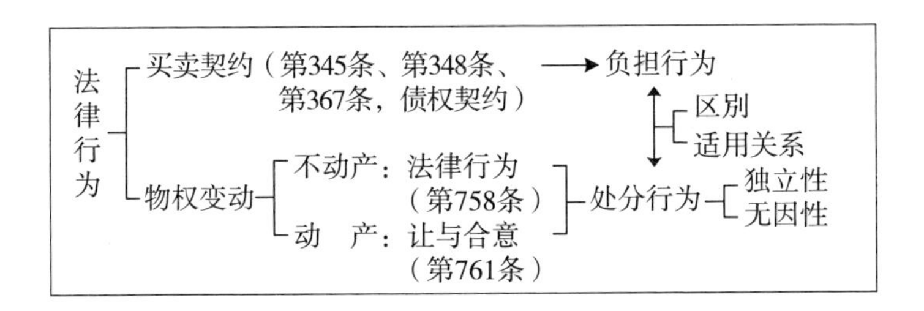


### 二、物权行为的意义

何谓物权行为，“民法”未设规定，学说上有二种见解：(1)物权行为系以物权的得丧变更为直接内容（或目的）的法律行为。[①] (2)物权行为系由物权变动的意思表示与外部的变动象征（交付或登记）相互结合而成的法律行为。[②] 前者系依物权行为之目的或内容而立论，后者系就物权行为的方式而言。二者合而观之，可理解物权行为的意义：

（一）物权行为系属处分行为

物权系关于物之归属的权利，法律将某物归属于特定主体，由其支配。物权行为系以此项归属变动为内容的法律行为，依此法律行为的作

---

① 参见黄右昌：《民法总则诠解》，第222页；史尚宽：《物权法论》，第17页；洪逊欣：《中国民法总则》（修订版），第269页；郑冠宇：《民法物权》，第30页：“物权行为乃直接使物权发生变动之法律行为。”

② 参见姚瑞光：《民法物权论》，第17页；杨与龄：《民法物权》，第9页；谢在全：《民法物权论》（上），第59页：“物权行为系物权变动之意思表示，与公示方法相结合之法律行为。”

成而直接引起物权的发生、变更或消灭。物权行为系属所谓的处分行为(详见后述)。

(二) 物权行为的成立与生效

关于物权的得丧变更,“民法”第 758 条规定:“不动产物权,依法律行为而取得、设定、丧失及变更者,非经登记,不生效力。前项行为,应以书面为之。”第 761 条第 1 项规定:“动产物权之让与,非将动产交付,不生效力。但受让人已占有动产者,于让与合意时,即生效力。”由此二个规定可知,物权的变动须具备双重要件(Doppeltatbestand),就不动产言,为法律行为(物权行为)与登记;就动产言,为让与合意(物权合意,dingliche Einigung,物权契约)与交付。在学说上有争论的是,登记或交付究为物权行为的成立要件抑或生效要件。笔者认为系属生效要件,其主要理由有二:

1. 法律明文规定非经登记或交付不生效力。

2. 登记系公法上的行为,不能认系私法上法律行为的构成部分,作为其成立要件。

## 三、物权行为在法律行为上的体系构成

物权行为系法律行为的一种,以意思表示为要素,因此要了解物权行为,必须认识其在法律行为的地位及其体系构成。财产法上的法律行为分为负担行为和处分行为,二者系“民法”上的“任督二脉”,贯穿整部“民法”,应明辨其概念、定义与协力的关系:

1. 负担行为(Verpflichtungsgeschäft),指以发生债权债务为内容的法律行为,亦称为债务行为或债权行为。负担行为包括单独行为(如捐助行为)和契约行为(如买卖、使用借贷等),其主要特征在于因负担行为的作成,债务人负有给付的义务,例如,物之出卖人负有交付其物于买受人,并使其取得该物所有权之义务;权利之出卖人,负有使买受人取得其权利之义务,如因其权利而得占有一定之物者,并负交付其物之义务(第 348 条)。买受人对于出卖人,负交付约定价金及受领标的物之义务(第 367 条)。

2. 处分行为(Verfügungsgeschäft),指直接作用于既有权利,使其发生转让、内容变更、设定负担或废止的法律行为。处分行为包括物权行为及准物权行为。物权行为,指发生物权法上效果的行为,有为单独行为

(如所有权的抛弃),有为契约行为(如所有权的移转、抵押权的设定)。“民法”第758条所称法律行为,指物权行为而言,前已论及,包括单独行为和物权契约。“民法”第761条第1项所称让与合意,系指物权让与合意(物权契约)。准物权行为,指以债权或无体财产权作为标的之处分行为,如债权或著作权的让与、债务免除。

兹以下图说明物权行为在法律行为体系上的地位:

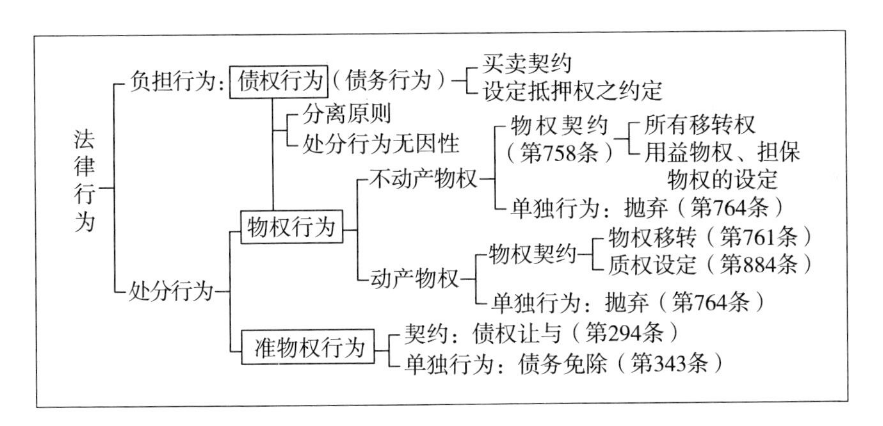


## 四、法律的适用

### (一)“民法”总则编关于法律行为规定的适用

物权行为系法律行为的一种,“民法”总则编关于法律行为的规定,原则上对物权行为均有适用余地,前已提及,兹再作进一步的说明①:

1. 物权行为的行为能力

“民法”总则关于行为能力的规定(请注意2023年1月1日施行之“民法”第12条、第13条,年满18岁为完全行为能力人,年满7岁未满18岁为限制行为能力人),对物权行为全部适用。兹以甲将A车和乙的B车互易(债权行为),并依“民法”第761条规定移转其所有权(物权行为)为例加以说明:

(1)甲系受监护宣告之人时,互易契约及物权行为均属无效(第75条),甲、乙各得主张所有物返还请求权(第767条第1项前段)。

① 以下说明参见王泽鉴:《总则编关于法律行为之规定对物权行为适用之基本问题》,载《民法学说与判例研究》(第五册),北京大学出版社2009年版,第1—29页。

(2)甲系限制行为能力人,未得法定代理人同意时,其互易契约不生效力,甲移转A车所有权给乙的物权行为,亦不生效力(第77条),但甲受让乙的B车所有权,系纯获法律上利益(第77条但书),仍属有效,但因欠缺法律上原因,应依不当得利规定负返还义务(第179条)。[①]

2. 物权行为内容的适法与妥当

物权行为违反强行规定者,无效(第71条),如创设法律未规定的物权(第757条)。需注意的是,通说认为物权行为本身在伦理上系属中性,原则上不具反社会性,不发生背于公序良俗而无效的问题(第72条)。债权行为因违反公序良俗而无效时,物权行为的效力不因此而受影响,其依物权行为而取得权利,系无法律上之原因而受利益,应成立不当得利,但其给付具有不法原因时,则不得请求返还。例如,甲以开设娼馆为目的,以高价向知情之乙购买房屋,此买卖房屋的债权契约虽属无效,乙移转该屋所有权于甲的物权行为则属有效,甲仍取得房屋所有权,但因买卖契约无效,甲无法律上原因而受利益,致他人受损害,应成立不当得利。惟乙之给付系基于不法原因,依"民法"第180条第4款规定,不得请求返还。[②]

3. 物权行为的意思表示

(1)物权行为的通谋虚伪:例如,债务人甲欲避免其财产被强制执行,与第三人丙通谋为虚伪意思表示,将其所有不动产为第三人丙设定抵押权。此项设定抵押权之物权行为无效(第87条)。债权人欲保全其债权,得依"民法"第242条规定,行使代位权,请求第三人丙涂销该项抵押权之设定登记(第767条第1项中段),或依侵权行为规定请求损害赔偿,回复原状(第184条第1项前段)。

(2)物权行为的意思表示错误:此以表示行为上的错误最为常见,例如,甲欲抛弃A笔,误取B笔抛弃之(单独行为);甲卖C书给乙,误取D书依让与合意交付之(物权契约);甲出售E地给乙,办理土地分割,移转所有权(物权契约),超过约定之坪数。于诸此情形,甲得撤销其物权行为而主张所有物返还请求权(涂销所有权登记,第767条第1项中段),但

① 参见王泽鉴:《民法总则》,北京大学出版社2022年重排版,第334页。
② 参见王泽鉴:《不当得利》(第二版),北京大学出版社2015年版,第114页。

应负信赖利益的赔偿责任(第88条、第91条)。[1]

(3)物权行为的意思表示受胁迫(或诈欺):例如,甲胁迫杀害乙,使乙陷于恐怖,而提供不动产设定抵押权时,乙得撤销其设定抵押权的物权行为,使其视为无效(第92条第1项、第114条),而请求涂销抵押权登记(第767条第1项中段)。

值得特别提出的是,被诈欺或胁迫而为的意思表示,得包括债权行为及物权行为,例如,甲受乙诈欺或胁迫出售A物(债权行为)并移转其所有权(物权行为),甲得撤销二者,使其意思表示同视为无效(第92条第1项、第114条),甲得向乙主张所有物返还请求权(第767条第1项前段)。[2] 甲仅撤销买卖契约时,则仅得依不当得利规定请求返还A物所有权(第179条)。甲究应撤销何者,应解释当事人意思表示加以认定。有疑义时,宜认为撤销二者,盖此较能保护当事人的利益。

4. 物权行为附条件或期限

物权行为附条件,以"动产担保交易法"第26条规定的附条件买卖最为典型,即买受人先占有动产标的物,约定至支付一部或全部价金或完成特定条件时,始取得标的物之所有权。在此情形,买卖契约并未附条件,其附条件者,系物权行为(第761条),而所附之条件,系停止条件,即物权行为效力的发生,系于不确定事实(支付价金或其他特定事实)的成否。条件成就时,物权行为发生效力,买受人取得该动产标的物的所有权。不动产物权的法律行为得否附条件(或期限),"民法"或"土地法"均未设特别规定,理论上应予肯定,但非经登记,不得对抗第三人。

最高法院1931年上字第42号判例谓:"地上权因存续期间届满而消灭者,除契约另有订定外,地上权人固得依民法第840条第1项之规定,请求土地所有人按建筑物之时价为补偿。但地上权因解除条件成就而消灭者,不在同条规定之列,地上权人自无请求土地所有人收买建筑物之权。"由此可知,实务上亦肯定不动产物权行为得附条件。

5. 物权行为的代理

"民法"第103条规定:"代理人于代理权限内,以本人名义所为之意

---

[1] 参见王泽鉴:《物权行为错误与不当得利》,载《民法学说与判例研究》(第五册),北京大学出版社2009年版,第86—95页。

[2] 参见王泽鉴:《民法总则》,北京大学出版社2022年重排版,第406页。

思表示,直接对本人发生效力。前项规定,于应向本人为意思表示,而向其代理人为之者,准用之。”此项意思表示之代理,亦适用于物权行为。最高法院1934年上字第1910号判例谓:“公同共有物之处分,固应得公同共有人全体之同意,而公同共有人中之一人,已经其他公同共有人授与处分公同共有物之代理权者,则由其人以公同共有人全体之名义所为之处分行为,仍不能谓为无效。”

关于物权行为的无权代理,最高法院1928年上字第123号判例谓:“物权之移转,非由有处分权之当事人为意思表示,不能发生物权移转之效力,若仅保管他人所有物,未经所有权人授以处分之权,而有擅行代理表示处分该物之意思者,即为无权代理,设未经本人追认,该无权代理之行为,对于本人不能发生效力。”

6. 物权行为与无权处分

“民法”第118条第1项规定:“无权利人就权利标的物所为之处分,经有权利人之承认始生效力。”此之所谓“处分”,系指就处分行为而言,包括物权行为及准物权行为(如债权让与),但不包括负担行为(债权行为)在内。例如,乙擅将甲寄托的A画作为己有出售于丙,并依让与合意交付之。该“出卖他人之物”的买卖契约有效,物权行为系无权处分,效力未定,惟丙非明知或非因重大过失而不知乙无让与的权利时,得依“民法”关于善意取得规定,取得其所有权(第801条、第948条)。又例如,甲有B地,误登记为乙的名义,乙设定抵押权于善意(不知情)的丙时,丙得因善意信赖土地登记,而取得抵押权(第759条之1第2项)。

(二) 债编规定的适用

1. 债编关于契约成立规定

“民法”债编规定对物权行为原则上无适用余地。惟债编关于契约成立的规定,对物权契约则应类推适用之,即当事人互相表示移转某物所有权或就某物设定物权者,无论其为明示或默示,其物权契约即为成立(类推适用第153条)。

2. 第三人利益契约

“民法”第269条第1项规定:“以契约订定向第三人为给付者,要约人得请求债务人向第三人为给付,其第三人对于债务人,亦有直接请求给付之权。”此项第三人利益契约得否类推适用于物权契约,在德国法上甚有争论。甲出卖某地给乙,约定由乙交付价金于甲之子丙,而为担保价金债权,径由甲与乙(土地新所有人)作成设定抵押权的合意时,德国实务肯定丙得于登记后直接取得抵押权。学说上亦多为肯定。[①]

(三) 定型化物权契约的规范

关于定型化契约(附合契约)的规范,“消费者保护法”第11条和“民法”第247条之1设有规定,对物权契约原则上得类推适用(嘉义地院2018年诉4)。

## 第二款　物权行为独立性与无因性[②]

甲将A、B、C三书出卖于乙,依让与合意交付。查A书系甲所有,B书系丙借给甲阅读,C书系丁遗失为甲拾得(或系盗赃)。试问:

1. 甲与乙间的买卖契约是否有效?
2. 乙是否取得A、B、C三书所有权?
3. 设甲系受监护宣告之人时(或受乙诈欺、胁迫),其法律效果如何?
4. 试就此例分析检讨物权行为独立性和无因性理论。

### 一、问题的提出

在现行“民法”上,物权的变动不是债权行为的当然结果,而是应依一个独立于债权行为以外的物权行为作成之(物权行为独立性)。债权行为与物权行为有四种结合关系,兹以甲让售A车于乙为例加以说明[③]:

1. 债权行为与物权行为均有效成立:在此情形,乙依物权行为取得A车所有权,以债权行为(债权)为其法律上原因。甲亦依物权行为取得价金(货币所有权),并以债权行为(债权)为其法律上原因。

2. 债权行为与物权行为均未有效成立:例如,甲以被胁迫为理由,撤销其债权及物权的意思表示,使其视为自始无效(第114条第1项)。在

---

① 德国法之实务、学说见解,参见郑冠宇:《民法物权》,第64页。

② 参见王泽鉴:《物权行为无因性理论之检讨》,载《民法学说与判例研究》(第一册),北京大学出版社2009年版,第113—127页;刘得宽:《物权行为的独立性与无因性之探讨》,载《民法诸问题与新展望》,1997年版,第463页;苏永钦:《物权行为之独立性与无因性》,载《固有法制与当代民事法学》,1997年版,第282页;谢哲胜:《物权行为独立性之检讨》,载《政大法学评论》1994年第52期,第345页。

③ 参见王泽鉴:《不当得利》(第二版),北京大学出版社2015年版,第45页以下。

此情形,乙不能依物权行为取得A车所有权,债权行为又属无效,欠缺占有本权。甲得依“民法”第767条第1项前段规定,向乙请求返还该车(物上请求权)。乙亦得依“民法”第179条规定向甲请求返还其支付价金;若价金已与其他金钱混合时,则仅得行使不当得利返还请求权。

3. 债权行为有效成立,但物权行为未有效成立:例如,甲于3月1日卖车给乙,于6月1日交车时已受监护宣告(第14条、第15条)。在此情形,移转该车所有权的物权行为无效,乙虽不能取得所有权,但得基于有效的买卖契约占有该车(有权占有),并得向甲的法定代理人请求为让与合意的意思表示,以取得该车所有权。

4. 债权行为不成立、无效或被撤销,但物权行为有效成立:例如甲以意思表示错误为理由撤销买卖契约。在此情形,债权行为视为自始无效(第114条第1项)。问题在于本身有效成立的物权行为,是否因债权行为不成立或无效而受影响。此涉及物权行为无因性理论。

## 二、无因性理论和当事人间的权利义务关系

物权行为有因性或无因性理论,是民法上最难了解的基本问题。[①] 有因性指物权行为的效力为其原因行为(债权行为)所左右,即债权行为不成立、不生效力、被撤销或无效者,其物权行为亦同其命运。无因性则指物权行为的效力不为其原因行为(债权行为)所左右,债权行为虽不成立、不生效力、被撤销或无效,物权行为并不因此受影响,仍发生物权变动的法律效果。于此须再提请注意的是,物权行为无因性理论的适用,以物权行为本身有效成立为前提,如果物权行为本身不成立、不生效力、被撤销或无效,则根本不发生无因性的问题。

现行“民法”于债权行为外,尚承认物权行为的存在,物权行为与债权行为系各自独立,通说并肯定物权行为具有无因性。物权行为无因性理论关系当事人利益至巨,兹分二点加以说明:

1. 就当事人言:甲出售A车给乙,依让与合意交付后,始发现买卖契约不成立,因意思表示错误被撤销(第88条),或违反公序良俗无效(第72条)时,若采物权行为有因性理论,其物权行为亦与买卖契约(债权行

---

① 参见王泽鉴:《物权行为无因性理论之检讨》,载《民法学说与判例研究》(第一册),北京大学出版社2009年版,第113—127页。

为)同其命运而不成立、被撤销或无效,则乙不能取得 A 车所有权,应成立无权占有,甲得依"民法"第 767 条第 1 项前段规定,向乙请求返还其物。反之,依物权行为无因性理论,乙依物权行为取得 A 车所有权,于债权行为不成立、被撤销或无效时,欠缺法律上原因,甲仅得依不当得利之规定请求返还 A 车所有权。由是可知,采物权行为有因性时,甲得主张"所有物"返还请求权(物权请求权);于乙破产时,有取回权;于第三人为强制执行时,得提起异议之诉。反之,采物权行为无因性时,甲仅得主张"所有权"的不当得利返还请求权(债权请求权);于乙破产时,只能参加分配;于第三人为强制执行时,不得提起异议之诉。

2. 对第三人言:在上揭售车之例,乙将该车让售于第三人丙时,在物权行为无因性理论下,乙既已取得该车所有权,系属有权处分,丙当然取得该车所有权,不因其是否明知甲、乙间买卖契约有效与否而受影响。反之,倘采有因性说,则乙未取得 A 车所有权,其移转 A 车所有权的物权行为系属无权处分,丙须善意始能取得 A 车所有权。

## 三、分析讨论①

在一个市场,经济财货(尤其是所有权)必须具有移转性。市场经济的运作厥赖于财产权的自由移转,以促进资源的最适使用。物权的变动,除法律规定者外,必须基于当事人间的债权契约,但其所变动的,则为物权。因此依当事人意思而为的物权变动乃处在债权契约与物权变动的交叉路口,一方面本诸债权契约,一方面涉及物权变动,造成法律规范的困难,产生多种不同的规范模式。在法律政策上应分二个层次加以检讨,一为物权行为独立性,二为物权行为无因性。

### (一) 物权行为独立性:债权行为与物权行为分离原则

物权行为独立性,指物权的变动须有一个独立于买卖、赠与、互易等债权行为以外,以物权变动为其内容的法律行为,前已论及。此种债权行为与物权行为分离原则,在立法政策上应值赞同,分二点言之:

1. 此项原则明确规定物权的变动,有助于减少交易成本,保障法律

---

① 比较法上的分析检讨,参见 Stadler, Gestaltungsfreiheit und Verkehrsschutz durch Abstraktion, 1994. Stadler 认为德国法上分离原则和无因性原则(Trennungs-Abstraktionsprinzip)具有四个优点:(1)促进交易安全。(2)当事人形成其法律关系的自由。(3)规范上具有弹性。(4)精确的概念及体系构成。

交易安定。尤其是在出卖他人之物、种类物买卖或保留所有权等情形,采取形式主义的物权行为独立性较诸“意思主义”更易判断物权变动的时点和当事人间的法律关系。

2. 此项理论较能纳入现行“民法”的理论体系。例如,“民法”第 118 条第 1 项规定:“无权利人就权利标的物所为之处分,经有权利人之承认始生效力。”所称处分,指处分行为,包括物权行为,但不及于买卖等债权行为。若不采物权行为独立性,则此之所称处分将难作合理的解释。又“民法”第 759 条规定:“因继承、强制执行、征收、法院之判决或其他非因法律行为,于登记前已取得不动产物权者,应经登记,始得处分其物权。”其所称“处分”亦系指物权行为(处分行为)而言。

### (二) 物权行为无因性的相对化①

物权行为独立性使法律关系明确,易于判断,有助于减少交易成本,保障交易安全,为其优点。但无因性理论将当事人的地位由物权请求权人(所有物返还请求权)贬为债权请求权人(不当得利请求权),殊为不利,加以善意取得制度已足保护交易安全,故学者乃主张,应突破物权行为无因性,使之与债权行为同命运,而提出三种理论:

1. 共同瑕疵:即债权行为和物权行为具有共同瑕疵,如行为能力欠缺、通谋虚伪意思表示或意思表示被诈欺被胁迫时,债权行为和物权行为同为无效,或并得撤销之(2020 年台上字第 461 号、2016 年台上字第 1732 号)。

2. 条件关联:即将物权行为效力的发生系于债权行为的有效成立(停止条件)。此项条件,亦得以默示为之。债权行为与物权行为同时作成时,是否具有条件关联,应解释当事人意思表示加以认定。

3. 法律行为一体性:“民法”第 111 条规定:“法律行为之一部分无效者,全部皆为无效。但除去该部分亦可成立者,则其他部分,仍为有效。”有争论的是,物权行为及债权行为是否得依当事人意思互相结为一体,而于债权行为无效时,亦使物权行为归于无效。“最高法院”迄今未有相关裁判。学者有采肯定见解。反对者认为,此项见解破坏物权行为独立性及无因性制度,应难赞同。实则,此项争论实益不大,盖依共同瑕疵和条件关联理论,通常亦可导致同一结果。

---

① 参见郑冠宇:《物权行为无因性之突破》,载《法学丛刊》1998 年第 43 卷第 4 期。

## 四、案例解说

前揭甲出售A、B、C三书于乙的案例(请再阅读,试作解答),可以显现债权行为和物权行为分离原则(物权行为独立性)的优点,有助于明确规范每一个标的物之物权变动。先将其基本法律关系图示如下,以利参照说明:

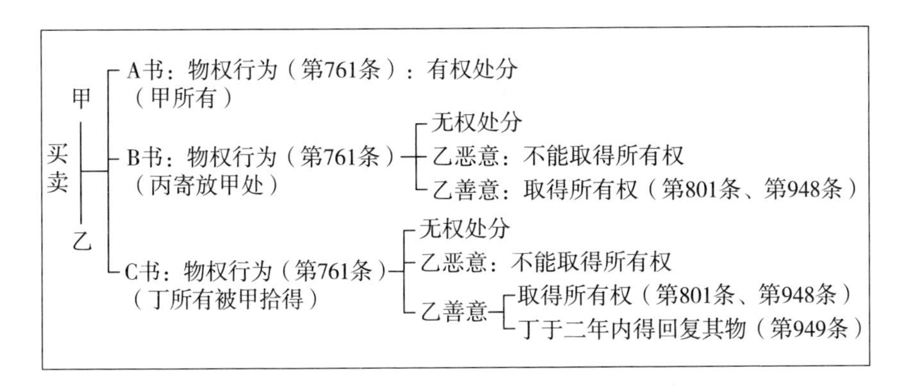


甲占有A、B、C三书,其中A书为甲所有,B书为丙寄放甲处,C书为丁所有被甲拾得。甲将A、B、C三书出售于善意的乙时,其买卖契约(负担行为)有效。关于物权变动,依物权特定原则,应分就A、B、C三书加以判断:

1. A书:甲系A书的所有人,有权处分,乙依物权行为(第761条第1项)取得A书的所有权。

2. B书:系丙所有,借甲使用,甲系无权处分,其物权行为效力未定(第118条第1项),乙因善意受让而取得B书的所有权(第801条、第948条)。

3. C书:系丁所有,甲系无权处分,乙虽善意受让,因系遗失物(或盗赃),丁在二年内得向乙请求回复其物(第948条、第949条)。

在上举之例,设乙系恶意时,甲与乙间的买卖契约仍为有效,其关于B书、C书的物权行为效力未定,乙不能善意取得B、C二书的所有权。应说明的是,甲自丙、丁取得B、C二书的所有权时,甲与乙间就该B、C二书的处分(物权行为)自始有效(第118条第2项),乙纵为恶意亦得取得B、C二书的所有权。

基于物权行为无因性理论,甲与乙间的买卖契约纵属无效(如甲为受监护宣告之人),或被撤销(如甲意思表示错误),其物权行为不因此而为无效。但物权行为亦具有同一瑕疵时,如甲为受监护宣告之人,无行为能力,其物权行为本身无效(第15条、第75条),或撤销甲物权行为上受诈欺的意思时,其物权行为视为自始无效(第114条)。在此等情形,物权行为亦同归无效,乙纵为善意仍不能取得B、C二书的所有权。

## 第三节　不动产物权变动[①]

### 第一款　公示、公信原则与土地登记制度

1. 甲建造A屋,由乙继承。乙让售于丙。丙设定抵押权于丁,丁实行抵押权,由戊拍定之。试说明A屋物权之变动应办理何种登记,由谁申请?登记的程序如何?

2. 甲有A地,因地政机关疏失,登记为乙的名义,试问:(1)设A地被丙无权占有时,甲得否对丙主张所有物返还请求权?(2)设乙将A地设定抵押权于善意丁时,甲得对乙、丁及地政机关主张何种权利?

土地登记关系物权变动甚巨,请参照本例题,确实查阅"土地法"、"土地登记规则"的相关规定。

#### 第一项　公示原则与公信原则

物权具有绝对排他的效力,其得丧变更须有足由外部可以辨认的表征,始可透明其法律关系,减少交易成本,避免第三人遭受损害,保护交易安全。此种可由外部辨认的表征,即为物权变动的公示方法。不动产物权变动系以登记为其公示方法,即一方面以登记作为依法律行为而生物权变动的生效要件(设权登记,第758条),他方面以登记作为依法律规定取得物权的处分要件(宣示登记,第759条)。不动产物权变动既以登记

---

① 参见许政贤:《台湾法上不动产物权变动的原因行为》,载《民事法理论与实务的新开展——陈志雄律师八秩华诞祝寿论文集》,2020年版,第233页;曾品杰:《论台湾不动产物权变动之登记效力》,载《中正财经法学》2021年第22期。

为公示方法,则信赖此项表征者,纵令其表征与实质的权利不符,对于信赖之人,亦应予以保护(第759条之1第2项)。

### 第二项　土地登记制度[①]

以登记作为不动产物权变动的公示方法,是人类法律生活的一项伟大制度。登记制度为不动产交易提供了一个明确基础,使不动产物权变动(尤其是所有权移转、抵押权设定)得不以交付标的物为要件;在同一不动产上得成立数个用益物权和担保物权,以登记先后定其顺序,对整个社会经济活动作出重要贡献。

不动产物权变动的登记,系于"土地法"及"土地登记规则"设其规定,称为土地登记。除此二个基本法规外,尚有许多相关规定,例如:"逾总登记期限无人申请登记之土地处理原则""未办继承登记土地及建筑改良物列册管理作业要点""祭祀公业土地清理要点""加强防范伪造土地登记证明文件注意事项""'土地法'第三十四条之一执行要点""时效取得地上权登记审查要点""典权登记法令补充规定""登记原因标准用语"等。此等法令与不动产物权变动具有直接密切关系,实务上颇为重要,务请参阅研读。

## 第二款　依法律行为而发生的不动产物权变动
## ——"民法"第758条

1. 甲出卖A地给乙,价金1000万元,双方意思表示一致。试问:甲得否以买卖契约未订立书面,而主张买卖契约不生效力,不负交付其物并移转登记其所有权的义务?

2. 甲向乙贷款,约定设定B屋作为抵押。其后甲以该项设定抵押权的约定系口头为之,拒绝为抵押权的设定,有无理由?

### 第一项　法律行为(物权行为)

#### 一、"民法"第758条规定

"民法"第758条第1项规定:"不动产物权,依法律行为而取得、设

① 参见黄健彰:《不动产登记》,元照出版公司2020年版。

定、丧失及变更者,非经登记,不生效力。"本条所称法律行为,指物权行为而言,除物权契约外,还包括单独行为。不动产物权的抛弃系单独行为,非经登记,不生效力。[①]

（一）物权契约

物权契约系指当事人以物权变动为内容而订立的契约,为不动产物权变动最主要的原因,例如所有权的移转,地上权、抵押权的设定,典权的让与。

（二）单独行为:不动产物权的抛弃[②]

1. 抛弃的意义、性质和方法

抛弃,系指物权人不以物权移转于他人,而使其物权归于消灭的单独行为。不动产所有权的抛弃,并无相对人,无须对特定人为抛弃的意思表示。

2. 抛弃自由原则及其限制

物权除法律另有规定外,得自由抛弃,使之消灭(第 764 条第 1 项)。所谓法律另有规定,例如"民法"第 834 条规定:"地上权无支付地租之约定者,地上权人得随时抛弃其权利。"第 835 条第 1 项规定:"地上权定有期限,而有支付地租之约定者,地上权人得支付未到期之三年分地租后,抛弃其权利。"(请参阅同条第 2 项、第 3 项)

"民法"第 764 条第 2 项规定:"前项抛弃,第三人有以该物权为标的物之其他物权或于该物权有其他法律上之利益者,非经该第三人同意,不得为之。"立法说明谓:以物权为标的物而设定其他物权或于该物权有其他法律上之利益,事所恒有。例如,以自己之所有权或以取得之地上权或典权为标的物,设定抵押权而向第三人借款;或如以质权或抵押权连同其所担保之债权设定权利质权;或地上权人于土地上建筑房屋后,将该房屋

① 参见陈荣隆:《物权之抛弃》,载《辅仁法学》1990 年第 9 期。

② "最高法院"2015 年台上字第 434 号判决谓:"按因继承、公用征收或法院之判决,于登记前已取得不动产物权者,非经登记,不得处分其物权,'民法'第 759 条定有明文。法定抵押权系基于法律规定而发生,固不待登记即生效力,惟法定抵押权之抛弃,乃属处分,须经登记后,方得为之。又不动产物权,依法律行为而取得、设定、丧失及变更者,非经登记,不生效力,'民法'第 758 条亦定有明文。法定抵押权之抛弃,系依法律行为而丧失其不动产物权,非经登记,不生效力。本件原审认抵押权之意思,此项抛弃,由表意人以意思表示向抵押人为之即可,法定抵押权之抛弃,解释上以意思表示为之即生效力,其见解自有可议。"参见陈忠五:《未经土地使用权人同意而抛弃土地所有权的效力》,载《台湾法律人》2021 年第 5 期。

设定抵押权于第三人等是。如允许原物权人抛弃其地上权等,则所设定之其他物权将因为标的物之物权之消灭而受影响,因而减损第三人之利益,对第三人保障欠周。

3. 抛弃的效力

动产所有权抛弃时,成为无主物,得为先占的客体(第802条)。动产物权因抛弃而消灭(第764条)。关于不动产物权抛弃的效力,分三种情形加以说明:

(1)抛弃不动产所有权时,归属于政府所有,登记机关应于办理涂销登记后,随即为公有之登记("土地登记规则"第143条第3项),但该不动产之定限物权,不受影响,仍继续存在。

(2)抛弃用益物权(如地上权)时,其所有权又回复到不受限制的状态。

(3)抛弃担保物权时,所有权不再受此限制。在抛弃抵押权的情形,抵押权人成为普通债权人,次序在后面的抵押权升进其次序。

## 二、不动产物权行为的方式:旧"民法"第760条的废除及第758条第2项的增订

甲有A、B土地。甲出卖A地于乙,与丙约定就B地设定抵押权,均未订立书面,其后甲拒不"订立书面",办理所有权移转登记或为抵押权的设定,试分就债权行为及物权行为说明当事人间的法律关系。

### (一)不动产物权行为的要式性:应以书面为之

不动产物权行为是否为要式行为,涉及旧"民法"第760条"不动产物权之移转或设定,应以书面为之"规定的解释适用,系民法理论及实务上重大的争议问题(参阅案例1)。[①] "民法"物权编2009年1月修正时,特增订第758条第2项规定,"前项行为,应以书面为之",立法说明谓:"不动产物权之得、丧、变更之物权行为,攸关当事人之权益至巨,为示

---

① 参见李肇伟:《探讨不动产物权变动之书面性质》,载《法令月刊》1977年第28卷第11期;李模:《论移转不动产物权之书面契约》,载《法令月刊》1989年第40卷第9期;王泽鉴:《论移转不动产物权之书面契约》,载《民法学说与判例研究》(第七册),北京大学出版社2009年版,第133—146页。

慎重,并便于实务上作业,自应依当事人之书面为之,现行条文第760条之‘书面’,究为债权行为,或为物权行为,适用上有不同见解,爰增订第2项,并将上述第760条删除。又此所谓‘书面’,系指具备足以表示有取得、设定、丧失或变更某特定不动产物权之物权行为之书面而言。如为契约行为,须载明双方当事人合意之意思表示,如为单独行为,则仅须明示当事人一方之意思表示。至以不动产物权变动为目的之债权行为者,固亦宜以书面为之,以昭慎重;惟核其性质则以于债编中规定为宜,第166条之1第1项已明定‘契约以负担不动产物权之移转、设定或变更之义务为标的者,应由公证人作成公证书’。并此叙明。”

“民法”第758条第2项增订不动产物权行为应以书面为之,解决长期的争议问题,实值肯定。新增订不动产物权行为的要式性规定,适用于所有的物权契约行为(如移转不动产所有权、设定抵押权)及单独行为(如抛弃不动产所有权、地上权)。[①]

(二) 基于有效债权契约,成立物权契约的义务

甲出卖某地给乙的买卖契约(或约定就某地设定抵押于丙)系债权行为,不以订立书面为必要。甲移转该地所有权(或设定抵押权)的物权行为,则应以书面为之。甲拒不以书面方式办理所有权移转(或设定抵押权)时,应如何处理?关于此重要问题,“最高法院”作有三个相关重要判例,可供参照:

> 1. 不动产之出卖人于买卖契约成立后,本有使物权契约合法成立之义务。系争之买卖契约苟已合法成立,纵令移转物权契约未经某甲签名,欠缺法定方式,但被上诉人为某甲之概括继承人,负有补正法定方式,使物权契约合法成立之义务,自不得借口该物权契约尚未合法成立,即请求确认买卖契约为不存在(1941年上字第441号判例)。
>
> 2. 不动产抵押权之设定,固应以书面为之。但当事人约定设定不动产抵押权之债权契约,并非要式行为。若双方就其设定已相互

① 关于不动产的债权行为系属不要式行为,“民法”第166条之1第1项规定:“契约以负担不动产物权之移转、设定或变更之义务为标的者,应由公证人作成公证书。”需注意的是,依“‘民法’债编施行法”第36条第3项但书规定,本条施行日期由“行政院”会同“司法院”另定之。在本条规定施行前,不动产的债权行为仍属不要式行为(本条规定迄今仍未施行)。

同意,则同意设定抵押权之一方,自应负使他方取得该抵押权之义务。又口头约定设定抵押权时,若为有偿行为,当不因债务人以后为履行义务,补订书面抵押权设定契约及办理抵押权设定登记,而使原有偿之抵押权设定行为变为无偿行为。原审所持相反之见解,尚有未合(1981 年台上字第 453 号判例)。

3. 不动产物权之移转,应以书面为之,其移转不动产物权书面未合法成立,固不能生移转之效力。惟关于买卖不动产之债权契约,乃非要式行为,若双方就其移转之不动产及价金业已互相同意,则其买卖契约即为成立。出卖不动产之一方,自应负交付该不动产并使他方取得该不动产所有权之义务,买受人若取得出卖人协同办理所有权移转登记之确定判决,则得单独声请登记取得所有权,移转不动产物权书面之欠缺,即因之而补正(1968 年台上字第 1436 号判例)。

兹为使读者易于观察,以买卖及抵押权的设定为例,将债权行为及物权行为的方式图示如下:

不动产交易
- 买卖
  - 买卖契约(债权契约):不要式
  - 所有权移转(物权契约):第758条第2项(书面要式)<br>出卖人负订立书面移转所有权义务
- 抵押权
  - 设定抵押权的约定(债权契约):不要式
  - 抵押权的设定(物权契约):第758条第2项(书面要式)<br>抵押人负有订立书面设定抵押权义务

## 第二项　登　记

### 一、登记为不动产物权变动的生效要件

不动产物权依法律行为(物权行为)而发生变动,非经登记,不生效力。无物权行为时,不能仅因登记而发生物权变动。登记为不动产物权变动的生效要件。关于不动产物权变动的登记程序,详见“土地法”及“土地登记规则”。此项登记系属变动登记(设权登记),除法律有特别规定外,应由权利人及义务人会同申请之(“土地登记规则”第 26 条、第 27 条)。

值得参照的是,“最高法院”2007 年台上字第 1727 号判决谓:“不动

产物权，依法律行为而取得设定、丧失、及变更者，非经登记，不生效力，'民法'第758条定有明文，地政机关因权利人及义务人申请，所为土地权利变更登记之行政处分，性质上为形成处分，一经登记完成，不动产物权即生变动之效力，纵地政机关所为土地权利变更登记之行政处分有所瑕疵，于该行政处分生效后，在未经依法撤销或废止前，其效力自仍继续存在，系争房地已移转登记于上诉人名下，有房地登记誊本可按，原审以上诉人就系争房地所为之移转登记，违背'土地登记规则'第102条第1项之规定，于未经补正前，尚不生移转之效力。其所持见解不无可议。"

## 二、登记原因与其真意不符

按不动产所有权移转登记行为系物权行为，具有无因性，若义务人有移转不动产所有权登记之意思，并作成书面，纵该书面所载移转不动产所有权登记之债之原因与其真意不符，除其意思表示有无效或得撤销之原因而经撤销者外，尚不生所有权移转登记应否涂销之问题。系争房地所有权已移转登记于被上诉人，物权行为即已完成，纵该移转登记原因为买卖，与赠与原因不符，不影响已为所有权移转之物权行为（2013年台上字第860号）。

## 三、登记内容须与物权行为一致

不动产物权登记内容须与物权行为一致，始生物权变动效力（案例2）。例如，甲移转A地所有权于乙，地政机关人员误登记为B地时，乙未取得A地所有权，因A地并未办理登记；乙亦未取得B地所有权，因当事人并无让与合意。在该地误以丙之名义登记的情形，依上所述，乙或丙均未取得该地所有权，盖已登记者，发生错误，应予更正；未登记者，则须办理登记，始发生物权变动的效力。

## 四、物权行为作成后、登记前的法律状态

不动产物权的变动须经作成物权行为，申请办妥登记，始生效力，常须经过一段时间，关于其法律状态，分四点言之：

### （一）物权契约的拘束力

当事人是否受物权契约的拘束？"民法"未设明文，基于法律行为因

生效而有拘束力的一般原则，应采肯定说，故一方当事人不得片面撤回之。[①]

（二）行为能力的丧失或死亡

当事人的行为能力，依物权行为作成的时点判断之。物权行为作成后，当事人丧失行为能力（如受监护宣告）时，对其效力不生影响。当事人于作成物权行为后死亡时，其效力亦不因此而受影响（第95条第2项）。

（三）物权的丧失

处分人在办毕登记前，丧失其物权时（如标的物被征收），虽经登记仍不发生物权变动。

（四）处分权限制

“土地法”第75条之1规定，登记尚未完毕前，登记机关接获法院查封、假扣押、假处分或破产登记之嘱托时，应即改办查封、假扣押、假处分或破产登记，并通知登记声请人。例如，甲出售某地给乙，已声请所有权移转登记，但在查封后始登记完毕者，仍不得对抗执行债权人。[②]

## 五、登记与交付

依法律行为而生的不动产物权变动，因登记而发生效力，与该不动产是否交付无关。其涉及的问题，以房屋买卖为例，分三种情形加以说明：

（一）二重买卖

甲售某屋于乙，已为交付，其后甲再将该屋出售于丙，并办理所有权移转登记（第758条）。在此种情形，丙虽未受该屋的交付，仍取得其所有权，并得向乙请求返还该屋（第767条第1项前段）。其未能取得所有权

---

① 德国民法学说认为，物权契约不具债法上的因素，不具拘束力，当事人一方得自由撤回之。其例外具有拘束力，须具备《德国民法典》第873条第2项的要件：“成立合意之当事人，在未为登记前，仅以双方之表示，已由法院或公证人作成证书，或其表示系在土地登记官署前为之，或曾向之声请登记，或权利人已将土地登记法所规定之登记同意书交与他方当事人者为之，始受合意之拘束。”参阅Baur/Stürner, Sachenrecht, S. 45 ff. 此项关于物权契约的争论，实益不多，盖依有效成立的负担行为（如买卖），一方当事人原得诉请他方当事人为让与合意的意思表示。

② 参照“最高法院”1990年台上字第2122号判决：“按查封系公法上之处分行为，其效力不待于登记即发生，任何人均应受其拘束，若不动产经法院依法查封后，该不动产之所有人即执行债务人再将该不动产移转登记于‘他人’，他人复移转登记于‘他他人’，而执行债权人对该他人及他他人主张该移转不生效力时，该他人、他他人不得依‘土地法’第43条之规定主张其受移转应受保护，执行债权人得同时或先后诉请该他他人、他人涂销其受移转登记，回复实施查封时之登记状态。”

的乙,仅能依债务不履行规定向出卖人甲请求损害赔偿。

(二) 出卖的房屋虽已登记,但未交付

出卖的房屋虽已登记,但未交付,买受人仍得向出卖人请求交付其物。需注意的是,买受人此项请求权因 15 年间不行使而罹于时效(第 125 条)。在此情形,因登记而取得所有权的买受人得否依"民法"第 767 条第 1 项前段规定向出卖人请求交付其物,不无疑问。实务上采否定见解,认为出卖人固负交付其物于买受人之义务,但在未交付前,继续占有买卖标的物,尚难谓为无权占有,不因移转登记已完成而有异。[①]

(三) 出卖的房屋虽未登记,但已交付

在此情形,买受人仍得向出卖人请求移转该屋的所有权。买受人此项请求权罹于时效消灭时(第 125 条),出卖人得否依"民法"第 767 条第 1 项前段规定向买受人请求返还其物,亦不无疑问,但应采否定说。买受人依买卖契约而占有标的物,具有正当权源,不构成无权占有。[②]

## 六、日据时期发生的不动产物权变动与登记[③]

台湾地区在日据时期,不动产物权变动依当时适用的日本民法(《日本民法典》第 177 条),不以登记为生效要件,登记仅为对抗要件,与台湾地区"民法"规定不同。日据时期的不动产物权变动已为登记者,依台湾地区现行法固能取得其所有权,其未经办理登记者,在光复后究应如何处理,迄今仍有不少争论的案例,兹分强制征收和买卖(或赠与)二种主要案例类型说明实务的见解:

---

① 参照"最高法院"1981 年台上字第 212 号判决。又 1981 年台上字第 114 号判决亦采同样见解,略谓:"被上诉人依买卖契约虽应履行出卖人义务而交付房屋,但并不因出卖房屋而成为无权占有,况被上诉人尚主张价款未经收清暂不交屋为对抗,则上诉人认被上诉人无权占有,而本于物上请求权要求被上诉人交付房屋,即非有据。"

② "最高法院"1980 年 2 月 23 日第 4 次民事庭会议决议:"按'民法'第 767 条前段规定所有人对于无权占有其所有物者,得请求返还之。甲占有之土地,系乙本于买卖之法律关系所交付者,具有正当权源,所有人丙、丁(乙之继承人)不得请求返还土地。何况时效完成后,债务人仅得拒绝给付,而甲乙间之买卖契约关系依然存在,基于公平法则,丙、丁亦不得请求返还土地。"可供参照。其详参阅王泽鉴:《基于债之关系占有权的相对性及物权化》,载《民法学说与判例研究》(第七册),北京大学出版社 2009 年版,第 41—56 页。

③ 深入精细的研究,参见陈荣传:《由"最高法院"实例论物权法制的变迁——以台湾日据时期的不动产为中心》,载《"民法"七十年之回顾与展望纪念论文集》,元照出版公司 2000 年版,第 95 页;谢在全:《民法物权论》(上),第 70 页。关于日据时期物权变动登记,参阅"地籍清理条例"。

1. 强制征收:日据时期被日军征收之土地,依当时适用的日本民法,其所有权既已移转于日军,光复后由台湾地区政府接收,并非由于法律行为,自无须登记即发生取得所有权效力,原土地所有人不得再以日军就系争土地未办所有权登记,而谓其仍为土地之所有人(1963 年台上字第 1485 号判例)。

2. 买卖(或赠与):日据时期的不动产买卖,迄台湾地区光复后未为所有权移转登记,依台湾地区现行"民法"仅生买卖(或赠与)之债权关系,买受人(或受赠人)仅得请求出卖人(或赠与人)就出卖(或赠与)的不动产为所有权移转登记,不得请求涂销出卖人(或赠与人)光复后的所有权登记。此项所有权移转登记请求权系基于债权而发生,应有消灭时效规定的适用,其起算日期,应以出卖人(或赠与人)或其继承人声请总登记,记入登记簿之日为准。惟需注意的是,该出卖(或赠与)的不动产,于光复后已移转登记于第三人时,其所有权应归属于该已为所有权登记之人,自不待言(1979 年台上字第 1337 号判例)。

## 第三项 借名登记[①]

### 一、问题说明

甲购买 A 屋,为隐匿 A 屋所有权(或为逃税或为预防子女争产等),乃借乙的名义登记 A 屋。借名登记系台湾地区社会生活的产物,系理论及实务的重要课题,争议问题层出不穷,但业已形成稳定的案例法。兹图示其基本法律关系,请先思考:

1. 何谓借名登记?
2. 当事人为何要借他人之名登记自己的财产?具有何种风险?
3. 借名登记可能发生的争议问题?如何处理?
4. 为何在台湾地区借名登记层出不穷,而在德国少见借名登记案例?这是一个法社会学及法律制度(如德国法上的公证制度)上值得研究的课题。

---

① 参见吴从周等:《借名登记契约之实务争议探讨》,元照出版公司 2017 年版;游进发:《借名登记是信托且可能无效》,载《月旦裁判时报》2020 年第 101 期。

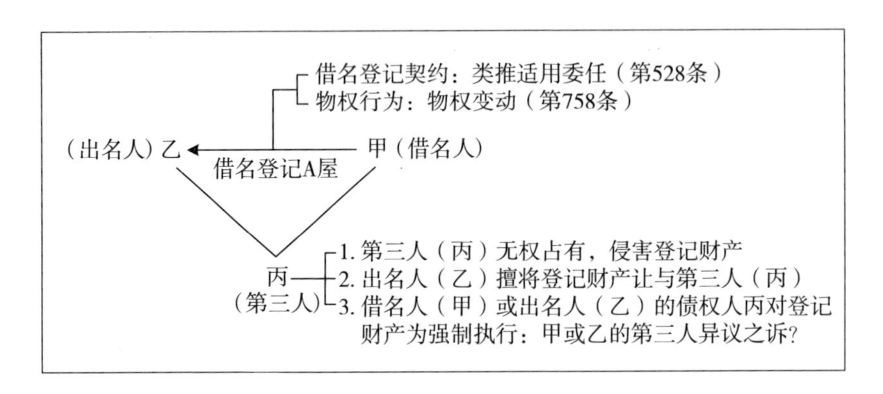


兹参照前揭图示及“最高法院”判决，说明借名登记的基本问题。

## 二、法律构造及争点问题

### （一）法律构造

借名登记，谓当事人约定一方（借名人）将自己之财产以他方名义登记，而仍由自己管理、使用、处分，他方（出名人）允就该财产为出名登记之契约，倘其内容不违反强制禁止规定或公序良俗者，应赋予无名契约之法律上效力。证明借名登记契约成立之证据资料，不以直接证据为限，倘综合其他情状，证明由一方出资取得财产登记他方名下后，仍持续行使该财产之所有权能并负担义务者，非不得凭此等间接事实，推理证明彼等间存有借名登记契约（2016 年台上字第 600 号、2022 年台上字第 171 号）。

由此判决可知，借名登记的法律构造有三：

1. 由债权契约（无名契约或类推适用第 528 条的委任契约）及物权契约（第 758 条）所构成。借名契约的内容不违反强制性规定或公序良俗者，有效。

2. 出名人为登记名义人。

3. 借名人继续行使该财产权之所有权能并负担义务。

### （二）争点问题

请参照前揭“最高法院”判决及法律构造，思考解答以下五个核心争议问题：

1. 第三人无权占有或侵害 A 屋时，谁得主张何种请求权？

2. 借名登记契约终止后,借名人得向出名人行使何种请求权?

3. 出名人擅以自己名义将A屋让售于丙,并移转所有权时,若丙系恶意,得否取得其所有权?

4. 出名人擅将A屋(价值1000万元)让售于丁(价金1200万元),并移转其所有权时,借名人得否请求出名人交付价金1200万元?其请求权基础?

5. 借名人(或出名人)的债权人对A屋为强制执行时,出名人(或借名人)得否提起第三人异议之诉?

## 三、登记财产的归属

按“民法”第767条第1项所规定之所有物返还请求权,系所有人或依法律规定得行使所有权之人,对于无权占有或侵夺其所有物者,行使返还所有物请求权之规定。故行使此请求权人之主体,须为所有人或依法律规定得行使所有权之人。查系争房地系被上诉人出资购买、兴建,借上诉人名义登记,被上诉人已终止该借名契约,为原审确定之事实,似见上诉人仍登记为该房地之所有人。果尔,被上诉人得否因终止借名契约即当然取得该房地之所有权,而得行使所有人之所有物返还请求权,请求登记名义人即上诉人移转所有权登记?即滋疑义(2018年台上字第74号)。依此“最高法院”见解,在第三人无权占有或侵害借名登记的房屋时,出名人得向第三人主张所有物返还请求权(侵权行为、不当得利请求权)(例题1)。

## 四、委任契约的类推适用

借名登记之契约,其成立侧重于借名者与出名者间之信任关系,性质与委任关系类似,应类推适用“民法”第528条规定,除契约另有订定或因契约事务之性质不能消灭者,因当事人一方死亡而消灭(第550条)。此际借名者或其继承人自可依借名契约消灭后之借名标的物返还请求权请求出名者或其继承人返还该标的物,如该标的物因可归责于债务人之事由,致给付不能者,借名人得依“民法”第226条第1项之规定请求赔偿损害,且该项损害赔偿之债,性质上为原债权之延长,属于原债权之变形,与原债权具有同一性,其请求权之消灭时效,应自原债权之请求权可行使时起算(2015 年台上字第 1399 号)(例题 2)。

### 五、出名人让售登记财产:有权处分? 无权处分?[①]

不动产借名登记契约为借名人与出名人间之债权契约,出名人依其与借名人间借名登记契约之约定,通常固无管理、使用、收益、处分借名财产之权利,然此仅为出名人与借名人间之内部约定,其效力不及于第三人。出名人既登记为该不动产之所有权人,其将该不动产处分移转登记于第三人,自属有权处分,无无权处分可言("最高法院"2017 年度第 3 次民事庭会议决议)。依此"最高法院"见解,第三人虽为恶意(明知借名登记),仍能取得该不动产所有权(例题 3)。

### 六、"民法"第 225 条第 2 项规定的类推适用[②]

按"民法"第 225 条第 2 项所定之代偿请求权之立法目的,系基于衡平思想,旨在调整失当之财产价值分配,保护债权人之利益,使债权人有主张以债务人对于第三人之损害赔偿请求权或受领自第三人之赔偿物代替原给付标的之权利,其因不可归责于债务人之事由直接转换之利益(如交易之对价)与损害赔偿,发生之原因虽有不同,但性质上同为给付不能之代替利益,应类推适用上开规定,得为代偿请求权之标的。又依"民法"第 225 条第 1 项、第 2 项规定之文义,固须不可归责于债务人之事由致给付不能者,债权人始得主张代偿请求权。惟因可归责于债务人之事由致给付不能者,参酌"民法"第 225 条第 2 项规定之立法理由谓"其不能给付,'不问其债务人应否负责',须以债务人所受之损害赔偿或其所有之损害赔偿请求权,代债务之标的,以保护债权人之利益",应认债权人得选择行使损害赔偿请求权("民法"第 226 条第 1 项)或代偿请求权以保护其利益(2016 年台上字第 2111 号)(例题 4)。当出名人擅自让售 A 屋时,借名人得类推适用第 225 条第 2 项规定,向出名人请求出卖 A 屋的价金。

---

① 参见林大洋:《借名登记对外效力之探讨——法学方法与债法现代化之思考借名登记对外效力》,载《中华法学》2017 年第 17 期。

② 此系给付不能与代偿请求权的重要问题,参见王泽鉴:《债法原理》,北京大学出版社 2022 年重排版,第 324 页。

## 七、第三人异议之诉

### (一) 出名人的第三人异议之诉

借名人的债权人对登记财产为强制执行时,出名人得否提起第三人异议之诉?“最高法院”2013 年台上字第 1056 号判决谓:“依‘土地法’所为之登记有绝对真实之公信力,于借名登记之场合,在出名人将借名登记之不动产移转登记返还予借名人前,该登记并不失其效力,借名人之债权人尚不得以该不动产有借名登记契约为由,主张出名人尚未取得所有权,其无提起第三人异议之诉之权利。原审既认系争不动产系鄞○业借名登记于上诉人名下,鄞○业已死亡,鄞○俊等人为其继承人,则于上诉人将系争不动产移转登记返还予鄞○业之继承人前,能否谓上诉人非系争不动产之所有人,其不得提起本件第三人异议之诉,自滋疑问。原审见未及此,遽以前揭理由为上诉人败诉之判决,尚有未合。”(例题 5)

### (二) 借名人的第三人异议之诉

出名人的债权人对以出名人名义登记的不动产为强制执行时,借名人得否提起异议之诉?依前揭“最高法院”判决,应采否定说,盖借名人不得主张其仍系不动产的所有人(例题 5)。

## 八、产权明确与风险承担

借名登记创造了一个产权不明确、不具经济效率的法律状态,“最高法院”以“土地法”之登记有绝对真实之公信力,肯定在出卖人将借名登记之不动产移转登记返还于借名人前,该登记并不失其效力,出名人乃为所有人,尤其是认定出名人将借名登记不动产所有权让与第三人系属有权处分,明确物权关系,应值赞同。在此情形,借名人应承担因借名登记所造成的风险,有助于减少从事此等比较法上独具台湾地区特色的交易行为。

# 第三款　非基于法律行为而生的不动产物权变动

## 第一项　不动产物权的取得与处分

1. 甲继承其父某屋所有权,未办理继承登记前,将该屋出售于乙。试问:(1)甲、乙间的买卖契约是否有效?(2)乙如何请求甲办理该屋所有权的移转登记?

2. 甲售某屋于乙,拒不办理登记,乙起诉请求办理登记,经判决胜诉确定,在办理所有权移转登记前,甲的债权人丙对该屋为强制执行时,乙得否提起异议之诉?

“民法”第759条规定:“因继承、强制执行、征收、法院之判决或其他非因法律行为,于登记前已取得不动产物权者,应经登记,始得处分其物权。”立法目的在于贯彻“民法”第758条所采物权登记要件的意旨,并维护不动产物权的公示原则。

## 一、不动产物权的取得

不动产物权的取得非基于法律行为者,有继承、强制执行、征收照价收买、法院判决或依法律规定等情形,分别说明如下:

(一) 继承

继承因被继承人死亡而开始。继承人自继承开始时,继承被继承人财产上的一切权利义务,包括不动产物权(所有权、抵押权、地上权等)(第1147条、第1148条)。于登记前,继承人即取得该不动产物权。继承的不动产物权应为变更登记(继承登记),得由任何继承人为全体继承人声请之。继承登记应于继承开始之日起,6个月内为之(“土地法”第72条、第73条)。自继承开始之日起,逾一年未办理登记时,经该管地政机关查明公告继承人于3个月之内声请登记,并已书面通知继承人,逾期仍未声请者,得由地政机关列册管理,期间为15年,逾期仍未声请者,移请“财政部财产署”公开标售(“土地法”第73条之1)。需注意的是,为执行“土地法”第73条之1规定,“内政部”颁订有“未办继承登记土地及建筑改良物列册管理作业要点”。

继承须经登记始得处分不动产物权,包括共有物的裁判分割。“最高法院”2007年台上字第2835号判决谓:“按法院准为裁判分割共有物,性质上乃共有人间应有部分之交换,自属处分行为,应以各共有人之处分权存在为前提,而此处分权必须于事实审言词辩论终结时存在,否则法院即无从准为裁判分割。故提起分割共有物之诉,参与分割之当事人以全体共有人为限,而各共有人之应有部分应以土地登记簿上所记载者为准。倘于第二审言词辩论终结前发生共有人亡故之情形,其继承人因继承关系,固于登记前已取得不动产物权,惟非经登记不得处分该物权,是以在办毕继承登记前,继承人仍不得以共有人身份参与共有物之分割。”

(二) 强制执行

债务人的不动产,经法院强制执行时,该不动产无论是由第三人拍定,或由债权人承受,均于领得执行法院所发给的移转证书时取得不动产所有权(参照“强制执行法”第 97 条、第 98 条),不以登记为要件,是否点交,亦所不问。

(三) 征收与照价收买

1. 征收

征收指因公共事业之需要,或因实施经济政策而征收私人土地(“土地法”第 208 条、第 209 条)。被征收土地之所有权人,对于其土地之权利义务,于应受之补偿费发给完竣时终止(“土地法”第 235 条)。被征收土地所有权亦应于补偿费发给完竣之日由征收者取得。[①]

2. 照价收买

应予指出的是,照价收买与征收同属原始取得,亦有“民法”第 759 条之规定。“最高法院”2017 年台上字第 891 号判决谓:“按照价收买,乃……依照私人所报地价,强制收买其土地,消灭私有土地所有权之行为,属平均地权四大要纲之一。旨在保持土地自由,调剂地权分配,杜绝土地私有所发生专占垄断之弊害,俾使报价确实,地价中平,以利照价征税及涨价归公之实行。又土地征收与照价收买同属政府基于公法上之权力,以强制方式取得土地之行政行为,两者性质相同,虽照价收买土地之用途不如土地征收须以特定公共需要为限,但其结果亦将增进社会整体公共利益,两者之立法作用及强制方式固有不同,然政策标的则属殊途同归。足见照价收买乃……基于公权力之行使,按照私人申报之地价强制收买土地,与一般买卖有别,应与土地征收同属原始取得,而非继受取得。从而政府照价收买之土地所有权不待登记即生变动效力,应属‘民法’第 759 条之范畴,原审认上诉人系继受取得系争土地,已有误会。”可资参照。

---

① 参阅“最高法院”1991 年台上字第 2365 号判决谓:“按不动产之公用征收,非以登记为……取得所有权之要件,此观‘民法’第 759 条之规定自明。依‘土地法’第 235 条规定‘被征收土地之所有权人,对于其土地之权利义务于应受之补偿发给完竣时终止’。准此经政府合法征收之土地,只须政府对所有人之补偿发放完竣,即……取得被征收土地之所有权……”

(四) 法院判决

"最高法院"1954年台上字第1016号判例谓:"不动产物权因法院之判决而取得者,不以须经登记为生效要件,固为"民法"第759条之所明定。惟此之所谓判决,系仅指依其宣告足生物权法上取得某不动产物权效果之力,恒有拘束第三人之必要,而对于当事人以外之一切第三人亦有效力者(形成力、亦称创效力)而言,惟形成判决(例如分割共有物之判决)始足当之,不包含其他判决在内。"

此项足生不动产物权变动的形成判决,除分割共有物的判决(第824条第2项)外,尚有依"民法"第74条因暴利行为对不动产物权行为为撤销、依"民法"第244条因诈害债权对不动产物权行为为撤销的判决。在此等情形,于判决确定之日发生不动产物权变动。需注意的是,上开判例所谓不包括其他判决在内,主要系指给付判决而言。例如,甲售某屋给乙,拒不办理登记,乙起诉请求,判决确定。此项命债务人办理所有权移转登记之判决,性质上既非形成判决,尚须债权人根据该确定判决办毕所有权移转登记,始能取得该屋所有权,在此以前,对第三人的强制执行不得提起异议之诉(案例2)。

(五) 依法律规定

于登记前已取得不动产物权,非仅限于继承、强制执行、征收与照价收买及法院判决四种情形,其他尚有因法律规定而取得不动产物权者,如随同债权让与取得不动产抵押权①、法定地上权(第876条)、典权人因除斥期间之届满取得典物所有权(第923条第2项、第924条),以及因法律事实而取得不动产物权者(如自己出资建筑)。

## 二、应经登记始得处分

"民法"第759条规定因继承、强制执行、征收或法院之判决,于登记前已取得不动产物权者,"应经登记,始得处分其物权"。关于其解释适

---

① "最高法院"2002年台抗字第588号判决:"让与之债权附有不动产抵押权者,依'民法'第295条第1项前段规定,该抵押权于债权让与时,随同移转于债权受让人,受让人于抵押权变更登记前,即取得该不动产抵押权,不受'民法'第758条规定之限制。惟此项依法律直接之规定而取得之不动产物权,其情形与第759条所规定者无异,依该条规定,非经登记不得处分。而拍卖抵押物,足以发生抵押权变动之效力,抵押权人为实行其抵押权,声请法院拍卖抵押物,自属抵押权之处分行为。是债权受让人因受让债权而取得其附随之不动产抵押权者,非经登记不得实行抵押权,声请法院拍卖抵押物。"

用,有三点应予说明:

（一）宣示登记

此项应经登记始得处分的登记,学说上称为“宣示登记”,有别于“民法”第758条的“设权登记”。易言之,即此项登记并无创设物权的效力,不过在于宣示已发生的物权变动而已。登记为对抗要件,而非生效要件。

（二）处分的意义:处分行为不包括负担行为

所谓始得“处分”其物权,系指处分行为而言,不包括买卖或租赁等债权行为在内。“最高法院”1985年台上字第2024号判例谓:“‘民法’第759条所谓非经登记不得处分其物权,系指物权处分行为而言。继承人简甲、简乙代表全体继承人出卖系争土地,所订买卖契约,仅属债权行为。订约时,即令继承人未办毕继承登记,亦不生违反‘民法’第759条之规定,而使债权契约成为无效之问题。”可资参照(案例1)。[1]

分割共有物无论是协议分割还是裁判分割,均属处分行为,继承人如欲分割其因继承而取得公同共有的不动产,亦须先办理继承登记,始得为之。为求诉讼经济,实务上认为在诉讼上可一并请求办理继承登记,再为不动产物权之移转登记或为共有物之分割。[2]

（三）违反“应经登记,始得处分其物权”规定的效力

违反“民法”第759条规定时,其法律效果如何?实务上认为第759条规定系对处分权的限制,违反之者,其处分行为不生效力。[3] 学说上有

① 参见“最高法院”1962年台上字第133号判例:“因继承原因于登记前已取得不动产物权者,非经登记,不得处分其物权,固为‘民法’第759条所明定,惟该条之登记并无期间之限制,继承人先与第三人成立移转不动产所有权之债权契约,并于完成登记后以之移转登记于受让其权利之第三人,究非法所不许。”

② 参见“最高法院”1981年台上字第1208号判决:“对于未办理继承登记之公同共有遗产提起按协议分割方法请求办理分割登记及本于买卖关系请求移转登记之诉,既已同时并为先办理继承登记之请求,即合并请求先办理继承登记,于办理继承登记后再为分割登记及移转登记,尚符合诉讼经济之原则,为法之所许。”

③ 参见“最高法院”1995年台上字第936号判决:“法院裁判分割共有物而以原物分配于各共有人时,系使共有关系变更为单独所有,其性质为共有人间应有部分之交换,自属处分行为,如系变卖共有物而以价金分配于共有人,即系以处分共有物为分割之方法,均以共有人之处分权存在为前提。”又1995年台上字第60号判决谓:“共有物之分割性质上为处分行为,不因协议分割或裁判分割而有所不同。故不动产应有部分之继承人如欲分割共有物,依‘民法’第759条规定,自非先办理继承登记,不得为之。上诉人既尚未办理系争土地李○应有部分之继承登记,自无从与他共有人协议分割系争土地,纵曾协议,亦不生效力。”

认“民法”第759条系属法律的强制规定，违反之者，原则上应属无效，但如其处分行为业已完成时，应适用“民法”第71条但书规定，解为有效。[①] 此项见解原则上可资赞同。本条规定非系对处分权的限制，而在维护登记制度。

## 第二项　不动产物权的消灭

### 一、概说

非基于法律行为而生不动产物权的消灭，其主要者，例如标的物灭失、约定存续期间届满（如地上权，第840条）、法定期间经过（如抵押权，第880条）等。

### 二、混同

关于不动产物权的消灭，“民法”就混同设有一般规定。所谓混同，指二个无并存必要的物权同归于一人的事实，其情形有二：

（一）所有权与其他物权混同

“民法”第762条本文规定：“同一物之所有权及其他物权，归属于一人者，其他物权因混同而消灭。”例如，甲就其所有之土地为乙设定典权，其后乙购买该地，而取得其所有权时，则所有权与典权（定限物权）同归一人，其典权即因混同而消灭。所有权系对物为全面支配的完全物权，典权或地上权等其他物权继续存在，既无实益，徒使法律关系趋于复杂，故以混同为权利消灭之原因。

需注意的是，“民法”第762条但书规定：“但其他物权之存续，于所有人或第三人有法律上之利益者，不在此限。”关于此点，立法理由举例加以简要说明，足资参照：

1. 例如，甲将其所有土地，先抵当（即抵押，下同，作者注）于乙，乙为第一抵当人，次又抵当于丙，丙为第二抵当人，若其后甲为乙之继承人，则乙前有之第一抵当权仍旧存续，甲（此时仍为所有人）有法律上之利益。盖丙之第二抵当权，本不能得完全清偿，若使第一抵当权消灭，则丙递升

① 参见谢在全：《“民法”第七百五十九条争议问题之研究》，载苏永钦主编：《民法物权争议问题研究》，第15页。

为第一抵当权人,能受完全之清偿,受其害者在甲,故第一抵当权存续,于甲有法律上之利益。

2. 甲于乙所有土地有地上权,将其抵当于丙,其后甲向乙购得此土地,则丙(第三人)于地上权存续,有法律上之利益,盖地上权消灭,则丙之抵当权,因标的物消灭,不利于丙实甚。

(二) 所有权以外的物权与以该物权为标的物的权利混同

"民法"第763条第1项规定:"所有权以外之物权,及以该物权为标的物之权利,归属于一人者,其权利因混同而消灭。"例如,甲以其取得地上权(或典权、农育权)设定抵押权于乙(第882条),其后乙因继承等原因取得地上权时,则地上权与以该地上权为标的物的抵押权归属于一人,其抵押权即因混同而消灭。

值得注意的是,以其他物权为标的物之权利,其存续于权利人或第三人有法律上利益时,则不消灭(第763条第2项准用第762条但书)。关于此点,立法理由又举下例说明之:"例如甲以地上权抵当于乙,其后甲为乙之继承人,则乙之抵当权,因混同而消灭。然甲若先将其地上权抵当于乙,乙为第一抵当权人,次又将其他地上权抵当于丙,丙为第二抵当权人,其后甲为乙之继承人,则甲于乙之第一抵当权存续有法律上之利益,故不因混同之故,而使其消灭。"

上揭立法理由所设之例,系就对权利人有法律上利益的情形而言。其于第三人有利益的情形,例如,甲向乙借款,以其取得的典权为乙设定抵押权。乙以该有抵押权担保的债权,为第三人丙设定权利质权。若其后乙因继承等原因而取得甲的典权,发生"所有权以外之物权,及以该物权为标的物之权利,归属于一人"的事实,但因第三人(权利质权人)对抵押权的存续有法律上利益,乙的抵押权不因混同而消灭。

## 第四款 违章建筑:事实上处分权①

### ——案例法的再构成

### 一、违章建筑的基本问题

违章建筑是台湾地区数十年来的重大问题,2000年至2019年间,每年既存未拆除的违章建筑多达六十余万件,法院判决数十万件。兹举一例说明:

甲擅在乙所有的土地上建造房屋,出售于丙,虽已交屋,但依法不能办理所有权移转登记。试问:

1. 违章建筑的买卖效力如何?所有权的归属如何?

2. 土地所有人对违章建筑买受人的拆除房屋请求权?为何要创设"违章建筑买受人的事实上处分权"?

3. 违章建筑买受人对无权占有或侵害违章建筑的第三人的请求权?

4. 违章建筑出卖人的债权人对违章建筑为强制执行时,买受人得否提起第三人异议之诉?

为便于认识违章建筑所涉及的基本问题,图示其基本法律关系如下:

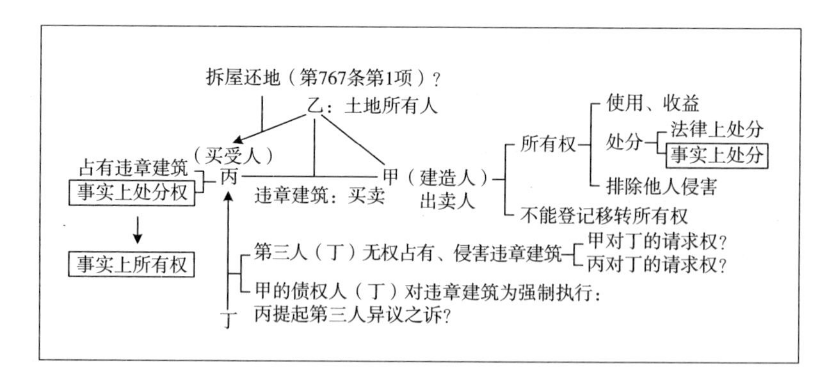


① 参见张永健:《法经济分析:方法论与物权法应用》,2021年版,第429页;吴从周等:《违章建筑专题研究》,2019年版;谢在全:《违章建筑物买受人之民事法地位》,载《物权法之新思与新为——陈荣隆教授六秩华诞祝寿论文集》,2016年版,第75页;魏大喨:《违章建筑物所有人及受让人之财产权保障》,载《月旦裁判时报》2014年第30期。

## 二、违章建筑的法律构造

### (一) 违章建筑的意义

违章建筑,系指"建筑法"适用地区内,未经申请当地主管建筑机关审查许可,并发给执照,而擅自建造的建筑物(参阅"建筑法"第3条、第4条、第35条)。违章建筑有程序违建及实质违建二种。程序违建,指该建筑物并未妨碍都市计划,建造者得依一定程序申领建筑执照。实质违建,则指建筑物无从依程序补正,使其变为合法的建筑物。本书所讨论的是实质违章建筑。

### (二) 违章建筑的所有权

违章建筑系土地上之定着物,为不动产,由建造人原始取得其所有权。违章建筑不能办理建物所有权第一次登记(保存登记,"土地登记规则"第79条以下)。

### (三) 违章建筑得为交易标的:出卖人得否主张该违章建筑仍为其所有?

就违章建筑所为买卖等债权行为,系属有效,并可公证,出卖人虽能交付其物(违章建筑),但不能办理登记移转其所有权。在此情形,出卖人可否对买受人主张该违章建筑仍为其所有?"最高法院"1959年台上字第1812号判例谓:"违章建筑虽为地政机关所不许登记,但非不得以之为交易标的,原建筑人出卖该建筑物时,依一般法则,既仍负有交付其物于买受人之义务,则其事后以有不能登记之弱点可乘,又随时随意主张所有权为其原始取得,诉请确认,势将无以确保交易之安全,故此种情形,即属所谓无即受确认判决之法律上利益,应予驳回。"

## 三、违章建筑土地所有人的请求权:买受人的事实上处分权的创设

违章建筑系盖于他人土地之上,建筑人将该违章建筑出卖于第三人并为交付时,土地所有人应向何人主张拆屋还地请求权(第767条第1项)?

对此问题,"最高法院"1980年台上字第696号民事判决采1978年度第2次民事庭庭长会议决定,认为应向买受人主张之,其主要理由为:"房屋之拆除为事实上之处分行为,仅能向有事实上处分权之权利人行使

之。违章建筑之让与,虽因不能为移转登记,而不能为不动产所有权之让与,但受让人与让与人间,如无相反的约定,应认为让与人已将该建筑物之事实上处分权让与受让人,故应由受让人负拆除违章建筑之义务。”由此重要决议可知:

1. “最高法院”之所以创设违章建筑买受人的事实上处分权的原始目的,并不是保护买受人,而是使土地所有人得向买受人主张拆屋还地。因为房屋拆除为事实上之处分行为,仅能向有事实上处分权之权利人行使。

2. 土地所有人仅得向违章建筑买受人主张拆屋请求权,而不能向违章建筑所有人主张拆除请求权,因其对违章建筑并无事实上处分权。

## 四、违章建筑买受人的保护

### (一) 物上请求权?

“最高法院”2014 年台上字第 2241 号判决谓:“按不动产物权,依法律行为而取得、设定、丧失及变更者,非经登记,不生效力,‘民法’第 758 条第 1 项定有明文。又未办理保存登记房屋之买受人,固取得该违章建筑之事实上处分权,惟依前开规定,该事实上处分权究与物权性质不同,自无同法第 767 条第 1 项物上请求权规定适用,亦无类推适用余地。”

需说明的是,违章建筑买受人占有建筑物,应有“民法”第 962 条规定的占有人之物上请求权,即其占有被侵夺者,得请求返还其占有物;占有被妨害者,得请求除去其妨害;占有有被妨害之虞者,得请求防止其妨害。

### (二) 侵权行为?

违章建筑受他人不法侵害时,买受人得否主张侵权行为损害赔偿请求权?对此问题,“最高法院”1983 年台上字第 1453 号判决认为:“被上诉人毁损之厂房、竹屋、围墙,系上诉人由前手受让之违章建筑物,但如上诉人已取得对于该建筑物之事实上处分、使用、收益权,自仍非不得依侵权行为之法则,请求被上诉人赔偿因该建筑物被毁损所生之损害。”所谓侵权行为之法则,应系指“民法”第 184 条第 1 项前段规定,乃在肯定违章建筑之事实上处分权(违章建筑买受人的有权占有)系属权利。“最高法院”2017 年台上字第 187 号判决认为:“按‘民法’第 184 条第 1 项前段所称之权利,系指既存法律体系所明认之权利。所谓既存法律体系,应兼指法典(包括委任立法之规章)、习惯法、习惯、法理及判例。受让未办理所有权第一次登记之建物，受让人虽因该建物不能为所有权移转登记，而仅能取得事实上处分权，但该事实上处分权，具占有、使用、收益、事实上处分及交易等支配权能，长久以来为司法实务所肯认，亦为社会交易之通念，自属‘民法’第184条第1项前段所称之权利。”

（三）不当得利？

无权占用违章建筑得否成立不当得利（第179条），未见实务案例，但既肯定买受人的事实上处分权（包括占有、使用、收益），应得认系侵害他人权益归属受有利益，而无法律上原因，成立权益侵害不当得利。

### 五、违章建筑买受人事实上处分权的“财产权保障”：债权人对违章建筑为强制执行

“最高法院”2017年台上字第973号判决涉及违章建筑出卖人（所有人）的债权人对买受人所占有之违章建筑的强制执行，对事实上处分权的发展，具有重要意义，特摘录判决理由，以利参照。

原审法院谓：“事实上处分权之内涵至少包括占有、使用、收益、事实上处分及部分法律上处分，非仅得为继承之标的、侵权行为之客体，甚至在具体个案上，其权能与所有权人无异，应将之纳入财产权保障之范围，属‘强制执行法’第15条规定之足以排除强制执行之权利。否则一方面肯认被上诉人取得编号1建物之事实上处分权，并谓游○寿无确认对该建物所有权存在之法律上利益，似认游○寿无法再就该建物主张权利，另一方面却又认游○寿之债权人可借由强制执行程序满足债权之清偿，将被上诉人之事实上处分权除去，权利义务间非无失衡，有违承认事实上处分权之本意；倘认被上诉人不得提起第三人异议之诉，无异要求其购入编号1建物后，先将之拆除重盖，以免日后争议，有违物尽其用之社会整体利益。被上诉人本于其对编号1建物之事实上处分权，自得提起第三人异议之诉。”

“最高法院”谓：“按‘强制执行法’第15条规定‘第三人就执行标的物有足以排除强制执行之权利’者得提起异议之诉，系指第三人就执行标的物具有一定权利，因强制执行而受侵害，而在法律上并无忍受之理由而言。至该第三人具有何种权利始得提起异议之诉，则端视其权利内容、效力、执行债权之性质及执行态样而定，并非就执行标的物具有所有权或事实上处分权，即当然认其有足以排除强制执行之权利。”

在本件判决，原审法院强调事实上处分权的权能与所有权无异，应将其纳入财产权的保障范围，肯定其属“强制执行法”第15条足以排除强制执行的权利。“最高法院”并未明确否定此项见解，仅表示应以从外观得否辨识所有人已让与该建物之事实上处分权加以判断（请参阅判决理由），此属事实认定问题，若可辨识所有人已让与建物之事实上处分权时，买受人得否提起第三人异议之诉？期待“最高法院”能对此作明确的判决。

## 六、回顾与展望

### （一）判例（裁判）学说

违章建筑买卖买受人的法律地位在物权法上的定性，是实务四十年来的重大争论议题。“最高法院”始终坚持认为买受人自出卖人所受让的系所谓事实上处分权。此种事实上处分权受侵权行为法的保护，不具物权的性质，买受人对无权占有违章建筑者，不得主张“民法”第767条规定的物上请求权；出卖人的债权人对违章建筑为强制执行时，买受人不得提起第三人异议之诉。

学说上多反对“最高法院”的见解，其主要论点系认为事实上处分权的性质不明，不能据此以否定买受人的物上请求权，尤其是不足保护买受人的权益。为突破困境，学者提出各种见解，强调“最高法院”应以事实上处分权为基础，认定其系习惯法所创设的一种物权（习惯物权）。[①]

### （二）事实上所有权：案例法的再构成

笔者认为应将违章建筑买受人的法律地位定性为事实上所有人，应说明者有三：

1. 如前所述，“最高法院”之所以创设事实上处分权，其目的在使土地所有人得向违章建筑买受人请求拆屋还地，就此目的而言，创设事实上处分权此项概念，固值赞同。应说明的是，违章建筑得为买卖的客体，为“最高法院”所肯定。违章建筑在依法拆除前，系应受“宪法”保护的财产。在买卖契约，买受人负支付价金、出卖人负交付其物并移转所有权的义务（第348条第1项）。出卖人受法律限制不能办理登记移转所有权，但仍应交付其物，并让与所有权的权能，除狭义的事实上处分权外，应

---

① 参见张永健：《法经济分析：方法论与物权法应用》，2021年版，第419页。

包括物之使用收益及法律上的处分权（买受人得将违章建筑出售于第三人并移转其事实上处分权）。

2. 将违章建筑买受人的法律地位定性为事实上所有人，出卖人仅系形式上所有人，旨在处理出卖人因法律规定不能移转其所有权于买受人所产生的规范漏洞，乃一种符合买卖契约本旨、法律规范意旨及保护财产权的法之续造。

3. 肯定违章建筑买受人的事实上所有权，系一种就违章建筑分配所有权形式的产权界定，有助于明确买卖当事人间的法律关系，减少交易成本，无害于第三人（外部性），具有经济效率，尤其是更可合理处理违章建筑买卖三个具有争议的难题：

（1）土地所有人得依“民法”第767条第1项规定向违章建筑买受人请求拆屋还地。

（2）违章建筑买受人得向无权占有其物或妨害其使用收益者，行使物上请求权（第767条第1项）、权益侵害不当得利请求权（第179条）、侵权行为损害赔偿请求权（第184条第1项前段）。

（3）违章建筑出卖人（形式上所有人）的债权人对违章建筑为强制执行时，违章建筑买受人（事实上所有人）得提起第三人异议之诉。

### 第五款　不动产物权登记的推定效力及善意取得

甲与乙通谋虚伪买卖A地，并将A地移转登记于乙（或甲之A地误登记为乙所有，或乙非继承人而登记应归属甲继承的土地）。在此等情形，设乙将该地出卖于丙（恶意或善意）并办理所有权移转登记（或设定抵押权）时，请先研读“民法”第759条之1规定，并参阅下列图示，说明以下问题：

1. 甲与乙、丙间的法律关系如何？

2. 甲得否证明其系A地所有人，即请求涂销丙的登记？

3. 何谓不动产登记的推定效力与公信力？

4. 丙得否主张其善意信赖不动产登记应受保护，而取得A地所有权？

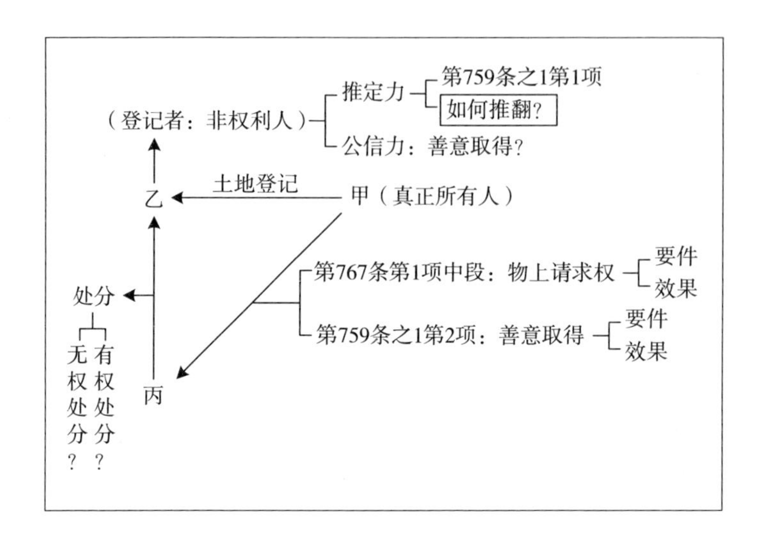


## 一、规范基础："土地法"第 43 条与"民法"第 759 条之 1

### （一）问题提出

不动产物权的变动皆须登记，或为生效要件（第 758 条）或为处分要件（第 759 条）。"土地法"和"土地登记规则"对登记程序规定甚详，基本上足以保障物权变动的真实状态及当事人的利益。

值得提出的是，"最高法院"民事大法庭于 2013 年 1 月 6 日作成 2011 年台上大字第 3017 号裁定："因登记错误遗漏或虚伪致受损害者，除非该地政机关能证明其原因应归责于受害人，否则即应负损害赔偿责任，不以登记人员有故意或过失为要件。"裁定理由略以：(1) 土地地籍之管理，采强制登记原则，赋与登记事项有绝对效力，且地政机关负实质审查责任。"土地法"第 68 条第 1 项前段规定："因登记错误遗漏或虚伪致受损害者，由该地政机关负损害赔偿责任"，乃以贯彻土地登记之公示性及公信力，并保护权利人之权利与维持交易安全为规范目的。该规定既未明示以故意或过失为要件，原则上自应由地政机关就登记不实之结果，负无过失之赔偿责任，不以该不实登记是否因受害人以外之第三人行为所致，而有不同。又"土地法"第 68 条为特别规定，应优先适用。(2) 基于责任衡平化之原则，如地政机关证明登记不实原因应归责于受害人时，得免除损害赔偿责任；且地政机关之赔偿范围以受害人所受之积极损害为限，不包括消极损害(所失之利益)在内。另采取登记储金制度,提存登记费之10%作为赔偿之用,并限制登记人员仅就重大过失负偿还责任,以避免造成财政负担及登记人员责任过重。此外,受害人就损害之发生或扩大,是否与有过失,法院仍得于个案依具体事实认定之。此为一个具有重要意义的裁定,深值肯定。

应强调的是,土地登记与事实不符者,仍难完全避免,其主要发生原因有四:

1. 地政机关的错误或疏漏。例如,将A地误登记为B地,张三误登记为李四。

2. 土地登记簿外的法律变动。例如,甲死亡,由乙办理继承登记,但真正继承人为丙。

3. 物权行为无效或被撤销。例如通谋虚伪设定抵押权(第87条)。让与土地所有权的物权行为被法院以诈害债权为理由撤销之(第244条)。

4. 依法律规定取得不动产物权,但迄未办理登记。例如,征收土地手续已毕,但未为所有权移转登记。

在诸此情形,发生一个实务及理论上的重要问题,即善意信赖不动产登记而受让不动产物权者,应如何加以保护,法律依据何在?

(二) 法律规范

关于动产物权善意取得,"民法"设有规定(第801条、第948条、第949条、第950条)。关于不动产物权善意取得,德国及瑞士民法皆设有明文(《德国民法典》第891条、《瑞士民法典》第937条)。台湾地区"民法"原未采此立法例。惟"土地法"第43条规定:"依本法所为之登记,有绝对效力。"实务上认为此项规定系为保护第三人,将登记事项赋予绝对真正公信力,使第三人信赖登记而取得权利时,不因登记原因之无效或撤销而被追夺,以维护交易安全(1951年台上字第1892号判例)。"民法"物权编修正鉴于原"民法"尚无明文规定,为确保善意第三人之权利,以维护交易安全,爰将实务见解明文化,增设第759条之1,规定:"不动产物权经登记者,推定登记权利人适法有此权利。"因信赖不动产登记之善意第三人,已依法律行为为物权变动之登记者,其变动之效力,不因原登记物权之不实而受影响。"(请参阅立法理由)

需注意的是,"民法"增订第759条之1第1项后,"土地法"第43条仍未作任何修正。关于不动产善意取得,自"民法"修正后,应以第759条之1作为依据。

## 二、不动产物权登记的推定效力

### （一）推定效力的意义及种类

“民法”第759条之1第1项规定：“不动产物权经登记者，推定登记权利人适法有此权利。”此项登记之推定力，使登记名义人除不得援以对抗其直接前手之真正权利人外，得对其他任何人主张之。所谓对其他任何人均得主张，其意义有二：

1. 物权登记者得对其他之人主张其适法有此权利，例如得对无权占有者主张所有物返还请求权（第767条第1项前段）。

2. 其他人亦得对权利登记者主张其适法有此权利，例如相邻关系所生的权利义务。

“民法”第759条之1第1项规定推定权利登记者适法有此权利，具积极推定效力（positive Wirkung）。解释上应包括消极效力（negative Wirkung），即已登记的权利被涂销时，推定该权利不存在（《德国民法典》第891条第2项）。

### （二）实务案例：停车位的通谋虚伪买卖

不动产登记的推定效力系实务的重要问题，兹先举一个“最高法院”判决加以说明。

“最高法院”2019年台上字第2154号判决谓：“按不动产物权经登记者，推定登记权利人适法有此权利，‘民法’第759条之1第1项定有明文。该登记之推定效力，乃登记名义人除不得援以对抗其直接前手之真正权利人外，得对其他任何人主张之。若登记名义人之登记有无效或应涂销之情形，于依法定程序涂销该登记前，其直接前手以外之第三人，尚不得径否认登记名义人之物权。查被上诉人为系争停车位之占有人，系争停车位现仍登记为上诉人所有，既为原审所认定，则纵上诉人与富宝公司间就系争停车位所为买卖之债权行为与移转所有权之物权行为，均系基于通谋虚伪意思表示所为，而属无效，依上说明，于依法定程序涂销上诉人之所有权登记前，被上诉人尚不得否认其所有权。乃原审竟谓上诉人非系争停车位之所有权人，不得依‘民法’第767条及不当得利之法律关系请求返还系争停车位及相当于租金之不当得利，而为其不利之判决，于法自有可议。”为便于理解，图示如下：

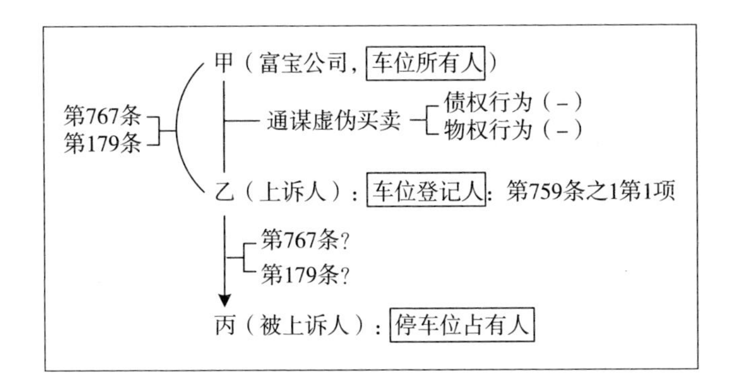


"最高法院"判决理由可资赞同：

1. 甲与乙通谋虚伪买卖停车位，其债权行为及物权行为无效。乙虽未取得停车位所有权，但为登记名义人，有"民法"第759条之1第1项规定所推定权利。

2. 乙不得援用第759条之1第1项规定对抗其直接前手真正权利人（甲）所得主张的物上请求权（第767条第1项中段，涂销登记）及不当得利请求权（第179条）。

3. 乙得依"民法"第759条之1第1项推定其适法有所有权的规定，向丙主张停车位返还请求权（第767条第1项前段）及不当得利请求权（第179条）。

（三）推定效力的推翻

不动产登记效力的核心问题，在于如何推翻推定效力。前揭立法理由明确认为"为贯彻登记之效力，此项推定力，应依法定程序涂销登记，始得推翻"。此为实务上长期以来的见解（"最高法院"1957年第一次民刑庭总会决议、1961年台上字第96号判例），成为理论与实务的通说。

值得重视的是，最近学者重新检视传统见解，提出二个重要论点[①]：

1. "非经涂销不得推翻"虽然见于"民法"物权编的修正理由之中，但确有再三斟酌之必要。从台湾地区实务发展历程观之，"涂销先行原则"的

① 参见张译文：《土地登记的推定力》，载《台湾法律人》2022年第10期，此为具有创意的论文。"民法"第759条之1立法理由明确指出其系参考《德国民法典》第891条规定而创设，德国通说认为该条系规定推定效力及证据规则（Beweisregel），乃法律上权利推定，得在诉讼反证推翻，系属一种得反证推翻的推定（widerleg-liche Vermutung）。Müller/Gruber, Sachenrecht, S. 537 f.; Prütting, Sachenrecht, S. 89; HK-BGB/Standiger, § 891 Rn. 6.

提出，既无任何理论基础，亦非为解决若干困难案例而生，纯属误会一场。尤有进者，在“非经涂销不得推翻”的见解之下，“民法”第 759 条之 1 第 1 项规定，有向“拟制主义”靠拢之疑虑。此外，“涂销先行原则”背后的利益权衡，过度牺牲“真正权利人”，而与同条第 2 项之规范意旨，未尽一致。

2. 土地登记之推定效力，概念性质上应为“法律上权利推定”；争执之人应提出反面证据，证明相反的权利状态，以实其说。在此见解之下，“推定效力”纯属程序法上举证责任之分配，旨在减免登记名义人之举证负担。相对于此，“公信效力”则在处理：在优先保护交易安全的范围之内，牺牲真正权利人“静的安全”之保护，而生“实体法上权利义务归属主体”的变动。

传统见解之所以强调土地登记推定效力非经涂销不得推翻，乃在贯彻推定效力，自有所据。然前述学说见解，确有参考价值，是否更有助于保护真正权利人，兹举二例以供研究：

1. 甲有某古厝误登记为乙所有。甲其后发现乙准备拆屋重建，于涂销登记前，若能证明甲为真正所有人，得否即行使物上请求权（第 767 条第 1 项），请求禁止乙拆屋重建？

2. 在前举之例，设乙将该古厝出售于非善意之丙，并为移转登记，丙准备拆屋重建，甲证明其为古厝真正所有人时，得否不必先涂销丙的登记，即得请求禁止丙拆屋重建？

## 三、不动产物权登记的信赖与善意取得

### （一）要件

“民法”第 759 条之 1 第 2 项规定：“因信赖不动产登记之善意第三人，已依法律行为为物权变动之登记者，其变动之效力，不因原登记物权之不实而受影响。”[①]本项规定不动产物权的善意取得，其成立要件涉及四个问题：

1. 登记权利者的处分，究为有权处分或无权处分。

2. 不动产物权取得人所能信赖的，究为何种登记事项。

---

① 参照“最高法院”1972 年台再字第 56 号判决：“‘土地法’第 43 条所谓登记有绝对效力，系为保护因信赖登记取得土地权利新登记之第三人而设，所谓第三人不包括继承人在内，即为第三人，而其取得权利有恶意者，亦在不受保护之列。”

3. 应受保护的，究为何种权利变动过程。

4. 善意信赖如何认定。

分别说明如下：

1. 登记权利者的处分：有权处分？无权处分？

在一件关于祭祀公业解散无效案（2019年台上字第23号），原审法院略以：A地原属未经登记之X公业所有，亦即其全体派下员甲、乙、丙、丁公同共有。而系争决议既属无效，则乙、丙将A地变更登记为其分别共有之行为，即属无权处分。甲复明确表明拒绝承认该处分行为；因此，系争共有变更之行为，应属无效。嗣后，丙又以买卖为原因，移转登记应有部分于乙名下；其间之买卖契约虽非无效，惟其物权之移转行为同属无权处分，基于相同理由，亦属无效。此外，乙明知且有意排除甲、丁等其余派下员，进而主导取得A地之全部权利，并非善意第三人，应不受不动产善意受让之保护。"最高法院"谓："依土地法所为之登记有绝对真实之公信力，纵登记名义人之登记原因有瑕疵，在债权人未提起涂销登记之诉，并得有胜诉之确定判决以前，该登记并不失其效力，登记名义人将其权利移转登记予第三人，系有权处分，非无权处分。"案经发回，更审法院却未采纳"最高法院""有权处分"之见解，仍然继续坚持主张："系争共有变更"及"系争买卖移转"二者，均未经由X公业全体派下员决议，应属无权处分之行为。[①]

此项争议具有重要意义，分四点加以说明：

（1）依推定效力须依法定程序涂销登记，始得推翻的见解，"最高法院"采有权处分说，自有所据。在此情形，恶意第三人亦得取得登记的权利。真正权利人取得胜诉涂销登记的判决时，该处分溯及既往成为无权处分。

（2）依前述最近学说所提出"法律上权利推定，得以反证推翻推定效力"的见解，权利人提出反证时，非真正权利的登记名义人所为的处分即成为无权处分。此说较能保护真正权利人，前已说明。

（3）依前述二种见解，肯定登记名义人的处分系无权处分时，应适用"民法"第118条关于无权处分的规定，真正权利人得承认该无权处分，使发生权利移转的效力。

（4）在登记名义人的处分系无权处分时，关于善意第三人的保护，应适用"民法"第759条之1第2项规定。

---

① 参见张译文：《土地登记的推定力》，载《台湾法律人》2022年第10期。

2. 信赖客体

不动产物权的善意取得,系以不动产登记不正确(不实之登记)为要件,而土地登记之所以不正确,系原登记有无效或撤销之原因,如地政人员与他人通谋为不实的登记,物权行为无效或经撤销而未为涂销登记。善意取得受保护的范畴,有三:

(1)某种登记权利之存在,例如误登记某屋为某人所有。

(2)登记权利之不存在,例如地上权或抵押权误被涂销。

(3)限制登记之不存在,例如预告登记误被涂销。

至于土地登记簿所载土地的面积、形状、当事人的年龄等登记,均不在保护范畴之内。

3. 受保护的权利变动过程:交易行为

善意取得制度在于维护交易安全,其受保护的应限于依法律行为(物权行为)而为之物权变动[所谓的交易行为(Verkehrsgeschäft)],例如受让房屋所有权、设定抵押权等。依法律规定(如继承)而取得不动产物权不包括在内,无“民法”第759条之1第2项规定的适用。

4. 善意信赖不动产登记

(1)善意:系指不知不动产登记的不正确,有无过失,在所不问,不同于动产善意取得(第948条,须非明知或非因重大过失而不知),旨在强化登记的公信力。恶意取得权利者,不在保护之列。基于土地登记簿的公信力,应推定不动产物权取得人的善意。不动产物权取得人实际上是否阅览土地登记簿,在所不问。易言之,取得人无须积极地信赖土地登记簿,虽未阅览土地登记簿,仍受登记公信力的保护。

(2)善意的判断时点:究竟以申请登记时为准,抑或以登记完毕时为准,实为困难的问题。“最高法院”2000年台上字第1165号判决谓:“‘土地法’第43条所谓登记有绝对效力,系为保护因信赖登记取得土地权利之第三人而设。倘第三人于订立买卖契约时,虽属善意,但于办妥登记取得权利前,如已知登记有无效或得撤销之原因,而仍执意为登记,即难认其为信赖登记之第三人,应不受‘土地法’第43条之保护。”系以办毕登记为准据时点。

(3)代理:不动产物权取得人经由代理人为不动产物权变动法律行为时,其是否明知登记的不正确,应就代理人决之,但代理人之代理权系以法律行为授予者,其意思表示如依照本人所指示之意思而为时,其事实之有无,应就本人决之(第105条)。

(二)不动产物权善意取得的法律效果

1. 受保护的信赖

因善意信赖不动产登记,依法律行为而取得不动产物权者,取得该不动产登记若为正确时之权利。分为积极信赖保护及消极信赖保护,举例说明如下:

(1)积极信赖保护

甲被误登记为某屋所有人,甲以该屋设定抵押权给善意之乙,乙取得其抵押权。

(2)消极信赖保护

①甲在B所有的土地上的不动产役权误被涂销,乙将该地让售于丙时,丙取得该地所有权,无不动产役权的负担。

②甲于其土地设定抵押权于乙,误被涂销,甲就同一土地再设定抵押权于善意之丙,丙取得第一顺位之抵押权。①

③甲冒名登记为某地所有人,甲以该地为乙设定地上权,该地上权因约定事由发生而消灭,但未涂销。其后甲让售该地给丙,丙因信赖登记而取得土地所有权。乙不得以丙明知有地上权登记,而主张其地上权仍继续存在,因善意受让制度旨在保护第三人利益,事实上不存在的权利无保护的必要,故丙得请求涂销乙的地上权。

2. 善意取得的终局确定性

因信赖不动产登记而取得不动产物权,系属终局确定,取得人将其不动产物权让与他人,受让人纵为恶意,仍能取得其权利。不动产取得人不得主张抛弃其信赖不动产登记而取得的不动产物权,而以此为理由向相对人请求损害赔偿。②

3. 物权变动与债权上补偿请求权

因"民法"第759条之1第2项关于善意取得规定而丧失权利的真正权利人,得向无权处分的登记权利者依不当得利规定(第179条,权益侵害不当得利)请求返还其所受利益,及侵权行为损害赔偿请求权(第184

① 较详细讨论,参见王泽鉴:《土地登记错误遗漏、善意第三人之保护与国家赔偿责任》,载《民法学说与判例研究》(第六册),北京大学出版社2009年版,第41—49页。

② 参见王泽鉴:《善意取得权利之抛弃与损害赔偿》,载《民法学说与判例研究》(第一册),北京大学出版社2009年版,第278—280页。

条第1项前段)。

## 第六款 预告登记①

甲向乙购买某屋,乙迟未办理所有权移转登记(或甲支付部分价金,约定付清全部价金时,始办理所有权移转登记)。甲深恐乙再处分该屋所有权,致其受损害。试问:

1. 甲在法律上对其债权有何保全之道?得否办理所谓"预告登记"?何谓预告登记?具有何种功能?

2. 办理预告登记后,乙将该屋让售于丙(或设定抵押权),并办毕登记。甲得对乙或丙主张何种权利?

3. 甲在办理预告登记后,乙将该屋出租于丁,并为交付,甲于办毕所有权移转登记后,得否向丁请求返还该屋?

4. 预告登记对于因征收、法院判决或强制执行而为的新登记,有无排除效力?应否有排除效力?

5. 您是否知道预告登记的件数?请评估预告登记能否保障房屋买受人的利益。

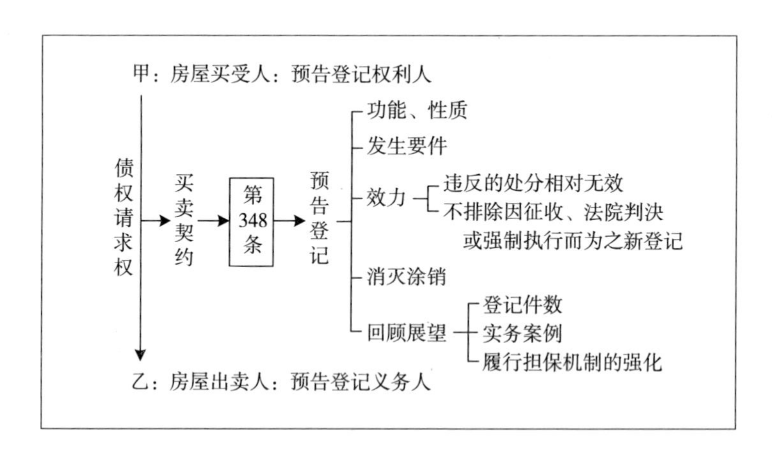


① 预告登记系物权法上的重要制度,因规定于"土地法"第79条之1,物权法教科书多未详论。德国民法就预告登记(Vormerkung)详设规定(《德国民法典》第883条至第888条),系理论及实务的重要问题。详见张龙文:《预告登记若干问题》,载张龙文:《民法物权实务研究》,1977年版,第192页;蔡明诚:《预告登记之意义及效力》,载《台湾本土法学杂志》2002年第34期;卢佳香:《预告登记之研究》,辅仁大学法律研究所1995年硕士论文;余淑杏、林郁婷:《论预告登记》,载《民法论文集》,1991年版,第213页。

## 一、功能和性质

### （一）功能

预告登记系关于不动产物权变动的重要制度，为便于了解，举一例加以说明：甲向乙购买某屋，甲得向乙请求交付该屋并移转其所有权（第348条），其后因屋价高涨或其他原因，乙再出售该屋于丙，并办理登记。不动产物权依法律行为而生之变动，非经登记，不生效力（第758条），故甲虽买卖在先，亦难以对抗丙，仅能依债务不履行规定向乙请求损害赔偿（第226条）。此种法律状态对甲甚属不利，为使甲得保全对该屋的债权请求权，须有一种具物权效力的保全手段。

为此，"土地法"特设预告登记制度，于第79条之1规定："声请保全左列请求权之预告登记，应由请求权人检附登记名义人之同意书为之：一、关于土地权利移转或使其消灭之请求权。二、土地权利内容或次序变更之请求权。三、附条件或期限之请求权。前项预告登记未涂销前，登记名义人就其土地所为之处分，对于所登记之请求权有妨碍者无效。预告登记，对于因征收、法院判决或强制执行而为新登记，无排除之效力。"须特别指出的是，此项预告登记对因法院判决或强制执行而为新登记无排除效力的规定，减损了整个预告登记制度的功能，立法政策上是否妥当，容有研究余地。德国法上预告登记未设此限制，通说认为预告登记效力亦适用于因法院判决或强制执行而为之新登记（《德国民法典》第883条第2项）。[①]

### （二）性质

预告登记具有使妨害其所有权登记请求权所为处分无效的效力，关于其法律性质，究为一种物权，或仅为一种债权保全的手段，甚有争论。预告登记系介于债权与物权之间，兼具二者的性质，在现行法上为其定性，实有困难，可认系于土地登记簿上公示，以保全对不动产物权之请求权为目的，具有若干物权效力的特有制度，得类推适用"民法"第184条第1项前段及第767条规定。

---

① 关于预告登记确保履约担保机制功能的分析，参见欧阳胜嘉：《预售屋契约之履约担保机制》，载《法学丛刊》2022年第67卷第3期，此为一篇深具参考价值的论文；Vieweg/Lorz, Sachenrecht, S. 486: „Ein mit einzelnen dinglichen Wirkungen ausgestattetes Sicherungsmittel eigener Art."

## 二、预告登记的发生

预告登记的发生,须具备三个要件:

### (一) 对不动产物权变动请求权的存在

预告登记旨在保全对不动产物权变动的债权请求权,依“土地法”第79条之1第1项规定,共有三类,前已提及,兹再略加说明:

(1)土地权利移转或使其消灭之请求权,其所称土地,系从广义,包括建物。所谓移转,包括继受取得(如所有权的移转)和设定取得(如抵押权的设定)。

(2)土地权利内容或次序变更之请求权,如地上权存续期间的变动、抵押权次序的变动。此外,尚包括“土地法”第107条之优先承买权(“司法院”院字第1958号解释)。

(3)附条件或期限之请求权,此系指前述二种请求权虽附条件或附期限,亦得为预告登记。例如,土地所有人与地上权人约定,地上权存续期间届满时,地上权人应将该地上房屋所有权移转于土地所有人时,得就此房屋所有权移转请求权为预告登记。

所谓对不动产物权变动的请求权,系指债权请求权而言,其发生原因如何,在所不问,通常以契约上的请求权最为常见,但基于契约解除所生的返还请求权或不当得利请求权,亦可预告登记。

必须强调的是,预告登记具有从属性,与被保全的债权请求权同命运,其所保全的债权消灭时,预告登记应为涂销,《德国民法典》第894条设有明文,在台湾地区“民法”得适用第767条第1项中段。例如基于买卖契约而对不动产所有权移转请求权为预告登记时,若买卖契约无效,债权不发生时,预告登记亦失其依据,出卖人得请求涂销(第767条第1项中段)。“最高法院”2020年台上字第583号裁定谓:“被上诉人虽授权上诉人办理系争预告登记,然上诉人并未取得移转系争不动产所有权之债权请求权,该预告登记即无所担保之债权请求权存在。从而,被上诉人依‘民法’第767条第1项中段规定,请求上诉人涂销系争预告登记,为有理由。”本件裁定体现了预告登记从属性,实值肯定。

### (二) 登记名义人的同意

申请预告登记应提出登记名义人同意书及印鉴(“土地登记规则”第137条、第34条)。申请人须为债权人。第三人利益契约的受益人亦属之,例如,甲向乙购地,约定丙有直接请求权时,丙亦得申请预告登记。登记名义人的同意,非属契约,系实体法上单方的法律行为,具有处分的性质,须登记名义人始得为之。登记名义人非真正所有人,而同意为预告登记时,善意债权人应受"土地法"规定的保护。例如,甲向乙购屋,该屋本为丙所有,误以乙之名义登记,乙同意为预告登记时,甲因信赖该屋为乙所有,取得预告登记。

值得特别提出的是,不动产买受人对出卖人有无预告登记请求权?德国通说采肯定见解,以保全买受人利益,并认为出卖人不自愿为预告登记时,得请求假处分而为登记。[①]

(三) 办理登记

预告登记为限制登记的一种,系限制登记名义人处分其土地权利所为的登记。登记机关于登记完毕时,应通知申请人及登记名义人("土地登记规则"第136条、第137条)。

## 三、预告登记的移转

预告登记在于保全对不动产物权变动的债权,而债权原则上皆可让与(第294条),让与债权时,该债权的担保及其他从属之权利,随同移转于受让人(第295条第1项)。预告登记与债权既然具有从属性,应随同债权让与而为移转。

## 四、预告登记的效力

(一) 相对无效

预告登记制度的核心问题,在于其效力。如何定其效力,在立法政策的考虑上有几种可能的规范模式,例如,禁止其后的登记(土地登记的禁止),或禁止登记名义人再为处分。"土地法"为兼顾当事人利益,保持目的与手段的平衡,采取处分相对无效原则(relative Unwirksamkeit),即预告登记未涂销前,登记名义人所为之处分,对于所登记之请求权有妨碍者无效("土地法"第79条之1第2项)。

(二) 处分的意义:对租赁的适用?

所谓处分,指就处分行为(物权行为)而言,如所有权的移转、抵押权

① Hager, AcP 214, 309.

的设定等;债权行为(如使用借贷)不包括在内。有疑问的是得否适用于不动产租赁。“民法”第425条第1项规定:“出租人于租赁物交付后,承租人占有中,纵将其所有权让与第三人,其租赁契约,对于受让人仍继续存在。”学说上称为租赁权物权化。为贯彻买卖不破租赁,保护承租人的利益原则,应认为租赁优先于预告登记而受保护,其效力不因预告登记而受影响,其理由有二:(1)保护承租人,不可期待其事先阅读土地登记簿。(2)所谓处分,系指物权行为,不包括租赁。在此情形,已登记为所有人者,不得向承租人请求返还租赁物(第767条第1项前段),仅能向出卖人主张因买卖契约而生的损害赔偿请求权。[①]

(三) 无效的相对性

“土地法”既采处分相对无效原则,不采禁止处分或禁止登记主义,故登记义务人将不动产再行让与第三人,或为第三人设定其他物权,并声请办理登记时,地政机关应予受理,不得拒绝(参阅案例)。例如,乙出卖某屋于甲而为移转请求权的预告登记后,仍得将该地所有权让与于丙,而为移转登记,丙得对抗任何人,但不得对抗甲。在此情形,丙为登记名义人,对甲而言,乙仍为所有人,故甲得请求乙移转其所有权。若甲与乙间的买卖契约无效,或甲的请求权因契约解除等原因不复存在时,乙就该屋的处分,不生妨碍甲之请求权的问题,对丙绝对有效。

(四) 预告登记如何推进为本登记

预告登记义务人于预告登记后,仍对其不动产为处分时,预告登记权利人如何将其预告登记推进为本登记,实值研究。依“土地法”第79条之1第2项“所为之处分,对于所登记之请求权有妨碍者无效”的规定,分三种情形加以说明:

1. 甲向乙购屋,为所有权移转请求权的预告登记后,乙将该屋出售于丙,并办毕所有权移转登记时,甲得向乙请求移转所有权登记,向丙请求涂销所有权移转登记。

2. 甲向乙购屋,为所有权移转请求权的预告登记后,乙将该屋为丙设定抵押权,并经办理登记时,甲得向乙请求为所有权移转登记,对丙请求涂销限制其权利的抵押权登记。

---

① 此为德国通说,BGHZ 31, 1; Wellenhofer, Sachenrecht, S. 276; Vieweg/Lorz, Sachenrecht, S. 501;不同意见,Prütting, Sachenrecht, Rn. 90.

3. 甲与乙就乙的房屋为设定抵押权的约定(债权契约),并经预告登记后,乙将该屋出售于丙,并办毕所有权移转登记时,甲得向乙请求设定抵押权,并请求丙同意之。

(五) 预告登记效力的排除

"土地法"第 79 条之 1 第 3 项规定:"预告登记,对于因征收、法院判决或强制执行而为新登记,无排除之效力。"例如,甲向乙购地,经办毕预告登记,其后该地因强制执行而为新登记时,甲不得主张其预告登记对于因强制执行所为的新登记,有排除之效力,此为台湾地区特有的规定,立法政策是否妥当,应有研究余地,前已说明。

## 五、预告登记的消灭

保全的债权请求权,因撤销、契约解除、混同、清偿或其他事由消灭时,登记名义人得申请预告登记之涂销,但须经原申请人之同意,始得为之("土地登记规则"第 146 条)。债权人亦得抛弃预告登记,而申请涂销之。值得特别提出的是,债权请求权罹于时效而消灭时,预告登记之目的业已达成,出卖人亦得请求涂销预告登记(第 767 条第 1 项中段),此为实务上常见的案例。①

## 六、回顾与展望

1. 登记件数的公布:预告登记系保全不动产买受人向出卖人请求交付其物并移转其所有权的重要制度。期望主管机关能早日公布预告登记统计资料,利于更深刻理解分析预告登记的实际运作及其变动状况。

2. 实务案例:关于预告登记,法院裁判案例甚少,多属涂销预告登记案件。其研究范围应扩大及于地政机关的函释,并应参考德国、日本实务,建构理论体系,作为未来开展的基础。

3. 法律人的责任:从事不动产交易的法律人(律师、法务人员等)负

---

① "最高法院"2011 年台上字第 608 号判决谓:"按消灭时效完成之效力,固发生拒绝给付之抗辩权,惟债务人为抗辩后,消灭者为请求权而非权利本身,依此可知,债务人得主动提出以消灭时效已完成,拒绝清偿债务之抗辩权利,债务人为抗辩后,请求权即为消灭;预告登记既旨在保全债权请求权之行使,如该债权请求权已消灭或确定不发生时,该预告登记亦已失其依据,应予涂销。原审本此见解,认被上诉人于本件诉讼中,既主张系争预告登记所保全上诉人就系争土地所有权移转登记之请求权,已罹于十五年时效而消灭,则该预告登记之目的已不能达成,而为上诉人败诉之判决,并无不合。"

有推广预告登记制度的任务,并应善用此项制度保障不动产买受人的权益。此在一定情形得发生契约上的附随义务。

4. 完善二个保护机制:现行预告登记规定对查封、强制执行、破产不具对抗效力,系台湾地区特有制度,减弱预告登记功能,应作立法的研究修正。又为使买受人取得未完成房屋所有权,应强化预售屋契约的履约担保机制。预告登记与预售屋履约担保机制的完善,系当前不动产交易保护消费者的重要课题,应受重视。①

## 第四节 动产物权变动

### 第一款 依法律行为而生的动产物权变动
——动产让与

动产物权的变动未有统一规定,较为复杂。"民法"第761条规定动产物权之让与,第764条关于物权抛弃的规定亦适用于动产,第884条规定动产质权的设定,第801条及第948条规定动产物权善意取得。"动产担保交易法"则规定动产抵押、附条件买卖及信托占有。以下兹仅就动产物权的让与及抛弃加以说明。

#### 第一项 动产物权的让与②

##### 第一目 社会经济生活及法律构造

动产物权的让与有二种形式:

1. 自有权利人取得动产物权:例如自动产所有人受让动产所有权。

2. 自无权利人取得动产物权:此为动产物权善意取得问题,规定于占有(第801条、第948条以下),俟后再为详论。

动产物权的让与体现于日常生活及社会经济活动,包括柴米油盐、便当、手机、汽车等商品买卖,企业原物料的供应等。每一个人每天都在从

---

① 参见欧阳胜嘉:《预售屋契约之履约担保机制》,载《法学丛刊》2022年第67卷第3期。

② 参见颜佑纮:《动产物权变动》,载《裁判时报》2020年第94期。

事各种动产物权交易,而不深知其规范机制及法律问题。

"民法"第 761 条规定:"动产物权之让与,非将动产交付,不生效力。但受让人已占有动产者,于让与合意时,即生效力。让与动产物权,而让与人仍继续占有动产者,让与人与受让人间,得订立契约,使受让人因此取得间接占有,以代交付。让与动产物权,如其动产由第三人占有时,让与人得以对于第三人之返还请求权,让与于受让人,以代交付。"由此可知,动产物权的让与须具备"让与合意"和"交付"二个要件。兹将动产物权让与的法律结构图示如下:

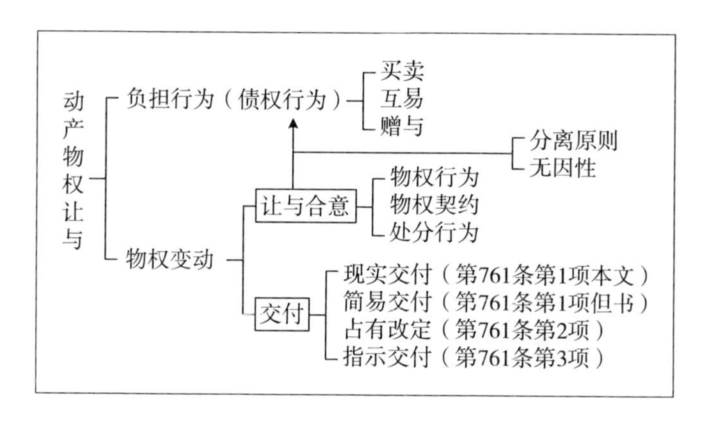


关于社会常见之动产物权让与,兹举案例加以说明:

甲出卖 A 手机与 B 电脑于乙,并即依让与合意而为交付。

1. 甲系以一个买卖契约出卖 A 手机与 B 电脑二个动产于乙。需注意的是,甲系分别就 A 手机与 B 电脑二个动产作成二个让与合意(物权行为),移转其所有权于乙,体现物权法上二个原则:

(1)物权特定:物权变动应就个别特定之物为之。

(2)负担行为与物权行为的分离。

2. 设买卖契约不成立、无效或被撤销时,其让与合意(物权行为)不因此而受影响(物权行为无因性)。在此情形,乙因甲的给付,受有 A 手机及 B 电脑二个所有权的利益,且无法律上原因。甲得向乙依"民法"第 179 条规定请求返还 A 手机及 B 电脑的所有权及占有(给付不当得利,债权请求权)。

3. 设买卖契约及物权行为均属不成立、无效或被撤销(例如甲系无行为能力人,或甲撤销其受诈欺或胁迫的意思表示)时,甲得依“民法”第767条第1项前段向乙请求返还A手机及B电脑的占有(物上请求权)。

4. 设A手机系丙所有,借甲使用时,甲擅将该手机出卖于乙,系出卖他人之物,其买卖契约仍然有效,其让与手机所有权的物权行为则为无权处分(第118条第1项),乙得依善意取得的规定取得该手机所有权(第801条、第948条)。

## 第二目 让与合意与交付

动产物权的让与依“民法”第761条规定须具备二个要件:

### 一、让与合意

动产物权,指动产所有权。让与合意,指以动产物权之让与为内容的物权合意(dingliche Einigung),系属物权契约,不以订立书面为必要。让与人须有让与的权利。让与合意得以明示或默示为之,有争议时,应由让与人负举证责任。此项让与合意(Einigsein)于动产交付时须有效存在。关于法之适用,应注意的有三:

1. “民法”总则编关于法律行为的规定,债编关于契约成立的规定,对让与合意原则上均有适用或类推适用余地。

2. 动产让与的法律行为(物权契约)多依代理为之,特于后述详加论述。

3. 动产让与的物权行为得附停止条件,保留所有权。

### 二、交付

动产物权之让与,除让与合意外,尚须交付(交付要件原则,Traditionsprinzip),二者兼具,动产物权之让与始生效力。汽车所有权的移转,亦以让与合意与交付为已足,在监理机关办理过户,系属行政管理事项,非汽车所有权移转的法定要件。[①] 在买卖契约,买受人已否支付价金,与标的物所有权移转无关。

---

① “最高法院”1982年台上字第3923号判决谓:“汽车为动产,依‘民法’第761条第1项规定,其物权之让与以交付为生效要件。在监理机关所为过户,属于行政上之监理事项,不生物权移转之效力。”

交付有现实交付、简易交付、占有改定、返还请求权的让与（又称为指示交付），后三者为现实交付的替代，学说上称为观念上交付。现实交付使受让人直接占有动产，系动产物权变动的公示方法，并作为所有权推定的基础（第943条）。简易交付、占有改定及返还请求权的让与（观念上的交付），简化交付，便利交易，但也减弱动产物权让与的公示功能。分述如下①：

（一）现实交付

甲售A画给乙。乙将该画转售给丙，甲依乙的指示将该画交付于丙。试说明：（1）A画的物权变动。（2）设乙、丙间的买卖契约不成立、无效或被撤销时，乙得向丙主张何种权利？

1. 现实交付的意义：事实管领力的移转

"民法"第761条第1项本文规定："动产物权之让与，非将动产交付，不生效力。"交付，系指事实管领力之移转，使受让人取得直接占有（第946条），又称为现实交付，此须让与人完全丧失占有，仅让与共同占有，尚不能成立现实交付。事实上管领力已否移转，应依交易观念加以认定。例如赠与某机车而交给钥匙，可认为已为现实交付。脚踏车买受人依出卖人的同意，取走停放在校园某处的脚踏车，亦得认系现实交付。事实上管领力之移转，须基于让与人之意思，受让人自行占有，不构成交付。例如甲出售某狗给乙，乙在路上发现该狗，径予牵回，不能取得其所有权。

2. 经由第三人而交付

在现代分工经济交易活动，物之交付通常多假手他人为之，经由第三人而为交付（第三人的介入），其主要情形有三种：

（1）经由占有辅助人而为交付：例如，甲售某车给乙，甲嘱其司机丙

---

① 关于消费借贷与"民法"第761条之适用，实务上有二个案例，可供参考："最高法院"1982年台上字第4876号判决谓："消费借贷因金钱或其他代替物之交付而生效力，固为'民法'第475条所明定，但贷与物之交付，不以现实交付为限，被上诉人业已以转账方式，将八十万元贷款转入上诉人陈秋霞之账户内以代交付，自发生与现实交付同等之效力。"1982年台上字第4944号判决谓："消费借贷为要物契约，须有标的物之移转，始得成立，虽占有移转无须为现实交付，以有简易交付，占有改定或依指示之占有移转为已足。惟其标的物为金钱，并约定借用应支付利息者，贷与人仅将契约金额之一部分交付，其余部分则作为借用人定期无息存款，仍在贷与人占有中，借用人在所定期间内，既不得提取使用，又无利息之收益，此部分当不能视同占有改定，谓其标的物已移转于借用人，即难认此部分亦成立消费借贷。"需注意的是，"民法"第475条已删除，参阅"民法"第474条。

(占有辅助人,第 942 条),将汽车交付受乙指示受领该车的司机丁(占有辅助人,第 942 条)。甲向乙饭店订购年菜,乙的店员将年菜交付甲的家人。占有辅助人得同时为代理人。兹将此日常生活最为常见交易的法律构造图示如下:

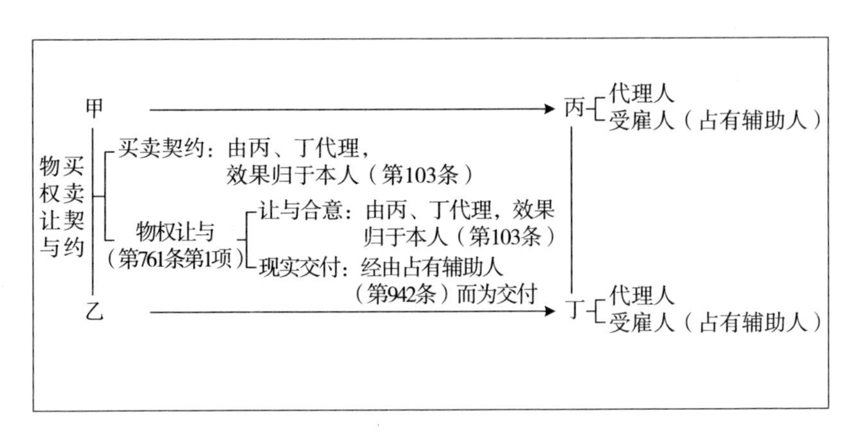


(2)经由占有媒介关系而为交付:甲寄托 A 马于乙(第 589 条),出售该马于丙,丙与丁订立训练 A 马的承揽契约(第 490 条)。乙依甲的指示将该马交付于丁时,在丁与丙间因训练 A 马契约的占有媒介关系,丁为直接占有人,丙为间接占有人(第 941 条),丙因受让占有而取得 A 马所有权。兹将其法律构造图示如下:

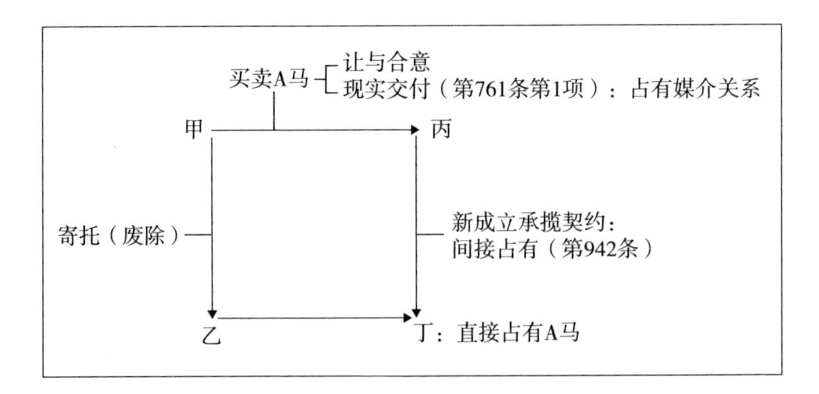


(3)经由所谓被指令人(Geheissperson)而为交付:此在实务上颇为常见。例如甲售 A 画给乙,乙转售该画于丙,乙请甲径将该画交付于丙,甲

允诺而为之。A 画所有权究竟如何移转(参阅例题)?[①]

在此种多层次买卖缩短给付的案例类型,不能认为丙系直接由甲取得 A 画的所有权,因为丙可能不知甲与乙间的法律关系,究为买卖或租赁等,若为买卖,甲亦可能保留所有权。衡诸当事人间的利益状态,应认为移转所有权的让与合意系在甲与乙、乙与丙间分别作成之。至于甲将该画交付于丙,应认为同时完成甲对乙的交付,以及乙对丙的交付(参阅下图)。

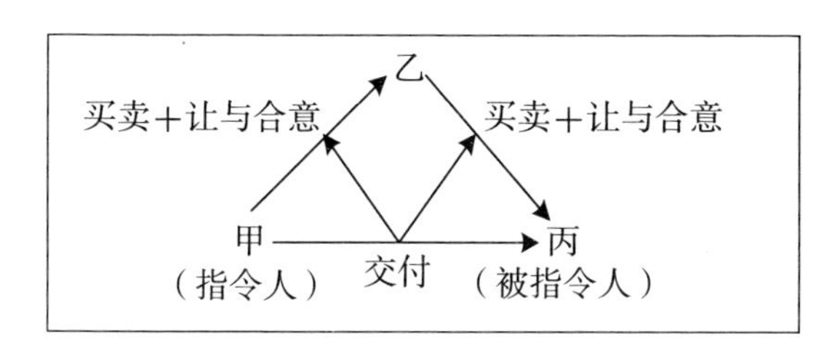


为解释上述法律关系,德国学说上提出了被指令人(Geheissperson)的概念,即关于甲与乙间的让与,指令丙为交付之受领人,关于乙与丙间之让与,亦指令丙为交付之受领人,故于甲将该画交付于丙时,在一个所谓"法学上瞬间时点"(juristische Sekunde),先由乙取得所有权,再移转于丙。易言之,即丙取得的 A 画所有权,并非直接来自甲,而是经由乙,故乙与丙间的买卖契约不成立、无效或被撤销时,乙得依不当得利规定(第 179 条),向丙请求返还其无法律上原因而受有"A 画所有权"的利益。

综据上述,可知移转动产物权而为的现实交付,亦可经由占有辅助人或间接占有人为之,必须具备三个要件:

(1)在让与人方面,须完全丧失其直接占有。

(2)在受让人方面,须取得直接占有或与第三人成立间接占有关系。

(3)此项交付系依让与人的意思而作成。

---

① Von Caemmerer, Übereignung durch Anweisung zur Übergabe, JZ 1963, 586; Walle, Die Ubergabe auf Geheiss und der rechtsgeschäfliche Erwerb des Mobiliareigentums, JZ 1974, 689; Martinek, Traditionsprinzip und Geheisserwerb, AcP 188(1988), 574. 简要说明, Müller/Gruber, Sachenrecht, S. 273; Vieweg/Lorz, Sachenrecht, S. 97 f.

（二）简易交付

“民法”第761条第1项但书规定：“但受让人已占有动产者，于让与合意时，即生效力。”学说上称为简易交付(traditio brevi manu)。法律之所以允许此种无形的交付，在于顾及交易便捷。例如，在台北的甲出借大型起重机给高雄的乙，其后甲出售该起重机给乙，倘采现实交付，乙须将该起重机返还给甲，再由甲交付起重机给乙，南北往返，甚不经济，故于此等情形，法律明定于让与合意时，即可发生移转的效力。为贯彻此项立法目的，解释上应认为受让人占有动产的原因，究为租赁、寄托、使用借贷或拾得遗失物，有权占有或无权占有，均在所不问。例如，甲盗画家某乙的作品，被警察捕获，乙查知甲酷爱该画，颇具欣赏能力，乃表示愿赠与该画于甲，甲为允诺时，即取得其所有权。

（三）占有改定

1. 占有改定的意义及要件

“民法”第761条第2项规定：“让与动产物权，而让与人仍继续占有动产者，让与人与受让人间，得订立契约，使受让人因此取得间接占有，以代交付。”学说上称为占有改定(Besitzkonstitut)，立法理由亦在于简化动产物权的移转。例如，甲出售某钢琴于乙，若甲尚需使用该琴参加比赛，得与乙为让与合意，并订立使用借贷或租赁契约(占有媒介关系，第941条)，由乙取得间接占有，以替代现实交付，而完成钢琴所有权之移转。买受人购买土鸡，委托出卖人饲养，亦成立占有改定(1989年台上字第509号)。

占有改定须让与人与受让人订立足使受让人因此取得间接占有之契约(占有媒介关系)，始足当之。如仅单纯约定让与人为受让人占有，并无间接占有关系存在，尚不成立占有改定(2006年台上字第764号、2006年台上字第2713号)。所谓契约，不限其种类，使用借贷、租赁，寄托皆可，但必须存在于让与人与受让人之间。受让人须取得间接占有，至于让与人究为直接占有人或间接占有人，则所不问。

例如，甲有某跑车寄放乙处(第589条、第942条)，甲将该车出售于丙，与丙订立租赁契约(第421条、第942条)，以代交付，使丙取得所有权(第421条、第761条第2项)。在此情形，存在多层次的占有关系：乙为直接他主占有人，甲为间接他主占有人(第一层间接占有)，丙亦为间接占有人(第二层间接占有)。此例有助于更深刻认识物权变动及占有的

关系,图示如下:

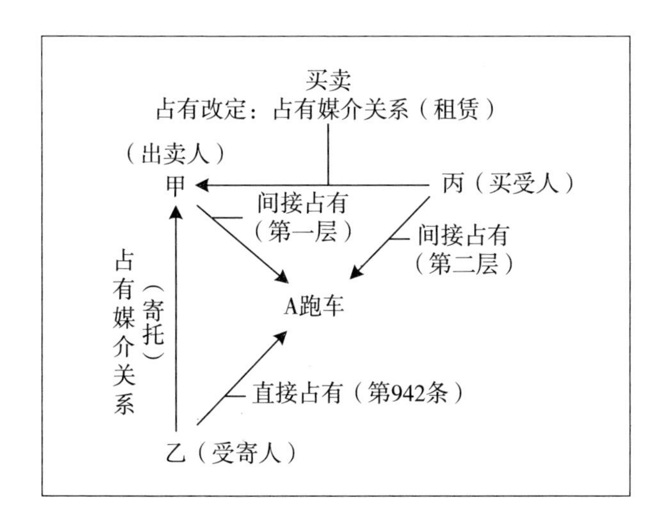


2. 预定的占有改定

基于交易上实际需要,占有改定亦得预定为之(预定的占有改定,antezipiertes Besitzkonstitut)。例如,甲向乙购买某件尚未烧制的瓷器,预为让与合意,并订立由乙保管的契约。在此情形,一旦瓷器烧制完成时,即由甲取得间接占有,以代交付,而由甲取得该瓷器所有权。

占有改定多用于动产让与担保,系动产让与担保制度的核心问题,应特别注意。

(四)返还请求权的让与(指示交付)①

"民法"第761条第3项规定:"让与动产物权,如其动产由第三人占有时,让与人得以对于第三人之返还请求权,让与于受让人,以代交付。"学说上称返还请求权之让与(或指示交付),立法理由亦基于简便原则。例如甲将出租于乙的汽车让售于丙,现实交付须俟租约终止,而丙亦可能愿意承受该租赁契约,在此情形,依返还请求权之让与,以代交付,使丙取得该车所有权,实符合当事人利益。

关于本项规定的适用,分三种情形加以说明,兹先图示如下:

---

① 参见蔡明诚:《现实交付与返还请求权之让与》,载《台湾本土法学杂志》2001年第18期。

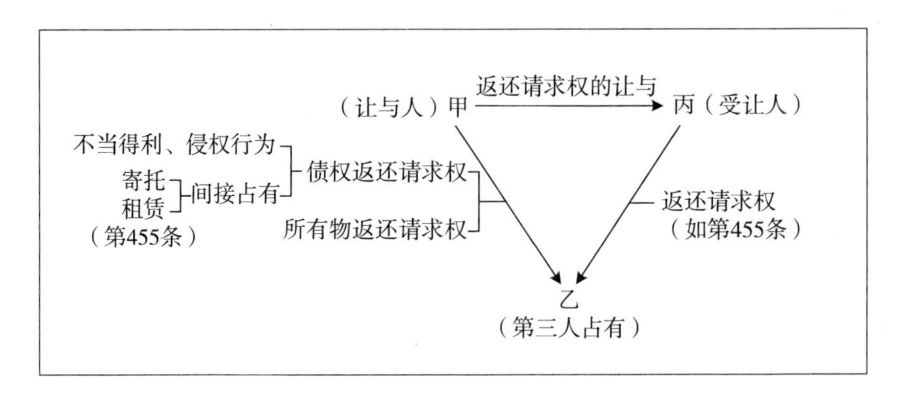


1. 让与人系间接占有人（如出租人、贷与人、寄托人）：在此情形，让与人得将其基于占有媒介关系（租赁、使用借贷、寄托）所生的债权返还请求权让与受让人，以代交付。此项返还请求权之让与系同时为间接占有之移转。需注意的是，此种情形并非所有物返还请求权之让与，而是受让人因取得动产所有权，而得发生所有物返还请求权。

2. 让与人非间接占有人：在此情形，让与人得让与其基于不当得利或侵权行为而发生的返还请求权。此种返还请求权之让与，与占有之移转无关。

3. 让与人仅有所有物返还请求权：让与人既非间接占有人，亦无其他可让与的债权返还请求权，仅有所有物返还请求权，亦属有之。例如遗失满天星劳力士金表或机车被盗，不知去处。此类案例如何处理，甚有争论。[①]

学说上认为，所有人得让与其所有物返还请求权，以代交付，其理由有二：(1)所让与的返还请求权不以对特定第三人为限。(2)所谓对于第三人的返还请求权解释上得包括所有物返还请求权。需注意的是，学说上多认为所有物返还请求权不能脱离所有权而为让与，仅能在所有权受让人身上重新产生，从而在此类案例应认为所有权因让与合意而移转，不以交付为必要，受让人得基于其所取得的所有权向占有其物之人请求返还。

返还请求权的让与亦得默示为之，通常于让与合意时作成之，不以通

---

① Vieweg/Lorz, Sachenrecht, S. 108 f.

知第三人为必要。在让与债权返还请求权之情形,应有"民法"第 297 条第 1 项本文规定的适用,即:"债权之让与,非经让与人或受让人通知债务人,对于债务人不生效力。"此项规定于让与其他请求权之情形应类推适用之。第三人未受通知而将动产返还于原让与人(原所有人)时,对受让人(新所有人)免其返还之义务,受让人得依不当得利规定向让与人请求返还其物。

### 第三目　代理与动产物权之让与

1. 甲交付 100 万元给乙,委其购画,并授予代理权。乙以甲之名义向丙购 A 画,并依让与合意支付价金,受领该画。试说明:100 万元和 A 画所有权的变动。乙在受领 A 画后,即擅以之作为己有出售于丁,并为交付时,其法律关系如何?

2. 在前例题,设甲委任乙,以乙的名义向丙购 A 画,支付价金,受让该画所有权时,当事人间的法律关系如何?设甲委任乙,以乙的名义出售 B 画于丙,其法律关系有何不同?

依"民法"第 761 条规定,动产物权之让与须兼具二个要件,一为让与合意(物权契约),一为交付(现实交付、简易交付、占有改定、指示交付)。在现代社会,动产物权之让与多以代理为之,有特别说明的必要。分直接代理与间接代理二种情形加以说明:

#### 一、直接代理

直接代理,指代理人于代理权限内,以本人名义所为之意思表示或受意思表示,直接对本人发生效力(第 103 条)。"民法"所称代理,指直接代理而言。"民法"关于代理之规定于债权行为和物权行为上的意思表示,均有适用余地。例如甲委托乙购画,并授予代理权。乙以甲名义向丙购买 A 画,乙依让与合意支付价金,并受领 A 画。在此情形,乙(代理人)系以甲(本人)的名义与丙订立买卖契约(债权行为),其效力及于甲(本人),甲得向丙请求交付 A 画,并移转其所有权,丙得向甲请求支付价金。

需注意的是,关于动产物权(A 画和货币所有权)的移转,其让与合意亦可代理为之,故乙得以甲之名义为受让该画所有权及支付价金的物权的意思表示,其效力均及于甲。问题在于交付如何作成。在简易交付,受让人已占有动产,不生问题。在占有改定或返还请求权让与的情形,其所订立的契约或让与亦得代理。至于现实交付,因系事实行为,不能适用代理的规定,除由让与人自为占有之移转外,仅得经由占有辅助人或占有媒介人为之。在上举甲委乙购画之例,丙将该画交付于乙,在甲与乙间成立占有媒介关系,甲为间接占有人,乙为直接占有人,甲因而取得该画的所有权。倘乙擅将该画作为己有让售于丁,并依让与合意移转其所有权时,构成无权处分,设丁为善意,得取得其所有权(第801条、第948条)。甲仅得依债务不履行、侵权行为或不当得利之规定,向乙请求损害赔偿,或返还其无法律上原因所受之利益。此涉及较精细的法学理论构成,为便于观察,图示如下:

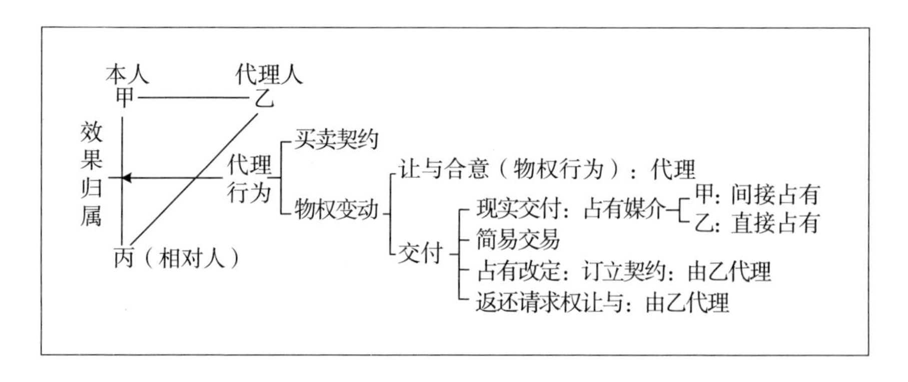


## 二、间接代理

间接代理,指以自己之名义为本人之计算而为法律行为。现行"民法"对间接代理未设共通原则,仅就行纪设有特别规定(第576条以下)。兹分受让人方面的间接代理,及让与人方面的间接代理二种情形说明(例题2):

### (一) 受让人方面的间接代理

甲委任乙,以乙自己名义购A画,乙与丙订立买卖契约时,其效力不及于甲,由乙自己取得债权,负担债务。乙与丙作成让与合意,乙因丙之交付而取得A画所有权。甲得本于委任向乙请求移转该画所有权(第541条)。若甲欲径由丙取得A画所有权,法律技术上可采取的途径,系由甲与乙预先约定所有权移转的让与合意及占有改定(第761条第2项),使乙自出卖人丙取得该画所有权之际,其所有权即行移转于甲。

(二)让与人方面的间接代理

甲交B画给乙,委其以乙自己之名义出售。乙与丙订立买卖契约,其效力不及于甲,由乙自行取得债权,负担债务。关于B画所有权的移转,乙虽系以自己名义为之,但既经甲之授权,赋予得以自己名义处分该画的权限(处分授权),故乙得与丙作成有效的让与合意。至于交付,于甲交B画给乙时,成立占有媒介关系(第941条),乙为直接占有人,甲为间接占有人;于乙将该画交付于丙之际,其媒介关系归于消灭,丙亦因而取得B画所有权。丙所支付的价金,由乙取得,应依委任关系,移转于甲。

### 第二项　动产物权的抛弃

"民法"第764条第1项规定:"物权除法律另有规定外,因抛弃而消灭。"对动产物权亦有适用。抛弃动产物权者,并应抛弃动产之占有(第764条第3项)。动产因抛弃而成为无主物,得由他人先占(第802条)。

## 第二款　非依法律行为而生的动产物权变动

### 一、概说

非依法律行为取得动产物权的主要情形,如继承、强制执行、征收或法院判决等。值得注意的是,"民法"关于动产物权的得丧变动尚设有许多重要规定,除混同外,有时效取得、善意取得、先占、遗失物拾得及添附等,较不动产物权为复杂,俟于讨论动产所有权时,再行详述。

### 二、混同

"民法"第762条和第763条关于物权混同的规定,对不动产物权、动产物权皆有适用余地:

(一)所有权与定限物权混同

"民法"第762条本文规定:"同一物之所有权及其他物权,归属于一人者,其他物权因混同而消灭。"例如甲就其所有的古董为乙设定动产质权,其后乙因购买该古董,而取得其所有权时,则所有权与动产质权(定限物权)归于一人,其动产质权因混同而消灭。依同法条但书规定:“但其他物权之存续,于所有人或第三人有法律上之利益者,不在此限。”例如甲将其所有之汽车先设定动产抵押权于乙,后又设定动产抵押权于丙,乙为第一抵押权人,丙为第二抵押权人,若其后乙为甲之继承人而取得汽车所有权时,该动产抵押权之存续对乙有法律上利益,不因混同而消灭。

(二) 定限物权与以该定限物权为标的物之权利混同

“民法”第763条第1项规定:“所有权以外之物权,及以该物权为标的物之权利,归属于一人者,其权利因混同而消灭。”例如,甲以其在乙古董上的动产抵押权(随同债权)设定权利质权于丙,其后丙因继承而取得该动产抵押权时,则该动产抵押权(定限物权)与以该动产抵押权为标的物的权利质权,归属于一人,其权利质权消灭。设甲就其在乙古董上的动产抵押权(随同债权)先后设定质权于丙、丁,其后甲因继承而取得丁的权利质权时,虽系动产抵押权与以该动产抵押权为标的的权利质权,归于甲一人,但为丙之利益,其权利质权不因混同而消灭(第763条第2项,准用第762条但书)。

## 第五节 体系构成及案例研习

### 一、物权变动的体系构成

物权变动系物权法的核心问题。在体系构成上,就客体言,分为不动产物权、动产物权及以权利为客体的物权。就变动的原因言,有为依法律行为,有为非依法律行为,需注意的是,此之所谓法律行为系指物权行为言。

关于不动产物权,其依法律行为而发生变更者,“民法”设统一规定,即无论其所有权的移转,担保物权或用益物权的设定,及不动产物权的抛弃,均须经登记,始生效力(第758条)。非因法律行为而取得不动产物权,如继承、强制执行、征收、法院判决等,应经登记,始得处分(第759条)。关于不动产物权之善意取得,系于第759条之1第2项设其规定。

关于动产物权,依法律行为而发生者,“民法”分别就动产物权让与(第761条)、动产质权设定(第884条)及动产物权抛弃(第764条第3

项），设有规定。其非因法律行为而取得动产物权，除继承、强制执行、征收或法院判决外，在"民法"物权编规定者，有时效取得、先占、遗失物拾得、发现埋藏物及添附等。对动产所有权及质权之善意取得，"民法"设有明文。

关于以权利为客体的物权，权利抵押权准用不动产抵押的规定，权利质权，准用动产质权的规定。

兹将物权变动的体系，图示如下。须先再说明的是，以下所称法律行为均指物权行为而言。

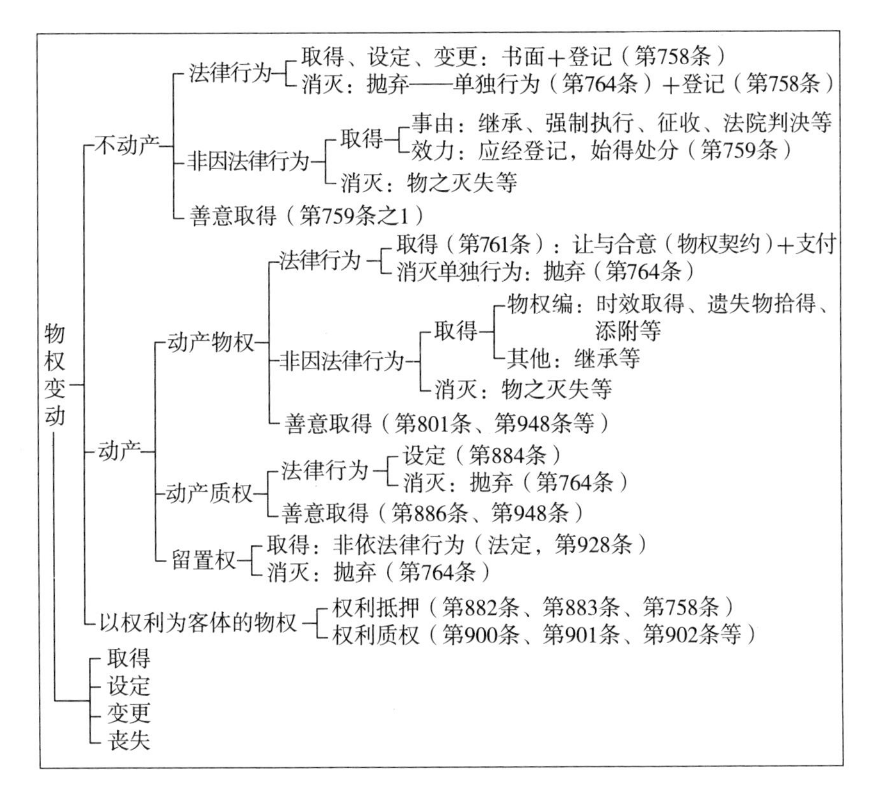


要再强调的是，学习法律要结合体系及案例，反复思考于体系及案例之间，而为法之适用。学习法律需要某种程度的记忆，但不要强行为之，要经由研读案例，构思案例，研习案例，彻底理解，始能长期存留于记忆之中，而能适用于层出不穷的案例。

## 二、不动产物权变动

甲出售A地于乙,尚未移转所有权,其后甲见地价高涨,为避免乙的强制执行,与丙就A地通谋虚伪作成买卖,并办理所有权移转登记。丙死亡,其子丁继承,办理继承登记后,将该地设定抵押权于戊。丁、戊均不知甲、丙间的通谋虚伪意思表示。试说明当事人间之法律关系(基本案例,请彻底理解,自行研究,写成书面)。

前揭案例系关于不动产物权的变动,尤其是善意取得问题。为确定当事人间得主张的权利,尤其是甲得否依"民法"第767条第1项规定,请求涂销丁之所有权登记及戊之抵押权登记。首先应探讨A地的物权变动。

### (一) 物权变动关系

甲售A地给乙,买卖契约有效成立,乙得向甲请求交付该地,并移转其所有权(第348条)。甲为避免乙对该地的强制执行,与丙通谋虚伪为该地的买卖,并办理登记,移转其所有权(第758条),甲与丙作成的买卖契约及物权行为,均属无效(第87条),丙不能取得该地所有权。

丙死亡,由其子丁继承,就该地办理继承登记。如前所述,丙与甲通谋虚伪为A地的买卖及移转其所有权,其法律行为无效,丙不能取得该地所有权。在此情形,丁可否主张因信赖土地登记而取得A地所有权?关于此点,"最高法院"1972年台再字第56号判决谓:"'土地法'第43条所谓登记,系为保护因信赖登记取得土地权利新登记之第三人而设,所谓第三人不包括继承人在内。"此项见解可资赞同,盖此属所谓的交易行为(Verkehrsgeschäft),善意取得制度旨在维护交易安全,不适用于依法律规定而生的物权变动。

丁未因继承而取得A地所有权,而将A地设定抵押权于戊,系属无权处分。戊因信赖该地登记而为设定抵押之登记,其抵押权的设定不因登记不实而受影响,仍能取得抵押权,应受"民法"第759条之1第2项规定之保护。

### (二) 当事人间得主张的权利

综据前述,甲与丙通谋虚伪买卖A地,并移转其所有权。A地所有权虽经办理继承登记,丙的继承人丁仍不能取得其所有权,该地仍属甲所有。戊则因信赖土地登记而取得抵押权。甲得依"民法"第 767 条第 1 项中段规定对丁主张所有权妨害除去请求权,请求涂销所有权登记,但戊所取得的抵押权不因此而受影响。[①] 乙向甲购买 A 地,得向甲请求交付 A 地并移转其所有权(债权请求权,第 348 条、第 349 条)及债务不履行损害赔偿(第 226 条),对戊无请求涂销抵押权的权利(参阅下列图示):

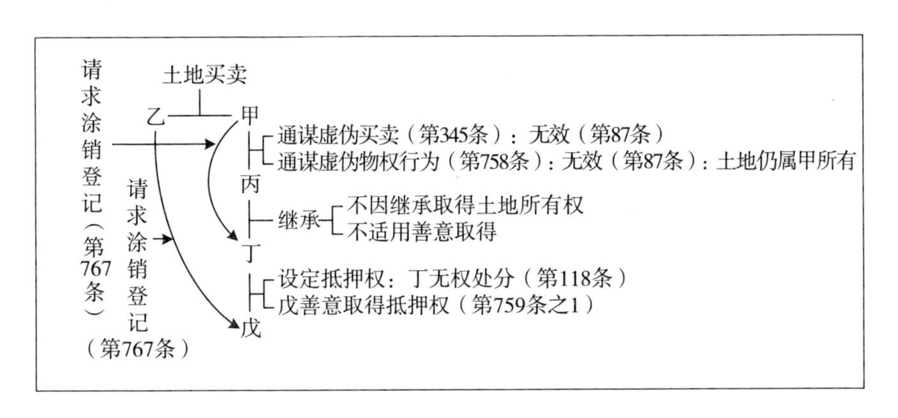


务请采用请求权基础鉴定方法,写成书面,始能彻底理解(请参阅王泽鉴:《民法思维》,北京大学出版社 2022 年重排版)!

## 三、动产物权变动

甲继承其父遗留的 A 小提琴,即出卖于乙,约定于 3 月 3 日交琴。甲于当日向乙表示愿意让与该琴所有权,但欲借用三日,乙表示同意。甲复于 3 月 4 日将该琴出售于丙,并即依让与合意交付之。甲于 3 月 5 日复将该琴出卖于丁,对丁虚称该琴系其所有,借丙使用,并将其对丙之返还请求权让与于丁,以代交付而移转该琴所有权,丁曾见丙持有该琴而误信其事。试说明 A 小提琴所有权的变更,及当事人间的法律关系。

前揭案例系关于动产物权的变动,尤其是交付的问题。所应检讨的,系乙、丙或丁得对甲主张何种权利。为确定当事人间的法律关系,首先应探讨该琴所有权的变动。

① 关于甲因丁设定抵押权所生不当得利及侵权行为所生请求权,参见王泽鉴:《民法思维:请求权基础理论体系》,北京大学出版社 2022 年重排版,第 415 页以下。

(一) 物权变动

甲继承其父遗留的小提琴,系依法律规定而取得其所有权(第1148条)。甲出售该琴于乙,于3月3日向乙表示愿意让与该琴所有权,但因参加比赛欲借用三日,乙同意之。甲与乙就琴所有权之移转作成让与合意,至其交付,系采占有改定的方式,即甲与乙间订立使用借贷契约,使乙因此取得间接占有(第942条),以代交付。乙依“民法”第761条第2项规定取得该琴所有权。

甲于3月4日将该琴出售于丙,系出卖他人(乙)之物,买卖契约仍属有效成立。甲无移转该琴所有权之权利,而让与该琴所有权于丙(无权处分),丙善意受让该琴的占有(现实交付,第761条第1项本文),仍能取得其所有权(第801条、第948条)。

甲于3月5日复将该琴出售于丁,亦系出卖他人(丙)之物,买卖契约仍属有效。甲无移转该琴所有权之权利,丁得否取得其所有权,端视丁是否善意受让该琴的占有而定。“民法”第801条及第948条规定受让动产之占有,固包括返还请求权之让与在内(第761条第3项),甲于3月4日将该琴出售于丙,并依让与合意交付之,由丙善意取得所有权,甲对丙并无任何债权的请求权可供让与,丁无从受让其占有,纵属善意,亦不能取得该琴所有权。

(二) 当事人间得主张的权利

1. 物权变动:甲因继承取得小提琴所有权,乙基于买卖契约依占有改定自甲受让该琴所有权。甲出售该琴于丙,对该琴为无权处分,并为交付,由丙善意取得所有权,致乙之所有权消灭。甲复出售该琴于丁,对该琴为无权处分,因甲对丙无返还请求权,丁未受让该琴占有,无从依“民法”第801条及第948条规定取得其所有权。

2. 债权关系:乙得对甲主张不当得利请求权(第179条,权益侵害不当得利)及侵权行为损害赔偿请求权(第184条第1项前段)。丁得对甲主张给付不能之债务不履行损害赔偿(第226条)。

为便于观察,将本例所涉及的基本法律关系(尤其是物权变动)图示如下:

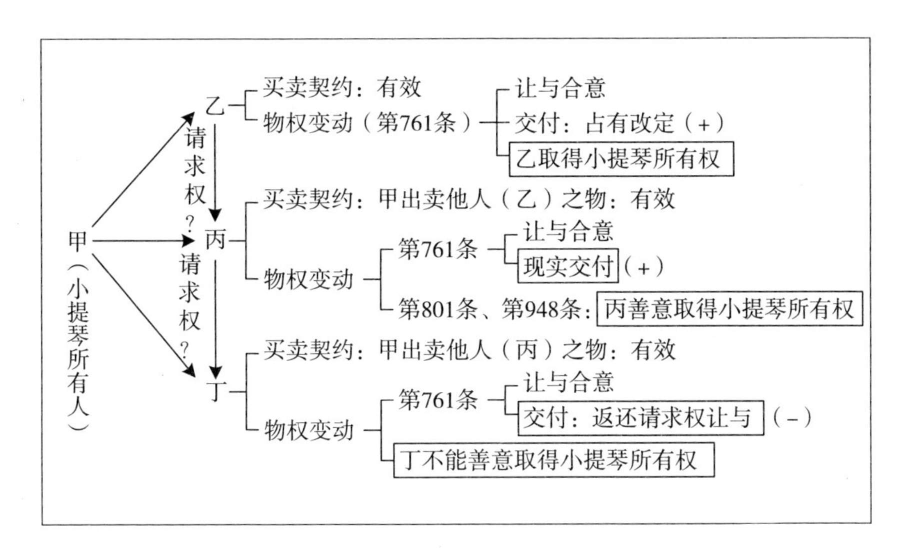


请采用请求权基础鉴定方法，次序说明：(1)乙对丙的请求权。(2)乙对甲的请求权。(3)丙对丁的请求权。(4)丁对甲的请求权。写成书面，始能彻底理解(请参阅王泽鉴：《民法思维：请求权基础理论体系》，北京大学出版社2022年重排版)。

## 四、不动产所有权"登记涂销"请求权与不动产所有权"移转登记"请求权

1. 甲出卖某地给乙，经办理所有权移转登记，其后发现该买卖契约不成立、无效或被撤销时，甲得对乙主张何种权利？

2. 设该移转土地所有权的物权行为亦有无效原因或被撤销时，甲得对乙主张何种权利，其请求权基础？

3. 请说明何谓不动产所有权"登记涂销"请求权与不动产所有权"移转登记"请求权。(此为重要基本问题，请写成书面，彻底理解)

### (一) 不动产所有权登记涂销请求权

"民法"第767条第1项中段规定所有人对于妨害其所有权者，得请求除去之。此项所有权妨害除去请求权包括不动产"登记涂销"请求权，而此须以登记名义人未取得不动产所有权，且无有效原因行为(如买

卖契约)为前提。“最高法院”1999年台上字第1511号判决谓:“按‘土地法’第43条所谓登记有绝对效力,系为保护因信赖登记取得不动产权利之第三人而设,故登记原因无效或得撤销时,在第三人未取得不动产权利前,真正权利人对于登记名义人自仍得主张之。是不动产所有权之登记,在第三人尚未信赖该登记而取得权利新登记前,并不能据以排斥真正之权利人,如该登记原因有无效或撤销之情形,真正所有人对于登记名义人仍得为‘民法’第767条所有人之物上请求权之主张。”此项见解亦适用于“民法”第759条之1规定。需注意的是,已登记不动产所有人之妨害除去请求权,无“民法”第125条消灭时效规定之适用(“司法院”释字第164号)。

(二)不动产所有权移转登记请求权

不动产所有权“移转登记”请求权,系以移转不动产所有权为内容,除买卖、赠与等原因行为外,得以不当得利为其请求权基础,即无法律上原因,受有取得不动产所有权的利益,致他人受损害时,应依不当得利规定,将该不动产所有权移转登记于受损人(第179条)(参阅例题1)。诚如“最高法院”2000年台上字第945号判决:“无法律上之原因而受利益,致他人受损害者,应返还其利益。虽有法律上之原因,而其后已不存在者,亦同。‘民法’第179条定有明文。无法律上之原因取得不动产所有权而受利益,致他人受损害者,该他人自得依不当得利规定,请求移转不动产所有权登记,以返还利益,并不发生涂销登记之问题。”

区别不动产所有权“登记涂销”请求权与不动产所有权“移转登记”请求权,具有重大实益,图示如下:

- 不动产请求权
  - 涂销登记(第767条第1项中段)
    - 登记名义人未取得不动产所有权,具有无效原因行为
    - 例如:冒名登记,登记错误,原因行为及物权行为均属无效或被撤销
  - 移转登记(第179条)
    - 登记名义人取得不动产所有权:物权行为有效
    - 案例
      - 买卖、赠与等(原因行为):不成立、无效或被撤销
      - 无法律上因取得不动产所有权(不当得利)

# 第四章　所 有 权

## 第一节　通　则

### 第一款　所有权的意义、功能和保障

#### 一、所有权的意义和性质

(一) 所有权的意义

所有权系典型的物权,为物权的原型。“民法”对所有权未设定义性条文,第765条系关于所有权的内容,就此规定,可认为:所有权者,指于法令限制之范围内,对物为全面支配的权利。分二点加以说明:

1. 对物为全面支配

所有权系对物为一般概括支配的权利,所有人对标的物得为占有、自由使用、收益、处分,并排除他人之干涉,是一种完全物权。其他物权(用益物权或担保物权)则仅能于一定范围内对物为支配,系属定限物权。此为所有权与其他物权主要不同之所在。

2. 法令限制

法令限制应纳入所有权概念。所有权概念起源于公元前2世纪的罗马法,从来就未曾是一个不受限制、不负义务的权利。13世纪意大利注释法学派大师巴托鲁斯[①]首次将所有权定义为:“所有权者,除法律禁止

---

① 巴托鲁斯(Bartolus de Saxoferrato, 1313—1357年),罗马法评论法学派最著名、最具代表性的学者。关于其生平,参见〔德〕格尔德·克莱因海尔、〔德〕扬·施罗德主编:《九百年来德意志及欧洲法学家》,许兰译,法律出版社2005年版,第40页。

外,得对有体物为不受限制处分之权利。”①

(二)所有权的性质

据前述关于所有权的意义,可知所有权具有如下的性质:

1. 整体性:所有权不是占有、使用、收益、处分等各种权能在量上的总和,而是一个整体(浑然一体)的权利。不动产的所有人就其物为他人设定典权、抵押权后,再予出卖时,其使用、收益、处分等权能或尽归他人享有,或受限制,所有权虽已裸体化(虚有化),徒拥其名,但所有权之为所有权的性质不因此而受影响。所有权既具整体性,故不能在内容或时间上加以分割。在所有物上设定用益物权或担保物权,不是让与所有权的一部,而是创设一个新的、独立的物权。在所谓的附条件买卖(保留所有权),例如甲出卖某车给乙,约定价金全部清偿前,仍保留所有权时,该车的所有权并不随着每期价金的支付而移转,买受人纵已支付99%的价金,标的物的所有权仍属于出卖人,买受人所取得者,仅是期待权而已。

2. 弹力性:所有权因同一标的物设有用益物权或担保物权而受限制,但此项限制一旦除去,所有权即回复其圆满状态。需注意的是,债权亦具有一定程度弹力性(或扩张力),例如债权因设定权利质权而受限制,权利质权一旦消灭,债权即回复其不受限制的状态。

3. 永久性:所有权以永久存续为本质,当事人不得依契约预定其存续期间,与地上权或抵押权得定其存续期间不同。所有权的移转得附停止条件或始期,于条件成就或期限届满时发生权利主体变更,但对所有权本身,并无影响。

4. 社会性:所有权受法令的限制,负有义务,以维护社会公益。此为所有权固有的拘束,自由与限制相伴相生,构成所有权的内容。

## 二、所有权的功能

民法上的所有权,系以物为客体,指私的所有权而言。英国伟大法学家布莱克斯通在其名著《英国法释义》中曾谓:“没有任何事物像所有权一样,如此普遍地激发想象力而又触动人的情怀;也没有任何事物像所有

① Bartolus, D. 41. 2. 17n4: „jus de re corporali perfecte disponendi nisi lege prohibeatur“ (Eigentum ist das Recht, über eine körperliche Sache uneingeschränkt zu disponieren, soweit es das Gesetz nicht verbietet), 引自 Wieling, Sachenrecht, S. 260.

权一样,让一个人对世界外在之物得为主张与行使独自且专断的支配,并完全排除其他个人的权利。然而却只有极少数人愿花费心力,去思考此项权利的起源与基础。"①

19世纪以来,关于所有权的起源和基础,学说极多,有神授说、法定说、自然权说、先占说、劳力说、社会说等不同理论,涉及政治、社会、经济、哲学等多个层面,在此不能详为论述。② 应特别指出的是,所有权制度的功能随时代而变迁,与经济、社会、伦理具有密切关系,简要说明如下:

1. 所有权与经济制度

私有财产制度系市场经济的基础。私人(自然人或法人)得拥有不动产、动产(包括生产数据),得自由使用,从事生产或消费,虽然国家或者地区能够通过法律或政策加以影响,但最后仍由多数所有人作决定,经由市场加以协调。私有制的优点在于提高生产效率、增加财富、累积资本及保障自由。其缺点在于企业力量不断地膨胀,独占市场造成垄断剥削,如何防范企业滥用其权利,乃法律的重要任务,其可采取的措施如建立公平竞争秩序,合理规范不正竞业,促进劳资磋商,使劳务者参与生产过程及利润的分配,并强化对消费者的保护。必须强调的是,政治的民主化亦有助于缓和私的所有权的影响力。

2. 所有权与社会秩序

所有权制度也是社会秩序的基础。土地、房屋、企业及资源得为私有,基本上决定了一个社会的结构。私有制有助于增进社会流动,但贫富不均造成社会不公平,土地、住屋取得困难,使许多人成为"无壳蜗牛",影响社会安定。因此国家或者地区应该采取必要政策,抑制利用土地投机牟利,缩小贫富差距,合理分配财富,以维护社会公道,并保障和谐的社会生活。

3. 所有权与人格伦理

个人的自我实现及人格发展,必须有其可以支配的物质。所有权是个人自主独立的前提,没有个人自主,民主社会难以存在。所有权制度固然会使人自私,但也会唤醒所有权人对家庭、后代的关怀,对社会的回

---

① William Blackstone, Commentaries on the Laws of England, Bk. II, Ch. 1, p.2 (1765-69).

② 参阅郑玉波(黄宗乐修订):《民法物权》,第68页;〔日〕川岛武宜:《所有权の理论》,岩波书店1949年版;Wieling, Sachenrecht, S. 249 ff.; M. Stephen R. Munzer, A Theory of Property (1990); James Penner, The Idea of Property in Law (2000).

馈，具有伦理的价值。

## 三、所有权的保障

"宪法"第15条规定财产权应予保障，以所有权为核心领域。此种"宪法"上的保障可从二方面加以观察：

1. 制度（性）保障：即以所有权作为一种制度加以维护。典权、永佃权等个别物权固可废除，但所有权制度则须维持，私法的存在亦因此获得保障。

2. 个别保障：即以所有权作为属于个人的一种权利加以维护。所有权系一种基本权利，对其的限制必须以法律为之（"宪法"第23条）。

## 四、所有权的种类

### （一）物之所有权：单独所有与共有

"民法"上的所有权指物的所有权，分为单独所有与共有。共有者，又可分为分别共有与公同共有。分别共有，系数人按其应有部分，对于一物有所有权（第817条），例如数人共买某地，按其应有部分对于该地有所有权。公同共有，指依法律规定、习惯或法律行为，成一公同关系之数人，基于其公同关系，而共有一物（第827条第1项）。对此二种所有权的种类，将于下文详为论述。

### （二）信托所有权

关于信托所有权（Treuhandeigentum），"民法"未设规定。信托所有权的特色在于信托人（Treugeber）在物权法上将物的完全所有权移转于受托人（Treuhänder，信托所有权人），但在债权法上对受托人的处分权限加以限制，在受托人与信托人的内部关系上，使受托人的所有权限受到债权法上信托约定的拘束。信托所有权概念的创设旨在体现此种法律关系。信托所有权的典型案例系为担保债权而作成的让与担保（详见本书第575页）。

### （三）知识产权：精神所有权

民法上的所有权系以有体物为客体（物之所有权，Sacheigentum），其以无体物（发明及其他精神智能创造）为支配客体的绝对支配及归属的权利，称为精神所有权（geistiges Eigentum）或知识产权，如专利权、商标权、著作权。物权与知识产权同受"宪法"财产权保障，均属绝对权而受保护(“民法”第767条第1项、“专利法”第96条第1项、“商标法”第69条第1项、“著作权法”第84条,请阅读条文!)。其差异在于支配客体的不同,以及因公示问题所产生的程序性规定,如专利法的申请、审查、登记等。

## 第二款　所有权的权能及限制

### 第一项　所有权的权能

“民法”第765条规定:“所有人,于法令限制之范围内,得自由使用、收益、处分其所有物,并排除他人之干涉。”由此可知,所有权内容包括积极和消极权能,分述如下:

#### 一、所有权的积极权能

(一) 占有

“民法”第765条未列入占有,但应肯定其为所有权的一种基本权能。物之使用、收益,皆以占有为必要。“民法”第767条第1项前段规定所有物返还请求权旨在回复所有人对物的占有。

(二) 使用

使用指依物的用法,不毁损其物或变更其性质,以供生活上需要而言,例如居住房屋、耕作土地、驾驶汽车、穿着衣服、弹奏乐器。

(三) 收益

收益指收取所有物的天然孳息(牛乳、稻谷)和法定孳息(如租金、利息)。“民法”第766条规定:“物之成分及其天然孳息,于分离后,除法律另有规定外,仍属于其物之所有人。”此项规定系基于“权利继续原则”,分离的原因如何,在所不问。所谓法律另有规定,如“民法”第70条(天然孳息归属于收取权人)、第798条(果实自落邻地,视为属于邻地所有人)、第952条(孳息归属于善意占有人)。兹举例加以说明:甲将其果园和房舍出租于乙经营。台风来袭,将果树连根拔起,果实部分落于丙地,房屋倾倒。在此情形,果树及房屋建材仍属于其物所有人甲。果实归属于收取权人乙①,其落于邻地的果实,由丙取得其所有权(第798条)。

(四) 处分

处分应从广义解释,包括事实上处分和法律上处分。前者指有形的变更或毁损物的本体,例如拆除围墙、解剖动物、裁布制衣、以材料生产物品。后者包括负担行为(如租赁、买卖)和处分行为(如所有权的移转、抛弃、担保物权的设定)。

## 二、所有权的消极权能

排除他人之干涉,为所有权的消极权能,系所有权作为一种绝对权的特色,得对任何人主张之。其排除的方法主要为"民法"第767条规定的所有人物上请求权。所谓干涉,系指对所有权的不法直接侵夺、干扰或妨害而言,例如无权占有他人房屋,丢弃废料于他人的土地等。②

# 第二项 所有权的限制

请查阅下列规定,说明法令如何对所有权加以限制,其限制法令的性质、限制的目的、限制的内容,及所有人所受的拘束:(1)"民法"第775条;(2)"公寓大厦管理条例"第8条;(3)"动物保护法"第20条;(4)"文化资产保存法"第13条;(5)"大众捷运法"第19条。

## 一、所有权应受法令限制

自由与限制相伴而成,共同构成所有权的内容。所有权的积极权能(占有、使用、收益、处分)和消极权能(如排除他人干涉),均应受法令限制,应先综合说明者有四:

1. 限制客体:其受限制者,除不动产外,亦包括动产,如动物(参阅"动物保护法")、枪炮、弹药(参阅"枪炮弹药刀械管制条例")。

---

① "最高法院"1959年台上字第1086号判例谓:"土地所有人本于所有权之作用,就其所有土地固有使用收益之权,但如将所有土地出租于人而收取法定孳息,则承租人为有收取天然孳息权利之人,在租赁关系存续中,即为其权利之存续期间,取得与土地分离之孳息。"

② 实务上有一个法律问题:"甲之建地与公有道路相邻,乙窃占该道路,围以竹篱饲养牲畜,甲无法通过该道路运输材料,至其建地不能发挥建筑房屋之目的。"前"司法行政部"研究意见认为:"'民法'第767条所规定除去侵害之请求权,系指所有物直接受侵害而言,乙所窃占者为公路,并非甲之建地,甲不能主张所有权被妨害而请求除去之。"

2. 限制法令:所谓法令,指法律和行政机关所颁布的命令,无法律上根据的命令,不得对所有权加以限制。法令对所有权的限制不得违反“宪法”保障财产权的意旨(“宪法”第 15 条、第 23 条)。法令包括公法和私法,而以公法上的限制较多。

3. 限制目的:对所有权限制之目的,有为保障个人利益者(如“民法”上的相邻关系、“公寓大厦管理条例”)。有为保障公共利益、社会共同生活(如“毒品危害防制条例”),保全自然生态和文化资产(如“野生动物保育法”“文化资产保存法”)。

4. 限制内容:所有权因法令而受限制,所有人应负何种义务,视法令内容而定。有为容忍他人干涉或侵害的义务(如“民法”第 775 条、“电信法”第 37 条)。有为负一定不作为义务(如“民法”第 777 条、“水利法”第 78 条)。有为应负一定作为义务(如“民法”第 795 条、“森林法”第 38 条)。

## 二、私法上限制

私法上对所有权的限制,主要在于保障个人利益,兹分“民法”、特别法、受第三人权利的限制及债法上的拘束,四种情形说明如下:

### (一)“民法”规定

1. 权利滥用

“民法”第 148 条规定:“权利之行使,不得违反公共利益,或以损害他人为主要目的。行使权利,履行义务,应依诚实及信用方法。”本条所谓权利,包括物权,尤其是所有权在内。物权之行使以损害他人为主要目的,其最显著之例,系嫉妒建筑,即故意建筑高墙,挡住他人的阳光或眺望。值得注意的是,“最高法院”1982 年台上字第 737 号判例谓,查权利之行使,是否以损害他人为主要目的,应就权利人因权利行使所能取得之利益,与他人及社会因其权利行使所受之损失,比较衡量以定之。倘其权利之行使,自己所得利益极少,而他人及社会所受之损失甚大者,非不得视为以损害他人为主要目的,此乃权利社会化之基本内涵所必然之解释。(参照 2017 年台上字第 2341 号、2021 年台上字第 2747 号)此项判例系采利益衡量的观点,兼顾私益与公益,实值赞同。

2. 诚信原则

权利之行使,应依诚实信用原则(第 148 条第 2 项)(2018 年台上字第 2210 号)。认为诚信原则仅适用于债之关系,甚受批评。诚信原则对所有权行使亦有其适用,例如甲承租乙的房屋,租期届满后继续居住,乙于甲结婚前夕突然要求甲立即迁让房屋,其权利的行使,有违诚信原则。

3. 自卫行为

"民法"关于正当防卫、紧急避难、自助行为之规定(第149条以下),亦属所有权的限制。例如甲持木棍击乙,乙对此种现时不法之侵害,为防卫自己之权利,得夺甲之木棍而反击之(正当防卫);甲持刀追杀乙,乙为避免急迫危险,得使用丙之机车(紧急避难);甲知其债务人乙卷款潜逃,因不及受法院或其他有关机关援助,于必要时得押收其款项(自助行为)。

(二) 特别法规定

特别法对所有权的限制,如"公寓大厦管理条例"第8条规定:公寓大厦周围上下、外墙面、楼顶平台及不属专有部分之防空避难设备,其变更构造、颜色、设置广告物、铁铝窗或其他类似之行为,除应依法令规定办理外,该公寓大厦规约另有规定或区分所有权人会议已有决议,经向市、县主管机关完成报备有案者,应受该规约或区分所有权人会议决议之限制。公寓大厦有12岁以下儿童或65岁以上老人之住户,外墙开口部或阳台得设置不妨碍逃生且不突出外墙面之防坠设施。防坠设施设置后,设置理由消失且不符前项限制者,区分所有权人应予改善或回复原状。住户违反第1项规定,管理负责人或管理委员会应予制止,经制止而不遵从者,应报请主管机关依第49条第1项规定处理,该住户并应于一个月内回复原状。届期未回复原状者,得由管理负责人或管理委员会回复原状,其费用由该住户负担。由此规定可知,对所有权的限制,得兼有私法和公法的手段。

(三) 受第三人权利的限制

所谓受第三人权利的限制,指于所有物上设定他物权(用益物权或担保物权)而言。例如,甲以其土地为乙设定地上权时,甲对土地使用收益的权利即因此而受限制。

(四) 债法上的拘束

所有人因债权契约就物之使用收益处分而受限制的,颇为常见,例如租赁、使用借贷等,但非属"民法"第765条所称"法令限制"。买卖契约当事人特约禁止买受人处分其物的所有权,或其处分须经监督者,其效力如何?最高法院1941年上字第121号判例谓:"所有权之让与人与受让与人,于不违反公益之程度,所订禁止受让人处分所有权之特约,固应认为有效。但仅于当事人间发生债之关系,不能发生物权之效力。”又 1943 年上字第 11 号判例谓:“某甲将财产分给诸孙,其所立析产证书内虽载有监督之权字样。然将财产给与子孙,移转所有权后,限制其处分,无对抗第三人之效力。”由此二则判例可知,此项以契约对所有权处分权能的限制,仅具有债权性质,无对抗第三人的效力。

### 三、公法上限制

公法对所有权的限制,旨在保护社会公益,多属行政法规,日益增加,范围广泛,种类甚多:

1. 限制所有权的法令:包括土地法规(如“土地法”“土地征收条例”“耕地三七五减租条例”“都市计划法”等)、营建法规(如“建筑法”“山坡地建筑管理办法”等)、公用事业法规(如“电业法”“水利法”等)、环保法规(如“空气污染防制法”“噪音管制法”等)及“文化资产保存法”等。

2. 限制内容:有为所有权的取得、使用、收益或处分。对所有权的剥夺(如征收)系对所有权最大的限制。就所有人所受拘束言,有应负作为义务,有应负不作为义务,有应负忍受义务。

3. 违反效果:有为其法律行为无效或得撤销,有为应负损害赔偿责任,有为应受刑罚制裁或其他处分。

兹举数例说明如下:

1. 农地所有权:“农业发展条例”原第 11 条规定:“私人取得农地之面积,合计不得超过二十公顷。但因继承或其他法律另有规定者,不在此限。私人取得之农地面积合计超过二十公顷者,其超过部分之转让契约或取得行为无效,并不得移转登记。”此系关于农地所有权取得的限制,违反之者,其物权行为无效。本条规定业已删除,体现台湾地区农地政策的演变。

2. 动物保护:“动物保护法”第 20 条规定:“宠物出入公共场所或公众得出入之场所,应由七岁以上之人伴同。具攻击性之宠物出入公共场所或公众得出入之场所,应由成年人伴同,并采取适当防护措施。前项具攻击性之宠物及其所该采取之防护措施,由‘中央主管机关’公告之。”此系关于所有人对动物(宠物)使用上的限制,科以一定作为的义务。

3. 文化资产:“文化资产保存法”第 32 条规定:“古迹、历史建筑或纪念建筑及其所定着土地所有权移转前,应事先通知主管机关;其属私有者,除继承者外,主管机关有依同样条件优先购买之权。”第 75 条规定:私有文物、重要古物所有权移转前，应事先通知主管机关；除继承者外，公立文物保管机关（构）有依同样条件优先购买之权。此系对所有权处分的限制，对所有人科以一定作为或不作为义务。违反之者，其物权行为无效。

4. 大众捷运："大众捷运法"第 19 条第 1 项规定："大众捷运系统因工程上之必要，得穿越公、私有土地及其土地改良物之上空或地下，或得将管、线附挂于沿线之建物上。但应择其对土地及其土地改良物之所有人、占有人或使用人损害最少之处所及方法为之，并应支付相当之补偿。"此为关于土地所有人对他人侵害容忍义务的规定。

5. 公用地役关系：关于公法对所有权之限制，尚须提出的是所谓"公用地役关系"，即某件土地实际上供公众通行数十年之道路使用，应认为已有公用地役关系之存在，土地所有人即不得违反供公众通行之目的，而为自由使用收益，形成因公益而牺牲其财产上利益，政府应依法律办理征收，给予补偿。[1]

### 第三项　所有权概念的再思考

在本节第一款，曾特别指出"民法"对所有权未设定义。通说认为所有权系于法令限制之范围内，对物为全面支配的权利。此项所有权定义的特色在于将"法令限制"纳入所有权概念。关于"法令限制"，已详上述，应综合说明者有二：

#### 一、对所有权的形式抽象思考方法

关于所有权的概念，有主张应采形式抽象的思考方法，着眼于其对物的全面支配性，认为法令限制系来自外部，并非存在于所有权自身，并强调此符合法律文义及历史发展过程。对所有权的限制日益增加，乃量的迁移，在方法论上不能由事实变动而导出概念的本质。采此见解者认为

---

① 参照"司法院"释字第 400 号解释。此项公用地役关系，本质上系公法关系，与私法上地役权不同，非属"民法"上之物权。设甲所有之土地，三十余年均供附近居民通行，而成为既成巷道。倘甲将该巷道堵塞，乙等居民亦不得本诸公用地役关系，依民事诉讼程序请求确认就该地有公用地役权存在（"行政法院"1957 年判 39 判例）。又依"最高法院"1989 年台上字第 197 号判决："公用地役关系，系以不特定之公众为对象，其本质上仍系公法关系。得通行公用地役地之人，仅系享受公法上之反射利益，非谓其已享有'公用地役权'，自不得持'公用地役权'以对抗土地之所有权人。"（另参照 1997 年台上字第 2622 号）

此种定义方法,并不排除基于保护他人正当利益或公共利益的必要,而对所有权为必要的限制。惟若将"法令限制"纳入所有权概念,将使政府权力过分介入存在于所有权之私的领域。

### 二、所有权本质蕴含权利与义务

笔者认为,无论应否将法令限制及其所产生的义务纳入所有权概念,肯定所有权负有义务,符合社会经济需要及所有权法秩序的发展。诚如基尔克(Otto Gierke)所云:"私的所有权,依其概念并非绝对,基于公共利益的限制,包括征收的可能性,寓存于所有权本身,源自其最深处的本质。"①所有权兼括权能和义务,限制及拘束乃所有权的本质内容。此种应受合理规范的所有权将使私的所有权更具存在的依据,而发挥其功能。应再强调者有三:

1. 无论对所有权如何加以界定,应推定所有权的自由。主张所有权受有限制者,须负举证责任。

2. 所有权是一种根本性的基本权利,与个人自由的保障具有内在关联性。在基本权的整体结构中,所有权负有双重任务:确保权利人在财产法领域的自由空间,并因此使其得自我负责地形成其生活。将所有权作为法之建制,有助于确保此项基本权利。个人的基本权利系以"所有权"此一法律制度作为前提。若立法者以名实不符的"所有权"取代私有财产时,则个人基本权利将无法获得有效的保障(BverfGE 24, 367, 389)。

3. 关于所有权的发展,必须从公法与私法作全面的观察,即所有权的限制固日益增加,但对所有权的保护并须建立合理必要的制度。

## 第三款　基于所有权而生的请求权②

## 第一项　基本理论

### 一、保护绝对权的基本原则

为保护所有权不受侵害,使所有人得排除他人的干涉,"民法"第767

① Otto v. Gierke, Die Soziale Aufgabe des Privatrechts (1896), S. 20.

② 参见王泽鉴:《民法思维:请求权基础理论体系》,北京大学出版社2022年重排版,第397页;游进发:《物上请求权体系》,2016年版,第1页。

条第1项规定:"所有人对于无权占有或侵夺其所有物者,得请求返还之。对于妨害其所有权者,得请求除去之。有妨害其所有权之虞者,得请求防止之。"适用于不动产及动产。学说上有称为基于所有权而生的请求权(或所有人的物上请求权)。第767条第2项规定:"前项规定,于所有权以外之物权,准用之。"实务上多简称为物上请求权(1941年台上字第1119号判例、2006年台上字第94号、2017年台上字第2035号)。亦有称之为物权请求权,有别于"民法"第962条规定的所谓占有人的物上请求权。"民法"第767条第1项旨在保全所有权,又称为所有权保全请求权或防御请求权(Abwehranspruch),系物权法上重要的规定之一。

须特别强调的是,"民法"第767条旨在保护物权,同于"民法"第18条第1项:"人格权受侵害时,得请求法院除去其侵害;有受侵害之虞时,得请求防止之。"此为保护绝对权的基本原则("专利法"第96条第1项、"商标法"第69条第1项、"著作权法"第84条,请阅读条文),体现物权(法)与债权(契约法)的不同。

"民法"第18条第1项及第767条规定的适用,均以违法性为必要,但不以有故意或过失为要件。

## 二、经济分析:财产规则与补偿规则

法律经济分析强调产权分配(entitlement allocation)的规则及其保护模式。[①] "民法"第767条系属所谓的财产规则(物权规范,property rules),对物权为绝对的保护,非经物权人同意不得加以侵害。此外尚有所谓的补偿规则(责任规范,liability rules),即侵害他人权利者,必须补偿其所受损失;以及调整无法律上原因财产损益变动的不当得利规则。三者各有其规范目的及构成要件,以请求权竞合的方式保护物权,例如甲无权占用乙所有的土地,加盖违章建筑,致乙不能使用收益,乙得向甲依"民法"第767条第1项规定请求返还土地,请求除去其妨害(拆除违章建筑)。此外,乙并得依侵权行为规定请求损害赔偿(第184条第1项前段),或依不当得利规定向甲请求返还其所受利益(第179条,权益侵害不

---

① 财产规则及补偿规则系法律经济分析的重要概念,参见张永健:《法经济分析:方法论与物权法应用》,2021年版,第165页;〔德〕汉斯-贝恩德·舍费尔、〔德〕克劳斯·奥特:《民法的经济分析》(第四版),江清云、杜涛译,法律出版社2009年版,第533页;〔美〕戴维·傅利曼:《经济学与法律的对话》,徐源丰译,2002年版,第92页。

当得利)。①

## 三、三个请求权基础

"民法"第767条第1项规定三个请求权基础:(1)所有物返还请求权(第1项前段)。(2)妨害除去请求权(第1项中段)。(3)妨害防止请求权(不作为请求权,第1项后段)。三者可以竞合,如拆屋还地(结合第1项前段、中段)。"民法"第767条第1项规定的三个请求权基础,准用于所有权以外之物权(第2项)。

## 四、体系构造

兹将保护物权的物权请求权、不当得利与侵权责任三种机制(或规则)图示如下,请明辨其构成要件及法律效果的不同及立法理由:

| 保护规则<br>请求权基础 | 成立要件 | | | 法律效果 |
|---|---|---|---|---|
| | 构成要件 | 违法性 | 有责性<br>故意、过失 | |
| 物上请求权<br>第767条第1项:所有权<br>第767条第2项:其他物权<br>(准用) | 无权占有、侵夺所有物<br>(第767条第1项前段)<br>妨害所有权<br>(第767条第1项中段)<br>妨害所有权之虞<br>(第767条第1项后段) | + | - | 返还其物<br>妨害除去<br>妨害防止 |
| 不当得利<br>第179条 | 无法律上原因<br>受利益<br>致他人受损害 | 权益侵害 | - | 返还所受利益 |
| 侵权行为<br>第184条第1项前段 | 侵害权利 | + | + | 损害赔偿 |

---

① "最高法院"2017年台上字第2035号判决谓:"按'建筑法'第11条关于建筑基地应留设法定空地之规定,旨在维护建筑物便于日照、通风、采光及防火等,以增进建筑物使用人之舒适、安全与卫生等公共利益,故该条第3项明定应留设之法定空地,负有'非依规定不得分割、移转,并不得重复使用'之使用负担。则法定空地所有权人,虽于上开规定及意旨之目的范围内使用权能受有限制,惟既仍保有所有权,对无权占用该土地,受有不当得利者,究非不得对之行使物上请求权,并请求返还不当得利。"

## 第二项　所有物返还请求权

### 一、构成要件

所有人对于无权占有或侵夺其所有物者，得请求返还之（第767条第1项前段），是为所有物返还请求权（rei vindicatio），或所有人的回复请求权，其构成要件为：①请求权的主体须为所有人。②相对人须为无权占有或侵夺其所有物之人。

兹说明如下：

（一）请求权的主体须为所有人

兹就实务上五个重要问题，说明如下：

1. 所有人：土地登记名义人

> 甲、乙共有（分别共有，公同共有）某屋，因地政机关作业登记疏失，误登记为某丙所有。嗣该屋为丁无权占用。试问谁得向丁诉请返还该屋？

请求权的主体须为物之所有人。"民法"第759条之1第1项规定："不动产物权经登记者，推定登记权利人适法有此权利。"故不动产所有权登记纵有无效或撤销原因，在未经依法涂销或更正前，原则上仍以登记名义人为请求权主体。[1] 例如甲、乙共有某屋，误登记为丙的名义，而该屋被丁无权占有时，甲、乙须先涂销丙的登记，始得向丁请求返还其屋（关于占有权利的推定，第943条）。

2. 借名登记

值得特别提出的是在借名登记，房地系借名人出资购买、兴建，借出名人名义登记，借名人已终止该借名契约，似见出名人仍登记为该房地之所有人。果尔，借名人得否因终止借名契约即当然取得该房地之所有

---

① 参照"最高法院"1983年台上字第798号判决："土地登记簿上现既仍登记讼争之497之1地号土地为上诉人所有，则纵有登记错误情事，在依法更正其登记前，尚难谓讼争土地非上诉人所有，不得行使所有物返还请求权。"又1980年台上字第2733号判决谓："土地登记（含建筑改良物登记）有绝对效力，系争楼房既经登记为被上诉人所有，而此登记又未经依法涂销，所谓买卖系出于通谋虚伪云云，殊不足以动摇被上诉人就系争楼房之所有权存在，被上诉人系本于所有权而行使物上请求权亦与本院1964年台上字第909号判例所示情形有间。"并参照"最高法院"1993年度第2次民事庭会议决议。

权，而得行使所有人之所有物返还请求权，请求登记名义人(出名人)移转所有权登记？即滋疑义(2018年台上字第74号)。

3. 违章建筑买受人的事实上处分权

"最高法院"2014年台上字第2241号判决谓："按不动产物权，依法律行为而取得、设定、丧失及变更者，非经登记，不生效力，'民法'第758条第1项定有明文。又未办理保存登记房屋之买受人，固取得该违章建筑之事实上处分权，惟依前开规定，该事实上处分权究与物权性质不同，自无同法第767条第1项物上请求权规定适用，亦无类推适用余地。原审以被上诉人为系争未办理保存登记房屋之买受人，有取得该建物之事实上处分权，得类推适用前揭物上请求权规定，请求上诉人返还系争建物一楼部分，于法自有违误。"此为实务一贯见解。[①] 在此情形，违章建筑人(原始取得人)仍得向无权占有者请求返还建物，而事实上处分权人(违章建筑买受人)虽不得直接为第767条第1项物上请求权之适用主体，但得代位请求(第242条)(关于违章建筑买受人的事实上处分权，详见本书第130页)。

4. 共有人

在共有物被第三人无权占有时，在分别共有的情形，各共有人对第三人得就共有物之全部为本于所有权之请求，但回复共有物之请求，仅得为共有人全体之利益为之(第821条)。在公同共有的情形，公同共有人中之一人或数人亦得本于所有权对第三人为请求(第828条第2项规定准用第821条)。

---

① 此为实务上重要问题，在"最高法院"2006年台上字第94号判决，原审法院谓："所有人对于无权占有或侵夺其所有物者，得请求返还之。对于妨害其所有权者，得请求除去之。有妨害其所有权之虞者，得请求防止之。'民法'第767条定有明文。此为所有权之物上请求权，此于未保存建物嗣后继受取得者，其权利虽非不动产所有权，然事实上处分权其性质实系为所有权权能之集合，对于该事实上处分权之保护，应同于不动产所有权之保护，是以上开'民法'第767条有关所有权保护之规定，本于同一之利益状态，价值衡量，则于事实上处分权之情形，自亦应类推适用之。""最高法院"认为：被上诉人系主张："依'民法'第767条之规定，提起本件诉讼"等语；"'民法'第767条物上请求权，系物权共通效力，非仅所有权之效力，已成为通说之见解，从而此项事实上处分权如遭第三人不法干扰或妨害时，殊无否认不得依据'民法'第767条之规定而为请求排除侵害之余地"等语。均无主张类推适用"民法"第767条之规定，原审遽以认定应类推适用"民法"第767条之规定云云，自有认作主张之违误。且对未登记之不动产肯认有事实上处分权，乃系实务上之便宜措施，然事实上处分权究非所有权，能否类推适用所有权之物上请求权之规定，亦非无疑。原审未遑详为推阐明晰，即为不利于上诉人之判断，均属可议。

5. 其他请求权主体:法律特别规定

虽非所有人,但依法律规定,得行使所有物返还请求权者,如破产管理人、遗嘱执行人、失踪人之财产管理人、公寓大厦管理委员会(2018 年台上字第 2059 号)亦得行使第 767 条第 1 项的权利。

(二) 相对人须为无权占有或侵夺其所有物之人

甲有 A 画,被乙所盗,乙让售于知情之丙,丙寄托该画于丁处,丁交其店员戊保管。试问甲得向何人诉请返还 A 画?

1. 占有人

(1)现在占有其物之人:直接占有人、间接占有人

无论是无权占有(如占用他人土地)或侵夺所有物(如窃取他人名画),其请求权的对象均系指现在占有其物之人。诚如最高法院 1940 年上字第 1061 号判例所云,请求返还所有物之诉应以现在占有该物之人为被告,如非现在占有该物之人,纵令所有人之占有系因其人之行为而丧失,所有人亦仅于此项行为具备侵权行为之要件时,得向其人请求赔偿损害[①],不得本于物上请求权,对之请求返还所有物。

现在占有人包括直接占有人和间接占有人。占有辅助人系受他人指示而占有(第 942 条),非属占有人,不得为请求之对象。在前揭案例,甲行使请求权的相对人为丁(直接占有人)、丙(间接占有人)。乙非现在占有人,戊为丁的占有辅助人,均非所有物返还请求权行使的对象。

(2)法人

无权占有人为"法人"者,例如法人甲的董事 A 无权占用他人土地作为公司停车场。在此情形,法人甲为占有人,董事 A 为法人甲的机关,其对物事实上支配应归属于法人甲,而以法人甲为占有人。董事 A 并非为占有辅助人,请求返还占有物之诉应以法人甲为被告(参照 2022 年台上字第 1080 号)。

(3)违章建筑的买受人

甲无权占有乙的土地兴建违章建筑后,将违章建筑出售于丙,丙再转

---

① "最高法院"2007 年台上字第 331 号判决谓:"所有物被他人不法干涉时,所有人除依'民法'第 767 条规定有所有物返还请求权及所有物保全请求权外,依侵权行为之法则并有损害赔偿请求权。而请求返还所有物之诉,固应以现占有人为被告;惟如所有人之占有系因他人之行为而丧失,所有人于此项行为具备侵权行为之要件时,亦得向该他人请求赔偿损害,二者并不互相排斥。"

售于丁,迄未办理所有权保存登记及移转登记。若该违章建筑已点交于丁居住,则丁已取得事实上处分权,甲自己失其事实上处分之权利,而房屋的拆除复为一种事实上的处分行为,交还土地,亦以现占有人为被告为已足。故乙起诉请求拆除房屋并交还土地,应以丁为被告。需注意的是,就请求权基础言,拆屋还地系结合第767条第1项前段(返还占有、所有物)及中段(妨害除去)(参照2015年台上字第1939号)。

2. 无权占有与占有本权

(1)有权占有

占有人对占有有正当权源(占有本权)者,为有权占有,无第767条的适用,其情形有二:

①基于物权而占有:基于物权(如地上权、质权)而占有他人之物,为有权占有,学说上称为绝对的占有权。

②基于债权而占有:基于债之关系占有他人之物,亦属有权占有。债之关系除租赁、使用借贷、信托让与担保约款[①]等外,尚包括买卖在内。所有人得向占有人请求返还其物,须占有人无权占有或侵夺其物。

(2)无权占有

无权占有者,指无正当权源(占有本权)而占有其物而言,无权占有的发生原因如何、期间长短、占有人善意恶意、有无过失、罹于时效与否[②],均所不问。

所谓侵夺其物,指违反所有人之意思而取得其物。例如强盗、抢夺或侵占的情形,为无权占有的例示。

---

① "最高法院"1985年台上字第2307号判决谓:"信托的让与担保,在对外关系,受让人就供担保之物虽已取得完全之所有权,但在内部关系对于让与人,仍仅得以担保权人之资格,在担保之目的范围内行使其权利。以故,依担保权之内容而言,受让人之占有供担保之物,在受让人方面,尚不得主张其为无权占有。"

② 关于消灭时效所涉及的无权占有,参照"最高法院"1998年台上字第1169号判决:"查无权占有基地上建物之人,自亦无权占有建物之基地,纵基地所有人对该建物之回复请求权已罹于时效而消灭,然该无权占有人仅取得拒绝交还建物之抗辩权,非谓其对基地之无权占有,即变为合法占有,其占有建物之时效利益,不能扩及于基地之占有,进而拒绝交还基地。"

无权占有常见的案例,诸如越界建筑[①];占住他人空屋;租赁或使用借贷终了后继续使用租赁物或借用物;土地所有人领得被征收土地的地价补偿后仍继续耕种。又日据时期日本政府于人民私有土地上兴建房屋之初,既无合法权源,后政府所接受者,乃仅地上之房屋,并非房屋所占用之土地,即不得因该接收关系,而使原属无权占有土地变成有权占有(1999年台上字第569号)。

3. 实务案例

以下就实务上若干重要无权占有的案例作较详细的说明。

**案例1 买卖契约与无权占有**

甲出卖A屋于乙,试就下列情形,说明当事人间得否主张所有物返还请求权:

1. 甲将A屋出卖于乙后,虽已交付,但未办理所有权移转登记。其后甲将该屋出卖于丙,并办理所有权移转登记时,丙得否向乙请求返还A屋?

2. 甲已移转A屋所有权于乙,但未交屋时,乙得否向甲主张所有物返还请求权?乙复将该屋所有权移转于丙,或甲将该屋出租于丁时,其法律关系如何?

3. 甲已交付A屋于乙,但未移转所有权,乙对甲的请求权罹于时效后,甲得否向乙请求返还A屋?

(1)二重买卖

买卖契约仅有债之效力,不得以之对抗契约以外之第三人。因此在二重买卖的场合(参阅案例1),出卖人如已将不动产的所有权移转登记于后买受人时,前买受人纵已占有不动产,后买受人仍得基于所有权向前买受人请求返还所有物,前买受人不得以其与出卖人间之买卖关系,对抗后买受人(债之关系相对性)[②],如下图所示:

---

① "最高法院"1999年台上字第1361号判决谓:"按地政机关因土地分割于地籍图上绘划界线,并无确定私权之效力,如与应分割之现场界线不符而有错误,受不利益之一方土地所有人,可申请地政机关更正,如他方拒绝时,亦得诉请他方同意办理更正;于未更正前,如他方以其系无权占有而与其涉讼,法院即应就双方之界址争执,依调查证据之结果予以认定,不得以该地籍图所绘界线作为认定界址之唯一依据。"

② 参见王泽鉴:《基于债之关系占有权的相对性及物权化》,载《民法学说与判例研究》(第七册),北京大学出版社2009年版,第41—56页。

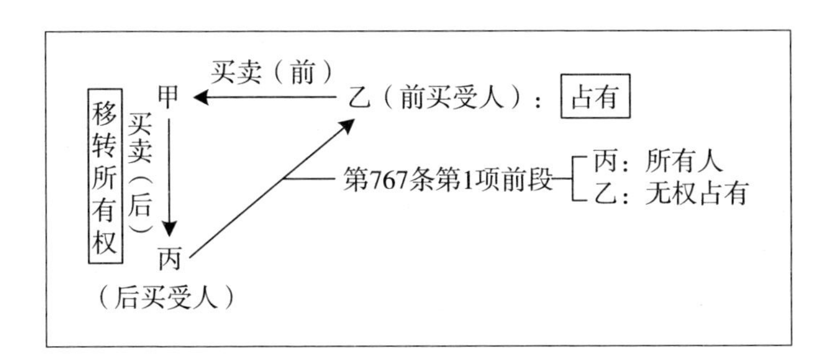


（2）买卖契约解除

买卖契约解除时，通说认为买卖契约（债之关系）溯及地消灭，关于已交付买卖标的物之返还，应分二种情形加以说明：

①买卖标的物已交付，但未移转所有权时（如出卖人保留所有权），出卖人得本于所有权，请求返还其物。

②买卖标的物已交付并移转其所有权时，买卖契约解除的效力，仅发生回复原状义务（第259条），其因移转所有权登记所取得的所有权，并未随之失效，出卖人仅得请求买受人为系争土地所有权的移转登记，以为返还，不得径请求涂销所有权登记或主张所有物返还请求权（1973年台上字第1045号判例、1999年台上字第2574号）。

（3）买卖标的物所有权已移转，但尚未交付

在此情形，买受人既已取得买卖标的物所有权，依第765条规定，即得于法令限制之范围内，自由使用、收益、处分其所有物，并排除他人之干涉。出卖人既已丧失所有权，则其继续占有买卖标的物，是否构成对买受人之所有物的无权占有（案例2）？

"最高法院"一向认为，不动产之出卖人固负有交付不动产于买受人之义务（第348条），但在未交付前，出卖人继续占有该买卖标的物，究难指为无权占有，亦不因已办理所有权移转而异（参阅2000年台上字第251号）。因土地所有权移转登记，为移转所有权生效要件，行使土地之收益权，依"民法"第373条规定，以先经交付为前提。故所有权虽已移转，而标的物未交付者，买受人仍无收益权，自难谓原出卖人为无权占有。应注意者有二：

①买受人（乙）复将其取得的所有权移转于第三人（丙）者，出卖人（甲）对该第三人即无占有标的物之正当权源，第三人（丙）即得依"民法"

第767条第1项前段规定请求该出卖人(甲)返还所有物(1994年台上字第69号)。

②出卖人(甲)移转标的物的占有于他人(丁)(如出租)时,该他人之占有,对买受人(乙)而言,即为无权占有。买受人(乙)得向该他人(丁)主张"民法"第767条第1项前段所有物返还请求权(参照下图)。

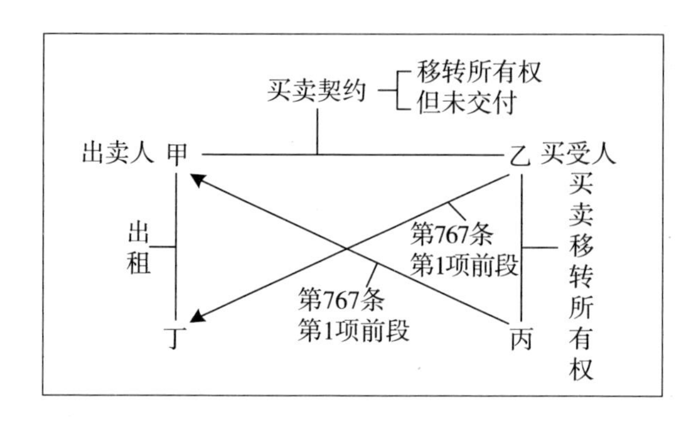


(4)买卖标的物已交付,但尚未移转所有权

出卖人交付标的物于买受人者,买受人之占有,系基于买卖契约。于该标的物所有权移转于买受人前,出卖人虽仍为所有人,但不得主张买受人系无权占有,买受人已否支付价金,在所不问。买受人得依"民法"第348条第1项规定,请求出卖人履行移转所有权的义务。有争论的是,买受人的履行请求权因15年时效经过而罹于时效后,其占有标的物的本权,是否因此而受影响(参阅前揭案例)?

"最高法院"认为,买受人占有买卖标的物,系出卖人本于买卖之法律关系所交付,具有正当权源,所有人(即出卖人)不得请求返还。何况时效完成后,债务人仅得拒绝给付,而买卖关系依然存在,基于公平法则,所有人(出卖人)亦不得请求返还该标的物["最高法院"1980年度第4次民事庭会议决议(一)]。

应注意的是,出卖人其后移转其所有权于第三人,或因法院对出卖人为强制执行,由第三人以拍卖取得该标的物之所有权者,原买受人得继续占有标的物,对取得所有权之第三人言,即为无权占有,而有"民法"第767条第1项前段规定的适用。

**案例 2　占有连锁**

1. 甲出卖 A 屋于乙,并交付该屋,但未移转其所有权。而乙即出卖该 A 屋于丙,并移转其占有。(1)乙迟未支付价金,甲得否向丙请求返还 A 屋?(2)甲合法解除或撤销与乙的买卖契约时,甲得否向丙请求返还 A 屋?(3)乙合法解除或撤销与丙的买卖契约时,甲得否向丙请求返还 A 屋?试就此案例说明所谓的占有连锁与有权(或无权)占有。

2. 甲以其土地与乙建商合建房屋,甲出具土地使用同意书。乙建商将分配之房屋出让于丙,甲得否主张丙无权占用其土地?

(1)占有连锁与有权占有

占有连锁者,指多次连续的有权源占有,亦可构成有权占有。"最高法院"1982 年台上字第 3556 号判决谓:"使用借贷为无偿契约,原属贷与人与使用人间之特定关系,除当事人另有特约外,自无移转其权利与第三人之可言。矧上诉人未经贷与人同意,竟允许第三人使用,第三人自不得执以对抗贷与人,贷与人即得径行请求第三人返还借用物。"(参阅 2021 年台上字第 606 号)依此判决理由,"最高法院"系认为贷与人同意转借时,第三人亦有占有之权利。在甲出租(借用)某屋于乙,乙合法转租(出借)于丙并移转占有的情形,构成所谓的占有连锁,对甲而言,丙系有权占有。占有连锁须具备三个条件:①中间人(乙)对所有人(甲)须有合法占有的权源。②占有人(丙)须自中间人基于一定法律关系取得占有的本权。③须中间人得将直接占有移转于他人(丙)。

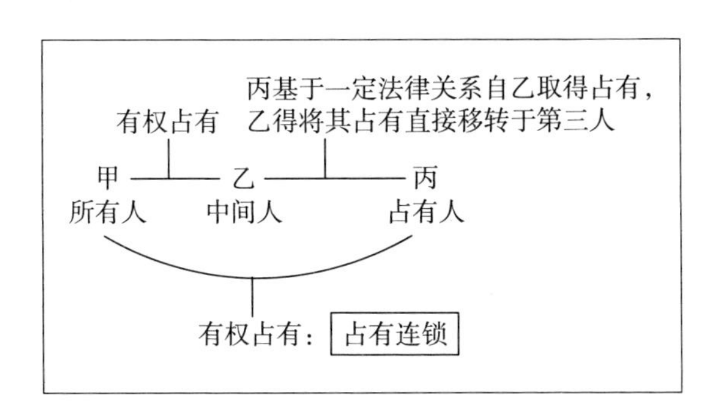


(2)买卖关系上的占有连锁

买受人在取得所有权前,将其占有之标的物出卖(或出租)于第三人,并移转其占有,并不违反买卖契约的内容,次买受人(或承租人)系基于一定法律关系自买受人取得占有,而买受人对出卖人又有占有之本权,应认为次买受人(或承租人)对出卖人有合法占有的权源,成立占有连锁,不构成无权占有。"最高法院"2012 年台上字第 224 号判决明确采此见解:"'民法'第 767 条第 1 项前段所规定之所有物返还请求权,须以占有所有物之人系无占有之合法权源者,始足当之;倘占有之人有占有之正当权源,即不得对之行使所有物返还请求权。又基于债之关系而占有他方所有物之一方当事人,本得向他方当事人(所有人)主张有占有之合法权源;如该有权占有之人将其直接占有移转于第三人时,除该移转占有性质上应经所有人同意(如'民法'第 467 条第 2 项规定)者外,第三人亦得本于其所受让之占有,对所有人主张其有占有之权利,此乃基于'占有连锁(Besitzkette)'之原理所产生之效果,与债之相对性(该第三人不得径以其前手对所有人债之关系,作为自己占有之正当权源)系属二事。"

在上举案例,设出卖人(甲)合法解除或撤销其买卖契约时,买卖契约消灭,买受人失其占有权源,第三人(次买受人,丙)的占有权源亦随之俱逝,对出卖人构成无权占有,而有"民法"第 767 条第 1 项前段规定的适用。

占有连锁涉及债权与物权关系、债之关系相对性及物权请求权等核心概念,系实务及理论的重要问题,将其基本问题图示如下:

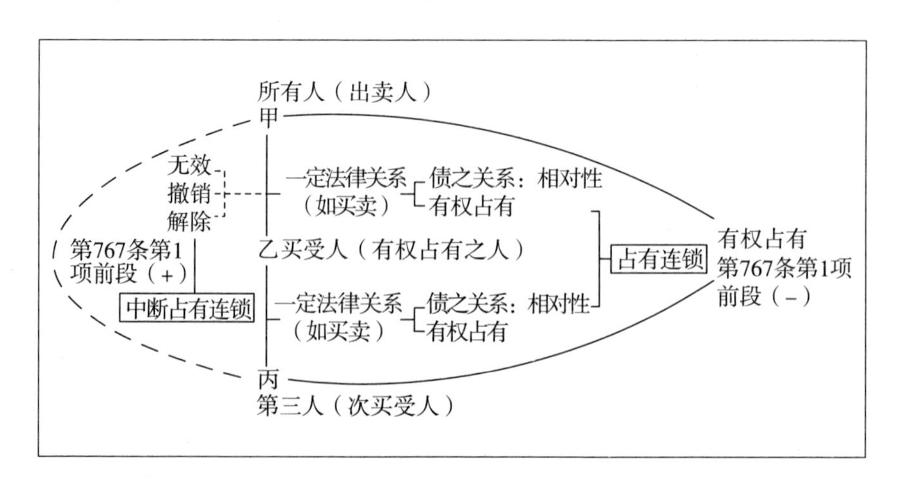

(3)租赁关系上的占有连锁

①合法转租:关于租赁关系的占有连锁,首先应说明的是合法转租,即承租人得出租人承诺,将租赁物转租他人,或未有反对之约定,而将租赁房屋之一部分转租他人(第443条第1项)。在此情形,次承租人占有租赁物,对于出租人具有正当权源。

②违法转租:在违法转租,例如耕地承租人未经出租人承诺,将租赁物转租于他人时,其原租约及转租契约无效("土地法"第108条),次承租人占有租赁物,无正当权源,出租人得收回自行耕种或另行出租(1954年台上字第868号判例)。租赁之标的物非属耕地,承租人违法转租(如将房屋全部转租)时,转租契约仍然有效(参阅2009年台上字第659号)。出租人终止原租约时,次承租人对出租人构成无权占有,出租人得请求返还租赁物。

有疑问的是,出租人在未终止原租约以前,得否向次承租人请求返还?"最高法院"1955年7月26日民刑庭总会会议决议(六)谓:"承租人未得出租人承诺,擅将其所租出租人所有之基地,转租于第三人,现该基地系由该第三人占有使用,出租人在未终止租赁契约以前,不能径向第三人请求返还。"

(4)合建契约上的占有连锁

合建契约甚为常见,土地所有人依合建契约约定,既负有移转建商应分配房屋之基地所有权于建商之义务,建商基于土地使用权同意书,自有占有使用基地之权利,建商嗣后倘将分得之房屋出售于第三人并移转对基地之直接占有,亦不违反合建契约本即系为建筑永久性房屋于土地上之内容,是自建商购买房屋之第三人,即得本于"占有连锁"之法律关系,对土地所有人主张有权占有。惟物之占有人如系本于债之关系而占有者,倘该债之关系系存在于占有人与债之关系之相对人间,该占有人欲主张其为有权占有,须以该债之关系之相对人对所有人亦有得为占有之正当权源,且得基于该权源,而移转占有于现在之占有人为前提(2015年台上字第40号)。此为实务上常见的重要问题,图示如下:

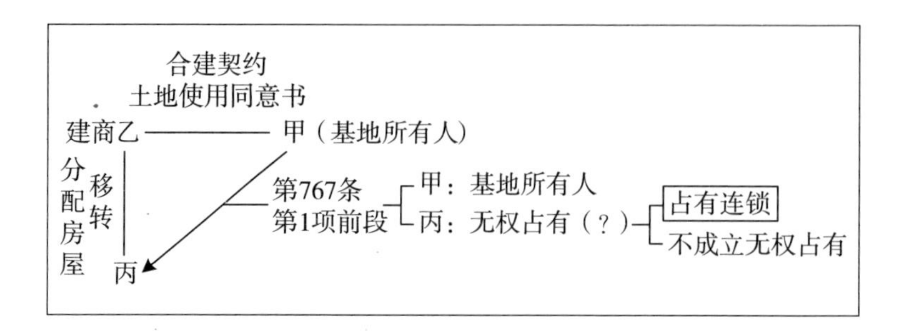


### 案例 3　共有人逾越其应有部分行使权利

甲、乙、丙共有 A 地，应有部分各为 1/3，甲占用土地之全部，辟建停车场，收取租金。试问乙、丙得对甲主张何种权利？

共有人中之一人逾越其应有部分，行使权利，他共有人得否行使物上请求权？此为实务上重要争论问题。

“最高法院”若干判决曾采否定说，其理由为：各共有人按其应有部分，对于共有物之全部有使用收益权，“民法”第 818 条定有明文。故各共有人之应有部分为对于共有物所有权之成数，抽象地存在于共有物之全部，在分割前无从具体辨明何者为共有人所有，性质上不可能为他共有人无权占有或侵夺，各共有人相互间就其应有部分，无主张“民法”第 767 条物上请求权之余地，仅能主张侵权行为或不当得利请求权（1983 年台上字第 4737 号、1962 年台上字第 3495 号判例）。此项见解纯从应有部分的法律性质立论，理由构成未臻周全。

值得赞同的是，“最高法院”1985 年 2 月 5 日 1985 年度第 2 次民事庭会议决议采肯定说，认为：“未经共有人协议分管之共有物，共有人对共有物之特定部分占用收益，须征得他共有人全体之同意。如未经他共有人同意而就共有物之全部或一部任意占用收益，他共有人得本于所有权请求除去其妨害或请求向全体共有人返还占用部分。但不得将各共有人之应有部分固定于共有物之特定部分，并进而主张他共有人超过其应有部分之占用部分为无权占有而请求返还于己。”

“司法院”第一厅在一则法律问题，根据“最高法院”此项决议提出如下研究意见：各共有人本其所有权之作用，对于共有物之全部，均有使用收益权，惟其使用收益之权，应按其应有部分而行使之，如共有人对共有物之特定部分占用收益，须征得他共有人全体之同意，倘未经他共有人同意而就共有物之全部或一部任意占用收益,即属侵害他共有人之权利,他共有人自得本于所有权,请求除去其妨害,或请求向全体共有人返还占用部分(1988 年 10 月 8 日厅一民一字第 1199 号函复高等法院)。

(三) 举证责任[①]

请求人对其就标的物的所有权,应负举证责任。土地登记具有推定力,故请求人以土地登记主张其为所有人时,占有人对其所有权的欠缺,应负举证责任。占有人(被告)对请求人(原告)就其物有所有权存在之事实无争执,而仅以非无权占有为抗辩者,原告于被告无权占有之事实,无举证责任。被告应就其取得占有,系有正当权源之事实证明之。如不能证明,则应认原告之请求为有理由(1983 年台上字第 1552 号)。

## 二、法律效果

(一) 占有物的返还与费用负担

所有人得向无权占有人请求返还其物。所称返还其物,指将物复归于所有人之事实上的支配。无权占有他人的土地建筑房屋者,应拆屋还地。无权占有他人土地种植梧桐时,应将土地连同梧桐一并返还之,因梧桐为土地之成分,属于土地所有人。至于无权占有人得否请求所有人返还不当得利,系另一问题。

返还其物的清偿地,原则上为该物的原所在地,其费用应由无权占有人负担之。

(二) 对直接占有人、间接占有人为物的返还请求权

1. 请求返还于间接占有人

甲出借某屋于乙,乙未经甲同意,借于丙使用时,丙对甲构成无权占有。在甲与乙间借贷契约终止前,应认为甲仅得请求丙(直接占有人)将该屋返还于乙(间接占有人)。设乙不愿或不能受领时,甲得请求丙将该屋返还于自己。

又例如甲出租某物给乙,该物被第三人丙无权占有时,甲不得请求丙向自己返还,仅得请求丙返还于承租人,参阅下图:

---

① 参见许政贤:《所有物返还请求权之举证责任分配》,载《月旦法学教室》2022 年第 237 期。

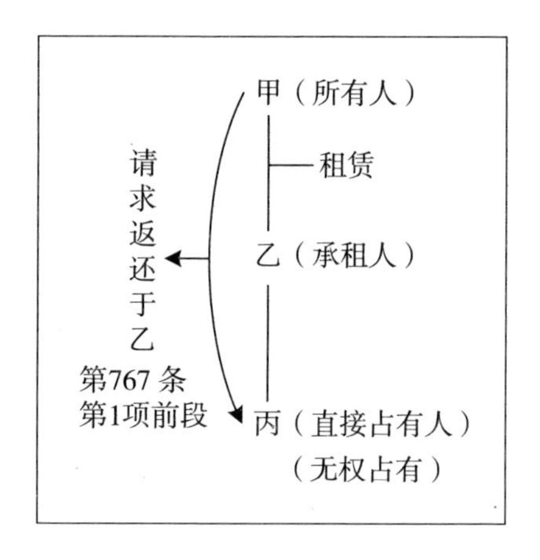


2. 向直接占有人、间接占有人请求返还

甲有某车，被乙所盗，乙出借于丙，乙为间接占有人，丙为直接占有人，对甲均构成无权占有。在此情形，甲得对丙请求返还其车。甲亦得向乙请求让与其对丙之返还请求权。直接占有人与间接占有人均为占有人，应负共同返还之责。

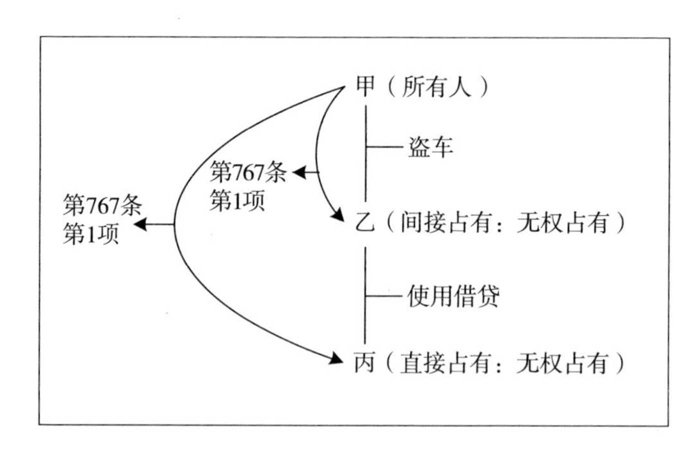


（三）金钱的返还

无权占有之标的物为金钱时（例如甲盗取乙的现金10万元），应返还原物，而非偿还其价额。金钱因存入银行或其他事由，难以辨别时，应适用混合之规定（第813条），不发生所有物返还请求权。金钱已被使用时，例如乙误以甲之1000元钞票为己有，持之向丙购A物，乙系无权处分甲的金钱,丙善意取得该1000元钞票所有权(第801条、第948条以下),甲不能依“民法”第767条第1项前段规定向乙请求返还1000元钞票,仅能依不当得利规定请求返还其无法律上原因所受利益(价额返还:1000元,第179条、第181条)。

值得参照的是“最高法院”2015年台上字第532号判决:“按货币之所有与占有不能分离,故原则上不能成立间接占有。盖货币之占有一旦丧失,其所有权原则随之丧失。申言之,除例外之情形(如供观赏、展示、搜集用之古币或纪念币等特定目的而封装之物),货币之所有权不具追及效力,亦无所有物返还请求权可言(参看第951条、第474条、第603条规定)。查系争新台币为赖俊桔于警查获时所扣得并经被上诉人依刑案确定判决执行没收处分,上诉人非占有人。依上说明,上诉人即无从本于‘民法’第767条第1项、第962条规定,主张其为系争新台币之所有权人或占有人,而请求被上诉人交还。”

(四) 占有回复关系(第952条至第959条)

需注意的是,无权占有物的返还,涉及占有人对占有物的使用收益、致占有物灭失或毁损、对占有物支出费用、孳息返还等问题。此等问题构成所有人与占有人的回复关系,第952条至第959条设有规定,俟于相关部分再为论述。

(五) 物上请求权与权利滥用

拆屋还地请求权在何种情形构成权利滥用(第148条第1项),系实务重要问题,兹举四个“最高法院”判决,以供参照:

1. 原审谓黄○祯同意系争土地上兴建建物,属债之关系,不得拘束被上诉人,且上诉人分别取得系争59、62建号建物时,或明知系争土地已处于强制执行中,或明知系争土地已为被上诉人所有而所购建物无权占有,已无保护上诉人使用系争土地权利之必要,被上诉人本于所有权人地位,诉请拆屋还地,并无权利滥用及违反诚信原则,尚无不合(2018年台上字第1677号,另参照2019年台上字第1949号)。

2. 按“民法”上之债权契约,除法律有特别规定外,固仅于特定人间发生其法律上之效力,惟不动产之受让人若知悉让与人已就该不动产与第三人间订有债权契约,而犹恶意受让该不动产所有权,以行使物上请求权者,参照第148条第2项所揭橥之诚信原则,自应驳回其请求。故如当事人以权利人行使其权利有权利滥用及违反诚实信用原则为抗辩时,法院应就权利人有无权利滥用及违反诚信原则之情事均予调查审认,以求实质公平与妥当(2018 年台上字第 2347 号)。

3. 上诉人所有之系争房屋占有系争土地之原因系与系争土地之原共有人刘○烈交换土地使用,对系争土地占应有部分 9/10 之刘○烈或其后手黄○源均非无权占有,被上诉人又系经由法院拍卖取得系争土地应有部分,关于系争土地使用情形,其应甚为明了。而系争土地既系公园预定地,被上诉人之土地应有部分亦仅 1/10,如何利用?其可取得之利益若干?且系争房屋如经拆除,造成上诉人及社会经济之损害与被上诉人所得利益为何?原审俱未调查审认,比较衡量之,即认上诉人抗辩被上诉人属权利滥用为不可采,遽命上诉人拆屋还地,亦有可议(2015 年台简上字第 17 号,另参照 2020 年台上字第 1051 号)。

4. 公业梅镜堂明知梁○智及其继承人等使用系争土地,并有地上权登记,于逾 30 年长期沉默,未为主张系争地上权登记有无效原因,及请求迁出、拆屋还地,似此行为,是否足引起王○洲及相关权利人之正当信任公业梅镜堂当不欲请求涂销地上权登记,乃其为上开请求,致令王○洲陷于窘境,乃有违诚实信用原则,并应认其已权利失效等语,似非全属无据。原审未遑详查究明,遽以被上诉人或不知或沉默,即认本件无权利失效情事,未免速断(2018 年台上字第 1386 号)。

### 三、所有物返还请求权的让与性

所有物返还请求权得否独立让与,尚有争论。有采肯定说,并以"民法"第 761 条第 3 项"让与动产物权,如其动产由第三人占有时,让与人得以对于第三人之返还请求权,让与于受让人,以代交付"的规定为依据。

目前通说采否定的见解,认为所有物返还请求权不能脱离所有权而让与,若无返还请求权,所有权将失其保护,失其占有和利用其物的基本功能。至于"民法"第 761 条第 3 项规定,学说上有认为其所称返还请求权,系指基于占有媒介关系而生的请求权(债权请求权),而非指所有物返还请求权而言。亦有认为此项返还请求权亦包括所有物返还请求权,应与物权的让与相伴为之,不是所有物返还请求权的独立让与。原则上应以前说为是,此涉及让与人非间接占有人时,如何适用"民法"第 761 条第 3 项规定之问题。

## 四、"民法"债编规定的类推适用

甲有A犬,被乙所盗。试问于下列情形甲得向乙主张何种权利:

1. 丙误杀A犬,赔以B犬,甲得否向乙请求交付B犬?

2. 乙欲返还A犬,于甲受领迟延中,该犬非因乙的重大过失而死亡。

3. A犬因乙的过失染有病毒,返还后甲的犬群遭受感染。

所有物返还请求权虽系依存于物权而发生,于要件具备时,得对特定人主张之,结构上同于债之请求权,故债编关于给付的规定,除"民法"关于占有回复关系设有特别规定(第952条以下)外,对于所有物返还请求权原则上得予类推适用。兹分给付不能、给付迟延和不完全给付三种情形说明如下:

1. 给付不能:占有物因灭失、毁损或其他事由(如无权处分)不能返还时,第953条以下设有特别规定,无适用给付不能规定(尤其是第225条第1项)的余地。例如无权占有人应返还A犬,设该犬被他人驾车撞死,赔以B犬时,所有人不能援引第225条第2项规定,请求无权占有人交付其所受领的B犬。

2. 给付迟延:给付迟延的规定(尤其是关于债权人受领迟延)对所有物返还请求权,有适用余地。例如无权占有人应返还A犬,在所有人受领迟延中死亡时,无权占有人仅就故意或重大过失,负其责任(第237条)。

3. 不完全给付:关于不完全给付之规定(尤其是加害给付,第227条第2项),对于占有物之返还亦有其适用。例如返还的A犬染有传染病,致所有人的犬群亦受感染时,无权占有人应依债务不履行规定,负损害赔偿责任。于此情形,亦有侵权行为规定的适用(第184条第1项前段),自不待言。

## 五、消灭时效

所有物返还请求权亦属请求权的一种,"民法"总则编关于消灭时效的规定,原则上有适用余地。惟"司法院"释字第107号解释为贯彻不动产登记的功能,认为:“已登记不动产所有人之回复请求权,无‘民法’第125条消灭时效规定之适用。”准此以言,关于动产或未登记不动产所有人之回复请求权(所有物返还请求权),仍有第125条规定的15年消灭时效的适用(参阅2021年台上大字第1153号大法庭裁定)。

### 第三项　所有权妨害除去请求权

1. 甲收藏有某件名画,乙公开声明该画为其家传之宝,于战乱中遗失,甲得否对乙主张所有权妨害除去请求权?

2. 甲有某屋,被乙冒名登记为已有,15年后,甲发现其事,试说明甲主张涂销登记的请求权基础?

3. 甲承租乙的花园洋房,大树被狂风吹落丙地,压坏车库。丙得否向甲或乙请求除去大树,回复车库的原状?

#### 一、构成要件

所有人对于妨害其所有权者,得请求除去之(第767条第1项中段),学说上称为所有权妨害除去请求权(所有物保全请求权,actio negatoria,源自罗马法),其要件为:①妨害所有权。②妨害的不法性。

说明如下:

(一)　妨害所有权

1. 妨害的意义和态样

所谓妨害,指以占有以外的方法阻碍或侵害所有权的支配可能性的行为事实(积极妨害,positive Einwirkung)。其主要情形可归为六类:

(1)对物之实体的侵害:如无权占有他人土地建造房屋。

(2)可量物的侵入:如丢弃废料或垃圾于他人庭院。

(3)无权使用他人之物:如在他人墙壁悬挂招牌[①],为营业之目的拍摄他人之物(如特殊造型的建筑物或室内设计)。

(4)妨碍所有权的行使:如停车于他人车库。

(5)否认他人对物的所有权:学说上有认为此非对所有权之直接侵害,仅得以确认之诉确认其所有权之存在,以除去其不安之状态。但确认

① 参见陈忠五:《无权使用他人土地架设广告招牌》,载《台湾本土法学杂志》1999年第1期。

所有权之后,他人继续声称某物为其所有时,应肯定妨害除去请求权,始足以保护所有人的利益(案例 1)。

(6)土地登记的错误、遗漏或不实:如冒名将他人土地登记为己有,或基于通谋虚伪意思表示等无效事由而为所有权移转登记(案例 2)。

2. 二个具有争议的妨害情事

有争论的是以下二种情事是否构成妨害他人所有权:

(1)消极作用:其主要情形系使用土地致妨害相邻不动产的采光、空气流通、眺望等。通说认为此等情形不成立"民法"第 767 条第 1 项中段所称妨害,仅应适用"民法"第 148 条第 1 项关于权利之行使不得以损害他人为主要目的之规定。

(2)美观或伦理的作用:例如,邻居在自有的墙壁涂鸦,在自己房屋堆放垃圾,或经营色情行业等。在此等情形,如何处理,甚有争论。原则上应认为并未妨害所有权。但有认为其情形严重者,得认系妨害所有权,而有"民法"第 767 条第 1 项中段规定的适用。亦有认为得类推适用气响侵入的规定,亦有认为得构成对人格权的侵害,均应依其情事而为认定。[①]

3. 妨害与损害的区别

对他人所有权加以妨害者,无论有无过失,均负除去妨害的义务。对他人所有权加以侵害,造成损害者,以具有故意或过失为要件,负损害赔偿责任(第 184 条第 1 项前段)。因此如何区别"妨害"与"损害",关系当事人利益至巨。"最高法院"1980 年台上字第 534 号判决谓:"按以无权占有请求返还所有物,系所有人本于所有权之权能以排除侵害,与侵权行为请求回复原状,则系基于债之关系以赔偿其损害,两者法律关系迥异,不能混淆不分。"

试举一例加以说明。甲在山坡地建屋,水土保持不良,建材砂土落入乙在其农地所筑小水库,水淹农场,农舍倒塌,蔬菜腐坏。在此情形,何者为对所有权的妨害,何者为所有权所受的损害,不无疑问。"民法"第 767 条第 1 项规定旨在保护所有权的圆满状态,故就上例言,其构成对所有权之妨害者,为砂土落入水库,至于水淹农场、农舍倒塌、蔬菜腐坏,则属所有权所受损害,仅能依侵权行为规定请求损害赔偿。易言之,所有人得请

---

① Prütting, Sachenrecht, S. 136; Vieweg/Lorz, Sachenrecht, S. 263 f.

求除去者,乃所有权妨害的“源头”,其因此所生的各种不利益,系属侵权行为损害赔偿问题(案例3)。

(二) 妨害的不法性

妨害须属违法,所有人始得请求除去。所有人有忍受义务者,无妨害除去请求权。忍受义务的主要发生事由有三:

1. 基于法律规定:如“民法”关于紧急避难、正当防卫、相邻关系的规定。

2. 基于用益物权:所有人对于用益物权人行使权利,如不动产役权人的通行,有忍受的义务。

3. 基于债权:所有人对于债权人(如承租人)使用其物,亦负有忍受义务。所有人的忍受义务,应由妨害者负举证责任。

(三) 请求权的当事人

1. 请求权的主体为所有人

请求权的主体为物之所有人,请参阅关于所有物返还请求权部分的说明,兹不赘述。在妨害持续中,物的所有权移转时,妨害除去请求权属于新的所有人。

2. 请求权的相对人

请求权的相对人为任何对所有权为妨害之人,可分为行为妨害人(Handlungsstörer)和状态妨害人(Zustandstörer):

(1)行为妨害人:指依自己行为对他人所有权妨害之人,如停车于他人的车库、放置广告招牌于他人的屋顶。妨害行为系基于雇主的指示时(如倒废料于他人土地),雇主为妨害人。妨害人有无过失,在所不问。

(2)状态妨害人:指持有或经营某种妨害他人所有权之物或设施之人,不限于所有人,占有人亦包括在内,凡对造成妨害之物或设施有事实上支配力者,皆属之。例如甲于其屋后院植树,被强风吹落于乙地,甲为妨害人。设甲出租该屋于丙时,该树在丙可支配之范围,丙对该树倒入邻地,仍应负责,亦属妨害人。违章建筑的买受人,虽因不能办理登记而取得其所有权,但因占有而取得事实上之支配,亦属妨害人,有拆除的义务。

妨害人为数人者,亦时有之,例如甲出租KTV给乙经营,乙违反规定通宵营业,妨害邻居安宁。在此情形,乙系行为妨害人。甲得请求乙中止妨害行为,或终止租赁,排除侵害,乃状态妨害人。数妨害人均负有除去其妨害的义务,所有人得对其中之一人、数人或全部请求之。

## 二、法律效果

所有权遭他人不法妨害时，所有人得请求除去其妨害，例如拆除违章建筑、清理丢弃之垃圾废土。请求除去妨害包括涂销登记[①]等。此当以妨害继续存在为前提。

妨害除去请求权不是损害赔偿请求权，所有人不能请求回复原状，仅能请求除去妨害因素。例如相对人的橡树被风吹折，倒入邻地，压毁牛肉面摊，邻地所有人得依"民法"第767条第1项中段规定而为行使的，系请求除去橡树，而不能请求赔偿牛肉面摊被毁所遭受的损害。鉴于所有权妨害除去请求权不以故意或过失为要件，此项限制，实属妥适。在诉讼上妨害除去请求权，系以给付之诉主张之，关于其强制执行，参照"强制执行法"第127条、第128条规定。

妨害人应负担除去的费用。所有人自行除去妨害，例如雇工搬移倒入的橡树，或拖吊占用停车位的车辆时，得依无因管理规定请求其所支付的费用。

## 三、让与性

所有权妨害除去请求权旨在保护所有权，不能与所有权分离而让与，但得授权他人以自己名义行使之。

## 四、消灭时效

关于所有权妨害除去请求权之消灭时效，"司法院"释字第164号解释认为："已登记不动产所有人之除去妨害请求权，不在本院释字第107号解释范围之内，但依其性质亦无'民法'第125条消灭时效规定之适用。"例如甲有某地，被乙串通地政人员冒名登记为己有，经过15年，甲仍

---

① "最高法院"1980年台上字第1289号判决谓："上诉人骗取被上诉人之印章及印鉴证明，串通许清安作成上开文书，申请补发所有权状，进而申请为讼争土地之所有权移转登记，侵夺被上诉人之所有权，被上诉人诉请涂销其登记，回复为被上诉人所有，自应准许。"1999年台上字第785号判决谓："被上诉人诉请涂销登记之系争抵押权系属最高限额抵押权，并定有权利存续期间自1985年7月1日至同年9月30日止，是必于上开存续期间内所发生之债权，并在最高限额1200万元范围内，始为担保效力所及。倘该担保之债权业已消灭或不存在，基于抵押权从属于债权存在之性质，债权既不存在，抵押权即失所附丽，自应消灭，则所有权人依'民法'第767条妨害除去请求权之规定，请求抵押权人涂销抵押权设定登记，应无不许之理。"

得请求涂销登记,以除去乙对其所有权的妨害。

### 第四项 所有权妨害防止请求权

所有人对于有妨害其所有权之虞者,得请求防止之(第 767 条第 1 项后段),学说上称为所有权妨害防止请求权。何谓妨害,参照关于所有权妨害除去请求权部分,兹不赘述。是否有妨害之处,应就具体案件加以认定,不以曾一度发生,而有继续被妨害之虞为必要。兹举二例说明之:

1. 甲所有的老屋年久失修,有倾倒危险,邻居乙得请求甲以自己费用防止之。

2. 甲兴建大厦,依其公开的设计图样,逾越乙所有的土地时,乙得请求防止之。

需注意的是,在诉讼上,妨害防止请求权亦应以给付之诉主张之。

### 第五项 "民法"第 767 条规定对所有权以外物权的准用

原"民法"第 858 条规定:"第七百六十七条之规定,于地役权准用之。"有疑问的是,第 767 条于其他物权有无类推适用余地,实务上曾发生争议。"民法"物权编 2009 年 1 月修正时,特于第 767 条增设第 2 项规定:"前项规定,于所有权以外之物权,准用之。"修正理由谓:"本条规定'所有物返还请求权'及'所有物保全请求权',具有排除他人侵害作用。学者通说以为排除他人侵害之权利,不仅所有权有之,即所有权以外之其他物权,亦常具有排他作用。兹'民法'第 858 条仅规定:'第七百六十七条之规定,于地役权准用之',于其他物权未设规定,易使人误解其他物权无适用之余地。为期周延,爰增订第 2 项准用之规定。"此项修正可资赞同。

所谓所有权以外的物权,指地上权、不动产役权、典权等占有标的物的用益物权。问题在于是否包括不动产抵押权。例如甲有土地设定抵押权于乙,被丙无权占有,抵押权人乙并未占有抵押物(第 860 条),得否向丙行使第 767 条规定的物上请求权?解释上应采肯定说,即抵押权人得对无权占有人请求除去对抵押物的妨害。在无权占有的情形,得请求返还抵押物于所有人。

## 第四款　所有权和其他财产权的时效取得

甲窃取乙所有的古董，以所有意思10年间和平、公然、继续占有之。试问：

1. 甲能否取得该古董所有权？甲为恶意时，得否取得其所有权？
2. 设甲为限制行为能力人时，能否取得古董所有权？
3. 试就以上二个问题说明“时效取得”的意义、性质、立法意旨。
4. 试从“宪法”保障人民财产权的规定论述时效取得制度。

### 第一项　时效取得制度的意义、性质和功能

#### 一、意义

时效者，指一定事实，继续达一定期间，而发生一定法律效果的制度。时效可分为消灭时效与时效取得（取得时效）二种态样。消灭时效者，指请求权因一定期间不行使而罹于时效之制度，“民法”于总则编设其规定（第125条以下）。取得时效者，乃占有他人之物，继续达一定期间而取得其所有权（或其他财产权）的制度，“民法”于物权编设其规定。例如甲有某屋，未办理登记，乙知其事，而为占有时，甲对乙的所有物返还请求权，经过15年不行使而消灭，乙得拒绝给付，此为消灭时效。设乙系以所有之意思，20年间和平、公然、继续占有该屋者，得请求登记为所有人（第769条），此为时效取得（取得时效）。

#### 二、性质

时效取得系以占有他人之物或行使一定的财产权，经过一段期间，依法律规定而取得所有权或其他财产权，性质上属于事实行为，而非法律行为，故不适用行为能力的规定，以具有事实上行为的意识能力为已足。例如甲赠某件古董给意识清醒的受监护宣告之人乙，并依让与合意交付之，因乙系无行为能力人，当事人间的法律行为系属无效，动产物权不因此而发生移转，但乙以所有之意思，10年间和平、公然、继续占有该古董者，仍能取得其所有权（第768条）。

### 三、规范功能和“宪法”保障

关于时效取得制度的功能,“司法院”释字第291号解释强调系为促使原权利人善尽积极利用其财产之社会责任,并尊重长期占有之既成秩序,以增进公共利益而设,并使所有权之状态,得以从速确定。其所涉及的,不仅是道德问题,不能径认系鼓励不法,侵占他人之物,而主张应废除时效取得制度,原则上亦不应当然排除恶意占有人的时效取得(如何加长其占有期间,系另一问题)。又需注意的是,依时效取得制度取得之财产权应为“宪法”所保护,时效取得制度亦具有保护所有权的机能,即动产占有人于难以证明其系所有人时,得主张其因时效取得其所有权。

关于动产所有权时效取得,实务上争议案例甚为罕见。不动产物权时效取得须经登记,因欠缺公布的统计资料,难以评估现行制度的实际功能。

时效取得制度攸关人民财产权保障,一方面须保障他人所有权,他方面又须顾及依时效取得规定取得所有权或其他财产权的保障。此涉及法律保留及比例原则,尤其是现行法规定解释适用及修正的问题。关于限制时效取得之命令的“违宪审查”,多涉及地上权,俟于相关部分,再行说明。

## 第二项　动产所有权的时效取得①

甲有某画,出租于经营画廊之乙。租期届满后,乙对甲表示经查知该画为其先父遗物,物归原主,拒不返还,继续公然占有。试问:

(1)在何种要件下,乙得主张依时效取得该画所有权?

(2)在乙依时效取得该画所有权前,甲得向乙主张何种权利?

(3)在乙依时效取得该画所有权后,甲得否向乙主张不当得利返还请求权?

关于动产所有权的时效取得,原“民法”仅设第768条规定,对善意占有及非善意占有均有适用。“民法”物权编2009年1月修正增设第768

① 参见陈添辉:《动产时效取得制度之起源与发展》,载《法令月刊》2016年第67卷第9期;张永健:《社科民法释义学》,2020年版,第405页。

条之1规定:“以所有之意思,五年间和平、公然、继续占有他人之动产,而其占有之始为善意并无过失者,取得其所有权。”即将占有之始为善意并无过失时,缩短时效取得期间为5年。以下就第768条规定详为说明。请并为参照第768条之1。

## 一、要件

### (一) 基本要件

第768条规定修订为:“以所有之意思,十年间和平、公然、继续占有他人之动产者,取得其所有权。”兹分析其要件如下:

1. 占有

(1)自主占有:占有指对于物有事实上之管领力(第940条)。此项占有须出于所有的意思(自主占有),即以事实上对于物具有与所有人为同样支配的意思而为占有。自主占有得为直接占有或间接占有。占有依其所由发生事实,无所有之意思者(如基于租赁而占有),须依第945条规定,有变为以所有之意思而占有的情事,其所有权之取得时效,始能开始进行。

(2)和平占有:即占有人非以强暴、胁迫取得占有,或维持占有而言。取得占有虽出于强暴、胁迫,但维持占有系属和平者,自强暴、胁迫情事终止之时起,为和平占有。取得占有虽出于和平,但以强暴、胁迫维持者,变为非和平占有。

(3)公然占有:即占有人非以隐藏秘密的方法为占有。占有是否公然,应依一般交易观念加以判断。挂画于客厅,为公然占有;藏之密室,则非公然占有。戴用珠宝为公然占有;置诸保险库,则非公然占有。

(4)占有人不须以善意为必要:《德国民法典》第937条第2项规定,取得占有非出于善意,或于事后知其所有权不属于自己者,不得主张时效取得。现行“民法”则以占有人善意与否,为取得期间不同之态样,规定占有人的善意,并无过失时,缩短时效取得期间为5年。

2. 10年期间的继续占有

期间的经过为时效取得的要件,故非达一定期间,不能完成时效取得。动产所有权时效取得期间为10年(占有之始为善意并无过失者,为5年,第768条之1);并须以继续为必要,因关乎公益,不得延长或缩短。

3. 他人的动产

(1)须为他人的动产

时效取得的动产须为他人之物。无主的动产,应适用先占的规定(第802条)。自己之物,不生时效取得问题。

(2)共有物

共有物得否为时效取得的客体?实务上采肯定说,最高法院1943年上字第110号判例谓:“取得时效系于他人物上取得所有权之方法,在自己物上固无取得时效之可言。惟公同共有物之所有权,属于公同共有人之全体,非各公同共有人对于公同共有物均有一个单独所有权,如公同共有人中之一人以单独所有之意思占有公同共有之不动产,即系民法第769条所谓占有他人之不动产。”此项判例的见解,对不动产的分别共有及动产的共有均有适用余地。

(3)公有财产、公用物

公有财产得否为时效取得的客体?最高法院1946年上字第616号判例谓:行政机关间之彼此占有事实,与私人占有公有财产的情形不同,不能适用民法上关于因占有而取得权利的规定。系肯定私人占有公有财产得发生时效取得,但解释上应不包括公用物在内,如对警车,不得主张时效取得。

4. 占有的合并

“民法”第947条规定:“占有之继承人或受让人,得就自己之占有或将自己之占有与其前占有人之占有合并,而为主张。合并前占有人之占有而为主张者,并应承继其瑕疵。”此一规定于时效取得上的占有亦适用之。

(二) 时效取得未经中断

1. 时效取得的中断事由

(1)中断事由

时效取得进行中,有与时效要件相反的事实发生时,应使已经过的期间失其效力。依“民法”第771条规定:“占有人有下列情形之一者,其所有权之取得时效中断:一、变为不以所有之意思而占有。二、变为非和平或非公然占有。三、自行中止占有。四、非基于自己之意思而丧失其占有。但依第九百四十九条或第九百六十二条规定,回复其占有者,不在此限。依第七百六十七条规定起诉请求占有人返还占有物者,占有人之所有权取得时效亦因而中断。”[①]需注意的是,本条规定对所有权之取得时效,均有适用。依此规定,时效中断事由有五,分述如下:

①变为不以所有之意思而占有:此项自主占有意思的变动,其主要情形为占有人承认物主所有权,而变为占有辅助人。

②变为非和平或非公然占有:此项占有之方式变为非和平(强暴)或非公然(隐秘),应使时效不继续。

③自行中止占有:即以自己之意思放弃占有,如占有的动物走失,占有人知而不追寻。至于占有人将占有物出租他人,成立间接占有,不构成占有的中止。

④非基于自己之意思而丧失其占有而未依法回复:例如占有被他人侵夺、被盗、被抢、遗失。在此等情形,占有人依第949条或第962条规定回复其占有者,时效不中断。

⑤依第767条规定起诉占有人返还所有物:为物权编修正所增列,其理由为占有人之占有,既成讼争对象,其取得时效,自以中断为宜。

(2)消灭时效规定的类推适用?

有争论的是,“民法”第129条关于消灭时效中断事由(请求、承认、起诉)对时效取得有无类推适用余地。承认乃占有人变为不以所有的意思而占有,应构成中断。请求或起诉足使占有人成为恶意占有人,得否构成时效取得中断事由?按时效取得制度既在促使原权利人积极利用其财产权,则所有人请求或起诉行使其权利时,自应肯定其得中断时效取得的进行。

最具争议的是,消灭时效不完成的规定(第139条以下),得否类推适用于时效取得?时效中断与时效不完成系不同的制度,吾人所以认为关于时效中断的规定应予类推适用,乃在填补“民法”关于时效取得中断规定的漏洞。至于时效取得应否采“时效不完成”制度乃属立法政策,非属法律漏洞的范畴。

2. 时效取得中断的效力

时效取得的中断,使已经过的期间失其效力,须再具备时效取得的要

---

① “民法”第771条第2项系于2009年1月新增订,立法理由谓:“占有人于占有状态存续中,所有人如依第767条规定起诉请求返还占有物者,占有人之所有权取得时效是否中断,现行法虽无明文,惟占有人之占有既成讼争对象,显已失其和平之性质,其取得时效自以中断为宜,爰仿德国民法第941条及瑞士债务法第663条等规定,增订第2项。”

件,始能重新开始时效取得的进行。例如甲盗乙的名表,以所有之意思、和平公然占有达3年后,被丙所窃,甲依第949条、第962条(第963条)规定,回复其占有者,时效中断。设甲于上开规定期间经过后始复为占有时,其自主、和平公然占有须再继续满10年,始能取得其所有权。

(三)举证责任

主张时效取得动产所有权者,对其占有,须负举证责任。占有人推定其为以所有之意思、善意、和平、公然及无过失占有,经证明前后两时为占有者,推定前后两时之间为继续占有(第944条)。故主张占有人非以所有之意思、善意、和平、公然、无过失占有或继续占有者,应负举证责任。准此以言,主张时效取得中断者,对占有人变为不以所有之意思而占有,应负举证责任。

## 二、法律效果

(一)物权变动

以所有之意思,和平、公然、继续占有他人动产者,“取得其所有权”。此项因时效而取得动产所有权,仅向后发生,不得溯及于占有开始之时生效。时效取得所有权性质上为原始取得,原存在于该物的一切权利(如质权或留置权),均归消灭。时效取得完成后,虽未经占有人主张,法院亦应依职权援用,为原告败诉的判决。

(二)债权关系

关于依时效取得动产所有权所涉及的债权关系,兹举一例加以说明:甲出租某画给乙,租期届满后,乙即对甲表示其系以所有之意思占有,拒不返还,致甲不能将该画再行出租。在此情形,甲得对乙主张所有物返还请求权、占有之不当得利返还请求权、租赁物返还请求权和侵权行为损害赔偿请求权。在乙依时效取得该画所有权后,甲不能对乙主张所有物返还请求权,自不待言,至于其他请求权,分述如下:

1. 不当得利请求权:占有人依时效取得动产所有权,系基于法律规定,其受利益,具有法律上原因,不成立不当得利。有疑问的是,当事人间原已存在的占有不当得利请求权,是否仍得行使。学说上有采肯定说,并认为乙基于占有而取得该画所有权,甲得依“民法”第181条本文规定请求返还之。此项见解与时效取得制度在于使占有人实质、终局地取得所有权的规范意旨不符,应以否定说较为可采。

2. 契约上请求权：承租人于租赁关系终止后，应返还租赁物。此项契约上的返还义务不因时效取得规定而被排除，故出租人得依债务不履行之规定向承租人请求损害赔偿。

3. 侵权行为损害赔偿请求权：依时效取得他人动产所有权，系基于法律规定，占有人纵属恶意，其取得所有权本身并不构成侵权行为。惟时效取得前已发生的侵权行为损害赔偿请求权，不因时效取得而受影响。

## 第三项 不动产所有权的时效取得

1. 甲有某屋出售于乙，即为交付，并办理所有权移转登记。20年后甲的继承人丙以甲为受监护宣告之人为理由，请求乙涂销登记，返还该屋。乙以其于土地登记簿登记为所有人，已达20年，且为自主占有该屋，而主张时效取得该屋所有权，有无理由？

2. 甲向乙购买某地，以所有、和平、继续的意思占有该地长达10年（或20年），于办理登记时，经测量始知该地为公有未登记土地。试问：(1)甲得否请求登记为所有人？(2)甲得否以相关登记部门为被告请求协同其登记甲为所有人？

### 一、要件

#### （一）基本要件

关于不动产所有权的时效取得，“民法”分别二种情形加以规定：(1)第769条规定：“以所有之意思，二十年间和平、公然、继续占有他人未登记之不动产者，得请求登记为所有人。”(2)第770条规定：“以所有之意思，十年间和平、公然、继续占有他人未登记之不动产，而其占有之始为善意并无过失者，得请求登记为所有人。”兹分析其构成要件如下：

1. 占有

须为自主占有、和平占有、继续占有。此外，并须为公然占有，其以隐秘方式暗掘地道，在地下占有，不能主张时效取得土地所有权。

2. 一定期间

占有之始为善意并无过失者，其期间为10年。占有之始非善意，或虽善意而有过失者，其期间为20年。所谓善意，指不自知其占有系无权利而言。所谓无过失，指虽尽善良管理人的注意，仍不知自己系无权利。

占有人是否善意及有无过失,应以占有开始为判断时点。

3. 他人未登记的不动产

现行法上不动产所有权的时效取得,限于他人未登记之不动产,旨在贯彻土地登记公示主义。瑞士、德国的民法则设有登记时效取得制度(Buchersitzung,登记簿时效取得)。《瑞士民法典》第661条规定:"于土地登记簿不正确被登记为所有人者,善意、十年间未中断,未被撤销的占有其土地时,不得再被撤销。"《德国民法典》第900条规定:"未取得土地所有权,而于土地登记簿登记为所有人,其登记经过三十年,且于其期间内就土地为自主占有者,取得其所有权。""民法"未采此制度。例如受监护宣告之人甲出售某屋于乙,办理所有权移转登记,并为交付。乙为登记名义人,纵令以所有之意思,和平、公然、继续占有该屋达20年,亦不能取得其所有权,甲仍得向乙请求涂销登记,返还该屋(参阅案例1)。

关于第769条的适用,解释上最重要的是,何谓"他人""未登记"的不动产。"他人"未登记的不动产包括公有或私有,实务上案例多属公有未登记的土地(参阅案例2)。需注意的是,所谓未登记之不动产,系指应登记而不为登记之不动产而言。水利用地(如沟渠、堤堰)依法免于编号登记("土地法"第41条),自无从因时效之完成而取得请求登记为所有权人(1990年台上字第30号)。

实务上对"未登记"采狭义解释,指该不动产自始未经登记机关于土地登记簿为所有权之登记,如已办妥土地总登记,其所有权已有归属,即不得为时效取得之标的。易言之,所谓"未登记"不包括虽有登记但不能由登记簿上确知谁为真正权利人者,如被继承人死亡后尚未办理登记的土地,典权人依"民法"第923条第2项、第924条的规定已取得典物所有权,而尚未办理登记等情形。

(二) 时效取得中断

请参照关于动产所有权的时效取得相关部分的说明。

(三) 举证责任

请参照关于动产所有权的时效取得相关部分的说明。需注意的是,关于占有人的善意及无过失,"民法"第944条第1项设有推定。占有人的过失,应由占有人的对造负举证责任。

## 二、法律效果

不动产占有人具备时效取得要件者，仅得“请求登记为所有人”，非当然取得其所有权，而是应于登记期限内，经土地四邻证明，声请为土地所有权之登记（“土地法”第54条，阅读之）。性质上系由占有人一方单独声请地政机关为所有权之登记，并无所谓登记义务人之存在，亦无从以原所有人为被告，诉由法院径行判决予以准许。占有人自登记完成之日，始取得不动产所有权。对不能办理登记的违章建筑，不能依时效取得其所有权。

时效完成后，在未经登记为所有人以前，原所有人的所有权如已登记完毕，占有人既不能对其主张时效取得，亦不得请求涂销原所有人的所有权登记。

# 第四项　所有权以外其他财产权的时效取得

## 一、“民法”第772条于2009年1月的修正

第772条规定：“前五条之规定，于所有权以外财产权之取得，准用之。于已登记之不动产，亦同。”立法说明谓：按现行“民法”是否仅以于他人未登记之不动产为限，始得因时效而取得所有权以外之其他财产权，非无争议。“最高法院”1971年台上字第4195号判例则认因时效取得地上权，不以他人未登记之土地为限。为杜争议，爰于本条后段增订对于已登记之不动产，亦得准用前五条之规定，因时效而取得所有权以外财产权。

## 二、得为时效取得客体的其他财产权

所有权以外之财产权，其种类甚广，何者得为时效取得的客体，尚有争论。原则上凡财产权皆得为时效取得的客体，实务上最常见者，为地上权及不动产役权。不能公然、继续行使的权利，如不表见及不继续的不动产役权、解除权、撤销权、买回权等，均不能因时效而取得。有疑问的是，从权利（例如质权、抵押权）或依法律规定必须支付一定对价始能成立的权利（如租赁权），能否因时效而取得。通说采否定见解。笔者认为在有主权利存在的情形，应可依时效取得从权利，例如甲对乙有债权，以

质权人的意思占有乙的动产时,得依时效取得质权。

## 第二节 不动产所有权

### 第一款 土地所有权的范围

"民法"第765条规定所有权的内容须受法令限制,对不动产及动产均应适用。然不动产(尤其是土地)究不同于动产,涉及水平和垂直范围的问题,分述如下:

#### 一、土地所有权的水平范围

土地有其地籍,除已依法律整理者外,应依"土地法"规定整理之。地籍整理之程序,为地籍测量及土地登记。地籍整理以市或县为单位,市或县分区,区内分段,段内分宗,按宗编号。已办理地籍测量之地区,因地籍原图破损、灭失,比例尺变更或其他重大原因,得重新实施地籍测量。于重新测量时,土地所有人应于地政机关通知之期限内,自行设立界标并到场指界("土地法"第46条之1、第46条之2等)。土地所有权人因设立界标或到场指界发生界址争议时,准用"土地法"第59条第2项关于土地权利争执调处的程序。

原指界人得否以原指界错误为由,起诉请求另定界址?此为实务上重要问题。"最高法院"1986年4月22日第8次民事庭会议决议认为:"为贯彻'土地法'整理地籍之土地政策,免滋纷扰,不许原指界之当事人又主张其原先指界有误,诉请另定界址,应认其起诉显无理由。""司法院"释字第374号解释认此项决议,有违"宪法"保障人民财产权及诉讼权之意旨,应不予适用。

#### 二、土地所有权的垂直范围

"民法"第773条规定:"土地所有权,除法令有限制外,于其行使有利益之范围内,及于土地之上下。如他人之干涉,无碍其所有权之行使者,不得排除之。"本条规定系采土地所有权范围"上穷天空,下尽地心"的原则,及于地面、空间及地身,立法目的在使地尽其用。然基于所有权社会化原则,土地所有权应受二种限制:

1. 法令上的限制,例如大楼的高度应受"建筑法"的规范,附着于土地之矿,不因土地所有权之取得而成为私有("土地法"第 15 条)。

2. 行使利益范围的限制,此为所有权的内在拘束。所有权的行使,须在有利益的范围内。所谓利益,兼指财产上和精神上的利益,至其范围,应依土地位置、使用目的及其他情事加以认定。例如悬挂广告侵入邻地花园的上空,系对土地所有权的妨害。但航空器飞越高空,或在地下深处采矿,则在土地所有权行使范围之外,所有人不得加以禁止。虽在行使有利益范围内,但他人之干涉,无碍其所有权者,亦不得排除之。例如高层楼屋顶的电视天线,因方向关系斜入邻地的上空,邻地所有人不得主张妨害其所有权,而请求除去之。

### 三、土地所有权状

台湾地区建立了极为完善的土地登记制度,体现于下揭的土地所有权状。这张小小的文件记载土地所有人、所有权的坐落、地号、面积及权利范围。这张所有权状具有重大的意义:明确土地所有权(产权)及其归属,保护土地所有权人,使其得经由契约及较低的交易成本,让土地归属于最能有效率使用之人,实现产权配置的经济效率,尤其是维护"宪法"保障的基本权利及个人自由生活空间。

臺北市松山地政事務所

土地所有權狀

登記日期：

發狀日期：

權狀字號：

所有權人：

統一編號：

土地標示：

坐　　落：信義區福德段一小段

地　　號：0678－0000

面　　積：****115.00平方公尺

權利範圍：****139152分之34787*****

以上土地所有權業經依法登記完畢，合行發給本權狀以憑執管。

本地籍資料管轄機關為臺北市松山地政事務所。

主任 李奕芸

本書狀物權是否變更或設定他項權利請查詢本所登記之權利資料　　111031439

## 第二款　不动产相邻关系[①]

### ——社区共同生活的法律规范

### 第一项　法律规范体系的构造

请先阅读"民法"第774条至第798条及第800条之1规定(!),说明如下问题:

1. 诸此规定的立法目的和规范内容,及相邻关系的重要性。

2. 相邻关系上的权利是否具有不动产役权的性质?

3. 诸此条文是否皆为强行规定?当事人得否依合意排除,或预先抛弃其权利?

4. 何条规定属于第184条第2项所称"保护他人之法律"?

5. 诸此规定在地上权人与农育权人间、承租人与土地所有人间,或承租人与使用借贷人间有无适用余地?

6. 何谓损害赔偿、费用负担及偿金?其法律性质如何?

7. 在"民法"关于不动产相邻关系的规定中,何者在日常生活中易生争议?实务案例何者较多,何者较少?请说明其原因。

#### 一、相邻关系的法律规范

土地相邻,其权利的行使彼此互有影响,若各所有人皆得主张自由使用、收益、处分其所有物,并排除他人之干涉,势必造成冲突,因此必须在一定范围内加以规范,以保障土地充分利用,维护社会生活。在规范内容及法之适用,必须考虑土地所有人自由行使其权利是否具有值得保护的利益,并衡酌邻地所有人是否有得干预他人所有权范畴的优势利益,而为合理必要的利益衡量。兹将"民法"规定图示如下:

---

① 参见张永健:《法经济分析:方法论与物权法应用》,2021年版,第281页以下(法定通行权)、第323页以下(越界建筑)。

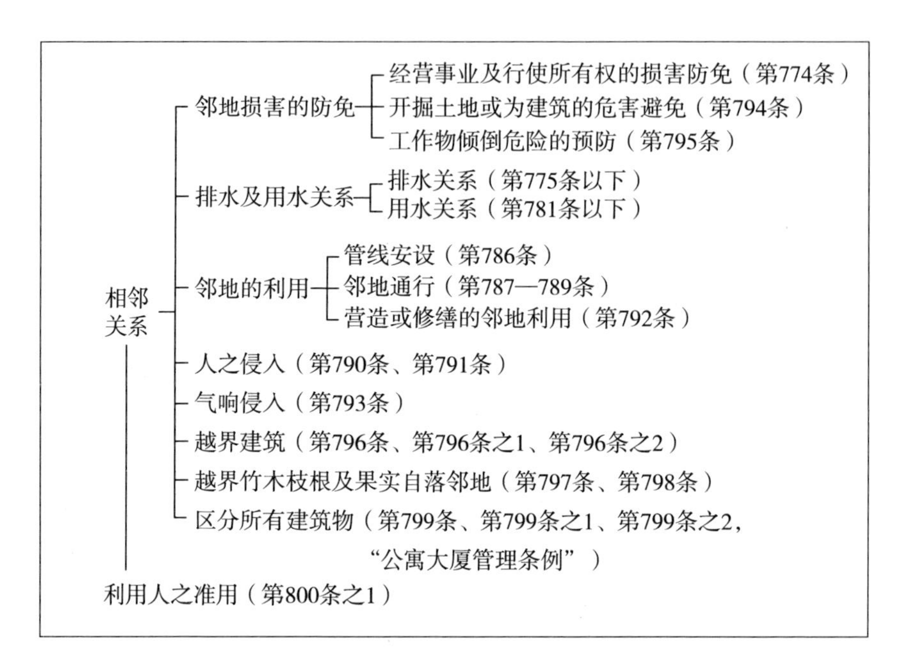


“民法”关于相邻关系的规定多达 32 条(第 774 条至第 798 条、第 799 条至第 799 条之 2、第 800 条及第 800 条之 1),约占物权编全部条文的 1/8,足见立法者对此问题的重视。其中区分建筑物所有人间的权义关系(第 799 条至第 799 条之 2 及第 800 条),系现代社会小区生活(立体之相邻关系)的重要课题,将于其后详为说明。

## 二、规范构造

### (一) 规范机制与规范意旨

相邻关系的规范机制,除法律规定外,兼采契约及习惯(请查阅第 776 条、第 779 条、第 786 条等相关规定)。

### (二) 行为规范

行为规范最为重要,分为四类:

1. 不作为义务:土地所有人不得为一定行为,如“民法”第 777 条规定:“土地所有人不得设置屋檐、工作物或其他设备,使雨水或其他液体直注于相邻之不动产。”土地所有人得禁止他人为一定的行为,如第 793 条关于禁止气响侵入的规定。

2. 防免损害作为义务:土地所有人从事一定行为时,应防范邻地遭受损害,如"民法"第774条规定:"土地所有人经营事业或行使其所有权,应注意防免邻地之损害。"

3. 容忍义务:土地所有人应容忍他人于其土地为一定行为,如"民法"第792条规定的邻地所有人使用权。

4. 最少损害:土地所有人得于相邻土地为一定行为,但应遵循最少损害原则,并就邻地所受损害,支付偿金,如"民法"第786条第1项规定的管线安设权。

## 三、救济方法

邻地使用采无偿原则。但亦设有分担费用、偿金及损害赔偿三种救济方法(请查阅第776条、第778条、第787条等相关规定)。

## 四、相邻关系的法律性质:相邻关系与不动产役权

不动产所有人依法律规定使用邻地,为必要的通行,或安装管线等,邻地所有人有容忍的义务,此在性质上系所有权的限制,基于法律规定而发生,非属独立的权利,得对抗第三人,不以登记为必要。诚如"最高法院"1974年台上字第2117号判例所云:"相邻关系之内容,虽类似地役权,但基于相邻关系而受之限制,系所有权内容所受之法律上限制,并非受限制者之相对人因此而取得一种独立之限制物权,而地役权则为所有权以外之他物权(限制物权),二者不能混为一谈,果上诉人家庭用水及天然水非流经被上诉人之土地排出不可,亦只能依'民法'第779条规定行使权利,其依相邻关系而请求确认其排水地役权存在,尚难谓合。"

## 五、相邻关系规定的法律性质:强行规定与私法自治

"最高法院"1986年台上字第947号判例谓:"'民法'第787条第1项所定之通行权,其主要目的,不仅专为调和个人所有之利害关系,且在充分发挥袋地之经济效用,以促进物尽其用之社会整体利益,不容袋地所有人任意预为抛弃。"此项见解系认第787条属强行规定,学者提出质

疑,引发对"民法"关于相邻关系规定法律性质的检讨。[①] 应说明者有四:

1. "民法"关于相邻关系的规定旨在规范相邻土地所有人间利害冲突,性质上大抵为强行规定,惟仍应容留当事人私法自治空间,自行调整其权利义务关系,较诸将其权利义务关系强行化,更能充分发挥土地的经济效用,以促进物尽其用的社会整体利益。

2. 因相邻关系而生的权利,不同于不动产役权,前已论及。相邻关系的权利义务,基本上得依设定不动产役权而为规范。"民法"第777条规定:"土地所有人不得设置屋檐、工作物或其他设备,使雨水或其他液体直注于相邻之不动产。"此并不排除当事人得设定排雨水于邻地的不动产役权。其得依设定不动产役权而规范者,应亦得依债权契约而为之。

3. 第793条规定气响噪音污染防制,若允许土地所有人间得约定以一定费用管控噪音污染,更有益于物之利用的经济效率。

4. 第798条本文规定:"果实自落于邻地者,视为属于邻地所有人。"本条规定应得依当事人约定而排除,使果实自落于邻地者,其所有权仍属于原物所有人。本条规定旨在维持相邻人间的平和,以免争执,减少当事人的交易成本。若当事人明确约定果实财产权的归属,已足维护相邻人间的平和秩序,应无禁止的必要。

## 六、相邻关系的适用范围

### (一) 当事人

关于相邻关系,"民法"系以"土地所有人"为当事人间权利义务的主体,作为规范对象。"民法"第800条之1明定:"第七百七十四条至前条之规定,于地上权人、农育权人、不动产役权人、典权人、承租人、其他土地、建筑物或其他工作物利用人准用之。"立法理由谓:"为调和相邻关系之利用与冲突,相邻关系不仅规范相邻土地所有人间,即地上权人、农育权人、不动产役权人、典权人、承租人、其他土地、建筑物或其他工作物利用人间,亦宜准用。爰增订上开概括规定,以符'民法'规范相邻关系之宗旨,并期立法之简练。至于建筑物所有人为土地之利用人,当然有本条

---

① 参见苏永钦:《法定相邻权可否预先排除》,载苏永钦主编:《民法物权争议问题研究》,第133页。关于相邻关系的发展,参见朱柏松:《新修正相邻关系法规范评议》,载《月旦法学》2009年第169期。

之适用,不待明文。又本条所谓‘准用’,系指于性质不相抵触之范围内,始得准用。故何种情形可以准用,应依具体个案分别认定之。”

（二）邻地

“民法”所称邻地不以直接毗邻的土地为限。“民法”第 774 条规定:“土地所有人经营事业或行使其所有权,应注意防免邻地之损害。”所称邻地,凡因土地所有人经营工业及行使权利可能遭受损害的土地,均包括在内。第 798 条本文规定:“果实自落于邻地者,视为属于邻地所有人。”其所称邻地,亦非限于直接毗邻之地。

## 七、私法上与公法上的相邻关系:双轨规范体系的建构

“民法”对相邻关系规定甚为详细,实务上的争议多集中于邻地通行和越界建筑。日常生活中常见的气响侵入,案例甚少。台湾地区民众素重睦邻,虽受侵害,亦勉予忍受,不愿主张其权利,避免他方借端寻衅,以图报复,彼此交恶。现行规定究竟发挥多少规范功能,有待探讨。近年来经济发展迅速,人口拥挤,公寓林立,住宅区内混杂商店工厂,资源过度利用,造成生活质量的下降。为期改善,亟应加强公法规范。最近几年陆续公布施行的“空气污染防制法”“水污染防治法”“噪音管制法”“废弃物清理法”等环境法规,与土地相邻具有密切关系,在某种意义上亦可称为公法上相邻关系的规定。不动产相邻关系涉及私利及公益,须赖私法及公法的协力,始能有效率地规范和谐的社会生活。

## 八、相邻关系与人格利益

值得提出的是“最高法院”2019 年台上字第 2437 号判决:“‘民法’第 195 条第 1 项前段规定,不法侵害他人之身体、健康或不法侵害其他人格法益,而情节重大者,被害人虽非财产上之损害,亦得请求赔偿相当之金额,此所谓之人格法益,除身体权、健康权外,尚包括人格权之衍生法益。而环境权源于人格权,同属人格权之衍生人格法益。环境权固以环境自然保护维持为目的,有公益性,具公法性质,但已借由环境法相关法规之立法,具体化其保障一般人得以获得一适合于人类生活环境,完成维护人类之生命、身体、健康等。具体化后之环境权,其享有者固为一般公众,非特定人之私法法益,但生活于特定区域之可得特定之人,因环境权相关法规之立法,得以因此过一舒适安宁之生活环境,亦系该可得特定之人享有

之人格利益,而具私法法益性质,同受‘民法’规范之保障。‘民法’第 793 条、第 800 条之 1,已明示并界定得享有该生活环境利益之主体范围,划定标准系以区域为定,依此,凡生活于该特定区域者,即享有该人格法益。据此,现行‘民法’第 195 条之权益主体及受保护之人格法益,亦应同解为含居住于该特定区域人之居住安宁与生活环境之人格法益。”本件判决理由实值赞同,得作为解释适用相关规定的准据。[①]

## 第二项 邻地损害的防免

土地贵乎利用,以尽地利,但应防范损及邻地以策安全,为事理之当然。“民法”就三种情形,设有规定:

1. 经营事业及行使所有权的损害防免:第 774 条规定:“土地所有人经营事业或行使其所有权,应注意防免邻地之损害。”事业种类不拘,包括农、林、渔、矿牧或服务等事业。所谓行使其所有权,乃概括规定,农耕、养鱼、开店、贮藏物品等皆属之。

2. 开掘土地或为建筑的危害避免:第 794 条规定:“土地所有人开掘土地或为建筑时,不得因此使邻地之地基动摇或发生危险,或使邻地之建筑物或其他工作物受其损害。”由“不得”的文义可知,邻地所有人不但得请求土地所有人注意防免,且可请求停止施工,或采取除去危害之必要措施。应注意的是,“最高法院”认定第 794 条系第 184 条第 2 项所谓保护他人之法律(2010 台上字第 1258 号、2011 年台上字第 102 号)。

3. 工作物倾倒危险的预防:第 795 条规定:“建筑物或其他工作物之全部,或一部有倾倒之危险,致邻地有受损害之虞者,邻地所有人,得请求为必要之预防。”危险的原因,究由人为或不可抗力(如地震),在所不问。

## 第三项 排水及用水关系

在农业社会,用水攸关日常生活及经济活动,常因用水而发生械

---

① 2020 年三等“关务人员”特考“民法”第 3 题:“甲为从事环保运动之人士,主张其所居住之小区因乙所经营从事汽车轮圈、铝、镁、钛等合金钢产品之生产锻造工厂,其机器设备运作产生噪音及振动,超过‘噪音管制法’第三类管制区晚间及夜间标准,影响其生活甚巨。又该工厂厂房所架设之烟囱,因锻造钢圈成型、钢圈抛光等流程,产生有毒石磨粉黑烟、金属切削液异味等烟气污染、黑烟排放之空气污染情事。导致其在此环境下居住生活,引发失眠、高血压、过敏性鼻炎、上呼吸道感染等症状,因此甲向乙主张防止侵害之请求以及自己居住安宁生活之环境权受损之损害赔偿。是否有理?请附具理由说明之。”

斗,又水性就下,加以防堵,将造成水患。任其排泄,则无异以邻为壑,宜加规律。农水灌溉、舟楫通行、饮用洗濯,缺水不行,关系当事人利益甚巨,故“民法”用11个条文,对于排水和用水关系详设规定。分述如下:

## 一、排水关系

### (一) 自然排水

“民法”第775条规定:“土地所有人不得妨阻由邻地自然流至之水。自然流至之水为邻地所必需者,土地所有人纵因其土地利用之必要,不得妨阻其全部。”此为邻地所有人之自然排水权。惟水由低地自然流至高地者,亦属有之,如潮汐涨满、河流泛滥、海水倒灌。在此等情形,应认为邻地所有人仅负有不得防阻的不作为义务,不负疏通阻塞的积极义务。所谓自然流至之水,指雨水、温泉、雪解、冰融等而言,水圳之水系由人工开设导入者,不包括在内。

邻地所有人对于自然流水,既不负疏通义务,如水流在低地阻塞时,应如何处理?对此问题,“民法”第778条规定:“水流如因事变在邻地阻塞,土地所有人得以自己之费用,为必要疏通之工事。但邻地所有人受有利益者,应按其受益之程度,负担相当之费用。前项费用之负担,另有习惯者,从其习惯。”此项疏通工事为土地所有人的权利,非其义务,邻地所有人无请求权。

### (二) 人工排水

“民法”第776条规定:“土地因蓄水、排水、或引水所设之工作物、破溃、阻塞,致损害及于他人之土地,或有致损害之虞者,土地所有人应以自己之费用,为必要之修缮、疏通或预防。但其费用之负担,另有习惯者,从其习惯。”

“民法”第777条规定:“土地所有人不得设置屋檐、工作物或其他设备,使雨水或其他液体直注于相邻之不动产。”雨水属自然之水,邻地所有人本有承水义务,但法律禁止以上述人工方法排之,以保护邻地所有人的利益。设置之屋檐或其他工作物侵入邻地时,邻地所有人得请求除去之(第767条第1项中段)。

人工排水,实际上亦有必要,“民法”特设例外,使邻地所有人负容忍义务,于第779条规定:“土地所有人因使浸水之地干涸,或排泄家用或其他用水,以至河渠或沟道,得使其水通过邻地。但应择于邻地损害最少之处所及方法为之。前项情形,有通过权之人对于邻地所受之损害,应支付偿金。前二项情形,法令另有规定或另有习惯者,从其规定或习惯。第一项但书之情形,邻地所有人有异议时,有通过权之人或异议人得请求法院以判决定之。"应注意的是,第 4 项诉讼性质系属形成之诉,对于何谓"邻地损害最少之处所及方法",审理法院不受当事人声明之拘束,得依职权认定之。惟若主张有通过权之人或异议人请求对特定之处所及方法确认其有无通过之权时,则非形成之诉,而为确认之诉,此际,法院即应受当事人声明之拘束。又各该诉讼均以有通过权为其胜诉之前提要件,故诉讼中法院必须审酌主张有通过权人之土地是否符合第 1 项本文规定,乃属当然(参阅 2016 年台上字第 1409 号)。

又土地所有人因使其土地之水通过,得使用邻地所有人所设置之工作物。但应按其受益之程度,负担该工作物设置及保存之费用(第 780 条)。

## 二、用水关系

### (一) 水流地所有人之用水关系

水为天然资源,为公有,不因个人取得土地所有权而受影响("水利法"第 2 条)。至于水之利用,"民法"第 781 条规定:"水源地、井、沟渠及其他水流地之所有人得自由使用其水。但法令另有规定或另有习惯者,不在此限。"

对于水源地或井之所有人之用水,第 782 条设有特别保护规定,即:"水源地或井之所有人对于他人因工事杜绝、减少或污染其水者,得请求损害赔偿。如其水为饮用或利用土地所必要者,并得请求回复原状;其不能为全部回复者,仍应于可能范围回复之。前项情形,损害非因故意或过失所致,或被害人有过失者,法院得减轻赔偿金额或免除之。"

水流地所有人之用水,常须变更水道,为兼顾对岸土地所有人的利益,"民法"第 784 条规定:"水流地对岸之土地属于他人时,水流地所有人不得变更其水流或宽度。两岸之土地均属于水流地所有人者,其所有人得变更其水流或宽度。但应留下游自然之水路。前二项情形,法令另有规定或另有习惯者,从其规定或习惯。"

水流地所有人欲利用其水流,常须设堰。"民法"第 785 条规定:"水流地所有人有设堰之必要者,得使其堰附着于对岸。但对于因此所生之损害,应支付偿金。对岸地所有人于水流地之一部属于其所有者,得使用前项之堰。但应按其受益之程度,负担该堰设置及保存之费用。前二项情形,法令另有规定或另有习惯者,从其规定或习惯。”

(二) 缺水地所有人之用水关系

土地所有人无水源,或虽有水源,其量不足时,自应许其取用邻地之水,以有余补不足,故“民法”第783条规定:“土地所有人,因其家用或利用土地所必要,非以过巨之费用及劳力不能得水者,得支付偿金对邻地所有人请求给与有余之水。”

## 第四项　邻地的利用

### 一、管线安设

电力、水、瓦斯等为日常生活所必需,缺之不可,故“民法”第786条规定:“土地所有人非通过他人之土地,不能设置电线、水管、瓦斯管或其他管线,或虽能设置而需费过巨者,得通过他人土地之上下而设置之。但应择其损害最少之处所及方法为之,并应支付偿金。依前项之规定,设置电线、水管、瓦斯管或其他管线后,如情事有变更时,他土地所有人得请求变更其设置。前项变更设置之费用,由土地所有人负担。但法令另有规定或另有习惯者,从其规定或习惯。第七百七十九条第四项规定,于第一项但书之情形准用之。”

### 二、邻地通行

1. 甲居住A地,因地震导致其对外联络道路及桥梁毁坏,须通过悬崖始能到达公路,试问:

(1) 甲得否通行相邻之乙所有B地以达公路?

(2) 乙得否向甲请求支付一定报酬?

(3) 甲非因过失毁损B地农作,应负何种责任?

(4) 甲得否以其不良于行,请求在B地开设道路,便于驾车出入?

2. 甲、乙共有一笔A地,嗣后分割为B、C二笔土地,分别由甲、乙二人取得。甲死亡,由丙继承B地,乙将C地出卖于丁,并移转其所有权。丙以B地已成袋地为理由,请求开设道路,通行C地,有无理由,应否支付偿金?

## (一)一般邻地通行权:实务上重要问题[①]

1. 要件

关于邻地的利用,实务上最常见的,系第 787 条第 1 项所规定的邻地通行权:"土地因与公路无适宜之联络,致不能为通常使用时,除因土地所有人之任意行为所生者外,土地所有人得通行周围地以至公路。"其要件有三:

(1)土地与公路无适宜之联络:此包括二种情形:

①土地四围皆不通公路(学说上称为袋地)。

②土地虽有他道可通公路,但费用过巨、具有危险,或非常不便(学说上称为准袋地),如爬越危岸,航经湍流。"民法"第 787 条第 1 项所谓土地与公路无适宜之联络,致不能为通常之使用,其情形不以土地绝对不通公路为限,即土地虽非绝对不通公路,但其通行困难以致不能为通常之使用时,亦应允许其通行周围地以至公路(1964 年台上字第 2996 号判例)。

此二种情形的造成,究为天灾或人力,一时或继续,在所不问。周围地并非以与土地直接邻接为限,如果不通公路的土地,与公路之间,有二笔以上不同地主土地之隔,为达通行之目的,此二笔以上的土地亦为第 787 条第 1 项所谓周围地。主张通行权者非以其地上有房屋,有人居住为必要(1987 年台上字第 2646 号)。

需注意的是,所谓"与公路无适宜之联络",并非指最快捷方式之联络。所谓"得通行周围地",并非排斥自己所有近邻之地,而专指通行他人所有最快捷方式之地而言。又第 787 条第 1 项所定之通行权,固在调和个人所有之利害关系,也在充分发挥袋地之经济效用为目的,然依"司法院"释字第 400 号解释意旨:"'宪法'第 15 条关于人民财产权应予保障之规定,旨在确保个人依财产之存续状态行使其自由使用、收益及处分之权能,并免于遭受公权力或第三人之侵害,俾能实现个人自由发展人格及维护尊严。"人民财产权之保障免受第三人之侵害,应优先适用。故在审酌有无容忍通行他人土地之前,应先就其是否能在自有之土地上排除

---

① 参阅"最高法院"2020 年台上字第 2268 号判决、2020 年台抗字第 556 号裁定、2021 年台上字第 327 号判决、2021 年台上字第 391 号判决、2121 年台上字第 2771 号判决、2021 年台上字第 3005 号判决。

通行之困难方面考虑之(2003 年台上字第 1058 号)。

(2)不能为通常使用:此应按土地的形状、面积、位置及用途定之。土地用途变更时,其使用必要亦随之变更,如农舍改为住宿民宅时,羊肠小道不敷使用,得开设道路,通行车辆。袋地通行权,非以袋地与公路有联络为已足,尚须使其能为通常使用。而是否能为通常使用,须斟酌该袋地之位置、地势、面积、用途、社会环境变化等因素为综合判断。倘袋地为建地时,并应考虑其坐落建物之防火、防灾、避难及安全需求,始符能为通常使用意旨(2015 年台上字第 256 号)。

"民法"第 787 条所定之通行权,系为促进袋地之利用,而令周围地所有人负容忍通行之义务,为对周围地所有权所加之限制。故其通行范围应以使土地(袋地)得为"通常使用"为已足,不得因通行权人个人特殊用途或道路是否整齐美观之市容考虑,而损及周围地所有人之利益(2003 年台上字第 1399 号)。

(3)须非因土地所有人的任意行为所生:邻地通行权系为调和相邻地关系所定,此项通行权乃就土地与公路无适宜之联络者而设。若该土地本与公路有适宜之联络,可为通常使用,竟因土地所有人之任意行为而阻断,则其土地与公路无适宜之联络,致不能为通常使用者,应由土地所有人自己承受,自不能适用第 787 条第 1 项有关必要通行权之规定。至于所谓任意行为,系指于土地通常使用情形下,因土地所有人自行排除或阻断土地对公路之适宜联络而言(2014 年台上字第 505 号)。此系衡诸诚信原则及当事人利益而设。例如土地所有人任意破坏原有桥梁,抛弃其邻地上原有的通行权,致土地无适当通路者,无主张通行权的余地。[①] 惟土地的通常使用,系因法院裁判分割(2010 年台上字第 2025 号),致土地所有人须变更其通行者,则不属之。

土地因与公路无适宜之联络,致不能为通常之使用者,除因土地所有人之任意行为所生者外,土地所有人得通行周围地以至公路,"民法"第 787 条第 1 项定有明文。其目的在使土地与公路有适宜之联络,得为通

---

① 关于"民法"第 787 条规定的类推适用,参阅"最高法院"1995 年台上字第 1474 号判决:"系争车道部分所在位置包括在地下一楼建物登记面积内,与地下二楼建物,因拍卖结果致所有人不同,使地下二楼停车场对外并无适宜之联络可资为通常之使用,因其必须通行系争车道,而发生类似相邻关系袋地通行权之问题,基于调和区分所有房屋相互间经济利益之法理,自得类推适用'民法'第 787 条第 1 项规定之袋地通行权。"

常之使用。倘周围地所有人非法妨阻土地与公路之联络，致土地不能为通常之使用者，土地所有人得请求除去之，尚不得舍此径请求通行其他土地（2016 年台上字第 1439 号）。

2. 法律效果

（1）通行的权利："民法"第 787 条第 2 项规定："前项情形，有通行权人应于通行必要之范围内，择其周围地损害最少之处所及方法为之；对于通行地因此所受之损害，并应支付偿金。"应说明的有四：

①邻地通行采无偿原则，但其通行须在必要范围内，并采最少损害方法为之。

②对于通行地所受损害，虽无过失，亦须支付偿金（关于偿金，详见后述）。

③"周围地"并非仅指以与不通公路土地直接相毗邻者为限。如不通公路之土地，与公路之间，有二笔以上不同所有人之土地相邻，为达通行公路之目的，亦得主张通行该周围地。于此情形，土地所有人只须对有争执之相邻周围地所有人提起确认通行权之诉为已足，不以对所有周围地之所有人均起诉或一同起诉并列被告为必要（2002 年台上字第 1846 号）。

④第 779 条第 4 项规定，于同条第 3 项情形准用之。

（2）开设道路的权利，支付偿金之义务："民法"第 788 条第 1 项规定："有通行权人于必要时，得开设道路。但对于通行地因此所受之损害，应支付偿金。"此项给付偿金的义务，应自取得通行权时起算（关于偿金，详见后述）。

偿金系指通行权人之适法通行行为致通行地所有人不能使用土地所受损害之补偿而言，该偿金之计算标准与支付方法，"民法"虽未设有规定，惟核定该给付，仍应先确定通行地之位置与范围，并斟酌通行地所有人所受损害之程度，即按被通行土地地目、现在使用情形，以及其形状、附近环境、通行以外有无其他利用价值、通行权人是否独占利用、通行期间系属永久或暂时等具体情况而定，至通行权人因通行所得之利益，则非考虑之标准（2005 年台上字第 2276 号）。

在案例 1，甲得通行乙所有 B 地，乙不得请求支付一定报偿。甲因通行致 B 地及其作物受损害，虽无过失，亦须支付偿金。甲得否开设道路，视其有无必要而定。开设道路亦属无偿，但就所生损害应支付偿金。

(二) 因土地之一部让与或分割而生之通行权

1. 要件及法律效果

"民法"第 789 条第 1 项规定:"因土地一部之让与或分割,而与公路无适宜之联络,致不能为通常使用者,土地所有人因至公路,仅得通行受让人或让与人或他分割人之所有地。数宗土地同属于一人所有,让与其一部或同时分别让与数人,而与公路无适宜之联络,致不能为通常使用者,亦同。"此项规定的立法理由有二:①土地所有人不能因自己让与或分割土地,致增加他人的负担。②当事人为让与或分割时,通常预见其事,可期待其自为安排,谋解决之道。准此立法理由,本条规定于裁判上分割或强制拍卖,应不适用之。

所称"与公路无适宜之联络",不限于公有道路,凡可供公众通行之道路均属之,至该道路所有权谁属,法律上管理态样如何,皆非所问(2021 年台上字第 391 号)。

在第 789 条第 1 项规定之情形,有通行权人亦应于通行必要之范围内,择其周围地损害最少之处所及方法为之。但对于通行地因此所受之损害,无须支付偿金(第 789 条第 2 项)。

2. 适用范围

第 789 条之适用,是否须双方当事人间发生分割或让与的行为?此为台湾地区实务上的难题。兹举一个法律问题说明之:甲、乙二人共有一笔 A 土地,嗣后分割为 B、C 二笔土地,分别由甲、乙二人取得。几年后,甲死亡,其遗产 B 地由继承人丙继承(或甲将该 B 地所有权移转于丙)。丙鉴于 B 土地已成袋地,乃依第 789 条规定,请求自分割人的 C 土地上通行,是否有理由?设乙将 C 土地所有权让与丁(或由丁继承)时,丙得否对丁主张通行权,无须支付偿金?

对此问题,在继承的情形,实务上采肯定说,认为:"继承人自继承开始时,除'民法'另有规定及专属于被继承人本身之权利义务外,承受被继承人财产上之一切权利义务,'民法'第 1148 条规定甚明。某甲之土地 B 与某乙之土地 C 原属甲、乙二人共有地之一部,嗣因分割各别取得所有权,B 地既因分割而成袋地,致不通公路,依照同法第 789 条规定,当有通行某乙之 C 地,以至公路之权利。某丙因继承甲之关系,取得 B 地之所有权,揆诸首开说明,当然承受某甲就 B 地对于 C 地之通行权。"["司法

行政部民事司"台(1979)民司函字第0626号函复高等法院]

在继承或让与的情形,原则上均应有第789条的适用。就上举法律问题言,丙得主张依第789条规定,通行乙(或丁)的C土地,无须支付偿金。其理由有四:

(1)此项通行权性质上为土地的物上负担,随土地而存在,不因嗣后部分土地的继承,或再转让而归于消灭。

(2)当事人在让与或分割土地时通常能预见此种情事,可在让与价额或分割方法上有所调整,以维护自己的权益。

(3)采不适用说,有二个值得顾虑之点,其一为受让人不能享有通行及土地利用的预期利益;其二为将容忍通行的不利益转嫁由其他周围地所有人负担。

(4)在具体案件(尤其是在辗转继受的情形),无偿通行显失公平时,得依权利滥用、情事变更原则加以处理。

### 三、营造或修缮的邻地利用

营造或修缮建筑物常须使用邻地,故"民法"第792条规定:"土地所有人,因邻地所有人在其地界或近旁,营造或修缮建筑物或其他工作物有使用其土地之必要,应许邻地所有人使用其土地,但因而受损害者,得请求偿金。"此为营造或修缮建筑物人的邻地使用权。[1] 其得使用者,限于土地,房屋不包括在内。其为使用,须得邻地所有人允许,邻地所有人不予允许者,得诉请法院以裁判定之。

## 第五项 人之侵入

土地所有人得禁止他人侵入其土地,此为所有人排除他人干涉其物之权利,第790条重申此旨,并设二种例外:

1. 他人有通行权(第790条第1款):此系指不动产役权及因相邻关系而生之通行权。他人既有权通行,自不得加以禁止。

2. 入内樵牧(第790条第2款):依地方习惯,任他人入其未设围障之田地、牧场、山林刈取杂草、采取枯枝枯干,或采集野生物,或放牧牲畜者,土地所有人亦不得禁止其侵入。

---

① 参见陈重见:《邻地使用权是否及于建筑物》,载《台湾法学杂志》2020年第399期。

又依“民法”第791条规定，土地所有人遇他人之物品或动物偶至其地内者，应许该物品或动物之占有人或所有人入其地内，寻查取回。在此情形，土地所有人受有损害者，得请求赔偿。于未受赔偿前，得留置其物品或动物。

## 第六项　气响侵入

——公害与法律经济分析

### 一、“民法”第793条的规范模式

(一) 气响侵入：重要的研究课题

气、热、灰尘、喧嚣等侵害居家安宁与生活质量，系小区生活及公害私法救济与法律经济分析的重要课题。“民法”第793条规定：“土地所有人于他人之土地、建筑物或其他工作物有瓦斯、蒸气、臭气、烟气、热气、灰屑、喧嚣、振动及其他与此相类者侵入时，得禁止之。但其侵入轻微，或按土地形状、地方习惯，认为相当者，不在此限。”学说上称之为气响或不可量物侵入(Immission)的排除。所谓其他与此相类者，如镭射、电流、火光、犬吠、蜜蜂飞行等。至于固体或液体等所谓可量物，如沙石、污水等则不包括在内，对此等侵入，土地所有人得依第767条第1项中段规定请求除去其侵害。

(二) 规范构造

兹将第793条的规范构造，图示如下：

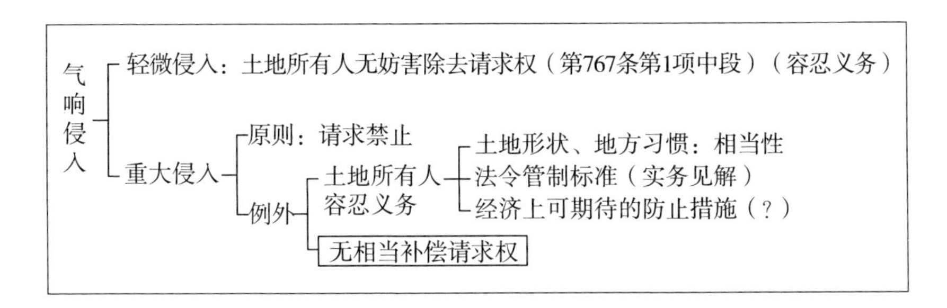


1. 第793条规定旨在调和土地所有人间的利益，以利物的使用效率。关于第793条的法律经济分析，前已详述，敬请参照(本书第32页)。

2. 第793条系任意规定，当事人得约定彼此间的权利义务(侵入的

数量范围及补偿)。就土地的利用,得设定不动产役权(第 851 条)。

3. 第 793 条系私法上关于相邻关系公害的基本规定,与公法上的相关规定,建构环境保护的规范机制。

(三) 侵入轻微或重大的区别与判断基准

侵入轻微或重大应依通常合理人的感受,并斟酌当事人利益、土地使用目的、生活习惯及侵入作用的轻重与期间等因素加以综合判断。侵入轻微的,如白昼演奏乐器、中秋节烤肉等。侵入重大的,如工厂排放废气影响健康;在养老院附近收容流浪狗,不为适当管理,而任其场地散发臭味、犬只日夜狂吠;商家在他人窗前架设雷射广告招牌,日夜闪烁。

(四) 侵害的排除与容忍义务

1. 侵入轻微:容忍义务

气响侵入致妨害他人所有权时,所有人得请求除去其侵害(第 767 条第 1 项中段)。对此禁止原则,第 793 条但书设有限制,即其侵入轻微,土地所有人有容忍义务。所谓轻微,如白昼演奏乐器、中秋节烤肉等,前已说明。

2. 侵入重大:区别性的特别规定

(1) 土地所有人禁止请求权:侵入重大者,土地所有人有禁止请求权,相关案例参阅前述,例如因邻近之工厂排放的烟气、灰屑侵入,致使土地上的温泉旅馆不能接待旅客时,系构成重大的干扰,土地所有人或承租人得请求排除其妨害。

(2) 土地所有人的容忍义务:侵入虽属重大,但按土地形状、地方习惯认为相当者,不得请求排除妨害,土地所有人应予容忍(容忍义务)。所谓按土地形状认为相当者,如居住于高速道路边、工厂附近,应忍受其非属轻微,但属相当的干扰。所谓按地方习惯认为相当者,如丧家的佛事、庙会的歌仔戏、木偶戏或放鞭炮等活动,虽管弦嘈杂、锣鼓喧天、烟火弥漫,土地所有人亦须忍受。土地所有人就其忍受无相当补偿请求权。

所谓按土地形状、地方习惯可否认为相当,应参酌主管机关依法所颁布之管制标准予以考虑,俾与事业之经营获得衡平,以发挥规范相邻关系积极调节不动产利用之功能(2010年台上字第223号)。[①]

需注意的是,第793条规定的气响侵入系典型的公害问题,请参阅相关特别法的规定(如“噪音管制法”及主管机关依法所颁布的管制标准)。

## 二、《德国民法典》第906条规定:规范模式的比较

值得提出作比较研究的是《德国民法典》第906条规定:“土地所有人对于瓦斯、蒸气、臭气、烟、煤、热、音响及震动的侵入,以及其他来自邻地类似的干扰,并不妨害其对土地利用,或其妨害并不重大者,不得禁止之。重大的干扰系他土地上的地方惯行利用所引起,且非依经济上对其利用人可期待的措施所能加以防止者,亦同。土地所有人因而应忍受干扰时,得请求他土地利用人以金钱为相当的补偿,但以自己土地的地方惯行利用或其收益,因干扰而造成超过一般预期程度的损害为限。干扰不得依特殊导引设置为之。”兹将其规范结构,图示如下[②]:

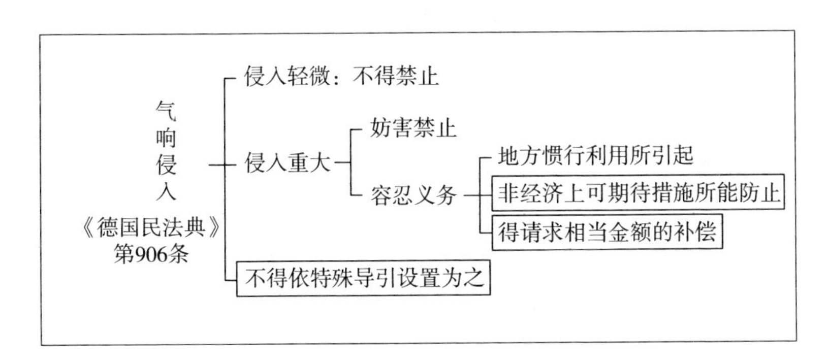


1. “民法”第793条规定系参照德国立法例,基本上为相同的规范模式,区别侵入究为轻微(unwesentlich)或重大(wesentlich),而规定土地所有人的禁止请求权或容忍义务。

2.《德国民法典》规定主要不同在于:

(1)气响侵入无论轻微或重大,均不得依特殊导引设置为之。“民法”亦应作相同解释。在此等情形,土地所有人无容忍的义务。

---

① 参见王千维:《“民法”第793条但书所定“按土地形状、地方习惯,认为相当”之判断》,载《月旦裁判时报》2017年第55期。

② 《德国民法典》第906条系《德国民法典》的重要规定,实务案例甚多,足供参照:Vieweg/Lorz, Sachenrecht, S. 276; Wellenhofer, Sachenrecht, S. 409; Wieling/Finkenauer, Sachenrecht, S. 447.

(2)土地所有人的容忍义务须以邻地利用人经济上无可期待的防止措施(wirtschaftlich zumutbare Massnahme)能加以防范。"民法"第793条未设此要件,应得参照解释。

(3)最值重视的是,土地所有人负有容忍义务时,《德国民法典》第906条规定得请求相当之补偿(Ausgleichsanspruch)。此非损害赔偿请求权,而是一种价额请求权(Wertanspruch),相当于征收的补偿,得与侵权行为损害赔偿请求权竞合。此项补偿请求权深具法经济分析上产权分配(财产权利与补偿权利)的意义(本书第26页),实值研究。

## 第七项 越界建筑①

甲之A地与乙之B地相邻,乙逾越地界侵入甲所有的A地,兴建房屋(或仓库、车库),其房屋部分(或屋顶阳台)侵入A地二公尺,地下室侵入A地三公尺,围墙一半盖在A地之上。试问:甲得向乙主张何种权利?如果您是立法者,如何衡量利益,规范甲与乙间的法律关系:

1. 如何界定越界建筑?
2. 如何考虑乙的故意、过失?
3. 如何考虑甲是否提出异议?
4. 如何规定救济方法?

### 一、问题与法律规范模式的建构②

建筑房屋应于自己土地的疆界之内为之,不得侵入邻地。越界建筑侵入邻地时,邻地所有人得请求除去之(第767条第1项中段)。但为避免对社会资源造成浪费,顾全个人利益与地区经济,"民法"特设三个规定:

1. 第796条规定:"土地所有人建筑房屋非因故意或重大过失逾越地界者,邻地所有人如知其越界而不即提出异议,不得请求移去或变更其房屋。但土地所有人对于邻地因此所受之损害,应支付偿金。前项情形,邻地所有人得请求土地所有人,以相当之价额购买越界部分之土地及因此形成之畸零地,其价额由当事人协议定之,不能协议者,得请求法院

① 参见张永健:《拆,还是不拆?》,载《月旦裁判时报》2021年第103期。
② 参见蔡瑄庭:《越界建筑规范效力》,载《月旦裁判时报》2020年第96期。

以判决定之。”

2. 第796条之1规定:“土地所有人建筑房屋逾越地界,邻地所有人请求移去或变更时,法院得斟酌公共利益及当事人利益,免为全部或一部之移去或变更。但土地所有人故意逾越地界者,不适用之。前条第一项但书及第二项规定,于前项情形准用之。”

3. 第796条之2规定:“前二条规定,于具有与房屋价值相当之其他建筑物准用之。”

请研读前揭三个条文,思考理解“民法”如何规范前揭案例所提出的四个问题。

首先要提出的是,越界建筑经邻地所有人允诺者,为适法(合法)的越界建筑。其未经邻地所有人允诺者,为不适法(不法)的越界建筑,在此情形,“民法”规定依越界建筑者是否故意或重大过失(归责性),及邻地所有人是否提出异议,区别二个类型,建构如下的规范模式①:

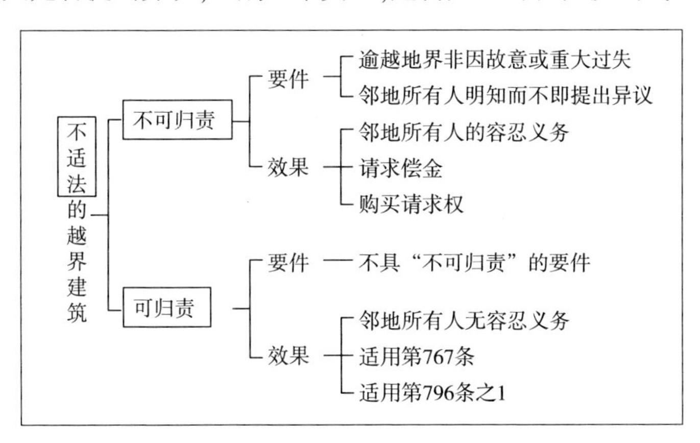


## 二、不适法、不可归责的越界建筑

(一) 要件

1. 越界建筑

(1)越界建筑人

越界建筑人须为土地所有人,无权占有人不包括在内。需注意的

① Müller/Gruber, Sachenrecht, S. 343; Prütting, Sachenrecht, S. 145 f.; Wieling/Finkenauer, Sachenrecht, S. 442; Vieweg/Lorz, Sachenrecht, S. 290 f.

是,第796条规定准用于地上权人及承租人(第800条之1)。

(2)建筑房屋

越界建筑,须为房屋,包括伸入邻地之阳台、地下室。如非房屋,或虽为房屋,但可移去或变动者,或在所建房屋整体以外越界加建者,无本条适用。故侵入他人土地,兴建围墙、储藏室、猪栏、狗舍或简陋厨厕者,所有人均得请求除去之(第767条,无第769条之适用)(1969年台上字第120号判例、1970年台上字第1799号判例、1978年台上字第800号判例)。所谓房屋包括已完工的及尚在建造中的房屋(参照第796条之立法理由)。

(3)逾越地界:部分侵入他人土地

逾越地界指在自己土地兴建房屋,有一部分侵入他人土地而言。如房屋全部兴建于他人土地,无第796条的适用,邻地所有人得请求拆屋还地(第767条第1项)(1939年渝上字第634号判例)。越界占有的土地究为邻地的全部或一部,地上或地下,是否直接相邻,均所不问(1969年台上字第120号、1973年台上字第1112号判例)。

2. 越界建筑非出于故意或重大过失

须越界建筑非出于故意或重大过失,系不适法、不可归责的越界建筑(unrechtmässiger entschuldigter Überbau)。关于越界建筑使用人的归责问题,德国学者认为应类推适用《德国民法典》第278条(相当于"民法"第224条)、第831条规定(相当于"民法"第188条),此项见解可资赞同。德国判例及多数学说认为建筑师的故意或重大过失应归责于所有人,因其负责设计及实施建筑计划而为其之管理人(Sachwalter),得适用《德国民法典》第166条规定(相当于"民法"第105条)。

3. 邻地所有人知其越界而不即提出异议

(1)异议权人:异议的提出,在于保留除去越界建筑房屋的权利,故在解释上应认为,凡因越界建筑而其权利受侵害者,皆得提出异议,除邻地所有人外,尚应包括地上权人、农育权人、不动产役权人、典权人及基地承租人等。无权占有人,在其占有之土地上建筑房屋如逾越地界时,因对自己占有之土地已无适法之权利,自不能认受越界之邻地有容忍之义务,故应无第796条之适用(2000年台上字第937号)。

(2)知其越界:为保护邻地所有人利益,对于所谓"知"其越界,应就邻地所有人主观情事定之,即须邻地所有人事实上明知越界建筑,始足当之（1966年台上字第2385号）。知其越界而应提出异议之人，为土地所有人或其他有异议权之人。邻地为法人所有者，须其代表人或管理人知其情事，始能认为已知。邻地为共有者，一人已知即可认为已知，不须全体共有人皆知其事。

（3）不即提出异议：所谓不即提出异议，指邻地所有人或其他有异议权者知悉建筑逾越地界后，依一般观念，可表示异议时，不即提出。邻地为共有时，共有人中一人提出异议即为已足。

关于异议的性质，通说认为系一种单方须受领的意思，使土地所有人能中止建筑、查明是否越界。[①]

（4）举证责任：越界建筑人主张邻地所有人知其越界不即提出异议者，在诉讼上应就此项事实，负举证之责任（1956年台上字第931号判例）。

（二）法律效果[②]

1. 容忍义务（无移去变更请求权）

土地所有人建筑房屋逾越疆界，具备前述不可归责的越界建筑（entschuldigter Überbau）的要件时，邻地所有人有容忍义务（Duldungspflicht），不得请求移去或变更其房屋。土地所有人越界建屋得使用邻地的权利，对嗣后受让各该不动产而取得所有权者，继续存在。[③]

2. 偿金请求权

邻地所有人容忍越界建筑时，土地所有人对于邻地因此所受之损害，应支付偿金（第796条第1项但书）。

3. 土地购买请求权

为平衡邻地所有人容忍越界建筑的不利益，第796条第2项规定："前项情形，邻地所有人得请求土地所有人，以相当之价额购买越界部分之土地及因此形成之畸零地，其价额由当事人协议定之；不能协议者，得请求法院以判决定之。"

---

① Müller/Gruber, Sachenrecht, S. 36; NK-BGB/Ring, §912 Rn. 43.

② 参见吴瑾瑜：《土地所有权、相邻关系与相关请求权消灭时效期间的相生相随关系》，载《月旦实务选评》2021年第1卷第4期。

③ "最高法院"1982年台上字第409号判决谓："'民法'第796条前段所谓土地所有人建筑房屋逾越疆界者，邻地所有人如知其越界而不即提出异议，不得请求移去或变更其建筑物云云，系因相邻关系致一方所有权扩张，而他方之所有权受有限制，该关系并对嗣后受让各该不动产而取得所有权之双方继续存在，不能与债权法上之借贷契约同视。"

逾越地界部分之土地购买请求权具形成权之性质,一经邻地所有人行使,即可成立买卖关系。至当事人就价购土地之价额不能协议,依第 796 条之 1 第 2 项后段之规定请求法院以判决定之,此定价额之诉讼,属形成诉讼。邻地所有人为达诉讼经济目的,固非不得于依前揭规定提起定价额之诉讼时,同时诉请土地所有人履行买卖契约,给付法院所定价额之价金(给付之诉),惟二者究属有别;其若未为给付请求,并经法院判决胜诉确定,自难执单纯定价额诉讼之形成判决为执行名义,请求强制执行土地所有人给付尚未经法院为给付判决确定之买卖价金(2018 年台抗字第 97 号)。

4. 不当得利及侵权行为请求权

土地所有人对越界建筑者在债法上的不当得利请求权、侵权行为损害赔偿请求权,不因第 796 条规定而被排除。①

## 三、不适法、可归责的越界建筑

### (一) 要件

不适法、可归责的越界建筑,指不具备前述不可归责的要件的越界建筑。

### (二) 法律效果

1. 无容忍义务

邻地所有人得向所有人依第 767 条规定请求移去或变更其建筑物。

2. 第 796 条之 1 规定

"民法"第 796 条之 1 规定:"土地所有人建筑房屋逾越地界,邻地所有人请求移去或变更时,法院得斟酌公共利益及当事人利益,免为全部或一部之移去或变更。但土地所有人故意逾越地界者,不适用之。前条第一项但书及第二项规定,于前项情形准用之。"

本条系为顾及社会整体经济,并兼顾双方当事人权益,而赋予法院裁量权。需注意的是,越界建筑本属无权占有,纵法院依第 796 条之 1 第 1 项规定行使裁量权,免越界建筑人(土地所有人)移去系争地上物之义

---

① "最高法院"2019 年台上字第 564 号判决谓:"被上诉人之前手非故意逾越地界建筑系争房屋,考虑公共利益及当事人利益,被上诉人不必拆除越界之建物,则上诉人自非不得依侵权行为、不当得利之规定请求被上诉人赔偿损害、返还不当得利。原审见未及此,遽谓越界建筑属于特殊侵权行为与不当得利类型,上诉人不得再依'民法'第 184 条、第 185 条、第 179 条规定请求被上诉人赔偿损害、返还不当得利,爰就该部分为上诉人不利之判决,自有可议。"

务,俾顾全社会整体经济利益,惟尚非谓土地所有人在价购或支付偿金前,因而取得占用系争土地之法律权源,而变为有权占用(2018 年台上字第 1801 号)。

## 第八项　越界竹木枝根及果实自落于邻地

### 一、竹木枝根越界

二地相邻,竹木之枝根越界,势所难免,虽属琐事,易起争执。为此,"民法"特于第 797 条规定:"土地所有人遇邻地植物之枝根有逾越地界者,得向植物所有人,请求于相当期间内刈除之。植物所有人不于前项期间内刈除者,土地所有人得刈取越界之枝根,并得请求偿还因此所生之费用。越界植物之枝根,如于土地之利用无妨害者,不适用前二项之规定。"在往昔农业社会,土地所有人刈取越界之枝根,具有经济上之价值,可为利用,以补偿其刈除之劳力及费用。惟今日社会变迁,刈除之枝根可利用之经济价值降低,或需雇工搬运,将造成负担,"民法"物权编修正特于第 2 项增列"并得请求偿还因此所生之费用",以符实际,并期平允。

土地所有人对于越界竹木枝根,本得依第 767 条第 1 项中段规定请求除去其妨害,本条立法目的在于使土地所有人于竹木所有人未于相当期间内刈除时,得以自己之费用刈除竹木之根枝而取得其所有权,枝根之果实当然亦归土地所有人取得。此为第 766 条之例外规定。越界者若为竹木的主干,不适用本条规定,应依第 767 条第 1 项中段规定处理之。

### 二、果实自落于邻地

诚如郑玉波教授所云:"红杏出墙,事所恒有,而果熟自落,亦尽平常。"[①]但如何处理,法制史上历经变迁。在罗马十二铜表法,果实落于邻地者,3 日以内所有人得自由拾取,3 日之后即属于邻地所有人,德国普通法从之。《德国民法典》第 911 条规定:"果实属于坠落地所有人。""民法"从之,第 798 条明定:"果实自落于邻地者,视为属于邻地所有人。但

---

① 参见郑玉波(黄宗乐修订):《民法物权》,第 118 页。

邻地为公用地者,不在此限。”立法目的在于维持相邻关系之和谐。[①]

邻地包括陆地及水面,不以直接毗邻为必要。关键的问题,系何谓自落。果实成熟,或因风吹雨打等自然力而落地,固为自落,其为他人动摇而落地者(例如果树被车撞到),亦应包括在内,以贯彻立法目的。但邻地所有人自己或指使他人摇动者,果实非属自落,自不待言,应负侵权行为损害赔偿责任(第 184 条第 1 项)。自落于邻地者,须为果实,果树被风吹断落于邻地,不适用第 798 条。

## 第九项　综合说明

### 一、法律规范、小区意识与和谐生活

如前所述,“民法”物权编以多达 1/8 的规定规范相邻关系,作为现代社会生活的法律基础。实务上的争议多见于道路通行及越界建筑,其他案例尚属不多,其原因之一或系避免细故争讼,尤其是基于一种认识,即除法律外,更要有小区意识及生活共同体的观念,始能维护促进和谐安定的生活。

### 二、法律与习惯

关于相邻关系,“民法”规定以特约、习惯排除其适用,其规范模式有三:

1. 另有习惯者,从其习惯(第 776 条、第 778 条等)。所谓习惯,系指惯行而言。

2. 法令另有规定或另有习惯者,不在此限(或从其规定或习惯)(第 781 条、第 784 条、第 785 条)。

3. 地方习惯(第 790 条第 2 款、第 793 条但书)。

---

① 立法理由谓:“查‘民律草案’第 999 条理由谓落于邻地之果实,是否应归原物之所有人,抑归邻地之所有人,自来立法例颇不一致,本法则视为邻地之果实,以维持相邻人间之和平,若邻地系供公众使用之地,例如公行道路,既不能以其果实为公众之所有,莫如仍视为原物所有人之果实,以免争执。”修正说明:“土地不得为权利之主体,本条‘邻地’一词宜修正为‘邻地所有人’,以符原立法旨趣。又本条之‘自落’,凡非基于邻地所有人之行为致果实掉落者,均属之,学说均无异见,并此叙明。”

## 三、无偿原则、分担费用、损害赔偿与支付偿金

需先强调的是,相邻关系上的使用水、邻地利用均采无偿原则,其目的在于促进互利协力的共同生活。

"民法"设有三种方法调和相邻关系的权利义务:分担费用、损害赔偿与支付偿金(请阅读条文):

| 调和相邻关系权利义务的机制 | |
|---|---|
| 分担费用: | 第778条第1项、第780条、第785条第2项 |
| 损害赔偿: | 第782条第1项、第791条第2项 |
| 支付偿金: | 第779条第2项、第783条、第785条第1项、第786条第1项、第787条第2项、第788条第1项、第792条、第796条第1项 |

1. 分担费用:此乃基于受益者付费的公平原则。例如"民法"第778条第1项规定:"水流如因事变在邻地阻塞,土地所有人得以自己之费用,为必要疏通之工事。但邻地所有人受有利益者,应按其受益之程度,负担相当之费用。"

2. 损害赔偿:此乃因一定行为造成损害。例如"民法"第782条规定:"水源地或井之所有人对于他人因工事杜绝、减少或污染其水者,得请求损害赔偿。如其水为饮用或利用土地所必要者,并得请求回复原状;其不能为全部回复者,仍应于可能范围内回复之。前项情形,损害非因故意或过失所致,或被害人有过失者,法院得减轻赔偿金额或免除之。"需注意的是,本条规定非属侵权行为,而是采无过失责任。

3. 支付偿金[①]:"民法"规定用水或通行邻地者,应支付偿金,其条文甚多,可归为二类:

(1)对价性质:如第783条(取用邻地余水)。在此情形,偿金的支付,不以有损害为必要,与余水之给予应为同时履行。

---

① "最高法院"1987年台上字第2646号判决谓:"依'民法'第787条第2项后段规定,有通行权者,对于通行地因此所生之损害虽应支付偿金,惟'偿金'系指补偿土地所有权人不能使用土地之损害,必于有通行权者,行使其通行权后始有是项损害之发生,与通行权无对价关系。"

(2)补偿性质,不具对价关系:如第779条(人工排水)、第785条(堰之设置与利用)、第786条(安装管线)、第788条(邻地通行)。凡条文中规定"因此所生(受)之损害,应支付偿金"字样者,皆属之。不以故意或过失为要件,其消灭时效依"民法"第125条规定(15年)。

偿金性质上为一种法定负担,土地所有权移转时,受让人仍有支付之义务,但不及于拖欠之偿金。关于偿金数额的判定,"最高法院"1996年台上字第67号判决谓:"土地所有人通行邻地而依'民法'第787条第1项规定所应支付偿金之数额,应斟酌因通行所受利益及邻地因之所受损害之程度,并双方之经济状况作为衡量之标准。"(参照2005年台上字第2276号)此项衡量标准,于其他情形,亦得适用。

## 四、违反保护他人之法律

值得提出的是在相邻关系有无侵权行为规定的适用。"民法"第184条第1项规定:"因故意或过失,不法侵害他人之权利者,负损害赔偿责任。故意以背于善良风俗之方法,加损害于他人者亦同。"第2项规定:"违反保护他人之法律,致生损害于他人者,负赔偿责任。但能证明其行为无过失者,不在此限。"兹就管路通行权(第786条)及开掘土地或为建筑时侵害邻地建筑物或其他工作物(第794条)二种情形,加以说明。

### (一) 第786条:管路通行权

在"最高法院"2004年台上字第245号判决,甲(上诉人)系某地所有人,欲通过乙(被上诉人)所有土地安设管线,乙拒绝之。甲就其安设管线后期待利益的损失,得否依第184条规定请求损害赔偿?"最高法院"认为:

1. 权利侵害:第184条第1项前段规定之侵权行为客体,为既存法律体系所明认之"权利",依第786条第1项前段规定,被上诉人所负容忍上诉人安设管线之义务,性质上系对土地所有权之限制,上诉人尚不因此取得用益物权或其他既存法律体系所明认之权利,故被上诉人拒绝上诉人安设管线,纵导致上诉人经济利益可能有所减损,仍难谓系侵害上诉人之权利。

2. 故意以背于善良风俗之方法,加损害于他人:第184条第1项后段规定之善良风俗,系指社会一般道德观念而言。被上诉人为维护本身之权益,拒绝容忍上诉人安设管线通过系争土地,究与社会一般道德观念无涉,尚不生违背善良风俗之问题。

3. 违反保护他人之法律:第 184 条第 2 项本文所称之“保护他人之法律”,应指一般防止危害他人权益或禁止侵害他人权益之法律。第 786 条第 1 项前段规定之目的,在于考虑土地所有权人或用益权人均主张自由使用、收益土地,并排除他人之干涉,势必造成冲突,故在一定范围内限制一方之所有权,进而调和彼此间之利益,充实土地之利用价值,显与普遍防免及禁止危害他人权益无关,难谓属保护他人之法律。

在本件判决,“最高法院”分别认定第 184 条所规定的三个请求权,并均采否定见解,认事用法,实值赞同。

(二) 第 794 条:禁止邻地开发

在“最高法院”2011 年台上字第 1012 号判决,甲(上诉人)拆除土地上旧建筑,开挖土地,兴建房屋,致乙(被上诉人)所有建筑受有损害。乙得否以第 794 条系第 184 条第 2 项规定本文所称“保护他人之法律”,而依该条项规定请求损害赔偿?“最高法院”采肯定见解,认为:“‘民法’第 794 条规定:‘土地所有人开掘土地或为建筑时,不得因此使邻地之地基动摇或发生危险,或使邻地之工作物受其损害’,既系以保护相邻关系中邻地地基及工作物之安全维持社会之公共利益,避免他人遭受损害为目的之法律,土地所有人如有违反,自应按上开规范旨趣,依‘民法’第 184 条第 2 项规定,对被害人负侵权行为之损害赔偿责任。”

此项见解,使侵权行为法得与相邻关系规范相结合,强化对相邻关系权益的保护。在本件判决,其所受侵害者系建物(所有权),第 184 条第 2 项所称“违反保护他人之法律”所保护,包括权利及纯粹经济上损失。假设开挖土地或兴建房屋,致道路阻塞或造成危险,使邻地所有人商店不能营业时,此种纯粹经济上损失不在第 794 条的保护范围,应无第 184 条第 2 项规定的适用。

## 第三款　区分所有建筑物之法律构造

### 第一项　概　说

在台湾地区,相当多的民众(尤其是在都市)住在公寓大厦,数人区分一个建筑物,各有其专有部分,取得所谓的区分所有权。此种区分所有建筑物对社会经济、人民生活方式和物权制度产生重大深远的影响:

1. 社会经济功能:在社会经济方面,有助于解决人口增加,土地面积有限的问题。有效率地使用土地,减少建筑成本,促进都市更新,尤其是使更多的人拥有自己住屋的所有权。

2. 小区生活:在人们生活方式方面,多人共居一个公寓大厦,必须调整或改变"各人自扫门前雪,不管他人瓦上霜"的传统观念或生活习惯,必须共同参与制定规约,组织区分所有权人会议、管理委员会,创设合理规范,以保障和提升公寓大厦的小区共同生活。

3. 物权制度与法律构成:在物权制度方面,必须重新建构一套合理有效率的规范体系,规定专有部分和共用部分的法律关系。在法律构成方面,必须认识到公寓大厦涉及"物权上的权利义务"和"区分所有权人所组成的共同体",二者并非各自独存不生关联,而是构成不可分离的一体,由三个因素组成:①区分所有权。②公同共有。③成员团体性。

## 第二项 "民法"上的区分所有建筑物

### 一、第799条与"公寓大厦管理条例"

土地和建筑物为独立的不动产。土地得划分疆界,编号登记为个别所有权。建筑物通常以一栋全部作为一个所有权的客体。但将一建筑物区分数个部分作为所有权之标的,登记公示上并无困难,实际上有其需要,"民法"乃于(旧)第799条规定:"数人区分一建筑物,而各有其一部者,该建筑物及其附属物之共同部分,推定为各所有人之共有,其修缮费及其他负担,由各所有人,按其所有部分之价值分担之。"本条规定制定于1929年,当时此种建筑区分所有尚未普遍。近年来,台湾地区的生活方式发生重大变化,除传统的平房及透天厝外,大部分人都居住在公寓大厦,拥有建筑物区分所有权,1995年特制定"公寓大厦管理条例"加以规范,已经形成一个重要的研究领域及案例体系。

"民法"物权编2009年1月修正时,修正"民法"第799条规定,修正说明谓:"按'公寓大厦管理条例'第1条之立法目的系为加强公寓大厦之管理维护,提升居住质量,该条例原系为行政机关基于管理之目的所制定,其规范重点在住户之权利义务、管理组织及管理服务人等,与'民法'重在建筑物各住户所有权之物权关系有异。又以区分所有建筑物之一部为客体之区分所有权乃所有权之特殊形态,'民法'应设有原则性规范,俾建立所有权制度之完整体系。‘民法’与行政法规两者于性质、规范范围及功能有其不同,应属私法与公法之协力关系,此种双轨规范体系之建构,应能有效率规范和谐之社会生活,并满足其不同制定目的之需求。”

## 二、区分所有建筑物、专有部分及共有部分

“民法”第 799 条旨在明定区分所有建筑物的法律构造。分五点说明如下:

1. 区分所有建筑物及其附属物:称区分所有建筑物者,谓数人区分一建筑物而各专有其一部,就专有部分有单独所有权,并就该建筑物及其附属物之共同部分共有之建筑物(第 799 条第 1 项)。所谓就专有部分有单独所有权,系指对于该专有部分有单一之所有权而言,该单独所有权得一人所有或数人共有。

附属物不得单独作为所有权的客体,如何与定着物区别,系属重要问题,例如小区内的自来水加压站、顶楼增建的管理员室。“最高法院”2016 年台上字第 1119 号判决谓:“该共同设施之所有权归属,仍应依‘民法’及相关规定决之,尚不得仅因该共同设施由集居地区之区分所有人共享或管理,即推论其属附属物而为该区分所有人共有。次按基于所有权对物直接支配之特性,所有权之客体,自须具独立性。所谓独立性,并非物理上之观念,而系社会交易之观念,主要系依其使用方式或特定目的判断之,倘具构造上之独立性,并有独立之经济效益,即应认具独立性。职是,附着于土地之工作物,如非土地之构成部分,且继续附着于土地,而达一定经济上目的,依社会交易观念认其为独立之物者,即属‘民法’第 66 条第 1 项所称之定着物,而为独立之不动产;否则,该工作物或属动产,或为土地之一部分,或为其他定着物(例如建筑物)之附属物,而分别由该动产、土地或定着物之所有人取得所有权。又‘民法’第 799 条第 1 项所称之附属物,或‘公寓大厦管理条例’第 3 条第 3 款所称之附属建筑物,系指附属于区分所有建筑物,效用上与其附属之建筑物具有一体之关系,无独立经济效益之建筑物或设施而言;附着于土地之工作物究为独立物或

附属物,应以该工作物现实存在之状态判断之。”①

2. 专有部分及共有部分:专有部分,指区分所有建筑物在构造上及使用上可独立,且得单独为所有权之标的者。共有部分,指区分所有建筑物专有部分以外之其他部分及不属于专有部分之附属物(第 799 条第 2 项)。得为区分所有权客体之专有部分,除须具有使用之独立性外,并以具有构造上之独立性为必要,符合物权客体独立性原则。

3. 专有部分及共有部分的使用:专有部分得经其所有人之同意,依规约之约定供区分所有建筑物之所有人共同使用;共有部分除法律另有规定外,得经规约之约定供区分所有建筑物之特定所有人使用(第 799 条第 3 项)。例如以某专有部分作为图书室或交谊厅、以屋顶共有部分供某特定区分所有人使用。

4. 共有部分及基地应有部分的比例:区分所有人就区分所有建筑物共有部分及基地之应有部分,依其专有部分面积与专有部分总面积之比例定之。但另有约定者,从其约定(第 799 条第 4 项)。

5. 专有部分与其所属对应之共有部分及基地之权利的不可分离关系:专有部分与其所属之共有部分及其基地之权利,不得分离而为移转或设定负担(第 799 条第 5 项)。所谓“其所属之共有部分”,仅指区分所有建筑物之专有部分所配属之共有部分,例如游泳池、网球场等公共设施。

兹将“民法”第 799 条所规定区分所有建筑物的法律构造图示如下:

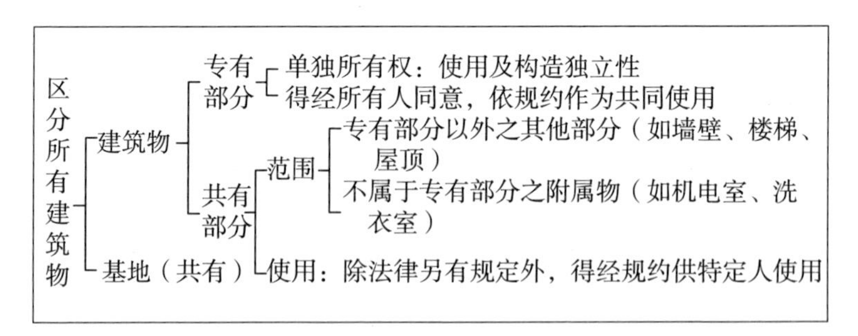


① “最高法院”2012 年台上字第 643 号判决谓:“系争大厦为 11 层建筑物,乃区分所有建物,依 1975 年 3 月 8 日核发之使用执照所载,A 部分系顶楼增建,其用途为管理员室,面积仅 55 平方公尺,为原审所认定之事实。果尔,系争大厦管理员室,能否谓与区分所有部分,在使用目的上不具有密不可分之关系?倘于使用目的上无独立性,纵经全体区分共有人为分管之约定,亦仅分得人享有使用权而已,仍不得单独作为所有权之客体。”

## 三、区分所有人的权利义务

为明确区分所有建筑物区分所有人的权利义务,“民法”第 799 条之 1 设四项规定:

1. 共有部分负担之分担:区分所有建筑物共有部分之修缮费及其他负担,由各所有人按其应有部分分担之。但规约另有约定者,不在此限(第 1 项)。

2. 供共同使用专有部分负担之分担:前项规定,于专有部分经依前条第 3 项之约定供区分所有建筑物之所有人共同使用者,准用之(第 2 项)。

3. 请求法院撤销显失公平的规约:规约之内容依区分所有建筑物之专有部分、共有部分及其基地之位置、面积、使用目的、利用状况、区分所有人已否支付对价及其他情事,按其情形显失公平者,不同意之区分所有人得于规约成立后 3 个月内,请求法院撤销之(第 3 项)。规约之约定是否有显失公平情事,须就各项具体因素及其他相关情形综合予以斟酌,以为判断之准据。至所谓不同意之区分所有人包括自始未同意该规约约定或未参与其订定者在内。

4. 规约对继受人的约束力:区分所有人间依规约所生之权利义务,继受人应受拘束。其依其他约定所生之权利义务,特定继受人对于约定之内容明知或可得而知者,亦同(第 4 项)。[①] 此项关于规约对继受人的约束力,立法理由特别强调:区分所有建筑物之各区分所有人因各专有该建筑物之一部或共同居住其内,已形成一共同团体。而规约乃系由区分所有人团体运作所生,旨在规范区分所有人相互间关于区分所有建筑物及其基地之管理、使用等事项,以增进共同利益,确保良好生活环境为目的,故区分所有人及其继受人就规约所生之权利义务,依团体法法理,无论知悉或同意与否,均应受其拘束,方足以维持区分所有人间所形成团体秩序之安定。至区分所有人依其他约定所生之权利义务,其继承人固应承受,但因非由团体运作所生,基于交易安全之保护,特定继受人仅以明知或可得而知者为限,始受其拘束,爰增订第 4 项(2017 年台上字第 1040 号)。又所谓继受人包括概括继受与因法律行为而受让标的之特定继受人在内;区分所有人依法令所生之权利义务,继受人应受拘束乃属

---

① 参见陈重见:《区分所有建物规约外之约定》,载《辅仁法学》2021 年第 62 期。

当然。

## 四、对于区分所有建筑物属于一人所有的准用

“民法”第799条之2规定:“同一建筑物属于同一人所有,经区分为数专有部分登记所有权者,准用第七百九十九条规定。”立法说明谓:“同一建筑物属于同一人所有,经区分为数专有部分登记所有权者,其使用情形与数人区分一建筑物者相同,均有专有部分与共有部分。其中一部转让他人时,即生应否与其共有部分、基地相关之应有部分一并让与等问题,爰明定准用第799条规定,俾杜争议。”

## 五、区分所有建筑物正中宅门的使用[①]

“民法”第800条规定:“第七百九十九条情形,其专有部分之所有人,有使用他专有部分所有人正中宅门之必要者,得使用之。但另有特约或另有习惯者,从其特约或习惯。因前项使用,致他专有部分之所有人受损害者,应支付偿金。”

正中宅门,须属于他区分所有权人。有无使用必要,应依客观情事加以认定,其主要情形有二:

1. 通行的必要,即非使用他人正中宅门,无从通行,其情形犹如袋地通行,例如区分所有的二层楼房,其出口处即设在楼下房屋,此在早期建物颇为常见。

2. 虽有边门或后门可供出入,但基于婚丧喜庆有通行的必要。[②]

## 六、相邻关系规定的适用

需注意的是,“民法”关于相邻关系的一般规定,对建筑物区分所有亦有适用或类推适用的余地(第800条之1)。区分所有权人(如公寓四楼)于他区分所有权人(如公寓三楼)的专有部分有瓦斯、蒸气、臭气、

---

① 参见游进发:《正中宅门必要使用权之内涵》,载《法学丛刊》2008年第53卷第4期。

② “最高法院”1963年台上字第1056号判例谓:“‘民法’第800条所称前条情形,系指第799条所谓‘数人区分一建筑物而各有其一部者’之情形而言,楼房之分层所有,即属该条所揭情形之一种,其正中宅门虽非共同部分,仍有第800条之适用。至第800条所谓有使用他人正中宅门之必要者,系指依客观事实有使用之必要者而言,如非使用他人之正中宅门,即无从通行出外者,自包含在内。”

烟气、热气、灰屑、喧嚣、振动及其他与此相类者侵入时,得禁止之,但其侵入轻微,或建筑物形状、地方习惯、认为相当者,不在此限(第793条)。区分所有人行使权利,不得违反公共利益,或以损害他人为主要目的,应依诚实及信用方法(第148条)。

## 第三项 “公寓大厦管理条例”

### 一、住宅“宪法”

台湾地区地狭人稠,人口集中于都市,大量兴建公寓大厦,多采区分所有建筑物的方式,住户少者数家,多者达千人。关于顶楼和地下室的使用,墙壁悬挂广告招牌,地板水管、电梯、楼梯的维修使用,饲养宠物等时常发生纠纷,旧“民法”仅设第799条和第800条规定,虽得扩大解释包括楼房的分层所有,并尽量适用“民法”第774条以下关于相邻关系的规定,仍不足作合理必要的规范。经过多年研拟,1995年6月28日公布施行“公寓大厦管理条例”(以下简称“本条例”)。并于2003年12月31日全文修正,再于2006年1月18日(修正第29条,增订第59条之1)、2013年5月8日(修正第8条、第27条)、2016年11月16日(修正第8条、第18条)、2022年5月11日(增订第29条之1、第49条之1)修正部分条文。

现行本条例分“总则”“住户之权利义务”“管理组织”“管理服务人”“罚则”及“附则”六章,计66条,乃“住宅宪法”也。本条例施行细则、规约范本、管理服务人管理办法等,由主管机关定之(本条例第62条、第60条、第46条、第2条),建立了完备的规范体系,成为专门的法律领域。[①]

### 二、立法目的和立法原则[②]

本条例的制定系为加强公寓大厦之管理维护,提升居住生活质量,并促进公共安全与公共安宁。其立法指导原则,可分四点言之:

---

① 请参见温丰文:《建筑物区分所有权之研究》,1992年版;尹章华等:《“公寓大厦管理条例”解读》,1990年版;李明洲:《“公寓大厦管理条例”逐条释义》,2021年版;李明洲:《“公寓大厦管理条例”判解汇编》,2019年版。

② 参见古振晖:《“公寓大厦管理条例”——立法目的及适用范围与主管机关》,载《当代法律》,2022年创刊号。

1. 公寓大厦物权关系立体化:“民法”物权编关于不动产相邻关系和共有关系,系以平面建物为规律适用对象。关于立体建筑物,则适用第799条、第799条之1、第799条之2所设区分所有建筑物的法规范。本条例旨在详细规定高层建筑物的使用、管理、处分等法律关系。

2. 敦亲睦邻法律化:公寓大厦的生活事事息息相关,敦亲睦邻至为重要,但不能完全建立在他人的善意、自己的克制容忍和道德规范之上。本条例明确规定区分所有权人之间和住户之间的权利义务关系,并赋予一定程度的强制性,尤其是管理委员会或管理负责人有当事人能力(本条例第38条、第40条),得借诉讼强化对公寓大厦之管理维护(参照本条例第21条以下)。

3. 管理组织民主化:本条例规定应成立管理组织(区分所有权人会议、管理委员会),期能通过共同参与、多数决和强制执行等方式,处理与住户有切身利害关系的共同事务,实践住户自治原则。

4. 私法关系行政化和“罚则化”:为合理规范公寓大厦共同生活的必要,本条例对违反共同利益的行为采取多样化制裁或救济措施,除私法上的请求权外,尚包括司法和行政的介入,并于第五章“罚则”设7条规定(本条例第47条至第52条),包括行政罚和刑罚。

### 三、法律体系上的地位

本条例旨在规定公寓大厦的区分所有和共享关系等,系属私法,并为“民法”的特别法,其未规定的事项,应适用“民法”。值得注意的是,本条例应适用“区域计划法”“都市计划法”及相关建筑法规。如前所述,本条例亦设有包括行政罚及刑罚的罚则。综合言之,本条例为民法的特别法,但兼含行政法及刑法的规定,期能对公寓大厦的管理为完善、有效率的规范。

### 四、适用范围

本条例适用于公寓大厦。所谓公寓大厦,指构造上或使用上或在建筑执照设计图样标有明确界线得区分为数部分之建筑物及其基地(本条例第3条第1款)。除住宅外,商业建筑物(如办公大厦)亦包括在内,不限于大厦分层分户,平房式的公寓亦属之。只要建筑物区分为数部分,即有本条例的适用,是否属于数人,则所不问。同一公寓的数区分所有权均属某人,而为出租时,亦有本条例的适用。

值得注意的是,本条例第 53 条规定:“多数各自独立使用之建筑物、公寓大厦,其共同设施之使用与管理具有整体不可分性之集居地区者,其管理及组织准用本条例之规定。”所谓各自独立使用之建筑物、公寓大厦,指大小区形态的建筑群,如“某某山庄”“某某华城”,尤其是别墅小区。其各户建筑物都有独立所有权,但公共设施(如网球场、活动中心、烤肉区)具有不可分性,其管理和组织亦有本条例规定的准用。

## 五、区分所有公寓大厦的基本法律关系

### (一) 体系构造

兹为便于了解,将区分所有公寓大厦的基本法律构造及核心概念,图解如下(要理解,不要强行记忆):

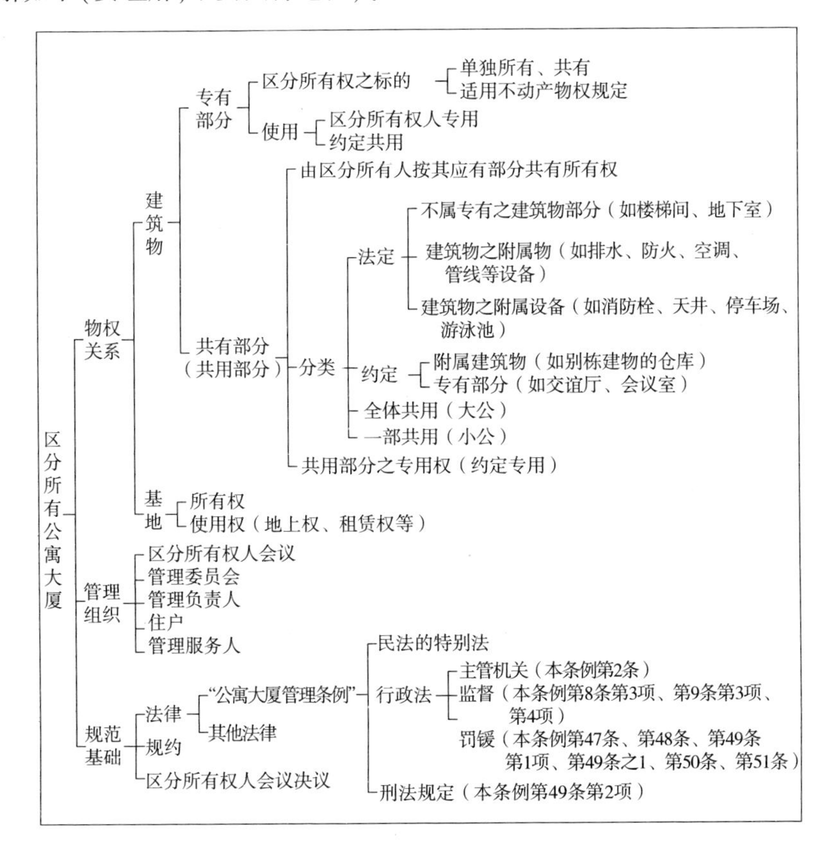

（二）公寓大厦图解

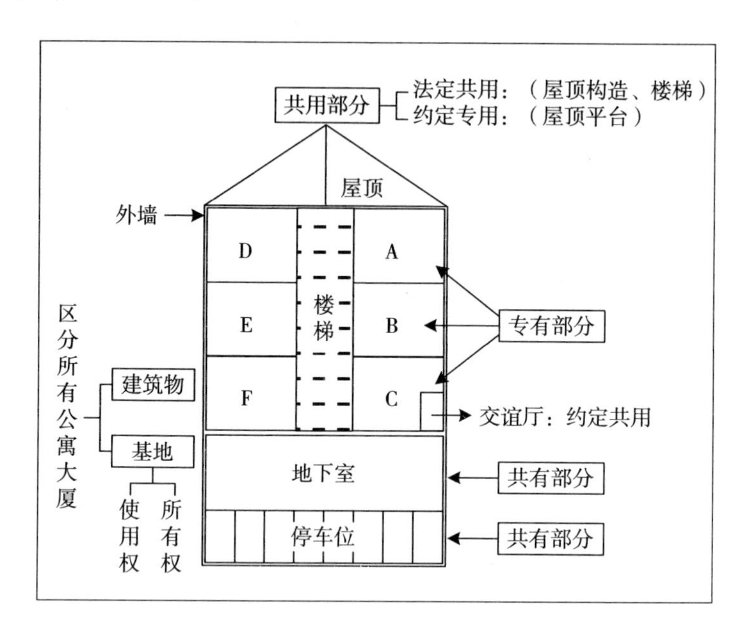


## 第四项　区分所有的公寓大厦

### 一、公寓大厦的意义、起造、销售

“公寓大厦管理条例”适用于公寓大厦。本条例第 3 条第 1 款谓：“公寓大厦：指构造上或使用上或在建筑执照设计图样标有明确界线，得区分为数部分之建筑物及其基地。”分二点加以说明：

1. 所谓区分建筑物为数部分，指为二个以上区分所有而言。此为建筑物区分所有的要件。如整栋大楼属一人单独所有或数人共有时，非区分所有之公寓大厦，无本条例的适用。

2. 此种得区分为数部分之建筑物及其基地，本条例称为“公寓大厦”，土地及其定着物（“民法”第 66 条），乃二个独立的不动产，公寓大厦本系定着物（建筑物），本条例将其扩大包括基地，旨在维护建筑物所有权与基地利用权的一体性（本条例第 4 条第 2 项）。

为明确规范公寓大厦的法律关系，尤其是保护买受人，本条例对公寓大厦的起造与销售，设有二个重要条文：

(1)公寓大厦的建造执照:第56条规定:公寓大厦之起造人于申请建造执照时,应检附专有部分、共用部分、约定专用部分、约定共用部分标示之详细图说及规约草约。于设计变更时亦同。前项规约草约经承受人签署同意后,于区分所有权人会议订定规约前,视为规约。公寓大厦之起造人或区分所有权人应依使用执照所记载之用途及下列测绘规定,办理建物所有权第一次登记:(1)独立建筑物所有权之墙壁,以墙之外缘为界。(2)建筑物共用之墙壁,以墙壁之中心为界。(3)附属建物以其外缘为界办理登记。(4)有隔墙之共用墙壁,依第2款之规定,无隔墙设置者,以使用执照竣工平面图区分范围为界,其面积应包括四周墙壁之厚度。第1项共用部分之图说,应包括设置管理维护使用空间之详细位置图说。本条例2003年12月9日修正施行前,领得使用执照之公寓大厦,得设置一定规模、高度之管理维护使用空间,并不计入建筑面积及总楼地板面积;其免计入建筑面积及总楼地板面积之一定规模、高度之管理维护使用空间及设置条件等事项之办法,由市、县主管机关定之。

(2)公寓大厦的销售:第58条规定:"公寓大厦起造人或建筑业者,非经领得建造执照,不得办理销售。公寓大厦之起造人或建筑业者,不得将共用部分,包含法定空地、法定停车空间及法定防空避难设备,让售于特定人或为区分所有权人以外之特定人设定专用使用权或为其他有损害区分所有权人权益之行为。"

## 二、基地[①]

区分所有公寓大厦建筑物和基地系二个独立的不动产。建筑物坐落于基地,须有合法权源,否则构成无权占有。占有基地的合法权源,有为所有权,有为基地使用权,分述如下:

### (一) 基地所有权

1. "分有"基地

区分所有权人得"分有"其基地,例如甲、乙、丙三人在其各自所有相邻的数笔土地上,共同兴建一栋区分所有的建筑物。在此情形,得认当事

① 参见谢在全:《建筑物区分所有权与基地权利之对应关系》,载《台湾环境与土地法学杂志》2015年第15期;林旺根:《建筑业者透过让售成立专用权之检讨》,载《现代地政》2021年第380期、2022年第381期。

人有相互使用土地的合意。

2. 共有基地

在通常情形,基地所有权系由全体区分所有权人共有,于购买公寓大厦的区分所有时,一并取得基地的应有部分。区分所有权人共有的基地,得否分割,法无明文,然为维持建物与基地一体化,避免发生复杂的法律关系,应认为基地依其使用目的不能分割("民法"第823条第1项)。[①] 值得注意的是,本条例第9条第1项规定:"各区分所有权人按其共有之应有部分比例,对建筑物之共用部分及其基地有使用收益之权。但另有约定者从其约定。"

(二) 基地使用权

基地使用权包括地上权或租赁权。其取得基地使用权的方式,得由区分所有权人全体共同与基地所有人设定地上权或订定租赁契约;亦得由区分所有权人个别与基地所有权人设定地上权,或订定租赁契约。采取前者较为便利,但其法律关系仍嫌复杂,尤其在让与区分所有权时,其债权债务如何移转,易滋疑义。

## 三、建筑物区分所有权和基地利用权的一体性

区分所有的建筑物和其坐落的基地系各自独立的不动产,得分别让于不同之人,从而造成复杂的法律关系。为使建筑物与基地同属一人,"土地登记规则"第98条规定:"土地法"第34条之1第4项规定,于区分所有建物之专有部分连同其基地应有部分之所有权一并移转于同一人所有之情形,不适用之。例如甲、乙、丙为某建筑物的区分所有权人,共有基地的应有部分各为1/3。设甲将其区分所有权连同基地应有部分一并出卖于丁时,乙或丙(基地共有人)不得对该基地应有部分的出卖,主张优先承购权。

为更进一步使建筑物区分所有权与使用基地的权利结成一体,本条例第4条第2项规定:"专有部分不得与其所属建筑物共用部分之应有部

① "司法院"释字第358号解释:各共有人得随时请求分割共有物,固为"民法"第823条第1项前段所规定。惟同条项但书又规定,因物之使用目的不能分割者,不在此限。其立法意旨在于增进共有物之经济效用,并避免不必要之纷争。区分所有建筑物之共同使用部分,为各区分所有人利用该建筑物所不可或缺,其性质属于因物之使用目的不能分割者。"内政部"1972年11月7日(1972)台内地字第491660号函,关于太平梯、车道及亭子脚为建筑物之一部分,不得分割登记之标示,符合上开规定之意旨,与"宪法"尚无抵触。

分及其基地所有权或地上权之应有部分分离而为移转或设定负担。”(处分一体性)[①]利用基地之权利,除所有权或地上权外,尚有典权或租赁权等,为贯彻立法目的,应类推适用之。

## 四、问题及思考

公寓大厦生活的争议问题层出不穷,非本书所能尽述。[②] 兹提出六个问题,以供研究思考:

1. 参照前揭二个图表,说明建物区分所有制度的社会功能、法律构造。

2. 试举例说明公寓大厦、区分所有、专有部分、共用部分、专用部分、约定共用部分,以及其所涉及的法律关系。

3. 何谓规约,其法律性质如何?规约得否规定禁止住户饲养宠物、装设铁窗、楼梯间装设鞋柜、公共设施全面禁烟、未缴管理费不得使用电梯等,违反者并应缴交一定数额清洁费用?区分所有权的受让人不知规约,是否不受拘束?

4. 何谓分管契约?得否约定大楼平台由某区分所有权人单独使用?此项约定对受让人有无拘束力?

5. 您是否为(或曾为)公寓大厦的住户?何谓住户?您是否曾出席区分所有权人会议,了解管理委员会的职权与运作(召开会议、选举召集人、收取管理费等)?或曾遇过拒绝移交、诉讼等难以解决的问题?

6. 某住户严重违反规约,危害其他住户安全,在何种情形,其他

---

① “最高法院”1998年台上字第3049号判决谓:“系争建物为五层楼房公寓之地面层,双方均为其坐落基地之共有人。果尔,系争建物自不得与其基地所有权应有部分分离而为移转。原审采变卖共有物分配价金于双方之方法分割系争建物,将造成系争建物与其基地所有权应有部分分离而为移转之结果,揆之首揭说明,于法自难谓合。”2002年台上字第36号判决:“房屋不得离开土地而存在,故区分所有建物所有人必须依其所有建物面积占全部相关区分所有建物之总面积之比例取得建物所在土地之应有部分额而与全体区分所有建物之所有人共有该土地,此项区分所有建物与土地应有部分间之关系,性质上系属互有,不得分开处分。1995年6月28日公布施行之‘公寓大厦管理条例’第4条第2项规定,区分所有建物之专有部分不得与其所属建筑物共同使用部分之应有部分及其基地所有权或地上权之应有部分分离而为移转或设定负担,仅系将既有之法理予以明文化而已,不因有无此项规定而有所不同。”

② 参见李明洲:《“公寓大厦管理条例”判解汇编》,2019年版。

区分所有权人或管理委员会得请求该住户搬离?

## 第五项　公寓大厦的区分所有、专有部分及共用部分[①]

### 第一目　区分所有的意义、发生及消灭

#### 一、区分所有的意义

区分所有,指数人区分一建筑物而各有其专有部分,并就其共用部分按其应有部分有所有权(本条例第3条第2款)。由此可知,区分所有系就一建筑物而发生,由专有部分及共用部分构成之。所谓区分包括纵之区分或横之区分,分栋纵切、分层横切均属之。

由上述可知本条例区分所有权的客体不局限于建筑物专有部分(最狭义区分所有权说),而是由"专有部分所有权"与"共用部分持分权"(应有部分)构成之(狭义区分所有权说),并扩张及于基地利用权(广义的区分所有权说)。德国住宅所有权法将专有所有权、共有所有权及基于区分所有权人间共同关系所生的"构成员"地位结合成为一体(所谓的 dreigliedrige Einheit,三层次一体性)。[②] 此有助于维护区分所有权人共同利益,就理论及立法政策言,实值赞同。

#### 二、区分所有的发生

区分所有建筑物通常系依区分所有的形态,请领建照而建造,于建造完成时,发生区分所有(参阅本条例第56条第1项)。区分所有权人就其区分所有部分之权利,单独申请登记("土地登记规则"第80条),非经登记不得处分。关于区分所有建物之登记,如依其使用执照无法认定申请人之权利范围及位置者,应检具全体起造人之分配文件("土地登记规则"第79条第1项第1款)。建筑物区分所有通常分属数人,但其主体亦得仅为一人,即由一人拥有数个区分所有。

---

① 参见吴光明:《论公寓大厦之专有部分与共用部分》,载《台湾环境与土地法学杂志》2013年第7期。

② 参见戴东雄:《论建筑物区分所有权之理论基础(Ⅰ)》,载《法学丛刊》1984年第29卷第2期。

一栋非属区分所有的建物，得否变更为区分所有？“民法”和土地法规未设明文，理论上应予肯定。例如某栋四层楼的公寓，每层皆具独立性时，其所有人得就每层为区分所有的登记，此于分层出售时，具有实益。

### 三、区分所有的消灭

区分所有建筑物消灭的主要事由有二：

1. 区分所有的客体，失其构造上及使用上独立性。例如甲在A公寓大厦8楼有二个区分所有的套房，于拆除其壁墙隔间时，该二个区分所有权归于消灭，成为一个区分所有权。

2. 某建筑物数区分所有归属一人时（如一层楼数个套房），得变更登记为一个区分所有权。

## 第二目　专有部分

### 一、专有部分的意义和要件：构造上及使用上的独立性

得为区分所有标的之专有部分，须具备何种要件，系建筑物区分所有的重要问题。为使区分所有权人得直接支配而享受其利益，专有部分须在构造上及使用上均具有独立性。本条例第3条第3款规定：“专有部分：指公寓大厦之一部分，具有使用上之独立性，且为区分所有之标的者。”应说明者为：

专有部分的成立是否仅须具有“使用上之独立性”即为已足，抑须具备“构造上之独立性”？基于区分所有建筑物专有部分的物权性，应认为其须兼具构造上及使用上的独立性。所谓构造上的独立性，指在建筑构造上与其他建筑物部分有隔离的设备，通常为分隔墙，其材料得为钢筋水泥或三合板等。又本条例第3条第1款规定：“公寓大厦：指构造上或使用上或在建筑执照设计图样标有明确界线，得区分为数部分之建筑物及其基地。”综合观之，所谓使用上的独立性，应指其具有满足吾人社会经济生活的机能，以能否单独使用及有无独立的经济效用为判断基准，应就区分的明确性、间隔性、通行直接性、专用设备的存在、共享设备的不存在等因素认定之。

依前揭专有部分的要件加以判断，住宅、店铺、事务所等由四周墙壁三合板或百叶窗式的机卷门隔离，可不经过相邻的专有部分而直接经由

共同的走廊、楼梯或电梯与外界相通者，皆得成立专有部分，成为区分所有之标的。区分所有建物的地下层如依使用执照记载非属共同使用性质，并已编列门牌者，得视同一般区分所有建物，申请单独编列建号，办理建物所有权第一次登记，而为区分所有的客体。①

## 二、专有部分的范围

区分所有建筑物的专有部分，系由具有一定平面的长度与一定立体的厚度所构成，与其他专有部分以墙壁（共同墙壁）、天花板、地板等加以间隔，其范围如何，计有四说：①专有部分由墙壁、地板、天花板所围成之空间，至于此等墙壁、天花板与地板则属共用部分（空间说）。②专有部分达到墙壁、天花板或地板等境界部分厚度的中心线（壁心说）。③专有部分包含墙壁、天花板、地板等境界部分表层所粉刷部分（墙面说）。④专有部分之范围依内部关系及外部关系而定：在区分所有人相互间对建筑物维持、管理关系上，专有部分仅包括墙壁、天花板、地板等境界部分表层所粉刷之部分；在外部关系（如买卖、保险、税金）等关系上，专有部分达到墙壁、天花板、地板等境界部分厚度的中心线。

前揭第四说兼顾区分所有人的利益，折中于墙面说和壁心说，可资赞同。本条例基本上亦采此见解，于第 56 条第 3 项规定："公寓大厦之起造人或区分所有权人应依使用执照所记载之用途及下列测绘规定，办理建物所有权第一次登记：一、独立建筑物所有权之墙壁，以墙之外缘为界。二、建筑物共享之墙壁，以墙壁之中心为界。三、附属建物以其外缘为界办理登记。四、有隔墙之共享墙壁，依第二款之规定，无隔墙设置者，以使用执照竣工平面图区分范围为界，其面积应包括四周墙壁之厚度。"

## 三、专有部分所有权的权能和限制

区分所有建筑物的专有部分，系属不动产所有权，应适用"民法"相

---

① "最高法院"1982 年台上字第 1193 号判决谓："查'民法'第 799 条所谓共同部分，系指大门、屋顶、地基、走廊、阶梯、隔壁等，性质上不许分割而独立为区分所有客体之部分而言。系争地下层之面积达 271.65 平方公尺，为该大厦之一层（连地上七层共八层），其建造须挖土作成挡土墙，建造成本较之地上层有过之而无不及，倘非专为规划投资施工辟建，不可能形成，依一般社会交易观念，性质上当非不得独立为区分所有之客体，原审未注意之，遽认系争地下层（非地基）为该大厦之共同部分，依上开法条推定认为大厦十四户所共有，已属不无违误。"

关规定。此项区分所有权得为单独所有,得为共有。为共有时,并有“土地法”第34条之1的适用。关于专有部分的得丧变更,应适用不动产物权规定。区分所有权人于法令限制之范围内,得自由使用、收益、处分其所有物(专有部分),并排除他人之干涉(“民法”第765条)。本条例第4条第1项亦明定:“区分所有权人除法律另有限制外,对其专有部分,得自由使用、收益、处分,并排除他人干涉。”所谓“法律另有限制”,包括“民法”及其他法律。本条例所设限制,其主要有:

1. 第4条第2项规定:“专有部分不得与其所属建筑物共用部分之应有部分及其基地所有权或地上权之应有部分分离而为移转或设定负担。”此为关于建筑物区分所有权与基地利用权一体性的规定,前已论及,请参阅。

2. 第5条规定:“区分所有权人对专有部分之利用,不得有妨害建筑物之正常使用及违反区分所有权人共同利益之行为。”此应就具体案件斟酌共同生活、衡量各种情事加以认定。其应肯定者,如改建专有部分而危害公寓大厦的安全;经营KTV、色情应召站,害及公同生活秩序等。关于违反行为的制裁,参阅本条例第49条第1项第1款、第22条第2项规定。

3. 第15条第1项规定:“住户应依使用执照所载用途及规约使用专有部分、约定专用部分,不得擅自变更。”例如使用执照所载用途为住宅,不得变更为店铺使用。本条项系“民法”第184条第2项所称保护他人之法律(2022年台上字第158号)。关于其违反的制裁,请参阅本条例第15条第2项、第49条第1项第3款规定。

4. 本条例关于住户之规定,于区分所有权人为住户时,亦有适用余地,自不待言。

## 四、专有部分的修缮、管理、维护

专有部分之修缮、管理、维护,事关区分所有权人及住户之利益,本条例特设若干规定,以资规范。专有部分、约定专用部分之修缮、管理、维护,由各该区分所有权人或约定专用部分之使用人为之,并负担其费用(本条例第10条第1项)。专有部分之共同壁及楼地板或其内之管线,其维修费用由该共同壁双方或楼地板上下方之区分所有权人共同负担。但修缮费系因可归责于区分所有权人之事由所致者,由该区分所有权人负担(本条例第12条)。应注意的是,本条例第6条规定:“住户应遵守下列事项：一、于维护、修缮专有部分、约定专用部分或行使其权利时，不得妨害其他住户之安宁、安全及卫生。二、他住户因维护、修缮专有部分、约定专用部分或设置管线，必须进入或使用其专有部分或约定专用部分时，不得拒绝。三、管理负责人或管理委员会因维护、修缮共用部分或设置管线，必须进入或使用其专有部分或约定专用部分时，不得拒绝。四、于维护、修缮专有部分、约定专用部分或设置管线，必须使用共用部分时，应经管理负责人或管理委员会之同意后为之。五、其他法令或规约规定事项。前项第二款至第四款之进入或使用，应择其损害最少之处所及方法为之，并应修复或补偿所生损害。住户违反第一项规定，经协调仍不履行时，住户、管理负责人或管理委员会得按其性质请求各该主管机关或诉请法院为必要之处置。”

### 五、应有部分

“民法”第799条第4项规定：“区分所有人就区分所有建筑物共有部分及基地之应有部分，依其专有部分面积与专有部分总面积之比例定之。但另有约定者，从其约定。”“最高法院”2012年台抗字第788号裁定谓：“建筑物不能与其坐落基地分离，同一基地上各区分所有建物均应有相对应使用基地比例即应有部分（至区分所有建物与坐落基地应有部分之使用权源系基于所有权或地上权或租赁关系或使用借贷关系，为别一法律问题），仅其应有部分究应如何计算？2009年1月23日修正公布、同年7月23日施行之‘民法’第799条第4项规定，除当事人另有约定外，应依区分所有建物专有部分面积与专有部分总面积之比例定之，此项原则性之规范于该条项修正施行前，本于公平正义、社会通念、诚实信用或事物之本然，亦均当如此，自应引为法理而予适用。因此，建筑物由一人原始取得而以区分所有形态为所有权第一次登记时，其各专有部分所属共有部分及基地应有部分之分配，仍应按各专有部分面积与专有部分总面积之比例定之。”

## 第三目　共用部分

### 一、共用部分的意义、分类和登记

#### （一）意义

区分所有的建筑物，除专有部分外，尚有共用部分。“民法”第799条第2项后段规定:“共有部分,指区分所有建筑物专有部分以外之其他部分及不属于专有部分之附属物。”本条例第3条第4款规定:“共用部分:指公寓大厦专有部分以外之其他部分及不属专有之附属建筑物,而供共同使用者。”又依本条例第3条第2款规定:“区分所有:指数人区分一建筑物而各有其专有部分,并就其共用部分按其应有部分有所有权。”共用部分是建筑物区分所有的核心重要问题。

本条例的用语(共用部分)异于“民法”(共有部分),但意义则无二致,其范围亦属相同。共用部分(共有部分)包括专有部分以外之其他部分,如电梯、走廊、屋顶、地下室。不属专有之附属建筑物,此又可分为二种:

1. 建筑物之附属物,如排水设备、给水设备、空调设备、防火设备、各种配管线等。

2. 建筑物之附属设备,如天井、水塔、消防设备、游泳池、停车场、建筑物外之照明设备等。

(二) 分类

1. 法定共用部分和约定共用部分

(1)法定共用部分

本条例第7条规定:“公寓大厦共用部分不得独立使用供做专有部分。其为下列各款者,并不得为约定专用部分:一、公寓大厦本身所占之地面。二、连通数个专有部分之走廊或楼梯,及其通往室外之通路或门厅;社区内各巷道、防火巷弄。三、公寓大厦基础、主要梁柱、承重墙壁、楼地板及屋顶之构造。四、约定专用有违法令使用限制之规定者。五、其他有固定使用方法,并属区分所有权人生活利用上不可或缺之共用部分。”此等不得供做专有部分使用,亦不得为约定专用部分的共用部分,为当然共用部分(法定共用部分)。

(2)约定共用部分

值得提出的是,公寓大厦的专有部分得约定供共同使用,是为约定共用部分(第3条第6款)。所谓“约定”,指依规约或区分所有权人会议之决议,故此项约定共用部分又称为规约共用部分,例如将应属专有部分的建筑物部分作为传达室、会客室、交谊厅等。[①]

---

① 参见陈重见:《公寓大厦集居地区共同设施所有权之归属》,载《当代法律》2022年第4、5期。

2. 全体共用部分和一部共用部分

区分所有建筑物之共用部分,又可分为全体共用部分与一部共用部分。前者供全体区分所有权人使用(俗称“大公”),如共享大门、配电室、机械房、停车空间等。后者仅供部分区分所有权人使用(俗称“小公”),如某层的电梯间、走廊等。究为全体共享或一部共享,应以实际使用情形加以认定,有疑义时,宜解为全体共享。二者区分的实益在于修缮费和其他负担。

(三) 共用部分的登记

本条例第56条第1项规定:“公寓大厦之起造人于申请建造执照时,应检附专有部分、共用部分、约定专用部分、约定共用部分标示之详细图说及规约草约。于设计变更时亦同。”共用部分在于供区分所有权人共享,为减少争议,“土地登记规则”第81条规定:“区分所有建物所属共有部分,除法规另有规定外,依区分所有权人按其设置目的及使用性质之约定情形,分别合并,另编建号,单独登记为各相关区分所有权人共有。区分所有建物共有部分之登记仅建立标示部及加附区分所有建物共有部分附表,其建号、总面积及权利范围,应于各专有部分之建物所有权状中记明之,不另发给所有权状。”

## 二、共用部分的法律性质和应有部分

(一) 法律性质

“民法”第799条第4项规定:“区分所有人就区分所有建筑物共有部分及基地之应有部分,依其专有部分面积与专有部分总面积之比例定之。但另有约定者,从其约定。”又依本条例第3条第2款“……并就其共用部分按其应有部分有所有权”的规定,可知此项共有为分别共有,属“民法”第823条所规定因物之使用目的不能分割之共有,又称为互有。此项区分所有建筑物的共用部分具有三点特色:

1. 不得分割。

2. 为使专有部分及共用部分成为一体,共同使用部分的所有权,应随同各相关区分所有建物所有权之移转而移转(本条例第4条第2项、“土地登记规则”第94条)。

3. 编有建号之公共设施部分,系专有部分(抵押物)之从物,为抵押权效力之所及。[①]

(二) 应有部分

区分所有建筑物的共用部分,其性质既为分别共有,其应有部分当事人有约定者,依其约定,无约定而其应有部分不明者,依"民法"第817条规定,推定其为均等。然共用部分关系区分所有权人的权利义务甚巨,不同于一般分别共有,不宜适用民法推定其为均等的规定,应依区分所有权人专有部分比例定之,较为合理。

### 三、共用部分的使用、收益、处分和修缮

(一) 使用收益

本条例第9条规定:"各区分所有权人按其共有之应有部分比例,对建筑物之共用部分及其基地有使用收益之权。但另有约定者从其约定。住户对共用部分之使用应依其设置目的及通常使用方法为之。但另有约定者从其约定。前二项但书所约定事项,不得违反本条例、区域计划法、都市计划法及建筑法令之规定。住户违反第二项规定,管理负责人或管理委员会应予制止,并得按其性质请求各该主管机关或诉请法院为必要之处置。如有损害并得请求损害赔偿。"例如,各区分所有权人得在庭院散步、屋顶晒衣、在野餐区烤肉。如何使用,依共用部分的性质而定,或为共同使用(如乘用电梯、庭院散步),或轮流使用(如撞球室、会客室)。收益,指收取共同部分的天然孳息(如法定空地上果树的果实)及法定孳息(如出租屋顶设置广告物的租金)。

(二) 处分

关于事实上之处分,如共用部分及其相关设施之拆除,应依区分所有权人会议之决议为之(本条例第11条第1项)。至于法律上的处分,如区分所有权人处分共用部分时,应随同专有部分及基地所有权或地上权为之(本条例第4条第2项),前已论及。于共用部分约定专用权,亦属法律上处分,俟后详述。

---

① "司法院"第一厅研究意见:"公寓之公有公共设施,依'民法'第799条之规定,为该公寓各区分所有人共有(互有)。而此项互有部分与区分所有之专有部分,具有同一之经济目的,不得与专有部分分离而为处分,自属专有部分之从物。依'民法'第862条第1项之规定,不待登记,当然为抵押权效力之所及。"

（三）修缮

本条例第10条第2项规定："共用部分、约定共用部分之修缮、管理、维护，由管理负责人或管理委员会为之。其费用由公共基金支付或由区分所有权人按其共有之应有部分比例分担之。但修缮费系因可归责于区分所有权人或住户之事由所致者，由该区分所有权人或住户负担。其费用若区分所有权人会议或规约另有规定者，从其规定。"又依本条例第11条规定："共用部分及其相关设施之拆除、重大修缮或改良，应依区分所有权人会议之决议为之。前项费用，由公共基金支付或由区分所有权人按其共有之应有部分比例分担。"

## 四、共用部分的专用权：约定专用部分

（一）意义

区分所有建筑物之共用部分，得按其应有部分之比例使用收益（本条例第9条第1项）。为发挥经济效用、满足不同需要，公寓大厦共用部分亦得约定供特定区分所有权人使用，是为约定专用部分（本条例第3条第5款），使其取得共用部分之专用权，如使用屋顶平台、外墙悬挂招牌、地下室停车位等。

（二）主体

关于共用部分专用权的主体，本条例第3条第5款明定为特定区分所有权人。全部区分所有权人得同意将共用部分供第三人使用（如于屋顶设广告物），而与第三人成立租赁等契约。

（三）客体

本条例第7条明定："公寓大厦共用部分不得独立使用供做专有部分。其为下列各款者，并不得为约定专用部分：一、公寓大厦本身所占之地面。二、连通数个专有部分之走廊或楼梯，及其通往室外之通路或门厅；社区内各巷道、防火巷弄。三、公寓大厦基础、主要梁柱、承重墙壁、楼地板及屋顶之构造。四、约定专用有违法令使用限制之规定者。五、其他有固定使用方法，并属区分所有权人生活利用上不可或缺之共用部分。"除此限制外，共用部分原则上皆得约定为专用部分，如建筑物本身所占地面以外之空地、建筑物的外墙、法定停车空间等。

（四）成立方式

公寓大厦共用部分之供特定区分所有人使用，须经"约定"，其成立

方式有三：

1. 共有人之同意（“民法”第 819 条第 2 项、“土地法”第 34 条之 1 第 1 项）。

2. 规约（本条例第 23 条）。

3. 让售契约，即区分建筑物之原始出卖人（通常为建筑商），于分批出售区分所有权时，以定型化契约约定特定区分所有权人对庭院或屋顶等共用部分有专用权。值得注意的是，本条例第 58 条第 2 项规定：“公寓大厦之起造人或建筑业者，不得将共用部分，包含法定空地、法定停车空间及法定防空避难设备，让售于特定人或为区分所有权人以外之特定人设定专用使用权或为其他有损害区分所有权人权益之行为。”

（五）消灭

关于共用部分的专用权，订有存续期间或其他终了事由时，因存续期间届满或其他终了事由发生而消灭。其未订有存续期间或其他终了事由时，非经该专用权人的同意，区分所有人不能径依决议或变更规约使之消灭。

### 五、分管契约

分管契约，系共有人就共有物之使用、收益或管理方法订立之契约，如公寓大厦区分所有权人约定由某区分所有权人专用大楼平台。依“民法”第 820 条第 1 项规定，分管契约应由共有人全体共同协议定之；其未订有分管期限者，其终止分管契约系属共有物管理方法之变更，须经“全体”共有人同意始得为之。

一般公寓大厦之买卖，建商与各承购户分别约定，该公寓大厦之共用部分，如地下室共用部分所设置之停车位或其基地之法定空地由特定共有人使用者，此等经第三人为媒介，而将当事人互为之意思表示从中传达而获致意思表示一致者，应认契约亦已合致，共有人间已合意成立“分管契约”。倘共有人已按分管契约占有共有物之特定部分，他共有人嗣后将其应有部分让与第三人，除有特别情事外，其受让人对于分管契约之存在，通常即有可得而知之情形，而应受分管契约之约束（1994 年台上字第 1377 号、2019 年台上字第 775 号）。

订立分管契约的意思表示得为明示或默示，例如建商与各承购户间并未有共用部分由特定共有人使用之约定，而径将共用部分交由特定共有人使用时,不得仅因其他承购户买受房地后未有异议,即推论默示成立分管契约。又虽无明示之分管契约约定,惟地下室倘登记为共有,由共有人全体划分停车位分别停车使用者,应视为全体共有人就该地下室有分管之约定(1992 年台上字第 1060 号)。

共有物分管之约定,不以订立“书面”为要件,倘共有人间实际上划定使用范围,对各自占有管领之部分,互相容忍,对于他共有人使用、收益,各自占有之土地,未予干涉,已历有年所,即得认有默示分管契约之存在(2020 年台上字第 1032 号)。

共有人就共有物分管之部分,有单独之管理权,对于无权占有或侵夺共有物者,得为自己之利益,为回复共有物之请求,无“民法”第 821 条但书“回复共有物之请求,仅得为共有人全体之利益为之”规定之适用(2002 年台上字第 242 号)。

### 第六项　公寓大厦住户的权利义务

“公寓大厦管理条例”第二章规定住户之权利义务(本条例第 4 条至第 24 条)。所谓住户,指公寓大厦之区分所有权人、承租人或其他经区分所有权人同意而为专有部分之使用者或业经取得停车空间建筑物所有权者(本条例第 3 条第 8 款)。本章内容大体上可分为六类:

1. 关于区分所有专有部分及共用部分的使用收益、处分及修缮(本条例第 4 条至第 12 条)。

2. 公寓大厦之重建(本条例第 13 条、第 14 条)。

3. 公寓大厦设置基金(本条例第 18 条以下)。

4. 住户间之相邻关系:本条例第 16 条规定:住户不得任意弃置垃圾、排放各种污染物、恶臭物质或发生喧嚣、振动及其他与此相类之行为。住户不得于私设通路、防火间隔、防火巷弄、开放空间、退缩空地、楼梯间、共同走廊、防空避难设备等处所堆置杂物、设置栅栏、门扇或营业使用,或违规设置广告物或私设路障及停车位侵占巷道妨碍出入。但开放空间及退缩空地,在市、县政府核准范围内,得依规约或区分所有权人会议决议供营业使用;防空避难设备,得为原核准范围之使用;其兼作停车空间使用者,得依法供公共收费停车使用。住户为维护、修缮、装修或其他类似之工作时,未经申请主管建筑机关核准,不得破坏或变更建筑物之主要构造。住户饲养动物,不得妨碍公共卫生、公共安宁及公共安全。但法令或规约另有禁止饲养之规定时,从其规定。住户违反前4项规定时,管理负责人或管理委员会应予制止或按规约处理,经制止而不遵从者,得报请市、县主管机关处理。本条规定涉及公寓大厦的日常生活,时生争议,若能有效执行,对于提升居住质量及安全,大有帮助。

5. 住户投保公共意外责任保险的义务(本条例第17条)。近年来公寓大厦时常发生火灾等重大事故(如台中卫尔康、台北快乐颂KTV、高雄城中城等),损害惨重,救济无门,本条规定确有必要。为强化其效果,本条例第49条第1项第5款规定,住户违反保投义务者,“处新台币四万元以上二十万元以下罚款”;第48条第1款规定,管理负责人、主任委员或管理委员未善尽督促投保责任保险者,“处新台币一千元以上五千元以下罚款”。

6. 共同关系之维护:本条例第22条规定:“住户有下列情形之一者,由管理负责人或管理委员会促请其改善,于三个月内仍未改善者,管理负责人或管理委员会得依区分所有权人会议之决议,诉请法院强制其迁离:一、积欠依本条例规定应分担之费用,经强制执行后再度积欠金额达其区分所有权总价百分之一者。二、违反本条例规定经依第四十九条第一项第一款至第四款规定处以罚款后,仍不改善或续犯者。三、其他违反法令或规约情节重大者。前项之住户如为区分所有权人时,管理负责人或管理委员会得依区分所有权人会议之决议,诉请法院命区分所有权人出让其区分所有权及其基地所有权应有部分;于判决确定后三个月内不自行出让并完成移转登记手续者,管理负责人或管理委员会得声请法院拍卖之。前项拍卖所得,除其他法律另有规定外,于积欠本条例应分担之费用,其受偿顺序与第一顺位抵押权同。”

## 第七项　公寓大厦的管理

本条例的重点在于“管理”,包括物的管理和人的管理。前者系对建筑物和附属设备的使用、维护和修缮;后者在于规范住户的行为,避免危害公共安全、卫生和安宁。为实践此项管理目的,必须要有管理组织、管理经费、管理规约及对违反义务行为的制裁。如何建构合理必要的管理体制,至属重要。综合言之,本条例系采区分所有权人和住户自治原则,期能保障个别当事人的权益并维护团体利益。

## 一、管理组织

为管理公寓大厦,本条例设区分所有权人会议、管理委员会和管理负责人及管理服务人。

### (一) 区分所有权人会议

区分所有权人会议,指区分所有权人为共同事务及涉及权利义务之有关事项,召集全体区分所有权人所举行之会议(本条例第3条第7款)。本条例对其召集决议设有详细规定(本条例第25条以下),兹不赘述。

### (二) 管理委员会或推选管理负责人

公寓大厦应成立管理委员会,公寓大厦成立管理委员会者,应由管理委员互推一人为主任委员,主任委员对外代表管理委员会,管理委员会之组织及选任应于规约中定之(参阅本条例第29条以下规定)。值得特别提出的是,本条例第38条规定:"管理委员会有当事人能力。管理委员会为原告或被告时,应将诉讼事件要旨速告区分所有权人。"本条规定于管理负责人准用之(本条例第40条)。管理委员会或管理负责人虽有当事人能力,但不具法人地位,无权利能力,其权利主体为全体区分所有权人,由其享受权利、负担义务(2020年台上字第2087号)。尚需注意的是,大厦管理员有代收文件的权限。应送大厦内住户之执行名义文件,经管理员代收者,发生合法送达之效力。

本条例规定管理委员会或管理负责人有当事人能力,主要在于使其得提起诉讼。本条例规定,管理委员会或管理负责人因执行管理职务而需提起诉讼者,其情形有七:①第6条第3项,住户违反同条第1项相邻关系规定时,得诉请法院为必要之处置。②第9条第4项,住户违反共用部分使用方式规定时,得诉请法院为必要之处置及请求损害赔偿。③第14条第1项,对于不同意重建之区分所有权人诉请法院命其出让区分所有权和基地所有权应有部分。④第20条第2项,诉请前任管理委员会或管理负责人移交公共基金。⑤第21条,诉请区分所有权人或住户缴付积欠之公共基金或其他应分担之费用。⑥第22条第1项,对重大违规之住户诉请法院强制其迁离。⑦第22条第2项,对重大违规之区分所有权人诉请强制出让其区分所有权及基地所有权应有部分。需注意的是,管理委员会或管理负责人得提起诉讼者,不限上述情形,其依民法或其他法律得提起者,亦得为之。又各住户于其权益受侵害时,得依法诉请救济,自不待言。

（三）管理服务人

管理服务人，指由区分所有权人会议决议或管理负责人或管理委员会雇用或委任而执行建筑物管理维护事务之公寓大厦管理服务人员或管理维护公司（本条例第 3 条第 11 款）。管理服务人，如公寓大厦管理员、清洁工，对公寓大厦的管理具有直接关系，故本条例第 46 条规定，第 41 条至前条公寓大厦管理维护公司及管理服务人员之资格、条件、管理维护公司聘雇管理服务人员之类别与一定人数、登记证与认可证之申请与核发、业务范围、业务执行规范、责任、辅导、奖励、参加训练之方式、内容与时数、受委托办理训练之机构、团体之资格、条件与责任及登记费之收费基准等事项之管理办法，由主管机关定之。

（四）住户

住户在管理组织上的地位，本条例未设特别规定。其为区分所有权人时，得参加区分所有权人会议。其为承租人时，得被推选为管理委员会委员，或被指定为管理负责人。

## 二、管理经费：公共基金[①]

为顺利推动公寓大厦管理业务，本条例第 18 条规定公寓大厦应设置公共基金。公共基金对公寓大厦的管理至为重要。请参阅相关规定。

值得特别说明的是，共用部分、约定共用部分之修缮、管理、维护，由管理负责人或管理委员会为之，其费用由公共基金支付或由区分所有权人按其应有部分比例分担之，为本条例第 10 条第 2 项所明定。又本条例第 28 条第 3 项仅规定起造人于召开区分所有权人会议成立管理委员会或推选管理负责人前，为公寓大厦之管理负责人。并无起造人于区分所有权人会议成立管理委员会后，仍为公寓大厦之管理负责人，亦无起造人为管理负责人时，上述费用由起造人负担之明文。准此，共用部分、约定共用部分之修缮、管理、维护费用，应由公共基金支付或由区分所有权人按其应有部分比例分担，不因管理委员会成立与否或起造人移交共用部分于管理委员会与否，而有差异（2019 年台上字第 1116 号）。

---

① 参见张永健：《大家的钱是谁的钱？——公寓大厦组织型态与公共基金所有权归属之立法论》，载《月旦法学杂志》2017 年第 269 期。

## 三、管理规章:规约

### (一) 规约的意义、内容和范本

规约,指公寓大厦区分所有权人为增进共同利益,确保良好生活环境,经区分所有权人会议决议之共同遵守事项(本条例第 3 条第 12 款)。规约系法律行为,且属共同行为,由区分所有权人为共同利益订定。依本条例第 28 条规定:公寓大厦建筑物所有权登记之区分所有权人达半数以上及其区分所有权比例合计半数以上时,起造人应于 3 个月内召集区分所有权人召开区分所有权人会议,成立管理委员会或推选管理负责人,并向市、县主管机关报备。前项起造人为数人时,应互推一人为之。出席区分所有权人之人数或其区分所有权比例合计未达第 31 条规定之定额而未能成立管理委员会时,起造人应就同一议案重新召集会议一次。起造人于召集区分所有权人召开区分所有权人会议成立管理委员会或推选管理负责人前,为公寓大厦之管理负责人。规约之订定或变更,依区分所有权人会议之决议(本条例第 31 条)。

住户应遵守规约规定事项。关于得依规约规定之事项,参阅本条例第 10 条第 2 项、第 15 条、第 16 条第 3 项、第 23 条等(阅读之!)。依私法自治原则,规约内容得自由决定,但不得违反法律强制规定或有背于公共秩序、善良风俗("民法"第 71 条、第 72 条)。规约范本,由主管机关定之。本条例第 56 条规约草约,得依前项规约范本制作(本条例第 60 条),其主要内容包括总则、专有部分、共用部分、约定专用部分、约定共用部分之权属及范围、管理、管理组织、财务运作、违反规定之处置等事项。

### (二) 规约对区分所有权继受人的效力

本条例第 24 条规定:"区分所有权之继受人,应于继受前向管理负责人或管理委员会请求阅览或影印第三十五条所定文件,并应于继受后遵守原区分所有权人依本条例或规约所定之一切权利义务事项。公寓大厦专有部分之无权占有人,应遵守依本条例规定住户应尽之义务。无权占有人违反前项规定,准用第二十一条、第二十二条、第四十七条、第四十九条住户之规定。"继受人应继受本条例所定之权利义务,系属当然。规约系属法律行为(共同行为),于当事人间发生效力,本条例规定继受人应继受规约所定之权利义务,系属一项突破,肯定建筑物之区分所有具有团体法的性质,继受人一旦进入该团体,即应受其拘束,而遵守规约。需注意的是,第 24 条仅规定规约,区分所有权人会议的决议不包括在内,不能拘束继受人。

值得注意的是,区分所有权人专有部分建物虽得约定共享(或称规约共享),但应于规约明订,使得对抗该约定共用部分之继受人(2018 年台上字第 1845 号)。

规约对公寓大厦的共同生活具有规范的作用,特就常见的问题加以说明:

1. 饲养宠物:关于饲养宠物,本条例第 16 条第 4 项设有限制(请阅读条文),规约亦得另设禁止住户饲养宠物的特别规定。

2. 共同走廊放置鞋柜:住户于共同走廊、楼梯间放置鞋柜、脚踏车等杂物,除依本条例第 16 条第 2 项规定加以限制,规约亦得特设规定。

3. 公共设施全面禁烟:公寓大厦的大厅、中庭、楼梯间或公共厕所等,并非烟害防制法全面禁止吸烟的场所,但规约得规定所有公寓大厦的公共设施全面禁烟。

据上所述,规约具有补充或具体化本条例或其他法律规定的重要功能,但不得违反强行规定。例如管理委员会决议或规约订定住户未缴管理费者不得搭乘电梯,盖电梯系供人员乘坐或物品搬送之便利之用,公寓大厦住户可借由电梯通往各楼层,紧急时亦可供人员乘坐至顶楼以供逃生之用。因此,电梯在公寓大厦中有其固定之使用方法,并属区分所有权人生活利用上不可或缺之共用部分,依本条例第 7 条第 5 款规定,即不得为独立使用供做专有或约定专用部分。如区分所有权人会议决议或规约规定电梯不供二楼住户使用,其约定性质即属仅供其他楼层住户专用;或如管理委员会决议或规约规定以住户未缴交公共基金或管理费等费用为由,剥夺其搭乘电梯等共用部分使用之权,亦属专供未积欠公共基金或管理费之住户专用,有违本条例第 7 条第 5 款或“民法”第 71 条前段之规定,自属无效(嘉义地院 2003 年简上字第 91 号)。

4. 管理费的继受:实务上发生一个争论问题:公寓大厦区分所有权的受让人(如买受人)应否继受让与人(如出卖人)积欠的管理费?此涉及本条例第 24 条的适用问题。关于此点,应采否定说。区分所有权人之继受人所应继受者,系依本条例或规约所定的一切权利义务,如规约所订缴交管理费的义务本身。但不及于积欠的管理费,此属区分所有权人个人的债务,不随同区分所有权之移转而移转,而由继受人继受之,无本条例第24条的适用。

## 四、违反义务行为的制裁

### （一）制裁方法

本条例为贯彻“公寓大厦管理条例”的规范功能，对违反行为，设有制裁规定，其主要方法有四：①行政处罚（本条例第47条、第49条第1项、第50条）。②刑事处罚（本条例第49条第2项）。③诉请法院命区分所有权人出让其区分所有权及其基地所有权应有部分（本条例第14条、第22条第2项）。④诉请法院强制迁离住户（本条例第22条第1项）（相关条文，阅读之）。

### （二）诉请法院强制迁离：一个重要的制裁方法

应特别说明的是，本条例第22条第1项规定：“住户有下列情形之一者，由管理负责人或管理委员会促请其改善，于三个月内仍未改善者，管理负责人或管理委员会得依区分所有权人会议之决议，诉请法院强制其迁离：一、积欠依本条例规定应分担之费用，经强制执行后再度积欠金额达其区分所有权总价百分之一者。二、违反本条例规定经依第四十九条第一项第一款至第四款规定处以罚款后，仍不改善或续犯者。三、其他违反法令或规约情节重大者。”

本条项规定一个重要的制裁方法，如何适用攸关住户重大权益，“最高法院”2019年台上字第1541号判决理由，具有方法论的意义：

1. 财产权保障与法律限制：按人民之财产权固应予保障，但为防止妨碍他人自由、避免紧急危难、维持社会秩序，或增进公共利益所必要者，仍得以法律限制之。此观“宪法”第15条、第23条规定自明。而公寓大厦住户有违反法令或规约情节重大者，由管理负责人或管理委员会促请其改善，于3个月内仍未改善者，得依区分所有权人会议之决议，诉请法院强制其迁离；如该住户为区分所有权人时，管理负责人或管理委员会得依区分所有权人会议之决议，诉请法院命该区分所有权人出让其区分所有权及其基地所有权应有部分。为本条例第22条第1项第3款、第2项所明定。

2. 法律保留原则与比例原则：就私有区分所有权及其基地所有权应有部分言，强制出让制度虽系限制该区分所有权人财产权之行使，惟依其立法意旨，乃在该区分所有权人有严重违反对其他区分所有权人之义务,致无法维持共同关系者,其他区分所有权人得向法院请求出让该违法者之区分所有权,以维护住户间之公共安全、小区安宁与集合式住宅之管理,提升居住质量。此即基于“宪法”第 23 条之法律保留原则、比例原则所为必要之限制。故在适用上,自须审酌其目的正当性、手段必要性、限制妥当性及衡平性等一切情形,俾兼顾该区分所有权人及全体住户之权益。

3. 比例原则的适用:查被上诉人为系争大厦区分所有权人,因有先前违规行为,经前案判决自系争房屋迁离确定,然被上诉人于 2015 年 3 月 16 日前案言词辩论终结后,迄至同年 6 月 30 日受强制执行迁离期间,持续有系争滋扰、挥斧行为,系争大厦区分所有权人会议于同月 27 日作成强制出让决议;被上诉人于迁离后,尚有假借返回系争大厦拿取信件之机会,故意不断鸣按喇叭等情,为原审认定之事实。惟上开强制出让决议系针对被上诉人之系争滋扰、挥斧行为所作成,能否以被上诉人嗣经强制迁离,即谓被上诉人无违反法令或规约情节重大之情形?又被上诉人除先前违规行为外,再为前开行为,能否继续与其他区分所有权人维持共同关系?如不强制其出让系争房地,是否无法达成维护住户间公共安全、小区安宁与集合式住宅管理之目的?倘强制其出让系争房地,是否未逾越前揭“宪法”之比例原则?此与上诉人请求被上诉人出让系争房地,是否符合本条例第 22 条第 2 项规定之判定,所关颇切。

4. 详为审究论证的必要:原审未详加审究,亦未说明其就此取舍之意见,遽认被上诉人受强制迁离后,无法再为滋扰小区安宁之行为;又谓被上诉人仍假借返回系争大厦拿取信件之机会,故意有不断鸣按喇叭之不当举措,尚能以劝导改善、报警处理或搜证诉究等手段防杜。依被上诉人先前之所为及双方间之互动情形,是否符合经验法则,自有再事研求之必要。所为不利上诉人之论断,即有判决不备理由及理由矛盾之违法。[①]

诚如“最高法院”所言,本条例第 22 条第 1 项关于强制区分所有权人迁离及出让的规定,涉及人民财产权的保障与区分所有权的冲突衡量及

---

① 关于本条例第 22 条规定的解释适用,参见李明洲:《“公寓大厦管理条例”逐条释义》,2021 年版,第 283 页;黄健彰:《公寓大厦之强制迁离及出让(一)》,载《当代法律》2022 年第 7 期;黄健彰:《公寓大厦之强制迁离及出让(二)》,载《当代法律》2022 年第 8 期;黄健彰:《公寓大厦之强制迁离及出让(三)》,载《当代法律》2022 年第 9 期;黄健彰:《公寓大厦之强制迁离及出让(四)》,载《当代法律》2022 年第 10 期。

调整，所关颇切，本件判决理由应值肯定。值得特别提出的是，在具体案件的认事用法，法院应将本件判决所提出的抽象判断基准，更进一步明确落实于法之适用的涵摄及论证。

### 第八项　实务上争议问题之探讨

在“公寓大厦管理条例”施行前，建筑物区分所有的专有部分及共有部分，仅能依民法规定处理，在实务上发生许多争议，其主要者为外墙悬挂广告牌、屋顶平台、地下室及停车位，兹就本条例规定论述如下：

#### 一、外墙悬挂广告牌①

关于外墙悬挂广告牌所涉及争点，有一则法律问题，可供说明。台北地方法院1991年度法律座谈会提出如下法律问题：“区分所有建物，一楼所有权人将霓虹灯广告招牌悬挂于二、三楼墙壁外墙，二、三楼所有权人得否依‘民法’第767条规定诉请拆除？”

讨论意见有甲说与乙说不同见解。甲说为肯定说，认为数人区分一建筑物而各有一部，除该建物及附属物之共同部分外，推定为各共有人之共有，而建筑物结构体之外墙，仍属于该区分所有权人专有部分，因此二、三楼墙壁外墙仍否分别为二、三楼所有权人所专有，自得依“民法”第767条规定请求拆除。乙说为否定说，认为建物结构为建筑物存在要素，不能区分由各共有人专有而各有一部，建物墙壁外墙，自应由各共有人共有，外墙之使用应依当地习惯及使用方法以为决定，是以当地习惯，一楼所有权人得于二、三楼悬挂招牌，其使用方法又无不当者，二、三楼所有权人自不得依“民法”第767条规定请求拆除之。高等法院审查后，认为：①区分所有建物之外墙，应非共有，故采肯定说。②纵如否定说之推论其为共有，在未经其他共有人同意前，亦不得悬挂广告牌予以占用。

“司法院”第一厅研究意见认为：按数人区分所有之建筑物，除该建筑物及附属物之共同部分外，应得就该建筑物区分为若干部分，而各有其专有部分以取得所有权，观乎“民法”第799条规定甚明。题示情形，二、

---

① 参见戴东雄：《从公寓大厦管理条例草案论建筑物区分所有大楼搭盖屋顶建筑物及悬挂广告牌之法律问题》，载《法令月刊》1994年第45卷第12期。

三楼建筑物外墙,与一般区分所有权之共同壁(楼板),具有双重或两面性质者未尽相同,矧从区分所有权间有其相互制约性之特质暨防止共有人间发生使用权争执之目的言,亦以解为"民法"第799条所规定之专有部分为当。原审意见以该外墙非共有,二、三楼所有者可据以行使物上请求权排除侵害,并无不合(1992年2月27日厅民字第02696号函复高等法院)。

本件问题争点在于:区分所有建筑物外墙(面)所有权的归属,究为专有部分抑或为共有(共用部分)。本条例为解决此项争议,特于第8条第1项规定:公寓大厦周围上下、外墙面、楼顶平台及不属专有部分之防空避难设备,其变更构造、颜色、设置广告物、铁铝窗或其他类似之行为,除应依法令规定办理外,该公寓大厦规约另有规定或区分所有权人会议已有决议,经向市、县主管机关完成报备有案者,应受该规约或区分所有权人会议决议之限制。准此以言,外墙系属共用部分,未经区分所有权人会议之决议,一楼所有权人擅将霓虹灯广告牌悬挂于二、三楼墙壁外,固所不许,即使悬挂在一楼外墙,于上开规定亦有违背。

住户违反本条例第8条第1项规定而在外墙面悬挂广告物时,管理负责人或管理委员会应予制止,并报请各该主管机关依本条例第49条第1项第2款处以罚款后,该住户应于1个月内回复原状,未回复原状者,由管理负责人或管理委员会回复原状,其费用由该住户负担。需注意的是,本条例第22条规定,住户违反本条例规定经依第49条第1项第1款至第4款处以罚款后,仍不改善或连续犯者,管理负责人或管理委员会得依区分所有权人会议之决议,诉请法院强制其迁离或诉请法院拍卖。在台湾地区,公寓大厦上下左右广告招牌林立,大小不一,不但有碍观瞻,亦影响公共安全,主管机关执法难以贯彻,本条例的规定若能有效执行,对于提升居住质量,必有重大帮助。

### 二、屋顶平台[①]

公寓大厦之屋顶平台,系公寓大厦专有部分以外之其他部分,而供共同使用,系属共用部分,由区分所有权人按其应有部分有所有权(本条例

---

① 参见吴启宾:《关于区分所有建筑物问题之探讨》,载《法令月刊》1995年第46卷第3期;简资修:《公寓大厦屋顶平台之产权研究》,载《军法专刊》1995年第41卷第10期。

第3条第2款、第4款)。各区分所有人按其共有之应有部分比例,对屋顶平台有使用收益之权(本条例第9条第1项),例如晒衣或运动等。

屋顶平台之修缮、管理、维护,由管理负责人或管理委员会为之(本条例第10条第2项和第3项、第11条)。依“民法”第820条第5项规定,共有物之简易修缮及其他保存行为,得由各共有人单独为之,以保全共有物之本体或其上所有之权利。“最高法院”1980年台上字第550号判决谓:“被上诉人在屋顶搭建钢架覆盖石棉瓦,架高中间约2.5公尺,边缘为2公尺,设有日光灯,但无墙壁。此架棚既非钢筋混凝土构造,而系专为遮雨、遮阳而设,复未妨害上诉人使用。从而被上诉人搭盖架棚,按其性质即属保存行为,依‘民法’第820条第2项(按:已修正为第5项)规定,自得由被上诉人单独为之。”共有人的保存行为应不因本条例之施行而被排除。

需注意的是,本条例第8条第1项特别规定,公寓大厦周围上下、外墙面、楼顶平台及不属专有部分之防空避难设备,其变更构造、颜色、设置广告物、铁铝窗或其他类似之行为,除应依法令规定办理外,该公寓大厦规约另有规定或区分所有权人会议已有决议,经向市、县主管机关完成报备有案者,应受该规约或区分所有权人会议决议之限制。对此违反行为,本条例第8条第3项规定,管理负责人或管理委员会应予制止,经制止而不遵从者,应报请主管机关依本条例第49条第1项规定处理,该住户并应于1个月内回复原状。届期未回复原状者,得由管理负责人或管理委员会回复原状,其费用由该住户负担(参阅本条例第22条)。

本条例上开规定并未排除其他区分所有权人行使依“民法”得为主张的权利。1988年度高等法院法律座谈会提出一则法律问题:甲系某大楼顶楼所有人,其未得大楼各层所有人之同意,擅在顶楼平台上加盖砖造钢架覆盖石棉瓦并设有铁门之房屋一间,他层所有人乙不满甲独占使用屋顶平台,遂本于所有权作用,诉请拆除屋顶建物,法院可否准许?

研讨意见采用甲说,认为应准乙之请求。旧“民法”第799条规定:“数人区分一建筑物,而各有其一部分者,该建筑物及其附属物之共同部分,推定为各共有人之共有。”旧“民法”第820条第1项并规定:“共有物,除契约另有订定外,由共有人共同管理之。”因此,甲未经其他共有人同意,擅自在屋顶平台加盖房屋,自属无权占有,乙请求拆除房屋为有依据(参照“司法院”院字第1950号解释、“最高法院”1985年度第2次民事庭会议决议)。

“司法院”第一厅研究意见谓：大楼顶楼之屋顶平台，依“民法”第 799 条规定，应推定为该大楼各层所有人之共有。又共有人对共有物之特定部分占用收益，须征得他共有人全体之同意。题示甲既未经他共有人同意而就共有物共有部分任意占有，加盖房屋一间，他共有人乙自得本于所有权请求除去妨害（“司法院”院字第 1950 号解释），研讨结果采甲说，核无不合（1988 年 10 月 7 日厅民四字第 1196 号函复高等法院）。

又“最高法院”1993 年台上字第 2384 号判决认为：“在屋顶平台搭建房屋、冷气压缩机、设置铁门而单独使用等，已变更平台原来之性质、构造，既逾越平台使用、管理之范围，且属侵害他区分所有人之权利，他区分所有人自得诉请拆除。至加盖该建物之区分所有人，有无经建筑管理机关之核准，乃其行政手续是否完备，可否免遭取缔之问题，与其有无加盖之私法上权利无涉。”在法律适用上，需注意的是，他区分所有人除得诉请拆除（第 767 条）外，尚得主张不当得利或侵权行为损害赔偿请求权（1992 年台上字第 1877 号）。

### 三、地下室（地下层）

“内政部”于 2007 年 7 月 31 日修正公布之“土地登记规则”第 82 条规定：“区分所有建物之地下层或屋顶突出物等，如非属共用部分，并已由户政机关编列门牌或核发其所在地址证明者，得视同一般区分所有建物，申请单独编列建号，办理建物所有权第一次登记。”关于地下室所有权的归属，“最高法院”著有不少判决。兹分地下室为区分所有之标的和地下室为共有二种情形说明如下：

#### （一）地下室为区分所有之标的

关于地下室的物权归属，其主要问题在于地下室得否为区分所有之标的。“最高法院”基本上采肯定见解，认为地下层之面积广大，为其地上大楼的一层，其建造须挖土作成挡土墙，建造成本较诸地上层有过之而无不及，倘非专为规划投资施工辟建，不可能形成，依一般社会交易观念，性质上当非不得独立为区分所有之客体（1983 年台上字第 1582 号）。“最高法院”1990 年台上字第 1147 号判决谓：“地下室所有权之归属应依物权法则决定，以出资建造人为原始取得人，与其使用权谁属系属二事，施工图纵然约定地下室规划防空避难室、停车场供全栋大楼住户使用，亦与所有权之认定无关。纵依法令或建屋之本旨，地下室应供楼上各住户作为防空避难室、停车场使用,亦属其使用权归属之问题,与其所有权谁属无关,自难以其系一楼以上区分所有建物之公共设施,而认为当然属于一楼以上房屋所有人共有。且地下室有电梯、楼梯通往一楼大门,并有通道供汽车出入,与外面相通,自得单独为所有权之标的,尚非该大厦一楼以上区分所有建物之从物。”

(二) 地下室为共有(共用部分)

地下室如依建筑蓝图及使用执照所载,系供全体区分所有人防空避难及停车之用,为区分所有人建筑物公共设施之一,系属共同使用部分,并未经全体区分所有人同意归特定人所有,事实上如未登记为该特定人所有,则地下室在性质上不得单独为所有权之客体,应属全体区分所有人共有。纵各区分建物于办理第一次所有权登记时,未办理地下室为共同设施之登记,亦无碍其附属于区分建物所有人所有的性质(1991 年台上字第 1733 号、1993 年台上字第 1684 号)。[①]

地下室如为区分所有建筑物之共同使用部分时,由建筑物区分所有权人依其应有部分为使用、收益、处分等,应适用本条例规定。需注意的是,本条例第 58 条规定,公寓大厦之起造人或建筑业者,不得将共用部分,包含法定空地、法定防空避难设备及法定停车场空间让售于特定人,或为区分所有权人以外之特定人设定专用使用权,或为其他有损害区分所有权人权益之行为。

## 四、停车位[②]

(一) 停车位得否为区分所有之标的?

停车位(停车空间)不具备构造上的独立性,不得作为区分所有之标

① “最高法院”1994 年台上字第 1374 号判决谓:“防空避难室之性质属共同使用之建物,而停车空间亦无从编列门牌,依‘土地登记规则’第 73 条规定,不能单独办理所有权登记而欠缺定着物之独立性,自不得单独为所有权之客体。足见上开防空避难室及停车空间,为系争大厦住户共同使用部分,与建物区分所有人有不可分离之关系,属大楼之附属设备。至双方买卖合约书第 3 条,虽有应属上诉人所有之约定,但依上说明,并不因此影响上诉人或系争大厦地下层防空避难室及停车空间不能单独取得所有权之事实……原审认定系争如第一审判决附图 A 所示及停车位部分面积 527.67 平方公尺为防空避难室及停车空间,属区分所有建筑物之共同使用部分,欠缺定着物之独立性,不能为单独所有权之客体。”

② 参见邱慧洳:《论专有部分、共有部分与约定专用部分之判断》,载《成大法学》2016 年第 31 期;杨智守:《区分所有建筑物特定停车位之使用权与所有权之关联性纷争探讨》,载《法令月刊》2015 年第 66 卷第 4 期。

的,系实务和学者的通说。“公寓大厦管理条例”施行后,有认为专有部分以具有使用上之独立性即为已足(本条例第3条第3款),故停车位得为区分所有之标的。亦有认为,至少在建筑执照设计图样标有明确界线得区分为数部分的停车空间之情形,得成立区分所有权。鉴于停车位之重要,若能在立法上规定于具备一定要件时,停车空间得为区分所有之标的,并在登记制度上予以配合,对于解决层出不穷的纠纷,必有帮助。

（二）地下室停车位的买卖

地下室为区分所有建物之共有部分(共用部分)时,买受特定停车位之人,系买受该停车地下室的应有部分,依分管特约而占有使用特定的停车位。① 此项停车位约定专用权,不得与所有权分离而单独为买卖之标的。地下室车位共同使用部分,与建筑物专有部分具有密切不可分的主从关系,建筑物专有部分所有人,不得将共同使用部分之车位使用权单独出售他人,或保留车位使用权而将建筑物专有部分出售他人(1992年台上字第2962号、1998年台上字第3049号)。

## 第九项　请求权与案例研习

——漏水责任:请求权基础

漏水是公寓大厦生活中常见的争议,参照实务设计一个案例,作为讨论的基础:

> 甲居住在A公寓四楼,天花板长期漏水,毁损甲的墙壁、地板、家具等。甲怀疑是五楼住户乙的阳台排水管年久失修所致,乃请求乙配合修缮,乙拒绝甲进入五楼屋内勘查。甲及其家人生活长期受漏水影响,不得安宁,精神痛苦不堪。试说明甲得向乙主张何种权利,其请求权基础为何(请先查阅相关条文)?

---

① “最高法院”2007年台上字第1152号判决谓:“按区分所有建筑物,依‘土地登记规则’第81条第1款:‘同一建物所属各种共用部分,除法令另有规定外,应依各区分所有权人使用情形,分别合并,另编建号,单独登记为各相关区分所有权人共有。但部分区分所有权人不需使用该共用部分者,得予除外。’之规定可知,公寓大厦之停车位与其他公共设施并同登记为一建号,由区分所有权人全体共有,如购买车位者取得较多之应有部分,自得对该特定之车位享有专用权。准此,公寓大厦区分所有建筑物之买卖,若已由建商或起造人与各承购户定明停车位之使用权者及其范围者,当可解释为系一种共有物之分管契约,具有拘束各该分管契约当事人之效力。”

## 一、修缮责任,费用负担

关于甲的请求权基础,应区别本条例第10条及第12条的适用:

(一)"公寓大厦管理条例"第10条

本条例第6条第1项第2款规定:"他住户因维护、修缮专有部分、约定专用部分或设置管线,必须进入或使用其专有部分或约定专用部分时,不得拒绝。"甲于发现漏水后,得依此规定请求乙同意甲进入五楼屋内勘查、维修,避免损害。

本条例第10条第1项规定:"专有部分、约定专用部分之修缮、管理、维护,由各该区分所有权人或约定专用部分之使用人为之,并负担其费用。"依此规定,若认定系乙的专用部分(如阳台、地板、空调)导致漏水时,甲得请求乙修缮,并由乙负担费用。

(二)"公寓大厦管理条例"第12条

本条例第12条规定:"专有部分之共同壁及楼地板或其内之管线,其维修费用由该共同壁双方或楼地板上下方之区分所有权人共同负担。但修缮费系因可归责于区分所有权人之事由所致者,由该区分所有权人负担。"依此规定:

1. 首应认定其漏水系专有部分之共同壁及楼地板或其内之管线。

2. 依鉴定报告,其漏水原因系不可归责于乙时,应由双方共同负担修缮费用。

3. 漏水原因系可归责于乙时,甲得向乙请求修缮,并由乙负担修缮费用。例如:甲的房屋受漏水损害,经认定系因乙的房屋化妆室马桶污水管堵塞致使污水溢出、地板隆起爆裂所致;或系因乙雇用工人疏通水管,工人意外戳破水管所致。在此情形,其漏水原因系可归责于乙,甲得依本条例第12条但书规定,请求乙修缮,并由乙负担修缮费用。

## 二、侵权行为损害赔偿

(一)财产上损害

因故意或过失,不法侵害他人之权利者,负损害赔偿责任(第184条第1项前段)。又所有人对于妨害其所有权者,得请求除去之(第767条第1项中段)。乙未注意其五楼房屋因专用部分的阳台排水管年久失修,致污水渗漏至甲所有的四楼房屋内时,不仅妨害甲所有权的行使,并侵害甲房屋所有权,甲得依"民法"第 767 条第 1 项中段规定,请求乙应修缮其房屋内阳台之排水管,使甲所有房屋回复不漏水之状态,并依"民法"第 184 条第 1 项前段规定请求损害赔偿。

（二）非财产上损害(慰抚金)

应检讨的是,甲得否向乙依"民法"第 195 条第 1 项规定请求非财产上损害的金钱赔偿。按于他人居住区域发出超越一般人社会生活所能容忍之噪音,应属不法侵害他人居住安宁之人格利益,如其情节重大,被害人非不得依"民法"第 195 条第 1 项规定请求赔偿相当之金额(2003 年台上字第 164 号)。居住安宁、生活环境属于人格法益之一种(2019 年台上字第 2437 号)①,则与其相似之居住环境之干爽舒适,亦应包括在内。如乙疏于管理其五楼房屋,经甲多次请求亦未改善,致甲及其家人每日遭受房屋漏水及发霉之苦及身体健康逐日遭受湿气之侵害,且屋内因摆放吸水抹布、集水器皿,致甲之生活更无质量可言。甲全家长期生活在漏水房屋内,实已超出一般人社会生活所能容忍之程度,足认甲精神上受极大痛苦时,甲得向乙依"民法"第 195 条第 1 项规定请求相当金额的赔偿。

请求权基础方法可用于思考及处理"公寓大厦管理条例"的争议问题,应善于应用。兹将前述漏水案例所涉请求权基础图示如下:

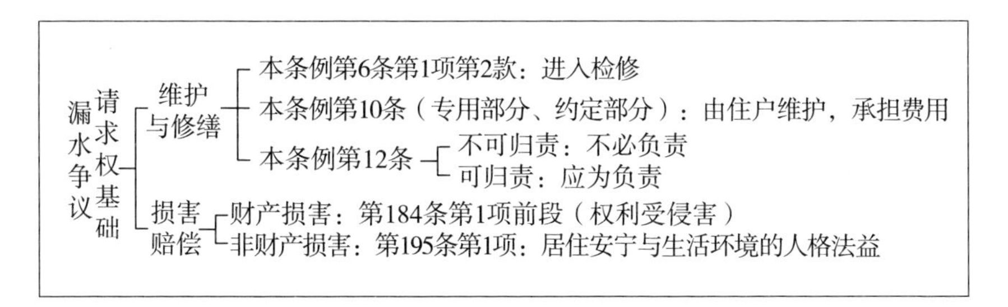


① "最高法院"2019 年台上字第 2437 号判决肯认生活环境为衍生人格法益,赋予相邻关系中生活于特定区域之可得特定之人享有居住环境之人格生活秩序利益,且承认居住安宁与生活环境同为"民法"第 195 条第 1 项之衍生人格法益,可谓以"宪法"上基本权保障之高度赋予人格权法、物权法、环境法之保护,甚为发挥法学方法论应用之精神,借由具体化之方式,使本为"宪法"上之基本权与人性尊严之基本宪制价值得以在民法中落实,亦为现代民事法学包裹人本主义思维之典型案例。参见陈旺圣:《寻找法学方法论之轨迹——人本主义思维与现代法学之视野》,载《世新法学》2022 年第 15 卷第 2 号。

## 第三节 动产所有权

关于依“法律行为”而发生的动产物权变动,“民法”于第761条(动产物权之让与)和第764条(抛弃)设有规定,已详前述。关于依“法律规定”而发生的动产所有权变动,规定于物权编第二章第三节(第801条以下)。就善意取得、先占、拾得遗失物、发现埋藏物拾得漂流物、添附设其规定。分述如下:

### 第一款 善意取得

“民法”第801条规定:“动产之受让人占有动产,而受关于占有规定之保护者,纵让与人无移转所有权之权利,受让人仍取得其所有权。”所谓“而受关于占有规定之保护者”,指“民法”第948条第1项“以动产所有权,或其他物权之移转或设定为目的,而善意受让该动产之占有者,纵其让与人无让与之权利,其占有仍受法律之保护”之规定而言。此为动产所有权善意取得的基本规定。例如甲出借某劳力士金表于乙使用,乙擅以之作为己有,出售于善意之丙并为交付时,纵乙无移转该表所有权之权利,丙仍取得其所有权。占有物如系盗赃或遗失物时,“民法”第949条至第951条之1设有特别规定。现行“民法”将动产所有权善意取得此项重要制度,分别于物权编第二章第三节和第十章加以规定,立法体例未尽妥适,为使读者获得较完整、有系统的了解,本书特集中于占有相关部分(本书第652页),作详细的说明。

### 第二款 先 占

1. 17岁的甲捕获海龟,经其父允许,在广场出售。乙购该龟,在背上刻上其姓名,依地方习俗放生于海,为受监护宣告之人丙所捕获。乙向丙请求返还,有无理由?

2. 甲丢弃情书、日记于收集可燃物的垃圾桶内。乙以所有意思占有之。甲查知其事,得否向乙请求返还?

#### 一、意义和法律性质

先占,指以所有之意思,占有无主之动产,除法令另有规定外,取得其所有权之法律事实(第802条)。先占系狩猎游牧社会取得所有权的主要手段,目前已丧失其重要性,但作为所有权起源的一种理论,仍受重视。先占系事实行为,此乃法律对以所有的意思占有无主动产的事实,赋予取得所有权的效果。凡具有意思能力,对物有管领力者,皆得为有效的先占,不以具有行为能力为必要(案例1)。

## 二、要件

### (一) 须为动产

先占之标的物,须为动产。土地,属于人民全体("宪法"第143条、"土地法"第10条),且私有土地所有权消灭者,仍为公有,不能以先占而取得其所有权。房屋或其他建物非属动产,自不得为先占的客体。

### (二) 须为无主的动产

动产须为无主,即现在不属于任何人之物。动产之成为无主,其情形有二:

1. 自始即为无主,如野生的飞禽走兽、海产等。

2. 原为有主,而被抛弃。抛弃系物权行为(单独行为),以有行为能力为必要,限制行为能力人未得法定代理人之允许而为抛弃时,其抛弃无效(第78条)。动产是否抛弃,应就具体情形,探求当事人真意加以认定。陪葬物品不能认系抛弃物。捕获的野生动物,所有人放弃追寻时,得解为有抛弃的意思。丢弃破旧衣物于垃圾车,固属抛弃,但所丢弃者,倘为私人信件(如情书、日记)(案例2),应认其目的在于经由垃圾处理而销毁,不构成抛弃。

动产是否有主,应依客观的事实加以认定,先占人主观认识如何,在所不问。误认有主物为无主物而先占,固不因此而取得其所有权(但有时效取得的适用)。误认无主物为有主物而先占时,则无碍其所有权的取得。例如,甲中彩券,暴富,抛弃旧表,乙误以为系遗失物而占有,仍可依先占而取得其所有权。

废弃车辆,如依客观事实可认定为无主物者,例如,废旧不堪使用的车辆,长久停放于公共巷道,经通知车主处理而逾期未处理,依客观事实可认车主有抛弃的意思,就一般情形而论,该物即为无主物。其经环保机关代表政府或其他公法人(市、县、乡、镇)先占者,由政府或其他公法人取得所有权。盗赃的车辆被遗弃路旁时,得构成遗失物,应适用"民法"

第803条以下规定。

（三）须以所有意思而占有

所谓“以所有之意思”，指事实上欲与所有人立于同一支配地位的意思而言。先占人只须具备事实上支配其物的能力，即为已足，不必有行为能力，前已论及。占有亦得指示他人（占有辅助人）为之，如雇用猎户捕猴、渔夫打鱼等是。

（四）须无法律禁止规定或他人有先占权

不得为所有权客体的不融通物（如毒品），不得为先占的客体。依特别法加以保护的动产，亦然，例如可供鉴赏、研究、发展、宣扬而具有历史及艺术价值的无主古物（请参阅“文化资产保存法”）；珍贵稀有动植物、濒临绝种及珍贵稀有之野生动物（请参阅“野生动物保育法”）。

他人有排他先占权的动产，亦不得为先占之标的，例如渔业权人对于一定水面内之水产有独占之采捕权（“渔业法”第4条），无此权利之人，虽以所有之意思而占有，仍不能取得其所有权。在此情形，该被占有的动产，仍属无主物，先占权人得依“民法”第767条第1项规定向占有人请求交付，于取得其物的自主占有时，取得该动产所有权。占有人将该动产出售（或赠与）他人时，受让人得依善意受让的规定，取得其所有权（第801条、第948条以下）。先占权人对侵害人得依侵权行为规定请求损害赔偿，或依不当得利之规定请求返还其所受之利益。

## 三、法律效果

具备前述要件时，先占人即取得动产的所有权。先占的取得系直接基于法律规定，并非基于他人既存的权利，故为原始取得，该动产上原有的负担，均归于消灭。无主物先占多发生于他人抛弃动产所有权的情形。第三人有以该动产所有权为标的物之其他物权（如动产质权）时，其动产所有权之抛弃，非经该第三人同意，不得为之（第764条第2项）。

## 第三款　遗失物之拾得[1]

1．“路不拾遗”，古有明训，为何“民法”规定拾得人有报酬请求权，于无人认领时，得取得遗失物所有权？

[1] 参见温丰文：《遗失物拾得》，载《月旦法学教室》2020年第216期。

2. “民法”物权编修正“遗失物之拾得”,作有相当幅度的修正,请比较新旧条文,说明修正重点及修正理由。在他人家中、餐厅或补习班教室遗忘某六法全书时,是否成立遗失物?

3. 假若您在路上(公园或台北车站)拾得手机或走失的宠物时,依“民法”关于遗失物的规定,应如何处理?依“法定程序”处理时,有何种权利及义务?未依“法定程序”处理时,应负何种责任?若该遗失物的价值低于五百元时,应如何处理?

4. 公交车司机或警察拾得遗失物时,依“民法”规定应如何处理,得否请求拾得遗失物的报酬?无人认领时,该遗失物所有权归属何人?

## 一、意义和法律性质

遗失物之拾得者,乃发现他人之遗失物而占有之法律事实。路不拾遗,古之美训,但货弃于地,不加利用,浪费资源,于社会经济未免不利。为兼顾当事人利益,民法特明定在遗失物拾得人与所有人间发生债之关系,并在一定条件之下,使拾得人取得遗失物所有权,借以鼓励他人“拾得”遗失物,以符物尽其用的经济原则。

遗失物之拾得系事实行为,拾得人有无行为能力,在所不问。拾得他人遗失物,系“未受委任,并无义务,而为他人管理事务”,“民法”关于无因管理之规定亦有适用余地。由斯观之,遗失物之拾得在体系上系债之关系,属债法领域,其所以在物权编规定,乃偏重于遗失物所有权的取得。

## 二、要件

### (一) 遗失物

遗失物者,指无人占有,但为有主的动产。分三点言之:

1. 须为动产:遗失物限于动产,不动产(土地或定着物)有一定的位置,纵经湮灭或为风沙埋没,亦非属遗失物。

2. 须为有主:遗失物须为有主物,无主物为先占的客体。是否为遗失物,依客观情形加以认定,不以拾得人主观认识为准。

3. 须无人占有:此指丧失物的占有,不为任何人所占有而言,其原因如何,在所不问,例如所有人掉落钱包于闹市、书的借用人(直接占有人)认该书内容违反公序良俗而丢弃、业务员(占有辅助人)失落公司的支票。占有的丧失虽基于占有人的意思,仍无碍于遗失物成立,例如窃贼丢弃赃物时,对所有人仍可构成遗失物。遗失物的成立不以所有人不知其下落为要件,例如,甲自澎湖观光回台北后,纵知其照相机忘置于美丽的吉贝岛某处,亦无碍于其成为遗失物。

占有是否丧失,应依社会通念,就具体个案,视原占有人有无对物行使事实上管领力的可能性加以认定。准此以言,占有的物品或动物偶至他人地内(第791条),或所有人为安全之目的将某贵重物品藏匿某处,均不成立遗失物。在屋内忘置之物,是否构成遗失物,应分别情形论之:

(1)在自己房屋误置之物(如将金钱投入废纸篓、眼镜不知放何处),因房屋为自己占有,屋内之物均在其事实上的管领下,故非遗失物。

(2)在他人私宅(或舟车、办公室)忘置之物(如遗忘雨伞于友人之家)时,其物之占有移转于屋主,亦非遗失物,而为遗忘物,应仅适用无因管理的规定。

(3)在公共场所(如旅馆大厅、火车站候客室、飞机场厕所)忘置之物,因众人出入,事实上管领力殆不存在,则为遗失物。

(二) 遗失物之拾得

遗失物之拾得,指遗失物之发现及占有而言,实际上以后者为重要。甲与乙同行,地下遗有钻戒,甲先发现,乙后发现,如乙先占有其物,则乙为拾得人,纵乙之发现系基于甲之告知者,亦然。设甲有意占有其物,乙抢先为之,乙仍为拾得人。在乙使用暴力阻甲占有时,甲就身体健康或衣物所受的损害,得依侵权行为规定请求损害赔偿,但不得请求乙赔偿其丧失的报酬请求权。甲与乙同时为占有者,为共同拾得人,关于拾得人的义务,为连带债务人,关于拾得人之权利,应平分报酬或取得遗失物所有权。

遗失物之拾得,得由占有辅助人为之,但须在占有辅助关系范畴之内(第942条),如某商场清洁员,拾获遗失物①;铁路管理局(或高铁公司)员工于车厢拾得旅客遗失物②。值得注意的是,"司法院"院字第1432

① 德国实务上认为戏院之带位员拾得遗失物时,以戏院主人为拾得人(BGHZ 8, 130)。

② "铁路法"第53条规定:"对于所有人不明之运送物、寄存品或遗留物,铁路机构应公告招领。经公告一年后仍无权利人领取时,铁路机构即取得其所有权。前项运送物、寄存品或遗留物,如有易于腐坏之性质或保管困难或显见其价值不足抵偿运杂费时,铁路机构得于公告期间先行拍卖,保管其价金。"本条所称"遗留物",应解为包括"遗失物"(另参阅"公路法"第53条规定)。

号解释认为:岗警于值勤时查获之遗失物,应认其所属机关为拾得人,如六个月内无人认领,应将其物或拍卖所得之价金归入公库。此亦适用于环保机关拾得盗赃的车辆被遗弃路旁,而成立遗失物的情形。

关于在大众运输工具上拾得之遗失物,得认为:①员工或车掌于行车中拾得遗失物,应以客运公司为拾得人,故公告无人认领后,应归公司所有。②乘客遗忘在出租车内的物品,司机不负保管义务,故司机得为拾得人,但该物品系经后来的乘客发现时,则以该乘客为拾得人。

## 三、法律效果

### (一) 法定债之关系

基于遗失物之拾得,在拾得人与所有人(包括有受领权的占有人)之间,产生一定的权利义务关系,并有无因管理规定的适用:

1. 拾得人的义务和责任

(1)拾得人的义务

①通知义务及揭示义务:"民法"第 803 条规定:"拾得遗失物者应从速通知遗失人、所有人、其他有受领权之人或报告警察、自治机关。报告时,应将其物一并交存。但于机关、学校、团体或其他公共场所拾得者,亦得报告于各该场所之管理机关、团体或其负责人、管理人,并将其物交存。前项受报告者,应从速于遗失物拾得地或其他适当处所,以公告、广播或其他适当方法招领之。"应受通知的受领权人,包括遗失物的所有人,限于物权人、占有人。拾得人可选择通知遗失人等,或径报告、交存警察或自治机关,此项双轨制系为避免课予拾得人过重的义务,较有效率。

②保管义务:拾得人就遗失物系居于无因管理人的地位,故应以善良管理人之注意,负保管义务,但为免除遗失物之急迫危险而为事务之管理者(如医治患重病之狗),则仅就故意或重大过失,负其责任(第 175 条)。

③报告及交存义务:"民法"第 804 条规定:"依前条第一项为通知或依第二项由公共场所之管理机关、团体或其负责人、管理人为招领后,有受领权之人未于相当期间认领时,拾得人或招领人应将拾得物交存于警察或自治机关。警察或自治机关认原招领之处所或方法不适当时,得再为招领之。"所谓相当期间,指依客观情形,足认所有人得以知悉该招领内容并为认领所必要之时间,应就个案认定之。

拾得人于报告及将其物交存后,其招领及保管义务,因而消灭,改由警察或自治机关为招领及保管。拾得物易于腐坏或其保管需费过巨者,招领人、警察或自治机关得为拍卖或径以市价变卖之,保管其价金(第806条)。

④返还义务:遗失物自通知或最后招领之日起6个月内,有受领权之人认领时,拾得人、招领人、警察或自治机关,于通知、招领及保管之费用受偿后,应将其物返还之(第805条第1项)。

(2)拾得人违反义务时的责任

拾得人不依"民法"规定处理,据遗失物为自己所有者,除构成侵权行为外,尚应负刑事责任("刑法"第337条)。拾得人将遗失物作为己有而为处分时,受让人纵为善意,遗失人自遗失之时起,二年之内,得向占有人请求回复其物(第949条)。

2. 拾得人的权利

(1)费用偿还请求权:拾得人、招领人、警察或自治机关就拾得物所支出招领及保管费(如动物饲养费),得对认领人请求偿还,在受偿还前得留置遗失物(第805条第5项、第928条)。

(2)报酬请求权、消灭时效、留置权:"民法"第805条第2项、第3项、第4项、第5项规定:"有受领权之人认领遗失物时,拾得人得请求报酬。但不得超过其物财产上价值十分之一;其不具有财产上价值者,拾得人亦得请求相当之报酬。有受领权人依前项规定给付报酬显失公平者,得请求法院减少或免除其报酬。第二项报酬请求权,因六个月间不行使而消灭。第一项费用之支出者或得请求报酬之拾得人,在其费用或报酬未受清偿前,就该遗失物有留置权;其权利人有数人时,遗失物占有人视为为全体权利人占有。"分四点加以说明:

①所谓其物的财产价值,指客观标准之财产价值。拾得人得请求的报酬,以遗失物财产价值的1/10为限。遗失物为票据时,实务上认为关于报酬之金额,应以遗失人若依公示催告程序,无人申报权利,得获除权判决所需期间计算之法定迟延利息为计算依据(1994年台上字第913号)。

②又物有不具财产上价值,但对受领之人重要者,如学历证书或其他证明公私法上权利之证明文件等,为奖励拾物不昧之精神,亦承认拾得人有报酬请求权,惟其报酬之多寡,难以具体规定,故以"相当"表示之,实务上可由当事人协议定之,不能协议者,自得依法定程序诉请法院解决。

③报酬请求权的6个月短期消灭时效,旨在使权利的状态早日确定。

④遗失物有多数得请求偿还费用或报酬之权利人(如拾得人与招领人非同一人)且各有不同之费用或报酬请求权时,各人对遗失物均有留置权。虽遗失物实际上仅由其中一人占有,惟其占有应视为系为全体留置权人而有,俾免辗转交付遗失物之繁琐,充分保障多数留置权人之权利。此种留置权为特殊留置权,依其性质得准用留置权(第928条以下)相关规定。

需注意的是,"民法"第805条之1规定:"有下列情形之一者,不得请求前条第二项之报酬:一、在公众得出入之场所或供公众往来之交通设备内,由其管理人或受雇人拾得遗失物。二、拾得人未于七日内通知、报告或交存拾得物,或经查询仍隐匿其拾得遗失物之事实。三、有受领权之人为特殊境遇家庭、低收入户、中低收入户、依法接受急难救助、灾害救助,或有其他急迫情事者。"

拾得人主张费用偿还请求权或报酬请求权,须以所有人认领为要件。所有人不为认领时,拾得人无从请求。又所有人曾以广告悬赏找寻遗失物而定有报酬时,发生竞合关系,由拾得人择一行使之。

(二) 物权变动

"民法"第807条规定:"遗失物自通知或最后招领之日起逾六个月,未经有受领权之人认领者,由拾得人取得其所有权。警察或自治机关并应通知其领取遗失物或卖得之价金;其不能通知者,应公告之。拾得人于受前项通知或公告后三个月内未领取者,其物或卖得之价金归属于保管地之地方自治团体。"

## 四、关于遗失物价值在新台币500元以下的特别规定

"民法"第807条之1规定:"遗失物价值在新台币五百元以下者,拾得人应从速通知遗失人、所有人或其他有受领权之人。其有第八百零三条第一项但书之情形者,亦得依该条第一项但书及第二项规定办理。前项遗失物于下列期间未经有受领权之人认领者,由拾得人取得其所有权或变卖之价金:一、自通知或招领之日起逾十五日。二、不能依前项规定办理,自拾得日起逾一个月。第八百零五条至前条规定,于前二项情形准用之。"之所以设此规定,系对财产价值轻微的遗失物,特考量招领的成本与遗失物价值的成本效益。

## 第四款　拾得漂流物

“民法”第810条规定:“拾得漂流物、沉没物或其他因自然力而脱离他人占有之物者,准用关于拾得遗失物之规定。”漂流物指漂流于水面而权利人丧失其占有之动产。所谓沉没物,指沉没于水底,而权利人丧失其占有之动产。例如,船遭意外,漂流于水面之船具为漂流物,沉没于水底之货物为沉没物。此等之物,其他因自然力而脱离他人占有之物者,例如台风、大雨使物品脱离他人占有的情形,实质上同于遗失物,故“民法”明定准用关于遗失物的规定。

公有林木漂流物所有权的取得,系具重要性的争议问题,“最高法院”2016年台上字第2297号判决谓,原判决释绎“森林法”第15条第5项“天然灾害发生后……竹木漂流至……区域外时,当地政府需于一个月内清理注记完毕,未能于一个月内清理注记完毕者,当地居民得自由捡拾清理”规定,认于清理期后抛弃所有权之漂流木范围系有限制,自由捡拾之漂流木以不具经济价值之碎木残枝为原则,贵重木材不与之;贵重木材之范围则由林务主管机关依实际情形制定细节规范以为补充,适用法律洵无违误。

## 第五款　埋藏物的发现

1. 甲查知乙所有的房屋曾为盗巢,墙壁中藏有物主不明的宝物。甲趁乙举家出游观光期间,破墙取出一把名贵镶玉宝剑。试问甲是否取得该宝剑所有权?乙得否主张共有该宝剑?

2. 甲雇乙掘地,乙发现一批龙银,大声欢呼,为路人丙所见,抢先占有之。试说明当事人间的法律关系。

### 一、意义和法律性质

埋藏物之发现者,乃发现埋藏物而占有的一种法律事实。其法律性质与先占、遗失物之拾得相同,系属事实行为,不以发现人具有行为能力为要件。关于埋藏物的归属,“民法”系以发现人取得所有权为原则(第808条本文),以共有为例外(第808条但书)。

## 二、要件

（一）须为埋藏物

埋藏物，指埋藏于他物之中，而不知属于谁所有的动产。分三点加以说明：

1. 埋藏物须为动产，通常为金银财宝。古代房屋或城市因地震、火山爆发等事变被埋没于地下，已成为土地的一部，非属埋藏物。

2. 所谓埋藏，指包藏（隐藏或埋没）于他物之中，不易由外部窥视或目睹。他物（包藏物）得为动产或不动产，公有地或私有地均所不问。埋藏的原因，究出于人为或天然，亦所不问。埋藏时间通常为久经年月，但不以此为必要。

3. 所谓不知属于何人，指埋藏物系属有主，而其所有人不明而言，此应就物的性质、埋藏的状态、埋藏的时日等客观情形加以认定，非以发现人的主观认识为判断标准。例如，甲为避盗，将金银藏于其屋墙壁，应为甲所有；该屋于甲死亡后，辗转出售，倘能辨明金银为甲所藏，应归其继承人，倘不能辨明时，则属埋藏物。

埋藏物与遗失物的主要不同，在于前者必藏于他物之中，而其所有人不明；后者非以藏于他物为必要，通常知其所有人或所有人所在不明。例如，甲失落玉环，失其占有，该玉环成为遗失物。该玉环其后为他物埋藏时，若确知其所有人或所有人所在不明时，仍为遗失物。反之，若不知所有人为谁时，则成为埋藏物。

（二）须经发现而占有

发现，指认识埋藏物的所在，究出于偶然，抑或出于预定计划，在所不问。例如，甲获知乙屋曾为盗巢，墙壁中藏有宝物，破墙取之，仍为发现埋藏物。至于应对房屋的毁损，负侵权行为损害赔偿责任，系属另一问题（案例1）。

埋藏物的发现，得指示他人为之。例如雇工挖掘埋藏宝物，但其发现埋藏物非基于指示或属于职务范畴时，不在此限，例如，雇工掘地建屋，工人发现龙银时，应以受雇之工人为发现人（案例2）。

占有指对埋藏物取得事实上的管领力。掘地发现龙银，取而握之，固为占有，掩盖不为人知，亦属之。发现人与占有人通常为同一人，如非同一人，如何处理，不无疑问。依“发现埋藏物而占有”的规定，应认为重在发现,与拾得遗失物重在占有不同。因此在解释上宜认为发现人因发现埋藏物而取得物上期待权,而于占有时,取得其所有权(或与埋藏物所有人共有)。例如,甲拆除沙发,发现藏有金币,乙抢先占有,侵害甲的期待权,甲得向乙请求返还。设甲发现埋藏物后,不欲占有而取得其所有权时,应以其后占有人乙为发现人,自不待言。

### 三、法律效果:物权变动

发现埋藏物而占有者,取得其所有权。但埋藏物系在他人所有的动产或不动产中发现者,该动产或不动产所有人与发现人,各取得埋藏物之半(第808条)(案例2)。所谓各取得埋藏物之半,指由所有人与发现人平分,其物无从分割时,则共有之。此项所有权的取得,系属原始取得,该物上的其他负担,归于消灭。

发现的埋藏物足供学术、艺术、考古或历史之资料者(如在台南延平古屋发现西班牙1820年铸造的银元),其所有权的归属,依特别法的规定(第809条)。所谓特别法,如"文化资产保存法"(第3条、第17条等可资参照)。

## 第六款　添　附

### 第一项　概　说

下列情形,应如何定其所有权的归属及债权法上的求偿关系:

1. 甲的房屋遭台风毁损:

(1)甲取乙之水泥砖瓦修补屋顶。

(2)甲取丙之门窗装于己屋。

(3)甲擅自取回设定质权于丁的瓷砖,修补墙壁。

2. 甲的汽车发生事故:

(1)甲取乙的油漆漆其车身。

(2)甲取丙之轮胎装于其车。

3. 甲的伏特加与乙的柳橙汁混合。

4. 甲误取乙的鸡血石,雕刻成图章。

上开案例所举的四种情形涉及动产与不动产附合、动产与动产附合、动产与动产混合及动产加工，即因物与他物结合，或因加工成为新物，学说上称为添附。添附是一种事实行为。之所以要特别规定的主要原因，系某物成为他物的重要成分时（如用水泥建造房屋、将牛奶加入咖啡），其原有的所有权关系不能继续存在，因为物的重要成分不能作为权利的客体，此乃物权法的基本原则。

添附涉及产权的明确性、政治哲学及经济效率，系动产物权变动的重要法律事实（事实行为）。法律上如何设其规定，应考虑六个基本问题（请认真思考，彻底理解）：

1. 何种状态物的结合，应予维持，或复位其所有权？此为添附的构成要件问题。

2. 如何决定添附物所有权的归属？民法所采的基本原则系维持原状，使所有权单一化，专归某人独有，复位其所有权，立法目的在于顾及物的经济利益。盖数物既已附合为一，或因加工而成新物，若仍使各所有权存续，则各物主得请求回复原状，事实上纵使可能，对社会经济亦属不利。至于共有关系，非唯不便，且易滋纠纷，若再分割，益增麻烦，故仅于例外情形承认之（第812条、第813条）。

3. “民法”关于复位添附物所有权的规定，是否为强行规定？通说认为，使添附物所有权归一人独有或数人共有，具强行性质，但究由何人取得所有权或是否共有，得由当事人约定之。

4. 构成添附之物，如有第三人权利（尤其是担保物权，如动产质权）存在时，应如何处理？“民法”第815条规定动产所有权因添附而消灭者，该动产上的其他权利，亦同消灭。但在设定人取得添附物所有权的情形，其担保物权应续存其上。“动产担保交易法”第4条之1规定：“动产担保交易之标的物，有加工、附合或混合之情形者，其担保债权之效力，及于加工物、附合物或混合物。但以原有价值为限。”[①]此为保护不占有动产的担保交易[动产抵押、附条件买卖（保留所有权）、信托占有]的特别规定。

5. 法律明定添附物由一人取得时，对受损害者，应如何加以救济？“民法”第816条明定得依关于不当得利规定，请求偿还价额，即以债权上

---

① 苏永钦：《论动产加工的物权及债权效果》，载《民法经济法论文集》，第205页，意见不同，作有深刻之分析，深具启示性，足供参考。

的请求权平衡物权的变动,调和当事人利益。

6. 添附的发生究系基于自然力或人之行为在所不问,若系人之行为,究为善意或恶意,亦非所问,立法意旨重在维护物之归属及其经济价值。

为使读者对添附有体系化的认识,图示如下,俾阅读以下说明时,有所参照(不要强记,要把握其立法目的,借由案例而理解!):

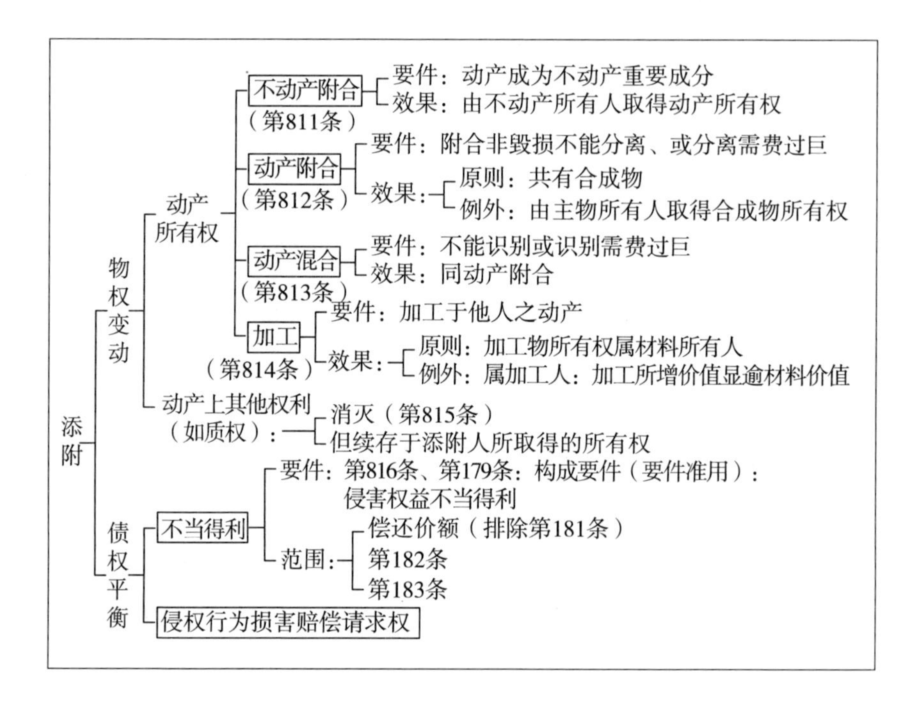


## 第二项　不动产附合

1. 甲盗取乙的钢筋、丙的水泥、丁的建材,修建别墅。试问:

(1)该别墅所有权属谁所有。

(2)该别墅因台风发生损毁时,其材料归谁所有?

(3)建造的别墅未至成为独立的定着物前,因故停工,不为续建时,其所有权属于何人?

2. 甲擅在乙所有的土地种植茶树、桐树,并偷取丙的肥料施肥。其后甲收取茶叶,桐油出卖时,其法律关系如何?

## 一、意义

“民法”第 811 条规定：“动产因附合而为不动产之重要成分者，不动产所有人，取得动产所有权。”由此可知，所谓动产与不动产附合（简称不动产附合），系指动产与他人之不动产相结合，成为其重要成分，因而发生动产所有权变动的法律事实。

## 二、要件

（一）须动产与不动产附合

附合者，须为动产，被附合者为不动产（包括土地及定着物）。不动产与不动产不发生附合问题。例如，甲建屋于乙的土地，房屋为独立不动产，不由土地所有人取得其所有权。附合的原因究为人的行为或自然力，如因人的行为，究为当事人或第三人的行为，有无行为能力、善意或恶意，均所不问。

（二）须动产成为不动产的重要成分

动产与他人之不动产互相结合已成为不动产的重要成分，即非经毁损或变更其性质，不能分离者而言。重要成分不得单独为物权之标的，在于防止经济上价值的减损。动产是否因附合而成为不动产的重要成分，应斟酌其固定性及继续性的程度，依社会经济观念加以认定。[①] 准此以言，其成为重要成分者，例如，以砖、水泥修缮房屋，以油漆粉刷墙壁。又加，建在原建物之上，仍须利用原建物之门户出入，而无独立之进出通路时，各该增建部分，既已与原建物附合成为一整体，应认已成为原建物之重要成分（1996 年台上字第 807 号、2001 年台上字第 947 号、2006 年台上字第 1584 号、2021 年台上字第 2407 号）。其不成为重要成分者，例如，将他人活动门窗装于己屋，悬挂广告物于他人屋顶。需特别提出的是，在他人土地建造房屋，不生附合问题，前已说明，设该建造的房屋，迄未完工，不足避风雨，未达经济上使用之目的，尚未成为定着物时，应认为系属动产，非为土地的重要成分，土地所有人不因此而取得其所有权。此

---

① “最高法院”1995 年台上字第 2625 号判决谓：“动产附合于不动产，而归不动产所有人取得动产所有权者，须以动产因附合而成为不动产之重要成分为要件。所谓成为不动产之重要成分，系指此种结合具有固定性、继续性，而未成为另一独立之定着物而言。”

一未完成的房屋系利用他人材料建造时,其所有权的归属应适用动产附合的规定(案例1)。

值得提出讨论的是,某甲误取乙的肥料施于丙之土地时,丙因肥料附合成为土地的重要成分而取得肥料所有权。[①] “最高法院”1975年台上字第2739号判例谓:“系争地上茶树、桐树等未与土地分离前为土地之一部分,并非附合于土地之动产而成为土地之重要成分,与‘民法’第811条至第815条所定之情形无一相符,则上诉人依同法第816条规定要求被上诉人返还不当得利,自难谓合。”甲于乙所有土地种植茶树、桐树时,其所以成为土地一部分,而为土地所有人取得其所有权,乃动产与不动产附合成为不动产重要成分,应有“民法”第811条和第816条规定的适用。诚如最高法院1942年上字第952号判例所云:“不动产之出产物尚未分离者,为该不动产之部分,‘民法’第66条第2项有明文规定,某甲等在某乙所有地内侵权种植其出产物,当然属于某乙所有,如果该项出产物经某甲等割取,即不能谓某乙未因其侵权行为而受损害。”(案例2)

(三) 须不属同一人所有

“民法”第811条虽未明定“附合于他人之不动产”,但既规定“不动产所有人,取得动产所有权”,可知动产与其附合的不动产须不属于同一人所有。动产与不动产若属于同一人,不发生附合问题。所谓不发生附合问题,系指不发生由不动产所有人取得他人动产所有权的法律效果。至于动产所有权仍应因附合成为不动产的重要成分,而归于消灭。“民法”第811条在于宣示一项民法基本原则,即物的重要成分不得单独作为所有权客体。该动产上的第三人权利(如质权或留置权)亦因动产所有权的消灭而消灭。惟受损害者,仍得依关于不当得利之规定请求偿还价额(第816条)。[②]

---

① 法律问题:“某甲误取某乙之肥料施于某丙之土地。问某乙是否得依不当得利之规定向某丙请求偿金?”“司法院”第一厅研究意见,采高等法院研讨会乙说见解认为:“所谓直接损益变动关系应系指其受利益直接自受损人之财产而非经由第三人之财产,某甲误取某乙之肥料时,该肥料之所有权仍属于某乙,某丙因肥料附合成为土地之重要成分而取得肥料所有权(‘民法’第811条参照)直接自某乙受利益,某乙得依不当得利规定,向某丙请求偿金(‘民法’第816条参照)。”(1992年11月16日厅民一字第18571号函复高等法院)

② 参见姚志明:《动产附合不动产强迫之不当得利》,载《台湾法学杂志》2019年第373期。

### 三、法律效果:物权变动

因附合的结果,由不动产所有人取得该动产的所有权,系直接基于法律规定,为原始取得,动产的原所有权归于消灭。此为强行规定,当事人约定动产所有人仍保留其所有权者,其约定无效。此项物权变动具有终局确定性,已消灭的动产所有权不生复活的问题,故附合的动产纵再分离,仍属不动产所有人所有。

动产所有权既因附合而消灭,该动产上的其他权利(如质权),亦归消灭。不动产上的其他权利(如抵押权)则因其物的所有权的扩张,而及于附合的动产。

## 第三项　动产之附合

试就下列情形,说明其动产物权的变动:

1. 甲向盗车集团购买乙车的音响、车轮或引擎,装置于其车。
2. 甲擅取乙的蚝油炖红烧牛肉。

### 一、意义

"民法"第 812 条规定:"动产与他人之动产附合,非毁损不能分离,或分离需费过巨者,各动产所有人,按其动产附合时之价值,共有合成物。前项附合之动产,有可视为主物者,该主物所有人,取得合成物之所有权。"由此可知,所谓动产与动产之附合(简称动产之附合),系指异其所有人的动产互相结合,非毁损不能分离或分离需费过巨,而发生动产所有权变动的法律事实。

### 二、要件

动产与动产之附合,究出于人之行为或自然力,如因人之行为,究为当事人或第三人行为,有无行为能力、善意或恶意,均在所不问。其附合须达于非毁损不能分离,或分离需费过巨的程度,此应就社会经济观念定之。属之者,如以漆漆桌、以纸糊窗、以丝线缝衣、以颜料绘画,或以蚝油炖红烧牛肉。其不属之者,如换装汽车轮胎、音响或引擎,插花于瓶,以灯泡装于台灯,以零件组合个人电脑。附合的动产须非属于同一人所有,法有明文。惟应注意的是,附合的动产同属于一人,而一物成为他物之重要成分时(例如以漆漆桌),其所有权亦应归于消灭,该动产上的其他权利(如质权)亦同消灭。受损害者,亦得依不当得利规定请求偿还价额(第816条)。

### 三、法律效果:物权变动

动产附合后的总体称为合成物,原则上由各动产所有人按动产附合时之价值共有之。例如,甲、乙各以等量之木板合成一箱时,以均等的应有部分共有该箱所有权。各所有人的原所有权归于消灭,但各动产上担保物权(如质权)依物上代位的理论,应续存于合成物应有部分之上。

需注意的是,附合的动产有可视为主物者,由该主物所有人取得合成物所有权。所谓可视为主物,应视物的价值、效用、性质、依一般交易观念定之。例如,以他人之漆漆车时,车为主物,由汽车所有人取得上漆后汽车的所有权。以他人蚝油炖牛肉,牛肉为主物,由牛肉所有人取得红烧牛肉所有权。主物上的第三人权利,继续存在于合成物的全部。非属主物动产的所有权消灭,其物上的第三人权利,亦同归消灭。

## 第四项 混 合

试就下列情形,说明当事人间的物权变动:

1. 甲、乙共有的金戒指,被丙所盗,丙将之熔成金条。
2. 甲误取乙的糖块,放入其咖啡。
3. 甲的羔羊,混入乙的羊群,难以识别。
4. 甲以乙的金钱与自己的金钱混合,或将乙的金钱存入自己的银行账户。

物主各异动产的结合,除附合外,尚会发生"动产与他人动产混合,不能识别或识别需费过巨"的情事。在此情形,"民法"第813条规定应准用第812条(动产附合)的规定。

动产与动产的混合,有为固体(如咖啡与糖),有为液体(如汽水与果汁),有为气体(如瓦斯)。混合后须达不能识别(如纯度相同二个金戒指熔成金条),或识别需费过巨(如甲未作记号的羔羊混入乙的羊群)。金钱混合亦适用关于动产混合的规定,依其货币数额成立共有,在商店溢付价款时亦然,不能认为商家取得单独所有权。[①] 混合的金钱存入银行时,发生不当得利请求权(第179条)。

混合的法律效果,准用"民法"第812条规定,即各动产所有人,按其动产混合时的价值,共有混合物。混合的动产,有可视为主物者,该主物的所有人取得混合物所有权。例如,咖啡与糖混合,咖啡可视为主物,由咖啡所有人取得其所有权。甲的羔羊混入乙的羊群时,因乙的羊群在数量上远超过甲的羔羊,可视为主物,由乙取得该羔羊所有权。其余请参照关于动产附合部分的说明。

## 第五项 加 工

1. 17岁的甲使用乙所有的纸张绘制漫画,其所有权的归属?

2. 甲医治乙所有垂死的名驹,得否主张因加工而取得其所有权?

3. 甲盗乙的布料,由丙承揽制作西服,该布料价值5000元,制成西服的价值15000元。试问该西服所有权属于何人?

4. 甲有印石,设质于乙,被丙所盗,请著名金石家丁刻成名贵印章,其法律关系如何?

### 一、意义

"民法"第814条规定:"加工于他人之动产者,其加工物之所有权,属于材料所有人。但因加工所增之价值显逾材料之价值者,其加工物之所有权属于加工人。"由此可知,加工系指就他人之物,加以制作或改造,使成新物而生物权变动的法律事实(事实行为)。"民法"第814条系第812条及第813条的特别规定,具有社会经济生产活动的重要功能。

### 二、要件

#### (一) 加工之标的物须为动产

对不动产加以工作,如开垦他人土地,非属加工,不发生所有权变动,惟可发生无因管理或不当得利。加工于动产,其产生的加工物为不动产(房屋)时,亦适用加工的规定。加工为人之行为,系属事实行为,有无行为能力、是否有取得所有权的意思、善意或恶意,均在所不问。

---

① 德国通说,BGH HZW 2010, 3578.

（二）加工的客体须为他人所有

加工的客体称为材料，须为他人所有。加工之际，得加入自己或他人的材料。加工物由加工人取得其所有权时，被加工动产上的其他权利（如质权），应归于消灭，但受损害者，得依不当得利规定向取得加工物所有权的加工人请求偿还价额（第816条）。

（三）须因加工而制成新物

加工须以制成新物为要件，何谓新物，应依社会通念加以认定，其得据以判断的，包括新的名称、功能、使用目的，以及重要的实质或形式的变更。例如：纺纱为布，以布料作成衣服；磨麦成粉，以面粉作成面包；以木材制纸，以纸绘画；锻铁成钢，再制成器具。加工是一个由原料、半成品到成品的多层次制造生产的过程。

是否为新物，其名称和用途常为主要的判断标准，如纱与布、布料与衣服、麦与麦粉、麦粉与面包、木材与纸张、纸张与绘画，其名称和功用皆有不同，应属新物。

对动产的修缮，如修复艺术品、医治垂死的名驹、在地窖封存好酒使成陈年佳酿，并未因此而制成新物，纵其价值大增，仍不适用加工规定，仅发生无因管理或不当得利的问题。

## 三、法律效果：物权变动

（一）原则与例外：利益衡量与社会政策

关于加工物所有权的归属，“民法”第814条规定：“加工于他人之动产者，其加工物之所有权，属于材料所有人，但因加工所增加之价值显逾材料之价值者，其加工物之所有权属于加工人。”系采加工物归属于材料所有人的原则，而以所有权归属于加工人为例外。此项规定旨在权衡材料所有人与加工人的利益，并不涉及资本或劳力孰应优先保护的社会政策。①

（二）加工物所有权归属

1. 判断基准

加工物所有权归属，系于加工所增加的价值是否显逾材料的价值。

---

① 德国民法系采所谓生产原则（Produktionsprinzip），原则上由加工人取得其所有权（《德国民法典》第950条），是否涉及社会政策问题，曾引起争议，参阅 Baur/Stürner, Sachenrecht, S. 624.

所谓材料价值,指材料于加工时的价值。加工所增加的价值依新物的交易价值与材料价值的差额而决定。值得提出的是,《德国民法典》第950条规定,加工或改造的价值非显然低于材料的价值时,由加工人取得其所有权。德国通说认为,加工价值以新物的价值扣除原物的价值加以计算,若新物的价值至少是原物的1.6倍时,则应认为是新物。此项认定标准可供参考。兹举二例加以说明:

(1)甲盗乙价值2万元的皮革,作成价值3万元的皮衣,加工所增加之价值为1万元,未显逾材料的价值,该皮衣所有权属于乙(材料所有人)。

(2)甲误以乙时值2万元象牙为己有,精心雕刻为价值6万元艺术品,加工所增加之价值为4万元,显逾材料之价值,其所有权属于甲(加工人)。

2. 加工人取得

加工人取得加工物所有权时,材料所有人的所有权消灭,该材料上其他权利亦归消灭。

3. 材料所有人取得

新物所有权归属于材料所有人时,材料上的其他权利(如质权)继续存在。材料为数人所有时,适用动产附合的规定,使各物主按其材料加工时价值,共有加工物,材料上的其他权利继续存在于各该应有部分之上。

(三) 强行规定?

"民法"第814条系强行规定,不能依当事人意思加以变更。此为添附的一般原则,前已说明。加工所涉及者虽为当事人间的利益冲突,但攸关交易,宜为明确物权变动关系,应肯定其强制性。民法关于加工的规定,虽系强行规定,但关于谁为加工人,当事人得加以约定。[①]

## 四、案例研究:谁为加工人

谁为加工人,系加工的核心概念。应就客观情事,依谁对生产过程在经济上具有支配力加以判断。兹分四种情形加以说明(请再阅读前揭案例):

1. 自己为加工人:加工的典型情形,系自己加工于他人动产,例如16岁的甲擅取乙的宣纸作画,因该画作的价值显逾材料(宣纸)的价值,甲

---

① Vieweg/Lorz, Sachenrecht, S. 171.

取得画作的所有权,不因甲系未成年人而受影响,因为加工系事实行为,而非法律行为,且不论加工人善意与否。

2. 劳动契约的受雇人:工厂生产物品,其加工人为雇主(企业),而非受雇人(占有辅助人,第942条)。例如,甲窃取乙的皮革,雇用工人丙等制作皮包时,基于其行为所生的效果应归属于甲,以甲为加工人,取得皮包所有权。若受雇人丙窃取皮革,在家自制皮包时,因已脱离雇主支配范畴,而成为加工人。

3. 承揽契约:甲以布料,交乙制作西服,其制成的西服(加工物)的所有权属于定作人(甲)。"最高法院"1965年台上字第321号判例认为:"因承揽契约而完成之动产,如该动产系由定作人供给材料,而承揽人仅负有工作之义务时,则除有特约外,承揽人为履行承揽之工作,无论其为既成品之加工或为新品之制作,其所有权均归属于供给材料之定作人。"可资参照。

4. 保留所有权:甲以保留所有权的方式(附条件买卖)让售某批皮革给乙,乙加工制成皮鞋时,乙为加工人,取得加工物(皮鞋)的所有权。在此情形,依"动产担保交易法"第4条之1规定:"动产担保交易之标的物,有加工、附合或混合之情形者,其担保债权之效力,及于加工物、附合物或混合物。但以原有价值为限。"

### 第六项　债权法上的求偿关系

1. 甲提供材料,承揽修缮乙之房屋,其后发现承揽契约不成立或无效时,试就下列情形,说明当事人间之法律关系:

(1)材料系甲所有。

(2)材料购自丙,丙系受监护宣告人,甲未取得材料所有权。

2. 甲承租乙的花园洋房,租期届满,乙早已预定拆除修建大楼。甲拒不返还,继续使用,换贴壁纸,修缮围墙,种植花木。试说明当事人间的法律关系。

#### 一、不当得利请求权

##### (一)"民法"第816条的修正

"民法"第816条原规定:"因前五条之规定,丧失权利而受损害者,得依关于不当得利之规定,请求偿金。""民法"物权编2009年1月修

正时修正为:“因前五条之规定而受损害者,得依关于不当得利之规定,请求偿还价额。”关于修正内容,参照立法理由,说明如下:

1. 删除“丧失权利”:本条原规定为“丧失权利而受损害者”,其规范意旨在于指明不当得利请求权的权利主体。惟依“民法”第179条规定,不当得利请求权的主体为“受损害之他人”(受损人),解释上只要“受损害”即可,不必以丧失权利为必要,盖不当得利规定之“损害”概念,范围相当广泛,除丧失权利外,尚包括单纯提供劳务、支出费用或权益归属之侵害。且“丧失权利”等文字,未尽概括完整,其固然可以说明因附合、混合而丧失动产所有权或该动产上其他权利的情形,但无法涵盖因加工单纯提供劳务而受损害之情。为求精确,特删除丧失权利等文字。

2. 将“请求偿金”修正为“请求偿还价额”:此项修正旨在指明所谓“关于不当得利之规定”本质上为不当得利,故“民法”第179条至第183条均在准用之列,仅特别排除第181条关于不当得利返还客体规定之适用。因添附而受损害者,依关于不当得利之规定请求因添附而受利益者返还其所受之利益时,仅得适用“民法”第181条但书规定请求“偿还价额”,不能适用同条本文规定,请求返还“利益原形”,以贯彻添附制度重新分配添附物所有权归属、使所有权单一化、禁止添附物再行分割之立法意旨。

(二)规范意义

1. 实务见解

关于“民法”第816条所谓“依关于不当得利之规定”,其规范意义何在,实务上有二种不同见解:

(1)“最高法院”1999年台抗字第46号判决谓:“‘民法’第179条规定‘无法律上之原因而受利益,致他人受损害者,应返还其利益’,而‘民法’第811条规定‘动产因附合而为不动产之重要成分者,不动产所有人,取得动产所有权。’同法第816条规定‘因前五条之规定,丧失权利而受损害者,得依关于不当得利之规定,请求偿金’。是动产因附合而为不动产之重要成分者,动产所有人丧失所有权及不动产所有人取得动产所有权,均系因法律之规定。不动产所有人并非无法律上之原因而受利益,仅法律基于衡平考虑,许丧失权利者依关于不当得利之规定,请求偿金。足见‘民法’第811条、第816条与同法第179条所规定者显为二不同之请求权。”

(2)“最高法院”1999年台上字第419号判决谓:“(一)按‘民法’第

816 条之规定系一阐释性之条文，旨在揭橥依同法第 811 条至第 815 条规定因添附丧失权利而受损害者，仍得依不当得利之法则向受利益者请求偿金，故该条所谓‘依不当得利之规定，请求偿金’，系指法律构成要件之准用（2015 年台上字第 1356 号、2014 年台上字第 847 号）。易言之，此项偿金请求权之成立，除因添附而受利益致他人受损害外，尚须具备不当得利之一般构成要件始有其适用。（二）按‘民法’第 816 条所谓之‘偿金’，应以受损人因添附丧失其所有权时，该动产之客观价值计算之，是偿金计算之准据时点自以该受益者受利益之时为准。”

2. 笔者见解：权益侵害不当得利

（1）不当得利构成要件的准用：“民法”第 816 条所谓“依关于不当得利之规定”，系指依不当得利的构成要件（Tatbestandsverweisung、Rechtsgrundverweisung）而非仅适用其法律效果（Rechtsfolgenverweisung），从而必须具备“民法”第 179 条的要件，性质上乃属不当得利请求权。“最高法院”1999 年台上字第 419 号判决采此见解，可资赞同。前揭修正理由，亦采此见解。“最高法院”2015 年台上字第 1356 号判决再度肯定此见解：“按‘民法’第 816 条系一阐释性之条文，旨在揭橥依同法第 811 条至第 815 条规定因添附丧失权利而受损害者，仍得依不当得利之法则向受利益者请求偿金，故该条所谓‘依不当得利之规定，请求偿金’，系指法律构成要件之准用，非仅指法律效果而言。易言之，此项偿金请求权之成立，除因添附而受利益致他人受损害外，尚须具备不当得利之一般构成要件始有其适用，即须当事人一方受有利益，致他方受有损害，且受益与受损间系无法律上之原因，始足当之。”

（2）权益侵害不当得利：应特别指出的是，“民法”第 816 条规定的不当得利系指权益侵害不当得利而言。

（三）给付不当得利与权益侵害不当得利的区别

如前所述，所谓得依关于不当得利之规定，请求偿还价额，须具备“民法”第 179 条规定的不当得利的要件，即一方因添附取得动产所有权而受利益，致他方受损害，无法律上原因。此系指“非给付不当得利”的权益侵害不当得利，例如甲误取乙的油漆，漆其屋墙壁时，甲受有取得油漆所有权的利益（第 811 条），侵害应归属于乙的权利，致乙受损害，欠缺法律上之原因，应成立不当得利。

添附系基于给付关系而发生时，应成立给付不当得利，无“民法”第

816 条之适用,分三种情形加以说明①:

1. 承揽人甲以自己所有的材料为定作人乙修缮房屋,乙虽因不动产附合而取得材料所有权,受有利益,致甲受损害,但因系基于承揽契约,具有法律上之原因,不成立不当得利。承揽人仅得依承揽契约规定请求报酬。在承揽契约不成立或无效时,则应适用"民法"第 179 条关于不当得利的规定(权益侵害不当得利)。

2. 承揽人甲基于与承租人乙所订立的承揽契约,以自己材料修缮租赁房屋时,由屋主丙(出租人)依"民法"第 811 条规定取得材料所有权。承揽契约不成立或无效时,仅在承揽人和承租人(定作人)间发生不当得利请求权。(参阅下图)

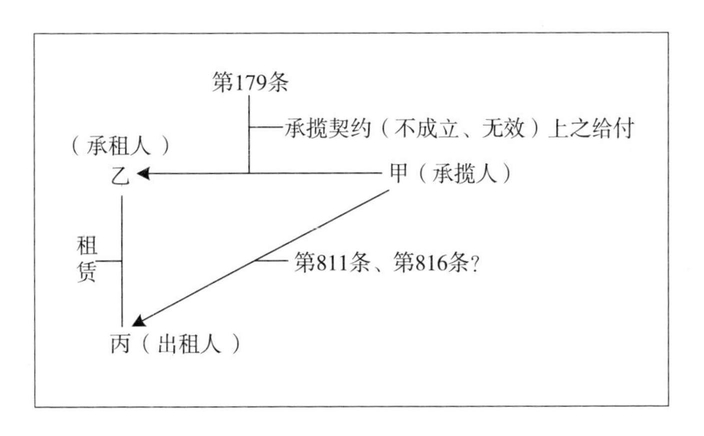


3. 承揽人甲向乙购买材料,修缮定作人丙的房屋时,由丙依"民法"第 811 条规定取得材料所有权。其后纵发现甲未取得该砖瓦所有权时(如乙为受监护宣告之人),丙系基于承揽契约因甲的给付而受利益,具有法律上之原因,不成立不当得利。

(四)权益侵害不当得利

1. 权益侵害不当得利请求权的成立要件

"民法"第 816 条规定权益侵害不当得利请求权的成立要件有三:①须受有利益。②须侵害归属于他人的权益,致他人受损害。③无保有所受利益的法律上原因。例如甲窃取乙的玉石(价值 5 万元)雕刻成玉

① 参见王泽鉴:《不当得利》(第二版),北京大学出版社 2015 年版,第 285 页。

凤(价值50万元),而依"民法"第814条规定取得该玉凤的所有权而受有利益;甲受利益系侵害乙的玉石所有权的归属,致乙受损害;甲受利益(取得玉石所有权)无法律上的原因。依"民法"第816条准用第179条规定成立权益侵害不当得利。

2. 所受利益的返还

"民法"第816条明定债权人仅得请求偿还价额,而不能请求回复原状(返还动产所有权),立法目的在于避免毁损物的价值。所谓"偿还价额",应以受损人因添附丧失其所有权时,该动产之客观价值计算之,是价额计算之准据时点自以该受益者受利益之时为准(2018年台上字第300号)。依此见解,在前揭玉石案例,乙得向甲请求玉石的价值5万元。关于此项价额的请求,亦有"民法"第182条至第183条规定的适用。例如甲误以乙的玉石为己有,制成鼻烟壶,因加工取得其所有权后,赠与丙时,甲所受利益不存在,免返还价额义务,丙于甲所免返还价额之限度内,负返还责任。

## 二、损害赔偿请求权

因添附而丧失权利,受有损害者,除不当得利请求权外,尚有损害赔偿请求权,其请求权基础有二:

1. 债务不履行:例如以他人寄托的宣纸绘画,致不能返还(第597条、第226条)。

2. 侵权行为:例如因故意或过失以他人的砖瓦修缮己屋(第184条第1项前段)。

在此二种情形,负损害赔偿者,应回复原状(第213条),但不能回复原状或回复原状显有重大困难者,应以金钱赔偿(第215条)。

# 第七款　案例研习

## ——请求权基础的思维方法[①]

甲善赌,中六合彩,暴富,抛弃其于穷困时购自跳蚤市场的旧家具。乙捡取之,拆除时发现藏有一块名贵翡翠,经鉴定价值30万元。

① 参见王泽鉴:《民法思维:请求权基础理论体系》,北京大学出版社2022年重排版;刘昭辰:《物权法实例研习》,2013年版。

丙盗取该块翡翠，以40万元出售于恶意之丁。乙于二年内查知其事，向丁请求返还，丁表示已请某艺术家雕刻成玉佛，价值高达100万元，赠与戊财团法人慈恩寺，并依让与合意交付之。试问：(1)当事人间之法律关系。(2)设丁为善意时，其法律关系有何不同。

前揭例题旨在于综合讨论动产物权变动的基本问题及其涉及的债权关系，期望能借助请求权基础方法及案例研习，强化学习法之适用的思维能力。所谓当事人间之法律关系，系指谁得向谁，依据何种法律规范，有所主张。此种可以支持一方当事人向他方当事人有所主张(返还某物、返还所受利益、损害赔偿等)，即为请求权基础。在前揭案例，当事人间之主要法律关系为：乙得对戊主张何种权利，乙得对丁主张何种权利(为何要先讨论乙对戊、乙对丁的请求权：当事人的利益、简化法律关系)，乙得对丙主张何种权利。以下拟依请求权基础方法及历史方法，采鉴定体裁提出解题构造，详细内容请参照本书相关部分说明。

兹先将基本法律关系图示如下，以便观察[务请参照前文说明，先自行研究，写成书面。认真写一个案例研习胜过阅读(或听讲)数个案例研习]：

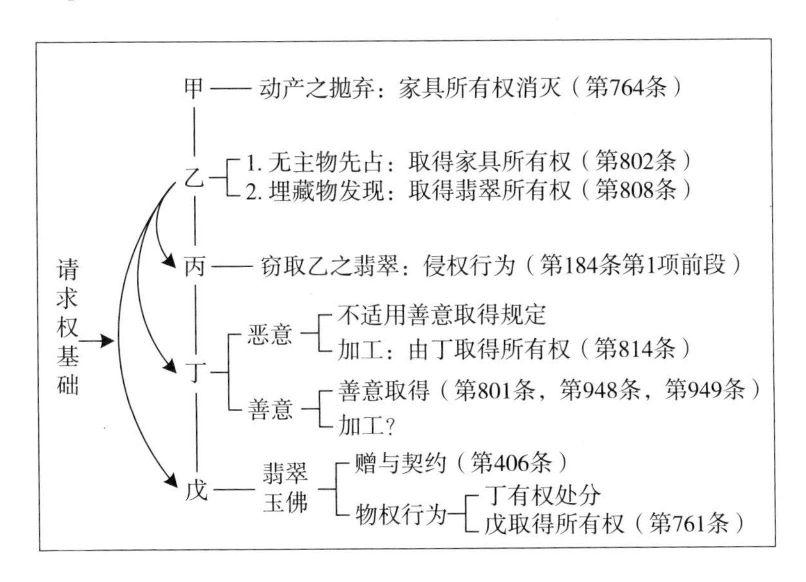

一、丁为恶意时之法律关系

Ⅰ 乙对戊得主张的权利

1. 所有物返还请求权:第767条第1项前段?

(1)乙为玉佛所有人?

①乙为翡翠所有人

A. 乙因无主物先占,取得甲抛弃的家具所有权(第802条)

B. 乙在其所有动产发现埋藏的翡翠,取得其所有权(第808条)

②玉佛所有权的归属

A. 丁自丙受让翡翠所有权,丙为无权处分,丁系恶意,不能取得其所有权

B. 丁加工于翡翠,雕成玉佛

a. 翡翠系乙所有的动产

b. 丁请某艺术家雕刻翡翠成玉佛,丁为加工人

c. 加工所增价值显逾材料之价值

d. 丁取得加工物(玉佛)所有权,乙丧失翡翠所有权(第814条)

C. 戊自丁受赠玉佛(第406条),丁系有权处分,戊受让其所有权(第761条)

(2)戊为无权占有?

戊为玉佛所有人,不构成无权占有

结论:戊为玉佛所有人,乙对戊无"民法"第767条第1项前段所有物返还请求权

2. 不当得利返还请求权(第179条):权益侵害不当得利

(1)戊受有利益:玉佛所有权

(2)侵害乙的所有权归属,致乙受损害?

①丁因加工于乙的翡翠,取得玉佛(加工物)所有权,致乙丧失翡翠所有权(第814条)

②戊自丁受让玉佛所有权

③戊之受益(取得玉佛所有权),非侵害乙的权益归属,未致乙受损害

(3)无法律上之原因:(不必讨论)

结论:乙对戊无不当得利请求权

Ⅱ 乙对丁得主张之权利

1. 不当得利返还请求权(第 816 条,第 179 条)?

(1)成立要件

"民法"第 816 条所谓依不当得利之规定,须具备"民法"第 179 条所定不当得利要件(要件准用):权益侵害不当得利

①丁因加工于乙之翡翠而取得加工物(玉佛)所有权(第 814 条),受有利益

②侵害乙的权益归属(丧失翡翠所有权),致乙受损害

③无法律上之原因:虽依法律规定(第 814 条),但无使其终局取得利益之规范意旨

(2)内容

①偿还价额

A. 第 816 条:特别规定

B. 依翡翠加工时客观价值

(3)范围

丁为恶意,不得主张因将加工物赠与戊,致所受利益不存在(第 182 条第 2 项)

2. 侵权行为损害赔偿请求权(第 184 条第 1 项前段)?

丁故意加工于乙所有的翡翠,取得加工物所有权,致乙的所有权消灭,受有损害,应负损害赔偿责任

结论:乙对丁得依"民法"第 816 条及第 179 条规定,请求偿还价额,或依"民法"第 184 条第 1 项前段规定请求损害赔偿

Ⅲ 乙对丙得主张的权利

1. 不当得利请求权:第 179 条?

(1)丙基于与丁的买卖契约受有价金利益

(2)乙因丁加工于翡翠而丧失其所有权(第 814 条)

(3)丙未侵害乙的权益归属,未致乙受损害,不成立不当得利

2. 侵权行为损害赔偿请求权(第 184 条第 1 项前段)

二、丁为善意时之法律关系

Ⅰ 乙未于二年内向丁请求回复其物

1. 乙对丁、戊的请求权

乙得向丁(或戊)依"民法"第 767 条第 1 项前段规定请求返还玉

佛,须乙为玉佛所有人,丁(或戊)系无权占有。丁为善意时,有善意取得规定之适用(第 801 条、第 948 条)。但依“民法”第 949 条规定:“占有物如系盗赃、遗失物或其他非基于原占有人之意思而丧失其占有者,原占有人自丧失占有之时起二年以内,得向善意受让之现占有人请求回复其物。依前项规定回复其物者,自丧失其占有时起,回复其原来之权利。”乙于二年之内未请求回复其物,丁终局取得翡翠的所有权,丁请某艺术家雕刻,非加工于他人之动产,自不适用“民法”第 814 条及第 816 条规定。在此情形,乙非玉佛所有人,对善意取得人丁,或自丁受让玉佛所有权之戊财团法人慈恩寺,均无“民法”第 767 条第 1 项前段规定的所有物返还请求权。

2. 乙对丙的请求权:丙盗取乙所有的翡翠,乙得向丙请求侵权行为的损害赔偿(第 184 条第 1 项前段)

Ⅱ 乙于二年内向丁请求回复其物

被害人乙于二年内请求丁回复其物,而丁已将翡翠雕成玉佛。在此情形,是否有“民法”第 816 条之适用,关键问题在于被害人乙为请求回复其物时,该翡翠所有权的归属。

关于此点,学说上曾有争论。有谓应属于占有人,但被请求回复时,则其所有权溯及最初之时,失其效力。[1] 有谓应属于所有人,但因二年之经过则丧失其所有权。[2] 为解决此项争议,“民法”第 949 条增订第 2 项规定:“依前项规定回复其物者,自丧失其占有时起,回复其原来之权利。”依此规定,应认为乙于二年内请求回复其物时,该翡翠所有权自始归属于乙,丁系加工于乙的动产,而取得加工物之所有权(第 814 条),从而有“民法”第 816 条之适用,乙得向丁请求偿还价额。丁系善意不知无法律上之原因,而将玉佛无偿让与戊财团法人慈恩寺时,所受利益已不存在,免负偿还偿金义务(第 182 条第 1 项)。戊财团法人慈恩寺于丁所免返还义务之限度内负偿还责任(第 183 条)。

---

① 参见杨与龄:《盗赃之善意取得与回复》,载《法令月刊》1981 年第 32 卷第 6 期。

② 参见曹杰:《中国民法物权论》,第 342 页;倪江表:《民法物权论》,第 428 页。

# 第四节　共　有

## 第一款　共有制度、社会变迁与“民法”修正

甲、乙、丙三人集资共同购买(或共同继承)A 屋及 B 地。请先阅读“民法”第 817 条至第 830 条规定,思考下列问题:

1. 何谓共有、分别共有、公同共有、应有部分、分管契约?

2. 甲、乙、丙如何管理 A 屋及 B 地?如何使用、出卖或出租?

3. 甲独占 A 屋作为店面使用,丁无权占用 B 地作为停车场,共有人如何行使其权利?

4. 甲、乙、丙得否随时请求分割共有物?不能达成协议时得否请求法院分配?如何分配?

5. 请建构形成法律规范内容的基本原则。

### 一、所有权制度:单独所有与共有

民法上的所有权,分为二类,一为单独所有权,一为共有。共有又分为分别共有和公同共有。所有权的形态系社会经济发展的产物,具有不同的社会机能。

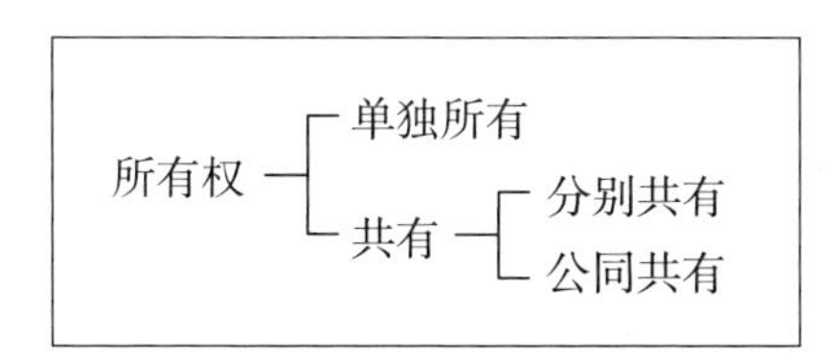


#### (一) 单独所有

单独所有,指所有权的主体为一人而言,乃民法的基本原则。单独所有系对个人独立自主人格的肯定,使所有权不受部落、家族的束缚,所有人在法令限制的范围内得自由使用、收益、处分所有物,从事交易,发挥货畅其流、物尽其用的经济效用。权利的主体,除个人外,尚有法人,包括社团法人(尤其是公司)和财团法人。法人得享有所有权和其他财产权,对于累积资本,促进社会经济发展,具有贡献。

(二) 共有[①]

1. 分别共有

分别共有,系数人按其应有部分,对于一物享有所有权(第817条第1项)。各共有人按其应有部分对于共有物的全部有使用收益之权(第818条)。此项制度渊源于古罗马法,具有浓厚的个人主义色彩。分别共有的发生原因,多基于共有人间的法律行为,如数人出资购买某物。共有物的处分虽应得共有人全体的同意,但各共有人得自由处分其应有部分,并随时请求分割共有物。法院原则上不介入共有人间的争议,如关于共有物之管理,共有人不能获致协议时,不得要求法院裁判。

2. 公同共有

公同共有的主要情形有三种,即未分割之遗产、合伙财产和祭祀公业。其公同共有关系的强度不同。

(1)未分割之遗产:未分割之遗产之构成公同共有,系因被继承人死亡,基于法律规定而发生(第1151条)。继承人共同出卖公同共有之遗产,其所取得之价金债权,仍为公同共有,并非连带债权,继承人得随时请求分割遗产(第1164条),以消灭公同共有关系。在未分割遗产之前,继承土地之应有部分所生之优先承买权仍属全体继承人公同共有之财产权。

(2)合伙:合伙系二人以上互约出资以经营共同事业的契约,各合伙人之出资及其他合伙财产,为合伙人全体公同共有(第668条),其为金钱出资、劳务出资或以他物出资,均无不同(包括动产或不动产)。又于合伙关系存续中,执行合伙事业之合伙人为他合伙人之代表,其为合伙取得之物及权利,亦属合伙人全体公同共有。合伙所购入之货物,亦为合伙人全体之公同共有,不因合伙人出资之种类而异。以公同共有之合伙债权为诉讼案件,在该合伙人间有合一确定的必要,共同诉讼其中一人上诉,应视与全体所为同。

(3)祭祀公业:祭祀公业、神明会等[②],具浓厚固有法的性质,系依法

---

① 参见游进发:《民法上之权益归属秩序》,载《东吴法律学报》2017年第28卷第3期。

② "最高法院"1983年台上字第1174号判决谓:"神明会可分为财团性质之神明会及社团性质之神明会二种。财团性质之神明会,以会产为会之重心,会员对会产并无直接之权利义务。社团性质之神明会,如未经为法人登记,系以会员为会之中心,会员之权利,除共益权外,亦多自益权,一般情形,具有浓厚之私益色彩,乃属公同共有之性质。"

律行为(如遗嘱),并基于习惯而发生,其团体性较强。祭祀公业最具重要性,虽有历来不问是否具备社团法人或财团法人的法定要件,均得视为法人的习惯,“民法”施行后因受“民法”第1条规定的限制,不再认其为法人。值得特别指出的是,2007年12月12日制定“祭祀公业条例”,系为祭祀祖先发扬孝道、延续宗族传统及健全祭祀公业土地地籍管理,促进土地利用及增进公共利益(“祭祀公业条例”第1条)。祭祀公业,指由设立人捐助财产,以祭祀祖先或其享祀人为目的之团体。设立人得为自然人或团体。祭祀公业的核心构成系派下员,即祭祀公业之设立人及继承其派下权之人,由派下员组成派下员大会,以议决规约、业务计划、预算、决算、财产处分、设定负担及选任管理人、监察人(“祭祀公业条例”第3条)。

“祭祀公业条例”的重点在于规定“祭祀公业法人”,使祭祀公业法人化,即本条例施行前已存在之祭祀公业申请登记为祭祀公业法人(“祭祀公业条例”第21条以下),新设立的祭祀公业应依“民法”规定成立社团法人或财团法人(“祭祀公业条例”第59条);或将其不动产登记为派下员分别共有、个别所有(“祭祀公业条例”第50条)。“地籍清理条例”对神明会不动产之清理亦同(“地籍清理条例”第24条)。此均有助于明确此类公同共有的法律关系。

合伙财产、未分割遗产和祭祀公业三种公同共有,因其公同共有关系的强度不同,各具特色,但亦有相同之点,即其共有某物系基于法律、法律行为或习惯而生的公同关系,各公同共有人的权利及于公同共有物的全部,除法律、法律行为或习惯另有规定外,公同共有物的处分及其他权利之行使,应得公同共有人全体之同意,公同关系存续中,各公同共有人不得请求分割公同共有物。

#### (三) 所有权以外之财产权准共有

所有权以外之财产权准共有(第831条),例如抵押权、地上权、矿业权、专利权等,得为准分别共有或准公同共有。

### 二、共有制度社会变迁

#### (一) 社会变迁

现代所有权制度系以单独所有为原则。分别共有的发生基于法律规定(如第812条、第813条)者,甚属罕见;基于法律行为者,则属不少,然易滋纠纷。合伙系为经营共同事业,仍具重要性,但公司(社团法人)更适合经营企业。遗产终必分割,成为单独所有或分别共有,其公同共有系属过渡现象。祭祀公业乃传统农村社会的产物,在此工商业发达、人口流动性高的社会,祭祀公业出售土地或与建筑公司订立合建契约,甚为普遍,其公同关系或因公同共有物的让与而消灭,或另外成立财团法人,发生重大变动,"祭祀公业条例"的制定将有助于祭祀公业的运作。分别共有因共有物分割而消灭,公同共有关系消灭后,亦得为共有物的分割。分割共有物诉讼在实务上案例甚多,争议不少。2000年删除"土地法"第30条和"农业发展条例"第16条规定,使私有农地所有权得为让与,得移转为共有,得为分割,对农村耕地所有权将产生影响。

共有在某种程度上足以反映所有权制度的变迁及社会经济的发展,实在是一个值得深入研究的重大课题。

(二)"民法"修正

2009年"民法"物权编的修正,体现共有制度的变迁,其立法理由有助于解释适用,特分五点加以说明(请阅读条文及立法说明):

1. 共有物的管理方法:由"共同管理"修正为"多数决管理",以促进共有物有效利用(第820条)。

2. 放宽约定不分割期限:将"民法"第823条第2项:"前项契约所定不分割期限,不得逾五年,逾五年者,缩短为五年"的规定,修正为:"前项约定不分割之期限,不得逾五年;逾五年者,缩短为五年。但共有之不动产,其契约订有管理之约定时,约定不分割之期限,不得逾三十年;逾三十年者,缩短为三十年。"立法目的在于尊重共有人的契约自由及对财产权的安排。

3. 法院裁判分割:增订法院裁判分割之起诉原因、分割方法、效力及共有物之应有部分有抵押权或质权之分割方法(第824条之1),以强化裁判分割的功能,并解决实务中长期争议的问题。

4. 共有物上债权约定对第三人的物权效力:增订共有物使用、管理、分割或禁止分割之约定或依法所为之决定或法院所为之裁定,对于应有部分受让人或取得物权者之效力规定(第826条之1),以维护共有物上法律关系的安定。

5. 公同共有成立的依据及准用规定:修正"民法"第827条、第828条及第830条,明定公同关系除法律外,由法律行为及习惯而成立;第820条、第821条及第826条之1规定,共有物分割的规定对公同共有的准用。

### 三、共有制度的法律构造

民法上共有制度的创设及其规范内容的形成,系建立在若干基本原则之上,此对理解共有制度及其解释适用至为重要,归纳四点加以说明:

1. 共有制度的建构:区别分别共有与公同共有、物权共有与债权共有(准共有,第831条)。

2. 规范内容的形成:共有人权利的保护、经济效用及社会公益。

(1)共有物的使用收益(第818条)。

(2)共有物及应有部分的处分(第819条)。

(3)共有物之管理及费用分摊(第820条、第822条)。

(4)共有物的请求权(第821条)。

3. 私法自治及法院介入:

(1)得以特约排除法律规定(第818条、第820条)。

(2)共同协议、多数决及少数者的保护(第820条)。

(3)法院介入(第820条第2项、第3项)。

4. 共有关系的消灭:

(1)协议分割(第823条至第824条第1项)。

(2)裁判分割(第824条第2项至第826条)。

## 第二款 分别共有

## 第一项 分别共有的意义、发生和规范体系

### 一、分别共有的意义

分别共有,指数人按其应有部分,对于一物共同享有所有权(第817条第1项)。分别共有,"民法"径以共有称之,学说上有称为通常共有,以别于公同共有。分别共有,就其主体言,须为多数,必在二人以上,称为共有人;就其客体言,须为一物,称为共有物;就其享有之权利言,为所有权;就其享有所有权的形态言,为应有部分。例如甲、乙、丙三人各出资1000万元购买A地、B屋及C车时,发生三个分别共有,即甲、乙、丙各以应有部分1/3比例享有A地、B屋及C车的所有权。

## 二、分别共有的发生

分别共有的发生原因,计有三种:

1. 基于当事人之意思:如数人出资购买某地,而共同受让其所有权。

2. 基于法律规定:如埋藏物的共有(第808条)、添附物的共有(第812条第1项、第813条)。

3. 将公同共有变为分别共有:如甲、乙、丙共同继承A地与B屋,办理继承登记为分别共有A地与B屋,此种情形颇属常见。

## 三、法律规范结构

分别共有的法律结构系由“应有部分”和“共有物”组合而成,“民法”以此二者作为规范内容,为便于观察,图示如下:

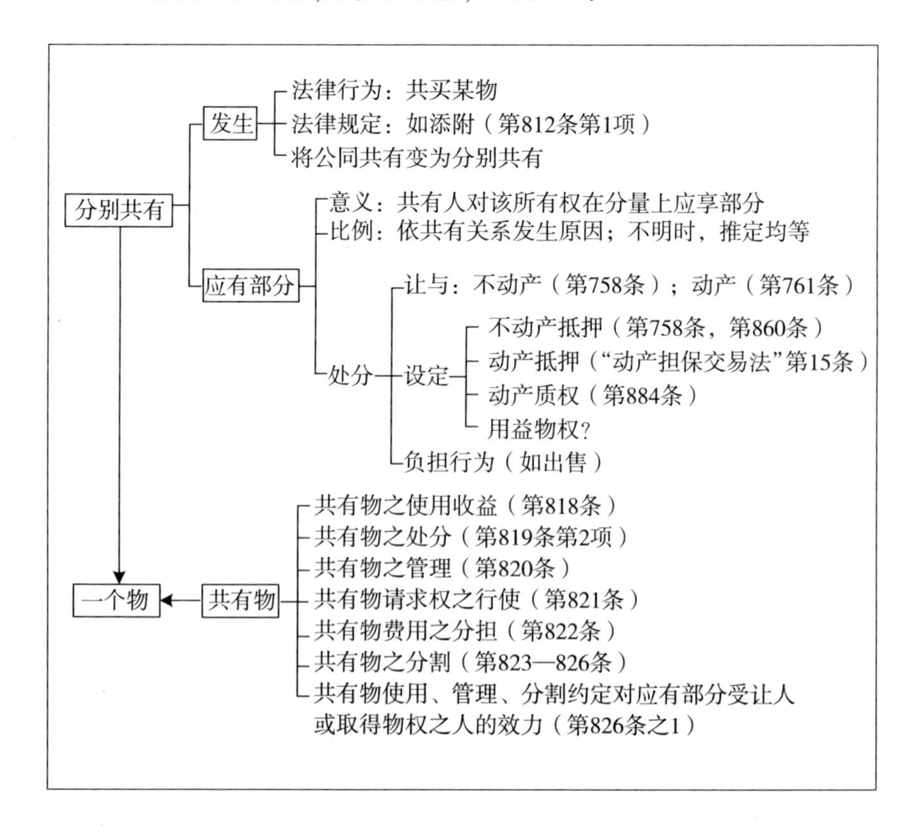

## 第二项　应有部分

甲、乙、丙共有某地(或某屋),应有部分相等,试就下列情形说明其法律问题:

(1)何谓应有部分,如何定其比例?

(2)甲得否以其应有部分设定抵押权、地上权,或出租于他人?

(3)甲违反约定,让与其应有部分于他人。

(4)甲抛弃其应有部分,乙、丙主张归其取得。

(5)甲出卖其应有部分于丁时,乙、丙得否主张优先承购之权利?

(6)丁无权占有该共有土地,造成30万元损害时,甲、乙、丙如何向丁行使其权利?甲得否单独起诉请求赔偿10万元?

### 一、应有部分之意义

应有部分,指各共有人对其所有权在分量上应享的部分。应有部分在日本民法称为持分,中国台湾地区民间契约书仍多沿用。所谓分量上应享有的部分,乃指其成数(或比例)而言。例如,甲、乙共有某二层的房屋,其应有部分各为1/2,甲、乙各享有该屋所有权的1/2,而非该屋的1/2。由此可知,应有部分系抽象地存在于共有物的任何一部分,而非具体特定于共有物的某一部分。诚如“最高法院”1968年台上字第2387号判例:“分别共有之各共有人,按其应有部分对于共有物之全部有使用收益之权。所谓应有部分,系指分别共有人得行使权利之比例,而非指共有物之特定部分,因此分别共有之各共有人,得按其应有部分之比例,对于共有物之全部行使权利。”

### 二、应有部分的性质

应有部分既系所有权之量的分割,而非所有权之质的分割(如共有人中之一人享有使用收益的机能,而他共有人享有处分的权能),除其行使应受他共有人应有部分的限制外,其内容、性质及效力与所有权无异。应说明者有二点:

1. 应有部分之处分:应依共有物为不动产或动产,而适用关于不动产或动产所有权之规定。例如,让与不动产的应有部分时,非经办理登记,不生效力(第758条);让与动产之应有部分者,须经交付动产,始生效力(第761条)。

2. 应有部分的保护:应依关于所有权之规定。例如甲、乙、丙共有某车,在甲依其应有部分使用期间,丁盗用该车时,系侵害甲按其应有部分的使用权利,甲得对丁依侵权行为规定请求损害赔偿,或依不当得利规定请求返还其所受之利益。

## 三、应有部分的比例

各共有人应有部分的多寡,依分别共有关系发生原因而定。基于当事人意思而发生的共有,依当事人之意思定之,例如,甲、乙、丙三人共购某屋,约定应有部分各为1/3。数人以有偿行为对于一物发生共有关系者,除各共有人间有特约外,应解释为系按出资比例定其应有部分(1940年渝上字第102号判例)。基于法律发生的共有,其应有部分依法律规定(第808条、第812条第1项、第813条)。不能依上述方法决定应有部分时,推定其为均等(第817条第2项)。

## 四、应有部分的处分

分别共有系数人按应有部分共有一物(共有物),因此发生共有人处分"应有部分"及"共有物"的问题。"民法"第819条第1项规定:"各共有人,得自由处分其应有部分。"第2项规定:"共有物之处分、变更、及设定负担,应得共有人全体之同意。"就此二项规定加以比较对照,值得先提出讨论的,系应有部分处分的自由、处分应有部分的意义,以及优先承购权等问题。分述如下:

1. 应有部分处分的自由和限制

所谓各共有人得"自由"处分其应有部分,指其处分不必得其他共有人同意。应有部分既系共有人对于共有物所有权的一定比例,当然得由共有人自由处分之,此为个人主义共有制度本质的当然。共有人间相反的约定,仅有债的拘束力,不具物权性,对第三人不生效力(1944年上字第3768号判例)。应有部分的处分,应受法律的限制,自不待言。

2. 应有部分处分的意义

"民法"上所称处分,有不同意义,有指法律上处分及事实上处分,有仅指法律上处分,是为法律概念相对性。"民法"第819条第2项所称共有物的处分包括事实上处分及法律上处分,但第1项所称应有部分的处分,则仅指法律上处分,包括负担行为(如买卖)(2014年台上字第2479号),尤其是物权行为(处分行为)。

(1)应有部分的让与

应有部分的处分,最主要者系应有部分的让与,在不动产,须经登记,始生效力(第758条);在动产,则须交付,使受让人与其他共有人共同占有之(第761条)(2021年台上字第2387号)。

需注意的是,共有人之应有部分若干,既系指共有人对于共有物所有权抽象之成数,而非该物具体之某一部分,故共有人转让其应有部分,除非基于分管契约,已占有该物某特定部分,就该特定部分对受让人应交付外,其受让人自无从请求交付该共有物的特定部分。共有人让与其应有部分后,即脱离共有关系,由受让人与其他共有人继续共有关系。

(2)共有物的部分让与

共有人固得自由让与其应有部分,惟让与应有部分时,受让人仍按其应有部分与他共有人继续共有关系。若将共有物特定之一部分让与他人,使受让人就该一部分取得单独所有权,则非"民法"第819条第1项所谓应有部分之处分,而为同条第2项所谓共有物之处分,其让与非得共有人全体之同意,不生效力(1951年台上字第1479号)。

3. 应有部分设定负担①

得否以应有部分设定抵押权?"民法"第819条第1项规定仅言及处分,是否包括"设定负担",尤其是设定抵押权,不无疑问。就文义言,处分行为本应包括设定负担,但参照同条第2项将处分、设定负担并列,似又不包括之,致生疑义。"司法院"院字第1516号解释曾认为,应有部分不得为抵押权之标的物。"司法院"释字第141号解释改采肯定见解,认为:"共有之房地,如非基于公同关系而共有,则各共有人自得就其应有部

---

① 参见郑玉波:《应有部分与抵押权》,载《台湾大学法学论丛》1974年第4卷第1期;温锦堂:《论共有人应有部分之抵押与分割之本质》,载《法律评论》1974年第40卷第11—12期;刘锦隆:《应有部分之抵押》,载《法令月刊》1986年第37卷第8期。

分设定抵押权。”[①]此项解释符合应有部分的性质,使应有部分得为抵押权的客体(第824条之1第2项本文),裨益资金融通,实值赞同。关于以应有部分设定动产质权,亦应肯定,惟须使质权人与其他共有人共同占有其物,实务上鲜有此案例。

有争论的是,于应有部分可否设地上权等用益物权?通说采否定见解,其理由系认应有部分乃所有权在量上的比例,性质上不适用于作为以占有标的物使用收益之用益物权的客体。[②]

4. 应有部分的出租[③]

关于应有部分的出租,实务上采肯定见解。认为共有人约定将其应有部分出租于承租人者,性质上系该共有人约定将其按应有部分对于共有物所具有之使用收益权,于契约关系存续期限内,由承租人享有,与“民法”第421条规定之租赁,系以物为标的者,固有不同,然既不违反公序良俗,法律上复无禁止之规定,本诸契约自由原则,当事人间自得有效成立,并准用民法上租赁之规定(第463条之1)(1988年台上字第413号)。例如甲、乙共有某空地,辟为停车场。甲将其应有部分出租于丙时,丙得以该应有部分承租人的地位,与乙共同对该地为使用收益。

5. 应有部分的抛弃

抛弃属处分行为,共有人得抛弃其应有部分。在此情形该应有部分的归属应如何处理,不无疑问。《日本民法典》第255条规定:“共有人之一人抛弃其应有部分或无继承人而死亡者,其应有部分归属于他共有人。”[④]“民法”未设明文,有主张可依所有权弹力性法理,而获同一结

---

① “司法院”释字第141号解释理由书:“按‘各共有人得自由处分其应有部分’,为‘民法’第819条第1项所明定。除基于公同关系而共有者另有规定外,如共有物为不动产,各共有人本于前开规定,既得自由处分其应有部分,则遇有不移转占有而供担保之必要时,自得就其应有部分设定抵押权。至于同条第2项所谓‘共有物之处分、变更、及设定负担,应得全体共有人之同意。’系指共有人以共有物为处分、变更,或设定负担之标的,并非就各共有人之应有部分而言。此比照第1项得自由处分之规定,法意至为明显。本院第1516号解释,应予补充释明。”

② 参见谢在全:《分别共有内部关系之理论与实务》,载《法学丛刊》1995年第40卷第3期;王千维:《应有部分之物权性与分别共有人相互间之债之关系》,2017年版。

③ 参见谢在全:《应有部分之“出租”》,载《司法周刊》1989年第419期。

④ 日本民法规定解释适用,〔日〕我妻荣著、有泉亨补订:《物权法》,第321页;〔日〕广中俊雄:《物权法》(第二版增补),第423页。

论。[①] 此固有助于简化法律关系,但在现行法解释上似难赞同。盖所谓所有权弹力性,旨在说明所有权因其他负担(用益物权或担保物权)的消灭,因而回复原有圆满状态,不足作为使经抛弃之应有部分依比例归于其他共有人的依据。现行“民法”,除法律另有规定外[②],应认应有部分因抛弃而消灭(类推适用第764条第1项)。在动产,他共有人得依先占或时效而取得该应有部分。在不动产,则归公有(参阅“土地法”第10条)。

## 五、他共有人对应有部分的优先承购权

“土地法”第34条之1第4项规定:“共有人出卖其应有部分时,他共有人得以同一价格共同或单独优先承购。”[③]本项规定旨在减少共有人人数,简化共有物使用关系,应属合理必要的规定(2018年台上字第2434号)。

解释适用上应说明者有四:

### (一)适用范围

本项规定的目的既在简化共有关系,故于共有人间应有部分的买卖应不适用。[④] 本项规定仅适用于土地或建筑物,对动产不适用或不类推适用之。须再提请注意的是,基于区分所有建筑物须依赖基地使用权始能存在,建筑物的区分所有权与基地使用权的处分不得分离的一体化原则,“土地登记规则”第98条明定:“土地法”第34条之1第4项优先承购权之规定,于区分所有建筑物连同专有部分基地应有部分之所有权一并移转于同一人所有之情形,不适用之。

---

① 参见郑玉波(黄宗乐修订):《民法物权》,第160页。最近具有参考价值的论文,参见刘昭辰:《不动产所有权应有部分的抛弃》,载《高雄大学法学论丛》2021年第17卷第1期。

② 值得注意的是,“著作权法”第40条第2项规定:“共同著作之著作人抛弃其应有部分者,其应有部分由其他共同著作人依其应有部分之比例分享之。”第3项规定:“前项规定于共同著作之著作人死亡无继承人,或消灭后无承受人者,准用之。”

③ 优先承购权、优先购买权、优先承买权,三者文义相同,常见互相使用的情形,系因法条间之用语即不一致,例如“土地法”第34条之1使用“优先承购”,“土地法”第104条(第73条之1第3项、第219条第4项)使用“优先购买”,“民法”第426条之2(第460条之1第1项、第824条第1项)使用“优先承买”。惟效力仍有所不同,应予明辨。

④ “最高法院”1983年台抗字第94号判例,“最高法院”1994年台上字第1713号判决。就法学方法论言,此为依法律规范意旨而为之目的性限缩(teleologische Reduktion),关于此种解释方法,参阅王泽鉴:《民法思维:请求权基础理论体系》,北京大学出版社2022年重排版,第228页。

（二）法律性质

本项规定的优先承购权并未如“土地法”第104条第2项后段设有出卖人未通知优先购买权人而与第三人订立买卖契约者,其契约不得对抗优先购买权人的明文,系属债权性质。故该条项规定之优先承购权系指他共有人于共有人出卖共有土地或建筑改良物时,对于该共有人有请求以同样条件订立买卖契约之权而言,倘共有人违反法律规定将应有部分卖给他人,并已依法取得所有权时,他共有人不得主张该买卖为无效,而涂销其依法所为之登记(1976年台上字第2113号、1977年台上字第1530号判例)。

（三）要件和效果

本项优先承购权的发生,须以共有人出卖其应有部分于第三人为基础,苟共有人与第三人间的出卖行为根本无效,亦即自始不存在,则所谓优先承购权即无从发生(1976年台上字第2123号判例)。

所谓依同一价格承购,应解为系同一条件,包括价格以外的其他条件。多数共有人均声明优先承购时,应以应有部分的比例定其购买分量。

为使其他共有人得以同一条件承购,出卖应有部分的共有人应践行通知程序,将其与第三人所订买卖契约条件全部告知其他共有人。出卖人违反此项义务时,应负损害赔偿责任。为避免共有人与原买受人间就应有部分所订的买卖契约,处于不确定状态,应参照”土地法“第104条第2项规定,解为他共有人“于接到出卖通知后十日内不表示者,其优先权视为放弃”。又此项优先承购权得为抛弃,自不待言。

他共有人对应有部分出卖人表示愿以同一价格共同或单独优先承购时,其买卖契约如何成立、何时成立,涉及优先承购权的法律性质。对此,有二种不同见解,有认为优先承购权系形成权,即优先承购权人得以一方的意思表示,形成以义务人出卖于第三人同样条件为内容之契约,无须义务人承诺。有采请求权说,认仅须优先承购权人为行使优先承购权之意思表示,义务人即有承诺出卖的义务。笔者认为,理论上以形成权说较为可采①,此为通说及实务所采②。

---

① 参见王泽鉴:《共有人优先承购权与基地承租人优先购买权之竞合》,载王泽鉴:《民法学说与判例研究》(第三册),北京大学出版社2009年版,第246—252页;史尚宽:《土地法原论》,第218页;“最高法院”1979年度第5次民事庭庭推总会决议。

② 参见谢在全:《民法物权论》(上),第366—367页。

设甲、乙共有建地一笔,应有部分各 1/2,甲将其应有部分出卖于丙,丙对甲诉请履行,而乙对甲声明行使优先承购权,亦以诉请求时,法院应如何裁判？于此情形,应认甲与丙买卖契约的效力,不因乙之行使优先承购权而受影响,甲对乙及丙均负有履行买卖契约的义务,其情形与双重买卖相类,法院仍应为丙胜诉的判决。

（四）竞合

“土地法”第 104 条、“耕地三七五减租条例”第 15 条、“民法”第 426 条之 2 分别就基地和农地买卖,设有优先购买权的规定。发生竞合时,应以具有物权效力的基地或耕地承租人的优先购买权为优先。例如甲、乙共有某地,租丙建屋,甲出卖其应有部分于乙(其他共有人)时,不发生优先承买权问题;但出卖于丁时,基地承租人丙的优先购买权优先于他共有人乙的优先承购权。[①]

### 六、基于应有部分而生的请求权

（一）对他共有人的请求权

共有,乃数人共同享受一所有权,故各共有人本其所有权的作用,对于共有物的全部均有使用收益权。惟此使用收益权应按其应有部分而行使,不得损及他共有人的利益,若有侵害,则与侵害他人的所有权同,被侵害之他共有人,自得依侵权行为规定行使损害赔偿请求权,或依不当得利规定请求返还其所受利益。

（二）对第三人的请求权

甲、乙、丙共有某地,出租于丁,租金 30 万元。丁迟未给付,甲起诉请求丁支付 30 万元时,法院应如何处理？共有人就共有物对于第三人所生的债权请求权,无由共有人全体共同起诉之必要,而该债权为可分者,各共有人仅得按其应有部分单独起诉请求(参照“司法院”院字第 1950 号解释)。又依“民法”第 271 条规定,数人有同一债权,而其给付可分者,除法律另有规定或契约另有订定外,应平均分受之。故在本件情形,应认甲之诉部分有理由。甲为适格的当事人,惟其债权仅有 10 万

---

① 参见王泽鉴:《共有人优先承购权与基地承租人优先购买权之竞合》,载王泽鉴:《民法学说与判例研究》(第三册),北京大学出版社 2009 年版,第 246—252 页;刘春堂:《论土地共有人之优先承购权(一)》,载《法律评论》1984 年第 50 卷第 5 期;刘春堂:《论土地共有人之优先承购权(二)》,载《法律评论》1984 年第 50 卷第 6 期。

元,应判决丁应给付10万元,其余之诉驳回。①

## 第三项 分别共有的内部关系②

分别共有的内部关系可分为共有物的使用收益、共有物的处分、共有物的管理以及共有物的费用负担。实务上以关于共有物的处分案例最多,理论上最具争论的,系共有物分管契约对第三人的效力。

### 第一目 共有物的使用收益

——“民法”第818条

甲、乙、丙共有某建地,应有部分均等。试说明下列问题:

(1) 甲、乙欲以该地经营停车场,丙不同意时,甲得否诉请法院裁判?

(2) 甲未经乙、丙同意,占用该地的全部或一部经营停车场时,乙、丙得对甲主张何种权利?

(3) 甲将靠近路边相当于其应有部分的土地出售于丁时,丁得对甲主张何种权利?

(4) 甲未经乙、丙的同意,擅将该地全部出售于丁时,其效力如何?

#### 一、共有人的使用收益之权

“民法”第818条规定:“各共有人,除契约另有约定外,按其应有部分,对于共有物之全部,有使用收益之权。”“除契约另有规定外”,旨在强调若共有人有分管协议时,法律自应尊重。纵使各共有人依该协议实际可为使用或收益之范围超过或小于应有部分时,亦属契约自由范围。使用收益的客体为共有物的全部,而非共有物特定部分,各共有人得就共有物全部,于无害他共有人权利的限度内,按其应有部分行使使用收益的权利。于其他情形(未有约定),各共有人如何按其应有部分(行使权利的比例)使用收益,须征得他共有人全体的同意。例如甲、乙、丙共有一幢三间套房的海滨别墅、汽车一辆,其应有部分均等时,房屋可各住一间套

① 参照“司法院”1985年5月31日(1985)厅民一字第425号函复高等法院。

② 参见谢在全:《分别共有内部关系之理论与实务》,载《法学丛刊》1995年第40卷第3期。

房,汽车可轮流使用一日(或半日),别墅出租时,则平分其租金。

共有人对于共有物的使用收益方法不能获致协议时,得否诉请法院裁判?[①] 通说采否定说见解,其主要理由有三:

1. 共有物使用收益的方法,涉及管理问题,应由共有人多数决为之(第 820 条第 1 项)。

2. 法院如何定其使用方法,欠缺客观标准。

3. 不能获致协议时,共有人可让与其应有部分,退出共有关系,或请求分割共有物。

## 二、共有人未按应有部分而为使用收益

共有人对于共有物之全部固有使用收益之权,但其使用收益,须按其应有部分为之,其未按应有部分而为使用时,他共有人得主张何种权利,系实务上的重要问题(2019 年台上字第 2208 号)。

兹举一例加以说明:甲、乙、丙三人共有某地,应有部分均等,甲未经乙、丙同意,占用该地的全部或一部经营停车场、摆设地摊或堆积废料。在此等情形,乙、丙得主张如下权利:

### (一) 所有物返还请求权

甲(共有人)擅自占用共有物,是否构成无权占有,而有"民法"第 767 条第 1 项前段规定的适用,甚有争论,系实务上重要问题。

或有认为,各共有人的应有部分,不过系对于共有物所有权之比例,并非共有物本身,性质上不可能被他共有人无权占有或侵害,故共有人就其应有部分,无主张"民法"第 767 条第 1 项前段规定所有物返还请求权的余地(1966 年台上字第 1949 号判例)。

"最高法院"1985 年度第 2 次民事庭会议决议采肯定说,认为:"未经共有人协议分管之共有物,共有人对共有物之特定部分占用收益,须征得他共有人全体之同意。如未经他共有人同意而就共有物之全部或一部任意占用收益,他共有人得本于所有权请求除去其妨害或请求向全体共有人返还占有部分。但不得将各共有人之应有部分固定于共有物之特定部

---

① 参照"最高法院"1977 年 9 月 26 日 1977 年度第 7 次民庭庭推总会议决议:"'民法'第 820 条第 1 项规定,共有物除契约另有订定外,由共有人共同管理之,是共有土地之如何分别管理,应由全体共有人以契约为之,此与共有物之分割不同,不能由法院判决,各共有人诉请分管,于法无据。"

分,并进而主张他共有人超过其应有部分之占用部分为无权占有而请求返还于己。”此项见解应值赞同(2020 年台上字第 2037 号)。其无权占用共有物一部时,纵不超过其应有部分,应仍有“民法”第 767 条第 1 项规定的适用。

(二) 不当得利请求权

甲超过其应有部分对共有物为使用收益,系无法律上原因,而侵害应归属他共有人的权益,受有利益,致他共有人受损害,应成立不当得利(权益侵害不当得利)。[①]

(三) 侵权行为损害赔偿请求权

共有人按其应有部分,对于共有物之全部虽有使用收益之权,惟共有人对共有物之特定部分使用收益,仍须征得他共有人全体之同意,非谓共有人得对共有物之全部或任何一部有自由使用收益之权利。甲不顾他共有人乙、丙的利益,而就共有物之全部或一部任意使用收益,不论其是否超过应有部分,均属侵害他共有人权利,应依侵权行为规定(第 184 条第 1 项前段),负损害赔偿责任(1973 年台上字第 1802 号判例)。

共有人(甲)对他共有人(乙)未按应有部分而为使用收益,系实务上重要问题,将其请求权基础图示如下:

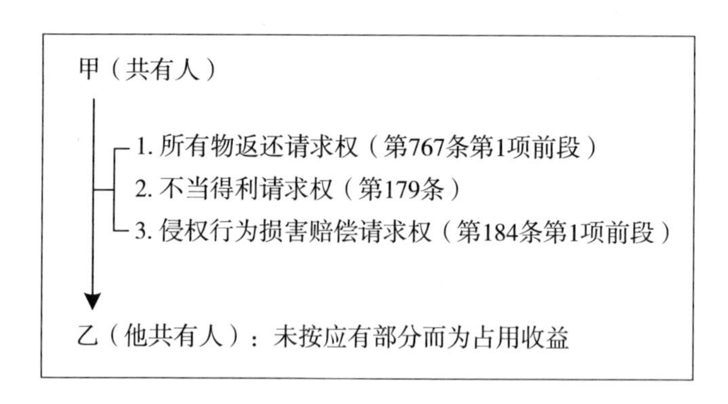


① “最高法院”1966 年台上字第 1949 号判例谓:“‘民法’第 818 条所定各共有人按其应有部分,对于共有物之全部有使用收益之权,系指各共有人得就共有物全部,于无害他共有人之权利限度内,可按其应有部分行使使用收益权而言。故共有人如逾越其应有部分之范围使用收益时,即系超越其权利范围而为使用收益,其所受超过利益,要难谓非不当得利。”关于权益侵害不当得利,参阅王泽鉴:《不当得利》(第二版),北京大学出版社 2015 年版,第 138 页。

## 第二目 共有物的处分

### 一、"民法"第819条第2项规定

1. 共有动产的处分:甲、乙、丙共有A画,试就以下二种情况说明其法律关系:

(1)甲以自己名义出卖A画于丁,并依让与合意交付A画于丁。

(2)甲以甲、乙、丙三人名义出卖A画于丁,并依让与合意交付A画于丁。

2. 共有不动产的处分:甲、乙、丙共有A屋,试就以下二种情形说明其法律关系:

(1)甲以自己名义出卖A屋于丁,并订立物权行为的书面,但未能办理登记。

(2)甲以甲、乙、丙三人名义出卖A屋于丁,丁得向甲、乙、丙主张何种权利?

#### (一)处分须得共有人全体的同意

"民法"第819条第2项规定:"共有物之处分、变更、及设定负担,应得共有人全体之同意。"此项规定旨在保护全体共有人的利益。所谓处分,包括事实上处分及法律上处分。事实上处分,例如拆除房屋。法律上处分,系指处分行为而言,在通常情形,系共有人全体同意出卖其物(动产或不动产)(负担行为),并让与其所有权(处分行为、物权行为,第761条、第758条)。所谓设定负担,指设定用益物权或担保物权而言。所谓物之变更,指改变物的本质或用途,例如将农田变为鱼池、住宅变为店面等。

需注意的是,共有物之处分、变更或设定负担,不以对共有物全部为必要,亦包括共有物的特定部分在内。例如,甲、乙、丙共有某笔900坪建地,应有部分均等,甲私将该地某部分300坪让与丁,使丁就该一部取得单独所有权,非"民法"第819条第1项所谓应有部分的处分,而为同条第2项所谓共有物之处分,其让与非得共有人全体的同意,不生效力(1943年上字第11号判例)。

共有人对共有物处分的同意,包括事先允许及事后追认,得以明示或

默示为之,不以订立书面为必要。如得共有人全体事先同意时,共有物之处分得由共有人中之一人或数人为之。[1] 共有人如有不同意处分、变更或设定负担者,他共有人不得诉请法院命其同意,盖此私法自治范畴,原则上非法院判决所应替代。

(二) 未得共有人全体同意的处分

共有人中之一人或数人未经其他共有人同意而对共有物为"处分"时,其效果如何,实值研究。其处分为事实上处分或共有物之变更时,应对他共有人依侵权行为规定负损害赔偿责任。有争论的是法律上处分的效力。分债权行为及物权行为说明如下:

1. 债权行为

(1) 出卖共有物的全部

共有人中之一人或数人未得全体共有人的同意出卖(或出租)共有物时,系属债权行为,不以有处分权为必要,其买卖契约(或租赁契约)有效。例如甲、乙、丙共有某屋,甲私将该屋出卖于丁时,甲与丁间的买卖契约有效,丁得向甲请求交付其物,并移转其所有权。甲给付不能时,应依债务不履行规定负损害赔偿责任(第 226 条)。甲与丁间的买卖与乙、丙无关。惟实务上见解认为该买卖契约对乙、丙"不生效力",并据此而认为"得因共有人之事后承认而溯及既往发生效力"。此项见解,尚有商榷余地。[2] "民法"第 819 条第 2 项所谓"处分"应解为不包括债权行为(负担行为)在内。

---

① "最高法院"1953 年台上字第 1349 号判例谓:"'民法'第 819 条第 2 项规定共有物之处分,如得共有人全体之同意时,既得由共有人中之一人或数人为之,则此项规定对于共有物买受人提起请求交付共有物买卖价金之诉,实具有同一法律理由,自应类推适用。"对此判例中类推适用部分的批评,参见钱国成:《民法判解研究》,1984 年版,第 100 页;开正怀:《民事判例研究两则——共有物特定部分之让与与不动产查封》,载《法令月刊》1978 年第 29 卷第 12 期。

② "最高法院"1983 年台上字第 679 号判决谓:"买卖契约之成立,非以出卖人对于标的物有所有权为要件,设共有人未得他共有人之同意擅自出卖共有物,其买卖契约并非无效,仅对于他共有人不生效力而已,且得因共有人之事后承认而溯及既往发生效力。"此项本件之法律见解,似有误会。值得赞同者,系"最高法院"1983 年台上字第 4657 号判决:"上诉人系基于买卖契约而为本件之请求,买卖契约是否有效,自应基于债之有关规定断之。原审认为杨某之出卖行为因违反"民法"第 821 条之规定,应归无效,系以负担行为误为处分行为,其法律上之解释,不免违误。"详细之讨论,参阅王泽鉴:《三论"出卖他人之物与无权处分"》,载王泽鉴:《民法学说与判例研究》(第五册),北京大学出版社 2009 年版,第 30—51 页。参阅"最高法院"1989 年台上字第 2331 号判决:"物之出卖人并不以物之所有人为限,出卖分别共有之土地,其共有人共同为出卖人时,苟无特别约定,尚不能遽认各共有人仅就其自己应有部分负出卖人之责任。"

(2)出卖共有物的特定一部

值得注意的是,“最高法院”1966年台上字第3267号判例谓:“共有人将共有物特定之一部让与他人,固为共有物之处分,其让与非得共有人全体之同意,对于其他共有人不生效力。然受让人得对于缔约之共有人,依据债权法则而请求使其就该一部取得单独所有权,对于不履行之缔约人除要求追偿定金或损害赔偿外,亦得请求使其取得按该一部计算之应有部分,与他共有人继续共有之关系。”(1994年台再字第11号判决同旨)例如甲、乙、丙共有某地300坪,应有部分均等,而甲将靠路边部分100坪出卖于丁。关此重要判例,应说明有四:

①共有物之处分(如所有权之让与),无论其为共有物之全部或一部,均应得共有人全体之同意。

②共有人以自己名义出卖共有物之特定一部,其买卖契约仍为有效。出卖人不能使买受人取得该共有物之特定一部所有权者,应负债务不履行责任(第226条)。

③本件判例的重点在于“最高法院”认为买受人得请求出卖人使其取得按该一部计算之应有部分,与他共有人继续共有的关系。此项见解,实具创意。应以诚信原则而为契约补充解释作为依据。

④准此判例见解意旨,在共有人之一人或数人私卖共有物全部时,买受人亦得请求出卖人移转其应有部分。

(3)共有土地特定部分的出租

共有土地特定部分的出租,不是“处分”,而是共有物的管理,未经共有人协议(第820条),部分共有人擅将共有物或特定部分出租于他人,对于他共有人(非租赁契约的当事人)“不生效力”,他共有人得向占有该地的承租人本于所有权请求除去其妨害或请求其向全体共有人返还占有部分,及不当得利请求权。基于债权相对性,占有人尚不得以其与该共有人间之债权债务关系,对抗其他人共有人(2006年台上字第470号)。此为实务常见的重要问题,为便于了解,举例说明:甲、乙、丙共有A地,甲擅将该地出租于丁,并为交付。图示如下:

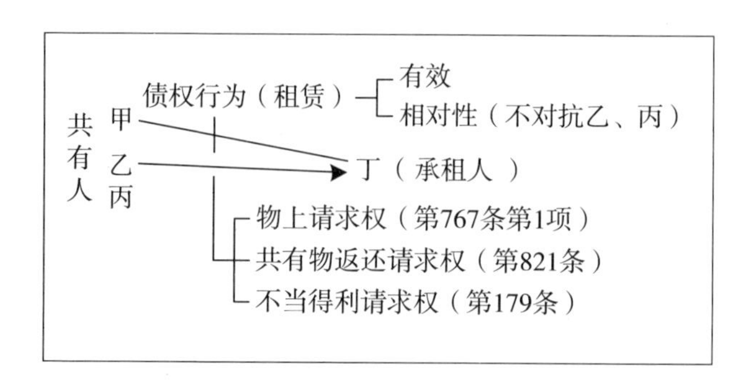


2. 物权行为

未得共有人全体同意而为的物权行为，并非无效，而系效力未定，须经其他共有人之承认，始生效力。对共有的不动产为处分行为（物权行为），因须办理登记，颇为少见。动产则较可能，例如，甲、乙、丙共有某画，甲私售于丁（债权行为），并依让与合意交付该画（物权行为）时，甲与丁间买卖契约有效，物权行为系属无权处分，效力未定，得因乙、丙之承认而生效力（第 118 条第 1 项）。乙、丙未为承认，而丁系属善意时，仍可取得其所有权（第 801 条、第 948 条）。

## 二、"土地法"第 34 条之 1 规定

### （一）立法目的

共有物之处分、变更及设定负担，应得共有人全体之同意，有时极为困难，部分共有人如不同意时，他共有人又不得诉请法院命其同意，影响土地或建筑物之利用至巨。为免妨碍都市计划之执行、发展社会经济及增进共有物的有效利用，"土地法"特增设第 34 条之 1 规定：共有土地或建筑改良物，其处分、变更及设定地上权、农育权、不动产役权或典权，应以共有人过半数及其应有部分合计过半数之同意行之。但其应有部分合计逾三分之二者，其人数不予计算。共有人依前项规定为处分、变更或设定负担时，应事先以书面通知他共有人；其不能以书面通知者，应公告之。第 1 项共有人，对于他共有人应得之对价或补偿，负连带清偿责任。于为权利变更登记时，并应提出他共有人已为受领或为其提存之证明。其因而取得不动产物权者，应代他共有人声请登记。共有人出卖其应有部分时，他共有人得以同一价格共同或单独优先承购。前 4 项规定于公同共有准用之。依法得分割

之共有土地或建筑改良物，共有人不能自行协议分割者，任何共有人得申请该管市、县政府调处，不服调处者，应于接到调处通知后15日内向司法机关诉请处理，届期不起诉者，依原调处结果办理之。

"土地法"第34条之2规定：市或县地政机关为处理本法不动产之纠纷，应设不动产纠纷调处委员会，聘请地政、营建、法律及地方公正人士为调处委员；其设置、申请调处之要件、程序、期限、调处费用及其他应遵循事项之办法，由地政机关定之。

于不动产之共有，"土地法"第34条之1系"民法"第819条第2项的特别规定，以共有人"多数决"取代共有人全体同意原则，影响少数共有人权益甚巨，如何解释适用，以符立法意旨，并顾全他共有人权益，实为理论及实务的重要课题。①

（二）适用对象

"土地法"第34条之1系以分别共有的土地或建筑改良物为适用对象，并准用于公同共有。但不适用于动产，依本条之规范目的，亦不类推适用之。为执行本条规定，"内政部"颁订有"'土地法'第三十四条之一执行要点"（以下简称"执行要点"，2017年12月修正），务请参阅。

（三）适用范围

"土地法"第34条之1第1项所称"处分、变更及设定"，应如何解释，甚有争议。"执行要点"第3点规定："本法条第一项所定处分，以有偿让与为限，不包括信托行为及共有物分割；所定变更，以有偿或不影响不同意共有人之利益为限；所定设定地上权、农育权、不动产役权或典权，以有偿为限。"分述如下：

1. 处分

（1）法律上处分

①包括负担行为及处分行为

"民法"第819条第2项所谓"处分"，就法律行为言，系指处分行为即物权行为，不包括负担行为（债权行为），前已论及。关于"土地法"第34条之1第1项所称"处分"，"最高法院"1998年台上字第866号判决谓："部分共有人依'土地法'第34条之1第1项，将共有物之全部出卖于人，就为处分共有人而言，系出卖其应有部分，并对未同意出售之共有人

---

① 参见黄健彰：《共有不动产处分与优先购买权》，2021年版。

之应有部分有权一并处分出卖,此种处分权乃系基于实体法规定而发生。"系认包括买卖(负担行为)在内。[①] 本件判决并强调:"未同意出售之共有人不能因其应有部分一并出卖并移转与买受人,且得领取价金,而谓与买受人间有买卖契约关系存在。"又"最高法院"2000 年台上字第 400 号判决亦认为,"土地法"为"民法"之特别法,依"土地法"第 34 条之 1 第 1 项所订立之买卖契约纵系不同意出卖不动产共有人,亦应受拘束。鉴于上述关于"土地法"第 34 条之 1 第 1 项所称"处分"尚须考虑负担行为有偿与否,及同条第 4 项规定,解为兼括买卖的负担行为,应值赞同。

②不包括的范围

第一,赠与:上开"执行要点"明定法律上之处分,指买卖或互易而言,不包括无偿之赠与,系为顾全其他共有人的权利。

第二,共有物分割:所谓处分亦不包括共有物之分割在内,盖共有人间就共有物之分割不能协议,得声请法院分割,法律上有合理解决之道也(参照"土地法"第 34 条之 1 第 6 项规定)。[②] 同意处分共有人于依"民法"第 758 条规定办理所有权移转于相对人(如买受人)前,未同意的他共有人仍得诉请分割共有物。共有人此项权利不应因"土地法"第 34 条之 1 第 1 项规定而被排除。

第三,出租:需注意的是,本条所谓处分是否包括共有物出租,甚有争论。有认为该条所定之共有物处分或变更行为已超过出租行为,比照其法理,举重明轻,本条规定应可类推适用于共有物出租。本书见解采否定说,其理由有二:A. 共有土地之出租既属共有物管理行为,无"土地法"第 34 条之 1 第 1 项规定之适用,应适用"民法"第 820 条第 1 项规定,除契约另有订定外,由共有人多数决为之。B. 就利益衡量言,"土地法"第 34 条之 1,乃"民法"第 819 条第 2 项特别规定,影响少数共有人之权益至巨,不宜扩大其适用范围及于共有物之管理。其所以不采举重明轻或类

---

① 参照"最高法院"1999 年台上字第 1703 号判决:"部分共有人依'土地法'第 34 条之 1 第 1 项规定,将共有土地之全部出卖于人,就同意出卖之共有人言,系出卖其自有之应有部分,并有权一并出卖未同意出卖之共有人之应有部分,此种处分权乃系基于实体法规定而发生,同意出卖之共有人并非代理未同意出卖之共有人与买受人订立买卖契约,未同意出卖之共有人与买受人间,自不发生何等法律关系。"(参照 2020 年台上字第 96 号)

② 实务上同此见解,参照"最高法院"1985 年台上字第 2561 号判决:"'土地法'第 34 条之 1 第 1 项所称之处分不包括分割行为在内,不得以共有人中一人之应有部分或数共有人之应有部分合并已逾三分之二,即可不经他共有人全体之同意,而得任意分割共有物。"

推适用，而将"土地法"第 34 条之 1 第 1 项限缩于有偿之处分行为，系为避免淘空"民法"第 820 条第 1 项所设共有物管理之法规范。

(2)事实上处分

需注意的是，执行法院之拍卖，性质上为买卖之一种，于执行拍卖共有土地之全部时，共有人自亦有依同样条件优先承购之权(2007 年台抗字第 408 号)。

2. 变更

"民法"第 819 条第 2 项所称"变更"，指变更物之性质和用途而言，如变更农田为鱼池。"土地法"第 34 条之 1 所称"变更"，有认为作限制解释，不包括本质之变动，而限于将一宗共有的土地分为二宗，或二宗以上共有土地合为一宗等情形。实务上认所谓变更包括将墓地变更使用种菜、建屋(1978 年台上字第 949 号判例)。

3. 设定用益物权

"土地法"第 34 条之 1 第 1 项明定"设定地上权、农育权、不动产役权或典权"，设定抵押权不包括在内，盖共有人得自由以其应有部分设定抵押权。又为顾全其他共有人利益，无偿设定用益物权，应认无"土地法"第 34 条之 1 的适用。

### (四) 多数决原理和任意规定

"土地法"第 34 条之 1 第 1 项所谓"应以共有人过半数及其应有部分合计过半数之同意行之。但其应有部分合计逾三分之二者，其人数不予计算"，系采多数决原理，并以应有部分为计算单位。本项规定旨在维护共有人间的利益，非属强制规定，本诸私法自治原则，共有人得协议降低多数决标准，以共有人过半数为计算基础，或根本排除本条的适用。

### (五) 通知义务和损害赔偿责任

"土地法"第 34 条之 1 第 2 项规定共有处分、变更或设定负担时，对其他共有人负有通知的义务(2018 年台上字第 288 号)。此属共有人间的内部关系，共有人未践行此项通知义务，对共有物处分之效力，不生影响，但就因此致侵害其他共有人的权利，应负损害赔偿责任(1997 年台上字第 2857 号)，详见后述。

### (六) 物权变动与诉讼当事人

共有人依"土地法"第 34 条之 1，移转共有物的所有权或设定物权时，得由同意处分之共有人协同其相对人(如买受人)，订立书面契约与办理物权变动登记，并提出他共有人应得对价或补偿已受领或已提存之证明文件。[1] 同意处分的共有人未完成处分行为，使相对人取得所有权或地上权等其他物权时，相对人在诉讼上如何行使其权利？例如甲、乙、丙共有某地，甲、乙应有部分超过2/3，同意出售该地于丁，而迟未给付时，丁在诉讼上应如何请求？

实务上认丁仅得对甲、乙请求移转该地所有权，其理由有二：①甲、乙为买卖契约当事人，丙不在其列，不得作为请求的对象。②依“土地法”第34条之1第1项规定，甲、乙对该地有处分权，得有效移转该地所有权。丁于胜诉判决确定后，得依“土地登记规则”第27条第4款、第95条与“土地法第三十四条之一执行要点”第8点规定，单独申请所有权之移转登记，即可取得该地所有权（1992年台上字第1501号、1998年台上字第866号）。

（七）不同意处分之他共有人的优先购买权

甲、乙、丙三人共有某地，甲、乙二人将共有土地之全部出卖与丁时，他共有人丙得否依“土地法”第34条之1第4项规定，对甲、乙主张优先承购权？此关系当事人利益至巨。“最高法院”1989年度第12次民事庭会议决议采肯定说，认为共有人甲、乙二人依同条第1项出卖共有土地之全部，然就各该共有人言，仍为出卖其应有部分，不过对于丙之应有部分，有权代为处分而已，并非以此剥夺丙优先承购之权利。此项决议的结论和理由构成，均值赞同。[2] 准此决议，甲、乙二人欲将该地设定地上权于丁时，丙亦得主张优先取得设定地上权的权利。

（八）对公同共有的准用

“土地法”第34条之1系针对分别共有而设的规定，于公同共有准用

① “土地登记规则”第95条（2018年11月修正），“内政部”订颁之“土地法第三十四条之一执行要点”第8点第1款。

② 此为实务重要问题，特录决议全文：1989年5月23日1989年度第12次民事庭会议决议(一)民四庭提议：甲、乙、丙三人共有土地一公顷，其应有部分各为1/3，兹甲、乙二人以其应有部分合计2/3，依“土地法”第34条之1第1项将共有土地全部出卖于丁，事前并未通知丙优先承购，丙知悉其事后，是否得依同条第4项向甲、乙、丁主张优先承购权？有子、丑二说。子说：共有人甲、乙二人依“土地法”第34条之1第1项，将共有土地之全部出卖于丁，他共有人丙得依同条第4项规定，对之主张优先承购权。盖共有人甲、乙二人依同条第1项出卖共有土地之全部，然就各该共有人言，仍为出卖其应有部分，不过对于丙之应有部分，有权代为处分而已，并非以此剥夺丙优先承购之权利。丑说：共有人甲、乙二人系依“土地法”第34条之1第1项将共有土地全部出卖，并非仅出卖其应有部分，此与同条第4项规定之情形不同，丙不得依该条项规定，主张优先承购之权利。以上二说，应以何说为当，提请公决。决议：采子说。

之("土地法"第 34 条之 1 第 5 项)。实务上有一则法律问题:因继承而发生之田地公同共有关系(已办妥继承登记),可否由任一共有人(继承人)主张终止公同共有关系,而请求其余共有人协同办理分别共有登记?

研究意见采否定说,认为公同共有人之权利及于公同共有物之全部,此与分别共有人对于共有物,系按其应有部分享有权利者实有不同,故由公同共有关系转变为分别共有关系,乃属权利内容之变更而为处分行为。又公同共有土地之处分,除公同共有人之应继份超过 2/3 外,应以公同共有人过半数及其应继份合计过半数之同意行之,乃"土地法"第 34 条之 1 第 5 项准用同条第 1 项规定之明文,故任一共有人除非符合上述要件,尚不得任意主张终止公同共有关系而请求其余公同共有人协同办理分别共有登记。[①] 此项见解可资赞同。易言之,即继承公同共有人过半数及其应有部分过半数,或公同共有人之应继份超过 2/3 者,得准用本条第 1 项规定将公同共有转变为分别共有。

(九) 专题研究:多数共有人未通知少数共有人行使优先承购权而处分共有土地的法律责任

> 甲、乙、丙共有 A 屋,应有部分各 1/3。甲、乙欲出售 A 屋而丙不同意,甲、乙乃将 A 屋出卖于丁,未经通知丙而办理所有权移转登记。丙获知其事,即对甲、乙表示愿以同条件购买 A 屋。试依"土地法"第 34 条之 1 规定说明:
>
> (1) 丙对丁得主张何种权利?其请求权基础?
>
> (2) 丙对甲、乙得主张何种权利?其请求权基础?

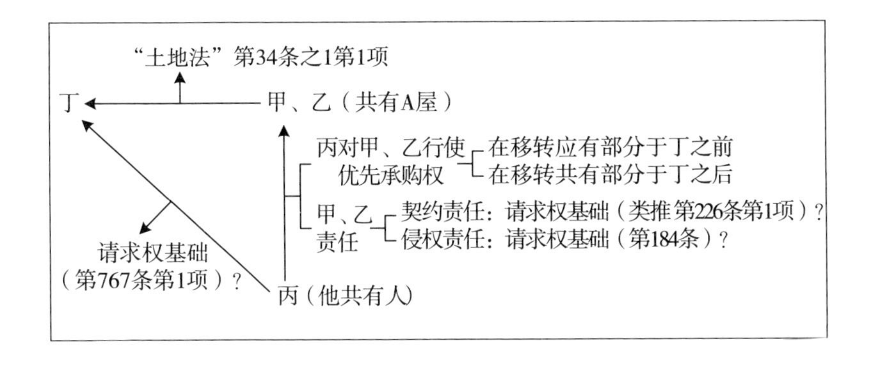


① "司法院"1981 年 9 月 29 日(1981)厅民一字第 0699 号函复高等法院。

并请思考以下三个问题：

(1)“土地法”第34条之1第1项与第4项的结构关系。他共有人(丙)有无优先承购权？

(2)“土地法”第34条之1的优先承购权究具债权效力或物权效力？

(3)优先承购权的法律性质究为请求权或形成权？对买卖契约的成立具有何种意义？

1.“最高法院”2020年台上大字第2169号大法庭裁定①

(1)争议问题

甲、乙、丙三人共有土地，应有部分各1/3。甲、乙二人依“土地法”第34条之1第1项规定，将共有土地出卖于丁，并办理所有权移转登记，惟未依同条第2项规定通知丙行使优先承买权，嗣丙知悉，于第一审依“民法”第184条、第185条规定起诉，请求甲、乙连带赔偿，并于第二审基于同一基础事实，追加“民法”第226条第1项规定为请求。其法律争议系土地共有人依“土地法”第34条之1第1项规定出卖共有土地，未依同条第2项规定通知他共有人，并办理所有权移转登记，他共有人于移转登记后知悉，得否依给付不能之法律关系，请求出卖土地之共有人赔偿损害？

(2)裁定理由

“最高法院”2020年台上大字第2169号民事大法庭裁定(以下简称“本件大法庭裁定”)针对前揭问题，作成统一法律见解，其裁定理由如下：

“(一)按共有土地或建筑改良物，其处分、变更及设定地上权、农育权、不动产役权或典权，应以共有人过半数及其应有部分合计过半数之同意行之。但其应有部分合计逾三分之二者，其人数不予计算。土地或建筑改良物共有人出卖其应有部分时，他共有人得以同一价格共同或单独优先承购，‘土地法’第34条之1第1项、第4项定有明文。部分共有人

① 参见颜佑纮：《论优先承买权人对移转应有部分与原买受人之共有人得否依契约责任之规定请求损害赔偿》，载《台湾法律人》2021年第3期，此为一篇论证精细的论文；颜佑纮：《论“成为”出卖人之共有人有无优先承买权》，载《台湾法律人》2022年第13期；陈忠五：《多数共有人未通知少数共有人行使优先承买权而处分共有土地的契约责任》，载《台湾法律人》2021年第4期；吴从周、何奕萱：《民事大法庭裁定选评之三：“共有人出卖共有物违反优先承购权通知义务”案》，载《月旦裁判时报》2022年第119期。

依该条第1项规定，出卖共有土地全部，就各该共有人言，仍为出卖其应有部分，为处分之共有人，除本于自己权利处分其应有部分外，另系基于法律之授权代为处分他共有人之应有部分，并非以此剥夺他共有人依同条第4项规定享有之优先承购权，是共有人依首揭规定出卖共有土地之全部时，他共有人自仍有优先承购之权利。

（二）惟‘土地法’第34条之1第4项并未如同法第104条第2项后段设有出卖人未通知优先购买权人而与第三人订立买卖契约者，其契约不得对抗优先购买权人之明文，故‘土地法’第34条之1第4项规定之优先承购权仅具债权效力。优先承购权人于他共有人出卖其应有部分于第三人时，固得行使优先承购权而与该共有人订立同样条件之买卖契约，然倘该共有人本于其与第三人之买卖契约而将出售之应有部分移转登记于第三人，优先承购权人不得主张该买卖为无效而涂销其移转登记。

（三）因‘土地法’第34条之1第4项所定之优先承购权仅系共有人间之权利义务关系，并无对抗第三人之效力，故出卖应有部分之共有人之通知义务，纯属共有人间之内部关系，共有人未践行此项通知义务，径出售其应有部分于他人并办毕移转登记，对他共有人仅生应否负损害赔偿责任之问题，不影响其出售、处分之效力。

（四）‘土地法’第34条之1第4项之规定，旨在防止共有土地或建物之细分，以简化或消除共有关系，减少土地使用增加之成本，俾利共有土地或建物之管理与利用，行使优先承购权之人及对象限于共有人。部分共有人依‘土地法’第34条之1第1项规定出卖共有土地全部，并已办毕所有权移转登记，原共有关系于标的土地所有权移转登记后消灭，原共有人亦均丧失共有人身份。纵为出售、处分者违反通知义务，然未受通知者于土地所有权移转登记后，已无从再行使共有人优先承购权，且为出售、处分者亦无与之订立买卖契约之意愿，渠等间自未成立买卖契约，该未受通知者即不得依给付不能之法律关系请求出卖之共有人赔偿损害。

（五）出卖之共有人违反通知义务，致未受通知之他共有人无从行使优先承购权，倘构成侵权行为致该共有人因此受有损害，自得依侵权行为之法则请求出卖之共有人负损害赔偿责任。

（六）综上，土地共有人依‘土地法’第34条之1第1项规定出卖共有之土地，未依同条第2项规定通知他共有人，并办毕所有权移转登记时，出卖之共有人就其应有部分已无从与他共有人成立买卖契约。他共有人于移转登记后知悉上情,自不得依给付不能之法律关系,请求出卖之共有人赔偿损害。”

本件大法庭裁定具有重要理论及实务的重要意义,请先研读思考,形成自己的见解。

2. 分析说明

(1)三个基本问题

①优先承购权的法律构造:他共有人的优先承购权

关于“土地法”第34条之1优先承买权的法律构造,本件大法庭裁定谓:“出卖共有土地全部,就各该共有人言,仍为出卖其应有部分,为处分之共有人,除本于自己权利处分其应有部分外,另系基于法律之授权代为处分他共有人之应有部分,并非以此剥夺他共有人依同条第4项规定享有之优先承购权,是共有人依首揭规定出卖共有土地之全部时,他共有人自仍有优先承购之权利。”本件大法庭裁定结合“土地法”第34条之1第1项及第4项规定,作成二个重要见解:

第一,出卖共有土地,系本于法律之授权代为处分他共有人之应有部分。

第二,他共有人亦有优先承购权。

②优先承购权的法律性质[①]

问题核心在于优先承买权的法律性质向来有请求权说与形成权说:

第一,请求权说认为,优先承购权仅为优先承购权人(他共有人)得对优先承购权之相对人(出卖应有部分之共有人),行使订立买卖契约之请求权。请求权说强调他共有人行使优先承买权,系在请求共有人以相同条件,将其应有部分出卖于自己,共有人负有承诺出卖的义务。故共有人因此所为出卖应有部分的意思表示,即与他共有人优先承购的意思表示合致,双方当事人即因而缔结就该应有部分的买卖契约。依请求权说,他共有人必须先请求共有人与自己就该应有部分缔结买卖契约,并于同时或先后,再请求共有人履行该买卖契约,亦即请求共有人将系争应有部分移转于自己,而取得该应有部分。

第二,形成权说则认为,他共有人于行使优先承购权后,即与共有人

---

① 简要综合论述,参见颜佑纮:《论优先承买权人对移转应有部分与原买受人之共有人得否依契约责任之规定请求损害赔偿》,载《台湾法律人》2021年第3期。

就该应有部分以相同条件成立买卖契约,因此就该买卖契约之缔结,他共有人无须请求共有人为出卖之意思表示,故他共有人于行使优先承购权后,得径请求共有人移转其应有部分,优先承购权在性质上具形成买卖契约的效力。此项见解可资赞同。[①]

③优先承购权的债权效力

关于优先承购权,通说认为仅具债权的效力,即他共有人行使优先承购权时,成立买卖契约,发生债之关系,一方当事人(处分共有物的出卖人)负有交付其物并移转其所有权的义务(第345条、第348条),并不具发生物权变更的法律效力。

他共有人若系于共有人出卖共有物(即出卖其应有部分),而移转其应有部分于原买受人之前行使优先承购权,即应就该应有部分以相同条件与共有人成立买卖契约。若共有人将其应有部分移转于原买受人,系可归责于共有人的事由,致其对他共有人给付不能,他共有人得依"民法"第226条第1项前段规定请求损害赔偿。

需说明的是,优先承购权即仅具债权效力,他共有人不能仅因行使优先承购权而取得共有人的应有部分,从而亦不能向其后受让应有部分的原买受人,依"民法"第767条第1项中段规定请求涂销所有权的移转登记。本件大法庭裁定(二)(三)同此见解,实值赞同。

(2)契约责任

①请求权基础

本件大法庭裁定的核心问题,系处分共有物的共有人应否对行使优先承购权的他共有人负契约责任。其请求权基础在于"民法"第226条第1项(适用或类推适用?),此须以当事人间成立买卖契约为前提,应检讨的有三:

第一,优先承购权得否行使?

第二,优先买卖契约是否成立?

第三,优先买卖契约是否有效?

②"最高法院"见解:未成立买卖契约

本件大法庭裁定(五)认为不成立买卖契约,其理由有二:

---

① 参见王泽鉴:《优先承买权之法律性质》,载王泽鉴:《民法学说与判例研究》(第一册),北京大学出版社2009年版,第313—319页。

第一,“土地法”第34条之1第4项之规定,旨在防止共有土地或建物之细分,以简化或消除共有关系,减少土地使用增加之成本,俾利共有土地或建物之管理与利用,行使优先承购权之人及对象限于共有人。部分共有人依“土地法”第34条之1第1项规定出卖共有土地全部,并已办毕所有权移转登记,原共有关系于标的土地所有权移转登记后消灭,原共有人亦均丧失共有人身份。

第二,纵为出售、处分者违反通知义务,然未受通知者于土地所有权移转登记后,已无从再行使共有人优先承购权,且为出售、处分者亦无与之订立买卖契约之意愿,渠等间自未成立买卖契约,该未受通知者即不得依给付不能之法律关系请求出卖之共有人赔偿损害。

③笔者见解:得成立买卖契约

首先,大法庭裁定理由的检讨。

立法意旨或法律规范意旨是解释法律的一项重要因素,但因具不确定性,有论证的必要。关于本件大法庭裁定理由,应检讨说明的有三:

第一,优先承购权并未消灭。优先承购权的立法意旨亦在于保护他共有人的权益。原共有关系纵因事后所有权已移转于买受人而消灭,并未构成共有人的客观给付不能,他共有人依法已取得优先承购权不应因此而受影响,以保护其得行使契约法上的权利,使共有人负有履行契约的义务。

第二,物尽其用、人格利益。物权法建立在物尽其用及人格利益(人之自由尊严)之上。设甲、乙、丙共有某屋,由丙长年居住,甲、乙擅将该屋出卖于他人并移转其所有权,而使丙的优先承买权消灭,剥夺丙的所有权(应有部分),影响生活人格关系,而无契约法上的救济之道,不符合“土地法”第34条之1的立法意旨及物权法的基本原则。

第三,本件大法庭裁定强调,他共有人得依侵权行为法则向出卖人请求损害赔偿,问题在于何谓侵权行为法则?得否成立侵权行为(详见下文)?

其次,请求权或形成权。

本件大法庭裁定关于优先承购权的法律性质采请求权说,认为出卖人得不为承诺的意思表示使买卖契约不成立,而不负给付不能债务不履行的责任。优先承购权的法律性质系属形成权,乃学说上的通说,实务上亦有采此见解,较值赞同,其理由系形成权说简化优先承购权的行使,保护他共有人的利益。

最后,优先承购契约的成立、生效及契约责任。

综据所述,笔者认为共有物出卖人将共有物移转登记于买受人,他共有人的优先承购权并未因此而消灭。优先承购权具形成权的性质,他共有人一经行使,他共有人与共有人间就应有部分成立买卖契约。

优先承购契约成立时,出卖人已将其应有部分所有权移转登记于买受人,系以不能之给付为标的,此为自始主观不能而非客观不能,其契约仍为有效。出卖人就其给付不能应类推适用“民法”第 226 条第 1 项规定,负损害赔偿责任。[①]

(3)侵权责任

本件大法庭裁定(四)先肯定出卖之共有人不负给付不能的契约责任,再强调:“出卖之共有人违反通知义务,致未受通知之他共有人无从行使优先承购权,倘构成侵权行为致该共有人因此受有损害,自得依侵权行为之法则请求出卖之共有人负损害赔偿责任。”应说明者有二:

①在否定契约时,侵权责任成为关键核心问题,“最高法院”认为他共有人得依侵权行为之法则请求出卖之共有人负损害赔偿责任。何谓“侵权行为之法则”?此类不精确的请求权基础思考方法,似又回到数十年前法之适用的论证风格。所谓侵权行为之法则,应系指“民法”第 184 条规定:“因故意或过失,不法侵害他人之权利者,负损害赔偿责任。故意以背于善良风俗之方法,加损害于他人者亦同。违反保护他人之法律,致生损害于他人者,负赔偿责任。但能证明其行为无过失者,不在此限。”

应予指出的是,“最高法院”曾再三强调:“‘民法’第 184 条第 1 项前后两段及第 2 项,系规定三个独立之侵权行为类型(学说上称为三个小概括条款),各有不同之适用范围、保护法益、规范功能及任务分配,在实体法上为相异之请求权基础,在诉讼法上亦为不同之诉讼标的。且该条第 1 项前段规定之侵权行为所保护之法益,原则上仅限于既存法律体系所明认之权利,而不及于权利以外之利益特别是学说上所称之‘纯粹经济上损失’。另同条第 1 项后段及第 2 项所规定之侵权行为,亦皆有其各别之

---

① 关于自始主观不能,较详细的说明,参阅王泽鉴:《给付不能》,载《民法学说与判例研究》(第一册),北京大学出版社 2009 年版,第 223—239 页;王泽鉴:《民法思维:请求权基础理论体系》,北京大学出版社 2022 年重排版,第 317 页。

成立要件(如故意以背于善良风俗之方法或违反保护他人之法律等)。法院如依侵权行为之法律关系为原告胜诉之判决,应于判决理由中说明原告之请求,如何符合或满足于该法律关系之构成要件,倘未记明,即属'民事诉讼法'第469条第6款所称之判决不备理由。"(2013年台上字第342号)

②兹参照学说见解及"最高法院"前揭判决,依序检查侵权责任的请求权基础:

第一,核心问题在于出卖人未通知他共有人,径将其应有部分移转登记于买受人,究系侵害他共有人何种权利?"最高法院"肯定优先承购权的法律性质是一种请求权,仅具债权的效力。依此见解,优先承购权不具排他性,非属"民法"第184条第1项前段所称权利,乃属一种纯粹经济上损失,不成立"民法"第184条第1项前段侵害权利的侵权责任。

第二,在此情形,应难认为出卖人系以背于善良风俗方法加损害于他人。

第三,"土地法"第34条之1旨在保护他共有人的纯粹经济上损失,衡诸"民法"第184条区别权利与纯粹经济上损失的规范意旨[①],应非属"民法"第184条第2项保护他人的法律。

据上所述,他共有人得否依"侵权行为之法则"向出卖人请求损害赔偿,尚有探究余地。此为关键问题,"最高法院"未于判决理由作更深入明确的论证说明,甚为可惜。

(4)结论

①"最高法院"本件大法庭裁定认为,出卖共有土地应有部分,未通知他共有人,即移转其所有权,共有关系不复存在,优先承购权消灭,纵他共有人表示愿意购买,亦不成立买卖契约,出卖人不负契约责任。

②"最高法院"为期补救对他共有人的保护,强调他共有人得依侵权行为之法则请求损害赔偿,但未就"民法"第184条规定三个请求权基础的适用,如何符合或满足其构成要件,详作说明,于法之适用及论证上,不具妥适性。

③"最高法院"认为出卖人不负契约责任,若不能肯定他共有人得依侵权行为之法则请求损害赔偿,则出卖人究应负何种责任?如何保护他

---

① 参见王泽鉴:《民法思维:请求权基础理论体系》,北京大学出版社2022年重排版,第454页。

共有人的权益?①

④笔者认为,依“土地法”第 34 条之 1 的立法意旨,他共有人的优先承购权不因出卖人将其应有部分所有权移转登记于买受人而消灭,他共有人得行使其优先承购权,而形成其与出卖人间的买卖契约,出卖人就其主观给付不能,应类推适用“民法”第 226 条第 1 项规定,负契约责任。

“最高法院”2020 年台上大字第 2169 号大法庭裁定涉及“民法”及“土地法”上优先承买权的理论及实务上的重要问题,图示其法律见解,以利参照:

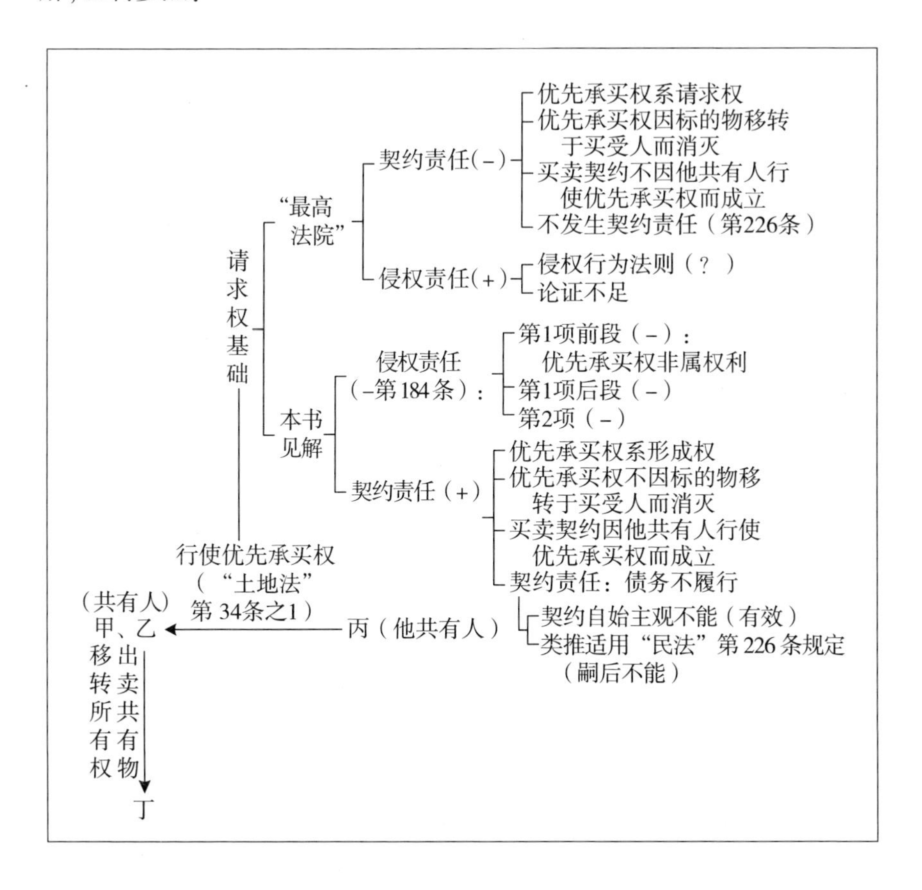


① 参见谢在全、谢明谚:《不动产应有部分优先承购权之优先效力》,载《月旦法学杂志》2020 年第 302 期,论述优先承买权效力之有限、薄弱及其保护之道。

## 第三目　共有物的管理

何谓共有物的处理，共有物的出租是否为共有物的管理。就立法政策言，共有物的管理方法究应采全部共有人同意原则，抑采多数决？共有人不能就共有物的管理作成决议时，得否请求法院以裁判定其管理方法？

### 一、概说

数人共有一物，如何管理，为分别共有的核心问题。管理包括对共有物的使用、收益、处分、保存、利用等。管理共有物涉及共有人的权益甚巨，现行“民法”采如下规范模式：

1. “民法”第819条第2项规定共有物之处分变更及设定负担，应得共有人全体之同意。对此全体同意原则，“土地法”第34条之1设有“多数决”的特别规定，前已详论，敬请参照。

2. “民法”第819条第2项规定以外之管理，“民法”第820条规定：

(1)私法自治原则，当事人约定优先。

(2)关于共有物的管理采多数决原则。保存行为得由共有人单独为之。

(3)共有物管理的方式，有约定、决定、裁定三种样态(2021年台上字第1623号)。[①]

### 二、共有人订有共有物管理契约、分管契约

甲、乙、丙三人共有某店面房屋，约定甲、乙各分管店面的一半，丙居住楼上，甲将其分管店面出租于丁。其后丙将其应有部分让售于戊，戊主张不受甲、乙、丙间原订共有物分管契约的拘束，有无理由。试就此例说明共有物分管契约的意义、成立、内容、性质和效力。

#### (一) 私法自治原则

“民法”第820条第1项规定：“共有物的管理，除契约另有约定外，应以共有人过半数及其应有部分合计过半数之同意行之。但其应有

① 参见陈重见：《分管契约与分管决定》，载《辅仁法学》2018年第56期。

部分合计逾三分之二者,其人数不予计算。”可知关于共有物的管理,民法系采私法自治原则,以共有人的约定为优先,其范围包括管理行为的全部,包括利用行为、保存行为和改良行为等。

本诸私法自治原则,共有人不能以协议定其共同管理方法时,各共有人不能要求法院代为决定(“最高法院”1977 年度第 7 次民庭庭推总会决议)。

(二) 意义及性质

共有物管理契约,指全体共有人为共有物管理而订立的契约,如甲、乙二人共有某屋,约定由甲管理共有物的出租,乙管理共有物的修缮。共有物管理契约中有所谓分管契约者,系共有人间约定各自分别就共有物之特定部分而为使用、收益等管理行为的契约,例如甲、乙二人共有某地或某店面,约定其耕作或营业范围;区分所有建筑物之所有人于共有部分和基地,约定分管停车位。

分管契约乃物权关系上关于共有物管理的约定,性质属债权契约,不在“民法”债编有名契约之列,属无名契约之一种。其内容系以各共有人本于应有部分对于共有物所具用益权的互相交换,即以对共有物的特定部分不为用益为对价,而对共有物之特定部分取得全部用益权,是其性质与租赁契约颇为相同,得类推适用关于租赁契约之规定(1994 年台上字第 2544 号)。

(三) 成立

分管契约的成立应由共有人全体以协议订立,明示或默示均可,不以订立书面为必要(2021 年台上字第 277 号)。倘共有人实际上约定使用范围,对各自占有管领部分,互相容忍,对于他共有人使用收益,各占有之土地未予干涉,已历有年所,即非不得认默示分管契约之存在(2020 年台上字第 2118 号)。公寓大厦之买卖,建商与各承购人之分别约定,该公寓之共有部分或其基地之空地由特定共有人使用者,除另有规定外,应认共有人间已合意成立分管契约(2007 年台上字第 2025 号)。[1]

(四) 内容

共有人就其分管部分,有依分管契约使用收益管理之权,包括出租在

---

① 参见陈荣传:《分管契约的暂时性》,载《月旦裁判时报》2020 年第 97 期;吴从周:《第三人媒介意思表示而成立分管契约》,载《月旦法学杂志》2022 年第 321 期。

内。分管部分的出租,毋庸得其他共有人同意(1988 年台上字第 2391 号、1988 年台上字第 2392 号)。分管契约不过系共有人协议各自分别管理共有物一部之特约,不及于处分,共有人让与其分管共有物特定部分的所有权,仍应得共有人全体之同意。

(五) 期限

分管契约的期间依当事人约定。定有期限时,仍得经共有人全体协议终止分管契约。未定有分管期限者,因终止分管契约乃共有物管理方法的变更,须经共有人全体同意,始得为之,难认各共有人得随时终止分管契约,无类推适用"民法"第 450 条第 2 项规定的余地。

(六) 消灭

分管契约因共有物之分割而失其效力,仍属当然,盖共有关系既不存在,分管契约无所附属,失其存在目的也。分管契约消灭后,共有物的管理和使用收益,应回复原来状态,而适用"民法"第 818 条和第 820 条规定。因分管契约而占有共有物特定部分者,须返还于全体共有人,否则应成立无权占有。

## 三、共有人未定管理契约

共有人对共有物未订管理契约时,应适用"民法"第 820 条规定的管理方法,即采多数决管理,对保存行为和改良行为得由各共有人单独为之。

(一) 共有物的管理:多数决管理原则

修正"民法"第 820 条废止旧法规定的"共有人共同管理原则",改采多数决管理原则,旨在促使共有物的有效使用,分述如下:

1. 多数决的计算:"共有物之管理,除契约另有约定外,应以共有人过半数及其应有部分合计过半数之同意行之。但其应有部分合计逾三分之二者,其人数不予计算。"(第 820 条第 1 项)共有物的管理以共有物的利用最为重要,例如于共有的建地兴建房屋,以共有的房屋经营商店,其最为常见的是共有物的出租。"最高法院"2017 年台上字第 100 号判决谓:"查共有物之出租或出借,属共有物之管理行为,除契约另有约定外,固应依'民法'第 820 条第 1 项规定,以共有人过半数及其应有部分合计过半数之同意行之;应有部分合计逾三分之二者,其人数不予计算。惟共有人为是项管理行为,不仅须符合该项关于多数决之规定,尚须有为全体共有人管理共有物之意思,始足当之。倘共有人未经全体共有人同意占有共有物之全部或一部后,为自己用益将之出借或出租,既非基于管理共有物意思所为,纵其人数及应有部分合计超过上开规定,亦不得谓其为管理共有物之行为。"①

又需注意的是,本项所称管理包括对共有物的改良行为,此指不变动共有物的性质,而增加其效用或价值的行为,例如开垦荒地为果园,修复遭严重毁损的旧画。

2. 显失公平的救济:"依前项规定之管理显失公平者,不同意之共有人得声请法院以裁定变更之。"(第 820 条第 2 项)俾免多数决滥用,兼保障全体共有人之权益。

3. 情事变更:"前二项所定之管理,因情事变更难以继续时,法院得因任何共有人之声请,以裁定变更之。"(第 820 条第 3 项)

4. 赔偿责任:"共有人依第一项规定为管理之决定,有故意或重大过失,致共有人受损害者,对不同意之共有人连带负赔偿责任。"(第 820 条第 4 项)此项规定系为保护不同意该管理方法的少数共有人。此项法定责任并不排除侵权行为规定的适用。

(二) 保存行为:各共有人得单独为之

"民法"第 820 条第 5 项规定:"共有物之简易修缮及其他保存行为,得由各共有人单独为之。"保存行为,指保存共有物及其权利免于毁损、灭失或限制的行为,以维持现状为目的。简易修缮,如换修破碎的门窗玻璃、整修阻塞的水管。其他保存行为,如声请所有权登记、专为遮雨或遮阳而在屋顶搭盖架棚、为维持共有房屋完整免被拆除而成立和解(1985 年台上字第 2218 号)。出卖行将腐败的物品而移转其所有权,虽系对共有物之处分,但非紧急处理,不足维护其物的价值,应可认亦属保存行为。消灭时效之中断或取得时效之进行,固得认系保存行为,但以起诉或其他相类行为中断时效者,乃就共有物本于所有权行使其权利,应适用"民法"第 821 条规定。

### 四、共有物的费用负担

共有物之管理费及其他负担,除契约另有约定外,应由各共有人按其

---

① 陈重见:《共有物分管行为之分管意思》,载《台湾法学杂志》2018 年第 338 期。

应有部分分担之(第 822 条第 1 项)。管理费,指因保存或改良等行为所支付之费用。其他负担,指共有物应缴纳之税捐,或因共有物加害他人而生之损害赔偿。[①] 此等费用或负担如何分担,共有人得依契约定之。契约未约定时,为期公平,法律明定由各共有人按其应有部分分担之。

共有人中之一人,就共有物之负担为支付,而逾其所应分担之部分者,对于其他共有人,得按其各应分担之部分,请求偿还(第 822 条第 2 项)。例如,甲、乙共有某车,应有部分均等,每年应缴各类税捐 2 万元,甲先为缴纳时,得向乙请求偿还 1 万元。设乙未偿还此项应分担之费用,而将其应有部分移转于丙时,甲得否向丙请求偿还,法无明文,应采否定说,其理由有三:

1. 此项费用偿还请求权系属债权,于当事人间发生效力,非属物上负担,不因应有部分之移转而当然移转于受让人。

2. 此等费用是否发生,已否清偿,应有部分受让人难以查知,难免遭受不测之损害。

3. 使受让人负担此项费用,课其注意有无此项负担之义务,于清偿后又发生向让与人求偿问题,增加交易成本,不合经济原则。

### 第四目　关于共有物使用、管理或分割等约定对第三人的效力:债权约定的物权效力

共有人间关于共有物使用,管理、分割或禁止分割之约定,或法院依“民法”第 820 条就共有物管理的决定,性质上属债权行为,原对第三人不生效力。惟为保持原约定或决定的安定性。“民法”物权编 2009 年 1 月修正特参照“最高法院”1959 年台上字第 1065 号判例及“司法院”释字第 349 号解释,增设“民法”第 826 条之 1,分三项规定此等共有物上约定及决定对第三人的效力:

---

① “最高法院”2018 年台上字第 1262 号判决谓:“陈○聪二人因处理系争土地遭占用之问题,与系争占用户全体达成拆迁补偿之协议,排除系争土地被占用之情形,而保全、增加该土地之价值,并顺利觅得买主林○辉,以促使该土地之有效利用,自属共有物之管理行为。原审据此认定陈○聪二人非仅一般土地买卖之中介,上开中介费及系争占用户补偿金之支出,均属共有物之管理费用,非出卖土地之必要费用,既经杜○纯四人以应有部分合计逾三分之二同意行之,上诉人自应按其应有部分分担上开管理费用,而未论述‘土地法’第 34 条之 1 第 3 项规定之适用问题,并无不当。”

1. 关于不动产共有人间的约定及决定："不动产共有人间关于共有物使用、管理、分割或禁止分割之约定或依第八百二十条第一项规定所为之决定，于登记后，对于应有部分之受让人或取得物权之人，具有效力。其由法院裁定所定之管理，经登记后，亦同。"（第1项）。所称其由法院裁定所定之管理指经由法院依"民法"第820条第2项、第3项裁定所定之管理。此系属非讼事件，其裁定效力是否及于受让人，尚有争议（1978年台上字第4046号判例参照），且该非讼事件裁定之公示性与判决及登记不同，故特定该裁定之管理亦经登记后对于应有部分的受让人或取得物权人始具效力。[①]

值得注意的是，关于公寓大厦分管契约，"最高法院"在最近判决再三强调（2018年台上字第70号、2016年台上字第1733号、2016年台上字第1443号）："按所谓分管契约系指共有人间约定各自分别占有共有物之特定部分而为管理之契约，不动产共有人间关于共有物使用、管理之约定，对于应有部分之受让人或取得物权之人，以受让或取得时知悉其情事或可得而知者为限，始具有效力，业经'司法院'大法官会议著有349号解释。故在'民法'第826条之1规定修正施行前成立之分管契约，对共有物应有部分之受让人有无效力，应依349号解释意旨，以受让人是否知悉有分管契约，或有无可得而知之情形为断。"足见其仍为实务上的争议问题。

2. 关于动产共有人间的约定及决定："动产共有人间就共有物为前项之约定、决定或法院所为之裁定，对于应有部分之受让人或取得物权之人，以受让或取得时知悉其情事或可得而知者为限，亦具有效力"（第2项）。动产无登记制度，法律上又保护善意受让人，故以受让人等于知悉或可得而知其情事者为限，始对之发生法律上之效力。

3. 对所生负担的连带责任："共有物应有部分让与时，受让人对让与人就共有物因使用、管理或其他情形所生之负担连带负清偿责任"（第3

---

① 关于"民法"第826条之1增订前未登记效力，"最高法院"2016年台上字第1733号判决谓："'民法'第826条之1规定修正施行前成立之分管契约，对共有物应有部分之受让人有无效力，应依349号解释意旨，以受让人是否知悉有分管契约，或有无可得而知之情形为断。应有部分之受让人若不知悉有分管契约，或无可得而知之情形，该分管契约对于受让人自不具有效力，该分管契约即因而归于消灭，共有物之用益及管理应回复原来共有关系之状态，不生分管契约对于部分共有人具有效力，对于部分共有人不具有效力之问题。"

项）。所称其他情形，例如协议分割或禁止分割所生之负担（第822条参照）。所积欠之债务虽明定由让与人与受让人连带负清偿责任，则于受让人清偿后，自得依“民法”第280条规定定其求偿额。

### 第四项 分别共有的外部关系

1. 甲、乙、丙共有某地，应有部分均等，该地被丁无权占有，设置摊位。试问：(1)甲得否请求丁拆除摊位，交还该地于自己？(2)甲请求丁返还该地于全体共有人，乙因与丁有特殊关系而为反对时，法院应如何处理？(3)甲、乙、丙如何向丁请求损害赔偿？

2. 甲、乙、丙共有某狗，试就下列情形说明共有人的责任：(1)狗遗失，由丁拾得，其给付报酬义务。(2)狗咬伤丁，其损害赔偿责任。(3)甲、乙、丙出卖该狗于丁，其给付义务。

分别共有的外部关系，包括分别共有人对第三人的权利，及分别共有人对第三人的义务。分述如下：

#### 一、对第三人之权利

（一）就共有物本于所有权的请求

“民法”第821条本文规定：“各共有人对于第三人，得就共有物之全部为本于所有权之请求。”共有人亦为所有人，应与所有人受同一的保护，故凡所有人本于所有权得行使之权利，各共有人亦得行使之。所谓“本于所有权之请求”，系指“民法”第767条第1项规定的所有权请求权（物上请求权），即对于无权占有或侵夺其共有物者，得请求返还之；对于妨害其共有物所有权者，得请求除去之；有妨害其共有物所有权之虞者，得请求防止之。然为保全共有物及增进物之利用，宜采广义说，认为尚应包括因相邻关系而生之所有权权能的扩张或限制，如邻地损害之预防（第774条、第794条、第795条）等。依“民法”第831条规定，“民法”第821条规定于所有权以外之财产权，由数人共有者，准用之。在共同出租耕地，其租赁关系消灭后所生之租赁物返还请求权，即应为全体出租人所共有，共有人本于租赁物返还请求权，得为共有人全体利益，请求承租人腾空并交还耕地于全体共有人（2002年台上字第1285号）。

至于债权请求权，如共有物因他人侵权行为被毁坏而生损害赔偿请求权,“司法院”院字第 1950 号认为,不在“民法”第 821 条规定之列(2018 年台上字第 403 号)。又不当得利请求权亦无第 821 条的适用,请求返还不当得利,而其给付可分者,各共有人自得按其应有部分请求返还(2002 年台上字第 607 号)。应以金钱赔偿损害时,其请求权为可分债权,各共有人仅得按其应有部分,请求赔偿,即使应以回复原状之方法赔偿损害,而其给付不可分者,依“民法”第 293 条第 1 项规定,各共有人亦得为共有人全体请求向全体共有人为给付,故以债权之请求权为诉讼标的之诉讼,无论给付是否可分,各共有人均得单独提起之。

(二) 回复共有物的请求权

“民法”第 821 条但书规定:“但回复共有物之请求,仅得为共有人全体之利益为之。”分述如下:

1. 回复共有物之请求:系指“民法”第 767 条第 1 项前段规定的所有物返还请求权而言。

2. 仅得为共有人全体之利益为之:指应请求返还于共有人全体,而不得请求返还于自己。倘共有人中之一人起诉时,在声明中请求应将共有物返还于共有人全体,即系为共有人全体利益请求,无须表明全体共有人之姓名(1995 年台上字第 339 号判例)。倘以诉讼请求时,其声明事项应为命被告将共有物返还原告及其他共有人,如仅请求向自己返还者,法院应将其诉驳回(1948 年上字第 6703 号判例)。

3. 利益:系指客观之法律上利益而言,各共有人主观上有无行使回复共有物请求权之意思,在所不问(1969 年台上字第 872 号判例)。因此,纵令一部分共有人为反对回复共有物之表示,其他共有人仍得请求被告向共有人全体返还共有物。

4. 共有人取得胜诉判决之执行名义后,得为共有人全体之利益,声请强制执行,其他共有人纵未具名起诉,亦得据该判决声请强制执行,惟以该共有人身份已为执行名义所认定或为债务人所不争执为限,债务人如有争执时,应由该共有人提起确认之诉,俟判决确定后,该共有人始得声请执行(最高法院 1942 年 9 月 22 日民刑庭总会决议)。

5. 在无权占有共有物,设置摊位的情形(案例 1),关于拆除摊位,回复原状,系属行使“所有权妨害除去请求权”,共有人中之一人得单独为之。关于土地之返还,系行使“所有物返还(回复)请求权”,应请求向共有人全体返还共有物,不得请求仅向自己返还。

### 二、对第三人的义务

因共有物而生之债务，其主要者有：共有物之修缮费；对共有物为无因管理而支出之费用(第 176 条)；拾得遗失物之报酬(第 805 条第 2 项)；因共有物而生之损害赔偿责任，如动物加损害于他人(第 190 条)；土地上之建筑物或其他工作物因设置或保管有欠缺，致损害他人权利(第 191 条)；出卖共有物之给付义务等。债务性质为可分者(如修缮费、以金钱为损害赔偿)，各共有人按其应有部分，对第三人负责。债务性质不可分者(如损害赔偿回复原状、物之交付)，则由各分别共有人对第三人负连带责任。

## 第五项　分别共有物的分割

### 第一目　分割自由及其限制

甲、乙、丙共有某地，试说明下列问题：

1. 甲、乙、丙订有永久不分割之约定，其效力如何？甲将其应有部分让于丁时，丁是否受此项约定之拘束？

2. 甲、乙、丙为协议分割后，甲拒不办理登记时，乙、丙得主张何种权利？得否诉请法院按协议之方法再为分割共有物之判决？已逾 15 年，迄未办理登记时，如何？

分别共有始于发生，而终于分割。分割系分别共有消灭的主要原因，争议问题层出不穷，而为实务上的重要课题，体现共有制度的功能及社会变迁。

### 一、分割自由原则和分割请求权

#### (一) 分割自由

"民法"对共有物采分割自由原则，于"民法"第 823 条明定："各共有人，除法令另有规定外，得随时请求分割共有物。但因物之使用目的不能分割或契约订有不分割之期限者，不在此限。前项约定不分割之期限，不得逾五年；逾五年者，缩短为五年。但共有之不动产，其契约订有管理之约定时，约定不分割之期限，不得逾三十年；逾三十年者，缩短为三十年。前项情形，如有重大事由，共有人仍得随时请求分割。"立法理由谓："分割者,以共有关系消灭为目的之清算程序。共有于改良共有物,不无妨碍(例如甲共有人欲改良,而乙共有人不欲是),且于共有物之融通亦多阻窒(例如欲卖共有物非各共有人同意不得为之,而得各共有人同意其事甚难)。经济既受损害,并易启各共有人彼此之争论,故法律不能不予各共有人以随时请求分割之权,使共有之关系容易消灭,于公私皆有裨益。”为维护共有物分割自由原则,在法之适用上应特别说明的有四:

1. 共有人中之一人出卖其应有部分,尚未移转登记,仅成立债之关系时,仍得本于共有权请求分割共有物。

2. 数人共有数笔土地,订有分管契约,部分共有人未自任耕作而被征收时,因征收土地系以共有人之全体为对象,所受之损失应由全体共有人共同负担,故分管该被征收土地之共有人,就未被征收部分之土地,仍有分割请求权。

3. 共有物之应有部分经实施查封后,共有人(包括执行债务人及非执行债务人)仍得依“民法”第 824 条规定之方法,请求分割共有物(1983 年台上字第 2642 号判例)。

4. 经都市计划编为道路预定地而尚未辟为道路之共有地,其共有人仍得请求分割(1981 年台上字第 260 号)。

### (二) 分割请求权的性质:形成权

关于共有物分割请求权的法律性质,通说认系分割共有物的权利,非请求他共有人同为分割行为的权利,其性质为形成权之一种,并非请求权,故“民法”第 125 条所谓请求权不包括共有物分割请求权在内,于共有关系存续中各共有人随时皆可行使,不适用关于消灭时效之规定(1940 年渝上字第 1529 号判例)。[①] 其所以采形成权说,认分割请求权不罹于时效,或在贯彻分割自由原则。惟采请求权亦不生罹于时效问题,盖共有物分割请求权本可随时提出也。

### (三) 共有物之分割为处分行为

分割共有物既对于物之权利有所变动,即属处分行为之一种,凡因继承于登记前已取得不动产物权者,其取得虽受法律之保护,不以其未经继承登记而否认其权利,但继承人如欲分割其因继承而取得公同共有之遗

---

① 参见陈荣传:《共有物分割请求权是否为形成权》,载苏永钦主编:《民法物权争议问题研究》,1998 年版,第 217 页。

产,因属于处分行为,依“民法”第759条规定,自应先经继承登记,始得为之(“最高法院”1979年度第13次民事庭会议决议)。

共有物之分割性质上为处分行为,不因协议分割或裁判分割而有不同,依“民法”第759条规定,共有之不动产之共有人中有人死亡时,于其继承登记前,不得分割共有物。然为便利共有物分割和诉讼经济,不动产之共有人中有一人死亡,他共有人请求分割共有物时,应许原告就请求继承登记及分割共有物之诉讼合并提起,即以一诉讼请求该死亡之共有人之继承人办理继承登记,并请求该继承人于办理继承登记后,与原告及其余共有人分割共有之不动产(“最高法院”1981年度第2次民事庭会议决议)。

## 二、分割的限制

### (一)“民法”第823条第1项但书、第2项规定

对共有物分割自由原则,“民法”第823条第1项但书、第2项设有例外规定:

1. 因物之使用目的不能分割者,不得请求分割(第1项但书)

本项的立法意旨在于增进共有物之经济效用,并避免不必要之纷争。所谓因物之使用目的不能分割,系指共有物继续供他物之用,而为其物之利用所不可或缺(如界标、界墙、共有的道路)[①];或为权利之行使所不可欠缺(如共有的契据);或已辟为道路或市场使用之共有土地或建物,因系供公众使用,事涉公益等,但仅因聚族而居之传统关系,则难认有不能分割情形存在(1961年台上字第970号判例)。需注意的是,区分所有建筑物的共同使用部分,为各区分所有人利用该建筑物所不可欠缺,其性质亦属于因物使用目的不能分割者(释字第358号解释)。

2. 契约订有不分割之期限者,期限未届至前不得请求分割:不分割的原则及例外(第2项)

此项约定不分割之期限,不得逾5年;逾5年者,缩短为5年。但共有之不动产,其契约订有管理之约定时,约定不分割之期限,不得逾30

---

① “最高法院”1969年台上字第2431号判例谓:“共有道路,除请求分割之共有人,愿就其分得部分土地为他共有人设定地役权外,原则上不得分割。原审以系争共有道路,因该土地之使用目的,不能分割,驳回上诉人分割之请求,于法尚无违误。”

年;逾30年者,缩短为30年。此为“民法”物权编2009年1月修正所增设,放宽约定不分割期限,其理由为不动产利用恒须长期规划且达一定经济规模,始能发挥其效益,若共有人间就共有之不动产已有管理之协议时,该不动产之用益已能圆滑进行,共有制度无效率之问题足可避免,是法律对共有人此项契约自由及财产权之安排,自应充分尊重。

约定期限届满后,仍得更新,盖此为重新缔约,当事人自有衡量,似无禁止的必要。虽有不许分割之特约,如有重大事由,共有人仍得随时请求分割。此亦为物权编修正时所增设。所谓“重大事由”,系指法院斟酌具体情形认为该共有物之通常使用或其他管理已非可能,或共有难以继续之情形而言,例如共有人之一所分管之共有物部分已被征收,分管契约之履行已属不能或分管契约有其他消灭事由。

3. 不分割约定对第三人效力

不分割共有物的契约,对各共有人的特定继承人(如应有部分之受让人)的效力,“民法”第826条之1设有规定。

(二) 特别法规定

“农业发展条例”第16条规定,每宗耕地分割后每人所得面积未达0.25公顷者,不得分割(参阅本条但书规定)。又“土地法”第31条规定:市或县地政机关于其管辖区内之土地,得斟酌地方经济情形,依其性质及使用之种类,为最小面积单位之规定,并禁止其再分割。前项规定,应经中央地政机关之核准。立法目的乃在防止土地细分。此属强行规定,共有土地的分割违反此项规定,自应认属无效,纵当事人无异议亦然(1976年台上字第563号判例)。然共有耕地或土地整笔变卖,以价金分配共有人,并不发生细分情形,是以共有人诉请裁判分割,请求采变卖共有物分配价金之分割方法,并非不得准许(1975年台上字第420号判例)。

## 第二目 分割方法之一:协议分割

共有物的分割方法,计有二种方法,兹先就协议分割加以说明。

“民法”第824条第1项规定:“共有物之分割,依共有人协议之方法行之。”协议分割有节省费用、和谐迅速的经济效益。共有物分割协议的法律性质系属债权契约。准此以言,应说明的有五:

1. 契约自由:协议内容,法无限制,但须得共有人全体之同意,明示或默示,事前同意或事后追认,均所不问。

共有人就共有物已订立协议分割契约者,纵使拒绝办理分割登记,当事人亦仅得依约请求履行是项登记义务,而不得诉请法院按协议之方法,再为分割共有物之判决(1970 年台上字第 1198 号判例)。

2. 不要式行为:协议分割系不要式行为,共有人就系争房屋与基地及其他共有物,若经协议以抽签方法实行分割,即生分割效力,不因共有人中之一人或数人未在分割书加盖印章而受影响(1954 年台上字第 952 号判例)。

3. “民法”总则规定的适用:分割协议既属债权契约,“民法”总则编关于法律行为的规定,尤其是行为能力,自有适用余地。无行为能力人未由法定代理人代理,或限制行为能力人未得法定代理人的允许而参与协议时,前者的意思表示无效,后者的意思表示非经法定代理人承认,不生效力(1951 年台上字第 1563 号判例)。

4. 债务的履行与消灭时效:基于分割协议,各共有人得请求履行,办理分割。分割为处分行为,在动产须经交付,在不动产须经分割登记,始生效力。其他共有人拒绝办理分割登记时,当事人仅得请求履行是项登记义务,而不得诉请法院按协议之方法,再为分割共有物的判决。关于此项履行分割契约之请求权,有“民法”第 125 条规定之适用,因 15 年间不行使而罹于时效。在此情形,为避免共有物不能分割,妨碍物之融通与经济效益,共有人得依“民法”第 824 条规定请求法院以判决分割(1970 年台上字第 1198 号判例)。

5. 对第三人之效力:“民法”第 826 条之 1 设有规定,敬请参阅本书第 61 页。

### 第三目　分割方法之二:裁判分割①

1. 甲、乙、丙共有某地,试说明下列问题:

(1)甲诉请分割时,乙、丙表示仍保持共有时,法院应如何判决?设该地为农地时,可否分割?

(2)甲、乙、丙为协议分割,甲、乙共有 A 地,乙、丙共有 B 地。其后发现不利使用时,甲或乙得否诉请对 A 地及 B 地为合并分割?

---

①　参见刘炳烽:《共有土地分割实务》,2019 年版,本书整理分析实务上 88 个关于土地分割的争议问题。

2. 甲、乙共有二层楼房一栋，应有部分均等，二层的面积相等，但楼下价值较高。甲诉请分割时，法院应如何为分割共有物的判决，始为适当？

## 一、分割共有物之诉①

1. 立法目的："民法"第824条第2项规定："分割之方法不能协议决定，或于协议决定后因消灭时效完成经共有人拒绝履行者，法院得因任何共有人之请求，命为下列之分配……"此为共有人不能以协议分割共有物的补救方法，以免欲分割而不得为之。之所以以先有协议分割为前提，旨在尊重私法自治，节省诉讼成本。

2. 必要共同诉讼、形成判决：所谓声请法院，应以起诉为之。此项起诉须以共有人不能协议分割为要件，未经协议前，不得遽行起诉。共有人订有不分割特约者，在其期限内，自不得诉请分割。请求分割的共有物，如因使用之目的不能为分割时，法院应认为其诉为无理由而驳回之。共有物的分割为废止共有关系，对于共有人全体均有利害关系，故分割共有物之诉，须由欲分割的共有人全体对其他共有人提起，为固有的必要共同诉讼。判决的结果在于消灭共有关系，创设共有人的权义关系，故其判决为形成判决。

3. 限于共有人：提起分割共有物之诉，参与分割的当事人，以共有人为限。请求分割的共有物，如为不动产，共有人的应有部分各为若干，以土地登记簿登记者为准，虽共有人已将其应有部分让与他人，在办妥所有权移转登记前，受让人仍不得以共有人之身份，参与共有物的分割（1978年台上字第3131号判例）。

4. 法院判决：法院为准许分割共有物的判决时，如未采原告所主张的分割方法时，毋庸就原告之诉谕知一部分败诉的判决，因共有物分割方法，法院有自由裁量之权，共有人即令有所主张，亦仅供法院参考，法院不受其主张之拘束，不得以原告所主张的方法为不当而为驳回的判决［"最高法院"1980年度第8次民事庭会议决议（二）］。

需注意的是，分割共有物之诉，系以共有物分割请求权为其诉讼标

① 参见杨与龄：《论共有物之分割》，载《法学丛刊》1963年第8卷第4期；陈计男：《论分割共有物之诉》，载《法令月刊》1983年第34卷第12期。

的,法院认为原告请求分割共有物为有理由时,即应依"民法"第824条第2项定其分割方法,毋庸为准予分割之谕知,不可将之分为"准予分割"和"定分割方法"二诉。故如当事人对于"定分割方法"的判决,声明不服,提起上诉,其上诉效力应及于诉之全部,包括准予分割和定分割方法在内["最高法院"1984年度第2次民事庭会议决议(二)]。

需注意的是,依"公寓大厦管理条例"第4条第2项规定,专有部分不得与其所属建筑物共用部分之应有部分及其基地所有权之应有部分分离而为移转,共有人自应请求就该专有部分与其所属建筑物共用部分之应有部分及其基地所有权之应有部分合并分割,不得单独就其中之一请求分割(2000年台上字第666号)。

## 二、裁判分割的分割方法

### (一) 分割方法的前理解

协议分割时,其分割方法,法无限制,采私法自治原则。但在裁判分割,法律明定二种基本分割方法:

1. 原物分配。
2. 变价分配。

"民法"第824条第2项、第3项、第4项、第5项设有详细规定(请先阅读条文),应说明的有二:

(1)共有人因共有物分割之方法不能协议决定,而提起请求分割共有物之诉,应由法院依"民法"第824条命为适当之分配,不受任何共有人主张之拘束,即不得以原告所主张分割方法之不当,遽为驳回分割共有物之诉之判决(1960年台上字第2569号判例)。

(2)法院就裁判分割方法,固有裁量自由,但自应斟酌共有人之利害关系、共有物之性质、价格及利用效益等,以谋分割方法之公平适当,并在具体个案认事用法时,应为必要论证,此乃法之适用上的关键问题,亦为学习法律的重点。研读法院判决时不仅要理解其案例事实及论证理由。诚如"最高法院"所言:"共有物之分割,既采原物分割为原则,如原物分配有事实或法律上之困难,致不能依应有部分为分配者,始得为全部原物分配以外之上述三种分配方法。则法院以有事实上或法律上困难,不能以原物分配,拟依职权为其他分配方法时,程序上即应使当事人就该分割方法有陈述意见机会,其程序始得谓允洽,且在理由项下,应详细论述共

有人主张之分配方法与法院所拟分配方法之优劣,始称完备,而昭折服。”(2012年台上字第824号)

（二） 分割方法的认事用法

裁判分割的疑难问题甚多,以下仅就其典型问题作简要的分析整理。其应重视的是判断基准及论证理由,始能以简驭繁。以下论述多引用“最高法院”判决,期能较深刻认识在个案认事用法的课题。

1. 原物分配

(1)原物分配的方法:原物分配指以原物分配于各共有人(第824条第2项第1款本文),此为原则,应先予考虑,按应有部分之比例为之。至于应分配共有物何一部分,则由法院裁量决定。兹举四个“最高法院”判决,以供参照:

①按分割共有物,以消灭共有关系为目的。法院裁判分割共有物时,除因该共有物部分之使用目的不能分割或部分共有人仍愿维持其共有关系,应就该部分不予分割或准该部分共有人成立新共有关系外,应将共有物分配于各共有人单独所有(2020年台上字第1317号)。

②共有物之裁判分割,以原物分配于各共有人或部分共有人为原则,于原物分配显有困难时,始得将共有物全部或一部变卖,以价金分配于各共有人,以维护共有物之经济效益,及兼顾共有人之利益与实质公平(2013年台上字第1774号)。

③分割共有物之诉,系使共有关系变为单独所有。故以原物分配于各共有人时,除应顾及均衡之原则外,并须就各共有人应行分得之范围,例如面积多寡、交通、位置等,予以确定,否则名为判决分割,实际仍难收判决分割之效果,自非法之所许(1966年台上字第1982号判例)。

④多笔土地,法院为裁判分割时,就各笔土地分别为原物分割,并命金钱补偿时,应就各笔土地之金钱补偿分别谕知,以明法定抵押权所担保债权之范围,于办理共有物分割登记时一并登记;不得就各笔土地之金钱补偿互为扣抵后,谕知部分共有人应给付他共有人之金额(2012年台上字第815号)。

“但各共有人均受原物之分配显有困难者,得将原物分配于部分共有人”(“民法”第824条第2项第1款但书),乃原物分配原则的例外,即以原物分配如有事实上(如分配某只犬、某花瓶)或法律上显有困难者,得将原物分配于部分共有人。

(2)一部分共有的维持:以原物为分配时,因共有人之利益或其他必要情形,得就共有物之一部分仍维持共有(第824条第4项)。例如分割共有地时,需保留部分土地供为通路之用。此项共有包括由原共有人全体或部分共有人维持共有二种情形。[①]

(3)原物分配与金钱补偿:以原物为分配时,如共有人中有未受分配或不能按其应有部分受分配时,得以金钱补偿之(第824条第3项)。所谓金钱补偿,指依市场交易的价格予以补偿而言(1984年台上字第1014号)。至价格是否相当,应以经采用之方案分割后,各共有人实际分得土地之价格作为比较基础,非以不同分割方案之差价作为计算标准(2003年台上字第642号)。

共有物之原物分配,依"民法"第824条之1第1项规定,系各共有人就存在于共有物全部之应有部分互相移转,使各共有人取得各自分得部分之单独所有权。故原物分割而应以金钱为补偿者,倘分得价值较高及分得价值较低之共有人均为多数时,该每一分得价值较高之共有人即应就其补偿金额,对分得价值较低之共有人全体为补偿,并依各该短少部分之比例,定其给付金额,方符共有物原物分割为共有物应有部分互相移转之本旨(2021年台上字第859号、2021年台上字第164号、2019年台上字第1857号)。

2. 变价分配

(1)变价分配的方法及判断基准:原物分配显有困难时,得变卖共有物,以价金分配于各共有人;或以原物之一部分分配于各共有人,他部分变卖,以价金分配于共有人(第824条第2项第2款)。所谓原物分配有困难,系指共有物性质上不能以原物分配或以原物分配有困难之情形,例如共有物本身无法为原物分割,或虽非不能分割,然分割后将显然减损其价值或难以为通常使用是。又其是否分配显有困难,当依社会一般之观

① 关于一部分共有的维持,参阅"最高法院"2018年台上字第1791号判决:"法院为裁判分割时,为弹性运用以符实际需求,如需保留部分共有土地供为通行道路之用等因共有人之利益或其他必要情形,就共有物之一部,仍有维持共有之必要时,'民法'第824条第4项规定乃赋予法院于此特别情形下,有就共有物之特定部分不予分割之裁量权,并可由部分共有人维持该特定部分之共有,非谓法院于依同法条第2项第2款规定兼采原物及价金分配之分割方法时,亦得就各该分配方法仅对部分共有人为分配。原法院见未及此,误将'民法'第824条第4项为符共有人之利益等特殊必要情形,于法院为原物分割时,准就共有物之特定部分维持部分共有人共有之规定,适用于同条第2项第2款兼采原物分配与变卖价金分配之情形,非无违误。"

念定之，包括法律上之困难（如法律上禁止细分），以及事实上之困难（如共有人按其应有部分分配所获分配之共有物极少，致难以利用（2015 年台上字第 1792 号）。此种变价分配多用于性质上不能以原物分配，如汽车、房屋、古董、名画等的分割。

需特别提出的是，变价分配影响共有人利益甚巨，应为审慎，兹举二个“最高法院”判决，以供参照：

①“最高法院”2013 年台上字第 1774 号判决谓：“法院调查确认地上各建物之所有权归属，参酌建物之使用状况、耐用年限、是否合法登记或经共有人全体同意建筑或分管使用、占用土地面积与共有人应有部分折计面积是否相当、共有人间维持共有或分配位置合并之意愿、分割后各位置之经济价值等节，将系争土地原物适当地分配于各共有人，似非显有困难。原审未调查审究上列各情，说明原物分割系争土地之具体困难，即泛以上诉人对于地上建物所有权谁属之陈述不尽一致、原物分割将造成分配土地零碎、土地及地上建物权属不一、对现状无占有者不公及有碍松柏路都更计划等词，遽为变价分割之判决，亦有违误。”

②“最高法院”2013 年台上字第 483 号判决谓：“共有物之分割，原则上应以原物分配于各共有人或部分共有人；于原物分配显有困难时，始得将共有物全部或一部变卖，以价金分配于各共有人，尚不得仅因共有人人数众多，或部分共有人应有部分所占比例不高，依其应有部分无法分得足供建筑用之土地，即径将共有土地为变价分割，而不顾原可按其应有部分使用土地之其他共有人或于生活上对共有物有密切依存关系之共有人之利益。”

（2）共有人的优先承买权：变卖共有物时，除买受人为共有人外，共有人有依相同条件优先承买之权，有二人以上愿优先承买者，以抽签定之（第 824 条第 7 项）。[①] 立法目的在使共有人仍能继续其投资规划，维持共有物的经济效益，并维持共有人对共有物的特殊感情。

（三）数宗土地的合并分割

共有系以一物为客体，故“民法”关于分割的规定，系以一物为其适用对象。数人共有数物（尤其是数笔建地）时，依私法自治原则，得为协议分割。有疑问的是，共有数物的不同共有人得否诉请裁判合并分割？

---

① 参见陈重见：《共有人于变价分割之优先承买权》，载《台湾法学杂志》2020 年第 391 期。

对此问题，实务上曾有争议(1980年台上字第2739号、1988年台上字第2061号、2021年台上字第2466号、2020年台上字第2288号)。"民法"第824条增订第5项规定："共有人相同之数不动产，除法令另有规定外，共有人得请求合并分割。"第6项规定："共有人部分相同之相邻数不动产，各该不动产均具应有部分之共有人，经各不动产应有部分过半数人之同意，得适用前项规定。"立法目的在于避免土地细分，有碍社会经济发展。

所谓合并分割，系指法院得将相邻数宗不动产分归各共有人一宗，或将其合并计算后，各按应有部分计算分得土地之一部而言(2016年台上字第542号)。

系争八笔土地既非全部相邻，且共有人亦非完全相同，依上说明，自无从为合并分割。乃原审准予合并分割，于法即有违误(2017年台上字第2515号)。

(四) 法院的裁量及衡酌

综据前述，关于共有物的裁判分割，法院有多种方法可供选择：

1. 原物分配于各共有人。各共有人均受原物分配有困难时，得将原物分配于部分共有人，而对他共有人为金钱补偿。

2. 原物分配有困难时，得变卖共有物，以价金分配于各共有人，或以原物之一部分分配于各共有人，他部分变卖，以价金分配于各共有人。当事人的主张仅供法院参考。法院为上述分割的裁判时，自应斟酌共有人的利害关系，共有物的性质价格及利用效益，以谋分割方法的公平适当，符合公平原则(2022年台上字第2215号、2021年台上字第2358号、2021年台上字第1614号)。[①] 又关于应否合并分割，法院亦有斟酌之权，得斟酌具体情形，而为决定，如认为合并分割不适当者，得不为合并分割而仍为分别分割。

(五) 一个典型判决的分析

共有物裁判分割系实务上的重要问题，关于如何解释适用"民法"第824条相关规定，前文多作抽象原则性的说明，兹举一个"最高法院"判决

① "最高法院"2009年台上字第690号判决谓："共有人同意以抽签方式决定分割共有物时各共有人所分得之位置，乃共有人意愿之表征，自得作为法院行使自由裁量权，酌定共有物分割方法之依据。苟经全体共有人同意以抽签方式决定各共有人所分得之位置，除有无效或得撤销之情形外，共有人即不得于事后再任意翻异，始符诚信原则。"

加以阐述。

1. “最高法院”2009年台上字第2058号判决

分割共有物，究以原物分割或变价分配其价金，法院固有自由裁量之权，不受共有人主张之拘束，但仍应斟酌当事人之声明，共有物之性质、经济效用及全体共有人利益等，公平裁量。必于原物分配有困难者，始予变卖，以价金分配于各共有人，如法院仅因应有部分所占比例不多或甚少之共有人，依其应有部分无法分得足供建筑用或其他使用之面积，即将共有土地变价分割，不顾原可按其应有部分使用土地之其他共有人利益，尤其此等共有人对共有物在感情上或生活上有密不可分之依存关系，则其所定之分割方法，是否适当，有无符合公平原则，即值推求。查315地号土地，被上诉人癸○○○等五人之应有部分合计为22925/140602（约16%），而上诉人之应有部分共计16811/20086（约84%），为原审认定之事实，且上诉人庚○○、辛○○自1973年8月27日取得此地号土地应有部分起，迄今已逾36年，渠等并陈称该地号土地一旦变价分割，将使其丧失110、112号房屋营业、自用、出租之利益，则315地号土地能否仅因应有部分合计为16%之癸○○○等五人按其应有部分分得之面积，无法供建筑用或其他使用，即予变价分割，要非无疑。乃原审据此为由，置应有部分达84%并主张原物分割之上诉人利益全然不顾，遽命变价分割，自难谓与公平原则无违而适当。

2. 分析说明

（1）在裁判分割，“最高法院”时有认为原审法院判决自嫌速断（2018年台上字第403号）、尤有未洽（2011年台上字第2061号）、已有可议（2017年台上字第100号）、于法自欠允恰（2007年台上字第1152号）等，尚属不少，足见在具体案件认事用法之不易。

（2）本件判决体现法之适用方法，即先建构三段论法的大前提，再适用于案例事实，加以涵摄论证，而获得结论。其核心问题在于探寻法律规范（尤其是请求权基础），分析成立要件，特别是对具体案例，就关键概念加以定义。在本件判决，“最高法院”提出了究应为原物分割或变价分割的判断基准，深值肯定。应强调的是，此等抽象判断基准应落实于具体案件的论证。

（3）本件判决问题在于究应采原物分配（此为原则）或变价分配价金，强调土地变价分割，应特别考虑共有人对共有物在感情上或生活上是否有密不可分之依存关系。此项判决理由彰显物权法思维的二个原则：物之效率及人的自由尊严。

(4)认真研读“最高法院”判决，学习法之适用方法，尤其是针对个案，而为抽象原则的具体化及其论证评价。

### 第四目 分割的效力

1. (1)试说明共有物协议分割与裁判分割法律性质及效力的不同。

(2)何谓共有物分割效力上的宣示主义及移转主义？说明共有人的担保责任。甲、乙共有A地，甲以其应有部分设定抵押权于丙(或甲、乙将该地出租于丙)，试说明A地分割后的法律关系。

2. 甲、乙共有某土地，甲在该地上有一小屋，经裁判分割，乙所得的部分土地上有该甲所有的小屋。试问乙得否向甲主张何种权利？

#### 一、各分别共有人单独取得所有权

##### (一) 协议分割

共有物经共有人协议为原物分割时，此项协议系属债权契约，须再为分割(处分行为)，并经登记(不动产)或交付(动产)，始生物权变动的效力，由各共有人分别取得单独所有权。

协议分割共有物采原物分割兼为金钱补偿时，双方系基于契约互负债务，有“民法”第264条同时履行抗辩权的适用，即共有人于他共有人未提出金钱补偿时，得拒绝为分割行为(办理分割登记)。被告在诉讼上援用“民法”第264条抗辩时，原告如不能证明自己已为对待给付或已提出给付，法院应为原告提出对待给付时，被告即向原告为给付之判决。

##### (二) 裁判分割

在裁判分割的情形，例如，甲、乙共有二层楼房屋一栋，法院判决分配一楼归甲，二楼归乙，甲应补偿若干金钱时，应如何处理？或有认为为保障受金钱补偿共有人取得金钱后，他方才取得所有权，应使补偿金钱作为取得分得部分所有权之条件。此项见解，固值参考，但应注意者有二点：

1. 分割共有物之判决系形成判决,判决确定时,共有关系消灭,各共有人取得分得部分单独所有权,其效力不应因须为金钱补偿而不同。

2. 判决主文可否附以如此的条件,使物权变动悬而不定,不无疑问。因此应在立法上求其解决之道,例如于“土地登记规则”明定,须经证明已为金钱补偿,或得受金钱补偿他共有人之同意,始得办理分割登记(“土地登记规则”第100条之1)。

## 二、共有物分割效力的发生

### (一) 移转主义

共有物分割之效力如何发生,“民法”未设明文。“民法”第825条规定:“各共有人,对于他共有人因分割而得之物,按其应有部分,负与出卖人同一之担保责任。”通说依此规定,认此系采移转主义。

又“民法”第824条之1第1项规定:“共有人自共有物分割之效力发生时起,取得分得部分之所有权。”明确表示不采认定主义(宣示主义),而采移转主义。即共有物分割后,共有人取得分得部分单独所有权,其效力系向后发生而非溯及既往。本条所谓“效力发生时”,在协议分割,如分割者为不动产,系指于办毕分割登记时;如为动产,系指于交付时。至于裁判分割,则指在分割之形成判决确定时。在协议分割,当事人不得约定,其分割的效力溯及于共有关系成立时发生效力。

### (二) 应有部分原有抵押权或质权的处理①

1. 不因共有物分割而受影响

分割共有物之效力,因采移转主义,故应有部分原有抵押权或质权者,于分割时,其权利仍存在于原应有部分上。因此,“民法”第824条之1第2项本文规定:“应有部分有抵押权或质权者,其权利不因共有物之分割而受影响。”即乃继续存在于共有物。

2. 其权利移存于抵押人或出资人所分得之部分

“民法”第824条之1第2项但书规定:“但有下列情形之一者,其权利移存于抵押人或出质人所分得之部分:一、权利人同意分割。二、权利人已参加共有物分割诉讼。三、权利人经共有人告知诉讼而未参加。”又

---

① 参见温丰文:《共有物分割时应有部分抵押权之处理》,载《月旦法学教室》2020年第210期。

同条第3项规定:“前项但书情形,于以价金分配或以金钱补偿者,准用第八百八十一条第一项、第二项或第八百九十九条第一项规定。”即由抵押人或出质人所受之价金分配或金钱补偿,按各抵押权人或质权人之次序分配之,其次序相同者,按债权额比例分配之,并对该价金债权或金钱债权有权利质权,俾保障抵押权人或质权人之权益。

(三)不动产分割与法定抵押权

第824条之1第4项规定:“前条第三项之情形,如为不动产分割者,应受补偿之共有人,就其补偿金额,对于补偿义务人所分得之不动产,有抵押权。”第5项规定:“前项抵押权应于办理共有物分割登记时,一并登记,其次序优先于第二项但书之抵押权。”应说明的有三:

1. 此二项关于法定抵押权的规定系为保障因不动产裁判分割而应受补偿共有人的权益,此仅适用于不动产分割的情形,盖因动产请求法院裁判分割之案例甚少,且动产质权之设定,必要占有质物为要件,如分割时,共有物由补偿义务人占有,则与动产质权之精神不符;又动产有善意受让问题,如予规定,实益不大,故适用范围不及于动产。

2. “民法”第824条之1第4项规定的法定抵押权,其次序应优先于因共有物分割诉讼而移存于特定应有部分之抵押权,始足以确保应受金钱补偿之共有人之利益,并兼顾交易安全。至此项法定抵押权与其他抵押权之次序,仍依第865条规定定之。又不动产分割,应受补偿者有多数人时,应按受补偿金额比例登记为共有抵押权人。

共有物分割的效力,既系自分割时向将来发生,则共有物上原有的其他物权不因分割而受影响。于共有物上设定的抵押权或地上权,仍存在于各共有人所分得部分之上。以应有部分设定抵押权者,抵押权人仍得按其应有部分就共有物之全部行使抵押权。共有人于分割前出租共有物者,其租赁契约于共有物分割后,对各共有人仍继续存在(第425条)。

3. 多笔土地,法院为裁判分割时,就各笔土地,分别为原物分割,并命金钱补偿时,应就各笔土地之金钱补偿分别谕知,以明法定抵押权所担保债权之范围,于办理共有物分割登记时,一并登记;不得就各笔土地之金钱补偿互为扣抵后,谕知一造应给付他造之金额(2021年台上字第1173号、2012年台上字第815号)。

（四）共有人的担保责任

1. 担保责任的内容

“民法”第825条规定：“各共有人，对于他共有人因分割而得之物，按其应有部分，负与出卖人同一之担保责任。”此项担保责任包括权利瑕疵担保责任及物之瑕疵担保责任，分述如下：

(1)权利瑕疵担保责任：共有人应担保第三人就其他共有人分得之物，不得主张任何权利（第349条）。例如甲、乙各出10万元购买某画而共有之，经协议分割，由甲单独取得所有权，甲以10万元补偿乙。不久发现该画为盗赃物，由其所有人向甲请求回复其物（第949条）。在此情形，乙应对甲负权利瑕疵担保责任，甲得依债务不履行规定行使权利，依不可归责于双方当事人事由，致给付不能之规定，由甲向乙请求返还10万元（第266条第2项）。

(2)物之瑕疵担保责任：共有人依“民法”第825条规定，就他共有人分得部分固应负瑕疵担保责任，惟瑕疵之有无应以共有物分割时之现状为准（2010年台上字第1657号）。共有人对他共有人应担保其分得部分于分割前不藏有瑕疵（参照第354条）。例如，甲、乙共有某建地，经协议（或裁判）为原物分割。设甲分得部分之建地，地层下陷，不适于建筑，乙应负物之瑕疵担保责任（第354条）。在此情形，甲得请求减少价金。至于解除契约，在协议分割，甲的解除权不受限制。但在裁判分割，因判决系法院所为的公法行为，非属私法上契约，不生解除之问题。在协议分割，共有人故意不告知其瑕疵者，他共有人尚得选择请求不履行之损害赔偿（第360条）。

2. 土地上房屋的拆除

共有人于分割前，在土地上有建筑物，法院为原物分配之分割，如将其中一共有人所占用之土地，分归他共有人取得时，他共有人得否请求拆除房屋？系实务上常见的问题，其依据何在，尚有争论，有不同的见解。[1]

“最高法院”1999年台上字第224号判决认为：“按土地与房屋为分别之不动产，各得单独为交易之标的，且房屋性质上不能与土地使用权分离而存在，亦即使用房屋必须使用该房屋之地基，故土地及房屋同属

[1] “最高法院”1979年台上字第2008号判决；1982年台上字第1482号判决。

一人，而将土地及房屋分开同时或先后出卖，其间虽无地上权设定，然除有特别情事，可解释为当事人之真意，限于卖屋而无基地之使用外，均应推断土地承买人默许房屋承买人继续使用土地，‘最高法院’1959年台上字第1457号固著有判例。惟本件被上诉人父子系将系争房屋及其基地之应有部分出卖，上诉人非仅取得系争房屋，且对该屋之基地有共有权存在，即有权使用该土地，系争房屋及其基地并未归属不同人，当无土地承买人应默许房屋承买人继续使用土地之问题。本件因裁判分割而上诉人所有之系争房屋既在被上诉人分得之土地上，此与前揭判例所示之情形不同，自无适用该判例之余地。再按共有物之分割，经分割形成判决确定者，即生共有关系终止及各自取得分得部分所有权之效力。共有人对于他共有人分得之部分，既丧失共有权利，则其占有，除另有约定外，即难谓有何法律上之原因（参照‘最高法院’1962年台上字第2641号判例）。是分割共有土地，各共有人于分割前，在地上有建筑物，法院为原物分配之分割时，如将其中一共有人之建筑物所占有之土地，分归他共有人取得者，该建筑物占用他人所分得之土地即为无权占有，他共有人本于其所有权，自得请求除去该建筑物。又各共有人对于他共有人因分割而得之物，按其应有部分，负与出卖人同一之担保责任，‘民法’第825条定有明文。法院判决以原物分配于各共有人后，各共有人就分割所得部分，有单独之所有权。本件上诉人之系争房屋既在被上诉人分得之系争土地上，被上诉人即不能完全使用其分得之系争土地，依‘民法’第354条规定，上诉人负不减少该地通常效用之担保责任，应拆除系争房屋。且双方未另有约定，赋与上诉人占用系争土地之权限，则其占有即无法律上之原因，自属无权占有。被上诉人本于其所有权，自得请求上诉人拆除系争房屋，亦无消灭或妨碍被上诉人之请求之事由。”

对此“最高法院”见解，应说明者有二：

（1）各共有人对于他共有人应负物之瑕疵担保责任时，他共有人得请求减少价金或解除契约，或不履行之损害赔偿，但不得请求拆除房屋。排除物之瑕疵，非属物之瑕疵担保责任的内容，出卖人不负拆除房屋义务。

（2）拆除房屋的请求权基础为“民法”第767条第1项中段规定。共有人因分割而取得分得部分之所有权，在其所有物上的建筑物，除共有人有明示或默示使其继续存在之约定外，应属无权占有，土地所有人得请求拆除。就此点而言，上开判决可资赞同。

### 第五目 共有物证书之保管及使用

共有物分割后，有关共有物证书的保存及利用，涉及各共有人的利益甚巨，故“民法”第826条特设三项规定：

1. 共有物分割后，各分割人应保存其所得物之证书（第1项）。所谓所得物之证书，指所得物购入时的证书，如甲、乙共有某车，协议分割，由甲取得该车所有权时，应保存购买该车的契约文件。此项证书不包括分割共有物的协议书或判决书，如有此等证书，自当保存一份。

2. 共有物分割后，关于共有物的证书，归取得最大部分的人保存之（第2项）。所谓共有物证书，亦指共有物购入时的证书等而言，不包括分割共有物的协议书或裁判书。所谓取得最大部分，究指面积或价值，不无疑问，但以价值为准，较为合理。无取得最大部分者，由分割人协议定之，不能协议决定时，得声请法院指定之。所谓法院，指共有物分割地的法院（“非讼事件法”第70条、第71条）。

3. 各分割人得请求使用他分割人所保存之证书（第3项）。此项证书包括所得物之证书和共有物之证书。保存人拒绝时，得以诉请求之。

## 第三款 公同共有[①]

甲、乙、丙因继承公同共有A地、B屋及C车，应继份各为1/3。试说明下列问题：

1. 何谓“公同共有”，其与“分别共有”有何不同？在公同共有上有无应有部分？分别共有物上的“应有部分”与遗产上的“应继份”有何不同？甲得否将其应继份出售于丁，并为让与？

2. 甲擅将A地（或B屋）出售（或出租）于丁时，该买卖契约（租赁）对甲、乙、丙的效力？

3. 甲将其分管部分的土地出卖于丁时，其买卖契约效力如何？

---

① 参见郑庆隆：《民法公同共有之研究》，台湾大学1971年硕士学位论文；黄茂荣：《共有之客体及共有人之持分》，载《民商法判解评释》（第2册），第343页；古振晖：《论公同共有理论之架构》，载《财产法暨经济法》2011年第25期。

丁得行使何种权利?

4. 甲擅以自己名义将C车赠与丁,并依让与合意交付时,其效力如何?

5. 被继承人尸体是否为继承人公同共有?

6. 甲、乙于遗产办理公同共有登记后,得否不顾丙的反对申办为分别共有?

7. B屋为丁无权占有时,甲未得乙、丙的同意,得否请求丁返还该屋于公同共有人全体?

## 第一项 公同共有的意义及发生

### 一、公同共有的意义及其法律结构

公同共有,指依法律规定、习惯或法律行为,成一公同关系之数人,基于其公同关系,而享有一物之所有权(第827条)。其权利人称为公同共有人(第827条)。例如,甲、乙、丙公同共有未分割之遗产(第1151条),或合伙人公同共有合伙财产(第668条)。分三点言之:

1. 主体:公同共有人须为多数,即二人以上。

2. 客体:仍适用一物一权原则。例如,甲、乙、丙继承其父遗产,包括A地、B屋、C车及D著作权时,系分就A地、B屋及C车三物成立公同共有,就D著作权成立准公同共有,而不是在整个遗产上成立一个公同共有。

3. 共享所有权之方式:须基于公同关系。所谓公同关系,指构成公同共有基础的法律关系,如对于未分割遗产的继承,或合伙契约。公同共有与分别共有均系数人共有一物,惟前者系基于公同关系,后者则按其应有部分,此为二者在法律上结构基本差异之所在。兹以下图表示公同共有的基本法律构造(阅读条文,要理解,不要强记):

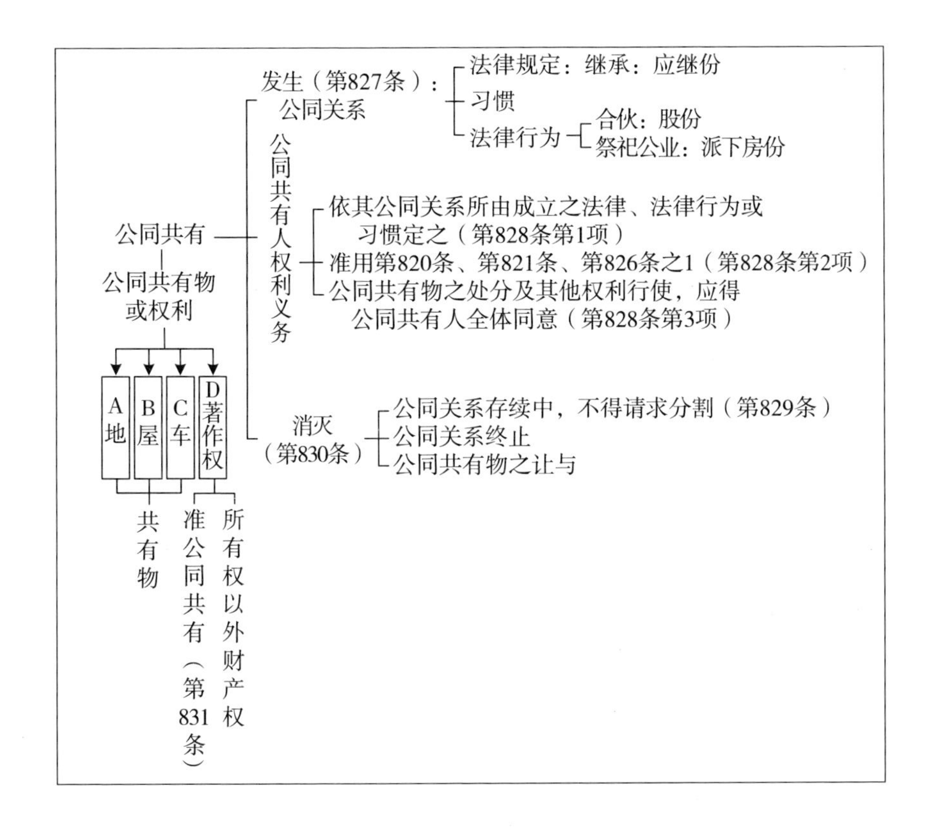


## 二、公同共有的发生

依“民法”第827条规定，公同共有之发生，须依法律规定（如继承）。依法律行为（契约或单独行为，如遗嘱），亦得成立公同关系，但其公同关系以有法律规定（如“民法”第668条规定的合伙）。基于习惯而成立的，例如祭田、祀产、同乡会会馆、家产。关于祭祀公业应适用“祭祀公业条例”的相关规定。

值得特别提出的是，“最高法院”2018年台上字第2109号判决谓：“被继承人之尸体为物，构成遗产，为继承人所公同共有，仅其所有权内涵与其他财产不同，限以尸体之埋葬、管理、祭祀等为目的，不得自由使用、收益或处分。”

## 第二项 公同共有的“应有部分”

### 一、概说

公同共有，系基于公同关系而共有一物。各公同共有物的所有权属于共有人全体，而非按应有部分享有所有权，故对该公同共有物的全部，共有人并无应有部分存在。[①] 继承人对应继财产的应继份，合伙人对合伙财产的股份，系就抽象的总财产（遗产、合伙财产）而言，而非对个别的公同共有物，学说上称为公同共有的潜在应有部分（2015 年台上字第 642 号）。

### 二、“应有部分”的处分

最高法院 1948 年上字第 6419 号判例谓：“‘民法’第 819 条第 1 项所谓各共有人得自由处分其应有部分云云，系指分别共有，即同法第 817 条规定，数人按其应有部分，对一物有所有权而言。其依同法第 827 条第 1 项基于公同关系而共有一物者，依同条第 2 项（修正为第 3 项）之规定，各公同共有人之权利，既系及于公同共有物之全部，则各该共有人自无所谓有其应有部分，从而公同共有人中之一人如无法律或契约之根据，亦未得其他公同共有人之同意，而就公同共有物为处分，自属全部无效。”关于此项判例，应说明者有三：

1. 肯定公同共有人就公同共有物，无所谓的应有部分。

2. 需注意的是，由各该公同共有人无所谓应有部分，不能推论到公同共有人中之一人或数人未得其他公同共有人同意而就公同共有物所为之处分（处分行为），自属全部无效。应认此项未得其他公同共有人同意对公同共有物之处分，系效力未定，得因其他共有人之承认而生效力。

3. 公同共有人对于公同共有物既无应有部分，自无从以应有部分设定担保（如抵押权）。

---

① “最高法院”1981 年台上字第 3390 号判决谓：“继承人有数人时，在分割遗产前，各继承人对于遗产全部为公同共有，‘民法’第 1151 条定有明文。而依同法第 827 条第 2 项规定，各公同共有人之权利，及于共有物之全部。故各共有人无所谓有其应有部分。又应继份系各继承人对于遗产上之一切权利义务所得继承之比例，并非对于个别遗产之权利比例。”

### 三、应继份、合伙股份的处分

与个别共有物“应有部分”的处分，应严予区别者，系公同共有人对应继份、合伙股份的处分。此等处分体现公同共有关系的特色，分述如下：

关于应继份之处分，通说认为，除经其他继承人全体同意外，不得让与，但让与于其他继承人，则得单独为之。未经其他继承人同意而为之债权契约（如买卖、赠与），仍为有效，债权人得请求债务人移转其因分割所得之财产。又应继份不得为强制执行的客体。

关于合伙股份的让与，“民法”第683条设有规定，即合伙人经他合伙人全体之同意，得将自己之股份转让于第三人，但转让于他合伙人者，不必得他合伙人全体之同意。合伙之债权人，就该合伙之股份，得声请扣押。前项扣押实施后两个月内，如该合伙人未对于债权人清偿或提供相当之担保者，自扣押时起，对该合伙人发生退伙之效力（第685条）。

## 第三项　公同共有人的权利义务

### 一、依公同共有所由成立的法律、法律行为或习惯

公同共有人的权利义务，依其公同关系所由成立之法律、法律行为或习惯定之（第828条第1项）。关于继承遗产，应适用“民法”第1151条以下规定。关于合伙财产，应依合伙契约的约定及“民法”债编关于合伙规定（第667条以下）。关于依遗嘱或习惯而成立的公同共有，则依遗嘱或习惯。“民法”第828条第3项规定，除法律另有规定外，公同共有物之处分及其他之权利行使，应得公同共有人全体之同意。

### 二、分别共有规定的准用

“民法”第828条第2项规定：“第八百二十条、第八百二十一条及第八百二十六条之一规定，于公同共有准用之。”即关于共有物之管理，共有物请求权的行使，共有物使用、管理或分割或禁止分割之约定对继受人等规定，对公同共有亦得准用，分述如下：

#### （一）公同共有物的管理

公同共有物之管理，原则上应由公同共有人全体同意为之。但法律有规定者，依其规定（准用第820条）：

1. 例如公同共有之遗产,得由继承人中互推一人管理之(第 1152 条)。共同继承之遗产在分割以前,为各继承人公同共有,非经全体继承人同意,继承人之一不得任意处分。而拆屋为事实上之处分行为,须对于房屋有事实上处分权之人,始得为之。而未经办理所有权第一次登记(保存登记)之公同共有房屋,其事实上处分权原则上属于公同共有人全体,非经全体公同共有人之同意,不得命其中部分或一人拆除之。故诉请拆除尚未经分割之未办保存登记之房屋,仍应以全体继承人为被告,其被告当事人方属适格,不得仅以现占有人为被告(2018 年台上字第 421 号)。

2. 合伙财产之管理,依合伙契约之约定。"最高法院"2020 年台抗字第 1198 号裁定谓:"各合伙人之出资及其他合伙财产,为合伙人全体之公同共有。'民法'第 668 条定有明文。而依'民法'第 828 条第 2 项准用第 820 条第 5 项之规定,公同共有物之保存行为,得由各公同共有人单独为之。所谓保存行为,系指以防止公同共有物之灭失、毁损或其权利丧失、限制等为目的,维持其现况之行为。是否为保存行为而得由公同共有人单独为之,须就该行为对公同共有关系之影响及程度等各种情事综合判断之,尚难一概而论。而于公同共有人仅存二人,公同共有物被一共有人所侵害而处分,且法院已判决命该公同共有人赔偿全体公同共有人确定时,因另一公同共有人事实上无法取得其同意受领赔偿,于合伙清算前,自得为公同共有人全体之利益计,单独就公同共有物为受领之保存行为。"

3. 关于祭祀公业之管理人、监察人之选任及解任,除章程另有规定或经派下员大会议决通过者外,应经派下现员过半数之同意("祭祀公业条例"第 35 条),关于祭祀公业法人财产之管理,除章程另有规定外,管理人仅得为保全及以利用或改良为目的之行为("祭祀公业条例"第 36 条)。关于祭祀公业土地之处理,"祭祀公业条例"第五章(第 49 条至第 55 条)设有规定。

(二) 公同共有人行使对第三人的权利

"民法"第 821 条关于共有物请求权行使的规定,准用于公同共有,例如公同继承的土地被无权占有,而发生的所有物返还请求权(第 767 条)。值得注意的是,公同共有人中之一人或数人除经其他公同共有人全体之同意,或为公同共有人全体之利益对第三人为回复公同共有物之请求,得单独或共同起诉外,倘系基于公同共有法律关系为请求者,仍属固有之必要共同诉讼,应由公同共有人全体起诉,当事人之适格始无欠缺(2014 年台上字第139号)。

## 三、公同共有物之处分及其他权利之行使

### (一) 公同共有物的处分

1. “民法”第828条第3项规定

(1)公同共有人全体同意的原则

公同共有物之处分,除法律另有规定外,应得公同共有人全体之同意(第828条第3项)。所谓处分,包括事实上处分及法律上处分(处分行为)。事实上处分,如拆除房屋。法律上处分,如共有物所有权的让与、用益物权或担保物权的设定。公同共有人之同意得为明示或默示,事前允许或事后承认,不以文书证明为必要。一经同意,其权利之行使得由公同共有人中之一人或数人为之,无须全体公同共有人共同为之。

公同共有物的处分,系属法律行为时,亦得代理为之。公同共有人中之一人,已经其他公同共有人授予处分公同共有物之代理权者,则由其一人以公同共有人全体之名义所为之处分,不能谓为无效,此项代理权授予之意思表示不以明示为必要,如依表意人之举动或其他情事,足以间接推知其有授权之意思者,即发生代理权授予之效力。

(2)未得公同共有人全体的同意

公同共有人中之一人或数人,未得其他公同共有人之同意,而对公同共有物为法律行为上处分时,其效力依其为债权行为或物权行为而有不同:

①债权行为

第一,债权行为有效。公同共有人中之一人或数人,就公同共有物所为之债权行为(如买卖或租赁),系属有效。此一常被误会的问题[①],已逐渐获得澄清(2017年台上字第2616号)。“最高法院”1982年台上字第2413号判决谓:“查买卖为债权契约,并非处分行为,林○宏在孙○遗产分割前,就其与上诉人等共同继承属于全体继承人公同共有之系争土地,与被上诉人订立买卖契约,既与‘民法’第828条第2项规定无关涉,无论其他公同共有人事前有无同意或事后是否承认,该买卖契约在林

---

① 详见王泽鉴:《三论“出卖他人之物与无权处分”》,载王泽鉴:《民法学说与判例研究》(第五册),北京大学出版社2009年版,第30—51页。

○宏与被上诉人间,要均不发生是否无效之问题。"①

第二,债务的履行。公同共有人中之一人或数人私售共有物之买卖契约既属有效,则该买卖公同共有地,其后因分割而归出卖人单独取得时,买受人得请求出卖人就该土地办理所有权移转登记。② 需注意的是,遗产之继承人中之一人,未得其他继承人同意,将其分管部分之土地,出售于他人时,其买卖契约亦属有效,买受人得请求交付其物并移转其所有权。出卖人系遗产继承人,得随时请求分割遗产,取得出卖之土地所有权而履行其债务,故买受人得依"民法"第242条规定,代位出卖人行使遗产之分割请求权。若分割结果买卖标的物分割归出卖人所有,买受人得请求办理所有权移转登记。若买卖标的物并未分割归出卖人所有,致原买卖契约陷于给付不能时,买受人得主张债务不履行之损害赔偿。③

②物权行为:效力未定、善意取得

公同共有人中之一人或数人,未得其他共有人之同意,而就共有物为处分行为(物权行为),通常发生于动产,例如,甲、乙、丙公同共有A画,甲未经乙、丙之同意,私将该画出售于丁,而让与其所有权,或设定质权于丁。但亦可能发生于不动产,例如甲、乙、丙共有B地,甲私将该地设定抵押权于丁,伪造乙、丙之同意书,办理登记。在此等情形,首应研究者,系此等物权行为之效力。

最高法院1948年上字第6939号判例谓:"因公同共有物被一部分公同共有人为移转物权之处分,而其他公同共有人对之提起物权契约无效之诉时……"似采无效说。此项见解尚值斟酌,宜采效力未定说,使其得因其他公同共有人的追认而发生效力,较为妥适。其他公同共有人拒不承认时,其物权行为虽确定不生效力,但仍有善意取得规定的适用。在上

---

① "最高法院"1981年台上字第1536号判决谓:"公同共有人中之一人或数人以公同共有物所有权之移转为买卖契约之标的,其移转所有权之处分行为,虽因未经其他公同共有人之承认,不能发生效力,但其关于买卖债权契约则非无效。"此项判决之结论,亦值赞同,但所谓其关于买卖债权契约"则非无效",宜改为"自为有效",较为妥适。

② 参照"最高法院"1982年台上字第5051号判例:"买卖并非处分行为,故公同共有人中之一人,未得其他公同共有人之同意,出卖公同共有物,应认为仅对其他公同共有人不生效力,而在缔约当事人间非不受其拘束。苟被上诉人签立之同意书,果为买卖,纵出卖之标的为公同共有土地,而因未得其他公同共有人之同意,对其他公同共有人不生效力。惟在其与上诉人间既非不受拘束,而如原审认定之事实,该土地其后又已因分割而由被上诉人单独取得,则上诉人请求被上诉人就该土地办理所有权移转登记,尚非不应准许。"

③ 参照新竹地方法院1966年9月司法座谈会研究结论。

举 A 画之例,丁系善意时,取得该画之所有权或质权(第 801 条、886 条及第 948 条)。但在 B 地之例,因丁系信赖甲之处分行为获乙、丙之同意,而非信赖土地登记,无“民法”第 759 条之 1 第 2 项规定的适用,丁不能主张善意取得抵押权。

2. “土地法”第 34 条之 1 规定

(1)“土地法”第 34 条之 1 规定的准用

“土地法”第 34 条之 1 第 5 项规定:“前四项规定,于公同共有准用之。”(2020 年台上字第 3247 号、2020 年台抗字第 495 号裁定)例如甲、乙、丙三人共同继承 A 地,应继份相同。甲、乙二人因其人数过半数及应继份合计已过半数,得合意处分 A 地、变更该地的用途,或就该地设定地上权、农育权、不动产役权或典权。[①]

(2)将公同共有变更为分别共有?

如何将继承遗产的公同共有变更为分别共有?此系实务上的重要问题。于此项公同共有,除依“民法”第 1164 条规定得随时请求分割外,依“民法”第 828 条第 2 项规定,其公同共有物之处分,应得公同共有人全体之同意。将公同共有物之公同共有权利变更为分别共有,虽亦为消灭公同共有关系之原因,但并非分割共有物,而系分割以外之处分行为,且此项处分行为,依“民法”第 759 条规定,非经登记不得为之。故部分继承人于遗产未办理公同共有之继承登记前,不得径行申办分别共有之登记。惟若继承人为二人以上,部分继承人因故不能会同其他继承人共同申请继承登记时,得由其中一人或数人为全体继承人之利益,就被继承人之土地,申请为公同共有之登记。其经继承人全体同意者,得申请为分别共有之登记。办妥公同共有继承登记者,则部分继承人如合于“土地法”第 34 条之 1 第 5 项准用第 1 项规定之情形时,其申办为分别共有之登记,应非为法所不许。[②](“土地登记规则”第 120 条)

(二)其他权利之行使

“民法”第 828 条第 3 项所谓其他权利之行使,指处分(如移转物权、

---

① 参照“最高法院”1981 年台上字第 1292 号判决:“本件系争公同共有土地之买卖业经共有人 57 房中 33 房共有人同意,其持分额占 720 股之 567 股,已达全部持分五分之四,有同意书附卷可查。依‘土地法’第 34 条之 1 第 1 项规定,本件买卖为有效成立。”

② “司法院”(1990)秘台厅字(一)第 01680 号,《民事法令释示汇编》,1984 年版,第 182、201、436 页。

设定负担、使用收益）以外之其他权利，例如祀产的清算、优先承买权的行使、土地征收补偿费的领取、时效利益的抛弃[①]、提起第三人异议之诉（1989 年台上字第 455 号）、受领公同共有债权（如出卖共有物所取得价金，此项价金债权，为公同共有，并非连带债权）的清偿等（1985 年台上字第 748 号判例）。对于欠公同共有债权之债务人公司诉请查阅账簿乃至财务报表，亦包括在内，盖此纯系保护及保全公同共有债权之行为，性质上无须得其他共同共有人全体之同意（2007 年台上字第 1839 号）。此等权利的行使，除依其公同关系所由规定之法律或契约另有订定外，应得公同共有人全体之同意。

需特别注意的是，所称公同共有财产权之管理，系指对于公同共有财产权之保存、改良及用益而言。继承公同共有股份有限公司股份之股东行使股东权，参加股东会，并非“民法”第 820 条之管理行为，而系公同共有财产权其他之权利行使行为，自无法条规定之适用，应准用“民法”第 828 条第 3 项之规定，经公同共有人全体之同意，始得为之（2014 年台上字第 1570 号）。

### 四、公同共有物处分或其他权利行使以外的行为

公同共有物之处分或其他权利行使以外之行为，不适用“民法”第 828 条第 3 项规定，公同共有人中之一人亦得为之，无须得他共有人之同意。例如确认公同共有财产管理人管理权存在与否之诉（1965 年台上字第 2035 号判例）。公同共有人对于公同共有物之管理人诉请查阅账簿。继承人在分割遗产前，以否认其继承权之人为被告所提起之确认其继承权存在之诉讼（1996 年台上字第 2764 号）。

## 第四项　公同共有的消灭与公同共有物的分割

### 一、公同共有的消灭

“民法”第 830 条第 1 项规定：“公同共有之关系，自公同关系终止或

---

① “最高法院”1964 年台上字第 2717 号判例谓：“时效利益之抛弃系处分行为之一种，公同共有人中一人未得全体共有人同意，向他人为抛弃时效利益之意思表示者，依法即非有效。”时效利益之抛弃虽属处分行为，但非对公同共有物之处分，似应列入其他权利之行使。

因公同共有物之让与而消灭。”由此可知,本条规定公同共有之消灭事由有三:

1. 公同关系的终止:如合伙解散(第692条)。“民法”第1164条规定:“继承人得随时请求分割遗产。但法律另有规定或契约另有订定外,不在此限。”其所定之遗产分割,系以遗产为一体,整个的为分割,而非以遗产中各个财产之分割为对象,亦即遗产分割之目的,在遗产公同共有关系全部之废止,而非个别财产公同共有关系之消灭(1997年台上字第1436号)。

2. 公同共有物之让与:如为无偿让与(赠与)时,公同共有丧失其标的物,归于消灭。如为有偿让与(买卖或互易)时,公同共有继续存在于对价之上。

3. 其他事由:除上开二种事由外,公同共有尚因共有物灭失、公用征收而消灭(1980年台上字第3643号)。

### 二、公同共有物的分割

在公同关系存续中,各公同共有人,不得请求分割其公同共有物(第829条)。因公同共有关系消灭,而须分割公同共有物者,除法律另有规定(如第699条、第1039条、第1165条)外,准用关于分别共有物分割的规定(第830条第2项)。

公同共有物之分割仅对于公同共有人全体始得为之,故提起请求分割之诉,应以其他公同共有人全体为被告(1943年上字第4986号判例)。此项请求分割公同共有物之诉,为固有之必要共同诉讼,应由同意分割之公同共有人全体一同起诉,并以反对分割之其他公同共有人全体为共同被告,于当事人适格始无欠缺(1948年上字第7366号判例)。

## 第四款 准共有

1. 甲、乙、丙分别借款于丁,同时就丁所有土地设定一个抵押权。甲未得乙、丙同意,得否行使抵押权?

2. 甲、乙合著《民法物权》一书,甲以其“应有部分”,设定质权于丙。丙死亡,由丁、戊继承之。试说明该书著作权的共有关系。

3. 甲向乙承租三层楼房,交其子丙使用,不久甲死亡,其子丁、戊以丙为被告,诉请分割租赁债权,应否准许?

## 一、概说

“民法”第831条规定：“本节规定，于所有权以外之财产权，由数人共有或公同共有者准用之。”对所有权以外财产权的共有（分别共有）或公同共有，学说上称为准共有。所称所有权以外之财产权，包括定限物权（担保物权及用益物权）、矿业权、渔业权、水权等准物权，著作权、专利权、商标权、债权等。对准共有财产权，究应准用“民法”关于分别共有或公同共有的规定，视其共有关系而定。法律对各该财产权设有特别规定时，应优先适用。

## 二、地上权的准共有

甲、乙共同在丙的土地设定地上权时，按其应有部分享有地上权（分别共有），得按其应有部分对土地为使用收益。各共有人得将其应有部分让与他人或设定抵押权。但以该地上权设定抵押权时，应得他共有人的同意（依“民法”第831条准用第817条、第818条、第819条）。

## 三、抵押权的准共有

甲、乙、丙分别借款给债务人丁，三人同时就丁所有的不动产设定一个抵押权，应有部分均等，并办妥一个抵押权登记时，亦发生该抵押权的准共有，即数人按其应有部分共有一个抵押权。其中一人行使抵押权足使抵押权消灭，影响其他共有抵押权人的利益，性质上乃属共有抵押权的处分，依“民法”第831条准用第819条第2项规定，应得共有人全体的同意（参阅案例1）。

## 四、著作权的准共有

甲、乙二人共同完成《民法物权》一书，其各人创作不能分离利用，为共同著作（“著作权法”第8条），其著作权由甲、乙共有（分别共有）。关于准用共有著作权的行使，“著作权法”分别就著作人格权及著作财产权之行使，设有规定。

1. 共同著作之著作人格权：共同著作非经著作人全体同意，不得行使之。各著作人，无正当理由者，不得拒绝同意。共同著作之著作人得于著作人中选定代表人行使著作人格权。对于代表人之代表权所加限制,不得对抗善意第三人(“著作权法”第 19 条)。观诸其立法意旨,系以共同著作之著作人格权因非属财产权,而无由依“民法”第 831 条而准用“民法”共有之规定,且共同著作之著作人之著作人格权原系个别享有,因共同著作系由多数人共同创作,各著作人之著作人格权又与著作关系紧密,彼此不可分,故其各自独立之著作人格权必须本于全体著作人之同意,始得行使。亦即共同著作之著作人格权,因具有人身专属性,而无从分割享有,其行使自应经著作人全体之同意,否则不得为之。准此而言,原审认上诉人享有系争著作之著作人格权仅为 1/2,据此为不利于上诉人之论断,确认上诉人就系争著作之著作人格权于超过 1/2 以上不存在,自有适用法规不当之违法(2011 年台上字第 417 号)。

2. 共同著作之著作财产权:“共同著作各著作人之应有部分,依共同著作人间之约定定之;无约定者,依各著作人参与创作之程度定之。各著作人参与创作之程度不明时,推定为均等。共同著作之著作人抛弃其应有部分者,其应有部分由其他共同著作人依其应有部分之比例分享之。前项规定,于共同著作之著作人死亡无继承人或消灭后无承受人者,准用之。”(“著作权法”第 40 条)“共有之著作财产权,非经著作财产权人全体同意,不得行使之;各著作财产权人非经其他共有著作财产权人之同意,不得以其应有部分让与他人或为他人设定质权。各著作财产权人,无正当理由者,不得拒绝同意。共有著作财产权人,得于著作财产权人中选定代表人行使著作财产权。对于代表人之代表权所加限制,不得对抗善意第三人。前条第二项及第三项规定,于共有著作财产权,准用之。”(“著作权法”第 40 条之 1)共同著作之各著作权人,对于侵害其著作权者,得各依“著作权法”第六章之规定请求救济,并得按其应有部分请求损害赔偿。此项规定,于因其他关系成立之共有著作财产权或制版权之共有人,准用之(“著作权法”第 90 条)。

如上所述,关于著作权准共有,“著作权法”设有详细规定。在案例 2,甲、乙共著《民法物权》一书,应有部分均等,甲经乙同意,或有“正当理由”时,得将其应有部分设定质权于丙。丙死亡时,由丁、戊二人继承该质权。兹以下图表示著作权上多层次的准共有关系:

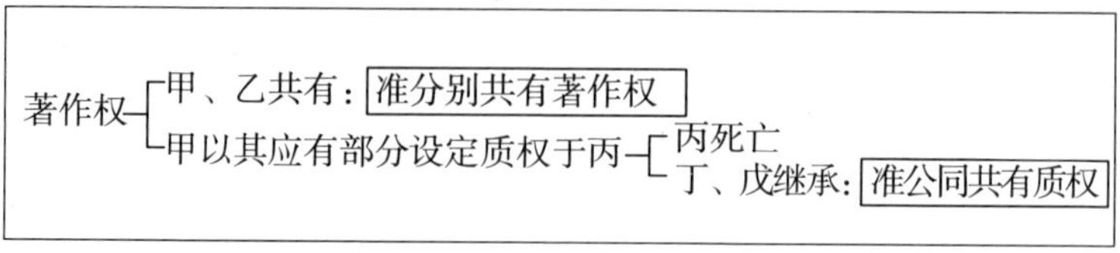

著作权┬甲、乙共有：准分别共有著作权
　　　└甲以其应有部分设定质权于丙┬丙死亡
　　　　　　　　　　　　　　　　└丁、戊继承：准公同共有质权

## 五、债权的准共有

### (一) 分别共有债权

债权之准分别共有,乃数人按其应有部分,共享有一债权,通常系依契约而发生。例如,甲、乙各出 100 万元共同借钱给丙,其应有部分各为 1/2。在此情形,其效力应准用分别共有之规定,即各共有人惟得请求债务人向全体共有人为给付,而债务人亦仅得对共有人全体为给付,各共有人固按其应有部分享有其债权,但此究属抽象之存在,分割之前,不能认为其给付为可分,即可按其应有部分行使权利。

值得注意的是,在一个案例中,诉讼双方兄弟四人以四人名义在某银行设立定期存款账户。双方请求分割系争存款。"最高法院"认为此项存款债权,为债权之共有,如为可分之债,双方之权利,依法推定为均等,各得单独行使其权利,固无分割请求之必要。然依上诉人起诉所主张之原因事实以观,必须双方全体盖章,始得向银行领取存款,核其性质,似为当事人间约定之不可分之债。果系如此,上诉人自非不得依"民法"第 831 条准用公同共有之规定,就系争存款为分割之请求(1982 年台上字第 2121 号)。

### (二) 公同共有债权:如何行使其权利?

1. 问题提出

公同共有债权,系指依法律规定或依契约而成的公同共有关系的债权,其主要发生原因多发生于继承,其常见者,例如:

(1)因继承取得遗产被侵害所生的不当得利请求权的债权(2010 年台上字第 163 号)。

(2)继承某笔土地之所有权移转登记请求权(1997 年台上字第 699 号)。

(3)继承保险金债权(1999 年台上字第 1151 号)。

(4)继承公同共有借款返还债权(2015 年台上字第 1946 号)。

(5)继承股份权利(2014 年台上字第 1570 号)。

在前述情形,公同共有债权人如何行使其权利?应否全体同意?其法律依据为何?系近年实务及学说争论的重要问题。

2. “最高法院”见解

(1)“最高法院”2015 年度第 3 次民事庭会议(一)决议:“公同共有债权人起诉请求债务人履行债务,系公同共有债权之权利行使,非属回复公同共有债权之请求,尚无‘民法’第 821 条规定之准用;而应依同法第 831 条准用第 828 条第 3 项规定,除法律另有规定外,须得其他公同共有人全体之同意,或由公同共有人全体为原告,其当事人之适格始无欠缺。”

(2)“最高法院”2017 年台上字第 2621 号判决:“按公同共有债权人起诉请求债务人履行债务,系公同共有债权之权利行使,非属回复公同共有债权之请求,并无‘民法’第 821 条规定之准用;而应依同法第 831 条准用第 828 条第 3 项规定,除法律另有规定外,须得其他公同共有人全体之同意,或由公同共有人全体为原告,其当事人之适格始无欠缺……上诉人基于该公同共有债权诉请被上诉人为给付,既非为回复公同共有物之请求,自属固有之必要共同诉讼,应得其他公同共有人全体之同意,或由公同共有人全体起诉,当事人始为适格。”

(3)“最高法院”2014 年台上字第 1570 号判决:“对公同共有物之管理,除契约另有约定外,应有过半数共有人,且应有部分合计过半数来同意决定。除非应有部分合计超过三分之二,则不另计算人数。对公同共有财产权之管理,则包括公同共有财产权之保存、改良及用益等事项。至公同共有股份有限公司之股东行使股东权并参加股东会,并非属该管理行为,而系公同共有财产权其他权利行使行为,应准用‘民法’第 828 条第 3 项规定,须经公同共有人全体之同意。”

3. 分析说明

(1)“最高法院”一贯的见解

公同共有债权的权利行使,应否适用“民法”第 831 条准用第 828 条第 3 项规定,须得其他公同共有人全体之同意,或由公同共有人为原告,其当事人之适格始无欠缺,系“最高法院”2015 年度第 3 次民事庭会议(一)决议以来的见解,并应适用于股份权利的行使(2014 年台上字第 1570 号)。应可期待“最高法院”将继续维持此项见解,并为深入之论证(2021 年台上字第 1346 号、2022 年台上字第 605 号)。

(2)学说上不同意见

多数学说并不赞同"最高法院"的见解,提出各种论点①,多认为宜准用"民法"第821条但书规定,使共有人之任何一人均得为共有人全体之利益,请求向全体共有人给付,债务人亦得对共有人全体为给付。问题在如何加以论证,此系物权法上最具争论的问题之一,深具法学方法的启示性。②

(3)笔者见解

公同共有债权的行使涉及整个共有制度规定的解释适用,分四点言之:

①或有认为此种权利的行使可认系共有物的管理,而有"民法"第820条的准用。然所谓管理,指共有物本身的修缮及其他保存行为,不包括权利的行使。

②"民法"第821条但书关于共有物请求权之行使,系指"民法"第767条第1项前段规定的所有物返还请求权。其准用于公同共有的债权,系指公同共有债权本身的回复,例如银行的债权误被删除时,得请求回复。"民法"第821条但书规定对公同共有债权的"准用",实乃"类推适用",系法之续造,而此须以具有违反法律规范计划的"法律漏洞"为前提,尚有详为论证的必要。

③继承的公同共有物(如土地、房屋),遭人无权占用或毁损,致全体继承人受有损害,其得请求不当得利或损害赔偿的权利,亦属全体继承人公同共有,但非系公同共有债权本身的回复。"最高法院"认为此系"民法"第828条第3项"其他之权利行使",在现行法规定的解释适用,难谓非无所据。

④诚如反对"最高法院"见解者所言,公同共同债权之行使须全体公

---

① 综合整理,参见陈荣传:《公同共有债权的行使》,载《台湾法学杂志》2020年第400期。

② 参见谢在全:《民法物权论》(上),第462—464页。相关论文甚多,参见吴从周:《公同共有债权之行使》,载王洪亮等主编:《中德私法研究(14):共同共有》,北京大学出版社2016年版,第161页(附有详细参考文献);陈荣传:《公同共有债权的行使》,载《台湾法学杂志》2020年第400期;游进发:《三论准公同共有债权之行使》,载姜世明主编:《共同诉讼之研究——民事程序法焦点论坛》(第十一卷),新学林出版社2021年版,第139页;游进发:《准公同共有股份权利之行使——以行使表决权为限》,载《台湾法学杂志》2020年第395期;蔡英欣:《论公司法上共同继承股份之权利行使》,载《东吴法律学报》2018年第29卷第3期;邵庆平:《继承股份的权利行使》,载《台湾法律人》2022年第7期。

同共有人同意为之,倘有一人不为同意,将损害其他共有人的利益。在此情形,得依具体情事,认定其不为同意,系违反"民法"第148条第2项规定的诚信原则,构成权利滥用。

共有人权利的行使,系理论及实务的重要问题,图示如下:

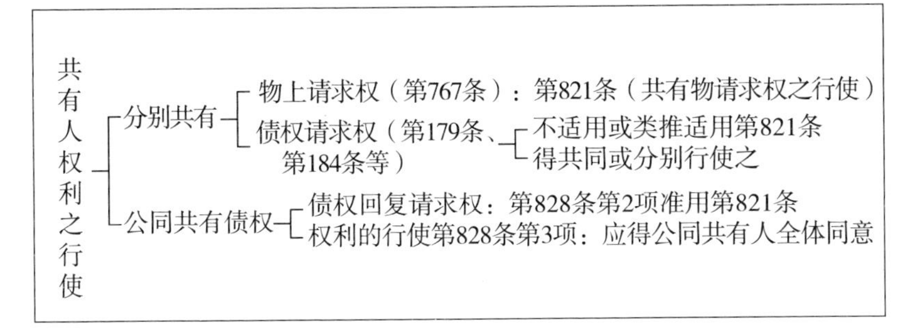


## 六、租赁权的准共有

关于租赁权的准共有,其主要争议在于可否诉请法院分割。实务上有一个法律问题:甲向乙承租三层楼洋房一栋,租期20年,交由其子丙使用。不久甲死亡,其子丁及戊,以丙为被告,诉请分割,应否准许?[①]

讨论意见有甲、乙二说:

甲说认为:丙、丁、戊均属甲之继承人,而租赁权为财产权之一种,甲死亡后,由丙、丁、戊继承其遗产,而租赁权既属财产权,亦应由丙、丁、戊三人继承,成为共有,"民法"第831条既规定所有权以外之财产权由数人共有者,准用有关共有之规定,应准许分割。

乙说认为:"民法"第831条所定所有权以外之财产权由数人共有者准用有关共有之规定,既规定于"民法"物权编,窥其立法旨意,系指属于物权之财产权,始能分割,租赁权虽是财产权,系属债权性质,不能准用"民法"第831条之规定,不应准许分割。

研究结果采甲说。[②]

在此案例,丙、丁、戊因继承共同取得甲对乙之租赁权,其共有之客体系"租赁权",而非"租赁物",故诉请分割之客体应为租赁权,而非租赁

① 高等法院台南高分院暨辖区各地方法院1974年10月法律座谈会。

② "司法行政部"1975年2月17日台函民字第01366号函。

物。各共有人原则上得随时请求分割共有之所有权以外的财产权,但因此项财产权之使用目的不能分割者,不在此限("民法"第831条准用第823条第1项),不能认为凡财产权皆可分割,或具债权性质之财产权皆不可分割。例如,甲、乙共有某物,被丙毁损时,甲、乙共同享有对丙之金钱损害赔偿请求权,此项债权应许分割。就租赁权言,如采原物分割,则一个租赁权将分裂成数个独立之租赁权,如采变卖租赁权,以价金分配于各共有人,则涉及租赁关系主体之变更。准此以言,关于租赁权之分割,准共有人得为协议分割,惟须经出租人之同意,但不得诉请裁判分割。[1] 至于准共有人约定各居住三层楼洋房之一层,系对租赁权标的物依其应有部分而为使用或分管,非属对租赁权之分割。

① 实务上尚有一个类似之案例,即:公有林班地租赁权之继承人中之一人于被继承人死亡后,可否诉请法院分割?"司法院"第一厅研究意见认为:关于遗产之分割,中国台湾地区"民法"虽无如《日本民法典》第906条遗产之分割,应考虑属于遗产之物或权利之种类及性质,各继承人之职业及其他一切情事为之规定,惟此乃分割遗产之法理上共同准则,租赁权遗产之分割,依其性质应分归一继承人所有,租赁权具有因使用目的不能分割之性质。倘出租人同意承租人分割租赁权,则可能发生不同之法律效果,此系另一问题。参见(1982)厅民一字第0651号函复高等法院。

# 第五章　用益物权

## 第一节　绪　说

### 第一款　用益物权的法律构造

#### 一、传统民法上的用益物权

（一）私有制上的用益物权

用益物权，指对物为使用收益的物权，在法制史及比较法上有不同的种类，具有历史性和固有法性，反映不同的经济体制和社会发展，兹就与中国台湾地区“民法”具密切关系的德国、瑞士、日本民法加以说明：

1. 德国民法上的用益物权

德国民法上的用益物权（Nutzungsrechte）可概括分为地上权（Erbbaurecht）、役权（Dienstbarkeit）和土地负担（实物负担，Reallasten）。役权系一大类权利的总称，包括地役权（Grunddienstbarkeit）、限制的人役权（beschränkte persönliche Dienstbarkeit）、用益权（Niessbrauch）、居住权（Wohnrecht）。用益权又有物上用益权（Niessbrauch an der Sache）、权利用益权（Nissbrauch an Rechten）及财产用益权（Niessbrauch an einem Vermöen）。之所以如此复杂的主要原因，系德国民法制定于德国统一之后（1896 年制定，1900 年施行），必须顾及各地的习惯。

2. 瑞士民法上的用益物权

瑞士民法上的用益物权包括地役权、用益权及其他役权，土地负担；其中用益权得就动产、土地、权利或财产设定之。所称其他役权主要指地上权而言（《瑞士民法典》第 730 条以下）。

3. 日本民法上的用益物权

日本民法上的用益物权计有地上权、永小作权、地役权及入会权四种(《日本民法典》第265条以下)。永小作权系指支付佃租,而在他人之土地为耕作或畜牧的权利(《日本民法典》第270条)。此种永小作权有一定存续期间(《日本民法典》第278条),不同于"民法"的永佃权。入会权系指居住于一定地域或村落居民在一定山林原野,为管理、运营使用收益之习惯上的权利(《日本民法典》第263条)。

(二) 中国大陆社会主义公有制上的用益物权

传统民法系本诸私有财产(土地私有制)而建构其用益物权。中国大陆系采社会主义公有制的市场经济,土地为国家或农村集体所有,因而发展出其特有的用益物权,2020年5月28日公布、2021年1月1日施行的《民法典》规定了建设用地使用权、宅基地使用权、土地承包经营权及地役权等用益物权,使组织或个人得以占有、使用、收益国家所有或农村集体所有的土地(自然资源),以发挥土地所有权的功能,其内容丰富多样,随公有制及市场经济发展而有调整变动,发挥物尽其用的经济效率。其中需注意的是,"居住权"为《民法典》新设的用益物权类型,其性质上属于人役权,使特定人获得生活居住的保障。

## 二、中国台湾地区"民法"上的用益物权及法律构造

(一) 用益物权

1. 不动产上的用益物权

(旧)"民法"本诸物权法定原则,参酌德、瑞、日立法例,明定在不动产上的地上权、永佃权、地役权及典权四种用益物权。其中典权为传统固有的制度,关于其法律性质曾有争论,然依"民法"第911条"称典权者,谓支付典价在他人之不动产为使用、收益"之权的规定,应认系用益物权。"民法"规定四种不动产用益物权,旨在整理旧物权(典权、铺底权),增进物尽其用的经济效益,并兼顾所有权的自由。"民法"物权编2010年2月修正时增设区分地上权,删除永佃权,创设农育权,将地役权修正为不动产役权,重整了"民法"用益物权的种类及内容。

2. 未规定动产或权利上的用益物权

值得注意的是,"民法"并未规定动产或权利上的用益物权,其理由应在简化物权关系,借由契约(债之关系)加以规范。

### （二）各种用益物权的法律构造

试阅读地上权、农育权、不动产役权、典权的相关修文，综合整理各种物权的标的物、取得（发生）、用益内容、有无对价、期限、处分性等，加以比较分析，说明其异同及立法理由，并回答下列问题：

1. 就自己的不动产得否设地上权或不动产役权？
2. 农育权须否以支付地租为必要？
3. 何种用益物权设有期限？
4. 地上权人得否出租建筑物或其他工作物？
5. 农育权人得否出租农具工作物？
6. 在典权，当事人得否约定典权人不得将其权利让与他人或设定抵押权？

如何规定各种用益物权的内容？此属用益物权内容固定问题，为便于比较观察，先整理其要点如下（要理解其异同及立法理由，不要强行记忆）：

<table>
<tr><th colspan="2">用益物权<br>内容</th><th>地上权</th><th>农育权</th><th>不动产役权</th><th>典　权</th></tr>
<tr><td colspan="2">标的物</td><td>不动产<br>（限于土地）</td><td>不动产<br>（限于土地）</td><td>不动产<br>（土地及定着物）</td><td>不动产<br>（土地及定着物）</td></tr>
<tr><td colspan="2">取得（发生）</td><td>意定、法定</td><td>意定</td><td>意定</td><td>意定</td></tr>
<tr><td rowspan="5">内容及效力</td><td>用益内容</td><td>使用他人土地上下或一定空间范围，而有建筑物或其他工作物</td><td>在他人土地上为农作、森林、养殖、畜牧、种植竹木或保育</td><td>以他人不动产供自己不动产便宜之用</td><td>在他人之不动产为使用收益</td></tr>
<tr><td>对价</td><td>约定有偿<br>（地租）或无偿</td><td>约定有偿<br>（地租）或无偿</td><td>约定有偿<br>（地租）或无偿</td><td>有偿：典价</td></tr>
<tr><td>期限</td><td>·依约定<br>·有期或无期</td><td>不得逾20年<br>（例外：造林保育）</td><td>·依约定<br>·有期或无期</td><td>不得逾30年</td></tr>
<tr><td rowspan="2">处分性</td><td>得让与、设定抵押权</td><td>得让与、设定抵押权</td><td rowspan="2">不得由需役不动产分离而为让与或为其他权利之标的物（从属性）</td><td>·出典人得让与典物<br>·典权人得让与典权、转典、设定抵押权</td></tr>
<tr><td>得让与、出租工作物</td><td>不得出租土地或农具工作物<br>（有习惯例外）</td><td>典权人得出租典物</td></tr>
<tr><td colspan="2">消灭<br>（特殊事由）</td><td>抛弃·终止</td><td>期满·抛弃·终止</td><td>·土地灭失<br>·法院宣告</td><td>绝卖、留买、回赎、找贴</td></tr>
</table>

由上揭表格可知,各种用益物权的法律构造多有不同,此涉及各种用益物权内容形成的立法政策问题(请比较分析其异同及理由),俟于论述个别用益物权时,再为详论。应先说明者有七:

1. 限于不动产:"民法"规定四种用益物权的标的物,仅以不动产为限。于动产则不得成立用益物权。其所以如此,盖以动产系以占有为公示方法,难以表现较为复杂的用益物权关系。动产种类繁多,价值多低于不动产,如有用益的需要,可以买卖或订立租赁或借贷契约(债之关系),不必为用益物权的设定。

2. 于自己不动产设定不动产役权:比较法上有得于自己土地设定用益物权,"民法"原无此种制度,用益物权虽得因继承等原因得存在于自己土地之上(第762条但书),然此为例外,而非常态。值得注意的是,"民法"第859条之4规定:"不动产役权,亦得就自己之不动产设定之。"

3. 用益内容:用益物权系以物之利用为内容,原则上于同一标的物不得同时设定多数用益物权(如二个典权、二个农育权、一个地上权和一个农育权)。但用益内容不相排斥者,则得并存,例如,就同一土地上设定二个不相妨碍的不动产役权(通行、汲水)。值得注意的是,"民法"对"区分地上权"(第841条之5)、不动产役权(第851条之1)的排他性及优先效力设有特别规定。

4. 有偿或无偿:用益物权的设定有为有偿(典权);有为有偿或无偿,依当事人约定(地上权、农育权、不动产役权)。需注意的是,其为有偿时,无论法定或约定,均应准用"民法"关于出卖人瑕疵担保责任的规定(第347条)。

5. 处分性:地上权、农育权、不动产役权及典权皆具处分性,得为让与或设定抵押权(第838条、第850条之3、第853条、第917条),有助于使土地的利用归于最适于发挥其效能之人,并具担保债权的功能。关于其内容,应说明的有三点:

(1)地上权:"民法"第838条规定:"地上权人得将其权利让与他人或设定抵押权。但契约另有约定或另有习惯者,不在此限。前项约定,非经登记,不得对抗第三人。地上权与其建筑物或其他工作物,不得分离而为让与或设定其他权利。"

(2)典权:"民法"第917条规定:"典权人得将典权让与他人或设定抵押权。典物为土地,典权人在其上有建筑物者,其典权与建筑物,不得分离而为让与或其他处分。”其不同于地上权或农育权的，系法律未明定其让与或设定抵押权，得以契约或习惯加以限制（请思考其理由！）。

（3）不动产役权：“民法”第853条规定：“不动产役权不得由需役不动产分离而为让与，或为其他权利之标的物。”此乃因不动产役权的从属性，系为需役不动产而存在。

6. 抵押权的标的物：地上权、农育权及典权均得为抵押权之标的物（第882条）。但不得就不动产役权设定抵押权（第853条）。

7. 地上权的准用：地上权，具用益物权的基本构造原则，得准用于其他用益物权（第841条之6、第850条之9等）。

## 三、用益物权的得丧变更

用益物权的取得多基于当事人的法律行为，或为创设取得（如设定地上权），或为移转取得（如地上权的让与），二者均属继受取得，皆应适用“民法”第758条规定，即其物权行为须以书面为之，并经登记始生效力。需注意的是，无论创设取得或移转取得均应区别物权行为与原因行为，俟于地上权再行说明。用益物权亦有基于法律行为以外之事实而取得者，如时效取得、法定地上权的发生等。用益物权为财产权的一种，不具专属性，皆得为继承的标的（第1148条），惟须经登记，始得处分（第759条）。

用益物权的消灭原因，有为各种物权所共同的，如标的物灭失、征收。“民法”对各种用益物权明定有不同的消灭原因，俟于个别用益物权再为详述。用益物权因抛弃、存续期间届满、终止权之行使或法院之判决等而消灭时，应申请涂销登记（“土地登记规则”第143条）。

又需注意的是，用益物权的内容变动时，如地上权期间的延长或缩短、无偿变更为有偿等，均须经登记，始生效力（第758条）。

## 四、法律结构、思考模式

兹将用益物权共同的规范模式，图示如下：

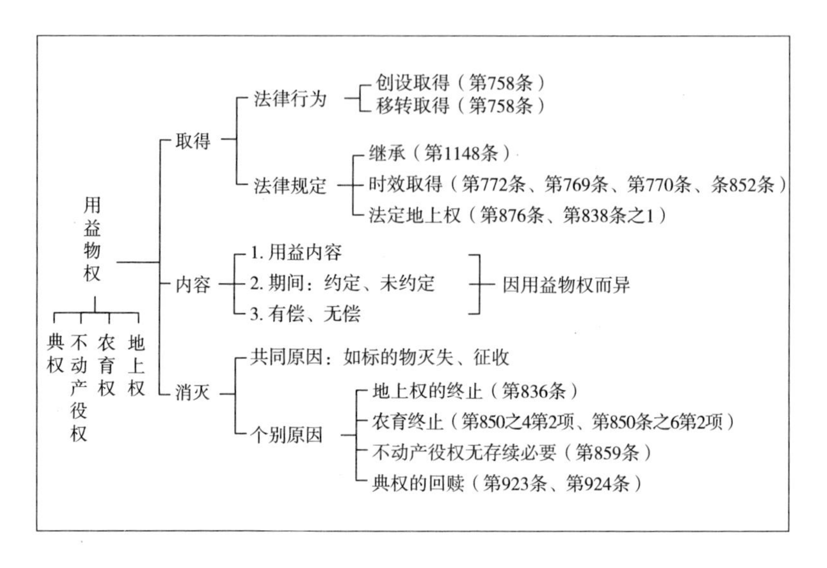


请参照此种模式研读教科书，理解每一个用益物权的法律构造，思考解释适用的问题，如何处理具体案例。

## 第二款　用益物权的经济机能、社会变迁及发展

### ——用益物权的兴起、式微与再生①

"民法"原设有地上权、永佃权、地役权和典权四种用益物权，您是否知道各个用益物权登记的件数，分析其社会机能与台湾地区社会变迁的关系？用益物权是否业已式微？"民法"物权编2010年2月修正如何调整用益物权的种类及内容，以强化用益物权的功能？

### 第一项　用益物权的机能和社会变迁

#### 一、用益物权的机能

用益物权的兴起甚早，与土地所有权相伴而生。历经长期发展，其主要社会功能有二：

---

① 此项标题的灵感来自早年阅读 Edward Gibbon 的古典名著 The Decline and Fall of the Roman Empire (1776); Atiyah 的 Rise and Decline of the Freedom of Contract (1979); Gimore 的 The Death of Contract (1977) 及内田贵的《契约の再生》(1990)。

1. 增进物尽其用的经济效用,即拥有其物者自不使用,而使他人得为利用,以收取其利益。无其物者得支付对价而利用他人之物,不必取得其所有权。用益物权具有调剂土地"所有"与"利用"的机能。

2. 使物的利用关系物权化,巩固当事人间的法律关系,得对抗第三人。

在分析检讨各种用益物权的社会功能之前,兹先提出近年关于用益物权于地政机关的登记统计资料,作为法实证研究的参考数据:

**用益物权登记笔数表(含设定、移转、变更、涂销及其他)**

| 年度 | 地上权 | 典权 | | 不动产役权 | 农育权 | 永佃权 |
|---|---|---|---|---|---|---|
| | | 土地 | 建筑物 | | | |
| 1999 年 | 33114 | 431 | 3 | 267 | 0 | 0 |
| 2000 年 | 29530 | 29 | 5 | 560 | 0 | 0 |
| 2001 年 | 25671 | 47 | 3 | 393 | 0 | 0 |
| 2002 年 | 32062 | 310 | 9 | 1278 | 0 | 0 |
| 2003 年 | 36533 | 51 | 10 | 399 | 0 | 54 |
| 2004 年 | 46265 | 55 | 12 | 705 | 0 | 122 |
| 2005 年 | 42780 | 69 | 5 | 830 | 0 | 90 |
| 2006 年 | 40864 | 69 | 5 | 943 | 0 | 202 |
| 2007 年 | 33855 | 69 | 13 | 1077 | 0 | 82 |
| 2008 年 | 28264 | 30 | 5 | 1111 | 0 | 97 |
| 2009 年 | 28020 | 263 | 7 | 1128 | 0 | 157 |
| 2010 年 | 24246 | 129 | 18 | 1097 | 0 | 124 |
| 2011 年 | 19489 | 56 | 8 | 1277 | 1067 | 15 |
| 2012 年 | 18941 | 127 | 4 | 995 | 1166 | 27 |
| 2013 年 | 27625 | 108 | 10 | 2245 | 1301 | 41 |
| 2014 年 | 24927 | 74 | 4 | 2533 | 1630 | 6 |
| 2015 年 | 24382 | 45 | 0 | 2846 | 2250 | 31 |
| 2016 年 | 21715 | 18 | 1 | 2977 | 2075 | 11 |
| 2017 年 | 22929 | 41 | 2 | 3006 | 2773 | 9 |
| 2018 年 | 24182 | 48 | 6 | 3104 | 3449 | 12 |
| 2019 年 | 23619 | 29 | 1 | 3159 | 2984 | 22 |
| 2020 年 | 25190 | 46 | 5 | 3624 | 4410 | 17 |
| 2021 年 | 27050 | 19 | 2 | 3827 | 2844 | 8 |
| 2022 年 1—10 月 | 19771 | 9 | 1 | 3081 | 1778 | 1 |
| 总计 | 81024 | 2172 | 139 | 42462 | 27727 | 1128 |

资料来源:"内政部"统计处内政统计查询网

统计资料有助于法学研究,诚如美国伟大法学者霍姆斯所云,未来的法学者不是研究白纸黑字之人,而是通晓统计及经济之人。统计资料的搜集、公布、分析及应用最足表现一个国家和地区现代化的程度。如何更精确地建立及运用土地登记数据,使物权法的研究能够建立在科学的基础上,实在是一个值得重视的重要课题。①

## 二、用益物权与社会变迁

前揭关于用益物权的统计,在一定程度反映了台湾地区土地所有权制度与社会变迁,及各种用益物权的重要性,分别简要说明如下:

1. 永佃权的消逝直接肇因于20世纪50年代的土地改革,尤其是1953年"实施耕者有其田条例"的施行,规定出租的农地,地主除仍得保留部分土地外,其余土地一律由政府征收,转放现耕农民承领。在耕者有其田的制度下,永佃权殆无存在的余地,而于2010年"民法"物权编修正时被删除。

2. 农育权系2010年"民法"物权编修正时所增设,旨在取代永佃权。其登记件数自2011年至2022年(1月至10月)持续增加,共计有27727件,问题在于登记内容未明确说明其农育内容究为农作、森林、养殖、畜牧、种植或保育,难以更深刻认识农育权的实际需要。

3. 不动产役权的登记件数亦属不多,1999年有267件,2001年有393件,2008年有1111件,2022年(1月至10月)有3081件。其供土地便宜之用的内容如何,究为通行、眺望、汲水或其他,固不得确知,但应以通行为多。近年来,台湾地区交通建设发展迅速,产业道路四通八达,设定以通行为内容的用益物权,其必要性相对减少。

4. 典权为台湾地区固有传统的制度,"民法"特设典权一章加以规范,确有必要,立法目的在于保护经济上的弱者(出典人)。

就前揭关于典权登记的资料言,以土地为客体,1999年有431件,

---

① Oliver Wendell Holmes, The Path of the Law, 10 Harvard Law Review 457,469, 474 (1897) "For the rational study of the law the black letter man may be the man of the present, but the man of the future is the man of statistics and the master of economics... We learn that for everything we have to give up something else, and we are taught to set the advantage we gain against the other advantage we lose, and to know what we are doing when we elect." 霍姆斯是美国著名的法学家,伟大的美国联邦最高法院大法官,关于其生平、法律思想及对言论自由的贡献,参见〔美〕爱德华·怀特:《奥利弗·温德尔·霍姆斯——法律与本我》,孟纯才、陈琳译,法律出版社2009年版。

2001 年有 47 件,2008 年有 30 件,2022 年(1 月至 10 月)只有 9 件。为何在 1999 年有较多典权的登记,固待研究,但就整个趋势言,典权已告式微,其主要理由有二:

(1)典权制度历经不同的法制等,影响其发展的继续性。

(2)出典人须将典物交付于典权人占有,因而丧失对典物使用收益的权能,典权人须一次支付相当于典物价值的典权,负担沉重。典权制度本身的法律构造已不符现代社会经济生活的需要。

5. 地上权的登记数量最多。自 1999 年以来,每年多在二万件以上,2001 年有 25671 件,2008 年有 28264 件,2022 年(1 月至 10 月)有 19771 件,地上权在用益物权中居于最重要的地位,乃各国和地区法制的共同现象,诚如“民法”立法理由所云:“盖社会进步、经济发达,土地价值逐渐腾贵,建筑物或其他工作物之所有人,有时不得并有土地之所有权,宜设地上权以应经济上之需要。”地上权时效取得是实务上重要争议问题。所感遗憾的是,统计数据无法显示地上权的内容(究为建筑物或工作物),有偿或无偿,其期限如何,难以作进一步的分析讨论。

## 第二项　用益物权的重构与再生

### 一、民法物权编的修正

“民法”物权编自 1929 年 11 月 30 日公布,1930 年 5 月 5 日施行以来,迄今已逾 90 年。其间社会结构、经济形态及人民生活观念,均有重大变迁,原本立基于农业生活形态的“民法”物权编规定,已难因应今日多变的生活态样。“法务部”为因应当前社会实际需要,于 1988 年 11 月间组成“民法研究修正委员会物权编研究修正小组”,就现行“民法”物权编作全面性的检讨,关于用益物权的修正,经多年研拟,终于 2010 年 1 月 5 日完成立法程序,2 月 3 日公布,6 个月后施行。如前所述,台湾地区“民法”上规定的用益物权,除地上权外,已渐趋式微,从而“民法”修正的重点,在于调整用益物权的类型和内容,期能适应社会需要,而发挥调剂“所有”与“利用”、物尽其用的功能。

综合了解修正要点有助于更深刻地认识台湾地区物权法与社会发展,简述如下,俟于各该用益物权再行详述:

1. 废除永佃权。

2. 创设农育权：创设一种以“在他人土地为农作、森林、养殖、畜牧、种植竹木或保育之权”。此项以“农育”为目的之用益物权与永佃权的世代交替，能否发挥其规范功能，促进台湾地区农业发展，实值关注。

3. 调整地上权的类型及内容：将“民法”第832条“称地上权者，谓以在他人土地之上有建筑物或其他工作物或竹木为目的而使用其土地之权”的规定，修正为：“称普通地上权者，谓以在他人土地之上下有建筑物或其他工作物为目的而使用其土地之权”，使地上权之使用目的仅限于有建筑物或其他工作物。增设区分地上权，使得在他人土地上下之一定空间范围内设定地上权（第841条之1）。

4. 将地役权修正为不动产役权：将“民法”第851条“称地役权者，谓以他人土地供自己土地便宜之用之权”的规定，修正为：“称不动产役权者，谓以他人不动产供自己不动产通行、汲水、采光、眺望、电信或其他以特定便宜之用为目的之权。”此项修正将原需役地之客体扩张及于“不动产”，土地及其定着物均包括在内。得设定不动产役权之人，不限于需役不动产之所有人，包括基于物权或租赁关系而使用之人（第859条之3）。此项修正应有助于发挥不动产役权的功能，促进土地及其定着物的利用价值。

5. 调整典权的内容：将“民法”第911条“称典权者，谓支付典价占有他人之不动产，而为使用及收益之权”的规定，修正为：“称典权者，谓支付典价在他人之不动产为使用、收益，于他人不回赎时，取得该不动产所有权之权。”此项修正删除原条文中“占有”二字，系在澄清占有仅系用益物权以标的物为使用收益的当然结果，乃为典权的效力，而非其成立要件。

6. 物尽其用与永续利用的理念：“民法”物权编修正特别强调物尽其用、永续利用的理念，并各为各种用益的共同原则，例如，“民法”第836条之2规定：“地上权人应依设定之目的及约定之使用方法，为土地之使用收益；未约定使用方法者，应依土地之性质为之，并均应保持其得永续利用。前项约定之使用方法，非经登记，不得对抗第三人。”“民法”第850条之6（农育权）、第859条之2（准用第836条之2，不动产役权）、第917条之1（典权）亦同。

## 二、用益物权的再生与发展

用益物权能否因“民法”物权编的修正，而更能发挥其调节物之所有与使用的功能？典权不符现代社会生活需要，已如前述，“民法”物权编修正，虽使典权内容更臻合理，但实难挽回典权终将消逝的命运。关键在于农育权能否与永佃权完成世代交替的功能，以及将地役权修正为不动产役权，能否适应现代工商业的需要。此又涉及人民利用法律制度以形成其社会生活的法律文化、法学教育、土地登记制度等问题，实在是一个值得深入研究的重要课题。[①]

# 第三款 用益物权与债权利用权

## 一、土地利用的二元体系

关于土地的利用，除设定用益物权外，尚得成立债权的利用权（尤其是土地租赁），而发生所谓土地利用的二元体系。要确实了解土地的利用关系，必须综合物权与债权的利用权而作深入的研究。用益物权系属物权，受类型强制及类型固定的限制。土地租赁等债权利用权，有较广泛的私法自治的空间，惟不具物权性（例外，参阅第425条）。当事人究采用何者，乃选择的问题。例如，就他人土地的利用，得依“民法”相邻关系的规定，得订立债权契约，亦得设定用益物权，取决于当事人主观需要、客观情事、税捐、交易成本、法律文化等因素。

## 二、地上权与土地租赁

### （一）法律结构的异同

土地在物权及债权的二元使用，体现于地上权与土地租赁。兹先以下表格显示二者法律结构的异同（查阅条文！）：

---

① 参见谢在全：《物尽其用与永续利用——民法用益物权之修正》，载《台湾法学杂志》2010年第146期。谢在全精研物权法，热心推动参与物权法修正，贡献卓著。

| | 性质 | 成立 | 效力 | 相邻关系规定 | 内容 | | 处分性 | 转换性 |
|---|---|---|---|---|---|---|---|---|
| | | | | | 存续期间 | 地租 | | |
| 地上权 | 物权 | 物权行为（第758条） | 1. 追及效力<br>2. 优先效力<br>3. 第767条<br>4. 第962条 | 第800条之1 | 依当事人约定，得为永久 | 有偿或无偿，依当事人约定 | 1. 得让与（第838条）<br>2. 得为其他权利之标的物（第882条） | |
| 土地租赁 | 债权 | 1. 不要式、不必登记<br>2. 第422条 | 1. 第425条<br>2. 第426条<br>3. 第962条 | 第800条之1 | 第449条 | 地租（第421条） | 不得让与或转租（第443条） | 基地租赁之承租人得请求登记为地上权（第422条之1；“土地法”第102条） |

（二）基地租赁的物权化

据上揭表格，可知地上权与土地租赁在其性质、成立、效力、相邻关系、内容、处分性等方面颇有不同。为强化租用基地建筑房屋，“土地法”第102条规定，租用基地建筑房屋，应由出租人与承租人于契约成立后二个月内，声请该管市或县地政机关为地上权之登记。“民法”债编2009年4月修正亦增设第422条之1规定：“租用基地建筑房屋者，承租人于契约成立后，得请求出租人为地上权之登记。”关于此二条规定的解释适用，应说明者有三：

1. “土地法”第102条系特别规定，应优先于“民法”第422条之1规定适用。

2. “土地法”第102条规定，地上权的登记应于租赁契约成立后二个月内为之，然此非登记权利的存续期限，仅为训示规定。租赁关系消灭前，均得申请为地上权之登记，不因逾二个月之期限而生丧失权利的效果。“民法”第422条之1规定“得请求出租人为地上权之登记”，其意旨相同。

3. 出租人负有与承租人同为申请登记的义务。承租人得请求为地上权登记之性质，具债权请求权的性质，应适用“民法”第125条消灭时效规定，因15年间不行使而罹于失效。其期间自租赁契约成立时起算（1973年台上字第3012号判例）。

（三）地上权与土地租赁的并存？

基地承租人如未依“民法”第 422 条之 1 或“土地法”第 102 条规定为地上权登记，仅不取得地上权（1954 年台上字第 454 号判例），其租赁契约不因此而生影响，仍可适用关于租赁的规定，乃属当然。值得研究的是，出租人声请为地上权的登记后，其地上权与基地租赁究处于何种法律关系，尤其是地上权届满后，有无“民法”第 451 条“租赁期限届满后，承租人仍为租赁物之使用收益，而出租人不即表示反对之意思者，视为以不定期限继续契约”规定的适用。

实务上即有一法律问题：某甲向某乙承租土地建筑房屋，定有租赁契约，嗣复设定地上权登记（期限相同），期满后仍为土地之使用，某乙因地上权期限届满，诉请返还土地，某甲则主张地上权虽因期限届满而消灭，但租期届满后，既仍继续使用土地，自有“民法”第 451 条之适用，是否认为有理由？兹分二说：

甲说：某甲就系争土地上固订有租赁契约在先，但既为地上权登记，则已改予物权化，二者合一，原有租赁关系不复存在，即不得主张继续租赁契约，应无上开法条之适用。

乙说：同一物上债权与物权，各别独立存在，除依法有混同原因外（如“民法”第 762 条规定），不能使之消灭，某甲为地上权之登记，不过加强租赁关系，二者自可并存，本件地上权消灭后，某甲仍可本于原租赁契约主张权利，其援用“民法”第 451 条之规定，尚无不合。

“最高法院”1975 年度第 5 次民庭庭推总会议决议（五）认为：同一物上债权与物权，各别独立存在，除依法有混同原因外（如“民法”第 762 条规定），不能使之消灭。兹某甲向某乙承租土地建筑房屋，定有租赁期限，嗣复设定地上权登记（期限相同）不过加强租赁关系，二者自可并存，本件地上权消灭后，某乙诉请返还土地，某甲仍可本原租赁契约主张权利，其援用“民法”第 451 条之规定，尚无不合（同乙说）。

在上开决议作成后，“最高法院”1980 年台上字第 3971 号判决谓：“系争土地中之 51.44 坪，既已为地上权登记，则租赁关系，已为此地上权登记之物权关系吸收。双方如就地上权之面积或是否随房屋而移转有所争执，乃系地上权登记应否为一部涂销或移转登记之问题，而非复为租赁关系是否一部不存在之问题。被上诉人要求确认租赁关系一部不存在，并不能使地上权之面积争执获得解决，自属欠缺保护必要之诉权存在要件。”

笔者认为其所涉及的,不是债权与物权的混合,亦非租赁关系为被物权关系吸收的问题,而是法律关系的转换,即租赁因登记而转换为地上权,在地上权存续期间,应适用地上权的规定(参阅 1980 年台上字第 3971 号)。在地上权消灭后,鉴于此项法律关系的转换系在加强租赁关系,承租人本于原租赁契约得主张援用“民法”第 451 条规定的权利,应不因此而受影响。

## 第二节 地上权

### 第一款 绪说

#### 一、物权的区分化及空间化

物权法的一项重大发展系物权的区分化及空间化,体现于建筑物的“区分所有权”及“民法”物权编修正增设的“区分地上权”。建筑物的“区分所有”,旨在使数人区分一建筑物而各专有其一部,就专有部分有单独所有权,并就该建筑物及其附属物之共同部分,除另有约定外,按其专有部分比例共有之,以促进土地利用价值,及明确当事人的权益关系。“区分地上权”旨在使得于他人“土地上下之一定空间范围内”设定有建筑物或其他工作物为目的的权利,例如兴建高架铁路、捷运、地下街等,此种地上权的空间化,乃在适应土地利用由平面化趋于立体化,土地分层利用的发展。区分所有建筑物得设定地上权以取得使用基地的权利,在理论上此种作为区分所有建筑物基地的使用权亦得采设定“区分地上权”的方式。建筑物区分所有及地上权(包括区分地上权),改变了现代生活的条件、环境及景观。

#### 二、地上权的法律构造:用益物权的典型

在民法规定的四种用益物权中,地上权最为重要:其一,设定地上权登记件数最多;其二,地上权系用益物权的典型,其若干规定得准用于农育权(第 850 条之 9)、不动产役权(第 859 条之 1、第 859 条之 2)及典权(第 924 条之 2 第 3 项、第 927 条第 2 项)。

地上权的重大发展,系其客体的“空间化”,即得于“土地上下之一定空间范围”设定地上权,形成“普通地上权”(“民法”第832条)及“区分地上权”(“民法”第841条之1)二种使用他人土地的形态(次类型地上权),兹将其法律构造简示如下:

| | | | |
|---|---|---|---|
| 地上权 | 普通地上权:土地之上下(第832—841条) | | |
| | 区分地上权:土地上下之“一定空间范围” | 特别规定(第841条之1—第841条之5) | |
| | | 准用普通地上权规定(第841条之6) | |

基于前述地上权的法律构造,应说明的有二:

1. 区分地上权非系一种新创的物权,乃是地上权之一种次类型,区分地上权与普通地上权的差异,不是质的不同,乃是量的差异,即以“土地上下之一定空间范围内”为其权利的客体。在立法技术上亦可以合并“普通地上权及区分地上权”而设如下的规定:“称地上权者,谓以在他人土地之上下或土地上下之一定空间范围内,有建筑物或其他工作物为目的而使用其土地之权。”

2. 区分地上权既为地上权一种类型,乃量之差异,而非质之不同,从而除法律另有规定外,得准用普通地上权的规定(第841条之6)。

## 三、地上权的机能及发展

台湾地区“民法”上的四种用益物权中,以地上权登记的件数最多,具有调剂土地“有”与“用”的重要社会经济机能,前已说明。关于其发展,应提出的有二:

### (一) 地上权的修正:增设区分地上权

地上权的修正(尤其是增设区分地上权)可促进社会经济发展,尤其是公共设施(捷运、高铁、高架道路、地下商场、下水道)多系采设定区分地上权而建造。

### (二) 于公有非公用土地设定地上权

公有非公用土地,原则上系以标售方式,提供无预定用途之空地,由得标人依都市计划等管制规定利用。惟已经改良或开发之土地,适于设定地上权者,财政管理机关得拟定办法,在不移转所有权情形下,将公有土地提供需地建筑者使用，包括以设定地上权方式，提供公有土地与民间产业投资开发。此系公有非公用土地处理方式中极重要的突破，不但可以促进大面积土地有效利用，而且可增加政府收入，更可适应社会、经济发展的需要。值得注意的是，办理公有非公用土地设定地上权，应限制地上权人不得将土地出租或出借他人作建筑使用。

## 第二款 普通地上权

### 第一项 地上权的意义

#### 一、法制史及比较法[①]

地上权为用益物权的一种，肇源于罗马法。按罗马法基于添附的原理，以地上权属于土地为原则(superficies solo cedit)，购买地上物者，必须购买土地。因土地价值日昂，一般人民难以负荷，法务官乃例外地承认得支付地租而在他人土地有建筑物的所有权，且得为继承及让与，以地上物所有权与土地所有权分离的法律技术创设了地上权。此种地上权制度其后为欧陆诸国民法(尤其是德国及瑞士)所继受。

《德国民法典》原于第1012条至第1017条设有地上权(Erbbaurecht)的规定。第一次世界大战后，为适应重大社会经济需要，乃于1919年1月2日制定《地上权条例》(Erbbaurechtsordnung)，并废除德国民法相关规定。《地上权条例》所规定的地上权，系于他人(及自己)之土地的上下，得有建筑物的权利，乃德国法上建筑物为土地重要成分原则的例外。此种地上权性质上为一种定限物权，得为让与继承，得作为抵押权的标的，得于地上权设定次地上权(Untererbbaurecht)，适用关于土地所有权的规定，并有自己的登记簿册。第二次世界大战后，德国因资金短缺，为克制土地投机，地上权广被利用，具有经济及社会政策的意义。[②]

---

① Kunkel/Honsell, Rämisches Recht, 4. Aufl. 1987, S. 194; Watkin, An Historical Introduction to Modern Civil Law, 1991, pp. 256-264; 蔡胜雄:《地上权之沿革及其社会作用》,载《军法专刊》1999年第36卷第2期。

② 关于德国法上地上权,参见 Ingenstau, Erbbaurecht, 7. Aufl. 1994; 简要说明,参见 Baur/Stürner, Sachenrecht, S. 328 ff. Müller, Sachenrecht, S. 565 ff.; Brehm/Berger, Sachenrecht, S. 357 ff. 中文数据,参见孙宪忠:《德国物权法》,第233页以下。

值得注意的是,《日本民法典》第 265 条规定:“地上权人有于他人土地上以所有工作物或竹木为目的,而使用该地的权利。”在日本民法上,土地及定着物为二个独立的不动产(《日本民法典》第 86 条第 1 项)。地上权人对工作物(主要为建筑)有所有权。关于竹木的所有权,依《日本民法典》第 242 条规定:“不动产之所有人,将他物附合于该不动产者,取得该物之所有权。但他人因权原而使该物附属之者,其权利仍可存在。”准此以言,在日本法上,地上权人对附合于他人不动产的竹木有所有权。①

## 二、“民法”上的地上权

### (一) 普通地上权的意义

“民法”第 832 条原规定:“称地上权者,谓以在他人土地之上有建筑物或其他工作物或竹木为目的而使用其土地之权。”经修正为:“称普通地上权者,谓以在他人土地之上下有建筑物或其他工作物为目的而使用其土地之权。”比较二者,更可了解现行规定的内容,应说明的有三:

1. 本条系关于普通地上权的定义性规定,以与“区分地上权”加以区别。在“民法”或本书凡称为地上权的,均指普通地上权而言。

2. 删除“或竹木”,其理由为“民法”物权编已增订第四章之一“农育权”,其内容包括以种植竹木为目的,为避免地上权与农育权的内容重复,地上权的使用目的仅限于有建筑物或其他工作物。

3. 将“土地上”修正为“土地之上下”,以免使人误解仅限于土地上设定地上权,学者通说及实务上见解均认为在土地上空或地下均得设定地上权。

### (二) 地上权系使用他人土地的权利

“民法”第 832 条系采日本民法的立法例,认地上权系为使用他人土地之权,而非于他人土地上有附着物所有权之权。建筑物或其他工作物的所有权属于地上权人。地上权既为使用他人土地之权,故地上物(工作物)之有无,与地上权存续无关。先有地上物存在,固可设定地上权,无地上物存在,亦无碍于地上权的成立。地上物灭失后,地上权并不消灭,地上权人仍有依原定内容使用土地之权。

---

① 关于日本民法上的地上权的简要说明,参见林良平:《物权法》,第 160 页。

（三）土地的上下

"民法"第832条所谓"在他人土地之上下",乃表示地上权系以土地为标的物,非谓地上权仅限于土地之上设定之。在土地上空(如建高架道路)或地下(如建地下街),均得为地上权(区分地上权)的设定。于不妨碍的范围内,在同一土地并得设定数地上权于不同之人。

地上权设定的范围,无须为一宗土地的全部,就一宗土地特定部分亦得设定地上权,于申请设定登记时,应提出位置图("土地登记规则"第108条)。[1] 地上权之范围,不以建筑物或其他工作物等本身占用的土地为限,其周围的附属地,如房屋的庭院,或屋后的空地等,如在设定的范围内,不得谓无地上权之存在(1959年台上字第928号判例)。

（四）建筑物或其他工作物

地上权的使用目的,各国和地区立法例不同,有为建筑物(如《德国地上权条例》明定为Bauwerk),有为工作物或竹木(《日本民法典》第265条)。"民法"第832条原定为建筑物或其他工作物或竹木,新修正规定删除"或竹木",前已说明。

建筑物指定着于土地之上下,具有顶盖、墙垣,足以避风雨得供起居出入的构造,地下室亦包括在内。其他工作物,指建筑物以外的设施,如桥梁、隧道、高架陆桥或道路等交通设备;电线杆、铁塔、铜像、纪念碑、地窖等设施;池埤、水圳、堤防等。

## 第二项　地上权的取得

1. 甲与乙于某年3月2日约定于乙所有某地设定建筑地下停车场的地上权,地租若干,为期20年。半年后,甲请求乙办理地上权登记。乙以3月2日设定地上权的约定未订立书面而拒绝之,有无理由?

2. 甲将其于乙所有的土地设定的地上权出卖于丙,并为移转登

---

① 法律问题:某人地上权权利范围依土地登记簿记载,为某号土地"所有权一部之三分之一",其地上权范围如何?研究意见:地上权为使用他人土地之物权,其设定之范围,不必及于土地之全部,一宗土地之一部分,亦得设定之。然所设定之范围如何?应就各契约,考虑其工作物之状态及地上权设定之目的等,以为决定。本件土地登记簿上虽仅记载"所有权一部之三分之一",于地上权之效力无影响,至其范围,应就实际情形认定之[1983年2月22日(1983)厅民一字第0119号函复高等法院]。

记。其后甲发现该买卖契约无效时,甲得对丙主张何种权利?

地上权的取得原因有二:一为基于法律行为,二为基于法律行为以外的事实规定。分述如下:

## 第一目　基于法律行为而取得地上权

### 一、地上权的设定

(一) 原因行为与物权行为

地上权的设定系地上权取得的最主要法律事实。其应区别的是原因行为及物权行为。例如,甲于某年3月2日与乙约定,在乙的土地设定以停车场为内容的地上权,每年地租若干。此种设定地上权的约定,系属债权行为(原因行为)。半年后,甲与乙订立设定地上权的书面,并办理地上权登记(第758条),此为设定地上权的物权行为。此项的区别乃基于"民法"所采债权行为(负担行为)与物权行为(处分行为)分离理论,应予注意。

(二) 得否于数宗土地设定一个地上权?

值得提出的是,在德国法,一个地役权得于数宗土地设定之,此于建筑物跨越数宗土地时具有实益。在中国台湾地区现行法中,地上权应于各宗土地设定之。又依《德国地上权条例》第10条规定,地上权仅能以第一顺位设定之,期能保持地上权的优先性,"民法"无此规定。

(三) 附期限与条件

设定地上权的物权行为得附期限,而使地上权有一定的存续期间。地上权的设定亦得附停止条件。比较法上有地上权不得附解除条件的立法例。台湾地区"民法"无此限制。

### 二、地上权的让与

地上权得为让与(第838条本文),于此情形,亦应区别债权行为与物权行为。例如,甲将其设定于乙所有土地的地上权出卖于丙(债权行为、原因行为),并依法律行为(物权行为)而为移转(第758条)。兹为便于观察,将其所涉及的基本法律关系图示如下:

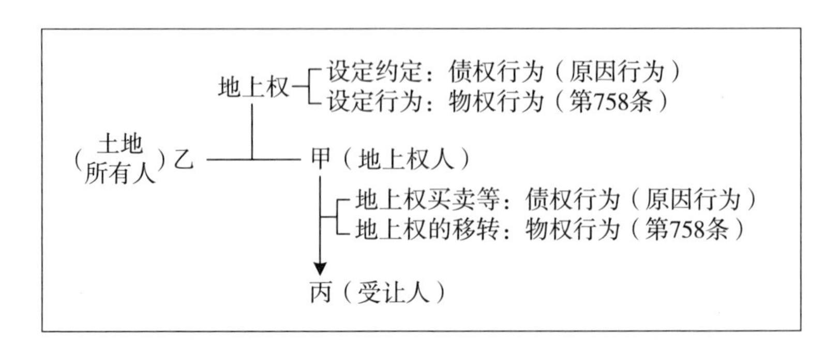


在甲与丙间让与地上权的情形，设其买卖契约不成立、无效或被撤销时，其移转地上权的物权行为虽不因此而受影响（物权行为无因性），但甲得依不当得利之规定（第 179 条），向丙请求返还其所取得的地上权（涂销地上权登记）。

### 第二目　基于法律行为以外的事实而取得地上权

基于法律行为以外的事实而取得地上权的主要事由有四：(1)继承；(2)时效取得；(3)法定地上权；(4)征收。分述如下：

#### 一、继承

继承人自继承开始时，除本法另有规定外，承受被继承人财产上之一切权利、义务。但权利、义务专属于被继承人本身者，不在此限（第 1148 条）。地上权系属财产上权利，不具专属性，得为继承的标的。继承人为数人时，对该地上权成立准公同共有。因继承而取得地上权者，应经登记，始得处分（第 759 条）。

#### 二、时效取得

时效取得地上权系实务上重要问题，案例甚多，其原因何在？就他人已登记的土地得否时效取得地上权？地上权时效取得应具备何种要件，由谁负举证责任？建筑物非为合法建物时，得否时效取得地上权？如何办理登记？在办理登记前，土地所有人提出异议时，应如何处理？就公共物或耕地得否时效取得地上权？

（一）时效取得地上权系实务上重要问题

1. 研究的意义

时效取得地上权是物权法实务上的重要问题，体现了台湾地区土地使用问题及权利意识。关于时效取得地上权，目前案例甚不在少数[①]，值得重视，认识一个重要法律制度的社会功能及其发展过程。

2. 受“宪法”保障的财产权

“司法院”释字第291号及第451号解释强调：“时效取得制度，系为公益而设，依此制度取得之财产权应为‘宪法’所保障”，此涉及“民法”相关规定的解释及法令的“违宪审查”。

3. 争议问题及民法修正

旧“民法”第772条规定：“前四条于所有权以外财产权之取得，准用之。”产生争议的是，其准用是否须以未登记的不动产为限。“民法”物权编2009年1月修正“民法”第772条明定：“前五条之规定，于所有权以外财产权之取得，准用之。于已登记之不动产，亦同。”

（二）时效取得地上权的要件及效果

1. 要件

依“民法”第772条准用第769条、第770条及第771条规定，依时效取得地上权须具备如下要件：(1)占有他人之不动产，包括已登记及未登记的不动产。(2)“以行使地上权的意思”而占有他人之不动产：推定、举证责任。

依时效取得地上权，须其有行使地上权之意思，“最高法院”1975年台上字第2552号判例认为：“地上权为一种物权，主张取得时效之第一要件须为以行使地上权之意思而占有，若依其所由发生之事实之性质，无行使地上权之意思者，非有变为以行使地上权之意思，嗣后亦非有‘民法’第945条所定变为以地上权之意思而占有，自不能本于‘民法’第772条准用同法第769条之规定，请求登记为地上权。”

需说明的是，无权占有他人土地建筑房屋，不当然即为以行使地上权之意思而占有。依“民法”第944条第1项规定，占有人推定其为以所有

---

① 以“时效取得地上权”的关键词，对于现行民事裁判进行搜寻，截至2022年12月6日止所涉之案件，地方法院有2533件，高等法院有1081件，“最高法院”有403件(资料来源：法源法律网)。

之意思,善意、和平、公然及无过失占有,惟以取得他项财产权之意思行使其权利,则不在“民法”第944条第1项所定推定之列。又“民法”第943条第1项规定“占有人于占有物上行使之权利,推定其适法有此权利”,乃基于占有之本权表彰机能而生,并非具有使占有人取得权利之作用。该规定之旨趣在于免除占有人关于本权或占有取得原因之举证责任,并非使占有人因而取得本权或其他权利,且系指占有人就其所行使之权利,推定为适法,惟究系行使何权利而占有,则非法律所推定。故占有人虽有和平公然无权占有系争土地以建筑房屋之事实,究不能因此推定系以行使地上权之意思而占有,应由主张以行使地上权意思者负举证责任。例如,占有人所提出之户籍誊本、地政事务所函、电费及水费收据,充其量只能证明其住居于系争土地上,尚不能证明其系以行使地上权之意思而占有系争土地。占有人主张其与所有人间无租赁或借贷关系,自系以行使地上权意思而占有云云,难以相信(2000年台上字第589号、2001年台上字第586号)。

关于地上权时效取得的“时效期间”,准用“民法”第769条(20年间和平、公然、继续占有)、第770条(10年间和平、公然继续占有,而其占有之始为善意并无过失)。关于时效取得之中断,准用第771条规定。

2. 法律效果

(1)时效取得的登记程序

以行使地上权之意思,完成时效取得期间者,“得请求登记为地上权人”。在未经依法登记前,不得对抗所有人。占有人得单独声请地政机关为地上权的登记,所有人无协同办理登记之义务。

“土地登记规则”第118条:“土地总登记后,因主张时效完成申请地上权登记时,应提出以行使地上权意思而占有之证明文件及占有土地四邻证明或其他足资证明开始占有至申请登记时继续占有事实之文件。前项登记之申请,经登记机关审查证明无误应即公告。公告期间为三十日,并同时通知土地所有权人。土地所有权人在前项公告期间内,如有异议,依‘土地法’第五十九条第二项规定处理。前四项规定,于因主张时效完成申请不动产役权、农育权登记时准用之。”依“土地法”第59条第2项规定,土地所有权人在公告期间,如有异议,应由该管地政机关调处之,不服调处者,应于接到调处通知后15日内,向司法机关诉请处理,逾期不起诉者,依原调处结果办理之。调处结果,若对占有人有不利,占有人对土地所有人提起之诉讼,即得请求该所有人容忍其办理地上权登记,以排除土地所有人之异议,使登记程序之障碍除去,俾完成地上权登记(1993 年台上字第 3252 号)。

(2)所有人起诉请求占有人返还土地

地上权时效取得要件具备前,土地所有人依"民法"第 767 条规定起诉请求占有人返还占有物者,占有人之地上权取得时效,亦因而中断(第 772 条准用第 771 条)。

地上权时效取得要件具备后,土地所有人起诉主张所有物返还请求权(第 767 条)时,法院应如何处理?应分二种情形加以说明:

①地政机关受理地上权登记的申请:因时效而取得地上权登记请求权者,不过有此请求权而已,在未依法登记为地上权人以前,仍不得据以对抗土地所有人而认其并非无权占有。惟于占有人主张因时效取得地上权登记请求权,向该管地政机关请为地上权登记,并经地政机关受理。土地所有人始起诉请求占有人返还土地之情形时,为调和物权登记主义与时效取得地上权间之矛盾,受诉法院始就占有人是否具备时效取得之要件,为实体上之裁判(2003 年台上字第 1867 号)。

②地政机关受理地上权登记的申请前:"最高法院"2003 年台上字第 1867 号判决谓:"上诉人系于被上诉人起诉后,始向地政机关为时效取得地上权登记之申请,既为原审认定之事实,则原审指法院毋庸就上诉人是否具备时效取得地上权之要件为实体审酌,自不违背法令。"惟在此情形,经占有人于该诉讼系属中依法提起反诉,请求确认其地上权登记请求权存在及命所有人容忍为地上权登记者,受诉法院既均应就该占有人是否具备时效取得地上权之要件,为实体上裁判(2007 年台上字第 2303 号)。

### (三)"内政部"订颁之"时效取得地上权登记审查要点"及其"违宪审查"

试阅读"内政部"订颁"时效取得地上权登记审查要点"从"宪法"保障财产权的意旨,分析讨论以下二个问题:

1. 时效取得地上权须否限于以"合法"建物为目的他人土地?
2. 共有人之一人或数人得否于共有物上因时效取得地上权?

时效取得地上权系实务上重要问题,迭生争议,"内政部"特于 1988 年 8 月 17 日订颁"时效取得地上权登记审查要点"(阅读之!)。该审查

要点有若干规定,发生“违宪”疑义,“司法院”作成解释,事关财产权保障,具有重大意义,摘录如下,以便参照:

1. 释字第291号解释:违章建筑者,能否取得地上权?

释字第291号解释谓:取得时效制度,系为公益而设,依此制度取得之财产权为“宪法”所保障。1988年8月17日函颁之“时效取得地上权登记审查要点”第5点第1项规定:“以建物为目的使用土地者,应依‘土地登记规则’第70条提出该建物系合法建物之证明文件”,使长期占有他人私有土地,本得依法因时效取得地上权之人,因无从提出该项合法建物之证明文件,致无法完成其地上权之登记,与“宪法”保障人民财产权之意旨不符,此部分应停止适用。至于因取得时效完成而经登记为地上权人者,其与土地所有权人间如就地租事项有所争议,应由法院裁判之,并此说明。

2. 释字第408号解释:耕地得否为时效取得地上权的客体?

前开“时效取得地上权登记审查要点”第3点规定:“占有人有下列情形之一者,不得申请时效取得地上权登记:一、占有之土地属土地法第14条第1项定不得私有之土地。二、占有土地属农业发展条例第3条第11款所称耕地。三、占有土地供坟墓使用者。四、使用违反土地使用管制法令者。”其中第二项是否“违宪”,曾引起争议,释字第408号解释认其与“宪法”保障人民财产权之意旨,尚无抵触。

3. 释字第451号解释:共有物上的时效取得

前开“时效取得地上权登记审查要点”原第5点规定,共有人不得就共有土地申请时效取得地上权登记。释字第451号解释认此项规定有违“宪法”保障人民财产权之本旨,应不予适用。解释文再度强调时效制度系为公益而设,依取得时效制度取得之财产权应为“宪法”所保障。地上权系以在他人土地上有建筑物或其他工作物或竹木为目的而使用其土地之权,故地上权为使用他人土地之权利,属于用益物权之一种。土地之共有人按其应有部分,本于其所有权之作用,对于共有物之全部虽有使用收益之权,惟共有人对共有物之特定部分使用收益,仍须征得他共有人全体之同意。共有物亦得因共有人全体之同意而设定负担,自得为共有人之一人或数人设定地上权。于公同共有之土地上为公同共有人之一人或数人设定地上权者亦同。是共有人或公同共有人之一人或数人以在他人土地上行使地上权之意思而占有共有或公同共有之土地者,依“民法”第

772 条准用同法第 769 条及第 770 条取得时效之规定请求登记为地上权。

## 三、法定地上权

地上权依法律规定而发生的,称为法定地上权,其情形有二:

1. 抵押物拍卖:"民法"第 876 条规定:"设定抵押权时,土地及其土地上之建筑物,同属于一人所有,而仅以土地或仅以建筑物为抵押者,于抵押物拍卖时,视为已有地上权之设定,其地租、期间及范围由当事人协议定之。不能协议者,得声请法院以判决定之。设定抵押权时,土地及其土地上之建筑物,同属于一人所有,而以土地及建筑物为抵押者,如经拍卖,其土地与建筑物之拍定人各异时,适用前项之规定。"

2. 强制执行之拍卖:"民法"第 838 条之 1 规定:"土地及其土地上之建筑物,同属于一人所有,因强制执行之拍卖,其土地与建筑物之拍定人各异时,视为已有地上权之设定,其地租、期间及范围由当事人协议定之;不能协议者,得请求法院以判决定之。其仅以土地或建筑物为拍卖时,亦同。前项地上权,因建筑物之灭失而消灭。"按"强制执行法"第 75 条第 3 项规定,土地及其土地上之建筑物,同属于一人所有,宜将土地及其建筑物,并予查封、拍卖。如未并予拍卖,致土地与其建筑物之拍定人各异时,因无从期待当事人依私法自治原则洽定土地使用权,为解决基地使用权问题,自应拟制当事人有设定地上权之意思,以避免建筑物被拆除,危及社会经济利益,特明定此时视为已有地上权之设定。如土地及其土地上之建筑物同属于一人所有,执行法院仅就土地或建筑物拍卖时,依前述同一理由,亦宜使其发生法定地上权之效力。又法定地上权系为维护土地上之建筑物之存在而设,而该建筑物于当事人协议或法院判决所定期间内灭失时,即无保护之必要(1996 年台上字第 447 号判例)。

## 四、征收

"大众捷运法"第 19 条第 1 项及第 2 项规定,大众捷运系统因工程上之必要,得穿越公、私有土地及其土地改良物之上空或地下,但应择其对土地及其土地改良物之所有人、占有人或使用人损害最少之处所及方法为之,并应支付相当之补偿。于此情形,必要时主管机关得就其需用之空间范围协议取得地上权,协议不成时,准用征收规定取得之(请参阅同条第2项至第4项规定)。①

值得提出的是,土地所有权人因公路穿越地下,至逾越其社会责任所应忍受范围,得否请求需用土地人向主管机关申请征收地上权?“司法院”释字第747号解释谓:“人民之财产权应予保障,‘宪法’第15条定有明文。需用土地人因兴办‘土地征收条例’第3条规定之事业,穿越私有土地之上空或地下,致逾越所有权人社会责任所应忍受范围,形成个人之特别牺牲,而不依征收规定向主管机关申请征收地上权者,土地所有权人得请求需用土地人向主管机关申请征收地上权。2000年2月2日制定公布之同条例第11条规定:‘需用土地人申请征收土地……前,应先与所有人协议价购或以其他方式取得;所有人拒绝参与协议或经开会未能达成协议者,始得依本条例申请征收。’(2012年1月4日修正公布之同条第1项主要意旨相同)第57条第1项规定:‘需用土地人因兴办第3条规定之事业,需穿越私有土地之上空或地下,得就需用之空间范围协议取得地上权,协议不成时,准用征收规定取得地上权……’未就土地所有权人得请求需用土地人向主管机关申请征收地上权有所规定,与上开意旨不符。有关机关应自本解释公布之日起一年内,基于本解释意旨,修正土地征收条例妥为规定。逾期未完成修法,土地所有权人得依本解释意旨,请求需用土地人向主管机关申请征收地上权。”

### 第三目　地上权的登记

#### 一、设权登记与宣示登记

地上权的登记可分为二类:

1. 依法律行为而取得地上权者,须经登记,始生效力(设权登记,第758条)。

2. 依法律规定而取得地上权者,须经登记,始得处分(宣示登记,第

① “土地征收条例”第57条规定:需用土地人因兴办第3条规定之事业,需穿越私有土地之上空或地下,得就需用之空间范围协议取得地上权,协议不成时,准用征收规定取得地上权。但应择其损害最少之处所及方法为之。前项土地因事业之兴办,致不能为相当之使用时,土地所有权人得自施工之日起至完工后一年内,请求需用土地人征收土地所有权,需用土地人不得拒绝。前项土地所有权人原设定地上权取得之对价,应在征收补偿地价内扣除之。地上权征收补偿办法,由主管机关定之。

759条)。

关于登记程序请参阅相关规定(务请查阅"土地法"及"土地登记规则")。

## 二、地上权登记誊本

为使读者对地上权登记实务有所认识,抄录二则地上权登记誊本如下,以供参阅(请参照相关法律规定):

(一) 地上权设定

台北市土地登記謄本(他項權利部)

大安區龍泉段二小段　0347-0000地號

列印時間：　　　　　　　　頁次：1

＊＊＊＊＊＊＊＊ 土地他項權利部 ＊＊＊＊＊＊＊＊

*登記次序：0001-000　　　　權利種類：地上權
收件年期：　　　　　　　　字號：古亭字第002529號
登記日期：　　　　　　　　登記原因：設定
權 利 人：
統一編號：Z121040363
住　　址：台北市城中區玖橋里16鄰新生南路一段56巷2號
權利範圍：全部
權利價值：新台幣2,420元正
存續期間：
地　　租：年租每坪依照政府規定地價百分之拾計算
權利標的：所有權　　標的登記次序：0002　0003　0004
　　　　　　　　　　　　　　　　0005　0006
設定權利範圍：******132.23平方公尺
設定義務人：
證明書字號：——古亭字號010387號
相關他項權利登記次序：0002-000
其他登記事項：以建築改良物爲目的
付租時間每年分三期分納繳清每期於第一月中付清

(二) 因征收而取得地上权

**台北市土地登記謄本(他項權利部)**

**大安區辛亥段四小段　0523-0001地號**

列印時間：　　　　頁次：1

********* **土地他項權利部** *********

*登記次序：0001-000　　　　權利種類：地上權
收件年期：　　　　字號：大安字第039700號
登記日期：　　　　登記原因：徵收
權 利 人：台北市
統一編號：0006300000
住　　址：(空白)
管 理 者：台北市政府捷運工程局
統一編號：01016607
住　　址：(空白)
權利範圍：全部
權利價值：新台幣****3,588,000元正
存續期間：永久存續
地　　租：空白
權利標的：所有權　　　標的登記次序：0001
設定權利範圍：本件地上權係設定於特定空間範圍，其範圍詳位置圖
設定義務人：黃則港
證明書字號：
相關他項權利登記次序：(空白)
其他登記事項：權利範圍：本件地上權係設定於特定空間範圍，其範圍詳位置圖
本謄本僅係　他項權利部別節本，詳細權利狀態請參閱全部謄本
大安謄字第014650號　　(謄本列印完畢)　　列印人員：林淑玉
資料管轄機關：大安地政事務所

## 第三项　地上权的期间

甲在乙的土地上设定地上权,兴建摩天大楼,得否约定其地上权"永久存续"。其以"无期限"登记者,其存续期间如何?未约定存续期间时,如何处理,以利物之使用?在时效取得地上权的情形,如何

定其存续期间？

关于地上权的存续期间，“民法”无明文规定，应视当事人有无约定而定。分述如下：

## 一、当事人定有存续期间

地上权的存续期间，依当事人的约定。其期间长短，悉听当事人自由决定，无最长或最短的限制，盖尊重私法自治也。当事人得设定永久存续的地上权，此有助于促进土地的利用，符合地上权的社会功能，且无害于所有权的本质，应无禁止必要。于此情形，当事人间可订定适当标准以调整地租租额，必要时亦可依情事变更原则而为增减（第835条之1），以维护地租的公平。

当事人以“无期限”字样登记，当属少见。如若有之，学说上有主张：“除有反证外，自应解为不定期，并非永久。”亦有认应解为系永久存续。笔者认为，以后说为可采，盖依文义而言，无期限不同于未定期限。

## 二、当事人未定有存续期间

1. “民法”第833条之1规定：“地上权未定有期限者，存续期间逾二十年或地上权成立之目的已不存在时，法院得因当事人之请求，斟酌地上权成立之目的、建筑物或工作物之种类、性质及利用状况等情形，定其存续期间或终止其地上权。”立法理由系认地上权虽未定有期限，但非有相当之存续期间，难达土地利用之目的，不足以发挥地上权之社会机能。又因科技进步，建筑物或工作物之使用年限有日渐延长趋势，为发挥经济效用，兼顾土地所有人与地上权人之利益，爰明定土地所有人或地上权人均得于逾20年后，请求法院斟酌地上权成立之目的、建筑物或工作物之各种状况而定地上权之存续期间；或于地上权成立之目的不存在时，法院得终止其地上权。又此项请求系变更原物权之内容，性质上为形成之诉，应以形成判决为之。若地上权经设定抵押权者，法院得依“民事诉讼法”第67条之1规定告知参加诉讼，以保障抵押权人之权益。[①]

2.“民法”第833条之2规定:“以公共建设为目的而成立之地上权,未定有期限者,以该建设使用目的完毕时,视为地上权之存续期限。”参酌立法理由,以公共建设(例如大众捷运、高速铁路等)为目的而成立的地上权,原即难以定其使用年限,乃明定以公共建设使用目的完毕时,为地上权之终期。

### 三、时效取得地上权的存续期间

因地上权时效取得完成,而登记为地上权者,其地上权的存续期间,由取得地上权人决定之,得登记一定期限、永久存续或无期限的地上权。

## 第四项　地上权的效力

请分就“立法政策”及“现行法解释适用”二个层次加以思考以下问题:

1. 甲于乙所有的土地设定以有地下街的地上权。其后发现该地已被丙无权占有时。试问甲得对丙主张何种权利?

2. 甲于乙所有的土地设定以有建筑物的地上权。于乙将该地所有权出卖于丙时,甲得否主张优先承买权?于甲将建筑物出卖于戊时,乙得否主张优先承买权?

---

① “民法”第833条之1的适用系实务上的重要问题,“最高法院”2016年台上字第1072号判决谓:“按为兼顾土地所有权人与地上权人利益,‘民法’第833条之1乃明定未定存续期间之地上权,土地所有人或地上权人于逾二十年后,得请求法院斟酌地上权成立之目的、建筑物或工作物之种类、性质及利用情形等各种状况而定地上权之存续期间;或于地上权成立之目的不存在时,请求法院终止地上权。是法院酌定存续期间或终止地上权,系以形成之诉变更当事人物权内容,纵建物尚得使用或尚有债权契约存在,亦非不得酌定存续期间。系争四地上权系为建筑居住目的……未定期限,其上建物于地上权设定之前建造,嗣复修建,或有裂缝或渗水,为原审认定之事实。果尔,该等建物经修建后虽非不堪使用但确已老旧,且依现代建筑技术,亦可长久维持建物不易因毁损致不堪使用,然此地上权存在土地之负担,将难以发挥经济效用及兼顾土地所有人利益。上诉人于原审主张:地上各建物纵未达于立即终止地上权之情况,亦得依鉴定结果认定地上权存续期间等语,是否全然无足采,非无研求之余地。原审遽以上开建物无瞬间倒塌之裂损,地上权成立目的及其基础原因关系仍存,驳回上诉人就系争四地上权定存续期间之请求,已有可议。”(另参阅2015年台上字第599号、2015年台上字第2157号、2019年台上字第1214号、2019年台上字第2414号判决、2019年台上字第2684号、2021年台上字第303号等判决。)

3. 甲将其于乙所有土地设定的地上权让与他人，须否得乙同意？乙与甲订立排除让与的特约具何种效力？甲得否以地上权为标的设定抵押权，得否以特约排除之？又甲得否将设定地上权的土地出租于他人？

4. 地上权人得否将其地上权与建筑物分离而为让与，或设定其他物权？

地上权的效力，指因地上权而发生的权利义务关系，此可从地上权人方面加以观察。地上权人的权利主要为土地使用、收益及处分权，包括因占有土地为使用收益而发生的相邻关系，及为保障地上权人利益的土地优先承买权。地上权人的主要义务系支付地租。分述如下：

### 第一目　地上权人的权利

#### 一、土地的使用收益

（一）使用收益的方法

地上权的设定在于使用他人土地。依“民法”第 836 条之 2 规定：“地上权人应依设定之目的及约定之使用方法，为土地之使用收益；未约定使用方法者，应依土地之性质为之，并均应保持其得永续利用。前项约定之使用方法，非经登记，不得对抗第三人。”之所以明定“永续利用”，乃在强调土地是人类生存的重要资源，土地之物尽其用与其本质维护，应力求平衡，不得为使其不能回复原状的变更、过度利用或戕害其自我更新能力，以维护土地资源之永续利用。地上权有约定使用方法者，其约定须经登记，方能构成地上权之内容，发生物权效力，足以对抗第三人，使土地及地上权之受让人或其他第三人（例如抵押权人），受其拘束。

又依“民法”第 836 条之 3 规定：“地上权人违反前条第一项规定，经土地所有人阻止而仍继续为之者，土地所有人得终止地上权。地上权经设定抵押权者，并应同时将该阻止之事实通知抵押权人。”本条系参照“民法”第 438 条的立法体例而制定。

（二）占有土地、物上请求权及相邻关系

1. 占有土地

地上权的设定，不以交付土地为要件，然地上权既为使用土地的物权,为实现其内容,自有占有土地的必要,应受占有规定的保护(尤其是第962条)。

2. 物权请求权

"民法"第767条第2项规定,所有人的物权请求权于所有权以外之物权,准用之,故地上权人亦得行使物权请求权。

3. 相邻关系

依"民法"第800条之1规定,"民法"第774条至第800条规定于地上权人亦准用之。

(三) 地上权人基地优先购买权

"土地法"第104条第1项前段规定:"基地出卖时,地上权人、典权人或承租人有依同样条件优先购买之权。"故土地所有人出卖其土地时,应先通知地上权人;地上权人接到出卖通知后10日内不表示优先购买与否,其优先权视为放弃。反之,土地所有人未通知地上权人而与第三人订立买卖契约者,其契约不得对抗地上权人("土地法"第104条第2项)。[①] 立法目的在使土地与土地上的建筑物合归一人,以尽物之经济上效用。所谓"其契约不得对抗地上权人",指该优先购买权具物权效力。

## 二、地上权人的处分权

地上权为财产权的一种,地上权人于不变更权利内容的范围内,得为处分,包括让与、设定抵押权及转租土地。分述如下:

(一) 地上权的让与或设定抵押权:处分自由原则及限制

"民法"第838条第1、2项规定:"地上权人得将其权利让与他人或设定抵押权。但契约另有约定或另有习惯者,不在此限。前项约定,非经登记,不得对抗第三人。"值得特别指出的是,"民法"物权编2010年2月修正新增"民法"第838条第3项规定:"地上权与其建筑物或其他工作物,不得分离而为让与或设定其他权利。"之所以增设本项规定,系以地上

① 参照"民法"第426条之2:"租用基地建筑房屋,出租人出卖基地时,承租人有依同样条件优先承买之权。承租人出卖房屋时,基地所有人有依同样条件优先承买之权。前项情形,出卖人应将出卖条件以书面通知优先承买权人。优先承买权人于通知达到后十日内未以书面表示承买者,视为放弃。出卖人未以书面通知优先承买权人而为所有权之移转登记者,不得对抗优先承买权人。"基地租赁承租人之基地优先购买权,具物权效力。

权之社会作用,系在调和土地与地上物间之使用关系,建筑物或其他工作物通常不能脱离土地而存在,二者必须相互结合,方能发挥其经济作用。故地上权与其建筑物或其他工作物之让与或设定其他权利,应同时为之,以免地上物失其存在权源,有违地上权设置之目的。

须再提出的是,土地所有人设定地上权后,得将土地让与(或设定抵押权)他人,但地上权不因此而受影响。地上权人亦得将其地上权让与他人,或设定抵押权(第 882 条)。为便于观察,图示如下:

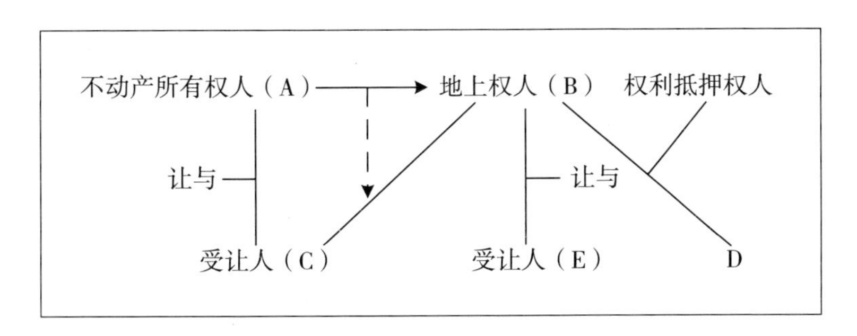


（二）转租土地

地上权人得将地上物(如房屋)出租他人,亦得将其地上物连同土地,一并出租他人,以收取法定孳息。在未有地上物之前,地上权人得否将土地转租他人?对此问题,虽有争论,但应采肯定说,其理由有二:

1. 地上权重在土地的使用,例如甲于乙所有土地设定以有停车场为内容的地上权,甲将该地出租于丙为同样的使用时,无害于乙的利益,而能使土地为最适使用,应无禁止的必要。

2. 转租乃在促进物的利用,与所谓中间剥削无必然关联,不能以之为禁止转租的理由。

地上权人得将土地转租他人,已如上述,其禁止或限制的特约,仅具债权效力,须经登记,始得对抗第三人。

## 第二目　地上权人的义务

地上权的设定得为有偿或无偿,依当事人的约定。实务上以有偿为常见。地上权设定有偿者,其对价称为地租。地租的支付系地上权人的主要义务。

地上权人请求给付地租,属给付之诉,内容并未含有请求法院核定地租之意,故未定有地租之地上权,土地所有人必先经法院酌定地租后,始得据以请求地上权人如数给付;又该请求法院酌定地租之诉,属形成之诉,仅得自请求酌定之意思表示时起算,不得溯及请求酌定该意思表示前之地租(2016 年台上字第 875 号)。

(一) 地租的法律性质:债权约定及其物权化

地租因债权约定而发生,仅在当事人间发生效力。然地租乃实现地上权内容的负担,得经登记而物权化,具对抗第三人的效力。分二种情形说明如下:

1. 地租未为登记:地上权让与时,地租支付义务不随同移转于受让人,仍存在于土地所有人与原地上权人间。土地所有人仅能向原地上权人请求,而不能向新地上权人主张之。在土地所有权让与的情形,已发生的地租债权亦不随同移转,仍仅存在于原土地所有人与地上权人间,仅原土地所有人得向地上权人请求之。

2. 地租业已登记:地租之约定经登记者,即得对第三人发生效力,地上权让与时,前地上权人积欠之地租应并同计算。受让人就前地上权人积欠之地租,应与让与人连带负清偿责任(第 836 条第 2 项)。

(二) 地租之标的物、支付方法及租金的预付

地租之标的物通常为金钱,当事人得约定以金钱之外之物为给付。地租的支付方法,亦依当事人约定,得为一次支付或分期支付。前者等于地上权的买卖,一次了结。后者,其支付时期由当事人约定,无约定者,依习惯。

"民法"第 836 条之 1 规定:"土地所有权让与时,已预付之地租,非经登记,不得对抗第三人。"未经登记时,仅发生债之效力(2012 年台上字第 1970 号),地上权人仍应向受让人支付地租,惟其得向让与人请求返还该预付部分。

(三) 租额的决定及调整

地租金额的多寡,由当事人约定。在分期支付地租的情形,其租额的增减,当事人有约定时,依其约定。无约定时,应如何处理,分别情形说明如下:

1. 租额的免除或减少

"民法"第 837 条规定:"地上权人,纵因不可抗力,妨碍其土地之使用,不得请求免除或减少租金。"立法理由谓:"地上权存续期间,类皆长

久,虽因一时之不可抗力,妨及土地之使用,然他日仍得回复之,应不许其请求免除地租或请求减少租额。若许请求,则不足保护土地所有人之利益,且有启人健讼之弊也。"惟如因社会经济情形发生重大变动,非当时所得预料,而依其原有效果显失公平者,地上权人仍得声请法院减少其给付(第 227 条之 2)。

2. 租额显失公平的调整①

"民法"第 835 条之 1 规定:"地上权设定后,因土地价值之升降,依原定地租给付显失公平者,当事人得请求法院增减之。未定有地租之地上权,如因土地之负担增加,非当时所得预料,仍无偿使用显失公平者,土地所有人得请求法院酌定其地租。"立法目的在于保障双方当事人权益,避免争议,此涉及情事变更问题(2020 年台上字第 3117 号、2019 年台上字第 94 号)。

(四) 权利金与地租的约定

在设定地上权同时约定权利金与地租时,其权利金性质应视其给付目的而定。苟权利金交付之目的在设定地上权,其性质应为取得地上权之对价,而与地租无涉。若权利金交付之目的在先行取得部分之租金,则权利金之性质应属预付之地租(2013 年台上字第 1388 号)。

(五) 税捐负担?

"土地税法"第 3 条第 1 项第 1 款规定,地价税或田赋之纳税义务人为土地所有权人。在地上权时,其纳税义务人仍为土地所有权人,有无地租,在所不问。在特定情形,主管稽征机关得指定使用人(如地上权人)负责代缴("土地税法"第 4 条)。地上权人代缴税捐时,无论是否基于主管机关的指定,均得依无因管理或不当得利规定,向土地所有权人请求返还。

## 第五项　地上权的消灭及其法律效果

### 第一目　地上权的消灭事由

地上权为不动产物权之一种,不动产物权的一般消灭原因,如当事人间的合意、标的物灭失、混同及征收等,在地上权自亦均应适用。其属地

① 参见黄立:《地上权房屋地租的争议》,载《月旦裁判时报》2020 年第 92 期。

上权消灭的特殊事由,则有存续期间届满、抛弃、因欠租被终止等,分述如下:

## 一、地上权存续期间届满

地上权定有存续期间者,其期间届满时,地上权当然归于消灭。[①] 地上权期限届满后,地上权人仍继续为土地的用益时,是否发生更新的效果而成为不定期的地上权?对此实务上重要争议问题,应采否定说(1981年台上字第3678号判例)。应说明者有三:

1. 法律关系定有存续期间者,于期间届满时消灭。消灭后,除法律有更新规定,得发生不定期限外,原则上应不生更新的效果。

2. “民法”第451条:“租赁期限届满后,承租人仍为租赁物之使用收益,而出租人不即表示反对之意思者,视为以不定期限继续契约。”于地上权并无类此规定。此一规定旨在保护承租人,对地上权无类推适用余地。

3. 在租用基地建筑房屋,而得由承租人请求出租人为地上权登记的情形(“民法”第422条之1、“土地法”第102条),其为地上权之登记,不过加强租赁关系,二者自可并存,地上权消灭后,可本于原租赁契约主张援用“民法”第451条之规定。

## 二、地上权的抛弃

地上权为财产权的一种,本诸财产权得自由抛弃的原则,地上权人得抛弃之。

“民法”分就地上权有无地租的约定,而设其规定:

### (一) 无地租地上权,得随时抛弃

“民法”第834条规定:“地上权无支付地租之约定者,地上权人得随时抛弃其权利。”无支付地租之地上权,无论是否定有期限,地上权人抛弃

---

① 参阅“法务部”1990年11月14日法1990律字第16410号函:“按定有存续期间之地上权,于期限届满时,地上权当然消灭(‘最高法院’1980年度第7次民事庭会议决议参照)。故‘土地法’第104条第1项有关地上权人享有基地优先承买权之规定,须于基地出卖时该地上权尚属存续期间,始有其适用。如该地上权已因期限届满而消灭,纵尚未依‘土地登记规则’第131条规定之程序办理地上权涂销登记,原地上权人既已不再享有地上权,自不得依‘土地法’前开规定主张优先承买权。”

其权利,盖对于土地所有人有利而无害也。又从保障土地所有人之利益言,纵有不同之习惯,亦得为抛弃。

(二) 有地租地上权的抛弃

关于有地租地上权的抛弃,有一定之限制,分述如下:

1. 定有期限:地上权定有期限,而有支付地租之约定者,地上权人得支付未到期之三年分地租后,抛弃其权利(第835条第1项)。此系为保障土地所有人的利益。至残余之地上权期限不满三年者,即无此项规定之适用,仅应支付残余期间之地租,自不待言。

2. 未定有期限:地上权未定有期限,而有支付地租之约定者,地上权人抛弃权利时,应于一年前通知土地所有人,或支付未到期之一年分地租(第835条第2项)。

3. 归责事由:因不可归责于地上权人之事由,致土地不能达原来使用之目的时,地上权人于支付前二项地租二分之一后,得抛弃其权利;其因可归责于土地所有人之事由,致土地不能达原来使用之目的时,地上权人亦得抛弃其权利,并免支付地租(第835条第3项)。此适用于定有期限及未定有期限二种情形,立法意旨系为兼顾土地所有人及地上权人双方之利益,其危险应由双方平均负担。至土地所有人因负有消极容忍地上权人使用土地之义务,是以如因可归责于土地所有人之事由,致不能达地上权原来使用土地之目的时,地上权人已无法行使权利,此际应许其免支付地租,无条件抛弃地上权,始为公允。

## 三、地上权的终止

地租系使用他人土地的对价,攸关土地所有人利益甚巨,"民法"第836条规定:"地上权人积欠地租达二年之总额,除另有习惯外,土地所有人得定相当期限催告地上权人支付地租,如地上权人于期限内不为支付,土地所有人得终止地上权。地上权经设定抵押权者,并应同时将该催告之事实通知抵押权人。地租之约定经登记者,地上权让与时,前地上权人积欠之地租应并同计算。受让人就前地上权人积欠之地租,应与让与人连带负清偿责任。第一项终止,应向地上权人以意思表示为之。"

关于"民法"第836条的解释适用,应注意者有五:

(一) 法律性质:强行规定

"民法"第836条旨在保护土地所有人,并兼顾地上权人利益,应解为系强行规定。当事人约定积欠地租未达二年之总额,土地所有人即可终止其地上权者,其约定无效。其约定积欠地租须超过二年之总额,土地所有人始得终止者,有利地上权人,且不违背保护地上权人的立法意旨,应属有效。

(二) 终止地上权

旧"民法"第836条规定地上权人得"撤销"其地上权,依"民法"第114条规定,法律行为经撤销者,视为自始无效。惟所谓撤销地上权,并无溯及效力,仅系向将来发生消灭效力,其性质应为终止权,"民法"物权编2010年2月修正特将"撤销"二字修正为"终止"。

(三) 地上权终止的要件

1. 积欠租金达二年之总额:所谓积欠租金达二年的"总额",指多年积累额而言,非以连续二年未付租金为限。此项积欠租金的给付迟延,须因可归责于地上权人的事由。所谓"另有习惯",衡诸"民法"第836条规范意旨,应系指有利于地上权人的习惯,而非指积欠地租不达二年总额,即可终止的习惯。

2. 定期催告:为顾及地上权人利益,通说认为应类推适用"民法"第440条第1项规定,即土地所有人须定期限催告,地上权人逾期仍不为支付时,土地所有人始得终止地上权(1979年台上字第777号判例)。

(四) 终止权的行使

1. 终止的意思表示:此项地上权的终止,应由土地所有人向地上权人以意思表示为之,乃有相对人的单独行为,具形成权的性质,无须以诉讼为之。地上权的终止系依法律行为使不动产物权消灭,非经登记,不生效力(第758条)。

2. 通知抵押权人:其地上权经设定抵押权者,为保障抵押权人之权益,土地所有人于催告地上权人时,应同时将催告之事实通知抵押权人,俾抵押权人得以利害关系人之身份代位清偿,使地上权不被终止。此项通知非属行使终止权的要件,土地所有人如违反"民法"第836条规定不予通知时,则对抵押权人因此所受之损害,应负损害赔偿之责。

(五) 地上权的终止与物权契约的解除

最高法院1932年上字第476号判例(已停止适用)谓:"地上权于有民法第836条所定情形时,土地所有人虽得撤销之,而其设定地上权之物权契约,要无请求解除之可言。"对此判例,应说明的是关于地上权的取得,应分别约定设定地上权的债权契约及设定地上权的物权契约,前已论及。“民法”规定其得解除者,限于债权契约(第 259 条以下),并不包括物权契约。

### 四、约定消灭事由的发生

地上权当事人间得约定地上权特定消灭事由,如建筑物灭失时地上权即消灭。实务上认地上权的设定行为得附解除条件,则于解除条件成就时,地上权失其效力。

### 五、第三人的时效取得

关于第三人时效取得所涉及地上权的消灭,分三点加以说明:

1. 地上权为财产权之一种,其本身得为时效取得的客体(第 772 条)。于此情形,原地上权归于消灭。

2. 地上权人不占有使用其土地时,第三人得因时效取得地上权,但仅得请求登记为地上权人。在原地上权仍然继续存在的情形,因同一土地不许有内容不兼容的地上权,故时效取得地上权之人无从为地上权的登记。时效取得地上权人不得排除原有地上权,使其消灭,乃属当然。

3. 第三人因时效取得土地所有权,系属原始取得,所有权上不容许再有旧的负担继续存在,原设定的地上权应归消灭。

## 第二目　地上权消灭的法律效果

> 地上权消灭时,应如何处理建筑物或其他工作物?其处理方式应如何兼顾当事人利益及社会经济(资源利用)?应否因地上权消灭事由(终止、存续期间届满)而设不同的规定?在地上权因欠租而被终止时,其建筑物或其他工作物应如何处理?试就立法政策及现行法规定的解释适用说明前揭问题。

### 一、规范模式

地上权消灭时,其发生的法律效果,除涂销地上权登记、地上权人应返还其占有的土地外,其主要问题在于如何处理工作物或建筑物。此涉及地上权人及土地所有人的利益衡量及社会经济的资源利用,台湾地区

“民法”系区别地上权消灭原因,于“民法”第 839 条及第 840 条设如下的规范模式,第 839 条并准用于区分地上权(第 841 条之 6)、农育权(第 850 条之 7 第 2 项)、不动产役权(第 859 条之 1),特列表如下:

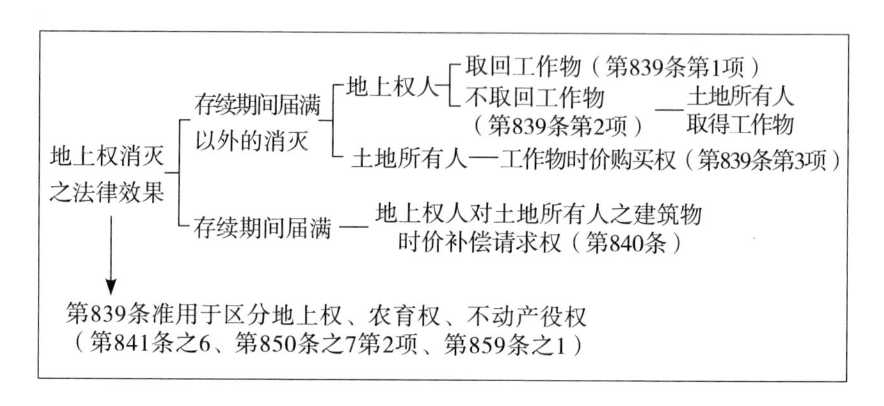


## 二、“民法”第 839 条的一般规定

### (一) 适用范围

关于地上权消灭后法律效果,“民法”第 839 条的规定,除“民法”第 840 条地上权因存续期间届满而消灭关于建筑物的特别规定外,均有适用余地,因此于地上权因终止、抛弃而消灭,或地上权因存续期间届满而消灭关于建筑物以外其他工作物的处理,均应适用“民法”第 839 条规定。

### (二) 地上权人的权利与义务

1. 工作物取回权及回复原状义务

土地上工作物的所有权属于地上权人,地上权消灭时,地上权人得取回其工作物(搬离或拆除)(第 839 条第 1 项),但应回复土地原状,工作物包括建筑物在内。

2. 不取回工作物的法律效果

地上权人不于地上权消灭后一个月内取回其工作物者,工作物归属于土地所有人。其有碍于土地之利用者,土地所有人得请求回复原状(第 839 条第 2 项)。此项工作物归属于土地所有人,系基于法律规定,不以办理登记为要件,但应经登记,始得处分(“民法”第 759 条)。

### (三) 土地所有人的购买权

地上权人取回工作物前,应通知土地所有人。土地所有人愿以时价购买者,地上权人非有正当理由,不得拒绝(第839条第3项)。地上权人拒绝时,土地所有人得诉请法院为裁判。

## 三、“民法”第840条:地上权因存续期间届满而消灭,关于建筑物的权利及义务

### (一)地上权人对土地所有人的建筑物时价补偿请求权

#### 1. 建筑物时价补偿请求权

“民法”第840条第1项规定:“地上权人之工作物为建筑物者,如地上权因存续期间届满而消灭,地上权人得于期间届满前,定一个月以上之期间,请求土地所有人按该建筑物之时价为补偿。但契约另有约定者,从其约定。”立法目的在于维护地上权人的利益。[①] 之所以规定“定一个月以上之期间”,乃在尽速确定关于该建筑物的法律关系。至于地上权人所定一个月以上期间之末日,不得在地上权存续期间届满之日之后,乃属当然。所谓“按该建筑物之时价为补偿”,实乃以时价购买建筑物,关于建筑物所有权的移转,尚须以书面订立物权契约,依“民法”第840条第3项规定:“第一项之时价不能协议者,地上权人或土地所有人得声请法院裁定之。土地所有人不愿依裁定之时价补偿者,适用前项规定。”此项法院为时价的裁定,性质上系非讼事件(如同“非讼事件法”第182条第1项有关收买股份价额之裁定)。所称“前项”之规定,指第2项关于延长地上权期限的规定。

#### 2. 适用范围及要件

地上权人行使建筑物时价补偿请求权应具二个要件:

(1)其补偿对象限于建筑物。

(2)须地上权因存续期间届满而归于消灭。

地上权因其他原因,如因欠租而被终止、抛弃,或因解除条件成就等原因而消灭时,均无“民法”第840条的适用。于此情形,应适用“民法”第839条规定,由地上权人取回(拆除)建筑物,或由土地所有人行使购买权。

#### 3. 契约优先原则

“民法”第840条第1项但书规定:“但契约另有约定者,从其约定。”即关于建筑物的处理方式,任由当事人依其约定为之,无论将建筑物归由

---

① 参阅“最高法院”2020年台上字第491号判决。

土地所有人无偿取得,由地上权人取回,或由地上权人保有建筑物而成立土地租赁关系,均无不可。此项但书规定甚属合理而必要,盖私法自治最能有效处理此项资源利用问题。准此以言,此项契约约定优先原则应不限于本项所定情形,对"民法"第839条所定情形,亦应适用之。

4. 同时履行抗辩权?

"民法"第840条第1项规定,地上权人之工作物为建筑物者,如地上权因存续期间届满而消灭,土地所有人应按该建筑物之时价为补偿。此与土地所有权人请求涂销地上权登记系属二事,互无对价关系,地上权人不得执此主张同时履行抗辩权(1990年台上字第2623号判例)。

(二) 地上权期间的延长

"民法"第840条第2项规定:"土地所有人拒绝地上权人前项补偿之请求或于期间内不为确答者,地上权之期间应酌量延长之。地上权人不愿延长者,不得请求前项之补偿。"分三点加以说明:

1. 依第2项延长期间者,其期间由土地所有人与地上权人协议定之,不能协议者,得请求法院斟酌建筑物与土地使用之利益,以判决定之(第840条第4项)。此项请求,应依民事诉讼程序行之,性质上系形成之诉,法院酌定期间之判决,为形成判决。

2. "民法"第840条第5项规定:"前项期间届满后,除经土地所有人与地上权人协议者外,不适用第一项及第二项规定。"此项规定旨在表示:"依第4项延长期间,以一次为限,故于延长之期间届满后,不再适用第1项及第2项之规定,俾免反复绵延;但如土地所有人与地上权人另达成协议延长地上权期间者,当尊重其协议。"

3. 地上权人不愿延长者,不得请求"民法"第840条第1项规定的补偿,于此情形,应有"民法"第839条规定的适用。

## 四、地上权的存续

"民法"第841条规定:"地上权不因建筑物或其他工作物之灭失而消灭。"系指约定有地上权存续期间者,期间届满前,纵地上之建筑物或工作物灭失,地上权不受影响,依然存续;或未约定地上权存续期间者,依地上权约定存在于地上之建筑物或工作物,非因自然因素灭失者(如失火、外力毁坏等),其地上权亦不因而消灭等情形而言。倘当事人间并无第一次之建筑物或工作物自然灭失后,仍可为第二次建筑物或工作物建置之合意,复无地上权存续期间之约定,则建筑物或工作物自然灭失后,尚无上开规定之适用,始符当事人间设定地上权之目的及法意(2016 年台上字第 163 号)。

### 五、地上权上的第三人权利

地上权的消灭尚涉及地上权上的第三人权利,分就以地上权为标的而设定的抵押权(权利抵押权),及设定地上权土地的转租、建筑物的出租二种情形说明如下:

(一) 设定权利抵押权

于此情形,应认其设定的权利抵押权随同地上权的消灭而消灭。此于地上权因欠租而被终止的情形,亦适用之,其理由有三:

1. 地上权消灭后,标的物既已不存在,抵押权应随之俱逝。

2. 抵押权人于设定抵押权时应能预知地上权得因法定事由而消灭,应自承担其风险。

3. 在地上权因欠租而被终止的情形,抵押权人得代缴地租(第 871 条第 2 项),自有保全其权利抵押权之道。

需注意的是,在地上权已为抵押权之标的物,其抛弃地上权未经抵押权人同意者,对抵押权人不生效力,抵押权仍继续存在。此项原则于当事人合意消灭地上权的情形,亦适用之。

(二) 土地的转租或建筑物的出租

地上权人得将设定地上权的土地转租于第三人,前已论及。地上权人出租建筑物(房屋)者,甚属常见。在此等情形,第三人的权利原则上因地上权消灭(如地上权期间届满)而消灭。

## 第三款 区分地上权

何谓区分地上权,如何设定、登记?规定如何不同于普通地上权,以发挥其功能的内容?在同一土地上先设定普通地上权后,得否再设定区分地上权;先设定区分地上权后,得否再设定普通地上权,如何定其优先次序?

## 第一项 区分地上权的意义功能及发展

### 一、意义

"民法"第841条之1规定:"称区分地上权者,谓以在他人土地上下之一定空间范围内设定之地上权。"

此种地上权系一定他人"土地上下之一定空间范围内"为客体,学说上有称为部分地上权、制限地上权、阶层地上权、空间地上权等,"民法"明定为区分地上权,乃在显示此种以土地立体的区分空间部分为对象,所设定权利的特色。所谓"一定空间范围内",在文义上指二个平行空间,但宜解释为包括仅有上限范围或下限范围,以贯彻区分地上权促进土地分层利用的立法意旨。

### 二、功能及发展

民法增设区分地上权,系由于人类文明之进步,科技与建筑技术日新月异,土地之利用已不再局限于地面,而逐渐向空中与地下发展,由平面化而趋于立体化,产生土地分层利用之必要。学说上早就从事区分地上权的研究①,实务上亦采肯定见解②,有关公共设施及重大建设为使用地上或地下空间亦明定得设定或征收地上权,"民法"物权编2010年2月修正增设"区分地上权",建立了必要的法律基本架构,实有助于促进土地立体空间的分层使用。

---

① 关于区分地上权的理论实务及对修正草案的分析检讨,参见杨与龄:《论分层地上权》,载《法令月刊》1987年第38卷第6期;邱万金:《区分地上权制度》,载《经社法制论丛》1989年第4期;温丰文:《空间权之法理》,载《法令月刊》1988年第39卷第3期;吴佩君:《区分地上权之探讨》,载《月旦法学》2001年第69期。

② "最高法院"1985年台上字第379号判决谓:"地上权,固以在他人土地上有建筑物或其他工作物或竹木为目的,而使用其土地之权。惟所谓在他人土地上有建筑物,并非单指建筑物与土地直接接触者而言。凡以在他人土地上有建筑物为目的而使用其土地者,不论建筑物系直接或间接地与土地接触,均得设定地上权。尤以现今二层以上之房屋,各层房屋所有权,类多分为数人所有,虽对于房屋之基地多为共有,然上层房屋则在底层房屋之上,与土地并无直接占有关系,而对于土地所有权之行使,与土地并无直接占有关系,而对于土地所有权之行使,则无任何影响。同理,房地为一人所有,就房屋基地(上空)为第三人设定地上权,由其在顶层上建筑房屋使用,自非法所不许。上诉人辩称:被上诉人房屋非与土地直接接触,不合于设定地上权规定,自属误会。"

## 第二项　区分地上权的取得与登记[①]

区分地上权的取得方法,同于普通地上权,得依法律行为设定、让与、继承或征收("土地征收条例"第57条)。其依法律行为(物权行为)设定区分地上权时,须经登记,始生效力(第758条)。此项登记,首须测量,测量须有一定的基准。在台湾地区以基隆海面为基准,例如自基隆平均海面上××公尺至上××公尺间,但海平面会有变动,为测量便利,亦得以地面上之特定点为基准测量区分空间的范围,由于测量的电脑化,在技术上应该可以处理,此有赖登记实务的完善。

## 第三项　区分地上权的排他性及优先效力

> 甲在其土地设定区分地上权于乙后,甲得否再于该地设定普通地上权,区分地上权或租赁,如何定其优先次序?试就物权排他性及优先效力的理论及立法政策加以分析讨论。

### 一、问题说明

物权具有排他性及优先效力。原则上在同一标的物上不能成立二个内容不兼容的物权(例如二个所有权),其得成立二个得相容的物权时,依成立时间先后定其次序(例如数个抵押权,"民法"第865条)。于用益物权,在同一土地上不能成立二个普通地上权,因同须占有土地,不能相容。但在同一土地上得成立数个内容兼容的不动产役权(例如汲水不动产役权、通行不动产役权、眺望不动产役权)。问题在于区分地上权得否与其他用益权并存,如何定其次序,例如在同一土地设定普通地上权后,得否再设定区分地上权,或设定区分地上权后,得否再设定普通地上权?此乃区分地上权立法上的重要课题。

### 二、"民法"第841条之5规定

"民法"第841条之5规定:"同一土地有区分地上权与以使用收益为目的之物权同时存在者,其后设定物权之权利行使,不得妨害先设定之

---

① 参见陈立夫:《区分地上权之登记》,载《月旦法学教室》2002年试刊号。

物权。”本条规定甚为简洁,立法理由作有较详细的说明:

1. 基于区分地上权系就土地分层立体使用之特质,自不宜拘泥于用益物权之排他效力,是土地所有人于同一土地设定区分地上权后,宜许其得再设定用益物权(包括区分地上权),反之,亦然,以达土地充分利用之目的。此际,同一不动产上用益物权与区分地上权同时存在,自应依设定时间之先后,定其优先效力,亦即后设定之区分地上权或其他用益物权不得妨害先设定之其他用益物权或区分地上权之权利行使。

2. 区分地上权(或用益物权)若系获得先存在之用益物权(或区分地上权)人之同意而设定者,后设定之区分地上权(或用益物权)则得优先于先物权行使权利,盖先物权人既已同意后物权之设定,先物权应因此而受限制。再所谓同一土地,乃指同一范围内之土地,要属当然。

## 三、分析讨论

兹参照物权效力的一般原则、“民法”第 841 条之 5 规定及立法说明,分三点加以阐释:

### (一) 立法原则

“民法”第 841 条之 5 之规定系为促进土地分层使用,不宜拘泥于用益物权的排他效力。

### (二) 并存性的肯定

1. 土地所有人于同一地上设定区分所有权后,得再设定其他用益物权,例如普通地上权,解释上亦得成立租赁关系。

2. 地上权人于同一土地上设定普通地上权后,亦得再设定区分地上权。

### (三) 优先效力的次序

1. 原则:同一土地上区分地上权与其他用益物权(普通地上权、区分地上权)同时存在时,依设定时间先后,定其优先次序,亦即后设定的区分地上权或其他用益物权不得妨害先设定的区分地上权或其他用益物权。此乃物权优先效力一般原则的调整。

2. 例外:立法说明谓:区分地上权(或用益物权)若系获得先存在之用益物权(或区分地上权)人之同意而设定者,后设定之区分地上权(或用益物权)则得优先于先物权行使权利。其理由为:“盖先物权人既已同意后物权之设定,先物权应因此而受限制。”对此应说明者有二:

(1)说明理由的见解系采草案第841条之1规定:“地上权得在他人土地上下之一定空间范围内设定之。前项设定范围,如第三人有使用收益权或有以该使用收益权为标的之物权者,应得其同意。”此项草案未为修正物权法所采,改由立法说明加以表明,但此为物权效力优先原则的例外,不应由立法理由代替法律明文规定。

(2)立法说明强调“盖先物权人既已同意后物权之设定,先物权应因此而受限制”,似认为此为当然之理。问题在于现行物权法上并无此项当然自明的原则,当事人约定相冲突具排他性的物权(例如二个普通地上权),地政机关应不会因先权利人同意而许其登记。纵认得为此项同意,亦仅具债权效力,非经登记,亦不生物权效力。

## 第四项　区分地上权人与相邻使用收益权人的关系

甲在其所有土地设定区分地上权于乙,乙得否与其相邻土地的所有人(或承租人)约定互相使用收益的限制?此项约定得否因登记而具有对抗第三人的效力?试就现行规定加以分析讨论。

### 第一目　相邻关系规定的准用

“民法”第800条之1规定,第774条至第800条之规定,于地上权人,准用之,所称地上权人包括普通地上权人及区分地上权人,是相关关系的规定于区分地上权人与相邻使用收益人(包括其他地上权人)间亦得准用或类推适用之。例如,地下街区分地上权人于他人之土地有瓦斯、热气、振动侵入时,得禁止之(准用第793条)。土地上区分地上权的建筑物或其他工作之全部或一部有倾倒,致土地下区分所有权的使用收益有受损害之虞者,区分地上权人得请求为必要的预防(准用第795条)。

### 第二目　债之约定及其拘束力

#### 一、“民法”第841条之2规定

“民法”第841条之2规定:“区分地上权人得与其设定之土地上下有使用、收益权利之人,约定相互间使用收益之限制。其约定未经土地所有人同意者,于使用收益权消灭时,土地所有人不受该约定之拘束。前项

约定,非经登记,不得对抗第三人。”其立法理由谓:

1. 区分地上权呈现垂直邻接状态,具有垂直重力作用之特性,与平面相邻关系不同。为解决区分地上权人与就其设定范围外上下四周之该土地享有使用、收益权利之人相互间之权利义务关系,爰于第 1 项前段明定得约定相互间使用收益之限制。此项限制,包括限制土地所有人对土地之使用收益,例如约定土地所有人于地面上不得设置若干吨以上重量之工作物或区分地上权人工作物之重量范围等是。又与土地所有人约定时,土地所有权人自应受该约定之拘束,仅于与其他使用权人约定时,始发生该约定是否须经土地所有人同意及对其发生效力与否之问题,爰增订后段规定。至所谓使用收益权,包括区分地上权与普通地上权均属之。

2. 前项约定经登记者,方能发生物权效力,足以对抗第三人,故土地及地上权之受让人或其他第三人(例如抵押权人),当受其拘束。

## 二、分析讨论

关于“民法”第 841 条之 2 第 2 项规定,得分三个层面加以分析检讨:

### (一) 债权约定:契约自由

本诸契约自由原则,区分地上权人(或普通地上权人等),均得与其他使用收益权利之人,约定相互间使用之限制,“民法”第 841 条之 2 第 1 项前段旨在宣示此项契约自由原则。

### (二) 土地所有人的同意及受拘束

区分地上权人与其他使用收益权之人关于相互使用收益限制的约定,不必得设定区分地上权的土地所有人的同意。“民法”第 841 条之 2 第 1 项后段规定:“其约定未经土地所有人同意者,于使用收益权消灭时,土地所有人不受该约定之拘束。”反面推论之,其约定经土地所有人同意者,于使用收益消灭时,土地所有人须受该约定之拘束。

### (三) 债权约定的物权效力

1. 债权约定的物权化

“民法”第 841 条之 2 第 2 项规定:“前项约定,非经登记,不得对抗第三人。”此为债权约定物权化的规定,使用收益限制的债权约定,可依登记而取得物权的效力,以对抗第三人(包括善意第三人),其未经登记时,则不得对抗第三人(包括明知该项约定的恶意第三人)。

“民法”修正增设此类物权关系债权约定物权化规定的，尚有“民法”第826条之1第1项、第836条之1、第836条之2等，为便于观察简列如下：

| 条文 | 规定/内容 |
| --- | --- |
| 第826条之1第1项 | 不动产共有人间关于共有物使用、管理、分割或禁止分割之约定，于登记后，对于应有部分之受让人或取得物权之人，具有效力 |
| 第836条之1 | 在设定地上权，土地所有权让与时，已预付之地租，非经登记，不得对抗第三人 |
| 第836条之2第2项 | 地上权人应依设定之目的及约定之使用方法为土地之使用收益。此项约定之使用方法，非经登记，不得对抗第三人 |
| 第836条之1、第836条之2第2项的准用 | 准用于农育权（第850条之9）、不动产役权（第859条之2） |
| 第841条之2第2项 | 区分地上权人得与其设定之土地上下有使用、收益权利之人，约定相互间使用收益限制。此项约定非经登记，不得对抗第三人 |

2. 学说上的评论

关于“民法”第841条之2规定其约定得因登记而对抗第三人，学说上发生争议，有认为此等规定以物权关系之债权约定为登记对象，并采登记对抗要件，与传统不动产物权系以“不动产物权”为登记对象，采生效要件不同，逸出了台湾地区土地登记制度权利登记制之范畴，而遁入契据登记制的领域，将对台湾地区土地登记制度造成重大冲击，而且因物权关系之债权约定，只要不违反强制规定或禁止规定，均得为之，其内容可谓五花八门，举凡采光、日照、通行、通风、排水、排气、管线、安全等使用限制，均可约定，这对机械式之登记作业将是非常严峻之考验。是以，这些规定是否妥适，不无斟酌之余地。[①]

① 参见温丰文：《论区分所有权——以探讨“民法”物权编修正草案之规定为主》，载《台湾本土法学杂志》2008年第105期。关于权利登记制与契据登记制，温丰文教授作有简要说明。台湾地区土地登记制度采权利登记制，具有下列特色：（1）以登记为生效要件。（2）实质审查。（3）登记具有公信力。（4）登记簿采物的编成主义。（5）登记不动产静的状态。契据登记制指不动产物权变动，经当事人订立契据，即生效力，但非经登记不得对抗第三人。登记机关所登记者是契据（契约书）内容，而非权利变动。其主要特色为：（1）以登记为对抗要件。（2）形式审查。（3）登记无公信力。详见温丰文：《土地法》，2007年版，第153页以下。

3. 分析说明

(1)现行法采物权法定主义(类型及内容)及权利登记制度,物权关系上的债权约定"得因登记具对抗第三人的效力",固具缓和物权法定主义的作用,但债权约定的物权化的创设,须有维护物权关系及当事人利益交易安全的必要,并具登记实务的可行性。

(2)不动产物权共有关系上的债权约定,涉及同一所有权数共有人间权利义务,为维护其有物的利用及交易安全,"民法"第826条之1第1项规定,应有必要。

(3)地租系用益物权的重要内容,不生登记技术问题,"民法"第836条之1规定在地上权人(农育权人、不动产役权人)预付的地租,得因登记而对抗第三人,应可赞同。

(4)地上权人(农育权人、不动产役权人)对土地(或不动产)的设定目的及使用方法的约定乃此等用益物权的核心内容,使之得因登记而对抗第三人,有助于稳定其物权关系及交易安全。在典权之所以未设此种规定(参阅第917条之1),乃因典权系对典物的全面使用收益,无设定目的及约定使用方法的问题。

(5)"民法"第841条之2第3项之所以受到质疑,因其所涉及的,不是区分地上权人与土地所有人间的债权约定,而是区分地上权人与其他"第三人"(例如相邻土地的所有人、典权人、承租人)的约定,此超越了"物权当事人"间的关系,问题在于此种债权约定的物权化是否确有必要?为何独适用于区分地上权,而不及于普通地上权、农育权、不动产役权或典权?又二个相邻土地所有人的债权约定得否为因登记而具物权效力?债权约定的物权化若无限制,不具合理必要性,将动摇物权及登记制度。

### 第五项 区分地上权消灭后的法律效果[①]

关于普通地上权消灭后的法律效果,"民法"第839条及第840条设有规定,此等规定于区分地上权消灭的情形,原则上应予准用,惟为不使第三人的权利受到影响,民法设有二个特别规定:

1. "民法"第841条之3规定:"法院依第八百四十条第四项定区分地上权之期间,足以影响第三人之权利者,应并斟酌该第三人之利益。"区

① 参见吴佩君:《区分地上权消灭后之效果》,载《法令月刊》2001年第52卷第11期。

分地上权如为第三人之权利标的（如设定抵押权）或第三人有使用收益权者，法院依第840条第4项定该地上权延长之期间时，势必影响该第三人之权利，为兼顾该第三人之权益，法院应并斟酌其利益，以期允当。

2.“民法”第841条之4规定：“区分地上权依第八百四十条规定，以时价补偿或延长期间，足以影响第三人之权利时，应对该第三人为相当之补偿。补偿之数额以协议定之；不能协议时，得声请法院裁定之。”区分地上权之工作物为建筑物，依第840条规定以时价补偿或延长期间，足以影响第三人之权利时，例如同意设定区分地上权之第三人或相邻之区分地上权人，其权利原处于睡眠状态或受限制之情况下，将因上开情形而受影响等是，基于公平原则，应由土地所有人或区分地上权人对该第三人为相当之补偿。补偿之数额宜由当事人以协议方式行之，如不能协议时，始声请法院裁定，此裁定性质上属非讼事件。

#### 第六项　普通地上权规定的准用

“民法”第841条之6规定：“区分地上权，除本节另有规定外，准用关于普通地上权之规定。”由此规定可知区分地上权与普通地上权系量的差异，而非本质之不同，故关于普通地上权之规定，依其性质与区分地上权不相抵触者，皆在准用之列。

## 第三节　农育权

### 第一款　绪　说

何谓永佃权、农育权？“民法”物权编修正为何要删除永佃权，增设农育权？如何形成农育权的内容，其与地上权的法律构造有何异同，试说明其不同规定的理由。新增设的农育权每年有多少登记件数？是否具有替代永佃权的功能？

#### 一、农育权与永佃权的世代交替

“民法”物权编2010年2月修正的重点之一是删除永佃权，此属一项具革命性的演变，删除此种物权的原因，系因为实务上几无永佃权登记案件,无存在价值。之所以鲜少登记案件,其原因有二:一是因为法制变迁(如实施耕者有其田)。二是永佃权的设定造成土地所有人与使用人之永久分离,影响农地的合理使用。[①] "民法"物权编修正一方面删除永佃权,一方面增设农育权,完成了永佃权与农育权的世代交替。[②]

## 二、农育权的法律构造

地上权系以在他人土地上有建筑物或其他工作物为目的,新增设的农育权系以在他人土地为农作、森林、养殖、畜牧、种植竹木或保育为目的,二者建构了土地用益(建筑、农育)双轨体系,关于农育权的内容形成,一方面须能实现其规范目的,一方面亦须参照地上权的规定,兹以下图显示其法律结构(请阅读条文):

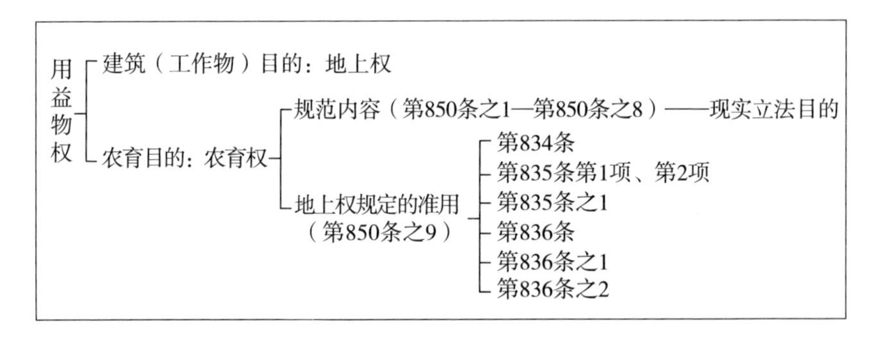


基上所述,关于农育权的研究,应特别注意其规定内容与地上权的异同及其立法理由,而为解释适用。

---

① 永佃权的存废具有物权法制史的研究价值,为便于查阅,录其条文如下:第842条:"称永佃权者,谓支付佃租永久在他人土地上为耕作或牧畜之权。永佃权之设定,定有期限者,视为租赁,适用关于租赁之规定。"第843条:"永佃权人得将其权利让与他人。"第844条:"永佃权人因不可抗力,致其收益减少或全无者,得请求减少或免除佃租。"第845条:"永佃权人不得将土地出租于他人。永佃权违反前项之规定者,土地所有人得撤佃。"第846条:"永佃权人,积欠地租达二年之总额者,除另有习惯外,土地所有人得撤佃。"第847条:"前二条之撤佃,应向永佃权人,以意思表示为之。"第848条:"第八百三十九条之规定,于永佃权准用之。"第849条:"永佃权人让与其权利于第三人者,所有前永佃权人,对于土地所有人所欠之租额,由该第三人负偿还之责。"第850条:"第七百七十四条至第七百九十八条之规定,于永佃权人间,或永佃权人与土地所有人间准用之。"

② 参见张元旭:《永佃权的异弦更张:农育权的立法》,载《月旦法学》1999年第49期。

## 第二款　农育权的意义、功能及发展

### 一、意义

（一）农育权的定义

“民法”第850条之1第1项规定：“称农育权者，谓在他人土地为农作、森林、养殖、畜牧、种植竹木或保育之权。”农育权系存在于他人土地的用益物权，其内容系以农作、森林、养殖、畜牧、种植竹木或保育为目的，因其包括农业及保育，称为农育权，实富创意。所谓农作，亦包括花草、菇菌的栽培及园艺等，森林包括人工营造林木、林木抚育、保护生长、更新及林地养护等工作。应强调者，系将保育列入农育权的内容，所谓“保育”指基于物种多样性与自然生态平衡原则，对于野生物或栖地所为保护、复育、管理的行为，此项规定突显保护土地生态环境理念，深具前瞻性。

（二）有偿或无偿

“民法”第850条之1第1项未将“支付地租”纳入其定义，可知“支付地租”非属农育权的内容，有偿或无偿，由当事人约定，同于地上权，事实上鲜有不约定支付地租。

### 二、功能及发展：农育权登记笔数

农育权的创设旨在替代永佃权，更新土地使用收益的目的，具有促进农业发展及强化物种生态保护的重要功能。值得关切的是，农育权能否被接受利用，成为具发展性之活的制度。此有赖于法令倡导，尤其是农育权能否逐渐取代租赁，作为使用他人土地从事农业的法律机制。目前以租赁等方式从事农作、森林、养殖、畜牧的当事人，究有多少人愿意放弃较具弹性的租赁（债权关系），改采较为稳定的农育权（物权关系）？此涉及人民的法律意识、法律交易习惯、当事人对自我利益的冲量，以及改变现状、变更财产权的机会成本或交易成本，尤其是农育权的用益功能。兹提出2011年至2022年（1月至10月）农育权登记笔数如下：

农育权登记笔数统计

(含设定、移转、变更、涂销及其他)

| 年度＼权利 | 农育权笔数 |
|---|---|
| 2011 年 | 1067 |
| 2012 年 | 1166 |
| 2013 年 | 1301 |
| 2014 年 | 1630 |
| 2015 年 | 2250 |
| 2016 年 | 2075 |
| 2017 年 | 2773 |
| 2018 年 | 3449 |
| 2019 年 | 2984 |
| 2020 年 | 4410 |
| 2021 年 | 2844 |
| 2022 年 1—10 月 | 1778 |

资料来源:"内政部"统计处内政统计查询网

农育权登记笔数自 2011 年起逐渐增加,以 2020 年而言,高达 4410 笔,仅次于地上权,地政机关若能将农育权的内容(农作、森林、养殖、畜牧等)予以分别揭示,更具研究价值。

## 第三款 农育权的取得及期限

### 一、农育权的取得

农育权的取得(发生原因),基本上与地上权相同,可分为基于法律行为(包括设定行为、让与)而取得,及基于法律行为以外的事实(如继承)而取得,兹不赘述。关于农育权的时效取得,适用"民法"第 772 条准用第 769 条、第 770 条、第 771 条的规定。

### 二、农育权的期限

农育权之期限,不得逾 20 年;逾 20 年者,缩短为 20 年。但以造林、保育为目的或法令另有规定者,不在此限(第 850 条之 1 第 2 项)。"造林、保育"之所以无期间限制,因常须逾 20 年始能达其目的。农育权不同于永佃权的基本特点，在于其有一定期限。立法理由系认农育权的期限，如过于长久，将有害于公益，经斟酌农业发展、经济利益等因素，并参酌“民法”第 449 条第 1 项而为规定。此项规定旨在避免永佃权关系“永久性”的缺点。

## 第四款　农育权的效力

### 一、农育权人的权利①

#### （一）土地的使用收益

关于农育权人对土地的使用收益，“民法”第 850 条之 6 设有二项规定：

1. 第 1 项：“农育权人应依设定之目的及约定之方法，为土地之使用收益；未约定使用方法者，应以依土地之性质为之，并均应保持其生产力或得永续利用。”土地是人类生存之重要自然资源，农育权本即以土地之农业生产或土地保育为其内容，故一方面应物尽其用，他方面则应维护土地的本质，保持其生产力，俾得永续利用，以谋二者间的平衡。土地之使用不得为使其不能回复原状的变更、过度利用或戕害其自我更新能力，以避免自然资源的枯竭，例如某种杀虫剂或除草剂的过度、连年使用，有害土地的自我更新能力时，即不得任意施用等，方符农育权以农业使用或保育为内容的本质。

需注意的是，此项使用方法的约定，非经登记，不得对抗第三人（“民法”第 850 条之 9 准用第 836 条之 2 第 2 项）。就立法技术言，此项准用宜放在本项之后作为第 2 项（参照第 850 条之 3）。

2. 第 2 项：“农育权人违反前项规定，经土地所有人阻止而仍继续为之者，土地所有人得终止农育权。农育权经设定抵押权者，并应同时将该阻止之事实通知抵押权人。”本项规定相当于“民法”第 836 条之 3 关于地上权的规定。

#### （二）农育权人的处分权

1. 农育权的让与及抵押

“民法”第 850 条之 3 规定：“农育权人得将其权利让与他人或设定抵押权。但契约另有约定或另有习惯者，不在此限。前项约定，非经登记

① 参见黄健彰：《农育权人之优先购买权》，载《台北大学法学论丛》2018 年第 106 期。

不得对抗第三人。农育权与其农育工作物不得分离而为让与或设定其他权利。”

“民法”第850条之3第1项规定旨在使农育权人原则上得处分农育权,使其具有交易性,而发挥经济效用。第2项所谓非经登记不得对抗“第三人”,指土地及农育权的受让人或其他第三人(例如抵押权)。第3项规定的立法意旨系认因农育权而设置于土地上的农育工作物,例如水塔、仓库等,应与农育权相互结合,始能发挥其经济作用。为避免该权利与其农育工作物的使用割裂,乃明定二者不得分离而为让与或设定其他权利,例如农育工作物不得单独设定典权。

2. 土地或农育工作物的出租

农育权人不得将土地或农育工作物出租于他人。农育权人违反此项规定者土地所有人得终止农育权(第850条之5)。关于此项工作物或农育物出租禁止原则,立法理由系认为,土地所有人设定农育权于农育权人,重于农育权人能有效使用其土地。如农育权人不自行使用土地或设置于土地上的农育工作物,而以之出租于他人,借以从中得利,将与土地所有人同意设定农育权的原意不符。但关于农育工作物之出租另有习惯者,例如仓库的短期出租等,从其习惯(第850条之5第1项但书)。

## 二、农育权人的义务

支付约定的地租是农育权人的主要义务。为规范当事人间的权义,“民法”第850条之4设有三项规定:

1. 第1项:“农育权有支付地租之约定者,农育权人因不可抗力致收益减少或全无时,得请求减免其地租或变更原约定土地使用之目的。”例如因天旱水灾,皆属不可抗力,此种收益减少或全无之事实,既非农育权人故意或过失所致,于有支付地租约定的农育权,若仍令其依原约定给付全额地租,有失公平。土地设定农育权的用途不止一端,虽因不可抗力致其原约定目的的收益减少或全无,惟农育权人如变更原约定土地使用之目的仍可继续使用该土地回复原来的收益,如原约定之目的为养殖,嗣因缺水而不能养殖,惟仍可为畜牧使用而回复原来的收益,宜许其有请求变更之权,俾求地尽其利。农育权人之减免地租请求权,一经行使,即生减免地租的效果,应属形成权的性质(1982年台上字第2996号)。

2. 第2项:“前项情形,农育权人不能依原约定目的使用者,当事人得终止之。”系为兼顾农育权人及土地所有人双方的利益,此种情形农育权人及土地所有人均得终止农育权,俾使土地资源得另作合理的规划。

3. 第3项:“前项关于土地所有人得行使终止权之规定,于农育权无支付地租之约定者,准用之。”于无约定支付地租之农育权的情形,如因不可抗力致不能依原约定之目的使用时,农育权人可依“民法”第850条之9准用第834条规定,随时使其权利消灭,而赋予土地所有人终止农育权,始为公允,并兼顾土地所有人的利益。

## 第五款　农育权的消灭原因及其法律效果

### 一、农育权的消灭原因

关于农育权的消灭原因,其情形有四:

1. 农育权未定有期限者,除以造林、保育为目的者外,当事人得随时终止之。终止应于6个月前通知他方当事人。“民法”第833条之1规定,于农育权以造林,保育为目的而未定有期限者准用之(第850条之2)。需注意的是,农育权无支付地租之约定者,农育权人得随时抛弃其权利(第850条之9准用第834条)。

2. 农育权人有支付地租之约定者,农育权人不能依原约定目的使用者,当事人得终止之(第850条之4第2项)。

3. 农育权人,将土地或农育工作物出租于他人(除另有习惯外),土地所有人得终止农育权(第850条之5)。

4. 农育权人违反设定之目的及约定使用方法,或其使用方法未依土地的性质,并保持其生产力或得永续利用,经土地所有人阻止而仍继续为之者,土地所有人得终止农育权(第850条之6第2项)。

### 二、农育权消灭的法律效果

#### (一) 农育权人的取回权,延长请求权

“民法”第850条之7规定:“农育权消灭时,农育权人得取回其土地上之出产物及农育工作物。第八百三十九条规定,于前项情形准用之。第一项之出产物未及收获而土地所有人又不愿以时价购买者,农育权人得请求延长农育权期间至出产物可收获时为止,土地所有人不得拒绝。但延长之期限,不得逾六个月。”

(二) 农育权人为土地的特别改良及费用返还求权

"民法"第850条之8规定:"农育权人得为增加土地生产力或使用便利之特别改良。农育权人将前项特别改良事项及费用数额,以书面通知土地所有人,土地所有人于收受通知后不即为反对之表示者,农育权人于农育权消灭时,得请求土地所有人返还特别改良费用。但以其现存之增价额为限。前项请求权,因二年间不行使而消灭。"

## 三、地上权规定之准用

"民法"第850条之9规定:"第八百三十四条、第八百三十五条第一项、第二项、第八百三十五条之一至第八百三十六条之一,第八百三十六条之二第二项规定,于农育权准用之。"(请阅读准用的规定)。农育权与地上权均为使用他人土地的物权,性质近似,故有关农育权抛弃时应尽的义务、农育权地租的增减、农育权的终止及预付地租对受让人的效力,均准用地上权的相关规定。

## 第六款 建筑及农育双轨用益物权体系的建构

请阅读地上权及农育权规定,整理分析二者在权利内容、对价、期间、减免租金请求权、权利让与或设定抵押权、土地或土地上建筑物、农育工作物的出租、权利消灭事由及法律效果的异同及立法理由。

## 一、体系构成

用益物权攸关所有权制度及土地利用,如何调整重构用益物权的种类和内容,加以"现代化",系"民法"物权编2010年2月修正的重要任务,其重点有三:一是调整地上权的内容;二是废除永佃权;三是增设农育权。此项修正建立了"建筑"及"农育"二种用益物权双轨体系,兹将其基本法律结构以表格方式呈现如下(请读者自行查阅相关条文):

| 类别<br>项目 | 建筑用益物权 | 农育用益物权 |
| --- | --- | --- |
| | 地上权 | 农育权 |
| 内容 | 建筑物或其他工作物(第832条) | 农作、森林、养殖、畜牧、种植竹木或保育(第850条之1第1项) |
| 对价 | 有偿或无偿 | 有偿或无偿 |

（续表）

<table>
<tr><td colspan="2" rowspan="2">类别<br>项目</td><td>建筑用益物权</td><td>农育用益物权</td></tr>
<tr><td>地上权</td><td>农育权</td></tr>
<tr><td colspan="2">期间</td><td>法无限制，依当事人约定</td><td>不得逾20年，逾20年者，缩短为20年，但以造林保育为目的或法令另有规定者不在此限（第850条之1第2项）</td></tr>
<tr><td colspan="2">减免租金请求权</td><td>第835条之1</td><td>第850条之4</td></tr>
<tr><td colspan="2">权利让与或设定抵押权</td><td>1. 可以。但另有约定或习惯者不在此限（第838条第1项）<br>2. 不得让与或设定抵押权之约定，非经登记，不得对抗第三人（第838条第2项）<br>3. 地上权与其建筑物或其他工作物不得分离而为让与或设定其他物权（第838条第3项）</td><td>基本上同于地上权（第850条之3）</td></tr>
<tr><td colspan="2">出租土地或建筑物（或农育工作物）</td><td>可以</td><td>不可。但农育工作物之出租得依习惯（第850条之5），如仓库之短期出租</td></tr>
<tr><td rowspan="3">消灭事由</td><td>抛弃</td><td>1. 无地租约定：得随时抛弃（第834条）<br>2. 有地租约定：<br>（1）地上权定有期限（第835条第1项）<br>（2）未定有期限（第835条第2项）<br>（3）土地使用目的不达：无论有无期限（第835条第3项）</td><td>1. 第850条之9准用第834条、第835条第1项、第2项<br>2. 不准用第835条第3项</td></tr>
<tr><td>终止</td><td>1. 地上权人积欠租金（第836条）<br>2. 地上权人违约或不当使用土地<br>（第836条之3）</td><td>1. 农育权以造林保育为目的，未定有期间，当事人得随时终止（第850条之2）<br>2. 农育权不能依约定目的使用，当事人得终止之（第850条之4第2项）<br>3. 农育权人违约或不当使用土地（第850条之6）<br>4. 第850条之9准用第836条</td></tr>
<tr><td>效果</td><td>1. 一般规定（第839条）<br>2. 期间届满，工作物为建筑物的特别规定（第840条）</td><td>1. 农育权人得取回土地上的出产物及农育工作物（第850条之7第1项）<br>2. 准用第839条规定（第850条之7第2项）<br>3. 时价购买出产物，农育权期间延长（第850条之7第3项）<br>4. 土地特别改良费用返还请求权（第850条之8第2项、第3项）</td></tr>
</table>

## 二、分析说明

就地上权与农育权的内容加以比较,可知农育权的法律基本结构多相当于地上权,其不同之处系斟酌用益内容,农业发展经济及当事人利益的权衡,属立法形成空间,分四点言之:

1. 地租:地上权的设定,是否支付地租,任由当事人约定。关于农育权,修正草案明定农育权为有偿,以支付地租为必要(旧草案第841条之6第1项),此或系参酌永佃权规定,但农育权的法律结构异于永佃权,而接近于地上权,应无强制其为有偿的必要。"民法"第850条之1第1项不将支付地租作为农育权的内容,实值赞同。

2. 期间:地上权的期间法无限制,任由当事人约定。关于农育权,"民法"第850条之1第2项规定其期限不得逾20年,逾20年者,缩短为20年。就农作、养殖、畜牧、种植竹木言,20年期间应能符合当事人需要。至于造林、保育,当事人得约定较长期限,究有多长,法无限制。

3. 出租:在地上权,地上权人得否将土地或工作物(包括建筑物)出租于他人,"民法"未设规定,通说肯定之。就建筑物言,应属当然,盖其所有权属于地上权人,出租建筑物对地上权人具有利益,无害于土地所有人。在农育权,第850条之5规定除另有习惯外,农育权人不得将土地或农育工作物出租于他人,农育权人违反规定者,土地所有人得终止农育权。

4. 消灭事由:就权利的消灭事由及法律效果言,其主要不同系农育权准用"民法"第835条第1项、第2项,但不准用第3项规定(第850条之9)。关于消灭后的法律效果,主要在于处理建筑物或其他工作物(地上权),土地上之出产物及农育工作物(农育权),基本上采属相同,"民法"第850条之7第3项系针对农育权土地之出产物而为规定。值得注意的是,在农育权,农育权人有土地改良费用返还请求权,在地上权则无相当规定。

# 第四节　不动产役权

## 第一款　绪　说

### ——由“地役权”到“不动产役权”

“民法”物权编修正将“地役权”改为“不动产役权”，并作若干修正，试加整理分析讨论其修正重点及立法理由，探讨不动产役权的功能及发展的重要课题，并说明何谓人役权与公用地役关系。不动产役权有何不同于地上权或农育权的特色，而形成其规范内容？何谓不动产役权的从属性？

### 一、规范目的

土地所有人有一笔土地预定兴建高级别墅，为避免前方他人土地上兴建大厦妨碍眺望，阻止左方他人土地上经营土鸡城，有意自右方他人土地引入温泉，并得随时在后方他人林地散步，并希望邻近土地皆能兴建同一风格的别墅。“民法”原有一种称为地役权的物权，可供达成此项“便宜利用他人土地”之目的。旧“民法”第851条规定：“地役权者，谓以他人土地供自己土地便宜之用”，其需役及供役客体均为土地。“民法”物权编2010年2月修正将地役权改为“不动产役权”，使需役及供役客体扩张为不动产（土地及定着物），立法理由系认随社会的进步，不动产役权的内容变化多端，具有多样性，现行规定仅限土地的利用关系已难满足实际需要，特将“土地”改为“不动产”，以发挥不动产役权的功能，促进土地及其定着物的利用价值。例如甲屋所有人得就乙所有房屋设定采光、眺望或于屋顶上架设电信设施的不动产役权。

不动产役权系以他人之不动产承受一定负担，提高自己不动产利用价值的物权，乃以有限成本实现提升不动产资源利用效率，并具环境保护的功能，使不动产役权为得经由契约形成物权的相邻权。[1]

① Baur/Stürner, Sachenrecht, S. 369: Vertraglich festgelegtes Nachbarrecht.

## 二、登记笔数

不动产役权登记笔数统计

| 年度＼权利 | 不动产役权 |
| --- | --- |
| | 笔数 |
| 2011 年 | 1277 |
| 2012 年 | 995 |
| 2013 年 | 2245 |
| 2014 年 | 2533 |
| 2015 年 | 2846 |
| 2016 年 | 2977 |
| 2017 年 | 3006 |
| 2018 年 | 3104 |
| 2019 年 | 3159 |
| 2020 年 | 3624 |
| 2021 年 | 3827 |
| 2022 年 1—10 月 | 3081 |

资料来源:“内政部”统计处内政统计查询网

# 第二款　不动产役权的意义、功能及发展

## 第一项　不动产役权的意义①

### 一、不动产役权的规范构造

“民法”第 851 条规定:“称不动产役权者,谓以他人不动产供自己不动产通行、汲水、采光、眺望、电信或其他以特定便宜之用为目的之权。”关于此种用益物权的内容,应说明者有三:

(一) 不动产役权系存在于“他人不动产”之上

不动产役权的设定须有二笔不动产。其受便宜的不动产,称为需役不动产,供便宜之用的不动产,称为供役不动产。需役不动产与供役不动产虽多为相毗连的不动产,但不以此为必要。例如眺望或通行不动产役

① 参见陈重见:《地役权修正草案评析》,载《台湾本土法学杂志》2008 年第 107 期。

权均得于不直接相邻的不动产设定之。

为发挥不动产役权的功能,应认所谓“他人”或“自己”不动产,均不以不动产所有人为限(第859条之3,详见下文)。例如,甲有相邻的A、B二不动产,将A不动产设定地上权于乙。在此情形,甲得与乙就A地为通行不动产役权的设定。乙得与甲设定甲不于B不动产为一定高度建筑的眺望不动产役权。

(二)须为供自己不动产便宜之用

不动产役权系以他人不动产供自己不动产“便宜之用”。所谓“便宜”,顾名思义,指便利相宜而言,包括经济、财产上的方便利益(如通行、汲水、采石),或精神、美观、感情上利益(如采光、眺望、禁止气响干扰)。是否供便宜之用,应就特定需役不动产所有人加以判断,不以客观上有此必要为要件。

值得注意的是,“民法”第851条将便宜使用加以类型化为“不动产通行、汲水、采光、眺望、电信或其他以特定便宜之用”,其理由系因原规定“便宜”一词过于抽象及概括,不仅致社会未能充分利用,且登记上又仅以“不动产役权”登记之,而无便宜的具体内容,无从发挥公示之目的,爰明文例示不动产役权的便宜类型,以利社会的运用,并便于地政机关为便宜具体内容的登记。不动产役权便宜的具体内容属不动产役权的核心部分,基于物权的公示原则以及为保护交易的安全,地政机关自应配合办理登记。

(三)有偿或无偿、存续期间依当事人约定

不动产役权的设定得为有偿或无偿,其约定有偿的(地租),因其非不动产役权的成立要件,不当然随不动产役权的移转而移转,非经登记,不得对抗受让需役不动产的第三人(第859条之2准用第836条之1)。

不动产役权的存续期间,法无规定,亦任由当事人约定,并得设定永久不动产役权。盖不动产役权的设定对土地所有权限制程度较诸地上权为低,于地上权既不排除当事人设定永久的地上权,于不动产役权当无禁止的必要。

据上所述,不动产役权的当事人不限于不动产人所有人。“便宜之用”的范围甚为广泛。有偿与否,存续期间长短,法未强制。在物权法定原则下,关于不动产役权的内容形成,当事人享有相当程度私法自治的空间,以调节不动产的利用。

## 二、不动产役权与人役权

"民法"第851条所规定的系属"不动产役权"(Grunddienst-barkeit),现行"民法"不设所谓的"人"役权(beschränkte persönliche Dienstbarkeit)。人役权者,指为特定人的利益而使用他人土地的权利。例如某甲得为其"个人"利益,与土地所有人某乙设定在该地散步、捕鱼、写生、露营的权利。罗马法上的役权,兼指为"土地便利"或"人的利益"而使用他人所有物的权利。欧陆各国民法大体上均承袭此种役权制度。[①] 中国台湾地区"民法"则仅认不动产役权,原初之立法理由谓:"凡许某土地或某人利用他人之物者,其土地或其人对于他人之物有物权,此物权统谓之役权。而许某土地利用他人土地之物权,谓之地之役权,省称之为地役权。许某人利用他人之物之物权,谓之人之役权。例如为自己土地通行便利起见,于他人土地上修造道路之物权,则为地役权。又如所有人以其所有物,供他人使用或收益之物权,则为人之役权。欧洲诸国民法于地役权及人之役权,(例如用益役权使用役权及居住权是)皆设有规定。惟东西习惯不同,人之役权为东亚各国所无,日本民法仅规定地役权,而于人之役权无明文,中国习惯亦与日本相同,故本法亦只设地役权也。采用法国法系诸国之民法,分地役权为法定地役及人为地役,然法定地役,皆系关于土地所有权界限之事,本法于土地所有权章规定之,不复认法定地役,日德诸国之民法亦然。人为地役者,因法律行为设定之地役权也。为实际上最关重要之物权,故特设本章之规定。"

## 三、"民法"上的不动产役权(私有地役权)与公用地役关系[②]

"民法"规定的不动产役权又称为"私有地役权"。之所以创设此概念,旨在与所谓的"公用地役关系"加以区别。公用地役关系攸关人民财产权甚巨,乃实务上重要问题,"司法院"作有释字第400号解释(阅读

---

① 关于罗马法上的役权,参见郑玉波(黄宗乐修订):《民法物权》,第237页;Kunkel/Honsell, Römisches Recht (4. Aufl.), 1987, S. 177, 180.

② 参见张永健:《既成道路之私法性质与征收补偿请求基础》,载《台北大学法学论丛》2020年第113期;吴光明:《公用地役关系与补偿问题》,载《物权法之新思与新为——陈荣隆教授六秩华诞祝寿论文集》,2016年版,第285页。

之!),分四点说明如下:

(一) 公用地役关系的性质及成立要件

公用地役关系,乃私有土地具有公共用物性质的法律关系,久为实务所承认。依前揭释字第400号解释,于既成道路成立公用地役关系,其要件有三[①]:

1. 须为不特定之公众通行所必要,而非仅为通行之便利或省时。

2. 于公众通行之初,土地所有权人并无阻止之情事。

3. 须经历之年代久远而未曾中断;所谓年代久远虽不必限定其期间,但仍应以时日长久,一般人无复记忆其确实之起始,仅能知其梗概(例如始于日据时期等)为必要。

公用地役关系非私法上的权利,不以登记为成立要件。

(二) 土地所有权人的特别牺牲及征收补偿

"司法院"释字第400号解释强调"宪法"第15条关于人民财产权应予保障之规定,旨在确保个人依财产之存续状态行使其自由使用、收益及处分之权能,并免于遭受公权力或第三人之侵害,俾能实现个人自由、发展人格及维护尊严。如因公用或其他公益目的之必要,政府机关虽得依法征收人民之财产,但应给予相当之补偿,方符"宪法"保障财产权之意旨。既成道路符合一定要件而成立公用地役关系者,其所有权人对土地既已无从自由使用收益,形成因公益而特别牺牲其财产上之利益,政府自应依法律之规定办理征收给予补偿,各级政府如因经费困难,不能对上述道路全面征收补偿,有关机关亦应订定期限筹措财源逐年办理或以他法补偿。若在某一道路范围内之私有土地均办理征收,仅因既成道路有公用地役关系而以命令规定继续使用,毋庸同时征收补偿,显与平等原则相违。又既成道路之使用既系公法上之公用地役关系,其补偿关系乃公法上之权利义务,于此公用目的的范围内,要无私法上不当得利之问题(1999年台上字第3497号)。公用地役关系为公法关系,私有土地具有供公众通行使用之公用地役关系者,土地所有权人之权利行使,固不得违反供公众通行使用之目的,惟特定之人倘违背公用地役关系,无权占用有上开关系之私有土地,受有不当利得时,土地所有人非不得行使物上请求权,及

① 参照"司法院"释字第255号解释、"最高行政法院"1956年判字第8号及1972年判字第435号二则判例。实务上资料,参见尤重道编著:《透视公用地役权》,1994年版。

请求该特定之人返还不当得利(2013 年台上字第 701 号)。

(三) 公用地役关系被侵害的救济及土地所有人的容忍义务

公用地役关系成立后,土地所有人不得违反供公众通行之目的而为使用。公用地役关系之对象,系不特定之公众,且亦不以有供役地与需役地之存在为必要,其本质乃属公法关系,与私法上地役权之性质不同。民事诉讼系当事人得向法院要求以判决保护其私权,故既成巷道为人侵害,自不得本诸公用地役关系,依民事诉讼程序提起恢复巷道之诉,政府仅得以公权力加以排除,如有争议,应循行政争讼程序处理。

公用地役关系既为公法上关系,且不以登记为成立要件,故甲等数十户住民在乙之土地上通行,已历数十年之久,纵未为不动产役权之登记,丙政府机关将该有公用地役关系之土地编为巷道并铺设柏油路面,乙即有容忍之义务,不得依"民法"上无权占有之法律关系,要求丙政府机关除去柏油,交还土地(参阅 2013 年台上字第 1315 号)。

(四) 公用地役关系的废除

为保障人民财产权,"司法院"释字第 400 号解释特别指出,因地理环境或人文状况改变,既成道路丧失其原有功能者,则应随时检讨并予废止。

## 第二项 不动产役权的功能及发展

### 一、不动产役权的功能

(一) 不动产役权的功能的类型分析

不动产役权与地上权、农育权或典权最主要的不同,系以他人不动产供自己不动产"便宜之用"。为使甲的不动产借乙不动产为之役,俾地尽其利,虽有"不动产租赁"或"相邻关系"的规定,可资运用,然不动产租赁具"债之性质",不动产役权有助于以"物权性"稳固不动产利用关系,并得借登记制度创设内容不相冲突的多数不动产役权。相邻关系的规定旨在界限所有权的范围,乃属最小限度不动产利用的调整。不动产役权之设具有弥补其不足的作用。准上所述,不动产役权的功能有三:

1. 以供役不动产供使用收益

需役不动产所有人得以供役不动产供其使用收益,如通行、引水、输送瓦斯、汽油或天然气。于此情形,供役不动产所有人负有容忍义务。需注意的是，不动产役权不得以供役不动产所有人积极从事一定行为为内容，例如建筑房屋或拆除某建物。

2. 禁止供役不动产为某种使用

禁止供役不动产为某种使用，例如禁建大楼以免妨碍眺望。于此情形，供役不动产所有人负有不作为义务。例如不在供役不动产兴建工厂；相邻不动产所有人约定双方不动产的特定部分不为建筑；不得开启某特定窗户；供役不动产所有人仅能建筑特定种类或风格的房屋。此类不动产役权具有以私法补充公法上建筑法规的功能。

3. 排除供役不动产所有人行使物权请求权

不动产役权的设定亦具有排除供役不动产所有人行使物权请求权的功能。此与环境保护具有关系。例如，需役不动产所有人得与相邻不动产所有人订立不排放一定限度的废气或废水的不动产役权，而使不动产役权成为一个经由契约形成的物权相邻权。又新设的工厂亦得与邻不动产所有人设定排放废气或废水的不动产役权，以支付一定的回馈金，而换取邻不动产所有人的容忍义务。

（二）营业竞争限制的地役权：不动产役权的第二春？

不动产役权源自罗马法，是一个古老的制度，其内容多为通行、汲水、眺望，前已论及。值得特别提出的是，在欧陆若干国家，不动产役权重获生机，有称之为不动产役权的第二春（zweite Früling）[①]此涉及所谓营业竞争限制的不动产役权（wettbewerbsbeschränkende Dienstbarkeit），例如不动产所有人甲与不动产所有人乙约定，乙不在其不动产上从事某种营业，不贩卖某种商品，不将该不动产出租他人经营某种营业，或不贩卖某种商品。

在台湾地区目前实务上，尚未见此类营业竞争限制的不动产役权，如若有之，原则上应肯定其效力。例如，甲在其所有不动产经营露天餐厅，得与邻不动产所有人乙设定乙不在其不动产开设餐厅的不动产役权。又甲亦得与乙约定乙不将该不动产出租他人经营餐厅的不动产役权。此种不动产使用的限制仍属以自己不动产供他人不动产“便宜之用”。若其约定所有人不得让与其土地所有权于他人，则系限制不动产所有人法

---

① Baetge, Wettbewerbsbeschränke Dienstbarkeiten in Europa, ein rechtsvergleichender Überblick, RabelsZ 59 (1995), 649. 此论文系以法国、瑞士、德国及英国为比较研究的对象。

律上的处分自由,不为“便宜之用”所包括,应不许为不动产役权的设定。

## 二、不动产役权的发展空间

基上所述,在“民法”上的用益物权中,不动产役权享有较大程度私法自治范围。除以通行、汲水、眺望为内容外,尚可用于补充建筑法规的不足,调整相邻关系,规范环境保护及营业竞争等,不能认为其属古老制度,而应放置物权博物馆。不动产役权具有适应现代社会经济需要的发展空间。如何推动运用不动产役权,俾能更有效率地规范不动产利用关系,应值重视。

## 第三款　不动产役权的种类及特性

不动产役权具有不同于地上权等其他用益物权的法律结构,此体现于不动产役权种类的多样性及不动产役权的从属性和不可分性。分述如下:

## 第一项　不动产役权的种类

甲所有的A地与乙所有的B地相邻,甲为A地的便宜之用,于乙所有的B地设定通行不动产役权、汲水不动产役权及眺望不动产役权。试从不动产役权的内容、行使状态及外部表见,对上述三种不动产役权加以分类,并说明分类的实益。

### 一、不动产役权的分类

#### (一)作为不动产役权与不作为不动产役权

此种分类系以不动产役权的内容为标准。作为不动产役权,指以不动产役权人得在供役不动产上为一定积极行为为内容的不动产役权(又称“积极不动产役权”),如通行、汲水等不动产役权。不作为不动产役权,乃以供役不动产人不得在供役不动产上为一定行为为内容的不动产役权(“消极不动产役权”),如供役不动产所有人于一定不动产范围内不为一定高度建筑的不动产役权。

#### (二)继续不动产役权与不继续不动产役权

此种分类系以不动产役权行使的状态为标准。继续不动产役权,指于供役不动产一旦具备适当状态,适于不动产役权行使后,即不需不动产役权人的行为,而能自然继续无间行使的不动产役权,如引水不动产役权及眺望不动产役权。反之,每次行使不动产役权,皆以不动产役权人之行为为必要者,则为不继续不动产役权,如汲水、放牧不动产役权。在通行不动产役权,其开设道路者为继续不动产役权;其未开设道路者,为不继续不动产役权。

(三) 表见不动产役权与不表见不动产役权

此种分类系外观上有无足资认识事实为标准。表见不动产役权,指不动产役权的行使依一定事实而表现于外部,如通行、汲水等不动产役权。反之,不动产役权的行使不能依一定事实表现于外部者,为不表见不动产役权,如采光、眺望,于地下埋设水管的汲水、排水不动产役权。

## 二、分类的实益

不动产役权的分类,有助于更深刻了解不动产役权的内容及行使不动产役权的状态。其主要法律上的区别实益则在于不动产役权的时效取得,即不动产役权以继续并表见者为限,始能因时效而取得(第 852 条)。

## 第二项　不动产役权的特性

A 地所有人甲,于乙所有的 B 地设定通行不动产役权。试说明下列情形所涉及的法律问题:

1. 甲让与 A 地所有权于丙,或为丙设定抵押权。

2. 甲将 A 地所有权让与于丙,但自己保留通行权。

3. A 地分割为 a、b 二地或 B 地分割为 c、d 二地时,如何定其通行不动产役权的存续。

上揭案例涉及不动产役权的从属性及不可分性,为便于观察,将其基本法律结构图示如下:

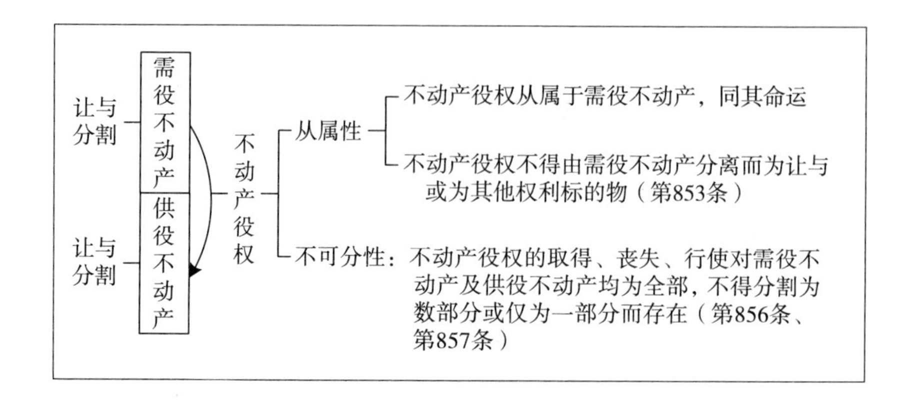


## 一、不动产役权的从属性

### （一）从属性原则

不动产役权的从属性，指不动产役权系从属于需役不动产的所有权而存在，与需役不动产同其命运，不动产役权从属于需役不动产的处分。需役不动产所有人将该地让与他人时，纵未明言不动产役权是否移转，应认其不动产役权亦当然随同需役不动产移转于受让人。需役不动产所有人就该不动产设定抵押权时，抵押权之效力当然及于不动产役权（从权利，第 862 条第 1 项）。于需役不动产设定地上权等时，除有特别约定外，其地上权人等得行使不动产役权。

### （二）"民法"第 853 条规定

"民法"第 853 条规定："不动产役权不得由需役不动产分离而为让与，或为其他权利之标的物。"此系从消极方面规范不动产役权的从属性，分述如下：

1. 不动产役权不得由需役不动产分离而为让与，此包括三种情形：

（1）需役不动产所有人不得自己保留需役不动产所有权，而仅以不动产役权让与他人。违反之者，不动产役权的让与无效，受让人不能取得不动产役权，不动产役权仍为需役不动产而存在。

（2）需役不动产所有人不得仅将需役不动产所有权让与他人，而自己保留不动产役权。违反之者，不动产役权违反其从属性应归于消灭。当事人让与需役不动产所有权，而未特别约定自己保留不动产役权者，其不动产役权应随同移转。

(3)需役不动产所有人不得以需役不动产所有权与不动产役权让与不同之人。违反之者,不动产役权让与无效,受让人不能取得不动产役权。不动产役权因无需役不动产存在而消灭。

2. 不动产役权不得由需役不动产分离而为其他权利之标的物。现行“民法”未设不动产役权得为其他权利标的物的规定(参阅第 882 条)。当事人约定以不动产役权为抵押权之标的,应属无效。需役不动产所有人得就需役不动产设定抵押权,不必得不动产役权人的同意,不动产役权不因此而受影响。

## 二、不动产役权的不可分性

不动产役权的不可分性者,指不动产役权的取得、消灭或享有应为全部,不得分割为数部分或仅为一部分而存在。不可分性旨在确保不动产役权之设定目的,使其得为需役不动产的全部而利用供役不动产的全部。此主要涉及时效取得不动产役权,共有人得否按其应有部分抛弃不动产役权,及需役不动产或供役不动产分割的问题。台湾地区“民法”仅设第 856 条规定,兹参照相关立法例及学说说明如下:

### (一) 发生的不可分性

共有人中之一人,因时效取得不动产役权,其他共有人亦取得之。需役不动产的共有人系以需役不动产的便宜之用而取得不动产役权,而非仅为其应有部分,故应使其他共有人一同取得之,以达时效取得不动产役权之目的。

### (二) 消灭上不可分性

土地共有人中之一人,不得按其应有部分使已存在的不动产役权消灭。例如,甲与乙共有某地(应有部分各为二分之一),于丙地设定眺望不动产役权。甲不得按其应有部分抛弃不动产役权,而使不动产役权消灭二分之一。[1] 盖不动产役权系为需役不动产全部而设定,而非存在于

① 台湾地区实务上有一则案例,可供参考:本件坐落台中县丰原市上南坑段 278134 地号等七笔土地,所有权人吕〇宝、廖〇千之应有部分各为二分之一,其中 278134、135、132、27616 地号等四笔土地设有地役权,该四笔土地为供役地,吕〇宝将其应有部分抛弃,使其土地之地役权消灭。法务认为与地役权消灭不可分性及物权抛弃不得损害他人利益之法理有违。故吕〇宝不得就该四笔供役地抛弃其应有部分,而使该部分之地役权消灭(“法务部”1991 年 7 月 20 日法 1991 律字第 10910 号函)。

共有人之应有部分之上。

（三）享有上的不可分性（分割后的不可分性）

1. 需役不动产经分割者，其不动产役权为各部分之利益仍为存续。“但不动产役权之行使，依其性质只关于需役不动产之一部分者，仅就该部分仍为存续。”（第 856 条但书）。对此规定，原立法理由作有简要说明：“例如有地一区，其隅有园庭，为其园庭设观望地役权，当其地未分割时，其地全部皆为需役地，既分割后，只有园庭之土地为需役地，亦仅取得该土地之所有人有地役权也。”

2. 供役不动产经分割者，不动产役权就其各部分仍为存续（第 857 条本文）。例如，甲地所有人在乙地有通行不动产役权，嗣乙地分割为 A、B 二地时，甲地所有人仍得对该 A、B 二地行使通行权。“但不动产役权之行使，依其性质只关于供役不动产之一部分者，仅对于该部分仍为存续。”（第 857 条但书）。就上举之例，若甲地所有人通行不动产役权所开设道路，仅通过 A 地时，则仅对于该 A 地仍为存续。又在前举园庭之例，例如有地一区，其隅有园庭，为其园庭设观望地役权，当其地未分割时，其地全部皆为供役地，既分割后，只有供园庭观望之土地为供役地，亦仅对取得该土地之所有人有地役权也（参照立法理由）。

需注意的是，上述“民法”第 856 条及第 857 条关于需役不动产及供役不动产“分割”不可分性的规定，对需役不动产或供役不动产的一部“让与”，亦有类推适用余地。需役不动产或供役不动产经分割或一部让与，其不动产役权为各部分的利益“不为存续”时，应构成该部分不动产役权的消灭原因，得请求涂销该不动产役权部分的登记（“土地登记规则”第 143 条）。

## 第四款 不动产役权的取得

### 第一项 基于法律行为而取得

1. 甲于所有的 A 地为乙所有的 B 地设定通行汲水不动产役权后，得否就 A 地再为丙设定通行不动产役权？

2. 甲承租乙的房屋，甲得否于丙所有土地设定眺望不动产役权？

3. 不动产所有人得否就自己的土地设定地上权或不动产役权？

## 一、不动产役权的设定行为

不动产役权的设定,应分债权行为与物权行为。前者为设定不动产役权的约定,得为债权契约或遗嘱(单独行为);后者为物权契约,须订立书面,并经登记("土地登记规则"第108条、第108条之2、第109条),始生效力(第758条)。请参照关于地上权设定的说明,兹不赘述。应特别指出者有二:

1. 诚如"最高法院"2015年台上字第1776号判决所言:"不动产役权为物权之一种,依同法第758条第1项规定,其系因法律行为而取得、设定、丧失及变更者,非经登记,不生效力。准此,依债之契约同意设定役权之一方,固负有使他方取得该役权之义务,惟他方在登记为役权人之前,仍不得据以对抗不动产所有人,主张有通行等便宜之用之权利存在。"不动产役权的内容须为登记。其未登记者,仅具债权的效力。

2. 不动产役权的设定得为有偿或无偿,得订定一定存续期间或无存续期间,亦得设定永久不动产役权。

## 二、不动产役权的排他性、优先效力

新增订"民法"第851条之1规定:"同一不动产上有不动产役权与以使用收益为目的之物权同时存在者,其后设定物权之权利行使,不得妨害先设定之物权。"此项规定涉及不动产役权的排他性及优先效力,分三点加以说明:

1. 立法理由系认不动产役权多不具独占性,宜不拘泥于用益物权的排他效力,俾使物尽其用。

2. 不动产所有人于其不动产先设定不动产役权后,无须得其同意,得再设定用益物权(包括不动产役权),反之,亦然。此际,同一不动产上用益物权与不动产役权同时存在,自应依设定时间之先后,定其优先效力,亦即后设定之不动产役权或其他用益物权不得妨害先设定之其他用益物权或不动产役权之权利行使。

3. 又不动产役权(或用益物权)若系获得先存在之用益物权(或不动产役权)人之同意而设定者,后设定之不动产役权(或用益物权)则得优先于先物权行使权利,盖先物权既已同意后物权之设定,先物权应因此而受限制。再所谓同一不动产,乃指同一范围内之不动产。

## 三、不动产役权设定人的扩大:不动产用益权人亦得设定不动产役权

不动产役权的设定系以自己不动产(供役不动产)供他人不动产(需役不动产)便宜之用。得就供役不动产设定不动产役权,限于供役不动产所有人,应属当然,此为不动产所有权的处分,须有处分权限。惟得就需役不动产设定不动产役权者,除供役不动产所有人外,尚应包括地上权人、农育权人、典权人等,其理由有三:

1. 此不涉及供役不动产所有权的处分,不以有所有权为必要。

2. 符合不动产役权调节不动产利用之目的。

3. 不动产役权的设定系在便宜使用"他人"不动产,无害于供役不动产所有人的利益。

准此以言,亦应肯定需役不动产承租人得为承租的不动产设定不动产役权。因此,"民法"物权编 2010 年 2 月修正乃增订第 859 条之 3 规定:"基于以使用收益为目的之物权或租赁关系而使用需役不动产者,亦得为该不动产设定不动产役权。前项不动产役权,因以使用收益为目的之物权或租赁关系之消灭而消灭。"关于此种不动产役权准用不动产役权规定(第 859 条之 5)。

## 四、就自己不动产设定不动产役权

"民法"第 859 条之 4 规定:"不动产役权,亦得就自己之不动产设定之。"按供役不动产原仅限于对他人不动产设定之,若供役不动产为需役不动产所有人所有,所有人本得在自己所有之不动产间自由用益,尚无设定不动产役权的必要,且有权利义务混同的问题,是自己不动产役权承认与否,学说上不无争议。然而随社会进步,不动产资源有效运用的形态日新月异,为提高不动产的价值,就大范围土地的利用,对各宗不动产,以设定自己不动产役权方式预为规划,即可节省嗣后不动产交易的成本,并维持不动产利用关系稳定,活络不动产役权的运用。关于此种不动产役权,亦准用不动产役权规定(第 859 条之 5)。例如,建筑商开发小区时,通常日后对不动产相互利用必涉及多数人,为建立小区的特殊风貌,预先设计建筑的风格,并完整规划各项公共设施,此际,以设定自己不动产役权方式呈现,遂有重大实益。关于地上权,"民法"未规定得就自

己的土地设定之。

### 五、不动产役权的让与或为其他权利的标的物

地上权、农育权及典权皆得为让与,或为其他权利之标的物(第838条、第850条之3、第917条)。关于不动产役权的让与,“民法”第853条规定:“不动产役权不得由需役不动产分离而为让与,或为其他权利之标的物。”由此可知,不动产役权应与需役不动产共同让与之,并须订立书面,并经登记,始生效力(第758条)。

## 第二项　基于法律行为以外的事实而取得

### 一、继承

不动产役权为财产权,得因继承而取得,同于地上权等用益物权,兹不赘述。

### 二、不动产役权的时效取得

(一) 要件的特色:继续并表见

“民法”第852条规定:“不动产役权因时效而取得者,以继续并表见者为限。前项情形,需役不动产为共有者,共有人中一人之行为,或对于共有人中一人之行为,为他共有人之利益,亦生效力。向行使不动产役权取得时效之各共有人为中断时效之行为者,对全体共有人发生效力。”分三点言之:

1. 按不动产役权系所有权以外的财产权,得准用“民法”第768条至第771条规定依时效取得之(第772条),即以行使不动产役权之意思,20年间,和平、公然、继续,表见以他人土地供自己土地便宜之用者,得请求登记为不动产役权人(如其占有之始,为善意并无过失者,其期间则为10年)。“民法”第852条第1项规定旨在排除不继续或不表见不动产役权的时效取得。其所以设此规定,立法理由谓:“盖不继续之地役权,其供役地之所有人所受妨害甚微,有时地役之成立,初非有成立之原因,第由供役人宽容允许而已,若因此遽推定为设定或让与,殊觉未协。又表见之地役,其供役地之所有人,多年并不拒绝,推定其为既已设定或让与,固属无妨,至不表见之地役,则无此推定之基础,故亦不得因时效取得之。”如上

所述,地役权(不动产役权)时效取得要件的特色,在于须兼具继续及表见的要件。不得建筑横墙遮蔽窗户光线与空气的不动产役权,虽系继续但并不表见;汲水不动产役权之行使,以不动产役权人每次之行为为必要,虽系表见但不继续,均与"民法"第852条所定不动产役权因时效而取得之要件不合(参照1943年上字第1527号判例)。

2. "民法"第852条第2项、第3项系"民法"物权编2010年2月修正新增订。第2项在于肯定不动产共有人,得因时效而取得不动产役权。如数人共有需役不动产,其中部分需役不动产所有人终止通行,其余需役不动产所有人亦因此而受影响,盖共有人间利害攸关,权利与共。第3项规定系对供役不动产所有人的衡平保护,如部分需役不动产共有人因行使不动产役权时效取得进行中者,则供役不动产所有人为时效中断的行为时,仅需对行使不动产役权时效取得进行中的各共有人为之,不需扩及未行使的其他共有人,即对全体共有人发生效力。

3. 不动产役权的时效取得亦不以他人未登记之不动产为限(第772条)。不动产役权系以他人不动产之利用为其目的,而得直接支配该不动产之一种不动产物权,性质上仅为限制他人不动产所有权之作用,而存在于他人所有不动产之上,故有继续并表见利用他人不动产之情形,即可因时效而取得不动产役权,并不以他人所有未经登记之不动产为限(1965年台上字第698号判例)。

(二) 法律效果

1. 登记请求权:依占有事实完成时效而取得通行不动产役权者,得请求地政机关登记为不动产役权人,但不动产所有人尚无协同请求登记之义务(1979年台上字第2994号判例)。

2. 登记前的法律关系:不动产役权固有因时效而取得之规定,但依"民法"第772条准用"民法"第769条及第770条之结果,仅使需役不动产人有得请求登记为不动产役权人之请求权,在未登记为不动产役权人以前,无不动产役权存在之可言,自不能本于不动产役权的法律关系有所请求或主张(如对抗土地所有人的物上请求权)(1979年台上字第2994号判例);亦无依"民法"第767条第2项条准用第767条第1项规定,请求排除妨害的余地。

## 第五款 不动产役权的效力

### 第一项 不动产役权人的权利义务

#### 一、不动产役权人的权利

（一）供役不动产的使用

1. 依设定之目的及范围使用供役不动产

不动产役权人得依其设定（或时效取得）及登记之目的范围使用供役不动产。其设定道路通行不动产役权者，得开设道路通行；其设定眺望不动产役权者，得请求供役不动产所有人不得违反约定而为建筑或建筑一定高度的房屋。供役不动产所有人的使用权因设定不动产役权而受限制，不动产役权人有优先使用供役不动产之权。先设定的不动产役权亦优先于其他用益物权，例如，甲于乙地先取得采光或眺望不动产役权时，对其后于乙地设定以建筑物为内容的地上权人，亦得行使其权利。

值得注意的是，关于不动产役权人为土地的使用的方法，约定使用方法的效力，以及违反的法律效果，准用关于地上权的相关规定（第836条之2、第836条之3、第859条之2）。

2. 行使不动产役权或方法的变更

"民法"第855条之1规定："供役不动产所有人或不动产役权人因行使不动产役权之处所或方法有变更之必要，而不甚妨碍不动产役权人或供役不动产所有人权利之行使者，得以自己之费用，请求变更之。"此乃基于诚实信用原则的规定。例如，甲于其所有的土地经营旅馆，于乙所有的土地设定通行不动产役权，使用小旅行车，其后甲因业务扩大，须使用大游览车时，于不甚妨碍乙的权利的行使时，得以自己的费用，请求拓宽通行道路。

（二）得为附随的必要行为

不动产役权人，因行使或维持其权利，得为必要之附随行为（第854条本文）。学说上有称此必要行为为"附随不动产役权"，与"主不动产役权"同其命运。例如，温泉引水不动产役权人，得以自己的费用，于供役不动产上设置工作物（涵管）；通行不动产役权人，得开辟必要的道路。不动产役权人行使此等不动产役权的"附随行为"时，应择于供役不动产损害最少之处所及方法为之(第 854 条但书),以符“比例原则”。就温泉引水不动产役权言,得埋设暗管时,应不得开设明沟,其须开设明沟时,亦须注意尽量减少对供役不动产的损害。“民法”第 854 条在不动产役权人与不动产所有人间创设一种法定债之关系,不动产役权人因过失逾超其范围时,对不动产所有人应负损害赔偿责任。

值得注意的是,《德国民法典》第 1020 条除设有相当于“民法”第 854 条规定外,尚明定:“地役权人于行使不动产役权时,应尽可能保全供役地所有人的利益。”[①]“民法”亦应采之,盖此乃行使权利、履行义务应依诚实信用原则(第 148 条第 2 项)的表现。

(三) 不动产役权的保护及相邻关系

1. “民法”第 767 条规定之准用

“民法”第 767 条第 2 项规定,第 1 项关于所有权保护之规定于所有权以外之物权准用之。不动产役权人,既有以他人不动产供自己不动产便宜之用之权,则对于无权占有或侵夺供役不动产者,得请求返还之,对于妨害其不动产役权者,得请求除去之,对于有妨害其不动产役权之虞者,得请求防止之。关于此项准用,应说明有四:

(1) 侵害不动产役权之人,包括供役不动产所有人及其他第三人。

(2) 对妨害其不动产役权者,不动产役权人得请求除去之。例如,供役不动产所有人或第三人,在供役不动产建筑房屋妨害眺望不动产役权,设置路障妨害通行不动产役权时,不动产役权人得请求拆除房屋或路障。温泉引水供役不动产因不动产所有人修建道路,致温泉有流失之虞时,不动产役权人得请求供役不动产所有人为必要的预防措施。

(3) 有疑问的是,第三人无权占有或侵夺不动产时,不动产役权人得否准用“民法”第 767 条第 1 项规定,请求返还之。对此问题,应采肯定说。例如,甲在乙地有通行不动产役权或温泉引水不动产役权,丙无权占有供役不动产或侵夺其引水管线时,甲得请求丙返还供役不动产或管线设施,俾其能行使不动产役权。此在不动产役权的内容须占有供役不动产者,具有实益。

---

① 《德国民法典》第 1020 条:“地役权人于行使其权利时,应尽可能以保全供役地所有人之利益。权利人因行使地役权在供役地设置工作物者,在保全所有人利益之必要范围内,应维持该工作物之正常状态。”关于本条解释适用,Palandt/Bassenge, § 1020.

(4)“民法”第767条第1项规定的准用,以其妨害具不法性为已足,有无故意或过失,在所不问。其出于故意或过失侵害不动产役权者,尚应依“民法”第184条第1项前段规定负损害赔偿责任。

2. 占有保护请求权

不动产役权的内容有须占有供役不动产,占有因行使不动产役权而为的设置时(如引水管线、架设通行天桥),应“直接适用”“民法”第960条以下规定,而受保护。

值得注意的是,《德国民法典》第1029条规定:“土地所有人已将不动产役权登记于土地簿册者,土地占有人行使此项地役权而受妨害者,准用关于占有保护之规定,但以妨害发生前一年内曾为一次以上之行使者为限。”明定对不动产役权的权利占有(Rechtsbesitz auf der Grunddienstbarkeit),亦受占有规定的保护。[1] 例如,甲于乙地有通行不动产役权,丙阻塞道路,甲得行使自力救济权排除之(《德国民法典》第859条,相当于“民法”第960条)。“民法”无类此明文,然“民法”第966条规定:“财产权,不因物之占有而成立者,行使其财产权之人,为准占有人。本章关于占有之规定,于前项准占有准用之。”此于不动产役权应有适用余地。

3. 相邻关系

关于相邻关系,旧“民法”对地上权、永佃权、典权设有准用的明文(第833条、第850条、第914条),对地役权未设准用规定,但应肯定之,此在不动产役权人占有供役地而为使用的情形,具有实益。“最高法院”1990年度第2次民事庭会议决议认为,“民法”第787条邻地通行权的规定除法律已明定适用或准用之情形外,于其他不动产利用权人相互间(包括承租人、使用借贷人在内),亦应援用“相类似案件,应为相同之处理”之法理,为之补充解释,类推适用,以求贯彻。准此原则以言,相邻关系于土地利用人相互间亦应有准用余地,并及于不动产役权人。“民法”物权编2009年1月修正第800条之1明定:“第七百七十四条至前条规定,于地上权人、农育权人、不动产役权人、典权人、承租人、其他土地、建筑物或其他工作物利用人准用之。”可资参照。

---

[1] Heck, Sachenrecht, § 16; Baur/Stürner, Sachenrecht, S. 375; HK-BGB/Schulte-Nölke, § 1029.

### 二、不动产役权人的义务:设置物的维持及允用

"民法"第855条规定:"不动产役权人因行使权利而为设置者,有维持其设置之义务;其设置由供役不动产所有人提供者,亦同。供役不动产所有人于无碍不动产役权行使之范围内,得使用前项之设置,并应按其受益之程度,分担维持其设置之费用。"本条肯定不动产役权人因行使权利"得为设置",如引水的管线、排水的设施、通行的高架天桥等。不动产役权人之所以应负维持其设置的义务,在于避免供役不动产所有人因其设置的毁损而受损害。供役不动产所有人得在无碍不动产役权行使的范围内,使用设置,乃在使物尽其用,供役不动产所有人不必再设置工作物,以节省无益之费用,但应按其受益程度分担设置的费用,以期平允。此为任意规定,当事人得另为约定。

## 第二项　供役不动产所有人的权利义务

供役不动产所有人的权利义务,相对应于不动产役权人的权利义务,分述如下:

### 一、供役不动产所有人的权利

1. 供役不动产所有人,于不妨害不动产役权行使的范围内,得行使与其所有权的权能。

2. 供役不动产所有人,于不妨害不动产役权行使的范围内,有使用不动产役权人在供役不动产上所为设置物的权利,"民法"第855条第2项设有明文,前已论及。

3. 不动产役权的设定,如为有偿者,则供役不动产所有人有地租请求权,乃属当然。

4. 值得特别提出的是,不动产役权的行使限于供役不动产的部分,所有人认该部分之使用对其有特殊不便时,得否主张由其负担费用,将不动产役权的行使迁移于其他适于不动产役权人的处所?例如为修建房屋的需要,得否请求迁移温泉管线?土地所有人经营旅馆,为减少对旅客的噪音干扰,得否请求迁移通行道路于其他适当场所?《德国民法

典》设有规定①,"民法"第 855 条之 1 亦增设明文,盖此兼顾当事人利益,符合诚信原则也。

### 二、供役不动产所有人的义务

供役不动产所有人的所有权,因不动产役权的设定的目的范围而受限制,负有容忍及不作为的义务。在作为不动产役权,供役不动产所有人负有容忍不动产役权人为一定积极行为(如通行、汲水、排放废气)的义务。在不作为不动产役权,供役不动产所有人负有不为一定作为义务,例如不建筑一定高度的大楼,或特殊设计造型的房屋,不排放废气,夜间不弹奏乐器。

## 第六款 不动产役权的消灭

### 一、不动产役权的消灭事由

不动产役权为不动产物权之一种,不动产物权的一般消灭原因自亦有适用。须特别提出的消灭事由有六:

1. 因供役不动产被征收。但需役不动产被征收时,不动产役权仍继续存在。

2. 不动产役权存续期间届满。

3. 约定消灭事由发生,如解除条件成就。

4. 抛弃:准用"民法"第 834 条及第 835 条之规定(第 859 条之 2)。

5. 土地重划:因土地重划致不动产役权消灭者,其情形有二:

(1)在农地重划土地上所存之不动产役权,于重划后仍存在于原有土地上。但因重划致设定不动产役权之目的已不存在者,其不动产役权视为消灭,不动产役权人得向土地所有权人请求相当之补偿("农地重划条例"第 32 条第 1 项)。此项请求权之行使,应自重划分配确定之日起,二个月内为之("农地重划条例"第 31 条第 2 项)。因重划致不动产

---

① 《德国民法典》第 1023 条规定:"地役权之现时行使,限于供役地之一部分者,所有人认为该部分之使用,对其有特殊之不便时,得请求将地役权之行使迁移于其他适于地役权人利益之处所;迁移之费用,应由所有人负担,并须预付。二地役权之行使,基于法律行为,限定于供役地之一部分者,亦适用前段之规定。迁移之权利,不得以法律行为排除或限制。"关于本条解释适用,Palandt/Bassente § 1023.

役权人不能享受与从前相同之利益者,得于保存其利益之限度内设定不动产役权("农地重划条例"第 32 条第 2 项)。

(2)在都市土地,不动产役权因市地重划致不能达其设定目的者,该权利视为消灭。不动产役权人得向土地所有权人请求相当之补偿。此项请求权之行使,应于重划分配结果确定之次日起二个月内为之("平均地权条例"第 64 条第 1 项、第 65 条)。

6. 不动产役权无存续之必要及法院宣告:"民法"第 859 条规定:"不动产役权之全部或一部无存续之必要时,法院因供役不动产所有人之请求,得就其无存续必要之部分,宣告不动产役权消灭。不动产役权因需役不动产灭失或不堪使用而消灭。"立法目的旨在免除供役不动产的负担,俾益土地利用,如化学工厂排放废气不动产役权,因工厂已改为花园绿地;温泉汲水不动产役权,供役不动产因地层变动,水源断绝,不能继续供应温泉。由此二例可知不动产役权有无存续必要,得分就需役不动产及供役不动产而为观察,由法院依供役不动产所有人的声请加以审查,而为不动产役权消灭的宣告,于判决确定时,发生消灭效力(形成判决)。供役不动产所有人对不动产役权的消灭,无补偿义务,盖不动产役权既无存续的必要,已无利益存在。其无继续存续之必要,是否因供役不动产所有人过失所致,在所不问。不动产役权人因一时不能为便宜使用者,如需役不动产上的工厂因地震停工,不能因此而认其设定的排放废气或通行不动产役权无存续的必要。温泉引水供役不动产因遭土石流冲走,而不能供应温泉时,供役不动产所有人不负重建、使不动产役权得为继续行使的义务。

## 二、不动产役权消灭的法律效果

"民法"第 859 条之 1 规定:"不动产役权消灭时,不动产役权人所为之设置,准用第八百三十九条规定。"不动产役权消灭时,不动产役权人有无回复原状之义务,以及其与供役不动产所有人间就不动产役权有关之设置,权利义务关系如何?原"民法"尚无如第 850 条之 7 农育权准用第 839 条地上权之规定,适用上易滋疑义,特增订准用规定。又本条之"设置",系指不动产役权人为行使不动产役权而为之设置。

### 第七款　地上权规定的准用

“民法”第859条之2规定：“第八百三十四条至第八百三十六条之三规定，于不动产役权准用之。”不动产役权与地上权均使用他人土地之物权，性质近似，爰增订本条。其得准用的规定涉及不动产役权的抛弃，地租的增减，积欠地租时不动产役权的终止，不动产役权让与时预付地租对第三人效力，不动产役权人为不动产使用收益的方法及其违反时不动产所有人得终止地上权等问题（请查阅相关条文）。

## 第五节　典　权

典权是一个长达千年的传统物权，因社会变迁，逐渐消逝，特作概要式说明，纪念典权这个伟大久远的物权制度。

### 第一款　典权的意义、性质及社会功能

#### 第一项　典权的意义及法律结构

“民法”第911条规定：“称典权者，谓支付典价在他人之不动产为使用、收益，于他人不回赎时，取得该不动产所有权之权。”由此规定可知，典权制度主要系由“支付典价在他人之不动产为使用、收益”，“出典人不回赎典物”及“典权人取得典物所有权”三者所构成，具有不同于其他用益物权的法律构造。

#### 第二项　典权的法律性质

典权的法律性质如何，是一个素有争论的问题，之所以发生争论，其主要的原因系典权为传统固有制度，难以纳入罗马法上的物权体系。对出典人言，得以相当于卖价的金额将物出典于人，不必放弃所有权，而可筹足需款，并保留回赎的机会；对典权人言，虽无所有权之名，但取得接近所有权人使用收益之权，而他日更有取得所有权的机会。此种典之制度如何定性，迭经变迁。“民法”第911条规定典权内容为使用收益，肯定典权为用益物权。之所以将典权置诸抵押权与质

权之后,乃因曾误认典权为不动产质权之故,立法体例固欠妥当,不能因此而认典权为担保物权。

### 第三项 典权的社会功能及其未来命运

典权系固有制度,旨在避免出卖家产,兼顾出典人融通资金及典权人使用收益的必要,历代兴而不衰,具有重要的社会功能。现行"民法"在1930年至1948年,关于典权,实务上争论不少,其相关判解甚多,超过关于地上权、永佃权及地役权判解的总和,大多数判解系作成于20世纪30年代。在台湾地区,近几年设定典权登记的笔数甚少,1995年有227笔,1998年有16笔,2008年有30笔,2015年有45笔,2021年仅有19笔,实务上殆无相关案例,足见典权制度业已式微。

诚如郑玉波教授所云:"凡一种制度的存在,必社会上有其需要,亦即该制度在社会上有其独特之作用,典权自亦不例外。"典权制度的创设,乃因民众重孝而好名,出卖祖产虽非不孝之尤,但亦败家之兆,加以"物之于人,原亦可发生感情关系,因而永远舍弃,情所不甘"[①]。此二种创设典权的社会及心理因素,基本上已不复存在。在台湾地区,民众仍重孝而好名,但出卖祖产(或自己财产),系为投资创业,不但无亏孝道,且常为兴家所必要。又在工商业社会,纵使农村世居祖产,感情关系亦渐为经济利益所取代,何况已有发达金融体系,可供以物抵押,筹措现款,支持典权制度的社会因素,既渐消失,除非另有替代功能,典之制度殆难常存。"民法"物权编修正仍保留典权,并修正10个条文,增设4个条文,删除1个条文,实乃出于对传统古老法律制度的尊重,强调物权的本土性,虽有助于使典权制度益臻完善,但此类法律技术性的调整,实难挽回施行达数世纪的典权终将归于消逝的命运。典权的兴起与式微,使我们更深刻地认识到物权制度与社会变迁、经济发展具有密切的关系。

---

① 郑玉波(黄宗乐修订):《民法物权》,第191页。

## 第二款 典权的取得

### 一、基于法律行为而取得

(一) 设定取得

“民法”第911条规定:“称典权者,谓支付典价在他人之不动产为使用、收益,于他人不回赎时,取得该不动产所有权之权。”不以交付典物为要件。其设定系依法律行为(物权行为)而取得,应以书面为之,非经登记,不生效力(第758条)。

(二) 典权的让与、转典

典权得为“让与”,而由受让人继受取得之,其法律结构同于地上权让与。“转典”为典权制度所特有,俟于论及典权效力时,再为说明。

### 二、基于法律行为以外的事实而取得

(一) 继承

典权为财产权,且无专属性,得为继承(第1148条)。但应经办理继承登记,始得处分典权(第759条)。

(二) 时效取得

典权既为财产权之一种,应有“民法”关于取得时效规定的适用,即以行使典权之意思向他人支付典价,20年间和平继续公然占有他人之不动产而为使用收益者,得请求登记为典权人(第772条准用第769条),如占有之始系善意及无过失者,则为10年(第772条准用第770条)。问题在于典价的支付。占有人不支付典价时,其要件不具备,其后支付典价而经不动产所有人收受时,应认系合意设定典权。典权的时效取得仅于典权的设定,具有无效的原因,而为当事人所不知时,始有发生的可能。实务上迄未见此类案例。

## 第三款 典权的期限

### 第一项 典权期限的规范功能

一般用益物权(如地上权、不动产役权)因期限届满而消灭。在典权,因其特殊的法律结构,典权期限具有重要的规范功能。对典权人

言,典权的约定期限系典权人有权占有典物而为使用、收益的期限。对出典人言,则为典权设定时所定回赎权停止行使期限(1942 年上字第 3523 号)。出典人未回赎时,由典权人取得典物所有权(第 923 条、第 924 条)。典权期限既具有重要规范功能,其期间长短,关系至巨。"民法"第 912 条规定:"典权约定期限不得逾三十年。逾三十年者缩短为三十年。"立法目的在于适当权衡当事人的利益,并避免典权存续期间过长,致妨碍社会经济的发展。

### 第二项　定有期限的典权

#### 一、期限的订定及起算

当事人在不逾 30 年最高限度内,得自定典权的存续期间,无最低期限的限制。当事人所定期限,应自典权登记完毕的翌日起算。当事人于典期未届满前得缩短或延长典期。在未定有期限之典权,其延长期限,与原已经过的期限合计,仍不得超过 30 年。

#### 二、典权约定期限、回赎及绝卖条款

典权定有期限者,于期限届满后,出典人得以原典价回赎典物(第 923 条第 1 项)。典权当事人常订有所谓"绝卖条款",即约定典权期限届满后,出典人不回赎典物者,典物所有权即归属于典权人所有。典权人难免利用出典人的轻率急迫,而逼其订定此类所谓"老虎契"的条款,于短期内,巧夺其所有权,流弊至巨。为保护出典人,"民法"第 913 条规定:"典权之约定期限不满十五年者,不得附有到期不赎即作绝卖之条款。典权附有绝卖条款者,出典人于典期届满不以原典价回赎时,典权人即取得典物所有权。绝卖条款非经登记,不得对抗第三人。"

### 第三项　未定期限的典权

当事人未定期限者,为不定期的典权。此在实务上甚为罕见。所称未定期限,包括就期限未为约定,约定得随时回赎等。约定出典人仅得于出典后一定期限内(如 3 年)回赎者,乃就未定期限的典权,减短其回赎期间(如 3 年),并非所谓定有期限的典权。其约定若干年后始得回赎者,则为定有期限的典权。典权未定期限,出典人得随时以原典价回赎

典物。

## 第四款　典权的效力

典权的效力系典权制度的核心问题,体现典权特有的法律结构,即典权人以接近于买卖价金的对价,取得次于所有权的使用收益的权利;而其客体,除土地外,尚及于易于毁损灭失的房屋。为合理规范当事人间的法律关系,"民法"设有详细规定。

### 一、典权人的权利义务

1. 典权人用益典物的权利:典权人对典物有占有、使用、收益之权,其效力及于典物的从物(如房屋的车库)及从权利(如通行不动产役权)。典权的主要内容,在于对典物的使用收益,"民法"第917条之1之规定:"典权人应依典物之性质为使用收益,并应保持其得永续利用。典权人违反前项规定,经出典人阻止而仍继续为之者,出典人得回赎其典物。典权经设定抵押权者,并应同时将该阻止之事实通知抵押权人。"

2. 典权人支付典价的义务:典权的成立,须支付典价,典权人因典权的设定,负有支付典价的义务。典价何时支付,依当事人约定,与典物的交付,不生"同时履行"问题。

### 二、典权人的处分

(一)转典典物

1. 转典制度的功能,转典自由及限制

典权存续中,典权人得将典物转典于他人(第915条第1项本文)。转典攸关出典人利益,转典自由自应受有限制:

(1)当事人契约另有约定或另有习惯者,依其约定或习惯(第915条第1项但书)。

(2)典权定有期限者,其转典之期限,不得逾原典权之期限,未定期限者,其转典不得定有期限(第915条第2项)。

(3)转典之典价,不得超过原典价(第915条第3项)。

(4)土地及其土地上之建筑物同属一人所有,而为同一人设定典权者,典权人就该典物不得分离而为转典或就其典权分离而为处分(第915

条第4项)。此为避免法律关系的复杂化。

2. 转典权的物权性及其效果

典权人得将典物转典于他人(转典权),并将其定性为物权的一种,从而发生如下的法律效果:

(1)转典系物权的设定行为,应以书面为之,并经办理登记,始生效力(第758条)(1939年上字第1078号判例)。

(2)转典权人因转典而取得新典权,得占有典物而为使用收益。

(3)转典权所具物权性,不仅对于转典权人存在,对于出典人亦有效力。

(4)转典权既为物权之一种,原典权人于取得典物所有权后,转典权人之权利,仍有效存在。

(二) 出租典物

典权存续中,典权人得将典物出租于他人。但契约另有约定或另有习惯者,依其约定或习惯。典权定有期限,其租赁之期限,不得逾原典权之期限,未定期限者,其租赁不得定有期限(第915条第1项、第2项)。

(三) 典权让与或设定抵押权

典权人得将典权让与他人或设定抵押权(第917条第1项),但须经登记,始生效力(第758条)。典物为土地,典权人在其上有建筑物者,其典权与建筑物,不得分离而为让与或其他处分(第917条第2项)。典权让与系典权主体变更,原典权人脱离典权关系,其典权关系存在于典权受让人与出典人之间,而由受让人对于出典人取得与典权人同一之权利,并负原典权人同一之义务。出典人为回赎时,应向受让人为之。典权让与的原因行为多为买卖,纵其价格高于原典价,出典人仍得以原典价回赎典物。

## 三、出典人的处分

(一) 典物所有权的让与及典权人的留买权

1. 典物所有权的让与

出典人于典权设定后,得将典物之所有权让与他人,但典权不因此而受影响(第918条)。

2. 典权人的留买权

"民法"第919条规定:"出典人将典物出卖于他人时,典权人有以相同条件留买之权。前项情形,出典人应以书面通知典权人。典权人于收受出卖通知后十日内不以书面表示依相同条件留买者,其留买权视为抛弃。出典人违反前项通知之规定而将所有权移转者,其移转不得对抗典权人。"

(二) 设定抵押权

不动产所有人于同一不动产设定典权后,不得再设定与典权之占有使用收益相抵触的权利,如地上权、农育权。然则于该同一不动产得否再为他人设定抵押权? 此为实务上重要争议问题。"司法院"释字第139号解释谓:"不动产所有人于同一不动产设定典权后,在不妨害典权之范围内,仍得为他人设定抵押权。"

### 四、典物灭失

(一) 典物因不可抗力而灭失

典物因不可抗力(如地震、台风、火灾或土石流等)而灭失时,其危险分担及典权人重建修缮问题,分述如下:

1. 危险分担

"民法"第920条规定:"典权存续中,典物因不可抗力致全部或一部灭失者,就其灭失之部分,典权与回赎权,均归消灭。前项情形,出典人就典物之余存部分,为回赎时,得由原典价扣除灭失部分之典价。其灭失部分之典价,依灭失时灭失部分之价值与灭失时典物之价值比例计算之。"

2. 典权人的重建修缮权

"民法"第921条规定:"典权存续中,典物因不可抗力致全部或一部灭失者,除经出典人同意外,典权人仅得于灭失时灭失部分之价值限度内为重建或修缮。原典权对于重建之物,视为继续存在。"此包括两种情形:(1)典权人经出典人同意者,得以超过灭失时灭失部分之价值,为重建或修缮。(2)未得出典人同意者(尤其是出典人反对时),典权人亦得于灭失时灭失部分之价值限度内,为重建或修缮。无论何种情形,典权人就重建或修缮典物而支出的费用,于典物回赎时,均得于现存利益之限度内,请求偿还(第927条)。物权因标的物灭失而消灭,固系物权法之原则。惟为保护典权人之权益,典物因不可抗力致全部或一部灭失者,特赋予重建或修缮之权,是以典权人依本条规定为重建时,原典权仍应视为继续存在于重建之标的物上,以厘清典权人与出典人间之权利义务关系。

### (二) 典物因典权人的过失而灭失

1. 典权人保管典物的义务及责任

出典人依法行使回赎权时,典权人应返还典物,故在典权存续中,典权人负有保管典物的义务。至其赔偿责任,视其“可归责事由”(过失程度)而定。分述如下:

(1)过失责任

典权存续中,因典权人之过失,致典物全部或一部灭失者,典权人于典价额限度内,负其责任(第922条本文)。所谓过失,指抽象轻过失而言,即未尽善良管理人之注意,以保护出典人利益。所谓于典价额限度内负其责任,指仅以典价为限,负赔偿之责,就不足之数,无须另为赔偿。

(2)故意或重大过失责任

典权存续中,因典权人之故意或重大过失,致典物全部或一部灭失者,除将典价抵偿损害外,如有不足,仍应赔偿(第922条但书)。如典价已全部充作赔偿时,典权既失其对价,应归于消灭。

(3)侵权行为责任的竞合

典物为出典人所有,典权人因过失致其全部或一部灭失时,应负赔偿责任(第184条第1项前段),得与“民法”第922条发生竞合关系,惟为贯彻其立法意旨,其损害赔偿,仍应仅以典价为限。典物全部或一部之灭失,系典权人的故意或重大过失所致者,典权人应依侵权行为法规定负全部损害赔偿责任,不限于典价,以保护出典人的利益。

2. 典权人的重建及修缮权?

“民法”第922条之1规定:“因典物灭失受赔偿而重建者,原典权对于重建之物,视为继续存在。”本条规定内容有二:(1)典权人得为重建。盖此于当事人及社会经济均属有利。(2)原典权继续存在。物权通常因标的物之灭失而消灭,标的物于其后回复者,非有物权发生之原因或法律之规定,要不能当然回复。本条特明定典权人因受赔偿所重建灭失之典物,在重建范围内原典权视为继续存在,以明确当事人间的法律关系。

### (三) 典物因出典人的过失而灭失

出典人因过失致典物全部或一部灭失者,系侵害典权人的典权,应成立侵权行为(第184条第1项前段)。出典人负有重建或修缮,以回复原状的义务(第213条以下)。典权人亦得自为重建或修缮,而向出典人请求金钱赔偿。

(四) 典物因第三人的行为而灭失

第三人因故意或过失致典物全部或一部灭失时,系侵害出典人的所有权及典权人的典权,应负侵权行为责任。第三人应为修建,以回复原状。第三人为金钱赔偿时,类推适用"民法"第 920 条第 2 项规定,典权人与出典人各得依灭失时灭失部分之价值与灭失时典物之价值比例计算之损害赔偿的价金。典权人重建或修缮时,得类推适用"民法"第 927 条规定,请求支出费用的偿还。典权人因第三人赔偿所重建灭失的典物,应认原典权对于重建之物,视为存在。

## 第五款　典权的消灭

### 第一项　回赎与找贴

典权为物权的一种,关于物权消灭的一般原因(如标的物灭失、征收、抛弃、混同),自应予以适用。绝卖条款的实现(第 913 条)及典权人行使留买权(第 919 条),为典权的特别消灭原因,前已论及。典权消灭原因中最具特色者,系出典人回赎典物及找贴,二者合而观之,较能了解典权制度的法律结构。分述如下:

#### 一、回赎典物

(一) 回赎的功能及性质

出典人系以一定的典价,在不逾 30 年的期间,将不动产交付典权人使用收益。为保护出典人,乃设有回赎制度,使出典人得于法定期间提出原典价,向典权人表示回赎的意思,以消灭典权。应说明有四:

1. 回赎为出典人的权利。出典人不负以原典价回赎典物的义务。典权人对出典人并无备价回赎的请求权。

2. 回赎权具形成权的性质,因出典人一方向典权人提出原典价,并为回赎的意思表示,而发生效力,不必经典权人同意。典权人拒绝回赎或拒不受领典价,并不影响回赎的效力,虽出典人未依法提存典价,仍生典权消灭的效果。

3. 回赎为要物行为。除回赎的意思表示外,尚须提出原典价,始生回赎消灭典权的效力。不动产出典后,无论典物的价值增涨至如何幅度,出典人仍得以原典价回赎,典权人不得责令加价。但应有情事变更原则的适用(第 227 条之 2、“民事诉讼法”第 397 条)。

4. 于转典的情形,典权人对于转典权人亦有回赎权,应适用关于回赎的规定。

(二) 回赎的当事人;转典的回赎

出典人应向典权人为回赎。出典人将典物所有权让与第三人,或典权人将典权让与第三人时,因发生典权关系主体变更,应由典物所有权受让人向典权受让人为回赎。为处理转典所涉及的回赎,“民法”第 924 条之 1 设有三项规定:

1. 第 1 项:“经转典之典物,出典人向典权人为回赎之意思表示时,典权人不于相当期间向转典权人回赎并涂销转典权登记者,出典人得于原典价范围内,以最后转典价径向最后转典权人回赎典物。”

2. 第 2 项:“前项情形,转典价低于原典价者,典权人或转典权人得向出典人请求原典价与转典价间之差额。出典人并得为各该请求权人提存其差额。”出典人依第 1 项规定向最后转典权人回赎时,原典权及全部转典权均归消灭。惟转典价低于原典价或后转典价低于前转典价者,应许典权人及各转典权人分别向出典人请求相当于自己与后手间典价之差额,出典人并得为各该请求权人提存该差额,俾能保护典权人与转典权人之权益,而符公平。

3. 第 3 项:“前二项规定,于下列情形亦适用之:一、典权人预示拒绝涂销转典权登记。二、典权人行踪不明或有其他情形致出典人不能为回赎之意思表示。”转典为典权人之权利,非出典人所得过问,然究不能因此过度增加出典人之负担,故若典权人预示拒绝涂销转典权登记;行踪不明或有其他情形致出典人不能为回赎的意思表示时,为避免增加出典人行使回赎权的困难,将于本项明定适用第 1 项、第 2 项规定。

(三) 行使回赎的时期及限制

回赎典物攸关当事人利益甚巨,对回赎权的行使应有一定期间及必要的限制。分述如下:

1. 回赎期限

(1) 典权定有期限

典权定有期限者,其回赎期间,为该期限届满后二年之内(第 923 条)。定有期限的典权,当事人于期限届满前以契约加长期限者,其二年期间自该加长期间届满时起算。所定期限(或与加长期间合并计算)逾

30年者，应缩短为30年（第912条），应于30年届满后二年内回赎。所定期间在15年以上而未逾30年，附有到期不赎即作绝卖的条款时，应于期限届满即行使回赎权。

（2）典权未定期限

典权未定期限者，出典人得于出典后30年内随时回赎（第924条）。届满30年时，若不为行使，其回赎权即归于消灭。回赎权为形成权，前已提及，故上述回赎期间，并非消灭时效期间，乃无时效性质的法定除斥期间，不适用“民法”关于消灭时效的规定。回赎期间涉及典权人利益，具强行性质，故第923条第2项所定二年期间，当事人不得以法律行为加长之。于定有期限之典权，当事人约定期限届满后超过二年之期间内，仍得为回赎，或不拘年限随时得为回赎者，无效。

典权未定期限者，出典人得随时以原典价回赎典物，但自出典后经过30年不回赎者，典权人即取得典物所有权（第924条）。

2. 回赎前的通知义务

“民法”第925条规定：“出典人之回赎，应于六个月前通知典权人。”此项规定于定有期限及未定有期限的典权均有适用余地。出典人行使回赎权违背此项规定时，虽仍发生回赎的效果，但典权人于时间未到前得拒返还典物。

（四）回赎权行使或不行使的法律效果

1. 回赎权行使的法律效果

（1）典权消灭：出典人于回赎期间依法行使回赎权者，系以法律行为使典权归于消灭，须办理涂销登记，始生效力（第758条）。

（2）典权人的费用偿还请求权：关于典权人支付费用、对典物重建或修建使典物价值增加利得问题，于回赎时应如何处理，“民法”第927条设有五项规定：

第1项：“典权人因支付有益费用，使典物价值增加，或依第九百二十一条规定，重建或修缮者，于典物回赎时，得于现存利益之限度内，请求偿还。”

第2项：“第八百三十九条规定，于典物回赎时准用之。”典物上有工作物者，应准用第839条之规定以兼顾出典人及典权人之利益。

第3项：“典物为土地，出典人同意典权人在其上营造建筑物者，除另有约定外，于典物回赎时，应按该建筑物之时价补偿之。出典人不愿补偿者,于回赎时视为已有地上权之设定。”立法目的系在顾及社会整体经济利益,并解决建筑基地使用权源问题。出典人未曾同意典权人营造建筑物者,除另有约定外,于典物回赎时,出典人得请求典权人拆除并交还土地。

第4项:“出典人愿依前项规定为补偿而就时价不能协议时,得声请法院裁定之;其不愿以裁定之时价补偿者,于回赎时亦视为已有地上权之设定。”此亦为保障典权人之利益及解决基地使用权问题。

第5项:“前二项视为已有地上权设定之情形,其地租、期间及范围,当事人不能协议时,得请求法院以判决定之。”

2. 逾期不回赎的效果

在定有期限的典权,出典人于期限届满后,经过二年,不以原典价回赎者,典权人即取得典物所有权(第923条第2项)。在未定期限的典权,自出典后经过30年,不回赎者典权人亦即取得典物所有权(第924条但书),典权归于消灭。此项直接基于法律规定取得不动产所有权,究为原始取得抑或继受取得,甚有争论。实务上系采继受取得说①,关于其法律效果,应注意者有三:

(1)典权人取得典物所有权乃基于法律规定,不待登记,即生效力,但应经登记始得处分(第759条)。其登记应依移转登记之方法为之。

(2)所有人在同一不动产上设定抵押权后再设定典权时,典权人取得典物所有权者,其先设定抵押权不因此而受影响。

(3)同一不动产上设定典权后再设定抵押权时,本诸“物权效力优先原则”,于典权人取得所有权时,其抵押权归于消灭。

## 二、找贴

### (一)找贴的功能及意义

典权的设定,其典价通常均低于买卖价格,在典价与典物时价之间存有差额,为便利双方当事人了解其典权关系,乃有找贴制度,即出典人于典权存续中,表示让与其典物之所有权于典权人者,典权人得按时价“找贴”,取得典物权(第926条)。此乃台湾地区固有“找贴作绝”或“告找”习惯的明文化,其规范重点在于明定“找贴”,以一次为限(第926条第2

---

① 参照司法院1942年院字第2300号解释、1948年院字第3908号解释。

项),以杜绝"一找再找"的旧习,避免发生纠纷。

(二) 找贴的性质

关于找贴的法律性质,典权制度沿革上有认系典权人的权利,亦有认系出典人的权利。依"民法"第926条规定,应认找贴乃出典人与典权人间的一种买卖契约。因出典人的要约,典权人的承诺,双方意思合致而成立。其所谓时价,乃当事人合意的价格,非指客观的市场价格而言。典权人并无按时价找贴的权利,即不得主张按时价找贴,以取得典物所有权。

(三) 找贴的行使及其法律效果

找贴必须于典权存续中为之。出典人逾期不为回赎,由典权人取得典物所有权时,自无再行找贴的余地。又找贴与留买,其效果虽无不同,但二者相互排斥,即留买后不得再为找贴,找贴后不得再为留买。典权人不愿找贴,而出典人将典物出卖于第三人时,典权人仍得行使留买权,自不待言。

出典人与典权人因找贴而成立买卖契约,发生债之关系。出典人负交付补找价金(即典物时价的差额)于出典人的义务。出典人负移转典物所有权于典权人的义务。此项不动产所有权的移转,因订立书面并办理登记而发生效力(第758条)。典权人因找贴而取得典物所有权,其典权因混同而消灭。

## 第二项　典权消灭的法律效果

### 一、典物的返还

典权消灭的主要法律效果,除典物已灭失或典权人依法取得典物所有权外,典权人负返还典物于出典人的义务。典权人拒不返还时,应负无权占有、不当得利或侵权责任。典权人返还典物的义务与出典人返还费用的义务,非属对待给付关系,典权人不得以此项费用未返还,作为拒绝返还典物的理由。

### 二、典物上工作物等的处理

典权人于典物(尤其是土地)有建筑物或其地工作物,或于典权因回赎等事由消灭时,应如何处理?为期明确,"民法"第927条第2项明定:"第八百三十九条规定,于典物回赎时准用之。"

# 第六章　担保物权

## 第一节　概　说[①]

何谓担保物权？担保物权具有何种功能？现行“民法”上有几种担保物权？试说明其类型内容及法律构造原则。台湾地区每年有多少登记抵押权的笔数，这些笔数的消长具有何种意义？

### 一、担保物权的意义及功能

担保物权，指以确保债务的清偿为目的，于债务人或第三人所有之物或权利所设定的物权。担保物权属于所谓的定限物权，即于他人之物或权利设定的物权（所谓定限型担保物权），因以支配担保物的交换价值为内容，又称为价值权，于债权未受清偿时，得依法就拍卖价金优先受偿，乃属一种变价权（Verwertungsrecht）。

担保物权旨在确保债权得获优先受偿，有助于诱导债权，促进资金融通，活跃市场经济活动及社会生活。由近年美国次级房贷所引发的全球金融危机，可知房贷抵押、银行体系及管理、国际金融市场变动，与人民生活具有密切不可分的关系，应为台湾地区法上的重要研究课题。[②]

### 二、担保物权的类型内容及法律构造

本书旨在论述“民法”规定的三种担保物权及让与担保，兹先将其基

① 参见谢在全：《担保物权发展之动向》，载《法令月刊》2018年第69卷第5期。

② Prütting, Sachenrecht, S. 277; Bärmann, Recht der Kreditsicherheiten in europäischen Ländern (1979); v. Wilmowsky, Europäischen Kreditsicherungsrecht (1996); Rott, Vereinheitlichung des Rechts der Mobiliarsicherheiten (2000).

本法律结构列表如下，以便参照（请查阅相关条文）：

<table>
<tr><th>内容<br>事项</th><th>性质</th><th>种类</th><th>客体</th><th>发生</th><th>标的物的占有</th></tr>
<tr><td rowspan="3">抵押权</td><td rowspan="3">定限物权</td><td rowspan="2">普通抵押权<br>最高限额抵押权<br>法定抵押权</td><td rowspan="2">不动产</td><td>意定</td><td rowspan="3">不占有</td></tr>
<tr><td>法定</td></tr>
<tr><td>权利抵押权</td><td>地上权、农育权、典权</td><td>意定</td></tr>
<tr><td rowspan="2">质权</td><td rowspan="2">定限物权</td><td>动产质权</td><td>动产</td><td rowspan="2">意定</td><td>占有</td></tr>
<tr><td>权利质权</td><td>债权及其他可让与的权利</td><td>不占有</td></tr>
<tr><td>留置权</td><td>定限物权</td><td colspan="2">动　产</td><td>法定</td><td>占有</td></tr>
<tr><td>让与担保</td><td>移转权利型担保物权</td><td colspan="2">不动产/动产/债权</td><td>习惯物权</td><td>不占有</td></tr>
</table>

### （一）类型内容[①]

现行“民法”设有抵押权、质权与留置权三种担保物权。特别法上的担保物权，有“民用航空法”上的航空器抵押（“民用航空法”第19条以下）、“海商法”上的船舶抵押（“海商法”第33条以下）等。值得特别指出的是，“动产担保交易法”创设了动产抵押、附条件买卖（保留所有权）及信托占有三种不占有标的物的担保制度。[②] 实务所创设的“不动产让与担保”，即债务人为担保其债务，将担保物所有权移转于债权人，而使债权

① 担保物权的态样，有典型担保物权及非典型担保物权，后者如浮动担保，参阅谢在全：《专案融资与担保物权》，载《台湾法学杂志》2018年第354期；谢在全：《企业浮动资产担保权之建立》，载《法令月刊》2017年第68卷第10期。

② “动产担保交易法”制定于1963年，系由当时美援会所促成，旨在适应工业及农业资金融通及动产用益之需要，对台湾地区社会经济发展作出了重要贡献。“动产担保交易法”于2007年7月11日修正。兹将三种担保制度的意义，摘录于下，俾便参照：(1)称动产抵押者，谓抵押权人对债务人或第三人不移转占有而就供担保债权之动产设定动产抵押权，于债务人不履行契约时，抵押权人得占有抵押物，并得出卖，就其卖得价金优先于其他债权而受清偿之交易（第15条）。此多使用于银行贷款。(2)称附条件买卖者，谓买受人先占有动产之标的物，约定至支付一部或全部价金，或完成特定条件时，始取得标的物所有权之交易（第26条）。此多用于动产买卖，有助于促进消费生产。(3)称信托占有者，谓信托人供给受托人资金或信用，并以原供信托之动产标的物所有权为债权之担保，而受托人依信托收据占有处分标的物之交易（第32条）。此多用于国际贸易。

人在不超过担保之目的范围内,取得担保物所有权者,债务人如不依约清偿债务,债权人得将担保物变卖或估价,而就该价金受清偿(1981 年台上字第 104 号判例),亦属一种担保制度,具有习惯物权的效力(2020 年台上字第 3214 号)。

(二) 法律构造①

1. 担保物权是由所有权权能分割而发生的定限物权,系一种价值权及变价权,具有物权的本质,体现于物权法基本原则,尤其是物权法定主义、物权客体特定原则、公示原则、优先原则、债权行为及物权行为分离与物权行为无因性。

2. 为物尽其用,发挥资源分配效率,"民法"规定物(不动产、动产)及可让与的权利(债权、地上权、农育权、典权、知识产权),均得作为担保物权的客体。让与担保包括不动产、动产及债权,具有重要的担保功能。

3. 担保物权的发生(取得)有基于法律行为(物权行为,意定),有为法定(法律特别规定,如继承、法定抵押权、时效取得及善意取得等)。关于意定担保物权,应特别注意区别消费借贷(债权)、担保约定(债权契约)与物权行为的适用关系,以及抵押权从属性。

4. 值得特别注意的是,担保物权就须否以占有标的物为要件,可分为不占有标的物的担保物权(抵押权、权利质权、让与担保)及占有标的的物的担保物权(动产质权、留置权)。此种区别对担保物权内容的形成与功能具有重大的意义。不占有标的物的抵押权使抵押人(所有权人)得保有使用收益的权能,并可设定多数抵押权,具有重大的经济效益。占有标的物的动产质权旨在保护债权人(质权人),但使债务人(出质人)不能利用其物,乃发展出不占有标的物的动产担保交易(参阅"动产担保交易法")及动产让与担保,促进担保物权的开展。

## 三、担保物权的修正及社会变迁②

"民法"物权编制定于 1929 年,关于担保物权部分(包括施行法)已

---

① 参见张永健:《物权的架构与风格——以不动产与动产抵押为例》,载《月旦法学杂志》2015 年第 241 期。

② 参见陈荣隆等:《"物权法修正后——土地所有权与担保物权之变动与检讨"议题讨论》,载《台湾法学杂志》2010 年第 145 期。

于2007年3月28日修正公布施行。担保物权的修正重点在于抵押权,分设三节规定普通抵押权、最高限额抵押权及其他抵押权,以解决实务上争议问题,建构较周全的规范体系,可谓系抵押权制度的全面更新及现代化。"民法"规定的三种担保物权中以抵押权最为重要,兹将近年来登记抵押权笔数列表如下:

土地抵押权登记笔数统计

| 年度 | 合计 | 设定 | 移转 | 变更 | 涂销 |
|---|---|---|---|---|---|
| 2011年 | 1530785 | 703325 | 20401 | 119286 | 687773 |
| 2012年 | 1533474 | 705333 | 30324 | 122646 | 675171 |
| 2013年 | 1691121 | 801126 | 30491 | 125971 | 733533 |
| 2014年 | 1649505 | 778548 | 24517 | 156827 | 689613 |
| 2015年 | 1496223 | 717309 | 7940 | 153952 | 617022 |
| 2016年 | 1413888 | 708209 | 11825 | 120846 | 573008 |
| 2017年 | 1469061 | 769413 | 8306 | 113280 | 578062 |
| 2018年 | 1558485 | 800579 | 58122 | 115092 | 584692 |
| 2019年 | 1576398 | 837081 | 9300 | 117202 | 612815 |
| 2020年 | 1687672 | 907033 | 8971 | 122674 | 648994 |
| 2021年 | 1670684 | 901528 | 7418 | 118623 | 643115 |
| 2022年1—10月 | 1403130 | 752172 | 5736 | 100308 | 544914 |

资料来源:"内政部"统计处内政统计查询网

前揭关于抵押权登记的统计数字,足供说明抵押权与台湾地区社会发展的四个基本问题:

1. 自2011年以来,用益物权(包括地上权、农育权、不动产役权、典权)的登记数量,每年均超过1万笔,抵押权的设定笔数每年均超过70万笔(上升至2021年约90万笔),由此可知,物权的发展,系由所有权到不动产的利用,尤其是以物的价值供担保之用,创设担保物权。

2. 登记的每一笔抵押权体现个人生活或社会经济活动,例如购屋贷款、投资理财、清偿债务、购置机器设备等。

3. 抵押权的设定指依法律行为(物权行为)而取得抵押权,不包括法定抵押权在内。抵押权的移转主要指因债权让与而取得抵押权(第295

条)。抵押权的变更包括担保债权的增减、抵押权位序的调整等。抵押权的涂销指抵押权的消灭。抵押权的得丧变更体现各种经济活动,是一个值得深入研究的重要课题。

4. 不动产抵押权登记的统计资料应更明确精细其统计项目,例如区别不动产抵押权及权利抵押权、债权的种类、担保债权的金额(总额)等,俾能更进一步研究分析、解释台湾地区不动产交易市场的变动及社会经济发展。

# 第二节 抵押权

## 第一款 普通抵押权

### 第一项 普通抵押权的序说

甲经营电子业,以其工厂(土地及厂房)设定普通抵押权于乙银行,担保1000万元的贷款,另委请其亲友丙提供A地设定普通抵押权。试问何谓普通抵押权,具有何种功能,如何设定?其基本法律关系为何?

#### 一、意义及基础关系

"民法"第860条规定:"称普通抵押权者,谓债权人对于债务人或第三人不移转占有而供其债权担保之不动产,得就该不动产卖得价金优先受偿之权。"例如,甲向乙银行贷款1000万元,甲以自有的A地、B屋,并委请其友人丙提供C地为乙设定抵押权,以担保此项债务的清偿。兹将其基础关系图示如下(请彻底思考理解)[①]:

① Vieweg/Lorz, Sachenrecht, S. 507.

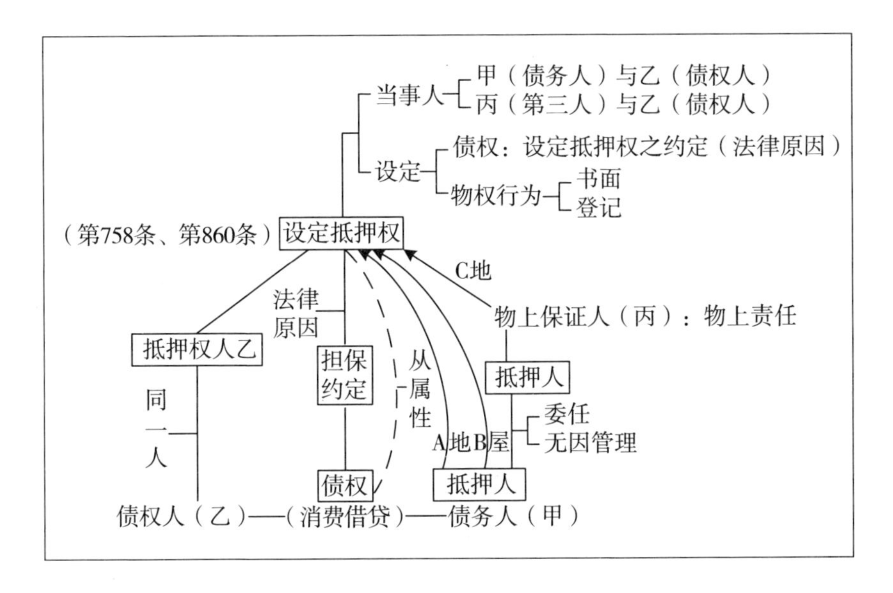


1. 意义：抵押权系以不动产（土地及其定着物）为标的物，担保一定债权的物权（第 860 条）。甲之所以将 A 地、B 屋设定抵押权于乙，旨在融通资金，担保其所生的债权（1000 万元）。此为设定抵押权最常见的事由。

2. 当事人：

（1）乙为债权人（抵押权人），抵押权人得为自然人，亦得为法人（银行）。基于抵押权在于担保债权的目的性结合，债权人与抵押权人恒为同一人。

（2）甲为债务人（抵押人），抵押人与债务人不必为同一人。

（3）丙提供 C 地为乙设定抵押权，多出于（债务人的）委任，称为物上保证人（第 879 条），但亦得为无因管理（第 172 条）。物上保证人系为担保他人的债务，而以自己的不动产设定担保物权（抵押人），并未承担债务人的债务，非为债务人，无清偿债务的义务。其所负者非人之责任，乃物之责任，故称为物上保证人，不同于保证（第 739 条）①，保证系债法上

① “最高法院”2013 年台上字第 194 号判决谓：“不动产所有人同意以其不动产为供他人（债务人）对债权人债务之担保，而与债权人约定将该不动产设定抵押权者，该抵押权设定之债权契约当事人为不动产所有人与债权人，债务人非契约当事人，倘就该抵押权设定之法律关系有争执，以契约当事人为诉讼当事人即为已足，不以列债务人为必要。”

的关系,保证仅负人的责任(参照第879条)。

为融通资金,除抵押权外,尚有物上保证及普通保证。债权为担保而奋斗(kampf um Sicherheit)。

3. 三个法律行为的区别:关于抵押权的设定,应明辨三个法律行为:

(1)消费借贷契约(第474条),此为债权发生的主要事由。

(2)担保约定:此为约定设定抵押权的债权契约。

(3)设定抵押权的物权行为(物权契约,第758条)。

须特别说明的有二:

(1)担保约定是设定抵押权的法律上原因。

(2)抵押权设定(发生)与债权具有从属性(详见下文)。

### 二、普通抵押权、最高限额抵押权与其他抵押权

"民法"物权编将抵押权分为普通抵押权、最高限额抵押权与其他抵押权。"民法"第881条之17规定最高限额抵押权,除第861条第2项、第869条第1项、第870条、第870条之1、第870条之2、第880条之规定外,准用关于普通抵押权之规定(第860条至第881条)。权利抵押权及其他抵押权,亦得准用普通抵押权及最高限额抵押权之规定(第883条)。"民法"在普通抵押权一节简称普通抵押权为抵押权,本书亦从此体例,若未特别指出,所称抵押权者系指普通抵押权而言。

## 第二项　普通抵押权的取得

### 一、依法律行为而取得

#### (一) 普通抵押权的设定

1. 设定抵押权的债权约定

甲向乙借款,约定为抵押权的设定。甲于获得借款后,以此项设定抵押权的约定未订立书面,而拒不办理抵押权设定登记时,应如何处理?"最高法院"1981年台上字第453号判例谓:"不动产抵押权之设定,固应以书面为之。但当事人约定设定不动产抵押权之债权契约,并非要式行为。若双方就其设定已互相同意,则同意设定抵押权之一方,自应负使他方取得该抵押权之义务。"此项判例明辨设定抵押权所涉及的债权行为(债权契约、担保约定)与物权行为(物权契约),应值赞同。

设定抵押权的债权约定系设定抵押权的法律上原因,担保约定不成立、无效或被撤销时,其抵押权之设定无法律上原因,抵押人得依不当得利规定请求返还设定的抵押权(涂销登记,第179条)。

2. 设定抵押权的物权行为

依法律行为而取得抵押权,指抵押权的设定。抵押权的设定系依法律行为(物权行为、处分行为)而发生不动产物权变动,须订立书面,并经登记,始生效力(第758条)。

(1)书面

抵押权的设定须订立书面(要式的物权行为)。

(2)登记

①生效要件

抵押权为不动产物权,非经登记,不生效力。登记系设定抵押权物权行为的生效要件。

②登记内容:契约自由原则

抵押权人仅能依设定登记之内容行使权利,抵押债务人究为何人,应以设定登记之内容为准(1983年台上字第2432号判例)。诚如"最高法院"2010年台上字第1470号判决所强调:"按抵押权乃为担保特定债权而存在,且系就特定物设定之,抵押物与担保债权应均属构成抵押权内容之重要部分,是以抵押权需以登记方法加以公示者,不啻着重于标的物之特定(何一不动产有抵押权),尚包括所担保债权之特定,必该债权'种类及金额'均特定,于确定抵押权人对抵押物所得支配交换价值之限度后,后次序抵押权之设定始不致陷于不安状态,或阻碍抵押物交换价值之有效利用。因之,已构成抵押权重要内容一部之特定标的物及特定担保债权'种类暨金额'(标的物及担保债权均特定),俱应为抵押权登记事项之范围,各该特定事项非经依法逐一登记后,不生物权之效力,此即为抵押权所揭橥表里有密切关系之'公示原则'与'特定原则'。"

(3)以契约书作为登记簿的附件

抵押权所担保之债权,其种类及范围,属于抵押权之内容,依法应经登记,始生物权之效力。如未于土地登记簿一一记载,应以抵押权人声请登记时提出之抵押权设定契约书,视为登记簿之附件,在该契约书上记载之该抵押权所担保之债权,始为抵押权效力之所及,若于登记簿及抵押权设定契约书均未记载者,即非抵押权所担保之债权,应非抵押权效力所及

(2012年台上字第570号)。

不动产物权设定内容,采私法自治原则,关于其担保债权、标的物,甚至抵押人仍得占有不动产而为使用收益(1965年台上字第1870号判例),当事人原则上得自由约定,但应受强行规定、定型化契约条款的规律(第247条之1)。[①]

(二)抵押权的设定、法律行为规定的适用与诈害债权

抵押权的设定系物权行为,应适用"民法"总则关于法律行为的规定。例如通谋虚伪设定抵押权之意思表示无效(第87条,1963年台上字第722号判例)。被诈欺或胁迫而为设定抵押权的意思表示,得为撤销(第92条)等。

值得特别提出的是设定抵押权与诈害债权的问题。"民法"第244条第1项规定:"债务人所为之无偿行为,有害及债权者,债权人得声请法院撤销之。"第2项规定:"债务人所为之有偿行为,于行为时明知有损害于债权人之权利者,以受益人于受益时亦知其情事者为限,债权人得声请法院撤销之。"兹举若干判决,以供参照:

1. "最高法院"1984年台上字第2696号判例:"抵押权设定行为为诈害行为时,其抵押权虽嗣后因抵押物拍卖而消灭,破产管理人仍得行使撤销权,俾使返还基于抵押权所为拍卖而得之价金,以保全债务人共同担保。"

2. "最高法院"1970年台上字第313号判例:"有担保物权(抵押权、质权)之债权,而其担保物之价值超过其债权额时,自毋庸行使撤销权以资保全,又担保物虽灭失,然有确实之赔偿义务人者,依照'民法'第881条及899条之规定,该担保物权即移存于得受之赔偿金之上,而不失其存在,此即所谓担保物权之代物担保性,凡此各点,于处理撤销权事件时,不能不予注意。"

3. "最高法院"1962年台上字第3528号判例:"债务人以其所有之不动产设定抵押权,同时向他人借贷款项,其设定抵押权之行为,固属有偿行为,若先有债权之存在而于事后为之设定抵押权者,如无对价关系,即属无偿行为。倘有害及债权,则债权人自得依'民法'第244条第1项之规定以撤销之。"

4. "最高法院"2005年台上字第318号判决:"按债务人以其所有之

---

① 参见谢哲胜:《抵押权内容自由原则》,载《月旦法学教室》2012年第120期。

不动产设定抵押权,同时向他人借贷款项,其设定抵押权之行为,固属有偿行为,若先有债权之存在而于事后为之设定抵押权者,如无对价关系,即属无偿行为。倘有害及债权,则债权人自得依'民法'第244条第1项之规定予以撤销之(参见本院1962年台上字第3528号判例)。"

## 二、非依法律行为而取得

### (一) 继承

抵押权得因继承而取得(第1148条)。

### (二) 随债权让与而取得

抵押权具从属性,不得与被担保的债权分离而为让与。惟依"民法"第295条第1项本文规定:"让与债权时,该债权之担保及其他从属之权利,随同移转于受让人。"所称债权之担保包括抵押权。此种抵押权之让与,系基于法律规定(法定移转),不以办理登记为必要。依"民法"第759条规定之法理,抵押权受让人于完成登记前,固不得处分其抵押权。但让与人于债权让与生效时,倘已声明由受让人继续行使权利,则于完成物权变更登记前,就已开始强制执行程序之继续进行,应可依任意程序担当之法理,认让与人业将程序遂行权授予受让人,受让人于完成登记前,自得以形式当事人之地位,继续遂行强制执行程序(2009年台抗字第535号)。

### (三) 法定抵押权

此指因法律规定而发生的抵押权,其主要的有不动产分割受补偿共有人之抵押权(第824条之1第4项)、质权人对不动产物权之抵押权(第906条之1)。

### (四) 抵押权的善意取得

"民法"第759条之1第2项规定:"因信赖不动产登记之善意第三人,已依法律行为为物权变动之登记者,其变动之效力,不因原登记物权之不实而受影响。"此为不动产物权善意取得之规定,包括不动产所有权、用益物权及抵押权。例如,甲与乙通谋虚伪买卖某地,并移转其所有权,乙擅将该地设定抵押权于丙,系属无权处分,丙得主张善意信赖登记簿的登记而取得抵押权。

## 三、一个基本规范模式

兹依前述提出一个抵押权取得(发生)的基本规范模式:

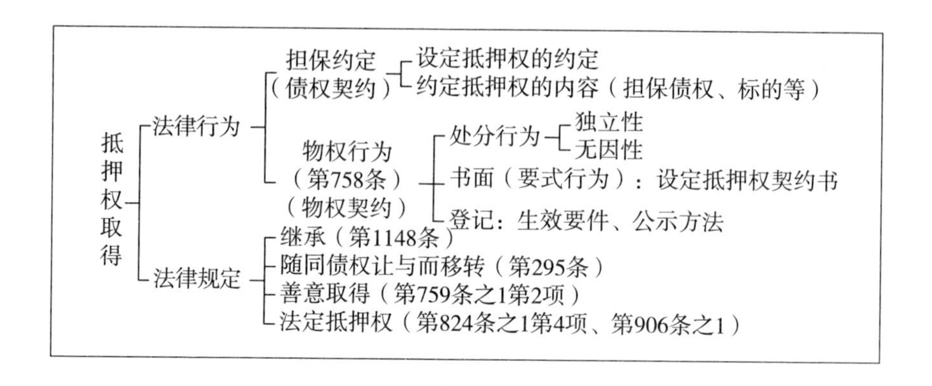


## 第三项　抵押权担保的债权与担保标的物

### 第一目　抵押权担保的债权及范围

#### 一、担保的债权

设定不动产抵押权旨在担保债权，得就不动产的价金优先受偿。关于其担保的债权，应说明的有六：

1. 特定的债权：其担保的债权于设定抵押权时，应为特定（确定），此乃基于普通抵押权的特定性，异于最高限额抵押权，故为担保不确定的债权，仅得设定最高限额抵押权。

2. 将来的债权：担保的债权应作广义解释，包括尚未届清偿期的债权、已届清偿期尚未清偿的债权。应强调的是，就将来可能发生的债权，亦得设定抵押权，以达融通资金的目的，《德国民法典》第1113条第2项设有明文，通说认为应从宽认定，不以确定性为必要。"最高法院"2009年台上字第541号判决谓："设定抵押权之目的系在担保债权之清偿，则只须将来实行抵押权时有被担保之债权存在即为已足，故契约当事人如订立以将来可发生之债权为被担保债权，亦即其债权之发生虽属于将来，但其数额已经预定者，此种抵押权在债权发生前亦得有效设立及登记。易言之，抵押权唯有在依当事人合意之内容及登记上之记载无从特定其担保债权之范围，或其所担保之债权有无效、不成立、被撤销或依其情形无发生可能时，始得谓违反抵押权设定之从属性。"

3. 附条件的债权：就附停止条件的债权，亦得设定抵押权（《德国民法典》第1113条第2项设有明文），抵押权于条件成就时发生，次序依设定（登记）时间定之。

4. 金钱债权：凡金钱债权皆得作为担保的债权，此多见于消费借贷债权，亦包括侵权行为损害赔偿、不当得利所受利益的返还等。以劳务给付为标的的债权，若其债务不履行得转换为金钱损害赔偿时，亦得为抵押权所担保的债权。

5. 赌债：就赌债设定抵押权的，亦时有之。赌博系违反公序良俗之行为，是以赌债非债，因此就赌债设定之抵押权无担保之客体，抵押权的设定亦属无效。将赌债更改为消费借贷或为债务承认者，乃脱法行为，其设定抵押权亦不生效力。[①]

6. 不当得利返还请求权：抵押权主要在于担保契约（消费借贷）的债权。值得研究的是，抵押权得否担保因消费借贷契约不成立、无效或被撤销而发生的债权不当得利返还请求权（或解除契约的返还请求权）？此在德国法上甚有争论，多数说采肯定说，认为此通常符合当事人的意思，以不当得利请求权的债权人作为抵押权的债权人。[②]

## 二、担保债权的范围

"民法"第861条规定："抵押权所担保者为原债权、利息、迟延利息、违约金及实行抵押权之费用。但契约另有约定者，不在此限。得优先受偿之利息、迟延利息、一年或不及一年定期给付之违约金债权，以于抵押权人实行抵押权声请强制执行前五年内发生及于强制执行程序中发生者为限。"应说明者有三：

1. 依"民法"第861条规定，抵押权担保的范围仅及于迟延利息，并不包括迟延而生的损害赔偿（第233条第3项）。

2. "民法"第861条规定，抵押权所担保者为原债权、利息、迟延利息、违约金及实行抵押权之费用，但契约另有约定者，不在此限。[③] 值得

---

① 参见王泽鉴：《赌债与不法原因给付》，载王泽鉴：《民法学说与判例研究》（第二册），北京大学出版社2009年版，第88—103页。

② Baur/Stürner, Sachenrecht, §37 Nr. 48; Vieweg/Lorz, Sachenrecht, S. 518; Müller/Gruber, Sachenrecht, S.639; Prütting, Sachenrecht, S. 301. 强调此系设定抵押权物权契约的解释问题。

③ 参见郑冠宇：《抵押权担保债权效力范围》，载《台湾法学杂志》2010年第145期。

注意的是,迟延利息(法定)、实行抵押权之费用,无须登记,仍为抵押权担保债权的范围。当事人约定之“利息”“违约金”,须经登记公示,始能为担保债权范围效力所及(参照“土地登记规则”第111条之1),此一见解亦为实务所采纳(“最高法院”2013年度第13次民事庭会议决议、2021年台上字第2829号)。[①]

3. 系争抵押权设定契约所担保之债权,不仅限于借款本金,即借额以外之违约金亦在其内,而有违约金约定者,不问其作用为惩罚抑为损害赔偿额之预定,除其金额过高,经诉由法院依“民法”第252条规定减至相当之数额外,债务人要应照约履行,不得以约定之违约金超过法定利率甚多,为拒绝债权人声请拍卖抵押物之借口(1961年台抗字第55号判例)。

### 第二目 担保标的物及范围

#### 一、担保标的物

##### (一)不动产及应有部分

担保标的物须为不动产,包括土地及其定着物。以共有之土地言,共有物的应有部分乃所有权的比例,自得为抵押权的标的物,“民法”第819条第1项明定:“各共有人,得自由处分其应有部分。”所谓处分,包括设定抵押权。[②]

定着物指非土地之构成部分,继续附着于土地,而达一定经济上目的,不易移动其所在之物而言。实务认为其属定着物(不动产)而得设定抵押权的有三:

1. 轻便轨道:轻便轨道为定着物,乃不动产(释字第93号),亦得设定抵押权。

2. 电杆:电杆乃属电业设备,密切附着于土地,不易移动,而达供电

---

① 谢在全:《民法物权论》(下),第171、175页;郑冠宇:《民法物权》,第518页。

② “司法院”释字第141号解释:“共有之房地,如非基于公同关系而共有,则各共有人自得就其应有部分设定抵押权。”解释理由书:“按‘各共有人,得自由处分其应有部分’,为‘民法’第819条第1项所明定。除基于公同关系而共有者另有规定外,如共有物为不动产,各共有人本于前开规定,既得自由处分其应有部分,则遇有不移转占有而供担保之必要时,自得就其应有部分设定抵押权。至于同条第2项所谓‘共有物之处分、变更、及设定负担,应得共有人全体之同意’,系指共有人以共有物为处分、变更、或设定负担之标的,并非就各共有人之应有部分而言。此比照第1项得自由处分之规定,法意至为明显。本院院字第1516号解释,应予补充释明。”

业使用之经济目的，除临时设施外，其设置具有继续性，不失为“民法”第66条之1规定之定着物（2016年台声字第534号）。[①]

3. 尚未完工，具经济使用目的的房屋：房屋原计划盖建二楼，而建筑之程度，二楼结构业已完成，仅门窗尚未装设及内部装潢尚未完成，此项尚未完成竣工之房屋，已足避风雨，可达经济上之使用目的，即成为独立之不动产（1981年台上字第2221号判例）。

（二）物之成分

不动产包括成分，无论其为重要成分（如房屋的墙壁、地板等）或非重要成分（如可拆除的门窗），究于抵押权设定时或其后成为物之成分，在所不问。抵押物之成分非依物之通常方法而分离成为独立之动产者，即分离物，仍为抵押权效力之所及（第862条之1第1项后段）。

应说明的是，非重要成分得单独为物权的客体，其为第三人所有时，不构成担保的标的物。例如盗窃他人可拆换的门窗装于己屋，不因此成为抵押权担保的标的物。在附条件买卖（保留所有权），例如电梯出卖人对装置于抵押房屋的电梯，在价金完全清偿前保留所有权。在此情形，抵押权的效力及于买受人的期待权，而于条件成就，由买受人取得电梯所有权时，成为抵押权担保的标的物。[②]

## 二、担保标的物的范围

抵押权及于担保标的物的范围，除抵押物（不动产）外，基于抵押物经济一体性，尚应包括从物、附加物、从权利、残余物、分离物及孳息，以保障抵押权人的权益。“民法”特设规定，说明如下：

（一）从物、附加物、从权利

“民法”第862条规定：“抵押权之效力，及于抵押物之从物与从权利。第三人于抵押权设定前，就从物取得之权利，不受前项规定之影响。以建筑物为抵押者，其附加于该建筑物而不具独立性之部分，亦为抵押权效力所及。但其附加部分为独立之物，如系于抵押权设定后附加者，准用

---

① 蔡瑄庭：《电杆为“民法”第66条第1项规定之定着物》，载《月旦裁判时报》2019年第82期。

② 关于附条件买卖（保留所有权）买受人期待权，参见王泽鉴：《民法学说与判例研究》（第七册），北京大学出版社2009年版，第177—263页。关于抵押权效力与物上期待权（Anwartschaftsrecht），Vieweg/Lorz, Sachenrecht, S. 345, 470 f.

第八百七十七条之规定。”

1. 从物:从物指非主物之成分,常助主物之效用,而同属于一物者,但交易上有特别习惯的不在此限。不动产的从物得为不动产,如农地的附属农舍、房屋的车库;不动产的从物亦得为动产,如餐厅的桌椅、厨房设备。[①]

2. 建筑物的附加物:此为“民法”物权编2007年3月修正于第862条增订第3项所明定,立法理由谓:“社会上常有建物上增建、扩建或为其他之附加使成为一物而不具独立性之情形,如以该建筑物为抵押,抵押权是否及于该附加部分?原法尚无明文规定,易滋疑义。为杜绝争议,并解决于实行抵押权时法院强制执行程序之困扰,爰增订第3项,明定无论于抵押权设定前后,附加于该为抵押之建筑物之部分而不具独立性者,均为抵押权效力所及。如其附加部分为独立之物,且系于抵押权设定后附加者,准用第877条之规定。即抵押权人于必要时,得声请法院将该建筑物及其附加物并付拍卖,但就附加物卖得价金,无优先受清偿之权,以保障抵押权人、抵押人与第三人之权益,并维护社会整体经济利益。”

3. 从权利,如不动产役权。

（二）抵押物灭失之残余物及分离物

“民法”第862条之1规定:“抵押物灭失之残余物,仍为抵押权效力所及。抵押物之成分非依物之通常用法而分离成为独立之动产者,亦同。前项情形,抵押权人得请求占有该残余物或动产,并依质权之规定,行使其权利。”[②]应说明者有二:

---

① “最高法院”2015年台上字第88号判决:“抵押权之效力,及于抵押物之从物。又所谓从物,系指独立之物,且常助主物之效用,而同属于一人,且非交易上有特别习惯者,始足当之,此观‘民法’第862条第1项、第68条第1项之规定自明。因此,从物之认定,自应以其有无辅助主物之经济目的,综合斟酌物之客观存在态样、交易习惯及当事人意思等具体实情而判断之,尚不能概以厂房建物内存在之机器设备,径认属厂房建物之从物,而应个别审酌其性质,以为从物之判断,进而认定其是否为厂房建物之抵押权效力所及。”2021年台上字第1840号判决:“抵押权之效力,及于抵押物之从物与从权利。以建筑物为抵押者,其附加于该建筑物而不具独立性之部分,亦为抵押权效力所及,为‘民法’第862条第1项、第3项前段所明定。基于法之安定性原则,因附加于原有建物而不具独立性部分,被附加之原有建物所有权范围因而扩张者,抵押权范围实时扩张于该附加物。”

② “民法”第862条之1立法理由:“抵押物灭失致有残余物时,例如抵押之建筑物因倒塌而成为动产者,从经济上言,其应属抵押物之变形物。又抵押物之成分,非依物之通常用法因分离而独立成为动产者,例如自抵押建筑物拆取之‘交趾陶’,其较诸因抵押物灭失而得受之赔偿,更属抵押物之变形物,学者通说以为仍应为抵押权效力所及,始得巩固抵押权之效用。因原法尚无明文规定,易滋疑义,为期明确,爰予增订。”

1. 残余物：例如房屋因地震倒塌残留之物（砖块、门窗、梁柱、电梯等）。

2. 分离物：抵押物之成分，非依物之通常用法因分离而独立成为动产者，例如自古厝拆取之交趾陶。其依物之通常用法而分离成为动产者（如更换之电梯），不为抵押权效力之所及。

抵押权人得请求占有残余物或分离物，并依质权之规定行使其权利，乃属抵押权转换为质权的一种态样。

（三）天然孳息及法定孳息

1. 天然孳息

“民法”第863条规定：“抵押权之效力，及于抵押物扣押后自抵押物分离，而得由抵押人收取之天然孳息。”抵押物未分离之天然孳息（如果树的果实），乃抵押物的成分，当然为抵押权效力所及。之所以规定“得”由抵押人收取之天然孳息，乃在明确表明抵押权设定后，于同一抵押物得设定地上权或成立其他权利（例如租赁、使用借贷），故土地之天然孳息收取权人未必即为抵押人（第70条），则抵押物扣押后，由抵押物分离时，如抵押人无收取权者，抵押权之效力，自不及于该分离之天然孳息。至于在抵押权设定之前，抵押物上已设定地上权或成立其他权利者，其天然孳息为抵押权效力所不及，乃属当然。

2. 法定孳息

抵押权之效力，及于抵押物扣押后抵押人就抵押物得收取之法定孳息。但抵押权人，非以扣押抵押物之事情，通知应清偿法定孳息之义务人，不得与之对抗（第864条）。此规定系指抵押权人就抵押物扣押后抵押人就抵押物得收取之法定孳息有优先受清偿之权利而言，非指抵押权人就该法定孳息当然有收取权（2011年台上字第877号）。[①]

## 第四项　抵押权的特性

抵押权系为担保债权，而于抵押物上设定的权利，在法律结构上具有从属性、不可分性及代位性三个特性。分述如下：

---

① 参见谢在全：《抵押权效力及于抵押物法定孳息之效果》，载《月旦法学杂志》2015年第248期；邱玟惠：《抵押物租金债权处分之效力与‘民法’第864条抵押权效力之竞合》，载《东吴法律学报》2017年第29卷第1期。

## 一、从属性

抵押权系以担保债务之清偿为目的,为债权而存在,具从属性,分三点言之:

1. 发生上的从属性:抵押权的成立,以债权的发生或存在为前提。债权不发生或存在,其抵押权亦不成立。例如,甲向乙贷款100万元,成立消费借贷契约,为担保债权而设定抵押权,若消费借贷契约不成立、无效或被撤销时,抵押权亦不成立。在此情形,乙得向甲依不当得利规定请求返还其支付的100万元贷款(给付不当得利,第179条),甲得向乙请求涂销抵押权的登记(第767条第1项中段)。近年来,发生上的从属性出现缓和化的情形,仅须实行抵押权时,有担保债权存在即可,亦为实务所肯认(参照2005年台上字第932号、2020年台上字第522号)。[①]

2. 处分上的从属性:抵押权不得与其所担保之债权分离而单独让与,或为其他债权之担保(第870条)。债权人将债权让与第三人时,除另有约定外,抵押权应随同移转(第295条),无待登记即发生移转效力。

抵押权处分的从属性旨在维护抵押权与债权的一致性,使抵押权人与债权人同为一人,体现抵押权的从属性。

3. 消灭上的从属性:抵押权所担保的债权,因清偿、提存、抵销、免除等原因而全部消灭时,抵押权亦随同消灭(第307条)。

## 二、不可分性

抵押权的目的,即在以抵押物的全部价值,担保所有的抵押债权得受清偿,乃发生所谓的抵押权不可分性:

1. 抵押之不动产如经分割,或让与其一部,或担保一债权之数不动产而以其一让与他人者,其抵押权不因此而受影响(第868条)。[②]

2. "民法"第869条规定:"以抵押权担保之债权,如经分割或让与其

---

① 参见陈旺圣:《担保物权之现代化——以从属性缓和之法秩序变迁为例》,载《军法专刊》2021年第67卷第4期。

② 关于不动产分割,参照"最高法院"1993年台上字第3153号判例:"抵押之不动产如经分割,或让与其部者,其抵押权不因此而受影响,'民法'868条定有明文。故抵押之不动产虽让与为数人所共有,抵押权人对于受让抵押物之各人之应有部分,仍得就全部债权行使权利,受让抵押物有部分之人,不得仅支付与受让部分相当金额,而免其责任。"

一部者,其抵押权不因此而受影响。前项规定,于债务分割或承担其一部时适用之。”[①]例如,甲以A地设定抵押权,担保乙的1000万元债权。设甲将A地的一部分让与于丙(登记为B地),乙则将其债权中的500万元让与于丁。在此情形,除当事人另有约定外,乙、丁的债权仍存在于A地及B地之上,不因抵押物及抵押债权的一部让与而受影响。

### 三、代位性

在抵押权,系以其标的物的价值担保抵押债权的清偿,是发生所谓的代位性(物上代位性),即抵押权之物灭失时,抵押权仍移存于抵押物的代位物。所谓代位物指因抵押物灭失而得受的损害赔偿金、保险金、政府所发征收费等补偿费。

“民法”第881条规定:“抵押权除法律另有规定外,因抵押物灭失而消灭。但抵押人因灭失得受赔偿或其他利益者,不在此限。抵押权人对于前项抵押人所得行使之赔偿或其他请求权有权利质权,其次序与原抵押权同。给付义务人因故意或重大过失向抵押人为给付者,对于抵押权人不生效力。抵押物因毁损而得受之赔偿或其他利益,准用前三项之规定。”应特别说明的有三:

1. 抵押权人依抵押权物上代位性(或称代物担保性)所得行使之该权利,其性质为何,学者见解不同,有担保物延长说(日本)与法定债权质权说(德国、瑞士),2007年修法时,为期明确,已明定系属权利质权(第1项、第2项)。

2. 抵押物灭失时,依第1项规定之意旨,负赔偿或其他给付义务之给付义务人应向抵押权人给付,始为公允。故给付义务人如因故意或因重大过失已向抵押人为给付,对抵押权人不生效力。依第3项规定,抵押权人如请求给付,给付义务人仍负给付之义务。

3. 第4项与“民法”第872条规定(抵押权保全)可同时并存,抵押权

---

① “最高法院”1998年台上字第576号判决:“按让与债权时该债权之担保及其他从属之权利,除与让与人有不可分离之关系者外,随同移转于受让人,为‘民法’第295条第1项所明定。该条所谓‘随同移转’,系属法定移转,无待登记即发生移转之效力,与意定移转须经登记始发生移转效力者有异。又抵押权从属于主债权,观之‘民法’第870条规定自明。则主债权之让与,依前开说明,该抵押权自应随同移转,此与抵押权系依法律行为而为该与须经登记始发生移转效力之情形不同。”

人依第 4 项所生之物上代位权与依第 872 条所生之提出担保请求权,发生请求权竞合问题,由抵押权人择一行使,乃属当然。

## 第五项　抵押权的法律构造:案例研习

### 一、法律构造

兹综合前述,图示抵押权的法律构造如下:

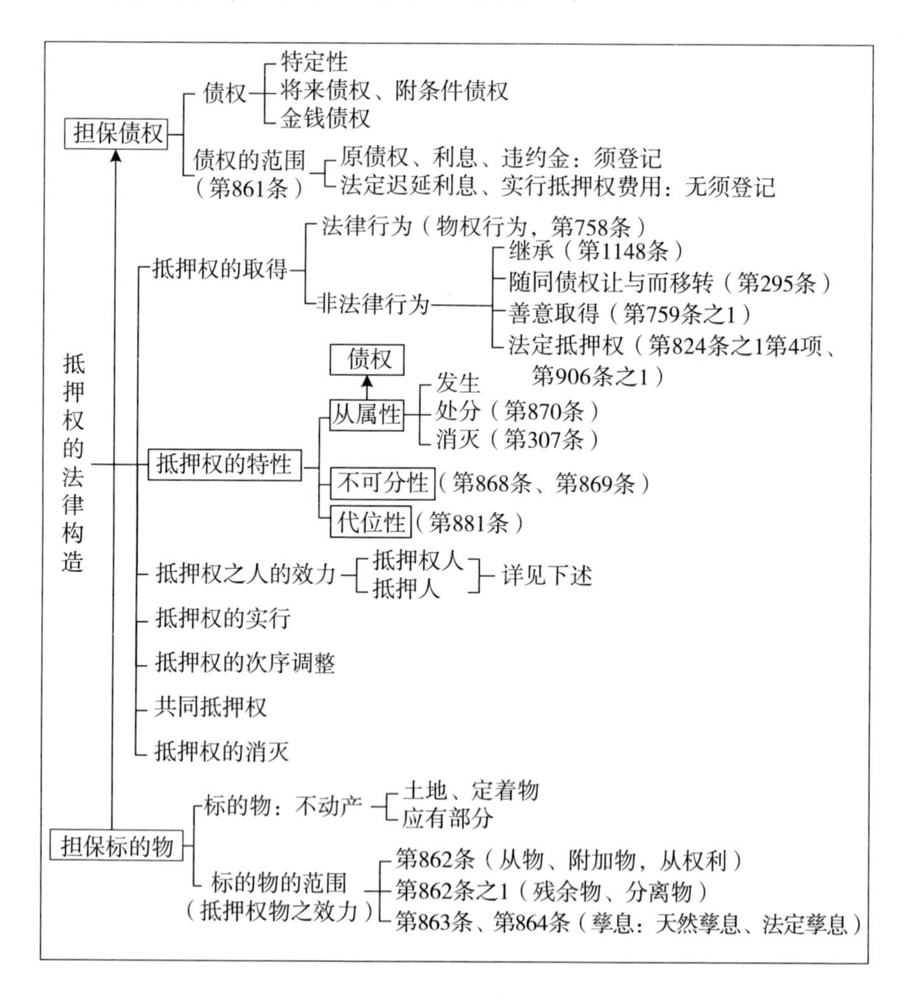

## 二、案例研习

务请参照前揭说明，自行研究，采请求权基础方法写成书面。

1. 甲与乙通谋虚伪意思表示，出售A屋于乙，乙向丙贷款1000万元，并以A屋设定抵押权。当事人间法律关系为何？

2. 甲为赌债设定A屋抵押权于乙，乙拍卖A屋受领价金。甲得向乙主张何种权利？

3. 甲向乙借款100万元，先约定提供A地设定抵押权，乙交付款项后为即抵押权的设定。试说明在此案例共有多少法律行为，并讨论当事人间的法律关系：(1)甲与乙间消费借贷不成立、无效或被撤销。(2)担保约定不成立、无效或被撤销。(3)设定抵押权的法律行为无效或被撤销。

4. 甲有A地，设定抵押权于乙，担保1000万元债权，设甲将A地一半让与于丙，乙将其债权一半让与于丁时，抵押权人如何行使其权利？

5. 甲有A屋，在设定抵押权于乙之前或之后，在屋侧建造车库，在屋顶加盖三温暖房，在屋内装设电梯(厂商保留所有权)，是否均为抵押权效力之所及？

6. 甲有A屋设定抵押权于乙，丙因过失烧毁该A屋时，甲、乙得向丙主张何种权利？

7. 甲将A古厝设定抵押权于乙，甲(或第三人)擅取古厝屋顶的交趾陶出售于丙(知情或不知情)。当事人间法律关系如何？

8. 甲偷取乙的建材建造房屋，并设定抵押权于丙。其后该屋地震毁损，乙或丙得就该残留的建材主张何种权利？

### 第六项　抵押权对抵押人及抵押权人的效力

#### 第一目　对抵押人的效力

甲将A地设定通行不动产役权于乙后，再先后设定抵押权于丙、丁。在此情形：

1. 甲得否于同一不动产上与丙再成立租赁或使用借贷关系？
2. 乙实行抵押权时，如何处理该租赁或使用借贷关系？
3. 甲在其后将A地所有权出卖于庚并移转其所有权时，其法律关系如何?

抵押人仍为抵押物的所有人,且不移转占有于抵押权人,其对抵押物使用、收益及处分的权能,原则上不受抵押权设定的影响。分述如下:

## 一、得对抵押物为使用、收益

抵押人得对抵押物为使用、收益,抵押物扣押后,所收获的天然孳息或所得收取之法定孳息,则为抵押权效力所及(第 863 条、第 864 条)。

## 二、得对抵押物为处分

所谓处分,除事实上处分(如修缮抵押的房屋)外,尚包括法律上处分,例如让与抵押物所有权、设定数抵押权、设定地上权、成立租赁关系等。"民法"就其所涉及的问题设有规定,分述如下:

### (一) 让与抵押物(不动产)所有权:受让人的物上责任

"民法"第 867 条规定:"不动产所有人设定抵押权后,得将不动产让与他人。但其抵押权不因此而受影响。"值得特别提出的是,在设定抵押权的不动产所有权让与,产生了所谓抵押权与债权并存问题:取得不动产所有权的第三人非系债务人,而应负担物之责任,其情形犹如物上保证人,此在理论及实务上具有重要意义,为便于说明,图示如下[①]:

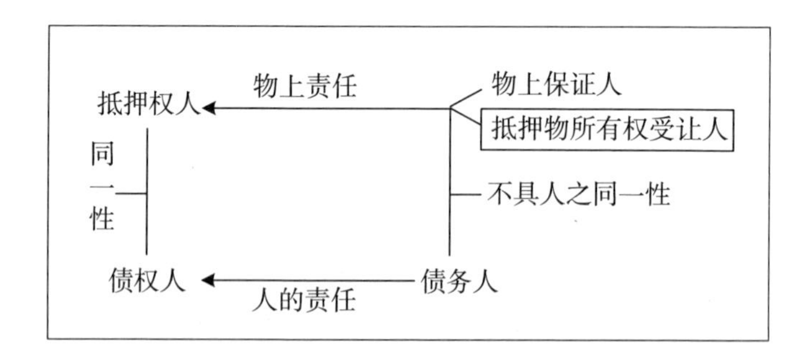


1. 在债权人方面:债权人与抵押权人的同一性

债务人为债权人设定抵押权以担保债权,抵押权与债权二种权利并存,抵押权人与债务人结合一起,不能分离。设定抵押的目的在于担保债

① Prütting, Sachenrecht, S. 310 f.

权,抵押权人与债权人恒为同一人。

2. 在债务人方面:人的责任与物上责任

在债务人方面,有仅负物上之责任而无人的责任的,其类型有二:

(1)物上保证:“民法”设有规定(第 879 条,详见本书第 516 页)。

(2)第三人受让不动产抵押物所有权(第 867 条):受让人(不动产买受人)非系债务人,但就其受让不动产负物之责任,抵押权人得拍卖该不动产优先受偿。在此种法律交易,通常受让人会与让与人(出卖人)约定从价金扣减抵押权所担保的债权数额,并为承担债务。“民法”第 301 条规定:“第三人与债务人订立契约承担其债务者,非经债权人承认,对于债权人不生效力。”债权人(抵押权人)是否承认,会考虑当事人间的关系,尤其是抵押物的价值是否足够清偿担保债务,实务运作有待研究。[①]

(二)设定地上权、成立租赁关系[②]

“民法”第 866 条设三项规定[③],旨在调和抵押权与用益物权及租赁关系:

---

① 对于抵押物所有权让与与债务承担是实务上的重要问题,《德国民法典》第 416 条设有特别规定,可供参照:“土地之取得人与让与人订立契约,承担其由该土地上抵押权所担保之债务者,债权人仅得于让与人为债务承担之通知时承认之。自接收通知时起六个月,债权人未向让与人为承认之拒绝者,视为承认;于此情形,不适用第 415 条第 2 项第 2 段之规定。让与人之通知,须俟取得人在土地簿册经登记为所有人后,始得为之。通知应以书面为之,并应记载债权人不于六个月内为拒绝之表示时,承担人即代替原债务人。让与人因取得人之请求,应向债权人为债务承担之通知。承认或承认之拒绝经确定者,让与人应即通知取得人。”

② 参见朱柏松:《“民法”第 866 条抵押人设定用益等权利不影响抵押权效力规定之分析》,载《物权与民事法新思维》,第 25 页。

③ 需注意的是“民法”第 866 条涉及二个“宪法”解释,影响“民法”第 866 条的修正及解释适用:

1. 释字第 304 号解释:“‘民法’第 866 条规定,不动产所有人设定抵押权后,于同一不动产上,得设定地上权及其他权利。但其抵押权不因此而受影响,如其抵押权因设定地上权或其他权利而受影响者,本院院字第 1446 号解释认为对于抵押权人不生效力,抵押权人声请拍卖抵押物时,执行法院自可依法径予执行,乃因抵押权为物权,经登记而生公示之效力,在登记后就抵押物取得地上权或其他使用收益之权利者,自不得使登记在先之抵押权受其影响,如该项地上权或其他使用收益之权利于抵押权无影响时,仍得继续存在,已兼顾在后取得权利者之权益,首开法条及本院解释与‘宪法’并无抵触。”

2. 释字第 119 号解释:“所有人于其不动产上设定抵押权后,复就同一不动产上与第三人设定典权,抵押权自不因此而受影响。抵押权人届期未受清偿,实行抵押权拍卖抵押物时,因有典权之存在,无人应买,或出价不足清偿抵押债权,执行法院得除去典权负担,重行估价拍卖。拍卖之结果,清偿抵押债权有余时,典权人之典价,对于登记在后之权利人,享有优先受偿权。执行法院于发给权利移转证书时,依职权通知地政机关涂销其典权之登记。”

1. 第1项：不动产所有人设定抵押权后，于同一不动产上，得设定地上权或其他以使用收益为目的之物权，或成立租赁关系。但其抵押权不因此而受影响。[①]

2. 第2项：前项情形，抵押权人实行抵押权受有影响者，法院得除去该权利或终止该租赁关系后拍卖之。值得注意的有三个实务问题：

(1)执行法院认抵押人于抵押权设定后，与第三人订立之租约，致影响于抵押权者，得依声请或职权除去其租赁关系，依无租赁状态径行强制执行。执行法院所为此种除去租赁关系之处分，性质上系强制执行方法之一种，当事人或第三人如有不服，应依"强制执行法"第12条规定，向执行法院声明异议，不得径行对之提起抗告(1985年台抗字第227号判例)。

(2)抵押人于抵押权设定后，与第三人订立租约，致影响于抵押权者，对于抵押权人虽不生效，但执行法院倘不依声请或依职权认为有除去该影响抵押权之租赁关系之必要，而为有租赁关系存在之不动产拍卖，并于拍卖公告载明有租赁关系之事实，则该租赁关系非但未被除去，且已成为买卖(拍卖)契约内容之一部。无论应买人投标买得或由债权人承受，依继受取得之法理，其租赁关系对应买人或承受人当然继续存在(1971年台上字第4615号判例)。

(3)"民法"第866条虽仅有"不动产所有人"之明文，惟该法条旨在排除影响抵押权人行使抵押权之障碍，是经抵押物所有权人同意或认许使用抵押物之第三人，再将执行标的之抵押物出租或提供次第三人使用，与抵押物所有权人自为者无异；本于同一法理，执行法院亦得将该影响抵押权行使之第三人与次第三人间租赁及使用关系除去而强制执行(2009年台抗字第911号)。此项规定亦适用于消费借贷或其他债之关系(2005年台抗字第239号)。所谓受有影响，指因有地上权等权利或租赁关系之存在，无人应买，或出卖不足清偿抵押权。

---

① "民法"第866条第2项修正理由谓："第1项但书'但其抵押权不因此而受影响'之解释，学者间意见不一，有谓仍得追及供抵押之不动产而行使抵押权；有谓如因设定他种权利之结果而影响抵押物之卖价者，他种权利归于消灭。为避免疑义，爰参照'司法院'院字第1446号、释字第119号及释字第304号解释，增订第2项，俾于实体法上订定原则，以为强制执行程序之依据。上述除去其权利拍卖，法院既得依声请，亦得依职权为之。又上述之权利虽经除去，但在抵押之不动产上，如有地上权等用益权人或经其同意使用之人之建筑物者，就该建筑物则应依第877条第2项规定办理并付拍卖，并予叙明。"

3. 第3项：不动产所有人设定抵押权后，于同一不动产上，成立第一项以外之权利者，准用前项之规定。[①] 第3项所称成立第1项以外之权利，如使用借贷关系。

## 第二目　对抵押权人的效力

### 一、抵押权的追及效力

"民法"第867条规定："不动产所有人设定抵押权后，得将不动产让与他人。但其抵押权不因此而受影响。"本条肯定抵押权的让与性及其追及效力。抵押权人得本于追及其物之效力实行抵押权，但既经抵押人让与他人而属于受让之他人所有，则因实行抵押权而声请法院裁定准许拍卖该不动产时，自应列受让之他人为相对人（1985年台抗字第431号判例）。

兹参照前揭案例所涉及的法律关系，图示如下：

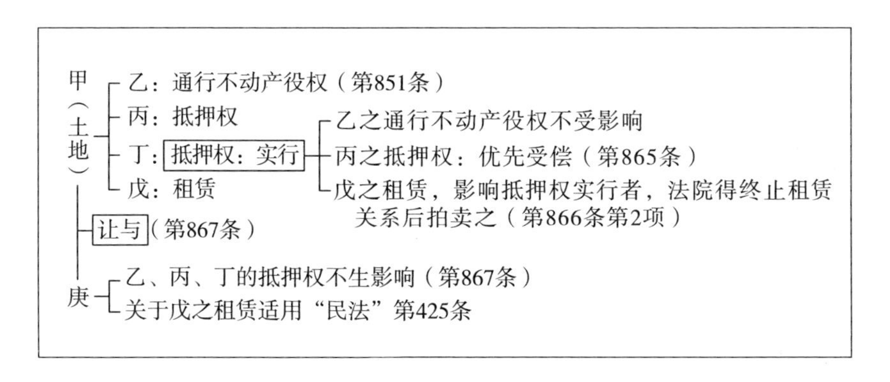


前揭图示及物权法的基本法律关系，对于理解物权法及实务问题，至为重要，务请彻底理解（查阅法条，写成书面）。

### 二、抵押权的保全

① "民法"第866条第3项修正理由："不动产所有人，设定抵押权后，于同一不动产上，成立第一项以外之关系，如使用借贷关系者，事所恒有。该等关系为债之关系，在理论上当然不得对抗抵押权，但请求点交时，反须于取得强制执行名义后，始得为之（'强制执行法'第99条第2项规定参照），与前二项情形观之，有轻重倒置之嫌，且将影响拍卖时应买者之意，为除去前述弊端，爰增订第3项准用之规定。"

（一）防止抵押物价值减少请求权

“民法”第871条规定：“抵押人之行为，足使抵押物之价值减少者，抵押权人得请求停止其行为。如有急迫之情事，抵押权人得自为必要之保全处分。因前项请求或处分所生之费用，由抵押人负担。其受偿次序优先于各抵押权所担保之债权。”例如，抵押人于抵押的土地使用化学药物，致土地遭受污染，足使减少其价值时，抵押权人得在审判上或审判外为适当的请求，或自行防御，以保护其权利，而由抵押人负担其费用。

（二）抵押物价值回复请求权

抵押物由抵押人（债务人）占有，得为使用收益，难免减少抵押物价值。为回复抵押物价值，“民法”第872条设四项规定：

1. 第1项：“抵押物之价值因可归责于抵押人之事由致减少时，抵押权人得定相当期限，请求抵押人回复抵押物之原状，或提出与减少价额相当之担保。”

2. 第2项：“抵押人不于前项所定期限内，履行抵押权人之请求时，抵押权人得定相当期限请求债务人提出与减少价额相当之担保。届期不提出者，抵押权人得请求清偿其债权。”

3. 第3项：“抵押人为债务人时，抵押权人得不再为前项请求，径行请求清偿其债权。”

4. 第4项：“抵押物之价值因不可归责于抵押人之事由致减少者，抵押权人仅于抵押人因此所受利益之限度内，请求提出担保。”其“所受利益”，除损害赔偿外，尚应包括不当得利、公法上损失补偿等。

（三）抵押权的处分

关于抵押权的让与，前已论及。债权人亦得将抵押权与其所担保的债权，一并设定权利质权，为其他债权的担保，或抛弃其抵押权。此均属依法律行为而为的抵押权变动，须经登记，始生效力（第758条）。

## 第七项　抵押权次序的让与及抛弃

债务人甲在其抵押物上分别有乙、丙、丁为第一、二、三次序依次为新台币180万元、120万元、60万元的抵押权。试问：

1. 乙得否将其抵押权次序让与丁？

2. 乙得否为丁的利益抛弃其抵押权次序？

3. 乙得否为丙、丁的利益抛弃其抵押权次序？

在上述情形,设甲之抵押物拍卖所得为 300 万元(或 280 万元)时,如何分配其受偿的金额?(参阅下图)

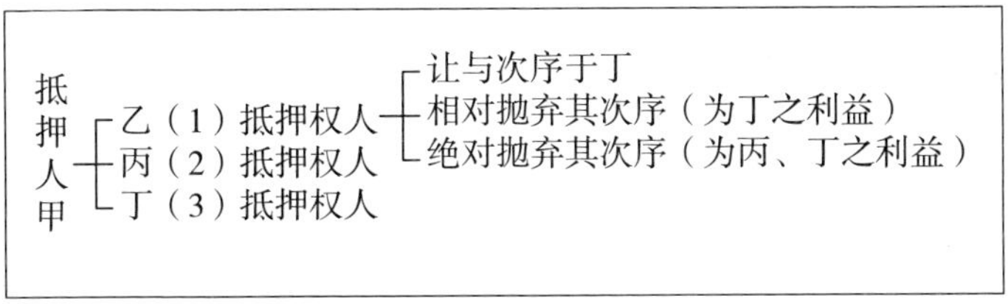

抵押人甲
- 乙(1)抵押权人
  - 让与次序于丁
  - 相对抛弃其次序(为丁之利益)
  - 绝对抛弃其次序(为丙、丁之利益)
- 丙(2)抵押权人
- 丁(3)抵押权人

## 一、功能:活络抵押物的交换价值

抵押权人依其次序所能支配者,系抵押物之交换价值,即抵押权人依其次序所得优先受偿的分配额。为使抵押权人对此交换价值的利用更具弹性,俾使其投下的金融资本在多数债权人间仍有灵活周转之余地,并有相互调整其复杂之利害关系之手段,"民法"就此原无明文规定,鉴于此项制度具有上述经济机能,且与抵押人、第三人之权益无影响,而在学说及土地登记实务(参照"土地登记规则"第 116 条)上均承认之。为符实际并期明确,"民法"物权编 2007 年 3 月修正特明定抵押权人得以让与抵押权之次序,或抛弃抵押权之次序之方法,调整其可优先受偿之分配额。但他抵押人之利益不受影响。

## 二、次序调整的类型、要件及效果

### (一)"民法"第 870 条之 1 规定

"民法"第 870 条之 1 规定抵押权次序之让与及抛弃,分为四项:

1. 第 1 项(调整优先分配的方法):"同一抵押物有多数抵押权者,抵押权人得以下列方法调整其可优先受偿之分配额。但他抵押权人之利益不受影响:一、为特定抵押权人之利益,让与其抵押权之次序。二、为特定后次序抵押权人之利益,抛弃其抵押权之次序。三、为全体后次序抵押权人之利益,抛弃其抵押权之次序。"所谓"特定抵押权人",系指因调整可优先受偿分配额而受利益之该抵押权人而言,不包括其他抵押权人在内。又其得调整之可优先受偿之分配额,包括全部或一部。

2. 第 2 项(非经登记不生效力):"前项抵押权次序之让与或抛弃,非经登记,不生效力。并应于登记前,通知债务人、抵押人及共同抵押人。"之所以规定须办理登记始生效力,系因台湾地区"民法"关于不动产物权行为采登记生效要件主义(第758条)。

3. 第3项(调整的实行):"因第一项调整而受利益之抵押权人,亦得实行调整前次序在先之抵押权。"其实行抵押权须其相互间之抵押权均具备实行要件,例如在前揭案例债务人甲在其抵押物上分别有乙、丙、丁第一、二、三次序之抵押权,乙将第一优先次序让与丁,如乙、丁之抵押权均具实行要件时,丁得实行乙之抵押权,声请拍卖抵押物。

4. 第4项(第三人不动产为同一债权之担保):"调整优先受偿分配额时,其次序在先之抵押权所担保之债权,如有第三人之不动产为同一债权之担保者,在因调整后增加负担之限度内,以该不动产为标的物之抵押权消灭。但经该第三人同意者,不在此限。"①

(二) 抵押权次序的让与

次序之让与指抵押权人为特定抵押权人之利益,让与其抵押权之次序,亦即指同一抵押物之先次序或同次序抵押权人,为特定后次序或同次序抵押权人之利益,将其可优先受偿之分配额让与该后次序或同次序抵押权人之谓。此时让与人与受让人仍保有原抵押权及次序,让与人与受让人仍依其原次序受分配,惟依其次序所能获得分配之合计金额,由受让人优先受偿,如有剩余,始由让与人受偿。

例如,在前揭案例债务人甲在其抵押物上分别有乙、丙、丁第一、二、三次序依次为新台币(以下同)180万元、120万元、60万元之抵押权,乙将第一优先次序让与丁,甲之抵押物拍卖所得价金为300万元,则丁先分得60万元,乙分得120万元,丙仍为120万元。又如甲之抵押物拍卖所得价金为280万元,则丁先分得60万元,乙分得120万元,丙分得100万元(参照立法理由)。

(三) 抵押权次序之抛弃

次序之抛弃有相对抛弃及绝对抛弃二种,分述如下:

---

① 增订理由:"为同一债权之担保于数不动产上设定抵押权者,抵押权人本可就各个不动产卖得之价金,受债权全部或一部之清偿。如先次序或一部之清偿。如先次序或同次序之抵押权人,因调整可优先受偿分配额而丧失其优先受偿利益,则必使其他共同抵押人增加负担,为示公平,除经该第三人即共同抵押人同意外,殊无令其增加负担之理,爰于第4项明定在因调整后增加负担之限度内,以该不动产为标的物之抵押权消灭。"

1. 相对抛弃

相对抛弃指抵押权人为特定后次序抵押权人之利益，抛弃其抵押权之次序，亦即指同一抵押物之先次序抵押权人，为特定后次序抵押权人之利益，抛弃其优先受偿利益之谓。此时各抵押权人之抵押权归属与次序并无变动，仅系抛弃抵押权次序之人，因抛弃次序之结果，与受抛弃利益之抵押权人成为同一次序，将其所得受分配之金额共同合计后，按各人债权额之比例分配之。

例如，在前揭案例，甲之抵押物拍卖所得价金为 300 万元，乙将其第一次序之优先受偿利益抛弃于丁，则乙、丁同列于第一次序，乙分得 135 万元，丁分得 45 万元，至丙则仍分得 120 万元，不受影响。又如甲之抵押物拍卖所得价金为 280 万元，则乙、丁所得分配之债权总额为 180 万元(如乙未为抛弃，则乙之应受分配额为 180 万元，丁之应受分配额为零)，乙抛弃后，依乙、丁之债权额比例分配(三比一)，乙分得 135 万元，丁分得 45 万元，丙仍分得 100 万元不受影响(参照立法理由)。

2. 绝对抛弃

绝对抛弃指抵押权人为全体后次序抵押权人之利益，抛弃其抵押权之次序，亦即指先次序抵押权人并非专为某一特定后次序抵押权人之利益，抛弃优先受偿利益之谓。此时后次序抵押权人之次序各依次序升进，而抛弃人退处于最后之地位，但于抛弃后新设定之抵押权，其次序仍列于抛弃者之后。如为普通债权，不论其发生在抵押权次序抛弃前或后，其次序本列于抛弃者之后，乃属当然。

例如，在前揭案例，甲之抵押物拍卖所得价金为 300 万元，乙绝对抛弃其抵押权之第一次序，则丙分得 120 万元，丁分得 60 万元、乙仅得 120 万元。又如甲之抵押物拍卖所得价金为 480 万元，戊之抵押权 200 万元成立于乙绝对抛弃其抵押权次序之后，则丙分得 120 万元，丁分得 60 万元，乙可分得 180 万元，戊分得 120 万元(参照立法理由)。

就前揭案例各种情形，请查阅法律规定，研究说明乙实行抵押权拍卖时的法律关系。[①]

---

① 参见温丰文：《抵押权对抵押物用益之拘束力》，载陈荣隆等：《抵押权专题研究》，2016 年版，第 143 页。

### 三、保证人的保护

“民法”第 870 条之 2 规定:“调整可优先受偿分配额时,其次序在先之抵押权所担保之债权有保证人者,于因调整后所失优先受偿之利益限度内,保证人免其责任。但经该保证人同意调整者,不在此限。”本条系仿“民法”第 751 条的立法意旨,以保护保证人的利益。[①]

## 第八项 抵押权的实行

抵押权的实行系抵押权的核心,特设计一个案例,显明其涉及的基本问题:

> 甲将所有的 A 地、B 地设定抵押权于其债权人乙。甲在 A 地设定抵押权前,自建 C 屋。其后甲将 A 地、C 屋出售于丙。又甲就 B 地设定抵押权后,将 B 地设定地上权于丁,丁在 B 地建造 D 屋,出租于庚。试问乙实行抵押权拍卖 A 地、B 地时,当事人间的法律关系如何?(请参照案例,研读法律规定)

### 一、声请法院强制拍卖抵押物

“民法”第 873 条规定:“抵押权人,于债权已届清偿期,而未受清偿者,得声请法院,拍卖抵押物,就其卖得价金而受清偿。”抵押权之实行,乃抵押权人的权利,而非义务,抵押权人是否行使此项权利,有其自由。拍卖程序是实务上重要问题,应特别注意。

(一) 拍卖程序及价金受偿

拍卖抵押物属非讼事件,由拍卖物所在地法院管辖。拍卖之抵押物,如为未经办理继承登记之不动产,执行法院应嘱托地政机关办理继承

---

① “民法”第 870 条之 2 立法理由:“抵押权所担保之债权有保证人者,于保证人清偿债务后,债权人对于债务人或抵押人之债权,当然移转于保证人,该债权之抵押权亦随同移转,足见该抵押权关乎保证人利益甚大。基于诚信原则,债权人不应依自己之意思,使保证人之权益受影响。又先次序抵押权人有较后次序抵押权人优先受偿之机会,则次序在先抵押权所担保债权之保证人代负履行债务之机会较少。如因调整可优先受偿分配额而使先次序或同次序之抵押权丧失优先受偿利益,将使该保证人代负履行债务之机会大增,对保证人有失公平。故于先次序或同次序之抵押权因调整可优先受偿分配额而丧失优先受偿之利益时,除经该保证人同意调整外,保证人应于丧失优先受偿之利益限度内,免其责任,始为平允。”

登记后拍卖之（“强制执行法”第 11 条第 3 项、第 4 项）。拍卖抵押物经法院许可而取得执行名义（“强制执行法”第 4 条第 1 项第 5 款）。[①]

抵押物卖得之价金，除法律另有规定外，按各抵押权成立之次序分配之。其次序相同者，依债权额比例分配之（第 874 条）。[②] 所谓法律另有规定，如“民法”第 513 条第 4 项（承揽报酬）、第 871 条第 2 项（保全抵押权所生之费用）、“强制执行法”第 29 条第 2 项（强制执行支出之费用）、“劳动基准法”第 28 条第 1 项（未满 6 个月之工资、退休金、资遣费）等。

抵押权之性质既系从属于债权而存在，则债权人于主债务人不能清偿时，自得就抵押物拍卖而受清偿。至提供抵押物作债权之担保者，究为债务人本人抑为第三人，均可不问。而所谓拍卖清偿，本含有给付意义，基于担保物权所担保者及于债务全体之原则，故在债务本身有应增加给付之情形时，该抵押物本身所负担保之义务，自亦不能不随之而增加（1957 年台上字第 1098 号判例）。

（二）法定地上权[③]

设定抵押权时，土地及其土地上之建筑物，同属于一人所有，而仅以土地或仅以建筑物为抵押者，于抵押物拍卖时，视为已有地上权之设定，其地租、期间及范围由当事人协议定之。不能协议者，得声请法院以判决定之（第 876 条第 1 项）。之所以规定法定地上权，乃在避免拍

① “最高法院”1982 年台抗字第 306 号判例：“抵押权人声请拍卖抵押物，在一般抵押，因必先有被担保之债权存在，而后抵押权始得成立，故只须抵押权已经登记，且登记之债权已届清偿期而未受清偿，法院即应准许之。惟最高限额抵押，抵押权成立时，可不必先有债权存在，纵经登记抵押权，因未登记已有被担保之债权存在，如债务人或抵押人否认先已有债权存在，或于抵押权成立后，曾有债权发生，而从抵押权人提出之其他文件为形式上之审查，又不能明了是否有债权存在时，法院自无由准许拍卖抵押物。”又应注意的是，“最高法院”2021 年台抗大字第 1069 号裁定认为：“最高限额抵押权之债权人，持拍卖抵押物裁定为执行名义，声请强制执行，其取得执行名义所凭之债权，经法院判决确认不存在确定，倘执行法院就其提出之其他债权证明文件，依形式审查结果，足认尚有其他已届清偿期之担保债权存在时，即不得依债务人之声明异议，驳回强制执行之声请。”

② “最高法院”1977 年台上字第 250 号判例：“上诉人原向被上诉人抵押借款新台币 112000 元，尚结欠 28975 元未还，既为上诉人不争之事实，则依‘民法’第 861 条前段规定，其抵押物所担保之债务即未全部消灭。抵押权人于债权已届清偿期而未受清偿者，得声请法院拍卖抵押物，就其卖得价金而受清偿，为‘民法’第 873 条第 1 项所明定。被上诉人声请拍卖抵押物，按抵押权之不可分性，其依法行使权利，自难令其负侵权行为之损害赔偿责任。”

③ 参见曾品杰：《论“民法”第八七六条之法定地上权》，载《中正财经法学》2018 年第 16 期；陈重见：《并付拍卖与权利除去及优先承买权》，载《台湾法学杂志》2018 年第 349 期；林诚二：《房地所有权分离时之法律适用与类推适用》，载《月旦裁判时报》2019 年第 90 期。

定后建筑物无从利用土地之正当权源,致拆除之结果,有害社会经济发展。[①]

应注意的是,须于设定抵押权时(前),土地及其上之建筑物,同属一人所有[②],始有法定地上权的适用。

设定抵押权时,土地及其土地上之建筑物,同属于一人所有,而以土地及建筑物为抵押者,如经拍卖,其土地与建筑物之拍定人各异时,适用"民法"第876条第1项之规定(第876条第2项),亦指土地拍定人与建筑物拍定人具有法定地上权的法律关系。

(三) 建筑物与抵押土地并付拍卖

1. "民法"第877条规定之适用

"民法"第877条规定:"土地所有人于设定抵押权后,在抵押之土地上营造建筑物者,抵押权人于必要时,得于强制执行程序中声请法院将其建筑物与土地并付拍卖。但对于建筑物之价金,无优先受清偿之权。前项规定,于第八百六十六条第二项及第三项之情形,如抵押之不动产上,有该权利人或经其同意使用之人之建筑物者,准用之。"依"民法"第866条规定:"不动产所有人设定抵押权后,于同一不动产上,得设定地上权或其他以使用收益为目的之物权,或成立租赁关系。但其抵押权不因此而受影响。前项情形,抵押权人实行抵押权受有影响者,法院得除去该权利或终止该租赁关系后拍卖之。不动产所有人设定抵押权后,于同一不动产上,成立第一项以外之权利者,准用前项之规定。"

2. "民法"第877条规定之类推适用(法学方法的问题)

甲以某地为乙设定抵押权,丙于该地建造房屋,在此种土地与建筑非属同一人的情况时,抵押权人得否将建筑物并付拍卖?

---

① "最高法院"2009年台上字第478号判决:"依'民法'第876条第1项规定设定抵押权时,土地及其土地上之建筑物,同属于一人所有,而仅以土地或仅以建筑物为抵押者,于抵押物拍卖时,视为已有地上权之设定。可知基于物权法定主义精神,法定地上权必须合于法律之特别规定,始能成立。亦即须于设定抵押权时,土地及其土地上之建筑物,同属于一人所有,而仅以土地或仅以建筑物为抵押者,于抵押物拍卖时为其成立法定地上权要件。倘于设定抵押权时之土地及建物非属同一人,或土地及建物分别为数人所有或各有多数不相同之共有人,而于拍卖异其所有人之情形时,如仍认有法定地上权存在,即逾该条项规定之范围,其因而造成拍定人之不利益,显难谓为公允,应无以相类事实为相同处理之法理,而适用'民法'第876条第1项规定之余地。"

② 参见邱玟惠:《论"民法"第876条法定地上权"同属于一人"要件之解释与界限》,载《东吴法律学报》2014年第26卷第2期。

"最高法院"2006 年台抗字第 510 号裁定谓:"'民法'第 877 条规范之本旨,乃侧重于房屋所有权与基地利用权一体化之体现,并兼顾社会经济,以调和土地与建物不同所有人之权利,避免单独拍卖土地,可能使土地及建物非由同一人所有,法律关系趋于复杂,并使土地易于拍卖,以保障抵押权人之权益。如土地所有人于将土地设定抵押权后,虽未自行于该地上营造建筑物,但容许第三人在土地上营造建筑物,嗣抵押权人行使抵押权,声请拍卖抵押物时,可否将第三人于抵押权设定后在土地上营造之建筑物与抵押之土地并拍卖,法虽无明文规定,惟此种情形,是否为立法之漏洞,而得类推适用'民法'第 877 条规定予以填补,实具有重大意义而有阐释之必要。"

本件"最高法院"裁定系物权法上少见的类推适用之案例,其论述甚为深刻,深值赞同,并已成为"最高法院"的通说(2011 年台上字第 802 号)。

(四)　并付拍卖建物得让与的权利

"民法"第 877 条之 1 规定:"以建筑物设定抵押权者,于法院拍卖抵押物时,其抵押物存在所必要之权利得让与者,应并付拍卖。但抵押权人对于该权利卖得之价金,无优先受清偿之权。"所谓得让与权利,例如地上权、租赁权。立法目的在于兼顾社会经济利益及土地用益权人之利益。

兹综据前揭相关规定,将前揭案例因实行抵押权所生法律关系图示如下(请研读相关法律规定,写成书面!):

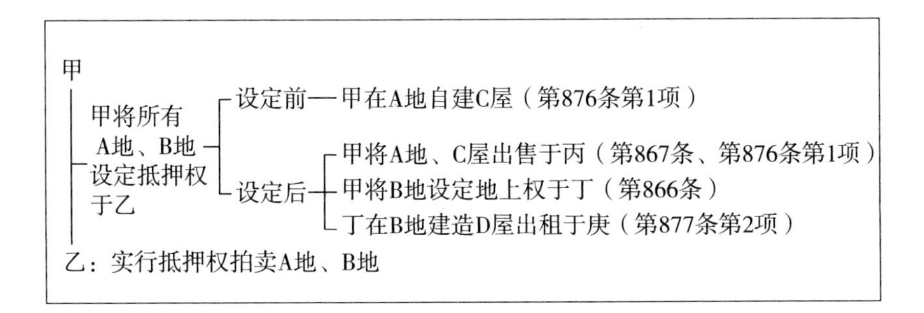

## 二、流押契约[①]

甲向乙借款1000万元,以其所有A屋设定抵押权,同时约定届清偿期甲未清偿时,该A屋所有权属于乙。其后甲将该屋出售于丙并办理所有权移转登记,试问:

1. 甲、乙间订立何种契约?其效力如何?办理登记或未办理登记有无不同?

2. 甲于清偿期届满后未为清偿时,乙如何实行其抵押权?

3. 甲与乙于清偿期届满后,订立契约,由乙取得抵押物所有权时,其效力如何?

### (一) 流押契约的意义与立法意旨

流押契约(流抵约款,或称抵押物代偿条款)系指抵押权人与抵押人于债权清偿期届满前约定,于债权届清偿期而未受清偿时,抵押物所有权移属于抵押权人之契约。

实务上认为,下列抵押权人与抵押人的约定,亦具流押契约性质:(1)借款契约订有届期不偿,可将抵押物自行觅主变卖之特约(1951年台上字第223号判例)。(2)债权人可选择拍卖或由债务人偕同办理移转登记与债权人,以供清偿之约定(1998年台上字第2430号)。

旧"民法"第873条第2项原规定:"约定于债权已届清偿期,而未为清偿时,抵押物之所有权,移属于抵押权人者,其约定为无效。"其立法目的在于保护债务人,防止债务人因一时窘迫,急需贷款,未遑熟虑,将高价之不动产,以较少之金额抵押于债权人,致蒙重大之不利益(1951年台上字第766号判例)。2007年"民法"物权编修订,删除原第873条第2项条文,增订第873条之1,肯定流押契约为有效,其立法意旨系因禁止流押契约过于僵化,有时反而对债务人有害,不利抵押权私实行程序之运用,有碍抵押物价值的极大化。

### (二) "民法"第873条之1规定

"民法"第873条之1设三项规定,明确流押契约的法律关系:

---

① 参见温丰文:《流抵约款》,载《月旦法学教室》2021年第228期;谢哲胜:《流押契约》,载《月旦法学教室》2010年第98期;郑冠宇:《实体法与程序法交错下之金钱债权实现》,载《当代法律》2022年第4期。

1. 第 1 项:“约定于债权已届清偿期而未为清偿时,抵押物之所有权移属于抵押权人者,非经登记,不得对抗第三人。”立法理由谓:“按仅约定债权已届清偿期,而债务人不为清偿时,抵押物之所有权,移属于抵押权人者,原则上为法所不许,爰将流抵约款规定修正为非经登记,不得对抗第三人。”

2. 第 2 项:“抵押权人请求抵押人为抵押物所有权之移转时,抵押物价值超过担保债权部分,应返还抵押人;不足清偿担保债权者,仍得请求债务人清偿。”立法理由谓:“请求抵押人为抵押物所有权之移转时,抵押物价值超过担保债权部分者,应返还抵押人;如不足清偿担保债权者,仍得请求债务人清偿之谓,因抵押权旨在担保债权之优先受偿,非使抵押权人因此获得债权清偿以外之利益,故抵押物之价值如有超过债权额者,自应返还抵押人。又本项亦明定抵押物价值估算之基准时点,为抵押权人请求抵押人为抵押物所有权之移转时,以杜抵押物价值变动之争议。”(参阅 2022 年台上字第 559 号)

3. 第 3 项:“抵押人在抵押物所有权移转于抵押权人前,得清偿抵押权担保之债权,以消灭该抵押权。”立法理由谓:“于担保债权清偿期届至后,抵押物所有权移转于抵押权人前,抵押权及其担保债权尚未消灭,债务人或抵押人自仍得清偿债务,以消灭抵押权,并解免其移转抵押物所有权之义务。”

（三）案例解说

案例 1:甲、乙之间所订流押契约效力,以该约定有无办理登记(“土地登记规则”第 117 条之 1 第 1 项)而不同。如已办理登记,流押契约具有物权效力,乙于清偿期届满未受清偿时,得请求甲将 A 地移属于自己。若流押契约未办理登记,则仅具债权效力,甲行使 A 地移转请求权时,丙得予以对抗,拒绝会同办理移转登记。

案例 2:流押契约抵押权的实行,亦因流押契约有无登记而异。如有登记,乙在请求甲将 A 地移转登记于自己前,就抵押物价值负有清算义务。清算结果,A 地的价值超过 1000 万元时,其超过部分应返还于丙,不足 1000 万元时,乙得向债务人甲请求清偿不足部分。清算完成,始得会同丙办理所有权移转登记。若流押契约未办理登记时,乙虽不得向丙请求将 A 地移属于自己,但因抵押权具有追及效力,乙得依“民法”第 873 条规定声请法院拍卖属于丙所有之 A 地,就卖得价金优先受偿。

案例3:流押契约须于债权清偿期届满前订立。清偿期届满后约定由抵押权人取得抵押物所有权以受清偿,非属流押契约。“民法”第878条规定:“抵押权人于债权清偿期届满后,为受清偿,得订立契约,取得抵押物之所有权,或用拍卖以外之方法,处分抵押物。但有害于其他抵押权人之利益者,不在此限。”

## 三、其他处分方法

抵押权人于债权清偿期届满后,为受清偿,得订立契约,取得抵押物之所有权,或用拍卖以外之方法,处分抵押物。但有害于其他抵押权人之利益者,不在此限(第878条)。

## 四、同一抵押物上数种物权并存

在同一抵押物上得发生数抵押权,或用益物权等权利与抵押权并存的情形。例如甲以其土地为乙设定汲水不动产役权之后,再依序为丙、丁设定抵押权,最后则将该地出租于戊(参阅下图):

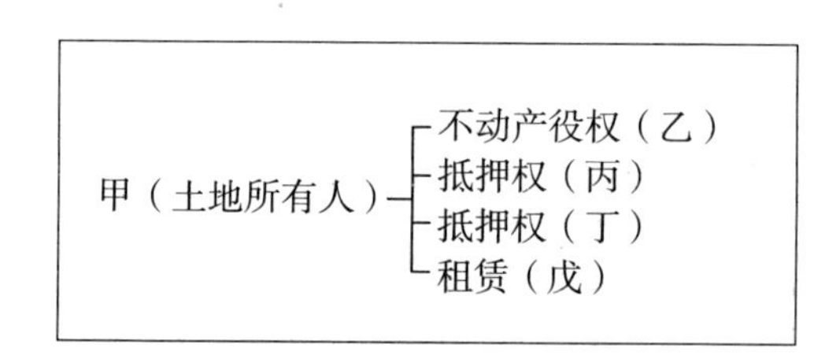


在前述情形,若于丙或丁以拍卖方法实行抵押权时,发生如下法律效果:

1. 丙或丁实行抵押权,先设定的不动产役权不因此而受影响,仍继续存在(“强制执行法”第98条第2项)。

2. 丙与丁的抵押权,系并存于同一抵押物之上,次序在先的丙实行抵押权时,丁的抵押权应归于消灭。次序在后的丁实行抵押权,丙的抵押权因拍卖而消灭,但应优先受偿。但抵押权所担保之债权未定清偿期或其清偿期尚未届至,而拍定人或承受抵押物之债权人声明愿在拍定或承受之抵押物价额范围内清偿债务,经抵押权人同意者,不在此限(“强制执行法"第98条第3项)。

3. 丙或丁实行抵押权时,因有租赁契约的存在,致抵押物的拍卖价格降低,无法清偿所担保的债权时,执行法院得因抵押权人的声请或依职权,除去其租赁关系,依无租赁状态,径行强制执行(第866条)。例如所有人于设定抵押权后,再与第三人就抵押物设定典权或地上权,于实行抵押权时,因有典权或地上权存在,无人应买,或出价不足清偿抵押债权时,执行法院亦得除去典权或地上权负担,重新估价拍卖。

### 五、人保、物保并存及求偿关系[①]

甲向乙借款,以己有的A地设定抵押权,另委请丙提供B地、丁提供C屋设定抵押,戊为其作保。试问:

1. 乙得否先拍卖丙提供的B地,丙得否提起先诉抗辩权?
2. 丙代甲清偿债务时,丙得向何人主张何种权利?
3. 丙的抵押物被拍卖时,得向甲、丁主张何种权利?

为便于说明人保、物保并存及求偿代位问题,兹先设一例,图示如下:

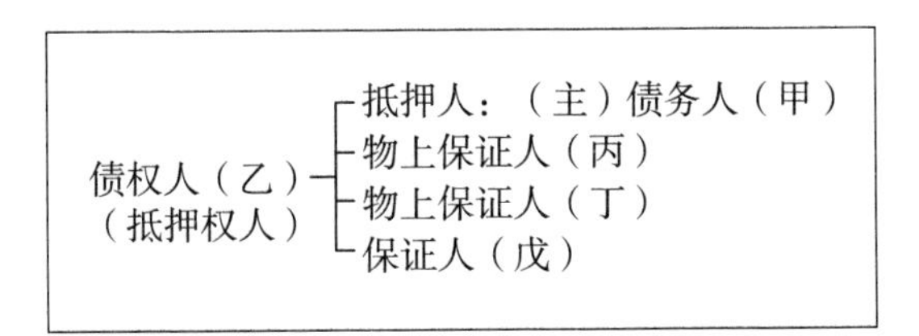


在此种多数人保、物保并存的情形,涉及如下的法律关系:

(一) 债权人行使权利的自由

债权人(乙)原则上得自由决定对谁行使其权利,但拍卖之抵押物中有为债务人所有者,抵押权人应先就该抵押物卖得之价金受偿(第875条之1)。保证人(戊)于债权人(乙)未先就主债务人(甲)之财产强制执行而无效果前,对于债权人得拒绝清偿(先诉抗辩,第745条)。

---

① 参见林大洋:《人保与物保之法律适用——以保证及抵押权为中心》,载《中律会讯》2015年第18卷第1期;陈荣传:《抵押人对普通保证人求偿权的检讨》,载《台湾法学杂志》2013年第238期;林诚二:《多数保证人与物上保证人间之责任分担计算方式》,载《台湾法学杂志》2012年第214期。

（二）物上保证人、保证人的求偿关系

1. 物上保证人对债务人的求偿权

"民法"第879条第1项规定："为债务人设定抵押权之第三人，代为清偿债务，或因抵押权人实行抵押权致失抵押物之所有权时，该第三人于其清偿之限度内，承受债权人对于债务人之债权。但不得有害于债权人之利益。"修正理由谓："物上保证人对于债务人之求偿权，现行条文规定'依关于保证之规定'。惟其不但涉及物上保证人与债务人之关系，间亦涉及与保证人之关系，颇为复杂，为期周延，宜设有根本解决之明文，爰将现行条文修正为物上保证人代为清偿债务，或因抵押权人实行抵押权致失抵押物之所有权时，于其清偿之限度内，承受债权人对于债务人之债权。但不得有害于债权人之利益。"依前揭案例1，物上保证人丙承受债权人乙对于债务人甲之债权，故丙于清偿限度内得向甲主张求偿权。至于案例3，关乎物上保证人与物上保证人的求偿关系，涉及共同抵押之分担额，详见后述。

2. 物上保证人与保证人间的关系

> 甲对乙负有60万元之债务，由丙为全额清偿之保证人，丁提供其所有价值30万元之土地一笔设定抵押权于乙。嗣甲逾期未能清偿，乙遂声请拍卖丁之土地而受偿30万元。试问丁与丙间的法律关系。

"民法"第879条第2项规定："债务人如有保证人时，保证人应分担之部分，依保证人应负之履行责任与抵押物之价值或限定之金额比例定之。抵押物之担保债权额少于抵押物之价值者，应以该债权额为准。"又同条第3项规定："前项情形，抵押人就超过其分担额之范围，得请求保证人偿还其应分担部分。"分述如下：

(1)债务人如有保证人时，物上保证人与保证人实质上均系以自己之财产担保他人之债务，晚近各立法例对普通保证自由主义色彩之干涉渐增，此亦包括保证人范围之干预及管制，使物上保证与普通保证不应有不同责任范围。因之，物上保证人于代为清偿债务，或因抵押权人实行抵押权致失抵押物之所有权时，自得就超过其应分担额之范围内对保证人具有求偿权与承受权，即采物上保证人与保证人平等说，以期公允。

(2)依"民法"第879条规定，乙对甲之原有债权中之30万元部分,由丁承受;保证人丙就全部债务之应分担部分为40万元{60×[60÷(30+60)]},丁就全部债务之应分担部分则为20万元{60×[30÷(30+60)]},丁已清偿30万元,故仅得就超过自己分担部分对丙求偿10万元。反之,如丁系以其所有价值70万元之土地设定抵押权于乙,嗣乙声请拍卖该土地而其60万元债权全额受清偿时,保证人丙之分担额则为30万元{60×[60÷(60+60)]},丁得向丙求偿30万元。又前开物上保证人向保证人求偿时,应视该保证之性质定之。如为连带保证或抛弃先诉抗辩权之保证人时,该物上保证人得直接向保证人求偿;如为普通保证人,因其有先诉抗辩权,如其主张先诉抗辩权时,该物上保证人则应先向债务人求偿,于债务人不能偿还时,始得向保证人求偿,此乃当然法理。至于保证人对物上保证人之承受权部分,则系依"民法"第749条规定,其求偿权则依其内部关系或类推适用"民法"第281条第1项规定定之。

(3)关于"民法"第879条的适用,应注意的是,于抵押物之价值超过抵押权所担保之债权额,且多数保证人各应负连带保证责任时,因各保证人应负之履行责任与抵押人所应负之物上担保责任,均为该主债务之全额,依该条第2项规定所揭橥之"物上保证人与保证人平等"原则,自应按抵押人及保证人之人数平均分担主债务。至抵押人兼为连带保证人者,因连带保证人系以其全部财产对债权人负人的无限责任,已包含为同一债务设定抵押权之抵押物,故仅须负单一之分担责任,始为公平(2010年台上字第1204号、2010年台再字第59号)。[①]

(4)"民法"第879条之1规定:"第三人为债务人设定抵押权时,如债权人免除保证人之保证责任者,于前条第二项保证人应分担部分之限度内,该部分抵押权消灭。"立法目的在于公平及明确法律关系。

## 第九项　抵押权的消灭

### 一、抵押权消灭的原因:抵押物的拍卖

抵押权的消灭原因,除混同、抛弃等外,尚有主债权消灭、抵押物灭

① 参见谢哲胜:《人保与物保的分担责任》,载《法令月刊》2012年第63卷第3期;陈重见:《双重身份者在共同担保中之责任分担》,载《辅仁法学》2012年第43期。

失。最主要的消灭原因是抵押权的实行。

"民法"第873条之2规定:"抵押权人实行抵押权者,该不动产上之抵押权,因抵押物之拍卖而消灭。前项情形,抵押权所担保之债权有未届清偿期者,于抵押物拍卖得受清偿之范围内,视为到期。抵押权所担保之债权未定清偿期或清偿期尚未届至,而拍定人或承受抵押物之债权人声明愿在拍定或承受之抵押物价额范围内清偿债务,经抵押权人同意者,不适用前二项之规定。"关于第3项规定,立法理由谓:"拍卖之不动产上存在之抵押权,原则上因拍卖而消灭;但拍定人或承受人声明承受抵押权及其所担保之未到期或未定期之债务,经抵押权人同意者,对当事人及拍定人俱属有利,爰参照'强制执行法'第98条第3项之规定,增订第3项规定,例外采承受主义,而无本条第1项及第2项规定之适用。又本项所称之'拍定人',系专指依强制执行程序拍定抵押物之人;所称之'承受抵押物之债权人',系专指依强制执行程序拍卖抵押物,因无人应买或应买人所出之最高价未达拍卖最低价额,依'强制执行法'第91条第1项、第71条等规定承受抵押物之债权人而言。"

于实行抵押权且经拍定之情形,必待拍卖所得价金由抵押权人依其优先次序分配完毕,即其抵押权之内容已实现者,始归于消灭。于完成分配前,该抵押权及其得优先受偿之权利,仍移存于抵押权人对抵押物得受优先分配之价金,且不因抵押权设定登记业经涂销,而异其结果(2015年台抗字第1055号)。

## 二、抵押权消灭的除斥期间①

### (一)"民法"第880条规定的适用

应特别提出的是,抵押权担保之债权,其请求权已因时效而消灭,抵押权人仍得就抵押物求偿(第145条)。抵押权人,于消灭时效完成后,5年间不实行其抵押权者,其抵押权消灭(第880条,参阅2012年台上字第1110号)。"民法"第880条系就物权创设得因除斥期间经过而消灭的例外规定,并非谓有抵押权担保之请求权,其时效期间较15年为长(1964年台上字第1391号判例、2015年台上字第1620号)。

---

① 参见蔡明诚:《因除斥期间经过而抵押权消灭的问题》,载陈荣隆等:《抵押权专题研究》,2016年版,第143页。

"民法"第880条所称实行抵押权,于依"民法"第873条声请法院拍卖抵押物之场合,系指抵押权人依法院许可拍卖抵押物之裁定,声请执行法院强制执行拍卖抵押物,或于他债权人对于抵押物声请强制执行时,声明参与分配而言,不包括抵押权人仅声请法院为许可拍卖抵押物之裁定之情形在内。否则,抵押权人只须声请法院为许可拍卖抵押物之裁定,即可使抵押权无限期继续存在,显与法律规定抵押权因除斥期间之经过而消灭之本旨有违(1998年台上字第969号)。

(二)"民法"第747条规定的类推适用

"最高法院"2018年台上字第85号判决谓:"物上保证人以担保物为限负'物之有限责任',保证人则系以其全部财产负'人之无限责任',二者在责任本质及成立基础上虽未尽相同,然物上保证人以自己之所有物,为债务人设定担保,其法律上地位与保证人无异,对担保主债务之履行而言,均系以自己之财产清偿主债务人之债务,且担保物权亦具有从属性,故于债权人长期不实行其抵押权,而涉及'民法'第880条规定之适用时,就请求权时效是否消灭,应得类推适用同法第747条规定,即仅以债权人向主债务人请求履行,及为其他中断时效之行为,对于物上保证人始生效力,倘债权人未向主债务人为中断时效之行为,而仅债务人为承认者,对于物上保证人不生效力。"(参阅2021年台上字第2207号)

本件判决系一项重要的法之续造的类推适用,应值赞同。

### 三、抵押权消灭与物上代位

甲有A屋设定抵押权于乙。丙因过失致A屋灭失,应对甲负损害赔偿责任。试问乙得向甲主张何种权利?丙因重大过失向抵押人甲为给付时,其法律关系如何?

"民法"第881条分四项规定抵押权消灭与物上代位问题:

1. 第1项:"抵押权除法律另有规定外,因抵押物灭失而消灭。但抵押人因灭失得受赔偿或其他利益者,不在此限。"所称赔偿,包括保险金(2022年台上字第600号)[1]、侵权行为损害赔偿、土地重建建物拆除补偿(2013年台上字第2611号)。修正理由谓:原条文所称之"赔偿金",易使

---

① 参见刘宗荣:《民法物权编修正后,抵押物的灭失与保险人代位权的行使》,载陈荣隆等:《抵押权专题研究》,2016年版,第143页。

人误解为抵押物之代位物仅限于金钱,实则抵押物之代位物,在赔偿或其他给付义务人未给付前,抵押人对该义务人仅有给付请求权,给付物并未特定,金钱、动产、不动产或其他财产权均有可能,为避免疑义,爰将“赔偿金”修正为“赔偿或其他利益”。

2. 第2项:“抵押权人对于前项抵押人所得行使之赔偿或其他请求权有权利质权,其次序与原抵押权同。”此系将抵押权转换为权利质权,存在于赔偿或其他利益请求权(债权)。

3. 第3项:“给付义务人因故意或重大过失向抵押人为给付者,对于抵押权人不生效力。”

4. 第4项:“抵押物因毁损而得受之赔偿或其他利益,准用前三项之规定。”本项规定与民法第872条得同时并存,抵押权人依本项所生的物上代位权与依该条所生的提出担保请求权,发生请求权竞合,由抵押权人择一行使。

在前揭案例,甲设定抵押权于乙的A屋因丙的过失而灭失,乙的抵押权转换为甲对丙所得行使的损害赔偿请求权(债权)有权利质权。丙因重大过失向抵押人甲为给付,对于抵押权人乙不生效力(第881条第3项),乙仍得主张对丙的损害赔偿请求权有权利质权。

## 第二款　最高限额抵押权[①]

> 1. 甲向乙借100万元,以A屋设定抵押权(普通抵押权)。甲经销乙生产的运动器材,为担保就该经销契约所生的债权,由甲提供B地设定最高限额1000万元的抵押权(最高限额抵押权)。试说明此二种抵押权在法律结构上不同的特征及担保功能。
>
> 2. 在最高限额抵押权制度的设计上应如何规范以下问题:(1)担保债权的范围,如何加以限制?(2)如何规定其受担保的债权?(3)应采何种方法将“不特定债权”加以确定,原债权得因何事由而确定,其法律效果如何?(4)在原债权确定前,抵押权人与抵押人得否变更债权的范围或其债务人。(5)担保之债权让与他人时,最高限额抵押权是否随同移转?

① 参见陈荣隆等:《抵押权专题研究》,2016年版,第143页。

## 第一项　功能、意义及特色

### 一、功能

“民法”对所谓最高限额抵押权原未设明文，但因其符合继续长期性融资或交易的需求，具担保债权的重要机能，早为金融机构所普遍使用，实务亦加以肯定。[①] 但欠缺法律依据，难免争议，法官造法亦难期周全。2007 年担保物权的修正将之作为重点，“民法”物权编就此增设最高限额抵押权之专节，共 17 条规定（第 881 条之 1 至第 881 条之 17），为抵押权制度的重大变革。

### 二、最高限额抵押权的意义及特色

“民法”第 881 条之 1 第 1 项规定：“称最高限额抵押权者，谓债务人或第三人提供其不动产为担保，就债权人对债务人一定范围内之不特定债权，在最高限额内设定之抵押权。”应说明者有二：

1. 最高限额抵押权亦为抵押权之一种，与普通抵押权同，系就不移转占有之抵押物，供债权人债权之担保及抵押物卖得之价金，抵押权人有优先受偿之权利（请与第 860 条加以比较），故亦有关于普通抵押规定之准用（第 881 条之 17）。

2. 最高限额抵押权的特征在于其所担保者，系不特定债权。所谓不特定债权，非指债权本身不特定，而系指所担保之债权，得为现有或将来

---

① 最具代表性的“法官造法”（法之续造）是“最高法院”1977 年台上字第 1096 号判例，特为摘录：“所谓最高限额之抵押契约，系指所有人提供抵押物，与债权人订立在一定金额之限度内，担保现在已发生及将来可能发生之债权之抵押权设定契约而言。此种抵押权所担保之债权，除订约时已发生之债权外，即将来发生之债权，在约定限额之范围内，亦为抵押权效力所及。虽抵押权存续期间内已发生之债权，因清偿或其他事由而减少或消灭，原订立之抵押契约依然有效，嗣后在存续期间内陆续发生之债权，债权人仍得对抵押物行使权利。此种抵押契约如未定存续期间，其性质与‘民法’第 754 条第 1 项所定就连续发生之债务为保证而未定有期间之保证契约相似，类推适用同条项规定，抵押人固得随时通知债权人终止抵押契约，对于终止契约后发生之债务，不负担保责任。反之，此种抵押契约定有存续期间者，订立契约之目的，显在担保存续期间内所发生之债权，凡在存续期间所发生之债权，皆为抵押权效力所及，于存续期间届满前所发生之债权，债权人在约定限额范围内，对于抵押物均享有抵押权，除债权人抛弃为其担保之权利外，自无许抵押人于抵押权存续期间届满前，任意终止此种契约。纵令嗣后所担保之债权并未发生，仅债权人不得就未发生之债权行抵押权而已，非谓抵押人得于存续期间届满前终止契约而享有请求涂销抵押权设定登记之权利。”

可能发生,即自该抵押权设定时起至确定时,系不特定,而具有变动性及替代性。就最高限额抵押权与债权的关系言,即最高限额抵押权的特色有三:

(1)无成立上的从属性:最高限额抵押权设定时,不以有债权发生为必要(第881条之1)。

(2)无移转上的从属性:最高限额抵押权于原债权确定前,其原在担保范围内之债权让与时,最高限额抵押权不随同移转,被让与之债权脱离担保债权的范围(第881条之6)。

(3)无消灭上的从属性:原债权确定前在担保范围内之任何一特定债权清偿或债权纵为零,其抵押权仍为担保将来可能发生的债权,而继续存在,并不消灭。

据上所述,最高限额抵押权与普通抵押权(一般抵押权)之不同,系最高限额抵押权系就将来应发生之债权所设定之抵押权,其债权额在结算前并不确定,实际发生之债权额不及最高额时,应以其实际发生之债权额为准。

### 三、最高限额抵押权的设定①

最高限额抵押权的设定,应有当事人的合意(物权行为),并须订立书面,办理登记(第758条),同于普通抵押权,其特点在于:

1. 须有担保债权范围的约定。②
2. 须有最高限额的约定。

此二者均须办理登记。易言之,无此约定时,地政机关应不予以登记。

① 参见谢在全:《银行联贷与最高限额抵押权》,载《台湾法学杂志》2017年第328期。

② "最高法院"2006年台上字第2802号判决:"最高限额抵押权系对于债权人一定范围内之不特定债权,预定一最高限额,由债务人或第三人提供抵押物予以担保之特殊抵押权。亦即最高限额抵押权所担保债权必须为一定范围内所发生之债权。准此以观,最高限额抵押权不仅有其特定性,且系从属于此一定范围内之法律关系,故最高限额抵押权所担保者,即系此项法律关系所不断发生之债权。查系争最高限额抵押权设定契约书仅载明设定最高限额二亿四千万元之抵押权,并无所担保债权之记载,则系争抵押权所担保之债权即无从特定,能否发生抵押权之效力已有可疑。"

## 四、规范设计及基本构造

最高限额抵押权从属性原则的突破,乃最高限额抵押权的基本特色,亦为其功能之所在。其法律规范上的主要问题有四:

1. 担保债权的范围。
2. 具变动性之不特定债权的确定。
3. 确定前最高限额抵押权的变动。
4. 最高限额抵押权确定后的效果。

兹为便于了解将最高限额抵押权的基本架构图示如下:

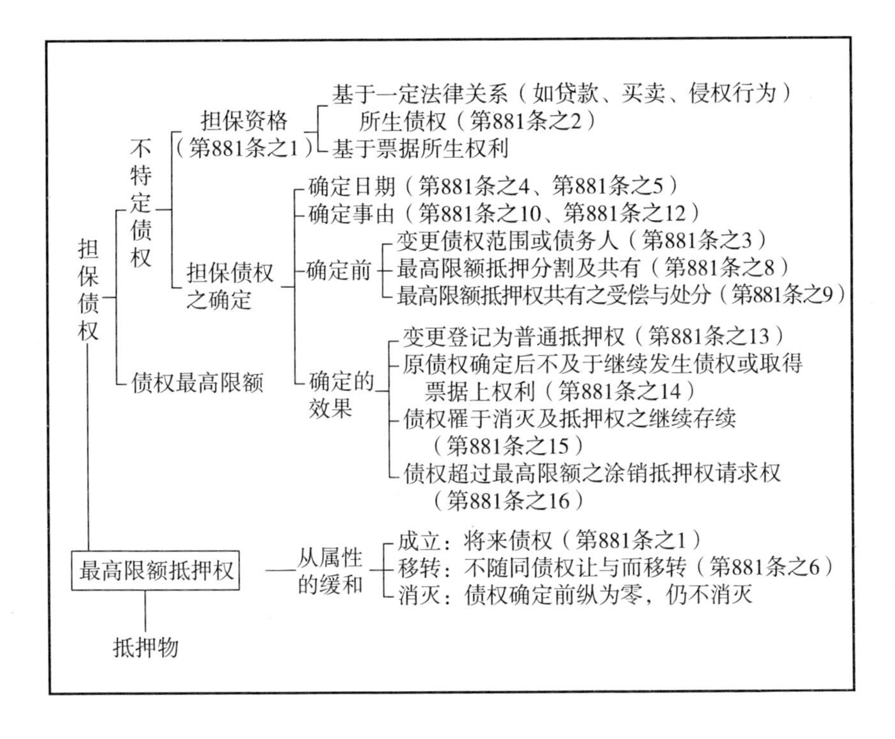

## 第二项　担保债权的范围[①]

### 一、担保债权范围的限制

最高限额抵押权所担保者，系不特定债权，如何限定其担保债权范围？

“民法”第881条之1第2项规定：“最高限额抵押权所担保之债权，以由一定法律关系所生之债权或基于票据所生之权利为限。”此系为维护交易安全，对其被担保债权之资格所设规定，限于二种情形：

1. 由一定之法律关系所生之债权：所谓一定法律关系，例如买卖、侵权行为等是(2016年台上字第2196号)。至于由一定法律关系所生之债权，当然包括现有及将来可能发生之债权，及因继续性法律关系所生之债权，例如约定担保范围买卖关系所生债权，买卖价金乃直接自买卖关系所生，固属担保债权，其他如买卖标的物之登记费用、因价金而收受债务人所签发或背书之票据所生之票款债权、买受人不履行债务所生之损害赔偿请求权亦属担保债权，亦包括在内。[②]

值得参照的是“最高法院”2014年台上字第305号判决：“‘其他一切债务’之记载并无实质上限定担保债权范围，违反最高限额抵押权须本于一定法律关系之基础之要件而无效外；其他担保之债权包括借款、票据、保证债务之本金、利息、迟延利息、违约金、实行抵押权费用及债务不履行而发生之全部赔偿金，种类均明确，不论系现在或将来发生，均可得确定，并无违反最高限额抵押权应担保一定范围债权或从属一定法律关系所生债权之要求，亦不致使抵押人负担不可预测之债务及使抵押物更受无限制限额之拘束，对后次序之抵押权人或一般债权人无保护欠周之

---

① 参见谢在全、陈旺圣：《最高限额抵押权担保债权范围之争议问题研析》，载《月旦法学杂志》2023年第332期。

② 关于一定法律关系，“最高法院”2016年台上字第2196号判决谓：“最高限额抵押权所担保之债权，以由一定法律关系所生之债权或基于票据所生之权利为限。所称一定法律关系，例如买卖、侵权行为等是。系争抵押权担保债权之种类及范围为‘担保债务人(红树公司)对抵押权人(被上诉人)现在(包括过去所负现在尚未清偿)及将来在本抵押权设定契约书约定最高限额内，所负之债务’，有土地及建物登记誊本在卷可稽，并未表明所担保者系何一定法律关系所生之债权，则能否谓系争抵押权之设定合于首揭法条之规定，系属有效，即滋疑问。”一定法律关系之约定，须注意“实质限定性”与“客观明确性”，以免被认定为无效。

虞，自无显失公平之虞，且业经登记而有公信力，应认此部分最高限额抵押权之约定为有效。”

2. 基于票据所生之权利：依第 881 条之 1 第 3 项规定，基于票据所生之权利，除本于与债务人间依前项一定法律关系取得者外，如抵押权人系于债务人已停止支付、开始清算程序，或依破产法有和解、破产之声请或有公司重整之声请，而仍受让票据者，不属最高限额抵押权所担保之债权。但抵押权人不知其情事而受让者，不在此限。之所以设此规定，系为避免最高限额抵押权于债务人资力恶化或不能清偿债务，而其债权额尚未达最高限额时，任意由第三人处受让债务人之票据，将之列入担保债权，以经由抵押权之实行，优先受偿，而获取不当利益，致妨害后次序抵押权人或一般债权人之权益。

借由担保范围的限制，亦可落实否定概括最高限额抵押权之规范意旨。

## 二、担保债权受偿的范围

“民法”第 881 条之 2 规定：“最高限额抵押权人就已确定之原债权，仅得于其约定之最高限额范围内，行使其权利。前项债权之利息、迟延利息、违约金，与前项债权合计不逾最高限额范围者，亦同。”应说明者有三：

1. 关于最高限额之约定额度，有债权最高限额及本金最高限额二说。债权最高限额说，指原债权、利息、迟延利息及违约金合并计算所得受偿的债权最高限额，其共超过部分，无优先受偿权。本金最高限额，指以“原债权”作为得受偿的最高限额，原债权以外之利息、迟延利息及约定担保之违约金，仍为抵押权效力所及，不受该最高限额的限制，共超过部分，仍得优先受偿（2015 年台上字第 1478 号、2020 年台上字第 2741 号）。“民法”第 881 条之 2 规定明确采债权最高限额说。[①]

2. 利息、迟延利息或违约金，不以债权已确定时所发生者为限。其于债权确定后始发生，但在最高限额范围内者，亦包括在内，仍为抵押权

---

① “最高法院”2014 年台上字第 686 号裁定：“所谓最高限额抵押权者，乃为预定抵押物应担保债权之最高限额所设定之抵押权。如所预定担保之债权非仅限于本金，其约定利息、迟延利息及约定担保范围内之违约金，固为抵押权效力之所及，但仍受最高限额之限制，故其约定利息、迟延利息及违约金连同本金合并计算，如超过该限额者，其超过部分即无优先受偿之权。”

效力所及。

所谓最高限额抵押权者,乃为预定抵押物应担保债权之最高限额所设定之抵押权。如所预定担保之债权非仅限于本金,而登记为本金最高限额新台币若干元,其约定利息、迟延利息及约定担保范围内之违约金,固为抵押权效力之所及,但仍受最高限额之限制,故其约定利息、迟延利息及违约金连同本金合并计算,如超过该限额者,其超过部分即无优先受偿之权(1996 年台上字第 2065 号判例)。

3. "民法"第 881 条之 15 规定,最高限额抵押权所担保之债权,其请求权已因时效而消灭,如抵押权人于消灭时效完成后,5 年间不实行其抵押权者,该债权不再属于最高限额抵押权担保之范围。

### 第三项　担保债权确定之期日

确定期日指使最高限额抵押权所担保"不特定债权"归于确定的特定日期。最高限额抵押权设定时,未必有债权存在。实行抵押权时,其所能优先受偿的范围,仍须依实际确定之担保债权定之,故有确定期日的必要。分二种情形加以说明:

1. 确定期日之约定:"民法"第 881 条之 4 规定:"最高限额抵押权得约定其所担保原债权应确定之期日,并得于确定之期日前,约定变更之。前项确定之期日,自抵押权设定时起,不得逾三十年。逾三十年者,缩短为三十年。前项期限,当事人得更新之。"确定期日变更包括确定期日之延长或缩短。确定期日之变更乃最高限额抵押权内容的变更,须以书面为之,并办理登记,始生效力(第 758 条)。

2. 确定原债权之请求权:"民法"第 881 条之 5 规定:"最高限额抵押权所担保之原债权,未约定确定之期日者,抵押人或抵押权人得随时请求确定其所担保之原债权。前项情形,除抵押人与抵押权人另有约定外,自请求之日起,经十五日为其确定期日。"

### 第四项　最高限额抵押权的变更

最高限额抵押权及其担保一定债权之关系,多具继续性及长期性。债权确定前,其内容常发生变更。兹就变更事由及法律效果分述如下:

1. 担保债权范围及债务人之变更:"民法"第 881 条之 3 规定:"原债权确定前,抵押权人与抵押人得约定变更第八百八十一条之一第二项所定债权之范围或其债务人。前项变更无须得后次序抵押权人或其他利害关系人同意。"①

2. 担保债权或债务的特定继受:"民法"第 881 条之 6 规定:"最高限额抵押权所担保之债权,于原债权确定前让与他人者,其最高限额抵押权不随同移转。第三人为债务人清偿债务者,亦同。最高限额抵押权所担保之债权,于原债权确定前经第三人承担其债务,而债务人免其责任者,抵押权人就该承担之部分,不得行使最高限额抵押权。"第 1 项规定乃在缓和最高限额抵押权移转上的从属性,系为维护最高限额抵押权之特色,及简明其法律关系。第 2 项规定乃基于免责之债务的法理(参阅 2014 年台上字第 1977 号)。

3. 最高限额抵押权当事人与债务人之概括继受:"民法"第 881 条之 7 规定:"原债权确定前,最高限额抵押权之抵押权人或债务人为法人而有合并之情形者,抵押人得自知悉合并之日起十五日内,请求确定原债权。但自合并登记之日起已逾三十日,或抵押人为合并之当事人者,不在此限。有前项之请求者,原债权于合并时确定。合并后之法人,应于合并之日起十五日内通知抵押人,其未为通知致抵押人受损害者,应负赔偿责任。前三项之规定,于第三百零六条或法人分割之情形,准用之。"本条规定原债权确定前,最高限额抵押权之抵押权人或债务人为法人时,如有合并的情形,其权利义务应由合并后存续或另成立之法人概括承受,立法目的系在减少抵押人的责任。

4. 最高限额抵押权之让与:"民法"第 881 条之 8 规定:"原债权确定前,抵押权人经抵押人之同意,得将最高限额抵押权之全部或分割其一部让与他人。原债权确定前,抵押权人经抵押人之同意,得使他人成为最高限额抵押权之共有人。"本条规定系认为最高限额抵押权具有

---

① "最高法院"2010 年台上字第 152 号判决:"按所谓最高限额抵押权,系指在抵押权存续期间内,发生之债务,于最后决算时,在最高限额内有担保效力而言。此种抵押权所担保之债务,除订约时已发生者外,即将来发生之债务在约定限额范围内,亦为抵押权效力所及。如最高限额抵押权之抵押物所有权,由原抵押人移转于现所有人,抵押权人与现所有人约定抵押权义务人及债务人变更为现所有人并办理登记,此后现所有人对抵押权人之债务,固依其间之约定,为该最高限额抵押权所担保;至于其原来担保之原债务亦因之确定,依'民法'第 867 条规定,其抵押权担保法效力并不因此而受影响,然抵押权所担保之原债务,并不当然随同移转于不动产之现所有人,应视现所有人是否承担该原债务而定;倘现所有人未承担原债务,该债务仍由原债务人负担,抵押权人仅可就抵押物追及行使抵押权而已,难谓现所有人为该原债务之债务人。"

一定独立的经济价值，且为因应金融资产证券化及债权管理之实务要求，特明定抵押权人于原债权确定前，经抵押人之同意，得单独让与最高限额抵押权。

原债权确定前，抵押权人经抵押人之同意，得将最高限额抵押权之全部或分割其一部让与他人。“民法”第881条之8第1项定有明文。此项让与是最高限额抵押权与其担保债权范围所生之债权分离，单独为之。让与后，原抵押权人对债务人原在担保债权范围之债权，无论是让与前或让与后所生，于抵押权让与后，均不在担保之列。受让人对债务人若恰有原约定范围之债权（即符合原担保范围及债务人标准），无论是让与前或让与后所生，均为该抵押权担保之范围（2019年台上字第1274号）。

5. 共有最高限额抵押权：最高限额抵押权亦得由数人共有，“民法”第881条之9规定：“最高限额抵押权为数人共有者，各共有人按其债权额比例分配其得优先受偿之价金。但共有人于原债权确定前，另有约定者，从其约定。共有人得依前项按债权额比例分配之权利，非经共有人全体之同意，不得处分。但已有应有部分之约定者，不在此限。”所称原债权确定前之约定，指共有最高限额抵押设定时之约定及设定后原债权确定前，各共有人相互间之另为约定。又第1项所称各共有人按债权额分配之比例，性质上即为抵押权准共有之应有部分，然此项应有部分受该债权确定时，各共有人所具有担保债权金额多寡之影响，乃变动者与一般应有部分系固定者有异，若许其自由处分，势必影响其他占有人之权益，故应经全体共有人之同意，始得为之。但共有人若依第1项但书规定，已为应有部分之约定者，即得回复处分自由原则（第819条第1项）。

6. 最高限额抵押权的继承：“民法”第881条之11规定：“最高限额抵押权不因抵押权人、抵押人或债务人死亡而受影响。但经约定为原债权确定之事由者，不在此限。”按当被继承人死亡时，其继承人承受被继承人财产上之一切权利义务，其财产上之一切法律关系，皆因继承之开始，当然移转于继承人，最高限额抵押权当然不因此而受影响。但书规定系为尊重契约自由原则。

## 第五项　最高限额抵押权的确定

### 一、确定的事由

最高限额抵押权实行之际,关于其优先受偿范围内容,需以所担保的债权定之。故法律需规定何种事由得使不特定债权归于具体特定。"民法"第 881 条之 12 设三项规定:

1. 第 1 项:"最高限额抵押权所担保之原债权,除本节另有规定外,因下列事由之一而确定:"

"一、约定之原债权确定期日届至者。"此乃基于当事人的意思。

"二、担保债权之范围变更或因其他事由,致原债权不继续发生者。"所谓原债权不继续发生,指该等事由,已使原债权确定不再继续发生(2021 年台上字第 1090 号),如仅一时的不继续发生,自不适用。[①]

"三、担保债权所由发生之法律关系经终止或因其他事由而消灭者。"

"四、债权人拒绝继续发生债权,债务人请求确定者。"例如债权人已表不再继续放贷借款或不继续供应承销货物。此款规定在于保障债务人的利益。

"五、最高限额抵押权人声请裁定拍卖抵押物,或依第八百七十三条之一之规定为抵押物所有权之请求时,或依第八百七十八条规定订立契约者。"此乃基于抵押权人已有终止与债务人间往来交易之意思。又依"最高法院"2021 年台抗大字第 1069 号大法庭裁定:"最高限额抵押权之债权人,持拍卖抵押物裁定为执行名义,声请强制执行,其取得执行名义所凭之债权,经法院判决确认不存在确定,倘执行法院就其提出之其他债权证明文件,依形式审查结果,足认尚有其他已届清偿期之担保债权存在

---

① "最高法院"2016 年台上字第 197 号判决:"最高限额抵押权所担保之债权,在权利存续期限内,除订约时已发生之债权外,将来陆续所发生之债权,在约定限额范围内,亦为抵押权效力所及。惟所担保之原债权若因债权范围变更或因其他事由,致原债权不继续发生者,则该最高限额抵押权所担保债权之流动性既已停止,自当归于确定。查系争抵押权设定目的系为担保聚合发公司上揭建案之建筑融资贷款,此抵押借款债务业已清偿完毕,银行无就系争抵押权再为贷款之可能,聚合发公司出具涂销系争抵押权之承诺书有不继续发生贷款之意等情,为原审合法认定之事实,原判决因认系争抵押权所担保之原债权已有'民法'第 881 条之 12 第 1 项第 2 款规定之确定事由。"

时,即不得依债务人之声明异议,驳回强制执行之声请。”

“六、抵押物因他债权人声请强制执行经法院查封,而为最高限额抵押权人所知悉,或经执行法院通知最高限额抵押权人者。但抵押物之查封经撤销时,不在此限。”此项规定的目的在于确定究竟有多少拍卖价金可供清偿执行债权。

“七、债务人或抵押人经裁定宣告破产者。但其裁定经废弃确定时,不在此限。”

2. 第 2 项:“第八百八十一条之五第二项之规定,于前项第四款之情形,准用之。”此项准用的目的在于早日确定法律关系,以兼顾抵押权当事人双方的权益。

3. 第 3 项:“第一项第六款但书及第七款但书之规定,于原债权确定后,已有第三人受让担保债权,或以该债权为标的物设定权利者,不适用之。”此项规定系为保护受让债权或就该债权取得权利之第三人的利益。

## 二、确定的效果

1. 担保之债权归于确定:“民法”第 881 条之 13 规定:“最高限额抵押权所担保之原债权确定事由发生后,债务人或抵押人得请求抵押权人结算实际发生之债权额,并得就该金额请求变更为普通抵押权之登记。但不得逾原约定最高限额之范围。”盖原债权一经确定,该抵押权与担保债权之结合状态随之确定,此时该抵押权之从属性与普通抵押权完全相同,故债务人或抵押人并得就该金额请求变更为普通抵押权登记。①

若最高限额抵押权担保之原债权确定时,其担保之债权所由生之契约已合法终止(或解除或因其他原因而消灭),且无既存之债权,而将来亦确定不再发生债权,该确定期日前所可发生之债权,已确定不存在,依抵押权之从属性,应许抵押人请求涂销抵押权设定登记。又最高限额抵押权所担保之原债权确定后,除本节另有规定外,其担保效力不及于继续发生之债权或取得之票据上之权利,亦为同法第 881 条之 14 所明定。倘债权人与抵押人约定设定最高限额抵押权所担保之债权,已因债务人清偿或其他原因而消灭,或确定不发生或不再发生,而尚未为抵押权设定登

① 参见谢在全、陈旺圣:《最高限额抵押权担保债权额结算请求权、普通抵押权变更登记请求权之证立》,载《台湾法律人》2022 年第 18 期。

记者,债权人亦不得再请求为该最高限额抵押权设定登记(2021年台上字第3216号)。

2. 确定后担保之效力:"民法"第881条之14规定:"最高限额抵押权所担保之原债权确定后,除本节另有规定外,其担保效力不及于继续发生之债权或取得之票据上之权利。"

3. 债权罹于时效与最高限额抵押权担保范围:"民法"第881条之15规定:"最高限额抵押权所担保之债权,其请求权已因时效而消灭,如抵押权人于消灭时效完成后,五年间不实行其抵押权者,该债权不再属于最高限额抵押权担保之范围。"之所以设此规定,系因最高限额所担保之债权尚有继续发生之可能,故最高限额抵押权仍继续存在,无"民法"第880条之适用。

4. 抵押权涂销请求权:"民法"第881条之16规定:"最高限额抵押权所担保之原债权确定后,于实际债权额超过最高限额时,为债务人设定抵押权之第三人,或其他对该抵押权之存在有法律上利害关系之人,于清偿最高限额为度之金额后,得请求涂销其抵押权。"

### 第六项　共同最高限额抵押权

"民法"第881条之10规定:"为同一债权之担保,于数不动产上设定最高限额抵押权者,如其担保之原债权,仅其中一不动产发生确定事由时,各最高限额抵押权所担保之原债权均归于确定。"债务人及最高限额均属一人时,固属本条所谓同一债权,至于债务人相同,担保之债权范围仅部分相同时,是否为本条适用范围,有待研究(参见增订理由说明)。

### 第七项　普通抵押权规定之准用

"民法"关于普通抵押权的规定具抵押权一般规定的性质,故"民法"第881条之17规定:"最高限额抵押权,除第八百六十一条第二项、第八百六十九条第一项、第八百七十条、第八百七十条之一、第八百七十条之二、第八百八十条之规定外,准用关于普通抵押权之规定。"(请对照阅读2015年台上字第2312号、2011年台上字第602号,以了解其准用的理由)

## 第三款 共同抵押权①

甲向乙贷款,除提供自有的A地、B地设定抵押权外,并由丙、丁各提供C地及D地设定抵押权。试问:

(1)乙得否选择先就丙提供的C地拍卖受偿?

(2)未限定各个抵押物所负担金额时,如何决定各抵押物对债权分担之金额?

(3)设乙拍卖A地、B地及丙提供的C地,乙就该抵押物受偿之债权额超过丙之分担额时,C地所有人丙得向丁主张何种权利?

(参阅下图)

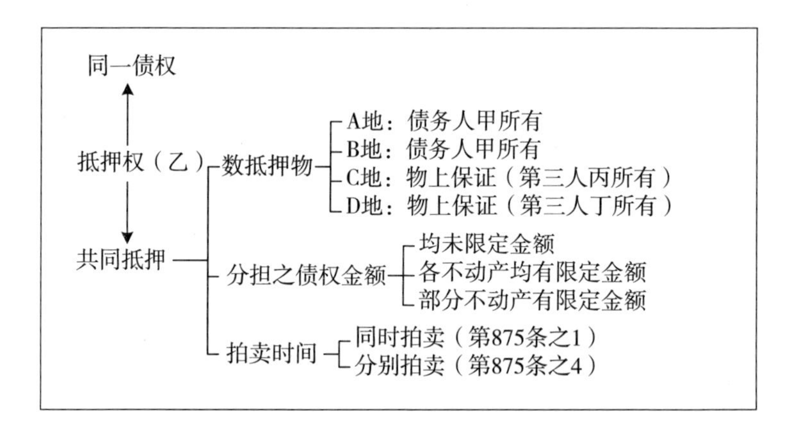


### 一、共同抵押的意义及抵押权人的选择自由

共同抵押权,指为担保同一债权,以数不动产为标的物,所设定的抵押权。例如甲为担保其对乙的1000万元债务,以自有的A、B二笔土地,为乙设定抵押权。此种"为同一债权之担保,于数不动产上设定抵押权,而未限定各个不动产所负担之金额者,抵押权人得就各个不动产卖得之价金,受债权全部或一部之清偿"(第875条),除受"强制执行法"第96

① 参见陈荣隆:《新共同抵押权诠解》,载《法学丛刊》2008年第53卷第3期;吴志正:《论共同担保内部应分担额之算定》,载《物权与民事法新思维》,2014年版,第591页。

条[①]规定之限制外，抵押权人就如何行使其权利，有自由选择之权（1963年台上字第1693号判例）。[②]

抵押人系就同一债权之担保，于数不动产上设定抵押权，复未限定各个不动产所负担之金额，是抵押人因设定抵押权所提供之数笔不动产，均须担保债权之全部，在债权未全部受偿前，尚不生抵押权部分消灭之效力。

## 二、"民法"第875条之1至第875条之4的增订

共同抵押涉及四个问题：（1）抵押权人如何行使其权利。（2）共同抵押物对债权分担金额的计算。（3）共同抵押物拍卖金额大于债权时，如何计算分配。（4）各抵押物分别拍卖时，应如何处理其求偿或承受问题（参阅前揭例题）。为规范此等问题，2007年修正担保物权时，增列四个条文：

1. 第875条之1（拍卖的次序）："为同一债权之担保，于数不动产上设定抵押权，抵押物全部或部分同时拍卖时，拍卖之抵押物中有为债务人所有者，抵押权人应先就该抵押物卖得之价金受偿。"立法意旨在于减少物上保证人的求偿问题，并不影响抵押权人的受偿利益。

2. 第875条之2（各抵押物对债权分担金额之计算）："为同一债权之担保，于数不动产上设定抵押权者，各抵押物对债权分担之金额，依下列规定计算之：一、未限定各个不动产所负担之金额时，依各抵押物价值之比例。二、已限定各个不动产所负担之金额时，依各抵押物所限定负担金额之比例。三、仅限定部分不动产所负担之金额时，依各抵押物所限定

① "强制执行法"第96条规定："供拍卖之数宗不动产，其中一宗或数宗之卖得价金，已足清偿执行之债权额及债务人应负担之费用时，其他部分应停止拍卖。前项情形，债务人得指定其应拍卖不动产之部分。但建筑物及其基地，不得指定单独拍卖。"

② "最高法院"1986年台上字第1215号判决："为同一债权之担保，于数不动产上设定之抵押权，学者称之为共同抵押，此种抵押权，依'民法'第875条规定，倘未限定各个不动产所负担之金额者，抵押权人得就各个不动产卖得之价金，受债权全部或一部之清偿，除受'强制执行法'第96条规定之限制外，有自由选择之权。此与……规定共同抵押权人，如同时就各抵押物卖得之价金受清偿时，应按各标的物之价格分担债权额者（如《日本民法典》第392条第1项），固有不同，其与代位求偿主义，规定共同抵押权如仅就一抵押物卖得价金受偿时，该标的物上次顺序抵押权人，对他抵押物于该共同抵押人依分担比例计算，可得受清偿金额之限度内，得代位行使其抵押权者（如《日本民法典》第392条第2项），亦复有异，'民法'上之共同抵押，既无相类似之规定，自不能为相同之解释。"

负担金额与未限定负担金额之各抵押物价值之比例。计算前项第二款、第三款分担金额时,各抵押物所限定负担金额较抵押物价值为高者,以抵押物之价值为准。"

3. 第875条之3(拍卖所得价金超过担保时,各抵押物对债权分担金额之计算):"为同一债权之担保,于数不动产上设定抵押权者,在抵押物全部或部分同时拍卖,而其卖得价金超过所担保之债权额时,经拍卖之各抵押物对债权分担金额之计算,准用前条之规定。"参照立法理由,说明如下:

例如,甲对乙负有600万元债务,由丙、丁、戊分别提供其所有之A、B、C三笔土地设定抵押权于乙,共同担保上述债权,而均未限定各个不动产所负担之金额。嗣甲逾期未能清偿,乙遂声请对A、B二地同时拍卖,A地拍卖所得价金为500万元,B地拍卖所得价金为300万元,于此情形,A地、B地对债权分担之金额,应准用第875条之2第1项第1款之规定计算之,故A地对债权之分担金额为375万元[600×500÷(500+300)],B地对债权之分担金额为225万元[600×300÷(500+300)]。拍卖抵押物之执行法院,自应按此金额清偿担保债权。又上例中,如分别限定A、B、C三地所负担之金额为300万元、200万元、100万元,乙声请对A、B二地同时拍卖,A地拍卖所得价金为500万元,B地拍卖所得价金为300万元,于此情形,A地、B地对债权分担之金额,则应准用第875条之2第1项第2款前段之规定计算之,故A地对债权之分担金额为300万元,B地对债权之分担金额为200万元。又上述第一例中,A、B抵押物卖得价金受偿之债权额均已超过其分担额(第875条之2第1项第1款参照),此际丙、丁对C抵押物可行使第875条之4第1款所定之权利,自属当然。

4. 第875条之4(各抵押物分别拍卖时之受偿求偿关系):"为同一债权之担保,于数不动产上设定抵押权者,在各抵押物分别拍卖时,适用下列规定:一、经拍卖之抵押物为债务人以外之第三人所有,而抵押权人就该抵押物卖得价金受偿之债权额超过其分担额时,该抵押物所有人就超过分担额之范围内,得请求其余未拍卖之其他第三人偿还其供担保抵押物应分担之部分,并对该第三人之抵押物,以其分担额为限,承受抵押权人之权利。但不得有害于该抵押权人之利益。二、经拍卖之抵押物为同一人所有,而抵押权人就该抵押物卖得价金受偿之债权额超过其分担额时,该抵押物之后次序抵押权人就超过分担额之范围内,对其余未拍卖之同一人供担保之抵押物，承受实行抵押权人之权利。但不得有害于该抵押权人之利益。”需说明的有三点：

(1)本条第1款虽规定物上保证人间之求偿权及承受权，惟基于私法自治原则，当事人仍可以契约为不同约定而排除本款规定之适用。

(2)第2款系规定同一人所有而供担保之抵押物经拍卖后，该抵押物后次序抵押权人就超过分担额之范围内有承受权。本款所称之“同一人”所有，除债务人所有之抵押物经拍卖之情形外，亦包括物上保证人所有之抵押物经拍卖之情形。

(3)物上保证人对债务人或第三人之求偿权或承受权，则另规定于第879条。

## 第四款　承揽人抵押权[①]

1. 乙承揽修建甲的建筑物，试问乙就由其承揽关系所生的报酬或损害赔偿，是否当然就该建筑物取得抵押权？若须登记，如何为之？承揽人的抵押权是否优先于设定在前的普通抵押权？试思考立法政策，分析法律规范内容的设计。

2. 甲有A地，由乙承揽建筑大厦，并办理承揽人抵押权登记。甲向丙银行申请建筑融资贷款，并就A地设定抵押权。其后经甲协调，乙与丙银行商议签订承揽人抵押权抛弃切结书，但承揽人乙借故未办理登记。乙得否主张对A地有优先受偿权？

### 一、承揽人抵押权的法律构造

承揽人抵押权系理论及实务上的重要问题，规定于“民法”债编承揽契约之中。“民法”第513条设有四项规定，就其法律概念为扼要的说明：

1. 第1项(承揽人抵押权的创设)：“承揽之工作为建筑物或其他土地上之工作物，或为此等工作物之重大修缮者，承揽人得就承揽关系报酬额，对于其工作所附之定作人之不动产，请求定作人为抵押权之登记；或对于将来完成之定作人之不动产，请求预为抵押权之登记。”应说明的有三：

---

① 参见黄健彰：《结构体以外之工作或非重大修缮适用承揽人抵押权规定之探讨》，载《台湾大学法学论丛》2013年第42卷第3期。

(1)采登记制度:为确保承揽人之利益并兼顾交易安全,本条特别规定得由承揽人请求定作人会同为抵押权之登记,并兼采"预为抵押权登记"制度。就承揽人抵押权的"登记",有生效要件说、对抗要件说之争,本书采登记生效要件说,此为多数说(参照2020年台上字第2863号、2015年台上字第2148号、2014年台上字第573号)。[①]

(2)担保范围:抵押权范围限于订定契约时已确定之"约定报酬额",不包括不履行之损害赔偿。

(3)登记请求权:承揽人得就约定之报酬,对于其工作所附之定作人之不动产,请求定作人为抵押权之登记,或对于将来完成之定作人之不动产,请求预为抵押权之登记,使第三人不致受不测之损害。[②]

2. 第2项(请求预为登记的时间):"前项请求,承揽人于开始工作前亦得为之。"立法目的在于确保承揽人的利益。

3. 第3项(公证与单独声请):"前二项之抵押权登记,如承揽契约已经公证者,承揽人得单独申请之。"公证制度具有促使当事人审慎行事并达到预防司法之功能,倘承揽契约内容业经公证人作成公证书者,双方当事人之法律关系自可确认,且亦足认定作人已有会同前往申办登记抵押权之意,承揽人无须向定作人请求,得单独申请登记。

4. 第4项(费用性抵押权优先于融资性抵押权):"第一项及第二项就修缮报酬所登记之抵押权,于工作物因修缮所增加之价值限度内,优先于成立在先之抵押权。"建筑物或其他土地上之工作物,因修缮而增加其价值,则就工作物在因修缮所增加之价值限度内,因修缮报酬所设定之抵

---

① 参见陈旺圣:《以权利变换或协议合建方式实施民办都更之物权变动研究》,中国文化大学法律学系2019年硕士论文,第224页。

② 承揽人法定抵押权登记是实务上常见的争议问题,兹举二个"最高法院"判决以供参照:"最高法院"2014年台上字第573号判决:"承揽人之抵押权改采登记生效主义,以兼顾定作人之债权人及承揽人之权益。上诉人就系争承揽报酬并未就系争建物向地政机关请求为抵押权之登记,为原审合法确定之事实,其自未取得抵押权,不得请求优先于台湾金联公司之抵押债权而受分配。""最高法院"2017年台上字第17号判决:"按承揽之工作为新建建筑物,承揽人得就承揽关系报酬额,对于将来完成之定作人之不动产,请求预为抵押权之登记。此项请求,承揽人于开始工作前亦得为之。观诸'民法'第513条第1、2项规定可明。依此所为'预为抵押权'之登记,仅系'预先''暂时'性登记,与就已登记之不动产设定抵押权登记,尚属有间。其抵押权之行使,仍以将来完成之不动产系由承揽人基于承揽关系所施作,且属定作人所有为限,承揽人始得就承揽关系报酬额对之取偿。若已完成而未办理建物所有权第一次登记之建筑物与其预为抵押权登记所拟兴建之建筑物不符,所有权人是否为原定作人亦有争执时,参照'非讼事件法'第73条规定,承揽人若欲实施抵押权,仍应由其负证明之责。"

押权，当优先于成立在先之抵押权，始为合理。

关于案例1所提出的问题，请参照前揭对“民法”第513条的说明，理解承揽人抵押权制度的功能，及如何达成此一目的的规范设计。

## 二、承揽人抵押权的抛弃：抵押权人的保护

承揽人的抵押权是一个重要的制度，暂不详述，兹仅讨论一个实务上最具争议的问题：承揽人签署法定抵押权抛弃切结书，而未办理登记时，究应如何处理？兹先图示案例2的基本法律关系，再参照“最高法院”一个重要判决加以说明。

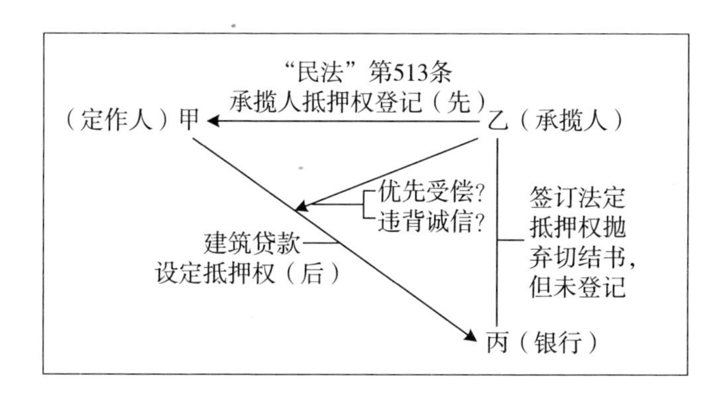


关于抛弃承揽人法定抵押权的争议，“最高法院”2003年台上字第2744号判决作成二个重要见解（请参阅判决全文，耐心理解研读法院判决是法律人的基本素养）：

（一）法定抵押权抛弃书与定型化契约条款的控制

抛弃承揽人法定抵押权是一种处分行为，非经办理登记，不生效力（第758条）。抛弃切结书是一种债权契约，具有债之效力。此项抛弃法定抵押权的契约条款并不违反“民法”第247条之1第3款“使他方当事人抛弃权利或限制其行使权利者”，显失公平而无效的规定。其理由在于所谓“使他方当事人抛弃权利或限制其行使权利”，应系指一方预定之契约条款，为他方所不及知或无磋商变更之余地而言，另所称“按其情形显失公平”，则指依契约本质所生之主要权利义务，或按法律规定加以综合判断，有显失公平之情形。

上诉人（承揽人乙）对于被上诉人（银行丙）有关一般建筑业于建筑

基地兴建房屋或大楼，为筹措资金乃向银行申请建筑融资贷款，银行基于保障自己权益，均要求建商必须邀同承揽之营造商签立“法定抵押权抛弃书”，俾银行之抵押权及贷款有所保障，此为建筑、营造及金融业实务上常见之惯例，历年来均无任何异议之抗辩，并不争执。上诉人（承揽人乙）以营造为业，既知悉前揭惯例，且于○○公司（甲）以系争建物之建筑基地向被上诉人（银行丙）办理建筑融资时，复书立系争抛弃书，表示愿就系争建物抛弃“民法”第513条规定之承揽人法定抵押权，以利○○公司（甲）取得被上诉人（银行丙）之建筑融资贷款，已难谓为不知系争抛弃书之用意及效果；况上诉人（承揽人乙）并非贷款人，如不愿抛弃其就系争建物因承揽而生之法定抵押权，原可本于自由意志拒绝签立系争抛弃书而不协助○○公司（甲）向被上诉人（银行丙）贷款，○○公司（甲）虽因此须以自有资金或向他人融资以支应系争建物之建筑工程，然究非身为承揽人之上诉人（承揽人乙）所须顾虑而无磋商变更余地者（2003年台上字第2744号）。

（二）承揽人行使法定抵押权有违诚信原则

上诉人（承揽人乙）先则出具系争抛弃书，迨被上诉人（丙银行）信赖其对○○公司（甲）之建筑融资贷款，将可于系争建物建筑完成后，取得优先受偿之担保地位，而放款予○○公司（甲），以利其建筑系争建物之后，始再就系争建物主张仍有优先受偿之法定抵押权存在而求为确认，不仅有违诚实信用原则，尤有使金融业者因难于预期贷款风险而减少承作建筑融资之意愿、致建筑业者须另筹资金因应建筑工程之虞，实有害于市场经济之活络。经衡量双方当事人之利益，为使法律关系臻于公平妥当，遂行公平正义之社会核心价值，认定上诉人（承揽人乙）基于诚信原则及其书立系争抛弃书之目的，不得再对被上诉人（丙银行）主张系争法定抵押权有优先于其设定抵押权受偿之权利（2003年台上字第2744号）。值得补充的是，法定抵押权抛弃切结书具有债之效力，当事人一方（如丙银行）得向他方（如承揽人乙）请求办理抛弃法定抵押权的登记。

之所以详细摘录“最高法院”判决理由，系此为实务上常见案例，旨在凸显本件判决的重要意义，以及其认事用法与深刻的论证（相关判决参考2006年台上字第1809号、2005年台上字第407号、2005年台上字第434号、2007年台上字第110号、2008年台上字第1808号）。

### 第五款　其他抵押权

抵押权种类繁多,除第一节及第二节所列抵押权外,尚有法定抵押权及特别法上所定之抵押权(如矿业权抵押权、渔业权抵押权),为期周延,担保物权条文特增订第三节,设第882条及第883条,即:

1. “民法”第882条:“地上权、农育权及典权,均得为抵押权之标的物。”

2. “民法”第883条:“普通抵押权及最高限额抵押权之规定,于前条抵押权及其他抵押权准用之。”所称其他抵押权包括以矿业权、渔业权为标的物之抵押权等。

## 第三节　质　权

### 第一款　动产质权

——占有标的物的担保物权

某甲经营印刷厂,因不景气财务陷于困境,向乙借款,为担保债务,欲以其父遗留的古画,及其亲友丙提供的珠宝,设定质权。质权系属所谓的“占有担保物权”,在法律上应如何规定其成立要件、担保债权的范围及质权人因占有物权而生的权利义务?如何实行质权?请思考说明动产质权与不动产抵押权的法律结构及规范内容的异同。

#### 第一项　动产质权的意义及法律构造

“民法”第884条规定:“称动产质权者,谓债权人对于债务人或第三人移转占有而供其债权担保之动产,得就该动产卖得价金优先受偿之权。”以动产设定质权之人称为出质人,出质人得为债务人或第三人(物上保证人)。享有质权之人,称为质权人,质权人即为债权人。兹将基本法律关系图示如下:

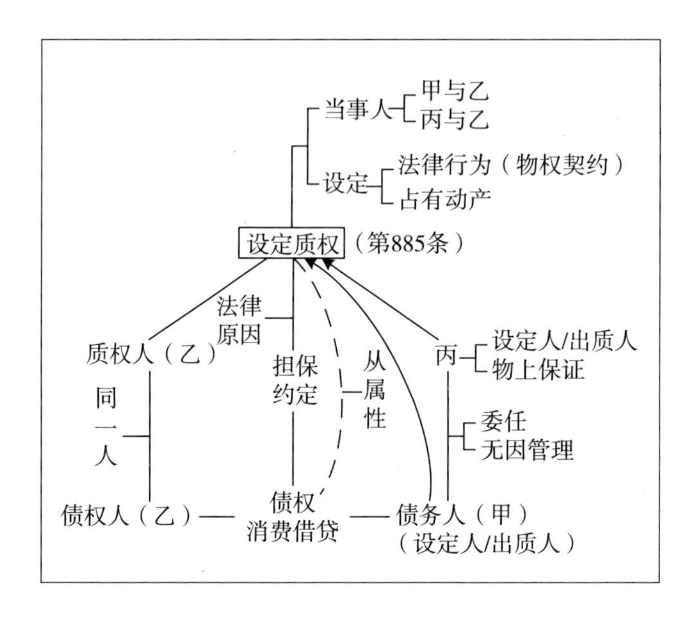


1. 动产质权系一种担保物权，其法律构造基本上同于抵押权（请参照本书第484页），尤其是设定物权的法律行为（物权行为）、担保约定（债权契约）及消费借贷契约的区别、抵押权（质权）的从属性、担保客体的特定原则等。

2. 动产质权的最大特色在于占有标的物，此系其与抵押权最大的不同，体现于设定的要件及当事人间的法律关系等规定。明辨其异同、理解其规范目的及如何解释适用等相关问题，请参阅本书关于抵押权的说明。

3. 动产质权是传统重要的担保物权，具有融通资金的重大功能。之所以要占有标的物，旨在保障债权人（质权人），但也因此剥夺了债务人（出质人）对动产的使用、收益，影响现代市场经济、商品生产利用及交易担保机能，从而发展出不占有标的物的动产担保制度（"动产担保交易法"）及动产让与担保（Sicherungsübereignung），并成为动产担保制度国际统一化的重要课题。[1] 为便于观察，将动产担保制度的发展图示如下：

---

① Schwintowski, Das besitzlose Pfandrecht (2012).

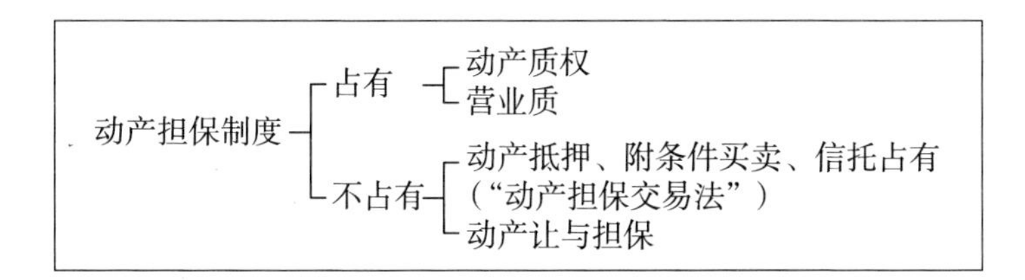


## 第二项　动产质权的取得

### 一、设定取得

质权之设定,因供担保之动产移转于债权人占有而生效力。质权人不得使出质人或债务人代自己占有质物(第885条)。关于动产质权的设定取得,须具备二个要件,分述如下:

(一) 物权契约

动产质权的设定须有物权契约,“民法”第885条未设明文,此乃物权变动的基本原则,同于抵押权的设定(第860条、第758条)。此种依物权契约设定的动产质权,又称契约质权(vertragliches Pfandrecht)。

(二) 移转动产占有:动产质权设定的公示

移转动产占有系设定质权的核心问题,旨在维护动产质权的公示。占有之移转,因占有物之交付而生效力(第946条)。兹依“民法”第761条之规定说明如下:

1. 现实交付:指移转物的管领力。所谓现实交付包括移转共同占有,例如,甲将寄存于银行保险箱内的珠宝设质于乙,须使用二把钥匙始能打开,而将其中一把钥匙交给质权人乙。

2. 简易交付:受让人已占有动产者,于设定质权合意时,即生效力(第761条第1项但书)。

3. 指示交付:动产的间接占有人得将其返还请求权让与债权人以代交付(1999年台上字第67号)。值得注意的是,《德国民法典》第1205条第2项规定,设定人应将其质权之设定通知直接占有人,始生效力,例如,甲将寄存于乙处的古董设定质权于丙时,须将其质权之设定通知乙,始生效力,其目的在于补充公示性,“民法”未设相当规定,为强化动产质权的公示性,应作相同解释。

4. 不得采占有改定：移转占有不得以占有改定为之(2008年台上字第310号判例)。例如，甲有卡车，设质于乙，甲为继续使用卡车，甲与乙间订立租赁契约，使乙取得间接占有，以代交付。之所以不得以占有改定方式设定质权，旨在贯彻移转占有的公示性。为克服法律的限制，实务发展出动产所有权让与担保制度(Sicherungsübereignung)。

## 二、法定取得

1. 继承(第1148条)。

2. 随债权让与而移转：让与债权时，该债权之担保及其他从属之权利，随同移转于受让人(第295条)。所谓债权之担保，除抵押权外，亦包括动产质权，受让人得请求让与人交付动产，体现动产抵押之从属性。《德国民法典》第1250条规定："质权随同债权之让与而移转于新债权。质权不得与债权分离而为让与。债权让与时排除质权之移转者，质权即归消灭。"可资参照。

3. 善意取得："民法"第886条规定："动产之受质人占有动产，而受关于占有规定之保护者，纵出质人无处分其质物之权利，受质人仍取得其质权。"由"受关于占有规定之保护"的规定，可知亦应有"民法"第948条以下关于善意取得规定的适用。

4. 时效取得(第772条)：实务尚未有相关案例。

## 三、质权转换①

担保物权得发生转换关系，如抵押权转换为质权，权利质权转换为动产质权，或动产质权转换为权利质权，分述如下：

1. 抵押权转换为动产质权："民法"第862条之1规定："抵押物灭失之残余物，仍为抵押权效力所及。抵押物之成分非依物之通常用法而分离成为独立之动产者，亦同。前项情形，抵押权人得请求占有该残余物或动产，并依质权之规定，行使其权利。"

2. 权利质权转换为动产质权："民法"第906条规定："为质权标的物之债权，以金钱以外之动产给付为内容者，于其清偿期届至时，质权人得

① 参见郑冠宇：《民法物权》，2022年版，第648页；温丰文：《权利质权转换为抵押权》，载《月旦法学教室》2017年第176期。

请求债务人给付之,并对该给付物有质权。"

3. 动产质权转换为权利质权:"民法"第899条第1项、第2项规定:"动产质权,因质物灭失而消灭。但出质人因灭失得受赔偿或其他利益者,不在此限。质权人对于前项出质人所得行使之赔偿或其他请求权仍有质权,其次序与原质权同。"

### 四、动产质权的次序关系

设定动产质权后,再就同一动产设定质权的,亦属有之,例如,质权人甲的占有辅助人乙擅将该动产设质于丙,由丙善意取得动产质押(第886条、第949条)。依一般原则,多数质权应依成立先后定其位序,但丙善意不知前有质权时,其取得的动产质权优先于之前的动产质权(参阅本书第705页)。

## 第三项 担保债权及担保标的物的范围

### 一、担保债权的范围

质权所担保者为原债权、利息、迟延利息、违约金、保存质物之费用、实行质权之费用及因质物隐有瑕疵而生之损害赔偿。但契约另有约定者,不在此限。保存质物之费用,以避免质物价值减损所必要者为限(第887条)。应说明者有四:

1. 债权须特定,包括将来债权及附条件债权。债权须为金钱债权(原则上同于抵押权)。

2. "民法"第887条规定了动产质权的担保范围,但本诸私法自治原则,当事人得为限缩或扩张。

3. 所谓以避免质物价值减损所必要者为限,例如税捐、修缮费等。至于单纯的保管费用,例如,质物置于仓库所须支付之仓租等,若非为避免质物价值减损所必要,其保管费用,仍应由质权人负担,不在保存费用之内。

4. 所谓质物隐有瑕疵而生之损害赔偿,例如,设质的名犬有病,传染给质权人所有的犬群。其非隐有瑕疵而生的损害,应适用侵权行为等规定,负损害赔偿责任,此乃普通债权,不在担保范围之内。

## 二、担保标的物的范围

动产质权以动产为标的物,其效力范围及于质物的从物、孳息、添附物,说明如下:

1. 动产:得变价的动产,均得为动产质权的标的物。动产包括重要成分与非重要成分,其非重要成分属第三人所有者(如擅将他人轮胎装于汽车),不在担保的范围,但得发生善意取得。需特别注意的是,依物权特定原则,动产质权的设定应就个别之物为之,例如就仓库内的商品(10台电视机)设定动产质权时,应就每一个商品(电视机)为质权的设定。

2. 从物:动产质权的效力及于质物的从物,但须随同交付质权人。质权人就主物设定质权时,得请求出质人交付从物。例如,出质珠宝,应交付珠宝箱。珠宝的鉴定书虽非从物,亦须一并交付。

3. 孳息:包括天然孳息及法定孳息(第889条)。

4. 添附物:质物发生添附,时所常见。其所生法律关系,分三点言之:

(1)添附后之合成物的所有权归属于出质人者(第812条第2项、第813条、第814条),质权扩张及于该合成物。

(2)添附物为共有者(第812条第1项),质权存在于依质物价值比例计算的应有部分之上。

(3)添附结果致出质人丧失所有权时,该质权转换成权利质权,继续存在于不当得利请求权(第816条)。

# 第四项 动产质权的效力

## 一、质权人的权利义务

### (一) 占有质物的权利

动产质权法律构造的特色,在于由质权人"占有质物",使债权人于债权届期未受清偿时,得拍卖质物,就其卖得价金优先受偿(第893条第1项)。故质权人于债权未受清偿时,得留置质物,以确保其债权得获实现。

### (二) 质权保护

1. "民法"第767条第2项规定之物上请求权:动产质权系所有权以

外之物权,得准用所有人的物上请求权。质权人向无权占有人请求回复质物时,并有“民法”第952条至第958条规定的适用。

2.“民法”第960条至第962条规定的占有人自力救济及物上请求权:需注意的是,“民法”第898条规定:“质权人丧失其质物之占有,于二年内未请求返还者,其动产质权消灭。”立法目的在于明确法律关系。

3.“民法”第184条第1项前段规定,“因故意或过失,不法侵害他人之权利者,负损害赔偿责任”。质权系具排他性的物权,而为“民法”第184条第1项前段所称权利。

4.“民法”第179条规定的不当得利请求权(权益侵害不当得利)。

(三)保管质物的义务:法定债之关系

“民法”第888条规定:“质权人应以善良管理人之注意,保管质物。质权人非经出质人之同意,不得使用或出租其质物。但为保存其物之必要而使用者,不在此限。”质权人保管质物,发生法定债之关系,而有“民法”第224条规定的适用。

质权人经出质人同意使用或出租质物(例如,汽车、名画等),应付使用的对价或所收取的租金,由当事人自行约定。在此情形,质权人仍应依“民法”第888条第1项负善良管理人的注意义务。例如,易生锈的机械,偶有使用之,以防其生锈;使用汽车,以保持其机能。

(四)收取孳息

“民法”第889条规定:“质权人得收取质物所生之孳息。但契约另有约定者,不在此限。”“民法”第890条规定:“质权人有收取质物所生孳息之权利者,应以对于自己财产同一之注意收取孳息,并为计算。前项孳息,先抵充费用,次抵原债权之利息,次抵原债权。孳息如须变价始得抵充者,其变价方法准用实行质权之规定。”应说明者有二:

1. 所称“费用”,包括保存质物及收取孳息之费用在内。

2. 契约另有约定,例如,甲将名画设质于乙,甲允许乙出租展览,平分租金。

## 二、出质人的权利

质物出质后,关于质物的占有,质权人为直接占有,出质人为间接占有(第941条)。从而在二种情形,出质人得将质物出卖于他人(质权人或第三人),并让与其所有权:

1. 简易交付："民法"第761条第1项规定："动产物权之让与，非将动产交付，不生效力。但受让人已占有动产者，于让与合意时，即生效力。"出质人将质物出卖于质权人的情形，得采此方式，以节省现实交付的费用及降低风险。

2. 返还请求权的让与：出质人于清偿质权所担保的债权后，对质权人有质物返还请求权，质权人得出卖质物于他人，而让与其对质权人的质物返还请求权，以代交付，移转质物所有权（第761条第3项）。

## 三、转质质物①

### （一）法律规范

"民法"第891条规定："质权人于质权存续中，得以自己之责任，将质物转质于第三人。其因转质所受不可抗力之损失，亦应负责。"立法理由谓："质权为财产权之一种，质权人于质权存续期中，自得将其质权转质于第三人。但此种规定，原为质权人之利益而设，其因转质所受不可抗力之损失，自亦应由质权人负其全责，以昭公允。"分三点加以说明：

1. 责任转质的性质

"民法"第891条规定的转质，通说认为此种转质系"质物转质"（责任转质），而非立法理由所谓"质权转质"。在法学方法上，法律文义与立法理由发生歧异，应以法律明定文义为准。

2. 转质要件

责任转质须具备三个要件：

（1）质权人须于质权存续中转质。

（2）转质权所担保之债权额，须在质权所担保范围内。

（3）须具备设定质权的要件（第884条）。

3. 转质效力

责任转质的争议问题主要在于其对出质人、转质人及转质权人的效力，将于下文设例作较详细的说明。

### （二）案例研习

转质于实务上虽少案例，但可以案例研习作为法律思考的演练，兹先设一个案例作为讨论基础：

---

① 参见谢在全：《民法物权论》（下），第461页；郑冠宇：《民法物权》，2022年版，第653页。

1. 案例

甲有A琴,设定质权于乙,乙复将该琴转质于丙。试问:

1. 乙将A琴转质于丙,须否得甲同意?乙违反不得转质的约定时,效力如何?

2. 乙不知甲之债权已获清偿,仍转质A琴于丙时,丙得否主张取得对A琴的质权?

3. 甲不知乙转质A琴于丙,向乙清偿债务时,其法律关系如何?

4. 丙于其债权届清偿期未受清偿而拍卖A琴时,如何与乙分配其卖得价金?

5. A琴因丙的过失被盗或灭失时,甲得否向乙或丙请求损害赔偿?

为便于说明,图示法律关系如下:

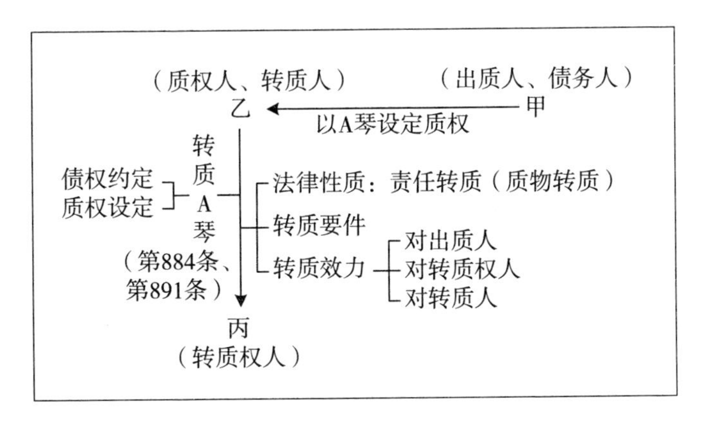


2. 案例讨论

**(1)案例1:责任转质与承诺转质**

甲出质A琴于乙,乙转质A琴于丙,不必得甲(出质人)的同意,因转质系质权人的权利(责任转质)。甲、乙约定不得转质,而乙仍为转质时,其转质依然有效,但应负违约责任。出质人允许质权人得将质物再度出转,乃所谓的承诺转质。在此情形,转质权具独立性,不再受限于原质权范围,其担保债权的数额及清偿期不受原质权的限制。此种承诺转质不同于责任转质,债权人对转质所受不可抗力之损失,不必负责,仅负通常过失责任。

(2)案例2:就转质物善意取得动产质权

乙不知(或明知)其质权因债权受清偿而消灭,仍将A琴出质于丙时,丙得否主张善意取得动产质权?对此或有认为质权既已消灭,转质权亦随之消灭,自不得再度出质,不生善意取得问题。然此种再度设质,实质上同于就他人之物设定动产质权,肯定得善意取得,较值赞同。

(3)案例3:债务人未获转质通知而向质权人为清偿

乙将A琴转质于丙,未通知债务人甲,而甲对乙为清偿时,发生何种法律关系?首应说明的是,责任转质不以通知债务人为要件,未通知债务人仍发生转质效力。然为保护出质人,不使债务人在不知转质而对债权人为清偿时受损害,应类推适用关于权利质权的规定,使转质人及转质权人负有通知债务人的义务,否则不得以其转质对抗债务人(第297条、第902条)。依此见解,在本件案例,乙未通知甲而将A琴转质于丙,在甲向乙为清偿并经乙受领时,发生二个法律效果:

①债务人甲得以其清偿对抗转质人乙,而向丙请求返还A琴(第896条)。

②转质权人丙得向转质人乙依不当得利规定请求返还其所受利益(第179条)。

(4)案例4:拍卖质物价金的分配

丙于其债权届清偿期未受清偿时,得拍卖A琴,就其卖得价金优先于原质权人乙(转质人)受偿。转质权及质权均因A琴的变卖而归于消灭。转质权人丙受偿后若有剩余,归由原质权人乙受偿。

(5)案例5:质物灭失的责任

转质权人丙占有的A琴被盗或因灭失时,转质人乙(原质权人)依"民法"第891条之规定,就因转质所受不可抗力之损失,亦应负责。转质权人则仅就其未尽善良管理人注意所生之损害而负责(第888条)。

## 四、拍卖质物,以其价金代充质物

"民法"第892条规定:"因质物有腐坏之虞,或其价值显有减少,足以害及质权人之权利者,质权人得拍卖质物,以其卖得价金,代充质物。前项情形,如经出质人之请求,质权人应将价金提存于法院。质权人届债权清偿期而未受清偿者,得就提存物实行其质权。"质权人应于拍卖前,通知出质人。但不能通知者,不在此限(第894条)。

## 第五项 质权的实行及消灭

### 一、质权的实行

1. 质权人自行拍卖质物:由于质权人占有质物,“民法”第893条第1项规定:“质权人于债权已届清偿期,而未受清偿者,得拍卖质物,就其卖得价金而受清偿。”质权人应于拍卖前通知出质人,但不能通知者,不在此限(第894条)。质权拍卖依“民法债编施行法”第28条之规定,须经公证人、警察机关、商业团体、或自治机关之证明,照市价变卖质物,就其卖得价金而受清偿(“非讼事件法”第69条、院字980号解释)。但拍卖质物乃质权人之权利,拍卖与否,为质权人之自由,并非届期未受清偿,即须拍卖质物(1960年台上字第2211号判例)。

2. 声请法院强制执行:质权人如不自行拍卖,而声请法院拍卖者,则应先声请法院为许可强制执行之裁定,作为执行名义。

3. “民法”第873条之1的准用(流质契约):约定于债权已届清偿期而未为清偿时,质物之所有权移属于质权人者,准用“民法”第873条之1之规定(第893条第2项)。此为常见的问题,应请注意。

4. “民法”第878条的准用:质权人于债权清偿期届满后,为受清偿,得订立契约,取得质物之所有权或用拍卖以外之方法,处分质押物。但有害于其他权利人之利益者,不在此限(第895条)。

### 二、质权的消灭

1. 担保的债权消灭:动产质权所担保之债权消灭时,质权人应将质物返还于有受领权之人(第896条)。所谓有受领权者,系指出质人或其所指定之人。

2. 返还质物:动产质权,因质权人将质物返还于出质人或交付于债务人而消灭。返还或交付质物时,为质权继续存在之保留者,其保留无效(第897条)。立法意旨在于贯彻“占有”的要件,使第三人不至有不知其质权的存在,致蒙不测的损害。

3. 丧失质物的占有:质权人丧失其质物之占有,于二年内未请求返还者,其动产质权消灭(第898条)。盖占有为质权存续的要素,若不使其消灭,质权人得以质权与第三人对抗,第三人将蒙不测的损害。

4. 质物灭失与物上代位：动产质权，因质物灭失而消灭。但出质人因灭失得受赔偿或其他利益者，不在此限（第899条第1项）。质权人对于前项出质人所得行使之赔偿或其他请求权仍有质权，其次序与原质权同（第899条第2项，动产质权转换为权利质权）。给付义务人因故意或重大过失向出质人为给付者，对于质权人不生效力（第899条第3项）。前项情形，质权人得请求出质人交付其给付物或提存其给付之金钱（第899条第4项）。质物因毁损而得受之赔偿或其他利益，准用前四项之规定（第899条第5项）。

### 第六项 最高限额质权

基于质权之从属性，必先有债权发生，始可设定质权，且担保债权一旦消灭，质权即归于消灭。长期继续之交易，须逐笔重新设定质权，对于现代工商业社会讲求交易之迅速与安全，不但徒增劳费，造成不便，亦生极大妨害，为弥补上述缺点，实有增订最高限额质权之必要，"民法"物权编于2007年3月修正特仿"民法"第881条之1第1项最高限额抵押权之立法体例，明定最高限额质权，于"民法"第899条之1设三项规定：

1. 债务人或第三人得提供其动产为担保，就债权人对债务人一定范围内之不特定债权，在最高限额内，设定最高限额质权（第1项）。

2. 前项质权之设定，除移转动产之占有外，并应以书面为之（第2项）。

3. 关于最高限额抵押权及第884条至前条之规定，于最高限额质权准用之（第3项）。

### 第七项 营业质

当铺或其他以受质为营业者所设定之质权，通称为"营业质"。[①] 其

---

① 桃园地方法院2012年简上字第164号判决："按质权人系经许可以受质为营业者，仅得就质物行使其权利。出质人未于取赎期间届满后五日内取赎其质物时，质权人取得质物之所有权，其所担保之债权同时消灭，'民法'第899条之2第1项定有明文。关于此等营业之质权，依其规范，一方面无禁止流质契约之规定，一方面纯采物之责任。前者乃当期届满后，当户不取赎者，质物所有权即归属于当铺；后者为质物价值超过受当债权额，当铺不负返还余额之义务，若质物价值不足受当债权额，当铺亦不得请求当户补足，此为营业质权与'民法'上动产质权之最大差异。……是当铺或其他以受质为营业者所设定之质权，通称为'营业质'。其为一般民众筹措小额金钱之简便方法，有其存在之价值。然是否为'营业质'仍应探求当事人之真意，非必当铺业者所收之担保品皆系'营业质'。"

为一般民众筹措小额金钱之简便方法,有其存在之价值。惟"民法"对于营业质权人与出质人间之权利义务关系,尚无规定,致适用上易滋疑义,为期周延,"民法"物权编于2007年3月修正特增订"民法"第899条之2,设二项规定:

1. 第1项:"质权人系经许可以受质为营业者,仅得就质物行使其权利。出质人未于取赎期间届满后五日内取赎其质物时,质权人取得质物之所有权,其所担保之债权同时消灭。"之所以规定以受质为营业之质权人以经主管机关许可为限,系为便于行政管理,减少流弊。

2. 第2项:"前项质权,不适用第八百八十九条至第八百九十五条、第八百九十九条、第八百九十九条之一之规定。"营业质虽为动产质权之一种,惟其间仍有不同之处,第2项乃明定最高限额质权、质权人之孳息收取权、转质、质权之实行方法、质物之灭失及物上代位性等均不在适用之列。

## 第八项　由占有担保物权(动产质权)到不占有标的物的担保制度

### 一、不占有标的物的动产担保制度之开展

现行"民法"上的动产质权系属"占有担保物权",由质权人占有动产,其优点系有助于保障债权,具有某种程度的公示方法,由债权人留置标的物,对债务人有促其清偿债务的压力。至其缺点,对债权人言,占有标的物须负保管责任,增加费用;对债务人言,因须移转占有,丧失了对标的物的使用收益。在农村社会,以珠宝、字画设定动产质权,尚称方便;在工商业社会,为设定动产质权必须移转机器设备等生产工具,对双方当事人均属不利。创造不占有标的物的动产担保制度乃成为物权法发展的重要课题。

值得提出的是,移转占有的动产质权,不利出质人使用其物,尤其是工厂中之机器。最高法院1930年上字第1045号判例谓:"民法总则第66条规定称不动产者,谓土地及其定着物。工厂中之机器,虽有附着于土地者,然其性质究可离土地而独立。申言之,即不必定着于土地,自应认为动产。故在民法物权编施行后,就机器设定质权,固非移转占有不生效

力,然在物权编施行以前,尚无法定明文限制。苟该地方一般交易观念,以工厂之机器不移转占有,而设定担保物权已成习惯,在审判上即亦不妨认其有担保物权之效力。”在物权法施行后,此则判例已不再适用。

## 二、“动产担保交易法”[①]

### (一) 三种不占有标的物的动产担保

为创设不占有标的物的动产担保制度,1963 年 9 月 5 日制定“动产担保交易法”(1965 年 6 月 10 日施行,2007 年 7 月 11 日最新修正,请阅读全部条文),创设了三种动产担保制度:

1. 动产抵押

动产抵押系抵押权人对债务人或第三人不移转占有而就供担保债权之动产设定动产抵押权,于债务人不履行契约时,抵押权人得占有抵押物,并得出卖,就其卖得价金优先于其他债权而受清偿之交易(“动产担保交易法”第 15 条)。此多适用于银行贷款。

需说明的是,动产抵押的法律构造基本上同于不动产抵押,其主要区别在于不移转占有,且其目的在于使动产抵押人(债务人)得保有标的物的使用收益。在法之适用上,“动产担保交易法”未设规定时,原则上得适用“民法”上关于不动产抵押的相关规定(“动产担保交易法”第 3 条)。

2. 附条件买卖(保留所有权)

附条件买卖系买受人先占有动产之标的物,约定至支付一部或全部价金或完成特定条件时,始取得标的物所有权之交易(“动产担保交易法”第 26 条)。此系以保留所有权(Eigentumsvorbehalt)作为担保价金债

---

① 刘春堂:《动产担保交易登记之对抗力》,载《物权法之新思与新为——陈荣隆教授六秩华诞祝寿论文集》,2016 年版,第 375 页;吴光明:《不占有动产担保之研究》,载《军法专刊》2010 年第 56 卷第 2 期;刘春堂:《“动产担保交易法”之修正与评析》,载《永丰金融季刊》2008 年第 40 期;游进发:《“动产担保交易法”第二八条第一项第一款释义上之疑问》,载《高大法学论丛》2005 年第 1 卷第 1 期;吴光明:《动产让与担保法律制度之研究》,载《月旦法学杂志》2003 年第 95 期;刘春堂:《论“动产担保交易法”上之登记制度》,载《法学丛刊》1989 年第 34 卷第 3 期;邱俊哲:《“动产担保交易法”“有效期间”性质之研究》,载《今日合库》1979 年第 57 期;王泽鉴:《“动产担保交易法”上登记期间与动产抵押权之存续》,载《台湾大学法学论丛》1977 年第 7 卷第 1 期;郑玉波:《各种动产担保相互关系之分析》,载《法令月刊》1974 年第 25 卷第 8 期;王慕华:《“动产担保交易法”上登记之对抗力、公信力、与善意取得》,载《台湾大学法学论丛》1972 年第 2 卷第 1 期;林武治:《论“动产担保交易法”有关附条件买卖的规定》,载《法学丛刊》1971 年第 16 卷第 1 期。应强调的是,期待能有一本关于“动产担保交易法”的全面性体系著作。

权的手段,常用于较高价值动产买卖及分期付款买卖,有助于促进消费生产。

(1)法律构造

附条件买卖系美国法上的用语(conditional sale of goods),之所以称为附条件买卖,是因为美国法不区别债权行为与物权行为。在台湾地区法上应称为“保留所有权”,盖其附条件(停止条件)的不是买卖契约,而是移转动产所有权的物权行为,兹将其法律构造图示如下[①]:

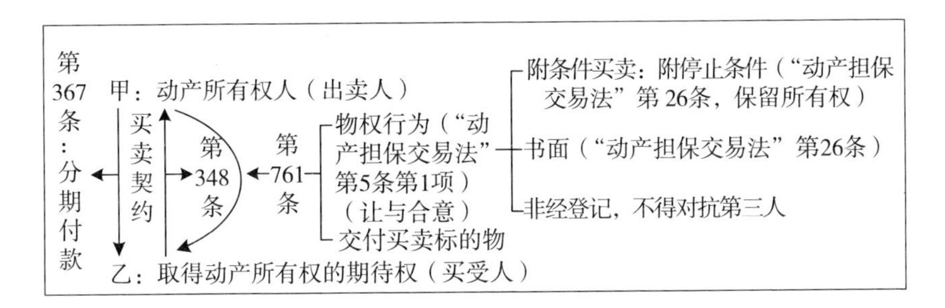


关于当事人间的权利义务,“动产担保交易法”设有出卖人取回占有及赔偿请求权(“动产担保交易法”第 28 条),以及标的物再出卖之效力(“动产担保交易法”第 29 条)。值得注意的是,“动产担保交易法”第 31 条规定:“经依本法设定抵押之动产,不得为附条件买卖之标的物。违反前项规定者,其附条件买卖契约无效。”

(2)附条件买卖(保留所有权)买受人的期待权

①保留所有权与买受人的期待权:在附条件买卖,出卖人系以保留所有权担保其未获清偿的价金债权。买受人随着价金的支付,对动产所有权的取得具有一定的经济利益,在未全部清偿债务前,固仍未取得所有权,惟一旦清偿债务使条件成就,即取得所有权。此种取得所有权的地位,应受保护,学说上称为期待权(Anwartschaftsrecht),其法律性质及如

---

① 关于期待权之一般理论及附条件买卖(保留所有权买卖)买受人的期待权,参见王泽鉴:《民法学说与判例研究》(第七册),北京大学出版社 2009 年版,第 177—263 页以下,期待能有更深刻的研究。保留所有权及期待权是德国民法上理论及实务的重要问题,参见游进发:《附条件买卖之结构》,载《物权法之新思与新为——陈荣隆教授六秩华诞祝寿论文集》,2016 年版,第 409 页;Georgiades, Die Eigentumsanwartschaft beim Vorbehaltskauf (1963); Ludwig Raiser, Dingliche Anwartschaften (1961); Serick, Eigentumsvor-behalt und Sicherungsübereignung, Bd. I (1963); Bd. IV (1986); Vieweg/Lorz, Sachenrecht, S. 345.简明论述,Wellenhofer, Sachenrecht, S. 160.

何保护系物权法的重要研究课题。

②期待权的法律性质:在附条件买卖(保留所有权),买受人的期待权系取得买卖标的所有权的前阶段(Vorstufe),其性质同于所有权,但少于所有权,德国法上称为 wesensgleiches Minus,原则上应同受物权的保护,而为一种物上期待权(dingliches Anwartschaftsrecht)。

③出卖人的中间处分与买受人的期待权:保留所有权的出卖人将动产所有权让与第三人时,《德国民法典》第 161 条第 1 项第 1 句规定:"对标的物为附条件之处分,于条件成否未定前,对于该标的物再为处分者,于条件成就而妨碍或损害之范围,不生效力。""民法"未设相当规定,其中间处分有效,故第三人仍能取得标的物所有权,惟依"民法"第 100 条规定:"附条件之法律行为当事人,于条件成否未定前,若有损害相对人因条件成就所应得利益之行为者,负赔偿损害之责任。"

④期待权作为占有的本权:第一,在保留所有权的情形,买受人占有出卖人所移转的标的物,在因条件成就而取得所有权前,其占有标的物系属基于买卖契约而为的间接他主占有,对出卖人为有权占有(债之占有权)。第二,尚应肯定的是,期待权亦得作为一种占有的本权(Anwartschaftsrecht als Recht zum Besitz),使其占有成为一种物权上的绝对占有权,而得对抗所有权人(尚有争论),对侵夺其占有者,得类推适用"民法"第 767 条第 1 项前段规定,请求返还其物。

⑤侵权行为法上受保护的权利:为保护买受人,应肯定其期待权系"民法"第 184 条第 1 项前段的权利,而受侵权行为法的保护。在物因第三人的故意或过失毁损时(如附条件买卖的汽车被闯红灯的其他车辆撞击受损),在此情形,保留所有权人(出卖人)与期待权人(买受人)间的法律关系涉及二个问题:一是谁得向加害人请求损害赔偿?二是加害人向谁赔偿损害时,得发生清偿的效力而免责?

其可能的解决方法有四:

第一,保留所有权人(出卖人)有损害赔偿请求权,主要理由系损害发生在条件成就前,对买受人的期待权而言,出卖人仍有完全所有权。应注意的是,买卖标的物之危险因交付而移转于买受人(第 373 条),物毁损灭失时,买受人仍有支付价金的义务,买受人所受损害仅系其担保之丧失。

第二,在保留所有权人(出卖人)与期待权人(买受人)间,以其未清偿与已清偿价金债权的比例成立部分债权人关系(Teilgläubigerschaft)。此说未顾及损害发生后的变动(如买受人继续支付价金),及加害人须明确探究债权人间的债权关系。

第三,在保留所有权人(出卖人)与期待权人(买受人)间成立连带债权关系。问题在于“民法”第283条规定连带债权的成立须依法律规定或法律行为,而此处的连带债权关系成立之方式,并非出于法律规定,亦非出于法律行为。

第四,原则上仅期待权人(买受人)为损害赔偿请求权人,理由系期待权人(买受人)承担不能使用、收益买卖标的物所生的损害,尤其是物灭失时,不能取得物之所有权。

以上各说均有所据,笔者认为得类推适用“民法”第283条之规定,在保留所有权人(出卖人)与期待权人(买受人)间成立连带债权关系。[1] 连带债权之债务人得向债权人中之一人为全部之给付(第284条至第291条)。若不采此说,则采第四说之见解,以期待权人(买受人)为损害赔偿请求权人,理由系其受有不能使用、收益买卖标的物,或因标的物灭失不能取得所有权的损害。期待权人(买受人)占有标的物,加害人得对其为清偿而免责。又期待权人(买受人)仍有继续支付价金的义务。[2]

⑥强制执行与破产:第一,期待权为一种具财产价值的独立权利,期待权人(买受人)的债权人得对其期待权为强制执行,并应依权利扣押的方式为之。保留所有权人(出卖人)对于期待权的强制执行原则上不得提起第三人异议之诉(“强制执行法”第15条),因其保留所有权未因此而受影响。保留所有权人(出卖人)的债权人对保留所有权为强制执行时,期待权人(买受人)得提起第三人异议之诉(BGHZ 55, 20)。第二,期待权人(买受人)破产时,保留所有权人(出卖人)得行使取回权(“破产法”第110条)。保留所有权人(出卖人)破产时,期待权人(买受人)得支付尚未清偿的价金,使停止条件成就,而行使取回权。

3. 信托占有

信托占有系信托人供给受托人资金或信用,并以原供信托之动产标的物所有权为债权之担保,而受托人依信托收据占有处分标的物之交易

---

① 同说,Baur/Stürner, Sachenrecht, §59 Rn. 45.

② 德国学说采此见解者,Bernhard, Jura 2010, 62, 65; Wellenhofer, Sachenrecht, S. 171.

(“动产担保交易法”第 32 条)。关于当事人间的法律关系,参阅“动产担保交易法”第 33 条至第 37 条规定。信托占有多用于国际贸易,其法律构造相当于让与担保(Sicherungsübereignung,动产所有权让与担保)。

(二) 法律原则与规范体系

1. 物权原则:“动产担保交易法”系“民法”(尤其是物权法)的特别法,应适用物权法的基本原则,例如物权法定原则、物权标的物特定原则、债权行为与物权行为的区别及物权行为无因性等。

2. 动产担保交易设定的法律行为与公示方法:公示是物权法的基本原则,“民法”上的不动产物权变更均须办理登记始生效力(第 758 条),动产物权让与或动产质权的设定须为交付(移转占有,第 761 条、第 884 条)。“动产担保交易法”创设动产抵押、附条件买卖(保留所有权)及信托占有三种不占有标的物的担保物权。关于其公示方法,“动产担保交易法”第 5 条规定:“动产担保交易,应以书面订立契约。非经登记,不得对抗善意第三人。债权人依本法规定实行占有或取回动产担保交易标的物时,善意留置权人就动产担保交易标的物有修缮、加工致其价值增加所支出之费用,于所增加之价值范围内,优先于依本法成立在先之动产担保权利受偿。”所谓书面订立契约,系指物权契约(物权行为)采书面要式及登记对抗制度。

关于登记机关的登记程序、补正、公告、有效期间、清偿文件、规费等,“动产担保交易法”第 6 条以下及“动产担保交易法施行细则”设有详细规定。

3. 法律适用:动产担保交易,依“动产担保交易法”之规定,无规定者,适用“民法”及其他法律之规定(“动产担保交易法”第 3 条)。值得特别提出的是,“动产担保交易法”第 4 条之 1 规定:“动产担保交易之标的物,有加工、附合或混合之情形者,其担保债权之效力,及于加工物、附合物或混合物。但以原有价值为限。”

4. 动产担保交易之标的物:“动产担保交易法”第 4 条规定:“机器、设备、工具、原料、半制品、成品、车辆、农林渔牧产品、牲畜及总吨位未满二十吨之动力船舶或未满五十吨之非动力船舶,均得为动产担保交易之标的物。前项各类标的物之品名,由‘行政院’视事实需要及交易性质以命令定之。”请参阅“动产担保交易法施行细则”第 2 条及附表。

## 三、研究课题

### (一) "动产担保交易法"具有重要意义

1. 创设不占有标的物的动产抵押、附条件买卖(保留所有权)及信托占有,根本性地改变了动产担保制度。

2. "动产担保交易法"系继受美国法,如何纳入传统民法概念体系,并进一步整合比较法上动产担保物权统一化的发展,应为法学研究的重要课题。[①]

3. 应就动产担保交易的登记件数、内容及司法判决,从事实证研究(经济分析),期能更深刻理解动产担保交易的实际运作,作为研究台湾地区市场经济及法律发展的基础。

### (二) 动产担保交易之实证探讨

兹提供二份动产担保交易登记统计数据如下,以供参照:

**动产担保交易登记"设定"公示案件数**

| 年度 | 动产抵押总件数 | 附条件买卖总件数 | 信托占有总件数 | 合计总件数 |
|---|---|---|---|---|
| 2017 年(自 2 月起) | 392733 | 89057 | 1 | 481791 |
| 2018 年 | 458098 | 96915 | 4 | 555017 |
| 2019 年 | 494248 | 94940 | 1 | 589189 |
| 2020 年 | 533646 | 101493 | 1 | 635140 |
| 2021 年 | 647000 | 36896 | 1 | 683897 |
| 2022 年(至 10 月止) | 547067 | 29595 | 1 | 576663 |

资料来源:"经济部"动产担保交易线上登记及公示查询网站

① 参见陈重见:《动产担保法制最新国际发展趋势》,动产担保法制最新国际发展趋势研讨会,中信金融管理院、东吴大学,2022 年 12 月 16 日,第 11 页;龙俊:《民法典中的动产和权利担保体系》,载苏永钦教授七秩华诞祝寿论文集编辑委员会主编:《法学的想象(第一卷):大民法典》,元照出版公司 2022 年版,第 563 页。

动产担保交易案件申请形态

| 年度 | 设定<br>总件数 | 变更<br>总件数 | 注销<br>总件数 | 合计<br>总件数 |
| --- | --- | --- | --- | --- |
| 2017 年(自 2 月起) | 481791 | 19390 | 347881 | 849062 |
| 2018 年 | 555017 | 18694 | 412206 | 985917 |
| 2019 年 | 589189 | 19709 | 451892 | 1060790 |
| 2020 年 | 635140 | 19429 | 479849 | 1134418 |
| 2021 年 | 683897 | 20669 | 521588 | 1226154 |
| 2022 年(至 10 月止) | 576663 | 15904 | 441918 | 1034485 |

资料来源:“经济部”动产担保交易线上登记及公示查询网站

就前揭二份统计资料,提出四个可供思考的观点:

1. 动产担保交易的登记件数,以动产抵押最多(2021 年有 647000 件,有逐年增加之趋势),附条件买卖于 2021 年急剧减少(2020 年有 101493 件,2021 年有 36896 件,2022 年至 10 月止仅 29595 件)。值得注意的是,信托占有除 2018 年有 4 件外,其余年度皆仅有 1 件。

2. 信托占有登记件数多年仅有 1 件,主要原因应系此种“移转所有权”的担保方法,常发生过度担保,对债务人具有风险。

3. 值得研究的是,设定担保而未办理登记者,究有多少?其理由何在?关于动产抵押,其标的物多为机器设备等价值较高的物品,通常会办理登记。附条件买卖(保留所有权)涉及各种物品,种类繁杂,多采定型化契约,似多未办理登记。

4. 在附条件买卖,涉及出卖人所保留的所有权及买受人的期待权(Anwartschaftsrecht),系德国法理论及实务上的重要问题,在台湾地区法上甚少相关研究及实务案例,是一个法律继受及比较法值得重视的研究课题。[①]

---

① 关于保留所有权及期待权,参见王泽鉴:《附条件买卖中买受人之期待权》,载《民法学说与判例研究》(第七册),北京大学出版社 2009 年版,第 177—263 页,笔者详为论述,希望能引进德国判例学说,发展台湾地区民法理论,并应用于实务,50 年来殆少响应,实务上未见关于期待权的判决,可以说是一篇失败的论文。此类论文并非少见,似值研究。德国法上关于保留所有权的论文及判决,汗牛充栋,简要说明及相关文献,参见 Vieweg/Lorz, Sachenrecht, S. 345-380。

## 第二款　权利质权

——权利上的权利

某甲善于理财,看好股票市场,乃以其在乙银行的100万元定期存款设定“权利质权”,另向乙银行借款80万元,购买股票。甲复以该股票作为向丙金融公司融资的担保。试就此例说明何谓“权利质权”,具有何种功能?如何设定?质权人如何实行其权利?其与动产质权异同何在?如何准用?

### 第一项　权利质权的意义、功能及法律构造

#### 一、权利质权及物权体系

(一)权利质权的意义

称权利质权者,谓以可让与之债权或其他权利为标的物之质权(第900条)。所谓“可让与之债权”,指依债权的性质不得让与、依当事人之特约不得让与及禁止扣押之债权以外的债权(第294条第1项)。所谓“其他权利”,指所有权以外的其他财产权,包括有价证券(如票据、股份、公司债券、仓单、提单、载货证券……)及著作权、专利权等知识产权。[①]

(二)权利上的权利

权利质权是一种存在于权利之上的权利(Recht an der Rechte),系一种在权利(债权、著作权等)之上创设的担保“物权”,并规定于物权法。

---

① 实务上一个以高尔夫俱乐部入会合约书设定权利质权的案例,可供参照。“最高法院”2015年台上字第1755号判决:“按称权利质权者,谓以可让与之债权或其他权利为标的物之质权;权利质权之设定,除依本节规定外,并应依关于其权利让与之规定为之,此观‘民法’第900条、第902条规定自明。故权利质权之标的物必须为可让与,且与质权性质无违之财产权,俾质权人得于所担保之债权届期未受清偿时,变价及优先受偿。查系争切结书载明‘本公司(即被上诉人)持所经营之翡翠高尔夫俱乐部入会合约书设定质押,于此设定质押期间内,不享有合约书内之权利与义务……注:本公司所提交之保证支票兑现时,此质押之三份入会合约书,无条件退还本公司,若支票未兑现时,可立即过户’等语。被上诉人既仅以‘入会合约书’质押,且约定于支票未兑现时,始得办理过户,则所质押之权利为何?该质押标的得否让与、变价而得为权利质权之标的,即非无疑。而法律关系是否合于物权法所规定之‘权利质权’,属法律之适用,乃原审未遑细究,径认系争切结书所载属权利质权之设定,进而认关于‘支票未兑现时,可立即过户’之约定,为流质约款,适用修正前‘民法’第901条准用同法第893条第2项之规定,自属无效,殊欠允洽。”

如何理解此种法律构造?

动产质权是一种在动产上的定限物权,可以认为是设定于"动产(物)所有权"之上(Sacheigentum)。准此以言,亦可认为权利质权是设定在"债权所有权"(或"著作权所有权")之上,同为"所有权"分裂而产生的具变价性的担保权。虽然现行"民法"所有权的概念仅限于物,而不及于债权或著作权等,但有助于理解得在权利之上设定其他权利(担保权或用益权),而在"民法"物权编加以规定。[①]

## 二、权利质权的功能

在诉讼实务中,权利质权案例虽少,但适用范围广泛,诸如公司、企业向银行融资以有价证券设定权利质权;从事证券交易者,以股票设定质权,取得信用;一般人以银行(或邮局等金融机构)定期存款(债权)设质而贷款。权利质权在社会经济及金融市场具有重要的作用。资金融通是现代市场经济的活水,债权须担保,无形财产的担保价值不亚于物的担保机能。"民法"关于权利质权提供了一个规范机制,本书仅能作简要的说明。法律人应学习如何应用(活用)权利质权,发挥其担保机能,促进社会经济的发展。

## 三、物权原则:动产质权规定的准用

权利质权应适用物权的基本原则,尤其是公示原则、客体特定、从属性、债权行为与物权行为等。

权利质权,除"民法"第三编第七章第二节规定外,准用关于动产质权的规定(第901条)。"最高法院"二个判例可供参考:

1. "最高法院"1956年台上字第517号判例:"上诉人提供担保之电话机,系向电话局所租用,仅有使用之权利,其以此项电话机之使用权利为质权之标的物,与被上诉人设定权利质权,依'民法'第901条即应准用关于动产质权之规定。故双方间于承诺书内所为'若借限期满未能清还时,随即任意办理电话过户手续'之约定,依同法第893条第2项自属无效。"

2. 最高法院1937年上字第823号判例:"权利质权之设定,除以债权、或无记名证券、或其他之有价证券为标的物者,应依'民法'第904条、

---

① Baur/Stürner, Sachenrecht, § 60 I.

第908条之规定为之外,只须依关于其权利让与之规定为之,此在'民法'第902条已有规定。关于规定动产质权设定方式之'民法'第885条,自不在'民法'第901条所称准用之列。"

### 四、案例研习

权利质权的客体为"权利",不同于物,具抽象性。权利种类不一,为增进理解,特设一个案例,以供参照:

> 甲经营企业,为增添设备,向乙贷款,并以2个债权、30张有价证券、3个专利权设定质权,试问:
>
> 1. 如何设定权利质权?其公示方法?
> 2. 权利质权的效力?设定质权后,若消费借贷契约不成立、无效或被撤销时,其法律关系如何?
> 3. 乙得否将其权利质权让与第三人?乙将其对甲的债权让与第三人时,其法律关系如何?
> 4. 乙如何实行权利质权?

## 第二项　权利质权的取得

"民法"第902条规定:"权利质权之设定,除依本节规定外,并应依关于其权利让与之规定为之。"所谓"本节规定",指权利质权的设定依其权利质权之标的物为"债权""有价证券"或"其他权利"而有异。[①] 分述如下:

### 一、设定取得

#### (一)债权质权

以债权为标的物而设定权利质权(如以银行存单设质),权利质权的

---

① "最高法院"2013年台再字第16号判决:"按'民法'第902条规定,权利质权之设定,除依本节规定外,并应依关于其权利让与之规定为之。所称'应依关于其权利让与之规定为之',系指权利质权之设定应依'权利让与'之方式办理,例如权利之让与应以书面为之,以该权利设定权利质权,亦应以书面为之;权利之让与应经登记,始得对抗善意第三人,以该权利设定权利质权,亦应经登记,始得对抗善意第三人。设定权利质权后,该权利仍属出质人所有。非谓需将权利移转予受质人,始生权利质权设定之效力。以当铺经营权设定权利质权,法律就此并无特别规定,自无不同。"

设定系一种法律行为(准物权行为、处分行为)。在设定债权质权时,并须具备如下要件:

1. 须以书面为之(法定要式行为,第904条第1项):书面的形式,法律并未为规定,由出质人与质权人同意将设定权利质权的意旨,载明于书面,即为已足(1975年台上字第684号判例)。

2. 须将债权证书交付质权人:该债权有证书者,出质人有交付之义务(第904条第2项)。

3. 须依债权让与规定为之(第294条以下):以债权设定质权者,非通知债务人不得对抗债务人(第297条),其以合伙权利设定质权者,须得合伙人全体的同意(第683条)。

(二) 证券债权质权

质权以未记载权利人之有价证券为标的物者,因交付其证券于质权人,而生设定质权之效力。以其他之有价证券为标的物者,并应依背书方法为之。前项背书,得记载设定质权之旨(第908条)。兹以公司股票为例,其以无记名式股票设定质权时,因股票交付而生设定质权的效果,其以记名式股票设定质权时,除交付股票外,并应依背书方式为之(1967年台抗字第444号判例)。

又依"公司法"第165条第1项关于记名股票(股份)转让的规定,非将质权人之本名或名称记载于股票,并将质权人之本名或名称及住所记载于股东名簿,不得以其设质对抗公司。

(三) 以"其他权利"为标的物

以"其他权利"为标的物设定质权者,应依关于其权利让与之规定为之(第902条)。[①] 例如以专利权设质,应由各当事人署名,附具证明文件,向专利专责机关申请登记("专利法"第59条)。以著作权设质者,因当事人合意而成立("著作权法"第39条),不必订立书面或办理登记。

## 二、法定取得

(一) 善意取得

例如,甲盗取或拾得乙遗失的未记载权利人之有价证券,设定权利质

① 关于"民法"第902条、第299条第2项债权质权设定的通知,参见陈忠五:《金融机构于受债权质权设定通知时,有无告知质权人其得行使抵销权的义务?》,载《月旦法学杂志》2021年第317期。

权于善意之丙,丙得依善意取得的规定取得权利质权(第948条、第951条,阅读之!)。

(二)因债权让与而取得

"民法"第295条第1项规定:"让与债权时,该债权之担保及其他从属之权利,随同移转于受让人。但与让与人有不可分离之关系者,不在此限。"所称"债权之担保",除抵押权及动产质权外,尚包括权利质权(第900条)。

## 第三项　权利质权的效力

### 一、担保债权及标的物范围

(一)担保债权范围

关于权利质权所担保债权的范围,准用"民法"第887条第1项规定(第901条),其所担保者为:原债权、利息、迟延利息、违约金、保存质物之费用、实行质权之费用及因质物隐有瑕疵而生之损害赔偿。但契约另有约定者,不在此限。

(二)标的物范围

"民法"第910条规定:"质权以有价证券为标的物者,其附属于该证券之利息证券、定期金证券或其他附属证券,以已交付于质权人者为限,亦为质权效力所及。附属之证券,系于质权设定后发行者,除另有约定外,质权人得请求发行人或出质人交付之。"此外,准用"民法"第889条,权利质权人得收取标的物所生之孳息,但契约另有约定者,不在此限。例如丙以他人所有的乙公司发行之记名股票,向甲公司设定权利质权时,乙公司分派之盈余(包括由盈余转成之增资配股),系由各股份所生之法定孳息,质权人(甲公司),亦得就此行使权利质权("最高法院"1974年度第3次民庭庭推总会决议)。

### 二、对出质人的效力

为质权标的物之权利,非经质权人之同意,出质人不得以法律行为,使其消灭或变更(第903条),立法目的在于保护质权人。需说明的是,为质权标的物之权利,非经质权人之同意,出质人不得以法律行为,使其消灭或变更,固为"民法"第903条所明定,惟权利质权之出质人将为质权标的之权利让与,因债务人之义务仍然存在,并未消灭,又因质权人仍可追及权利之所在对债务人行使其权利,债务人应负担之义务内容并未变更,质权不受影响,自非此法条所谓之消灭或变更,出质人非不得为之(2006 年台上字第 332 号)。

### 三、对第三人债务人的效力(第三人清偿)

为质权标的物之债权,其债务人受质权设定之通知者,如向出质人或质权人一方为清偿时,应得他方之同意。他方不同意时,债务人应提存其为清偿之给付物(第 907 条)。[1] 关于以债权出质者,应依让与之规定,通知于债务人,债务人既受质权设定之通知后,则债务人非经质权人或出质人之同意,不得向一方清偿其债务。然使债务人因未得一方之同意,致永远不能脱离其债务关系,亦未免失之于酷,故应使债务人得为提存清偿债务之标的物,以保护双方之利益。[2]

"民法"第 907 条之 1 规定:"为质权标的物之债权,其债务人于受质权设定之通知后,对出质人取得债权者,不得以该债权与为质权标的物之债权主张抵销。"立法目的系认为权利质权为担保物权之一种,质权人于一定限度内,对该为标的物之债权,具有收取权能,故对该债权之交换价值,应得为相当之支配,方足以贯彻其担保机能。

## 第四项　权利质权的实行

质权人实行质权时,得就为质权标的之债权或证券权利受偿或拍卖(第 893 条以下、第 901 条),优先受偿。"民法"对债权质权及有价证券质权的实行设有规定。分述如下:

---

① 参见陈忠五:《金融机构于受债权质权设定通知时,有无告知质权人其得行使抵销权的义务?》,载《月旦法学杂志》2021 年第 317 期。

② "最高法院"1995 年台上字第 35 号判决:"债务人于受质权设定之通知者,其对出质人之债权依然存在,不因受质权设定之通知而受影响。实际上债之关系之主体并未变更。且债权质权之设定,乃出质人与质权人间所成立之法律关系,无庸得出质人之债务人之同意,亦非出质人之债务人所得阻止,自不应使出质人之债务人蒙受不利而影响其抵销权。况依法得为抵销之债务人,一经向其债权人为抵销之意思表示,即发生消灭债务之效果,无庸为现实给付之行为,自不生提存问题。故出质人之债务人向出质人为抵销时,无须得质权人之同意,亦无须为提存之行为。'民法'第 907 条规定于此当无准用之余地。"

## 一、债权质权

1. 为质权标的物之债权,以金钱给付为内容,而其清偿期先于其所担保债权之清偿期者,质权人得请求债务人提存之,并对提存物行使其质权(第905条第1项)。

2. 为质权标的物之债权,以金钱给付为内容,而其清偿期后于其所担保债权之清偿期者,质权人于其清偿期届至时,得就担保之债权额,为给付之请求(第905条第2项)。

3. 为质权标的物之债权,以金钱以外之动产给付为内容者,于其清偿期届至时,质权人得请求债务人给付之,并对该给付物有质权(第906条)。本条规定为质权标的物之债权,以金钱以外之动产为给付内容之实行方法。不论质权所担保债权之清偿期如何,均须待质权标的物债权之清偿期届至时,质权人始得请求债务人给付该动产,并对该动产有质权(《日本民法典》第367条第4项参考)。此际,权利质权转换为动产质权,依动产质权之实行方法实行质权。

4. 为质权标的物之债权,以不动产物权之设定或移转为给付内容者,于其清偿期届至时,质权人得请求债务人将该不动产物权设定或移转于出质人,并对该不动产物权有抵押权。前项抵押权应于不动产物权设定或移转于出质人时,一并登记(第906条之1)。

债务人依第905条第1项、第906条、第906条之1为提存或给付时,质权人应通知出质人,但无庸得其同意(第906条之4)。

5. 质权人于所担保债权清偿期届至而未受清偿时,除依前三条之规定外,亦得依第893条第1项或第895条之规定实行其质权(第906条之2)。

6. 为质权标的物之债权,如得因一定权利之行使而使其清偿期届至者,质权人于所担保债权清偿期届至而未受清偿时,亦得行使该权利(第906条之3)。

7. 为质权标的物之债权,其债务人于受质权设定之通知后,对出质人取得债权者,不得以该债权与为质权标的物之债权主张抵销(第907条之1)。立法理由谓:“权利质权为担保物权之一种,质权人于一定限度内,对该为标的物之债权,具有收取权能,故对该债权之交换价值,应得为相当之支配,方足以贯彻其担保机能。出质人与债务人自不得为有害于该权能之行为。爰参照第340条、第902条、第297条之规定，增订本条，明示第三债务人不得以受质权设定之通知后所生之债权与为质权标的物之债权抵销，以保障质权人之权益。"

### 二、有价证券质权

关于有价证券质权的实行，"民法"第909条设有三项规定：

1. 质权以未记载权利人之有价证券、票据、或其他依背书而让与之有价证券为标的物者，其所担保之债权，纵未届清偿期，质权人仍得收取证券上应受之给付。如有使证券清偿期届至之必要者，并有为通知或依其他方法使其届至之权利。债务人亦仅得向质权人为给付（第1项）。

2. 前项收取之给付，适用第905条第1项或第906条之规定（第2项）。

3. 第906条之2及第906条之3之规定，于以证券为标的物之质权，准用之（第3项）。

"民法"第909条之设，系为保障权利质权，盖有价证券须凭票行使权利，且采短期时效，若须俟其所担保的债权届清偿期，质权人始得行使权利，其债权实有难获实现之虞。

需注意的是，关于权利质权的设定及质权的实行，因当事人一方多为金融机构，而订有质权设定契约书（包括质权设定通知书、实行质权通知书、质权消灭通知书）及融资融券契约书等，请参阅之，以了解实务的运作。

## 第四节　留置权

1. 何谓留置权？试问于下列情形得否成立留置权：(1) 甲盗用乙的汽车，交丙修理，未给付修理费，丙明知或不知该车非甲所有。(2) 甲出卖冷气机给乙，未支付价金，该冷气机发生故障，甲取回修理。(3) 甲盗用乙的汽车，支出修理费用。(4) 甲长期维修乙游览公司的巴士，就修理A车未获清偿的修理费用，得否留置乙交付修理的B车？(5) 不动产所有权状得否为留置权的客体？

2. 甲有某画设定质权于乙，乙因该画受损，交丙修缮，乙未支付报酬，丙留置该画。试说明乙的质权与丙的留置权之关系。如何分配丙实施留置权拍卖该画所得的价金？

# 第一款　一般留置权

## 第一项　留置权的意义及功能

### 一、留置权的意义

称留置权者，谓债权人占有他人之动产，而其债权之发生与该动产有牵连关系，于债权已届清偿期未受清偿时，得留置该动产之权(第928条第1项)。债权人因侵权行为或其他不法之原因而占有动产者，不适用前项之规定。其占有之始明知或因重大过失而不知该动产非为债务人所有者，亦同(第928条第2项)。例如甲将汽车交由乙钣金，费用3万元，于甲未清偿钣金费用前，乙得拒返该车，而为留置。若该车为丙所有，借甲使用，乙于占有之始非明知或因重大过失不知该车非甲所有时，仍得主张留置权。

### 二、一般留置权与法定留置权

留置权系法定物权，除本节所述“一般留置权”外，尚有依法律特别规定而成立的“特殊留置权”，例如出租人留置权(第445条第1项)，“民法”称之为“法定留置权”，除另有特别规定，准用一般留置权的规定(第939条)。

### 三、留置权的功能

“民法”设留置权，系为督促债务人履行债务，以维护双方的公平。留置权虽属法定，依法律规定而发生，但不具公益性，且与第三人无关，当事人应得依特约加以排除。留置权之作用，旨在实现公平原则，过度担保，反失公允。准此，于留置物为不可分者，固有担保物权不可分性之适用，然留置物为可分者，仅得依其债权额之多寡与留置物之比例，占有与债务人不为履行相当比例之留置物(2022年台上字第136号)。

## 第二项　留置权的取得

留置权系依法律规定而发生，应有一定的要件(积极要件，第928条)，并须受必要的限制(消极要件，第930条)。综合言之，留置权的取

得,须具备如下六个要件:

## 一、须占有他人的动产

留置权的发生,旧"民法"第 928 条规定须债权人占有属于债务人的动产,动产非属债务人所有时,不发生留置权善意取得。"民法"物权编于 2007 年 3 月修正"民法"第 928 条将债权人占有"属于其债务人"的动产,改为"占有他人之动产",肯定留置权的标的物,不以属于债务人所有者为限。此项修正系为更能保障社会交易安全及贯彻占有之公信力,且事实上亦常有以第三人之物作为留置对象。又所称"动产",解释上当然包括有价证券在内。不动产所有权状不得为留置权的客体。[①]

依"民法"第 928 条第 2 项后段规定,债权人占有动产之始明知或因重大过失而不知该动产非为债务人所有,不能取得留置权,否则将与"民法"动产所有权或质权之善意取得(第 801 条、第 886 条)之精神有违。

又需注意的是,留置权的善意取得,系属法定,不以"受关于占有规定之保护"(第 801 条、第 948 条、第 886 条)为要件,债权人就盗赃或遗失物,亦得取得留置权。

## 二、须债权已届清偿期或债务人无支付能力

留置权既系以督促债务人履行债务为目的,故须债权已至清偿期而未受清偿,始得留置其物。但债务人无支付能力时,债权人纵于其债权未届清偿期前,亦有留置权(第 931 条第 1 项)。债务人于动产交付后,成为无支付能力,或其无支付能力于交付后始为债权人所知者,其动产之留置,纵有前条所定之抵触情形,债权人仍得行使留置权(第 931 条第 2 项)。此乃留置权的扩张,以保护债权人的利益。

---

① "最高法院"2006 年台再字第 10 号判决:"留置权为法定担保物权,以占有为要件,如债权人于其债权已届清偿期而未受清偿时,即得依'民法'第 936 条规定实行换价程序,或拍卖留置物,或取得其所有权,就其留置物取偿,则留置物应具有财产上价值且可转让者为必要。不动产所有权状仅属证明文件,其本身无从实行换价程序,在社会观念上并无经济上之价值,亦不可转让,性质上不适宜为留置标的。再按'民法'第 109 条规定代理人于代理权消灭或撤回时,代理人须将授权书交还于授予人,不得留置。盖代理权消灭时,为防代理人滥用授权,害及于授予人,因而规定代理人不得留置授权书,其目的系在防弊,与留置权为法定担保物权不同,自不可比附援引,据以推论所有权状等证明文书得为留置权之标的。"

### 三、须债权之发生与该动产有牵连关系

牵连关系系核心要件,其情形有三:

1. 债权由于该动产本身而生:例如拾得遗失宠物,而支出饲养费用。

2. 债权与该动产返还义务系由于同一法律关系:例如基于承揽契约而修理名表。

3. 债权与该动产的返还义务由于同一事实关系:例如狼犬伤人而被留置。

关于牵连关系的认定,实务上有一个重要案例可供参照:甲将冷气机出卖于乙,并交付之,嗣后冷气机因须修护而由甲卸下,运回占有,如乙买卖价金及修护费用均未清偿,甲主张对冷气机有留置权时,其与冷气机之占有牵连关系的债权,仅修护费用而已,原买卖契约之价金债权,与其占有之冷气机,尚难认有牵连关系存在(1973年台上字第1186号判例)。

商人之间因交易频繁,其留置权的范围,当较一般为广,为保护债权人的利益,"民法"规定,商人间因营业关系而占有之动产,与其因营业关系所生之债权,视为有牵连关系(第929条)。其债权与占有纵系基于不同关系而发生,且无任何因果关系,亦无不可(1971年台上字第3669号判例)。例如,甲经营汽车修理厂,维修乙游览公司所有的巴士,甲就A车未获清偿的修理费用,得就B车行使留置权。

### 四、须非因侵权行为或其他不法之原因而占有动产

债权人因侵权行为或其他不法之原因而占有动产时,不发生留置权(第928条第2项前段)。例如,窃盗他人汽车而支出有益费用(不当得利请求权),或因债务人积欠汽车修理费未还,而窃回该车。立法目的在于维持公平及防止不法索债。

### 五、留置权的行使须不违背公序良俗

动产之留置,违反公共秩序或善良风俗者,不得为之(第930条前段)。例如,不得以修理费未获全部清偿而留置消防车辆,或葬礼备用的遗像。

### 六、与债权人应负担之义务或与债权人债务人间之约定,不相抵触

动产之留置,须不与债权人应负担之义务或债权人债务人间之约定

相抵触(第 930 条后段)。此系指债权人如留置所占有之动产,即与其应负担之义务相违反而言,例如物品运送人,负有于约定或其他相当期间内,将物品运送至目的地之义务,运送人却主张托运人之运费未付,而扣留其物,不为运送。

## 第三项　留置权的效力

### 一、效力范围

关于留置权担保清偿的范围,"民法"未设明文规定,解释上应包括与被留置的动产有牵连关系的债权、利息、迟延利息、违约金、保存留置物的费用、实行留置权的费用,以及因留置物隐有瑕疵而生的损害赔偿等。留置权之效力,除及于被留置的动产外,并及于被留置的动产的从物及孳息。

### 二、对留置权人的效力

#### (一) 就留置物全部行使留置权

债权人于其债权未受全部清偿前,得就留置物之全部,行使其留置权。但留置物为可分者,仅得依其债权与留置物价值之比例行使之(第 932 条)。立法理由谓,留置权因系担保物权,自具有不可分性,惟留置权之作用乃在实现公平原则,过度之担保,反失公允,乃仿"民法"第 647 条意旨,增设但书规定,以兼顾保障债务人或留置物所有人之权益。

#### (二) 留置权与动产质权

"民法"第 932 条之 1 规定:"留置物存有所有权以外之物权者,该物权人不得以之对抗善意之留置权人。"立法理由谓:"留置物存有所有权以外物权之情形,事所恒有,例如留置物上存有质权等是。物权之优先效力,本依其成立之先后次序定之。惟留置权人在债权发生前已占有留置物,如其为善意者,应获更周延之保障,该留置权宜优先于其上之其他物权,乃'仿动产担保交易法'第 25 条而增订本条规定。至留置物所有人于债权人之债权受清偿前,本不得请求返还留置物之占有,要乃留置权之本质,自不生本条所谓对抗的问题。"(参阅案例 2)

#### (三) 法定债之关系

1. 动产质权规定的准用

旧"民法"第 933 条规定:"债权人应以善良管理人之注意,保管留置物。”经修正为:“第八百八十八条至第八百九十条及第八百九十二条之规定,于留置权准用之。”立法理由谓:“留置权与质权同为担保物权,均以占有动产促使债务人清偿其债务为目的。故质权存续中质权人对质物之保管义务、使用或出租之限制、孳息收取权及有腐败之虞时之变价权,在留置权本应准用。本条现行条文仅规定债权人对留置物之保管义务,有欠周延,爰修正为概括之准用规定。”

2. 保管必要费用

因保管留置物所支出之必要费用,债权人得向其物的所有人请求偿还(第 934 条)。

### 三、对留置物所有人的效力

动产被债权人留置后,所有人对该动产仍得为处分,得以让与所有物返还请求权方式(第 761 条第 3 项),将留置物所有权让与第三人,但留置权不因此而受影响。

## 第四项　留置权的实行及消灭

### 一、留置权的实行

(一) 定期通知与就留置物求偿

债权人于其债权已届清偿期而未受清偿者,得定一个月以上之相当期限,通知债务人,声明如不于其期限内为清偿时,即就其留置物取偿;留置物为第三人所有或存有其他物权而为债权人所知者,应并通知之(第 936 条第 1 项)。之所以规定为“一个月以上”,在使债权人早日实行留置权,以符现代工商社会之讲求效率,并减轻债权人的保管责任。

(二) 拍卖等方法取偿

债务人或留置物所有人不于上述期限内为清偿者,债权人得准用关于实行质权之规定,就留置物卖得之价金优先受偿,或取得其所有权(第 936 条第 2 项)。不能为第 1 项通知者,于债权清偿期届至后,经过 6 个月仍未受清偿时,债权人亦得行使前项所定之权利(第 936 条第 3 项)。

### 二、留置权的消灭

留置权的主要消灭事由有二:

1. 留置权的实行。

2. 债务人或留置物所有人为债务之清偿,已提出相当之担保者,债权人之留置权消灭。第897条至第899条之规定,于留置权准用之(第937条)。

## 第二款　特殊留置权

### ——不动产出租人留置权①

"民法"上的留置权,除第928条规定的一般留置权外,尚有所谓的特殊留置权,包括:

1. 不动产出租人留置权:"民法"第445条规定:"不动产之出租人,就租赁契约所生之债权,对于承租人之物置于该不动产者,有留置权。但禁止扣押之物,不在此限。前项情形,仅于已得请求之损害赔偿及本期与以前未交之租金之限度内,得就留置物取偿。"

2. 场所主人留置权:"民法"第612条规定:"主人就住宿、饮食、沐浴或其他服务及垫款所生之债权,于未受清偿前,对于客人所携带之行李及其他物品,有留置权。第四百四十五条至第四百四十八条之规定,于前项留置权准用之。"

3. 运送人留置权:"民法"第647条规定:"运送人为保全其运费及其他费用得受清偿之必要,按其比例,对于运送物,有留置权。运费及其他费用之数额有争执时,受货人得将有争执之数额提存,请求运送物之交付。"

4. 承揽运送人留置权:"民法"第662条规定:"承揽运送人为保全其报酬及垫款得受清偿之必要,按其比例,对于运送物有留置权。"

以下仅就日常生活较为重要的不动产出租人留置权作较详细的说明。

### 第一项　不动产出租人留置权的意义、性质及功能

"民法"第445条规定:"不动产之出租人,就租赁契约所生之债权,对于承租人之物置于该不动产者,有留置权。但禁止扣押之物,不在此限。前项情形,仅于已得请求之损害赔偿及本期与以前未交之租金之限度内,得就留置物取偿。"应说明者有二:

---

① 参见黄立主编:《民法债编各论》(上),2002年版,第383页;林诚二:《不动产出租人行使留置权之限制》,载《月旦法学教室》2014年第143期。

1. 本条规定不动产出租人的留置权，此系法定物上担保，乃属一种特别留置权。

2. 立法理由在于保护出租人，但为顾及承租人，就其要件及效力详设规定，期能平衡双方的利益。

## 第二项　不动产出租人留置权的成立要件

依“民法”第 445 条第 1 项之规定，不动产出租人留置权的成立须具备三个要件：

1. 权利主体须为不动产出租人：是否为不动产所有人在所不问。所谓不动产出租，包括土地、房屋的转租。

2. 担保的债权：须为租赁契约所生的债权，包括租金债权（本期及以前未交付之租金）及损害赔偿，如“民法”第 432 条规定的承租人违反保管义务致租赁物毁损、灭失之损害赔偿责任，或“民法”第 434 条规定的租赁物失火责任等。

3. 就留置物言：

（1）其范围须为担保债权之清偿所必要。

（2）留置物限于动产。

（3）债权之发生与留置物不以具有关联为必要，异于一般留置权。

（4）须为置于该不动产之物，此指为承租人由他处移入之物，如承租人购买的冰箱、电视、钢琴、家具等。但不包括临时置放之物，如承租人一时停放的汽车。需特别指出的是，留置权的成立不以出租人占有动产为发生要件（2022 年台上字第 114 号），故不动产出租人的留置权非属占有性的动产担保物权。

（5）须属承租人之物。就他人之物，不得主张善意取得留置权。

（6）须非禁止扣押之物（“强制执行法”第 53 条第 1 项），以维护承租人工作、教育与生活上的基本需求。

## 第三项　不动产出租人留置权的效力

### 一、留置

出租人基于留置权，得留置承租人置于承租处的动产，以防止留置权的消灭，而能实现债权。其得采取的留置手段有二：

1. 提出异议："民法"第446条规定："承租人将前条留置物取去者，出租人之留置权消灭。但其取去系乘出租人之不知，或出租人曾提出异议者，不在此限。承租人如因执行业务取去其物，或其取去适于通常之生活关系，或所留之物足以担保租金之支付者，出租人不得提出异议。"

2. 出租人的自助权："民法"第447条规定："出租人有提出异议权者，得不声请法院，径行阻止承租人取去其留置物；如承租人离去租赁之不动产者，并得占有其物。承租人乘出租人之不知或不顾出租人提出异议而取去其物者，出租人得终止契约。"

### 二、取偿

依"民法"第445条第2项规定，不动产出租人得在具备留置权成立要件时，就留置权取偿。所谓取偿，指就留置物所卖得价金，充抵债权的清偿。其行使留置权的方法，准用"民法"关于一般留置权的规定(第939条、第936条)。

## 第四项　不动产出租人留置权的消灭

不动产出租人留置权的消灭事由有二：

### 一、承租人取去留置物

"民法"第446条第1项规定："承租人将前条留置物取去者，出租人之留置权消灭。但其取去系乘出租人之不知，或出租人曾提出异议者，不在此限。"相关问题，请参阅前文说明。

### 二、承租人提出担保

"民法"第448条规定："承租人得提出担保，以免出租人行使留置权，并得提出与各个留置物价值相当之担保，以消灭对于该物之留置权。"

最后值得说明的是，实务上关于出租人留置权的案例尚属少见，其主要理由系此种留置权的实行程序较为复杂，易起纠纷；又拍卖之物多属旧物，价金有限；且承租人取走其物，留置权可能归于消灭。从而承租人为担保租金及损害赔偿债务，多采保证人(人的担保)及押租金(物的担保)的方式。为担保债权，法律提供多种选择，具有协力及互补的机能。

### 第三款　动产担保物权的案例研习

动产担保物权有动产质权、动产质权的转质及留置权，兹设计一个案例以供研习之用：

甲有A古瓶，为融通资金，设定质权于乙，虽约定不得转质，乙仍将该瓶转质于丙。丙保管不慎致A瓶受损，丙将A瓶交由丁修缮。丙未清偿报酬，丁留置A瓶。试问：

1. A瓶上的物权及其位序关系？
2. 丁实行留置权时，如何分配其价金？
3. A瓶因丁的过失灭失时，其法律关系？
4. 丁的受雇人戊擅将A瓶设质于善意之庚，或将A瓶让售并交付于善意之辛时，A瓶上的物权变动关系？

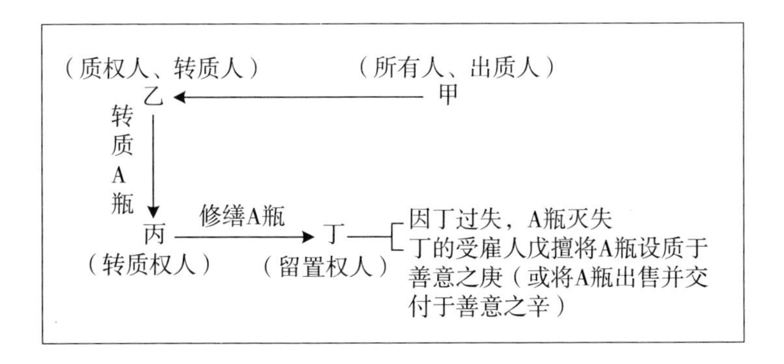


请认真思考、查阅教科书，与同学共同讨论，采请求权基础方法，将谁得对谁主张何种权利及其法律规范基础写成书面。案例研习最为重要。

## 第五节　让与担保

让与担保的创设是物权法重要的发展，特作简要的论述，说明判例法的进程、判例（裁判）与学说如何促成一个习惯物权的诞生，并在法释义学上建构一个产权明确、具有经济效率的物权制度。

## 第一款　让与担保的形成发展[1]

兹先提出一个案例思考不动产让与担保的基本问题：

甲向乙贷款1000万元，将其所有的A地所有权让与乙，作为清偿债务的担保，并约定届期未清偿时，乙得自行出卖该地受偿，若届期清偿时，其让与担保失其效力。试问：

1. 何谓让与担保？为何当事人不设定抵押权，而采此种担保方式？

2. 让与担保在实务上的发展，是否已具备习惯物权的效力？

3. 让与担保的法律构造为何？

4. 乙将A地让售于丙，并移转其所有权，丙明知其为让与担保时，得否取得A地所有权？

5. 甲或乙的债权人丁强制执行A地时，乙或甲得否提起第三人异议之诉？

6. 甲届期清偿或未清偿时，甲或乙得主张何种权利？

7. 甲有一批商品，得否采让与担保的方式融通资金？其与不动产让与担保的法律结构有何不同？

### 一、让与担保制度

让与担保系非典型的担保物权，即设定人（让与人）为担保债务人债务的清偿，依担保让与契约，将财产权移转于担保权人（债权人、受让人），使担保权人在不超过担保目的范围内，于债务人届期未清偿债务时，得将担保的财产变价或估价，而就其价金受清偿。让与担保的基本特征在于移转财产权，包括不动产所有权、动产所有权、债权、无体财产权等。以下专就"不动产让与担保"加以论述，理由有二：

1. 让与担保在德国始于动产让与担保（Sicherungsübereignung），并扩大及于债权（Sicherungsabtretung），但少见于不动产让与担保。[2] 日本

---

① 参见谢在全：《判例法之进程——以让与担保为例》，载《月旦法学杂志》2021年第310期；谢在全：《民法物权论》（下），第575页；郑冠宇：《民法物权》，第629页等。

② 德国法上的让与担保有动产让与担保（Sicherungsübereignung）和债权让与担保（Sicherungsabtretung、Sicherungszession），均具习惯物权效力。Larenz/Wolf, Allgemeiner Teil des deutschen Bürgerlichen Rechts (9. Aufl., 2004), S. 54. 详细论述，Baur/Stürner, Sachenrecht, S. 784, S. 809 f.; Müller/Graber, Sachenrecht, S. 335 f.; Vieweg/Lorz, Sachenrecht, S. 385; Wilhelm, Sachenrecht, S. 879.

法上的让与担保包括动产让与担保和不动产让与担保。[1] 台湾地区实务中的让与担保多为不动产让与担保。实务亦承认动产让与担保(2011年台上字第2221号判决、2019年台上字第522号裁定),但属少见。以下称让与担保,指"不动产让与担保"而言。

2. 以不动产让与担保建构其规范内容,作为发展其他财产让与担保的思考模式。

## 二、判例法的开展

让与担保系判例法所创设,特先举三个重要判决,凸显其发展过程。

### (一) 不动产让与担保的创设

"最高法院"1981年台上字第104号判例:"债务人为担保其债务,将担保物所有权移转于债权人,而使债权人在不超过担保之目的范围内,取得担保物所有权者,为信托的让与担保,债务人如不依约清偿债务,债权人得将担保物变卖或估价,而就该价金受清偿。"

在前揭判例的基础上,"最高法院"陆续作成二个重要判决,例如"最高法院"1995年台上字第808号判决:"按债务人为担保其债务,将担保物所有权移转登记予债权人,而使债权人在不超过担保之目的范围内取得担保物所有权者,为信托让与担保。债务人在未清偿其债务前,不得片面终止信托让与担保关系,请求债权人返还担保物。"又如"最高法院"1995年台上字第253号判决:"担保信托乃信托行为之一种,又称信托的担保让与,系指债务人为担保其债务,将担保物所有权移转于债权人,而使债权人在不超过担保之目的范围内,取得担保物所有权,债权清偿后,该担保物即应返还于债务人;债务不履行时,债权人得将担保物变卖或估价而就该价金受清偿者而言。为免债权人逾越担保之目的行使所有权,因此当事人间通常均定有信托约款以限制彼此间权利义务关系('最高法院'1981年台上字第104号判决参照)。"

综合前述实务见解,应强调者有二:

1. 让与担保非系通谋虚伪表示,其让与担保契约有效。

---

[1] 关于日本法上的让与担保简要说明,参见〔日〕松冈久和:《担保物権法》,2017年版,第307页。实务问题参见〔日〕上原启一:《动产担保融资の现状と课题》,载《立法と调查》2012年第330号。

2. 让与担保,系一种信托行为,又称为信托的让与担保。此种担保信托非属于信托法上的信托行为,乃罗马法所称的 Fiducia(信托),或德国法上的 Treuhand。在德国法上亦将让与担保定性为一种 eigennütziges Treuhandgeschäft(自益性信托行为)。

(二) 让与担保的担保物权性质

"最高法院"2019年台上字第2447号判决谓:"信托的让与担保系指债务人或第三人为担保债务人之债务,将担保标的物之财产权移转于担保权人,担保权人仅于担保之目的范围内,取得担保标的物之财产权。因属担保物权性质,就具有登记公示外观之不动产,其让与担保之成立,仅需办理所有权移转登记于债权人为已足,固不以交付不动产担保物之占有为要件,担保之债务清偿后,标的物应返还于债务人或第三人;债务不履行时,担保权人得依约定方法就该担保物取偿。"

本件判决的法律问题涉及担保物的占有,"最高法院"系以旁论的方式说明强调让与担保具有物权性质。①

(三) 物权效力的肯定及适用范围的扩大

"最高法院"2010年台上字第3214号判决谓:2009年修正"民法"第757条规定,物权除依法律或习惯外,不得创设。亦即,物权得依习惯而创设。于台湾地区工商社会与一般民间习惯,常见债务人因担保自己债务之未来之履行,与债权人约定将自己财产所有权移转于债权人(受让人),债务履行期届至,如有不履行该担保目的之债务时,经债权人实行清算后,除债务人清偿该债务得向受让人请求返还担保物外,受让人即确定取得担保物之所有权。惟该担保物价值高于应履行债务之价额者,债务人得向受让人请求偿还其差额。此类以担保为目的而移转担保物所有权于债权人之担保物权设定,即为学理所称"让与担保"。民间惯行之让与担保制度,物权法固无明文,惟判决先例已承认其有效性,复不违背公序良俗,于让与人与受让人内部间,本于契约自由,及物权法已有习惯物权不违背物权法定主义法文,执法者自无否定其有效性之正当事由。让与担保之标的以物供担保者,包括不动产与动产,因让与担保具物权效,为保障第三人交易安全,与一般物权之取得、设定、丧失及变更同,应有公示方法,不动产以登记、动产以占有为之,但非不得依一般惯行之公示方法

① 参见陈荣传:《让与担保与担保物权的距离》,载《月旦法学教室》2021年第219期。

为之。以票据权利为标的者,其外观公示方法,因背书交付移转"占有"而有公示作用。

## 三、第一个习惯物权的创设

2009年"民法"物权编修正,"民法"第757条规定,得依法律、习惯创设物权。"最高法院"2020年台上字第3214号判决创设了第一个习惯物权,具有里程碑式的历史意义。[①]

最高法院1930年上字第1045号判例谓:"民法总则第66条规定称不动产者,谓土地及其定着物。工厂中之机器,虽有附着于土地者,然其性质究可离土地而独立。申言之,即不必定着于土地,自应认为动产。故在民法物权编施行后,就机器设定质权,固非移转占有不生效力,然在物权编施行以前,尚无法定明文限制。苟该地方一般交易观念,以工厂之机器不移转占有,而设定担保物权已成习惯,在审判上即亦不妨认其有担保物权之效力。"此系就"民法"物权编施行前所创设就不移转占有机器(动产)而设立的担保物权,此亦属具有创意的判例。

## 四、不动产让与担保的实然及应然之思考

### (一) 不动产抵押权与不动产让与担保

关于不动产的担保,现行法上有不动产抵押权(包括普通抵押权与最高限额抵押权),近年来每年土地设定件数多达70万笔。关于不动产让与担保,就"最高法院"裁判以让与担保为关键词查询,至2022年12月11日止,计有民事裁判232件,刑事裁判17件。前揭"最高法院"2020年台上字第3214号判决强调让与担保系台湾地区工商社会与一般民间习惯所常见,值得进一步探究的有二个问题:

1. 银行等金融机构是否接受不动产让与担保作为担保工具?

2. 民间习惯为何舍不动产抵押,而采用在法律上对让与人(设定人、债务人)较为不利的不动产让与担保制度?

### (二) 法律上的利益衡量

债务人之所以愿意设定不动产让与担保,或在于取得较高的贷款,担保权人(债权人)取得了超过其担保目的的权利,即所谓的"过多权利"

---

① 不同意见,参见游进发:《让与担保之基本结构》,载《月旦裁判时报》2022年第125期。

(Überschuss an der Rechtsmacht)。担保权人追求最大可能的担保利益,而对设定人带来了风险(例如,担保权人处分担保物所有权),并使设定人不能利用担保客体的价值。如何依担保目的平衡当事人权利义务,加以解释适用让与担保契约(尤其是过度担保与违反公序良俗),系让与担保制度的重要课题。

## 第二款　让与担保制度的建构

### 一、让与担保的法律构造

让与担保在法释义学上的研究,旨在明确一个新创设非典型担保物权的类型内容。兹据德国与中国台湾地区实务所采权利(所有权)移转理论,将不动产让与担保的法律构造及基本问题[1],图示如下:

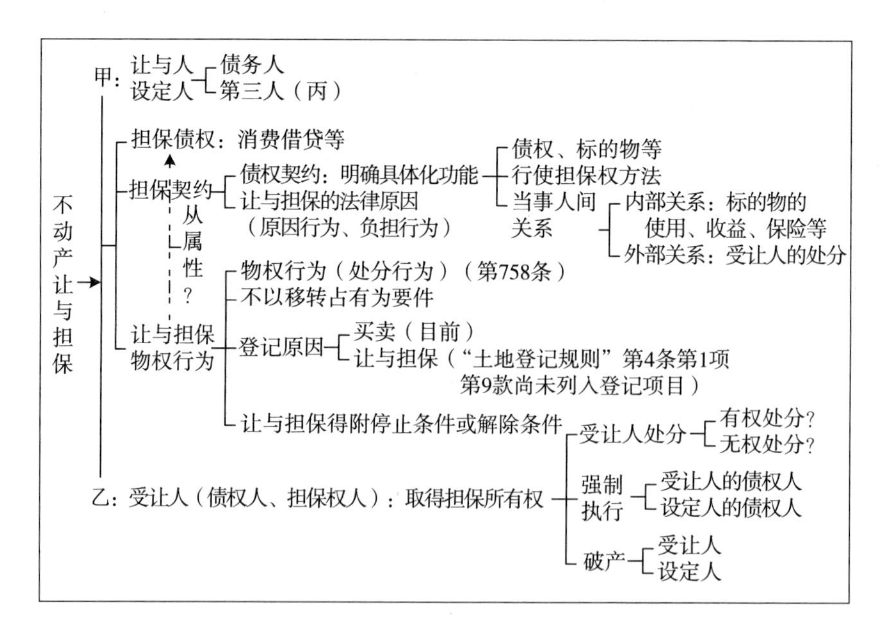


要理解让与担保制度,须明确其系由三个法律行为所构成:

1. 担保的债权主要系因消费借贷契约(第 474 条)而发生。

2. 让与担保契约(Sicherungeabrede、Sicherungsvertrag,原文为担保约

[1] 参见谢在全:《民法物权论》(下),第 583 页。

定或担保契约),此系债权契约,旨在明确具体化当事人间的法律关系,乃让与担保的法律上原因(原因行为)。

3. 让与担保(Sicherungsübereignung,原文为担保让与),此系物权契约(处分行为),在使担保权人取得担保物所有权(Sicherungseigentum)。

让与担保,在德国判例学说中均认定系权利(所有权)移转型,日本实务亦同。学说上有倡导担保物权型,如认为动产让与担保系一种动产抵押权。[①] 中国台湾地区通说采权利(所有权)移转型,本文从之,并一以贯之,期能明确产权关系及法之适用。

## 二、让与担保契约及让与担保

### (一) 让与担保契约

1. 原因行为

让与担保契约是让与担保的法律上原因。让与担保契约不成立、无效或被撤销时,受让人应依不当得利返还其所受的利益(担保所有权)。

2. 让与担保契约的内容

让与担保契约的内容包括担保的债权、标的物、实行担保权的方法,并具体化当事人间的权利义务。本诸私法自治,让与担保契约内容具有明确产权、当事人关系,以及适应交易上需要的重要功能。让与担保契约内容,当事人未约定时,应依契约补充解释方法填补所谓契约漏洞。在法之适用上,得否类推不动产抵押权相关规定,应就其规范意旨加以认定;其应得类推适用的如"民法"第 862 条第 3 项。[②]

### (二) 让与担保:担保物所有权的取得

1. 担保物所有权

让与担保的目的在于使受让人取得担保物的所有权。其所取得的是一种完全所有权(Volleigentum),不因让与担保契约而受限制。[③] 所有权的让与应依物权行为为之,订立书面,并须办理登记(第 758 条)。依以前登记制度实务,其登记原因通常为买卖,在土地登记时尚不能为让与担保的登记(公示涉及第三人利益,资讯交易成本,包括第三人相信受让人拥

---

① Fabian Klinck, Sicherungseigentum als Mobiliarhypothek(动产让与担保作为一种动产抵押), AcP 221 (2021), S. 447.

② 参见王泽鉴:《债法原理》,北京大学出版社 2022 年重排版,第 204—205 页。

③ Prütting, Sachenrecht, S. 188.

有不动产所有权而贷与信用)系让与担保的核心问题。①

值得特别提出的是,"土地登记规则"第4条第1项第9款明定,依习惯形成之物权,应办理登记(目前迄未办理不动产让与担保登记)。此项规定有助于促进习惯物权的形成及对明确其产权关系具有重要意义。

2. 附解除条件成就

让与担保的物权行为得附以清偿债务的解除条件。其条件成就时,担保物所有权本身即归于设定人(让与人),设定人得请求涂销担保物所有权的登记(第767条第1项中段)。

德国通说认为动产让与担保(Sicherungsübereignung)系依法律行为而创设,不同于动产质权之具有从属性,强调让与担保不具有从属性,例如债权让与时,担保物所有权不随同移转(BGHZ 78, 137)。德国判例及学说采取从属性替代(Akzessorietätsersatz)的见解,认为动产让与担保得以债权的发生作为停止条件;解释让与担保契约,得认为消费借贷契约不生效力时,让与担保契约亦不生效力,使受让人附有返还所有权的义务。②

在"民法"上,担保物权均具有从属性,亦应肯定让与担保之从属性,使让与担保与其担保的债权得为目的性的结合,保护债务人,并简化法律关系。

(三) 让与担保与公序良俗

让与担保不得违反公序良俗(第72条)。此为德国动产让与担保实务上常见的难题(Die Problematik der Übersicherung),尤其是过度担保(Übersicherung)及诈害其他债权人。在中国台湾地区,不动产让与担保未见相关案例,但此在其他让与担保(如动产让与担保、债权让与担保等),更应受重视。③ 应说明的有二:

1. 让与担保契约无效时,基于让与担保的无因性,其让与担保本身不受影响,仅发生不当得利问题。

2. 让与担保本身系属价值中立,通常不生违反公序良俗问题。值得探究的是,在何种情形亦得认为违反公序良俗而无效?德国学说上有认

① 参见黄麟伦:《让与担保与公示》,载《台湾法学杂志》2020年第400期。

② Baur/Stürner, Sachenrecht, S. 789; Vieweg/Lorz, Sachenrecht, S. 393.

③ MünchKomm/Quack, §929~930 Rn. 90 f.; Wilhelm, Sachenrecht, S. 900 ff.; BGH, 12.3. 1998-IX ZR 74-75: Sittenwidrigkeit wegen Übersichering, NJW 1998. 2047.

为无效原因重大时(如故意信用诈欺),让与担保无效。通说则强调为保护担保人,应认让与担保契约无效时,让与担保亦因瑕疵同一性理论(Fehleridentität)而无效,否则受让人将取得担保物所有权,得不受信托约款的拘束,而取得超过让与担保契约有效的法律地位。依此见解,担保人得请求基于所有权的返还请求权(《德国民法典》第985条,相当于"民法"第767条第1项前段),而非不当得利请求权。

## 三、内部关系与外部关系

### (一) 内部关系

1. 让与担保契约的内容

让与担保关系及法律效果,在于依让与担保契约,使受让人取得担保物所有权。特别强调的是,让与担保契约的内容旨在明确具体化当事人间的法律关系及其法律效果,例如:

(1)担保债权的范围,其未约定时,得类推适用"民法"第861条关于抵押权的规定。

(2)让与人对标的物的使用、收益及保管义务,受让人对标的物的保险义务等。

(3)受让人实施担保权的要件及方式等。

(4)让与担保当事人违反让与担保契约,应负债务不履行责任。

2. 占有关系

在让与担保,设定人仍占有标的物,系直接占有,受让人则为间接占有(第941条)。

### (二) 外部关系

让与担保的外部关系亦得依让与担保契约加以规定,例如受让人不得处分标的物。应说明者有二:

1. 担保权人的处分权:担保权人系担保物所有人,享有不受内部约定限制的处分权,其所为处分(包括让与所有权、设定抵押权)系有权处分,第三人纵为明知其系让与担保,亦可取得该权利(2005年台上字第747号)。在此情形,担保权人应对设定人负债务不履行责任。[①]

值得注意的是,在"土地登记规则"第4条第1项第9款明定习惯物

---

① 参见郑冠宇:《民法物权》,第633页。

权应为登记时,发生担保物所有权的处分究为有权处分或无权处分的问题。学说上有采无权处分说,认为应适用善意取得的规定。[①] 如前所述,在不动产让与担保,受让人取得完全所有权,亦得认为系有权处分。

2. 担保物所有权的保护:担保权人得主张基于所有权权利所生侵权行为损害赔偿请求权(第184条第1项前段)、所有人的物上请求权(第767条第2项),但仅得请求向占有其物的设定人返还。占有不动产的设定人得行使"民法"第962条的物上请求权(2012年台上字第1828号、2004年台上字第1886号、1998年台上字第1087号)。

## 四、强制执行与破产

强制执行与破产是某种权利是否为物权的试炼,涉及不动产担保法律构造的争论[②],兹依德国通说及中国台湾地区实务所采权利(所有权)让与理论,分述如下:

(一) 强制执行

1. 设定人的债权人为强制执行:在让与担保,设定人直接占有不动产(标的物),其债权人得对之为强制执行。设定人有通知担保权人的义务。担保权人得提起第三人异议之诉("强制执行法"第15条),此为德国判例及学说的通说。[③] 学者有认为在此情形,让与担保应同于担保物权,担保权人仅得主张优先受偿。[④] 此项见解并未被采纳。[⑤]

2. 受让人(担保权人)的债权人为强制执行:在此情形,德国通说原则上肯定设定人得提起第三人异议之诉,其主要理由系认为让与担保的设定人为担保的目的将所有权移转于受让人(担保权人),在担保债权未届期清偿得变价前,就经济言,其所有权系属于设定人,应认为担保所有权的信托拘束例外具有准物权效力(quasidingliche Wirkung),而使设定人

---

① 参见谢在全:《民法物权论》(下),第588页。

② 参见郑冠宇:《民法物权》,第633页;谢在全:《民法物权论》(下),第590页(采担保物权构造)。德国通说采权利(所有权移转)的法律构造,Baur/Stürner, Sachenrecht, S. 806 f.; Vieweg/Werner, Sachenrecht, S. 405 f.

③ 德国通说,BGHZ 12, 232; Palandt/Bassem, § 930, Rdnr, 37; Prütting, Sachenrecht, S. 188.

④ MüKoZPO/K. Schmidt, § 771, Rdnr. 80.

⑤ Vieweg/Lorz, Sachenrecht, S. 405. 之所以应肯定担保权人得提起第三人异议之诉,提出以下理由:(1)担保人的担保所有权系完全所有权。(2)若不能提起第三人异议之诉,其作为担保让与的信用关系将被提早结束,丧失较好的消费借贷条件。

得提起异议之诉,不应考虑担保权人形式的所有权人的地位。在债权届期未获清偿,担保权人得变价受偿时,担保物的经济利益属于担保权人,设定人不得提起异议之诉。[①]

（二）破产

1. 设定人破产

设定人破产时,担保权人虽为担保物所有权人,但不得行使取回权,应由破产管理人变卖担保物,而担保权人仅得行使别除权利就拍卖变价所得主张优先受偿(“破产法”第108条)。

2. 担保权人破产

担保权人破产时,其担保所有权成为破产财团的财产(“破产法”第82条)。设定人得清偿债务,行使取回权(“破产法”第110条)。

## 五、让与担保的实行及效果

（一）清偿债务

在让与担保,让与人(债务人)清偿债务时,得向担保权人请求返还标的物所有权(2020年台上字第3214号),此系债权请求权,其所有权的返还,应依物权行为为之(第758条)。让与担保附解除条件(清偿债务),于其条件成就时,发生效力,担保物所有权即回归于让与人,让与人得请求担保权人涂销登记(第767条第1项中段)。

（二）届期未清偿债务

1. 担保物的变价:当事人得在担保契约订定实行担保的方法,尤其是私卖担保物,即让与人届期未清偿债务时,担保权人得变卖担保物而就该卖得价金受偿。让与担保契约得约定担保权人得为私卖(freihändiger Verkauf),未约定时,亦得依假设当事人意思而为此认定(补充契约解释)。盖私卖担保物节省费用,系于市场为之,价格较高,较诸拍卖或估价受偿,对双方当事人更为有利。此种担保物变价受偿方式系让与担保的特色。

2. 顾及让与人的正当利益:担保权人无论采何种方法变价担保标的物,均应顾及让与人的利益,依诚实信用原则为之。

---

① Vieweg/Lorz, Sachenrecht, S. 405; BGHZ 72, 141 (146); MüKo BGB/Oechsler Anh gu §§929-936 Rn. 30.

3. 担保权人无变卖标的物的义务:受让人得不向设定人(债务人)请求清偿债务。亦得合并二者为之。

4. 清算义务:担保权人就变价担保物所得价金得与债权额抵销,并得扣除变价相关费用。其有剩余时,应返还设定人。若不足完全清偿债务,担保权人得向设定人请求清偿,但不具优先受偿性(不受担保的债权)。此乃担保权人的清算义务,符合担保的机能及目的,乃事理之当然,为德国、日本实务所肯认。"最高法院"最近判决明确采此见解(2020年台上字第2634号、2020年台上字第3214号),实值赞同。

5. 流押契约:让与担保契约得订定流抵约款,约定债权已届清偿期而未清偿时,让与人不必变卖担保物而径终局取得其所有权。在此情形,得类推适用"民法"第873条之1规定。

6. 让与担保与抵押权之受偿次序:不动产让与担保与不动产抵押权同属以不动产作为担保工具。在同一标的物亦得设定抵押权。例如甲以A地设定抵押权于乙,其后再将该地所有权让与担保于丙,丙再将该地设定抵押权于丁。在此情形,同一标的物上存在丙的担保所有权、乙的抵押权及丁的抵押权。于担保权人变卖A地时,应由丙及丁依序优先受偿。

## 第三款　让与担保的回顾与展望

### 一、习惯物权的形成与创设

让与担保的形成、创设及法律关系的建构,引导开拓台湾地区担保物权制度的开展。长期的交易惯行、判例(裁判)学说以接力方式持续不断地共同协力,创造了第一个具习惯法上物权效力的担保物权,具开拓性的贡献。

### 二、担保物权的现代化

台湾地区法上的担保物权体系,包括法定担保物权及意定担保物权。法定担保物权中的承揽人抵押权及留置权(一般留置权、出租人留置权),系针对日常生活及个别契约而设的担保工具。意定担保物权中的动产质权系民众担保债权的方法。具融通资金重要功能的是不动产抵押权、权利质权及"动产担保交易法"上的动产抵押、附条件买卖及信托占有。让与担保得用于不动产让与担保、动产让与担保及债权让与担保,有助于强化扩大担保的功用。经济发展需要融通资金，资金系市场经济的活水。经济发展与担保物权是相互为用的二只手。担保物权具有推动经济发展的重要机能，创设一个现代化、具有效率的担保物权是法律发展的重要任务。[①]

### 三、法律人的贡献

不动产让与担保是让与担保制度的开路先锋，其未来发展的关键问题在于能否办理登记、具有公示方法、维护交易安全。能否成为一种重要的担保工具，系于银行金融体系愿否运用此种担保机制。法学的任务在于整合判例（裁判）学说，借助比较法的研究，建构一个产权明确、具有效率的担保制度。

让与担保的创设体现了台湾地区法学的进步及法院的创造力。不动产让与担保提供了一个让与担保（包括有待创设发展的动产让与担保及债权让与担保等）的法律构造及解释适用的基本思考模式。关于动产让与担保、债权让与担保，其法律构造及法律问题，基本上同于不动产让与担保，其主要不同在于权利让与的方法。例如，不动产让与担保其让与的方式系依"民法"第 758 条，而在动产让与担保，则为"民法"第 761 条占有改定及标的物特定等问题（《德国民法典》第 930 条）。期待能参照德国法及日本法判例学说，从事动产让与担保、债权让与担保的专题研究，为实务的发展作准备，更进一步完善让与担保制度。

让与担保习惯物权的创设，是法律人（法官、律师、学者）长年共同协力的成果，为法律的开展提供了一个典范。

---

① 担保法制的现代化，仰赖"商业思维"模式，以建立有效、透明及高效率的担保制度，促进商业活动与法规范结合的生命力，参见谢在全、陈旺圣：《最高限额抵押权担保债权范围之争议问题研析》，载《月旦法学杂志》2023 年第 332 期。

# 第七章　占　有

## 第一节　占有的历史基础及体系建构

### 第一款　占有制度的历史基础[①]

#### 一、民法物权编的占有

关于占有在民法物权编的体系地位,各国和地区的立法例不同。《德国民法典》认为占有是一种对于物的事实上管领力(tatsächliche Gewalt über die Sache),而于物权编第一章设其规定(第 854 条至第 872 条)。《瑞士民法典》亦认为占有是一种事实,但却规定于物权编最后一章(第二十四章,第 919 条至第 941 条)。《日本民法典》规定占有为一种权利,于物权编第二章(第一章为总则)加以规定(第 180 条至第 205 条)。"民法"系将占有规定于物权编最后一章(第十章),明定其为对于物的事实上管领力。

各国和地区的立法体例均有依据,将占有置诸各种物权之前,亦有相当理由。占有为所有权的根据。占有为物权(尤其是动产物权)变动的要件。占有制度旨在维持社会平和、安定及和谐,而为法律秩序的基础。

---

① 笔者于 1964 年就读于德国海德堡大学时,参加由施启扬、翁岳生等同学主持的研讨会,介绍萨维尼(Savigny)在 1803 年所出版的《论占有》(Das Recht des Besitzes)一书,因此引起研究占有制度的兴趣,难忘昔日情境,并因占有系物权的核心基础,特作较详细的论述。萨维尼这本巨著(博士论文)以历史法学方法诠释罗马法,创造了学说汇编法学(Pandekten),建构德国法学根基及德国民法的制定(1900)。中国政法大学费安玲教授等翻译的"优士丁尼国法大全选译",贡献远大,并惠赠第 2 卷《物与物权》(商务印书馆 2022 年版),有助于认识物权及占有的历史基础,谨致谢意。

欧陆民法上的占有制度历经二千年的发展,始自罗马法的 Possessio,融合日耳曼法的 Gewere,而成文化于各国或地区民法典,集大成于德国民法,而为“民法”所继受。

占有究为一种事实或权利,究具何种功能,应否区别直接占有或间接占有,占有具有何种效力,应如何加以保护等基本问题,反映不同的社会经济制度,必须了解其历史基础,始能把握现行占有制度的社会机能。以下简要的说明希能有助于明了占有制度的演进过程及思考方法,认识法律是人类历史发展的产物,乃法律文化的体现。[①]

## 二、罗马法上的 Possessio[②]

在罗马法上,所有权概念发达甚早,土地所有权关系易于确定,有助于将占有(Possessio)从物权中分离,予以独立化,认为占有是一种事实,而不是权利,其机能不在于保护权利,而在于保护社会平和。罗马法学家 Ulpian 谓:“所有权与占有非属相同。”[③] Paulus 亦强调对占有而言,有无占有的权利,在所不问。[④] 窃贼亦为占有人。此种占有的概念为欧陆各国法律所继受。

Possessio 的取得须具备二个要件:(1)物的管领(corpus,体素);(2)占有意思(animus,心素),即以占有的意思而为占有。二者丧失其一,占有即归消灭。此种占有意思,不是法律行为上的意思,而是一种事实上的意思,故具有此种事实上意思的无行为能力人亦得为占有。

占有或取得占有得由服从家父权的奴隶或家子为之。占有因交付而移转。受让人已占有某物时(如承租人向出租人购买租赁物),其占有因意思合致而移转(简易交付)。占有人欲一方面移转占有,另一方面同时保有占有时(如出卖人向买受人租赁标的物),不必先交付该物,再受让其占有,只要当事人有合致的意思表示即为已足(占有改定)。由此可知,罗马法上的占有业已观念化。需注意的是,在租赁的

---

① 关于占有的经济分析研究,参见 Yun-chien Chang, Law and Economics of Possession (Cambridge, 2015); 张永健:《占有规范之法理分析》,载《台湾大学法学论丛》2013 年第 42 卷特刊。

② Kunkel/Honsell, Römisches Recht (4. Aufl, 1987), S. 131 f; Wieling, Sachenrecht, I. S. 115 f.

③ Ulpian, D41, 2, 12, 1: nihil commune habet proprietas cum possessione.

④ Paulus, D41 2. 3. 5: summa possessionis non multum interest, iuste quis an iniuste possideat.

情形,出租人将租赁物交付承租人,罗马法认为承租人系为出租人行使事实上的管领力,以出租人为占有人(possessor)。罗马法不承认所谓的间接占有。

罗马法将占有从本权(如所有权)中予以分离,加以独立化,旨在维护社会秩序,前已论及,因而发展出以法务官令状(praetorische Interdekte)为基础的占有诉讼制度,以保护占有不受暴力的侵夺或妨害。占有诉权的除斥期间为二年。在此种占有诉讼(法务官令状诉讼,Interdektenverfahren),当事人均不得为本权的主张。

### 三、日耳曼法上的 Gewere[①]

Gewere 是日耳曼法上的占有,是日耳曼物权法的核心概念,乃物权的一种表现方式(Erscheinungsform der dinglichen Rechte)。在日耳曼法上,占有(Gewere)与所有权并未严格区别,Gewere 不是一种单纯的事实,而是一种权利,因为日耳曼法中土地上的权利不易确定,须借占有状态表征权利,以占有推定某种权利的存在。Gewere 具有公示性,权利被包裹于 Gewere 之内,借 Gewere 而体现,故 Gewere 又称为权利之衣。

Gewere 的客体,包括物及权利。权利占有(Rechtsgewere)存在于关税、债权等,使之权利化,在中世纪极具重要性。在不动产的占有,发展出直接占有与间接占有,如承租人为直接占有,他主占有;出租人为间接占有,自主占有。居于从属地位而为他人行使事实上管领力的,如奴隶、仆婢等,则属占有辅助人,以他人为占有人。

日耳曼法上的 Gewere 重在事实的管领,惟在若干情形亦转为观念化(所谓 ideelle Gewere),尤其是占有的继承,即继承人得继承被继承人的占有,纵未为事实上的管领,其占有仍受保护。

日耳曼法上的 Gewere 具有三种重要的效力:一是权利推定效力

---

① 关于日耳曼法上 Gewere 的性质及功能,参见三位著名日耳曼学者的巨著:Albrecht, Die Gewere als Grundlage des älteren deutschen Sachenrechts (1829); A. Heusler, Die Gewere (1872); E. Huber (《瑞士民法典》的起草人), Die Bedeutung der Gewere in deutschen Sachenrecht (1894); 综合论述, Gierke, Deutsches Privatrecht, II (Sachenrecht), 1905; 简要说明, Mitteis/Lieberich, Deutsches Privatrecht, Kap. 26, Gewere; 中文文献,参见史尚宽:《物权法论》,第 478 页;刘得宽:《日耳曼法上之占有——Gewere》,载刘得宽:《民法诸问题与新展望》,第 307 页等。

(Vermutungswirkung)。二是权利移转效力(Translativwirkung),即物权的移转,须以移转占有为要件。Gewere 系一种权利,其移转须依契约为之(占有契约,Besitzvertrag)。三是防御效力(Defensivwirkung),即占有人得自力防御他人对占有的侵夺或妨害,占有物被侵夺时,并得诉请返还之。此种诉讼不是纯粹的占有诉讼,兼具保护占有与保护权利的功能。

## 四、Possessio 与 Gewere 在德国民法占有制度上的融合

在中世纪和近代的德国普通法,占有是一个热门而困难的法律领域,一方面对于 Possessio 的本质或功能产生争议;另一方面是罗马法上的 Possessio 与日耳曼法上的 Gewere 的融合。这项艰巨工作吸引了 Savigny、Winsheid、Jhering、Dernburg 及 Gierke 等伟大法学家投注心力、从事研究,发表了许多重要经典著作,占有的理论灿然大备。[①] 就占有(尤其是 Possessio)的社会作用言,有认为在于保护占有者的人格;有认为在于保护所有权;有认为在于保护占有者的意思;有认为在于维持社会的平和。最后的见解成为通说。就占有的构成要件,争论的重点在于所谓占有意思(animus,心素)究指何而言,是否必要。有认为此项意思不可或缺,而采主观说,并产生所有者意思说、支配者意思说、为自己之意思说等不同见解。有采客观说,认为事实上管领其物即为已足,无须有特别的占有意思。

此种学说上的争论,反映在立法之上。在德国民法制定过程中,罗马法学派学者与日耳曼法学者发生激烈争论。德国民法第一草案被认为偏重罗马法而备受日耳曼法学者的严厉批评。例如第一草案否定承租人为占有人,系受 Savigny 氏理论的影响,因遭 Gierke 的反对,而经修正,改采日耳曼法上直接占有及间接占有的制度。

现行德国民法兼采罗马法上的 Possessio 与日耳曼法上的 Gewere,创造了混合的占有制度,大体言之,以日耳曼法上的 Gewere 较占优势。其影响及于瑞士、日本等国民法,并为“民法”所继受,是一个比较法研究的

---

① 关于占有理论最重要的著作,是萨维尼于 1803 年发表的 Das Recht des Besitzes (7. Aufl., 1967)。台大法学院图书馆藏有此书,惜未善尽保管,甚少使用。笔者于 1968 年访问京都大学法学部,借阅该书,须经特许,保存完善,使用者众,视若珍宝,日本法学昌明,良有以也。

重要课题,其丰富的判决学说足供参考。[①]

## 第二款 台湾地区民法上的占有制度

### 一、立法原则

1911年公布的大清民律草案于第三编物权第七章规定占有,共计56条(第1261条至第1316条)。民律第二次草案于第三编物权第九章规定占有,共计40条(第271条至第310条)。现行"民法"则将之放于物权编第十章,精简为27个条文(第940条至第966条)。需注意的是,条文虽有删减合并,立法原则仍兼采罗马法上Possessio及日耳曼法上Gewere二种制度,计有九个重点:

1. 占有系属事实,而非权利。
2. 区别直接占有与间接占有。
3. 受他人指示而管领其物者,为占有辅助人,以他人为占有人。
4. 占有得为移转、继承或合并。
5. 占有具有权利推定的效力。
6. 设动产善意取得制度。
7. 占有的保护包括占有人的自力救济权和占有保护请求权。
8. 明定占有回复关系请求权。
9. 承认权利占有(准占有)。

### 二、占有制度的体系构成

民法以占有为"要件",赋予不同的"法律效果",兹为便于观察,将现行规定组成如下体系:

---

① Baur/Stürner, Sachenrecht, § 6; Müller/Gruber, Sachenrecht. S. 424 f.; Prütting, Sachenrecht, S. 23 f.; Sosnitza, Besitz und Besitzschutz (2003); Vieweg/Lorz, Sachenrecht, S. 13.

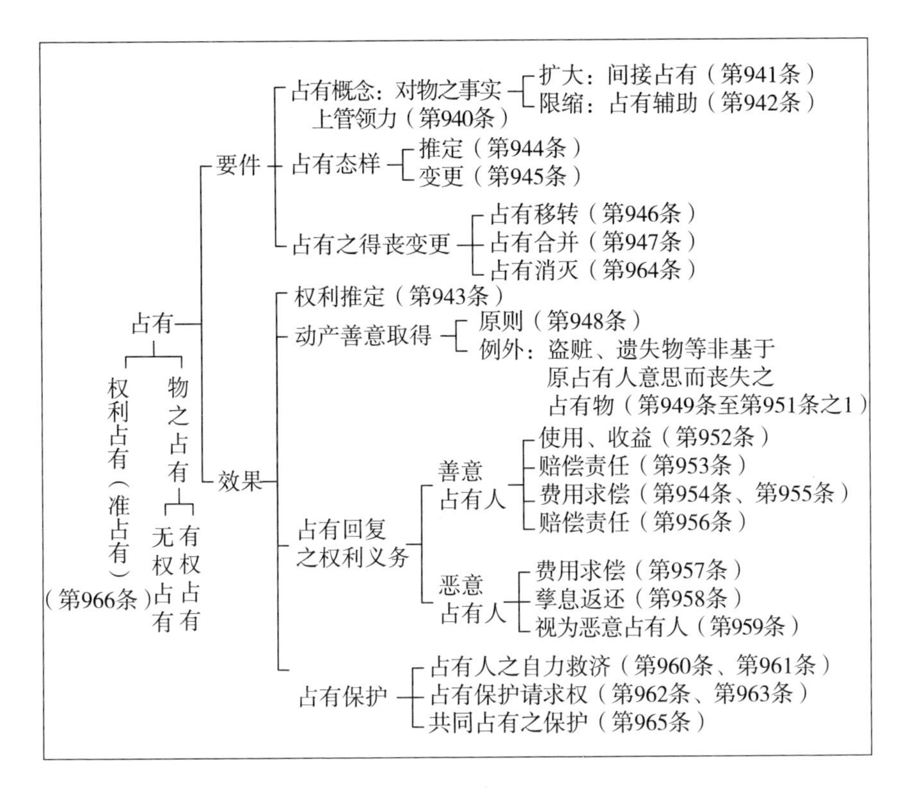


1. 请研读条文（第940条至第966条），区别占有的要件及法律效果，明确法律规定的要件及效果。

2. 理解占有制度的功能、占有的概念、占有的态样及占有的得丧变更，尤其是何谓占有、直接占有、间接占有、占有辅助等基本概念，明辨异同。

3. 请求权基础是“民法”五编制体系构成的机制及法律适用的枢纽，兹提出在占有制度上三类基本的请求权基础，请参照研读，并以案例研习引导法律思考：

（1）占有保护请求权（第960条、第961条、第962条）：甲向乙租用A车，经营货运，被丙盗窃，甲或乙得向丙主张何种权利？甲或乙得否向丙请求赔偿其不能使用A车所受营业损失？

（2）动产善意取得（第801条、第948条以下）：甲擅将乙借甲的A电脑让售（或赠与、设质）于丙（善意或恶意），当事人间的法律关系如何？

假设A电脑系盗赃、遗失物或其他非基于原占有人之意思而丧失其占有时，其法律关系有何不同？

(3)所有人的占有回复关系(第953条至第959条)：甲继承其父财产，明知(恶意)或非因重大过失(善意)不知A地系乙所有，误以甲父名义登记。甲占有A地，砍伐树木、种植果树，并将收取的果实出售获利。乙与甲间的法律关系如何？

## 第二节　占有制度的功能、意义及法律性质

### 第一款　占有制度的功能

1. 甲系16岁的高中学生，放在校门外的自行车被盗。次日甲在学校附近发现乙骑用该车时，得否强行取回？设乙盗用该车后，该车复被丙侵夺，乙向丙请求返还时，丙得否以该车系盗赃而拒绝之？若丙将该车让售(或赠与)于善意的丁时，丁得否主张取得其所有权？设丁系恶意时，得否主张占有该车已达10年而取得其所有权。试就此例说明占有制度的社会作用。

2. 甲在山间有一栋A屋，久未居住，外出旅行，将B车停放于机场的停车位。试问甲是否占有A屋、B车？甲为何可以放心外出，不担忧受他人侵夺？

占有为一种事实，盗贼管领赃物，亦成立占有。法律为何要设保护占有的规定(思考案例！)？

对此问题，德国法儒萨维尼曾提出人格保护说，认为侵害占有，系侵害占有人的人格，保护占有的目的即在于保护占有人的人格。另一位法学家温特夏德则主张占有为占有人意思的表现，侵害占有系侵害占有人的意思，故保护占有的目的在于保护占有人的意思。

目前通说强调占有制度具有三种功能，即保护功能、继续功能和公示功能。需强调的是，这三种不同的功能乃基于一种基本认识，即占有的背后通常存在着某种特定权利，尤其是所有权。保护占有，实际上就在保护此种权利。分述如下：

## 一、占有的保护功能

（一）维持社会平和秩序

占有系对于物为事实的支配，占有一旦存在，即应受保护，以维护社会平和与物之秩序，此为占有制度的基本功能。为此，“民法”特于第960条和第961条规定占有人的自力救济权，于第962条规定占有人的保护请求权。甲有A自行车，被乙侵夺，甲得以己力防御，并就地或追踪向乙取回之。设甲不能就地或追踪取回其车，仍得向乙请求返还占有物。乙占有该车后，复被丙侵夺时，乙亦得以己力防御或请求返还。在此意义上，占有享有绝对性的保护。

（二）盗贼亦受占有保护

占有的保护功能体现于盗贼的保护。盗贼事实上管领盗赃亦属“民法”第940条所称的占有人。例如乙窃取甲的A车而占有之，亦应受占有保护：

1. 所有人甲不能径以“自力”强行取回A车。乙（盗贼）对丙侵夺或妨害其占有时，得以己力防御之（第960条）。

2. 乙（盗贼）亦有“民法”第962条规定的占有人物上请求权。

对盗贼占有盗赃的保护，我们看到了一项重要的基本原则，即任何人不能以私力改变占有的现状。之所以如此，在于防范霍布斯所说的“所有人对所有人的战争”，以维护平和的社会秩序。

## 二、占有的继续功能[①]

占有人对其占有物有继续使用的利益，学说上称为占有的保持或继续功能（Erhaltungsfunktion、Kontinuitätsfunktion）。

“民法”第425条第1项规定亦体现占有的继续功能：“出租人于租赁物交付后，承租人占有中，纵将其所有权让与第三人，其租赁契约，对于受让

---

① 关于占有的继续功能，德国法学家Heck在其所著Grundriss des Sachenrechts (1930, Neudruck der Ausgabe 1960), S. 15中论述甚为深刻，曾举一常被引用之例：某甲衣服被乙所盗，甲于路上发现乙于寒冬穿其衣服，若甲得迫乙返还衣服，将使乙陷于痛苦的困境。其原文为：“Der Staatsbürger, der in warmen Kleidern auf der Strasse steht, würde in die peinlichste Verlegenbeit geraten, wenn er auf einmal sich seiner ganzen Kleidung entledigen müsste.”（§ 3.7）。Heck教授系德国利益法学派（Interessenjurisprudenz）的代表人物，此书籍另一姊妹作Grundriss des Schuldrechts (1929)，系以利益法学的方法阐释民法的基本问题，颇具启示性及可读性，特为推荐。

人仍继续存在。”“最高法院”1954年台上字第176号判例谓:“租赁物交付后,承租人于租赁关系存续中,有继续占有其物而为使用收益之权利。故其占有被侵夺时,承租人自得对于无权占有之他人,行使其占有物返还请求权,此就‘民法’第423条、第941条及第962条等规定观之甚明。”

占有物达一定期间者,得取得其于占有物上行使的权利,例如以所有之意思,10年间和平、公然、继续占有他人之动产者,取得其所有权(第768条)。此项时效取得制度亦在于促进占有继续的功能。

### 三、占有的公示功能

占有表征本权,具有公示功能,发生三种效力:

1. 权利移转效力:即动产物权的移转以交付其物为生效要件(第761条、第946条)。

2. 权利推定效力:即占有人于占有物上行使之权利,推定其适法有此权利(第943条第1项,参阅第2项)。

3. 善意取得效力:即以动产所有权,或其他物权之移转或设定为目的,而善意受让该动产之占有者,纵其让与人无让与之权利,受让人仍取得其权利,但受让人明知或因重大过失而不知让与人无让与之权利者,不在此限(第801条、第886条、第948条第1项)。在不动产物权,占有的公示功能已由登记所取代。因信赖不动产登记之善意第三人,已依法律行为为物权变动之登记者,其变动之效力不因原登记物权之不实而受影响(第759条之1)。

## 第二款　占有的意义

### 第一项　占有的概念

就下列情形说明谁为物的占有人:

1. 甲有某屋,出租于乙,乙转租该屋之一室于丙、丁二人共同经营书店。

2. 甲有某画,被乙所盗,寄托丙处。

3. 甲有股票,存放于乙银行保险箱。甲遭遇车祸死亡,由未成年人丙继承,丙不知甲有股票存放银行之事。

4. 甲公司为董事乙购买一部汽车,作为乙的座车,由公司职员丙驾驶之。

“民法”第940条规定:“对于物有事实上管领之力者,为占有人。”由此可知,占有指对于物有事实上之管领力。被管领之物,称占有物,为占有的客体。管领其物之人,称占有人,为占有的主体。分述如下:

## 一、对于物有事实上管领之力

### (一) 事实上管领力:认定标准

1. 概说

对于物有事实上管领之力,指对于物得为支配,排除他人的干涉。此之占有系指直接占有。占有为法律事实,须依社会观念斟酌外部可以认识的空间、时间关系,依交易观念就个案加以认定:

(1)空间关系:指人与物在场合上须有一定的结合关系,足认该物为某人事实上所管领。居住于房屋、耕作于土地、存放珠宝于保险箱、手戴劳力士表,固为占有;农夫放置农具于田中、建商堆放材料于工地,亦属占有。又对建筑物的占有,亦成立对基地的占有。遗忘钱包于车站,离去后数小时发现其事,因车站人潮来往,依社会观念,可认定丧失占有,钱包成为遗失物。反之,停放汽车于路旁,外出数日,仍不失其占有。

(2)时间关系:指人与物在时间上须有相当的继续性,足认该物为某人事实上所管领,仅具短暂性的,不成立占有。例如在饭店使用酒杯餐具,在高铁上向邻座旅客借用充电线,在公园坐于长椅,在图书馆取阅杂志,顾客在服饰店试穿衣服,均不取得占有。旅客就其住宿房间成立直接占有,而以饭店为间接占有人。反之,亲友被招待在家中客房过夜,亲友对该客房则不成立占有。顾客在超市将商品放在购物车时,超市所有人仍为占有人。

(3)法与秩序:除空间和时间关系外,法与秩序亦属重要,路不拾遗的盛世与盗贼横行的年代,对占有的认定,应有不同。停车于路边,外出数日,时空远隔,所以仍可肯定对于该车的事实管领力,除交易观念外,乃基于一般社会秩序和对他人财产的尊重。

2. 实务案例的分析

关于占有的认定,实务上有三则案例,甚具启示性,值得提出分析讨论:

(1)质物之占有:“最高法院”1964年台上字第861号判例

在本件判例,甲公司以存放纸厂的模造纸若干件,作为质物,向乙(被上诉人)贷款。甲的债权人丙(上诉人)声请执行查封,乙提出执行异议之诉,丙认为甲所有该批模造纸系在工场查封,乙并未放置于其租用之仓库内,亦未挂有标志,未经实施占有,不生设定质权效力。“最高法院”谓:“占有仅占有人对于物有事实上管领力为已足,不以其物放置于一定处所,或标示为何人占有为生效要件。苟对于物无事实上管领力者,纵令放置于一定处所,并标示为何人占有,亦不能认其有占有之事实。讼争之模造纸既据被上诉人派驻纸厂管理质物之职员一致证明,已经该纸厂点交被上诉人占有,因仓库量小放置不下,仍存于工场等语,自足认定讼争模造纸已经被上诉人驻厂职员占有,不以未挂有‘物资局’标志,而受影响。”

关于此项判例,应说明的有三点:

①就本件事实言,“最高法院”认定乙(被上诉人)占有存放在工场的模造纸(驻厂职员为占有辅助人),实值赞同。

②占有的成立固不以其物放置于一定处所,或标示为何人所有为要件,但将某物放置于一定处所,或标示为何人占有,仍可作为判断有无事实上管领力的斟酌因素。惟单纯象征性的标示,如仅将名牌挂于房屋,立碑于土地,则不成立占有。

③法律行为有所谓“成立要件”与“生效要件”,在占有似无所谓的“生效要件”,本件判例所谓“生效要件”,是否妥适似值商榷。

(2)房屋烧毁与土地的占有

“最高法院”1983年台上字第1654号判决谓:“对于物有事实上管领之力者,为占有人,‘民法’第940条定有明文,上诉人既主张伊系以濑南街137-2号房屋占有讼争土地,该房屋虽已被烧毁,然伊并未抛弃对于讼争土地之占有,故立即以原房屋所有人之地位向高雄市政府申请准予照旧复建,业据提出高雄市政府工务局函以为立证方法,原审未予斟酌,遽认上诉人已不占有讼争土地,即不无判决不备理由之违法。”

占有土地的情形甚多,如堆积材料、耕作畜牧、种植花木,但以在土地上建筑房屋最为常见。房屋烧毁,是否因此丧失对于土地的事实上管领力,应就个案加以认定。在本件判例,原房屋所有人既已立即申请照旧复建,应不发生抛弃事实上管领力,致占有消灭的问题。“最高法院”判决可资赞同。

(3)白天摆摊、夜间收摊与土地的占有

"最高法院"1983年台上字第3674号判决谓:"系争摊位占用之土地,虽非被上诉人所有,但该摊位占用之地区,为经政府公告指定为摊位营业地区,并对各摊位办理登记,发给执照,自应受占有之保护。被上诉人对于系争摊位之使用,因受法令之限制,不能设置固定摊架,只能白天摆摊,夜间收摊。但不能因其收摊,即谓被上诉人已放弃占有之意思。矧被上诉人为有照之固定摊贩,则其占有系争摊位,自应认为继续占有并不间断。"

关于此项判决,应说明的有二点:

①合法性:占有系对物的事实上管领力,有无占有的权利,是否合法,均所不问。占用他人土地摆摊应否受占有的保护,端视其对摊位有无事实上管领力,与政府公告指定为摊位营业地区,并对各摊位办理登记,发给执照无关,仅发生其占有是否合法的问题。

②事实上管领力的认定:无照摊贩在他人土地设摊营业,足认有事实上管领力时,亦可成立占有。在设置固定摊架的情形,夜间不营业,其占有不因此而受影响。在未设置固定摊架的情形,白天摆摊,夜间收摊,虽不能因其收摊即谓已放弃(抛弃)占有之意思,但得否因其收摊,而认定已丧失事实上管领力,应就具体个案认定之。固定摊贩占有系争摊位,其占有是否继续,不因有照或无照而异,应就占有本身加以认定。[①]

由上述三则实务案例可知,对于物是否成立占有,其占有是否继续,关系当事人利益至巨。在设定质权之例,涉及质权的效力。在他人土地建屋之例,涉及时效取得土地所有权或地上权。在摆摊之例,例如甲擅自占用乙的土地设置摊位,出卖牛肉面,若认定因夜间收摊而丧失占有时,则甲于次日摆摊时,即构成侵夺乙的占有,乙得行使"民法"第960条规定的自力救济权,否则仅能主张"民法"第962条所规定的占有保护请

---

① 参见"最高法院"2009年台上字第1601号判决:"占有系对于标的物有事实上之管领力,包括人与物在空间场所之结合、相当时间之结合或某种法律关系之结合。查系争土地所在系黄昏市场,摊贩流动,为原审所确定之事实。黄〇练等二人于历审曾提出照片总计1778张,用以证明丑〇〇等八人或其所出租之摊贩持续占用摆摊之事实,依上揭不定时所摄照片所示,似可看出每天各摊车有其固定摆放位置,则各摊贩就各自摆摊而占有之土地部分,是否不会因收摊而放弃占有之意思?果尔,其等就各自占有之部分是否未具有事实上之管领力,即非无疑。"

求权。[①]

（二）占有意思

1. 学说与立法例

占有，除对于物有事实上管领力（体素）外，是否尚须以“占有意思”（心素）为要件，系占有理论上最有名的争议问题。学说上有主观说、客观说与纯粹客观说三种见解：

（1）主观说：认为占有的成立须兼具事实上之管领力与占有意思；至于此项占有意思究属何种意思，有主张须为所有人意思，有主张须为支配意思，亦有主张须为为自己意思而占有。

（2）客观说：认为占有系对于物的事实管领力，不须特别的意思，仅须有管领意思即可，此为管领事实的一部，而非独立要素。

（3）纯粹客观说：认为占有纯为客观地对于物为事实上的管领，不以占有意思为必要。

立法例上，1804年的《法国民法典》采所有人意思说。1896年的《日本民法典》第180条规定：“占有权因以为自己之意思，持有该物而取得。”明定采自己意思说。《德国民法典》第854条第1项规定：“对于物有事实上管领力者，取得该物之占有。”未明定占有意思（Besitzwille）。

2. “民法”的解释[②]

“民法”第940条规定，占有系对于物有事实上管领力。学说上有认为德国民法系采纯粹客观说，现行“民法”从之，应作同样的解释。此项见解尚有进一步探究的必要。

---

① 占有的认定是占有制度的核心，“最高法院”2013年台上字第2442号判决可供参照：“查被上诉人提供乘客上、下车之中坜公车站，坐落在其所有与系争土地相邻之25-17地号土地上，而被上诉人之车辆在该公车站临复兴路前并排时会停留在系争土地上，既为原审认定之事实，则被上诉人为使乘客得在其设置之中坜公车站上、下车，将车辆密集、频繁并排停放，参诸其中坜公车站与复兴路间划有双白实线，似系用以分隔同向车道；及被上诉人所有25-17地号土地作为车道部分与系争土地所铺设者似均属水泥材质一情，对于系争土地能否谓无确定及继续之支配关系，而仅系短暂路过，即非无疑。倘被上诉人对于系争土地已有确定及继续之支配关系，纵有不特定人车图一时便利通行该等土地，亦不能改变其占有之事实。乃原审未勘验上诉人所提录像光盘，查明被上诉人之车辆是否密集、频繁停放在系争土地上，让乘客上、下车，而以其他人车得自由经过、停留该等土地，被上诉人之车辆短暂路过不具事实上之管领力等由，遽认被上诉人未占用系争土地，驳回上诉人对于先位请求之上诉，不无可议。”

② 参见倪江表：《民法物权论》，第39页；史尚宽：《物权法论》，第479页；郑玉波（黄宗乐修订）：《民法物权》，第462页；谢在全：《民法物权论》（上），第477页；郑冠宇：《民法物权》，第743页。

《德国民法典》施行后不久,学者曾依据第 854 条第 1 项规定的文义,认为占有系对于物的事实上管领力,不以占有意思为必要,但未被普遍接受。通说认为占有的成立,除以事实上管领力(tatsächliche Sachherrschaft)为其体素(corpus)外,尚须以占有意思(Besitzwille)为其心素(animus)[①],其主要理由有二:(1)德国民法第一草案原来规定占有的成立须以占有意思为要件,其后因恐发生占有须占有人知悉其对物具有管领力始得成立的误会,而删除之。(2)取得占有而无占有意思,殆难想象。[②] 此项观点可资赞同,"民法"亦应作此解释,分三点加以说明:

(1)取得某物的占有,如架网捕捉黑面鸠、拾得遗失物、窃取他人珠宝,均具有占有意思。由第三人(如占有辅助人)取得占有,亦须基于为他人的意思。需注意的是,此种占有意思不必针对个别特定之物,仅须具有一般占有意思(Besitzwille)即为已足。占有的意思必须外部得为认知。甲悬挂信箱于门口,乃在取得投入其中的自己函件,是否知之,在所不问。邮差误投邻居乙的信件于甲的信箱,甲不因此而取得对信件的占有,乙在甲的信箱发现其信件而取走,不构成侵夺甲的占有。逃犯被警察追捕,将赃物藏在甲的信箱,甲不因此取得该赃物的占有。毒贩将毒品藏在乙的背包中,企图躲避检查,乙同样不占有该毒品。

(2)取得占有后,维持占有亦须有占有意思。占有意思体现于物的支配状态,体素为心素的表现。甲睡于公园草地,小鸟停留其身,甲因欠缺占有意思,未取得对该鸟的占有。甲闻鸟声梦醒而捕获之,放在口袋,虽继续睡觉,其占有不因此而受影响。

(3)占有的意思不是法律行为上的意思,而是一种自然的意思,故取得某物的占有或维持其占有皆不以具有行为能力为必要,只要对物有为支配的自然能力,即为已足,故无行为能力人或限制行为能力人具有此种能力时,亦得为占有人。占有的取得既非基于法律行为的意思,因而亦不发生因意思表示错误而撤销的问题。例如甲误以乙所有的钢笔为己有而

---

① 此为德国判例学说的一致见解,Schwab/Prütting, Sachenrecht, S. 22; Wieling, Sachenrecht, I. S. 134 f.; MünchKomm-Hasse §854 RdNr. 4; Soergel-Mühl §854 RdNr. 26.

② "Besitzerwerb ohne Wille ist nicht denkbar", Wieling, Sachenrecht, I. S. 134. 德国通说仍采罗马法学家 Paulus 的见解:apiscimur possessionem corpore et animo, neque per se animo aut per se corpore (Besitz erwerben wir mit dem Körper und mit dem Willen,nicht aber allein mit dem Willen oder allein mit dem Körper) (D 41. 2. 3. 4).

占有之,其后发现事实真相,甲不得对乙表示撤销占有,而不负侵夺他人占有的责任。

(三) 占有的丧失

“民法”第940条规定:“对于物有事实上管领之力者,为占有人。”系指直接占有。占有(直接占有)的丧失或终止,有非出于占有人的意思,例如遗失或被盗;有出于占有人的意思,例如出卖(或赠与)某物而移转其占有(事实上管领力)。需说明的是,占有的丧失或终止,须有放弃占有的意思及外部可认知放弃占有的行为。单纯的占有妨碍不成立占有丧失,例如甲将黄金埋藏于山间别墅,因病一时不能前往挖掘,不因此丧失其占有。关于直接占有与间接占有,详见下文。

## 二、占有的客体

(一) 物

占有的客体须为物,包括不动产与动产。对于不因物的占有而成立的财产权(如商标权、专利权或不动产役权),成立准占有(第966条)。占有之物,究为私有物或公物,均所不问,在公有土地兴建违章建筑,亦可成立占有。

(二) 不动产、动产

台湾地区现行物权法系建立在不动产与动产的区别之上,物权的种类和物权的得丧、变更,因不动产或动产而有不同(第758条、第761条)。占有则为统一的概念,适用于不动产和动产。但应注意的有三点:

1. 关于占有的成立:对动产的认定通常较不动产为严格,因为不动产不易移动或隐藏。深山的别墅,寒冬数月无人居住,其占有不因此而受影响。照相机遗忘于风景区,离开一段时间,即可认定已丧失占有,成为遗失物。

2. 关于占有的效力:如权利推定、权利移转或善意取得等,在不动产已由登记制度取代之。

3. 关于占有的保护:占有物被侵夺者,如系不动产,占有人得于侵夺后,实时排除加害人而取回之;如系动产,占有人得就地或追踪向加害人取回之(第960条第2项)。

(三) 物的成分

物的成分指物的构成部分而言,可分为重要成分与非重要成分。物的重要成分指物的各部分,因互相连合,非经毁损,或变更物的性质,不能分离时,则各该部分,均为物之重要成分,如书页之于书、墙壁之于房屋。除重要成分外,物的其他部分,均为非重要成分,如轮胎之于汽车、窗户之于房屋。

物之重要成分不得单独为所有权或其他物权的客体,但物的成分,无论其为重要成分或非重要成分,事实上得为管领者,皆可作为占有的客体。例如占有他人一笔土地的部分作为停车场,将房屋的一室出租他人,以房屋的墙壁供他人悬挂广告。至于集合物则不得为占有的客体,例如图书馆系由建筑物、图书、电脑及其他设备所组成,其占有应就各个之物为之。

## 三、占有的主体

### (一) 自然人

任何权利主体皆得为占有人,包括自然人和法人。占有因自己行为而取得者,如捕捉野兽、摘取野兰、拾得遗失物,其性质非属法律行为,不必具有行为能力,无行为能力人或限制行为能力人有事实上支配能力的,亦得为占有,前已论及。需注意的是,关于占有的继承,不以继承人具有自然的意思能力为必要,植物人、初生的婴孩或胎儿皆因继承而取得占有。

### (二) 法人

法人得为占有人,经由机关管领其物。机关为法人行使对于物的事实上管领之力,使法人为占有人。例如甲公司的董事乙,以公司名义购买轿车,自己使用,由丙驾驶时,该车的占有人为公司,司机为占有辅助人,乙系公司的机关,在占有关系上,既非占有人,亦非占有辅助人,乃所谓的机关占有。[1]

---

① "最高法院"2009年台上字第2495号判决:"按对于物有事实上管领之力者,为占有人。而法人得经由其机关管领其物,由机关为法人行使其对于物之事实上管领力,使法人为占有人。惟为法人行使其对于物之事实上管领力之'法人机关',必须是有权代表法人,且所为占有事实属其执行职务之内容,其占有始属法人之占有;倘非为法人之有权代表者,自命为法人机关,占有其物,其占有自不生法人占有之法效。又占有乃事实,并非法律行为,自无适用或类推适用代理之法理,由本人承认生效之余地。本件上诉人于其新竹商会第八届理事长任期届满后,仍以该商会理事长自居,以使新竹商会为占有之意思,支配管理新竹商会所有之系争建物等,为原判决认定之事实。果尔,依前开说明,上诉人或被上诉人丙〇〇是否有权代表新竹商会占有系争建物等,乃判断其等占有究属其个人占有或新竹商会占有之先决问题。乃原审未先厘清上诉人及丙〇〇是否有权代表新竹商会占有系争建物等,竟以不论上诉人是否合法为新竹商会第九届理事长,因被上诉人于本件诉讼中始终承认上诉人为新竹商会管领系争建物等,丙〇〇系以新竹商会之占有机关意思管领系争建物等,径为新竹商会始为系争建物等之占有人,上诉人非占有人,丙〇〇非现在占有人之论断,并据为上诉人败诉之判决,于法自有违误,难昭折服。"

## 第二项　占有概念的扩大和限缩

甲有某名贵瑞士劳力士手表，出借于乙，乙交丙钟表公司修缮，由技师丁负责处理。不久，甲遭遇车祸死亡，遗有妻戊及胎儿己。试说明该手表上的占有，并讨论民法上占有概念的形成，具有何种法律上的意义。

占有，指对于物的事实上管领力。此为占有的固有概念。然法律概念的形成，乃基于利益衡量和价值判断，赋予不同的法律效果，以满足社会生活的需要。为此，“民法”乃扩大或限缩占有的概念。分述如下：

### 一、占有概念的扩大

占有概念的扩大，指虽无事实上的管领力，仍可成立占有，其情形有二：

1. 间接占有：例如甲出借某表于乙，乙事实上支配该表，为直接占有；甲对该表虽无事实上的管领力，仍可成立占有，是为间接占有（第941条），立法目的在于使间接占有人亦受占有的保护。

2. 占有继承：占有得为继承的标的，继承人虽未事实上管领其物，仍取得占有。例如甲有珠宝存放于乙银行的保险箱，遭空难死亡，其继承人丙纵为胎儿、植物人，或居住他处，不知珠宝存放于银行之事，仍因继承而为该珠宝的占有人（第947条），立法目的在于保护继承人。若有某丁僭称继承人，取得上述珠宝，让售于戊，并为交付，戊纵为善意，丙亦得于二年内请求回复其物（第949条）。

### 二、占有概念的限缩

占有概念的限缩，指对于物虽有事实上管领力，但不成立占有，属之者，为“民法”第942条规定的占有辅助人。例如甲有某德国狼犬，雇乙看管，乙对该狼犬虽有事实上的管领力，但不取得占有，仅甲为占有人，立法目的在于保护甲（占有人），使乙（占有辅助人）不得对甲主张占有人的权利。

### 三、占有的观念化

由占有概念的扩大和限缩，可知占有人与物的关系业已观念化，并纳入法律上的因素,松弛了事实上的关联。此种占有观念化的程度,由直接占有经由占有辅助关系,间接占有,而达于继承人的占有。兹举一例加以说明,甲有某画,出借于乙,乙交由其受雇人丙保管;不久,乙死亡,由其子丁继承之,丁不知借画之事。在此情形,乙为直接占有人,与该画的事实关联最强;丙系乙的占有辅助人,虽事实上管领该画,但非占有人;甲为间接占有人,基于占有媒介关系(使用借贷)而管领该画,丁身在外地,虽不知乙借画之事,根本欠缺对该画的事实上支配力,仍因继承而取得对于该画的直接占有。

## 第三项　占有与持有

> 黑道大哥甲拥有黑心牌手枪一支,交其保镖乙保管,横行南北。(1)试说明对于该手枪的"占有"与"持有"。(2)甲被管训期间,乙擅将该枪作为己有,让售于刚出道的角头丙,并为交付时,其法律关系如何?(3)某丁盗取乙保管的手枪时,甲或乙得否向丁请求返还该枪,或请求损害赔偿?

占有为民法上的制度。持有为刑法上的概念("刑法"第335条),用以区别窃盗与侵占。二者均指对物有事实上之管领力,但持有更着重对物的实力支配。对于某物得同时成立占有与持有,例如受寄人对于寄托物为民法上的占有,亦为刑法上的持有,但因民法与刑法的规范目的不同而有差异,分四点加以说明:

1. 关于"民法"上占有与"刑法"上窃盗或侵占的适用关系,实务上有一则深具启示性的案例。"最高法院"1986年台上字第1041号刑事判决谓:上诉人甲系出租车司机,于1985年4月6日下午7时10分,载乙至台北市西藏路127号前,等候乙之友丙上车,乙因久等未见丙,乃下车查看,讵上诉人见乙留有皮包一个(内有新台币950元、日币5万元等物)在车内,意图为自己不法之所有,迅速发动马达,将车驶离。……似此情形,乙系因等候其友,未见前来,下车查看,将其皮包暂留置于车内,并非离其持有,或托请上诉人代为保管,如果无讹,则上诉人乘乙下车等候其友之际,将车驶离取得皮包,即属"刑法"第320条第1项之窃盗行为,不得谓为侵占。

在本件判例,乙等候其友,下车查看,将其皮包暂置于出租车内,就其空间、时间关系,衡诸社会观念,应认定乙仍未丧失对皮包的占有。乙既仍占有皮包,行使管领力,该皮包当不能为出租车司机甲所持有。甲意图取得该皮包,将车驶离,在"刑法"上不得谓为侵占,应构成窃盗。在民法上,甲系侵夺乙对皮包的占有,乙得行使占有人的自力救济权或占有保护请求权。

2. 占有得分为直接占有和间接占有,但持有则无此分类。甲有春秋时期的古剑,寄托于乙处,在民法,甲为间接占有人,乙为直接占有人;在刑法,乙为该剑的持有人。设甲将该剑交由其受雇人乙保管,就民法言,甲为占有人,乙为占有辅助人。就刑法言,乙为该剑持有人。乙擅将该剑作为己有让售于善意的丙时,在刑法上成立侵占,在民法上则构成"民法"第 949 条所称盗赃。

3. 在继承的情形,继承人虽未事实上管领其物,仍可取得占有,但不构成持有。例如甲有某件古董,由乙继承之,乙虽不知其事,仍为该件古董的占有人,但非持有人。

4. 在法律适用上,值得特别提出的是,"枪炮弹药刀械管制条例"规定,非经主管机关许可不得制造、贩卖、运输、持有、寄藏或陈列枪炮、刀械(参见第 6 条、第 7 条)。由此可知枪炮等系属绝对违禁物。所谓持有,系指将枪炮等置于自己实力支配之下。例如黑道角头拥有黑心手枪,交其手下保管时,因有犯意联络,构成非法共同持有。绝对违禁物,如鸦片、枪炮等虽得为持有,但不得为占有的标的物,而受占有的保护。贩卖枪炮的债权行为(买卖契约)和移转其所有权的物权行为均属无效。鸦片、枪炮被侵夺或毁损时,不得主张占有保护请求权或侵权行为损害赔偿请求权。

## 第四项　占有与本权

试就下列二例说明占有与本权的意义及关系:

1. 甲有某屋,出租于乙,交付其屋后,甲将该屋所有权让与丙。
2. 甲有某车,被乙所盗,出租于丙。

在概念上,与占有(Besitz)应该严格区别的是"得为占有的权利"(Recht zum Besitz)。此种得为占有的权利称为本权。本权得为物权(如所有权、地上权或质权),亦得为债权(如租赁权等)。"民法"第

959条规定:“善意占有人自确知其无占有本权时起,为恶意占有人。善意占有人于本权诉讼败诉时,自诉状送达之日起,视为恶意占有人。”所谓本权,指得对标的物为占有的物权或债权等而言。有本权的占有,固为占有,无本权的占有,如盗贼之管领赃物,亦属占有,亦受占有的保护。占有与本权虽为不同的概念,但法律规范上有若干关联,分三点言之:

1. 占有具有保护本权的机能:占有的背后通常有本权,占有具有表征本权的机能,保护占有具有保护本权的作用。

2. 占有可以强化本权:“民法”第425条第1项规定:“出租人于租赁物交付后,承租人占有中,纵将其所有权让与第三人,其租赁契约,对于受让人仍继续存在。”学说上称之为买卖不破租赁(所有权让与不破租赁),此须以承租人受让租赁物的占有为要件,租赁权因占有而强化,具有对抗第三人的效力。

3. 本权可以强化占有:甲无权占有乙的房屋,其后该屋复被丙侵夺时,甲不得向丙主张不当得利或侵权行为损害赔偿请求权;反之,在甲承租乙的房屋的情形,其占有因本权而强化,甲得向丙主张不当得利,或依“民法”第184条第1项前段规定请求侵权行为的损害赔偿。

## 第三款　占有的法律性质

1. 占有究为权利抑为事实?规定占有为权利或事实,其法律效果有何不同?

2. 甲盗乙所有的货车用以营业,该车复被丙所盗。在此情形,甲得否向丙请求不能使用该车的损害赔偿,是否因规定占有为权利或事实而有不同?

### 一、占有是一种事实

占有的本质为何,究为权利抑为事实,自罗马法上以来论,各国或地区立法例亦不一致。《日本民法典》明定占有为权利,称为占有权,于第180条规定:“占有权因以为自己之意思,持有该物而取得。”在德国民法上,关于占有的本质,甚为争论,学者有将占有理解为权利[①],但通说强调占有系属事实。[②]《瑞士民法典》第 919 条明定占有为对于物事实上支配。中国台湾地区判例(裁判)、学说基于“民法”第 940 条之规定,一向肯定占有系属事实,而非权利。[③] 占有虽为事实,但受法律保护,发生一定的法律效果,而为一种法律关系,得为让与或继承。

占有虽为单纯的事实,得为确认之诉之标的(参阅“民事诉讼法”第 247 条)。又需注意的是,“强制执行法”第 15 条所谓就执行标的物有足以排除强制执行之权利者,系指对于执行标的物存在所有权、典权、留置权、质权情形之一者而言。占有,依“民法”第 940 条之规定,不过对于物有事实上管领之力,自不包含在内(1955 年台上字第 271 号判例)。

## 二、占有的支配性与排他性:占有作为一种受保护的法律关系

现行“民法”规定占有为一种事实。物权的本质在于排他性及支配性。占有本身亦享有排他性,“民法”设有明文(第 960 条以下),但欠缺权益归属的支配性。但应强调的是,占有是一种法律所规定的人与物的法律关系(Bisitz als Rechtsverhältnis)[④],虽非物权或债之关系,但仍受到法律的保护,分四点言之:

1. 占有人无权处分占有物,致受让人善意取得其所有权时,占有人应依不当得利的规定返还其取得的利益于原权利人。

2. 无权占有人对占有物的使用、收益,除善意占有人外(第 952 条),负返还的义务。

3. 占有本身不是“民法”第 184 条第 1 项前段所称的权利,但得与本

---

① 德国学者将占有理解为系权利者,关于此项权利的定性意见甚为分歧,提出不同的概念,如开始的所有权(anfangendes Eigentum)、推定的权利(vermutetes Recht)、暂时的权利(provisorisches Recht)、相对的权利(relatives Recht)、权利地位(Rechtsposition),或弱于物权的权利(schwächeres Recht)等。参见 Wieling, Sachenrecht, I. S. 125 f.

② Schwab/Prütting, Sachenrecht, S.19: (Besitz als Sachhrrschaft); Westermann/Gursky, Sachenrecht S. 76: (Besitz ist die rechtliche Anerkennung der tatsächlichen Beziehung zur Sache ohne Rücksicht auf die Rechtsbeziehung zu ihr).

③ 参见郑玉波(黄宗乐修订):《民法物权》,第 457 页。立法理由谓:查民律草案物权编第七章原案谓占有应为事实,抑为权利,自来学者聚讼纷纭。各国或地区立法例亦不一致,或有以占有为法律保护行使权利之事实之关系也。此说较为妥协,本章故定其名曰占有,不曰占有权也。

④ Prütting, Sachenrecht, S. 23.

权(如租赁权)结合,而强化其支配权能,而于被侵害时,得依上述规定请求损害赔偿。

4. 单纯的占有虽得为“给付不当得利”的客体,但须与本权结合始具有权利归属内容,得主张权益侵害不当得利。

由是观之,占有不是一种权利,而为事实,纵将之规定为一种权利,基本法律关系殆无不同。甲占有乙的汽车,其因无权处分该车而生的权利义务,基本上不因将占有规定为权利或事实而有不同。无论将占有规定为权利或事实,占有被侵夺或妨害时,占有人均得行使自力救济权或占有保护请求权,参照《日本民法典》与中国台湾地区“民法”的相关规定,即可知之。

## 第三节 占有的分类

占有依其状态的不同,可为各种的分类。法律对占有规定不同的构成要件及法律效果,认识各种占有状态的区别标准及区别实益,对理解占有制度、物权关系及法之适用,甚属重要。兹举一例加以说明。甲雇乙驾驶其车,甲为该车的占有人,乙为占有辅助人(第 942 条),立法目的在于使乙不得对甲主张占有保护的权利,并不得将占有让与第三人。另外,“民法”第 961 条又明定占有辅助人得行使占有人的自力救济权,但不得行使占有保护请求权。

兹将占有分类图示如下:

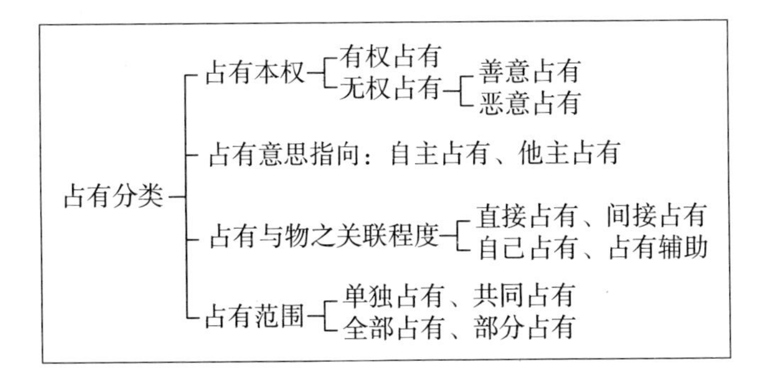

## 第一款 有权占有、无权占有

甲购买恐龙蛋后被乙窃取,让售于丙,丙明知其事,仍购买之,置诸客厅,供亲友观赏。二年后,丙死亡,由丁继承之,再经过8年,甲查知其事。试就此例说明:(1)何谓无权占有、恶意占有、有瑕疵占有。(2)甲得否向丁请求返还恐龙蛋。

### 一、有权占有与无权占有的区别标准及实益

(一) 区别标准

占有,以占有的权利的有无为标准,可分为有权占有与无权占有。所谓得为占有的权利,指基于一定法律上的原因而享有占有的权利,亦称本权。本权除物权或债权外,尚有因其他法律关系而生的权利,如父母对未成年子女的特有财产有共同管理之权(第1088条)。有本权的占有,称为有权占有,亦称正权原占有。无本权的占有,称为无权占有,如盗贼对于盗赃的占有、拾得人对于遗失物的占有、承租人于租赁关系消灭后继续占有租赁物。

(二) 区别实益

有权占有与无权占有区别的主要实益有二点:

1. 在有权占有,占有人得拒绝他人为本权的行使。

2. 在无权占有,倘遇本权之人请求返还占有物时,占有人有返还的义务(参阅第767条)。例如承租人拒绝出租人请求返还其物,但租赁关系消灭后则有返还义务。留置权的发生,其动产须非因侵权行为而占有(第928条第2项),例如窃盗他人之车者,纵支付必要费用,亦不发生留置权。

### 二、无权占有的再分类

(一) 善意占有与恶意占有

1. 区别标准与区别实益

善意占有与恶意占有系无权占有的再分类,在有权占有,无区别善意与恶意的必要。善意或恶意如何认定,尚有争论。有纯以占有人是否知其有无占有的权利为判断标准。有采较严格的标准,认为所谓善意须误

信其有占有的权利,且无怀疑而言。后者为通说,较可保护原权利人,可资赞同。准此见解,善意占有系指误信为有占有的权利且无怀疑而占有而言;反之,恶意占有,指明知无占有的权利,或对有无占有的权利有怀疑而仍为占有。

区别善意占有与恶意占有的主要实益有三点:

(1) 在不动产取得时效,通常为 20 年,占有之始为善意并无过失时,其期间则为 10 年(第 770 条)。

(2) 动产善意取得,以善意受让占有为要件(第 801 条、第 886 条、第 948 条)。

(3) 占有人对于回复请求人的权利义务,因善意占有与恶意占有而有不同(第 952 条以下)。

2. 善意占有的再分类:无过失占有与有过失占有

善意占有可再分为无过失占有与有过失占有。无过失占有,指占有人就其善意并无过失;有过失占有,指占有人就其善意具有过失。二者区别的实益在于不动产取得时效,占有之始为善意并无过失者,其期间为 10 年;否则,为 20 年(第 770 条、第 769 条)。善意占有与恶意占有在占有效力上亦有重大不同(第 952 条至第 958 条)。

### (二) 和平占有与强暴占有

占有依其手段可分为和平占有与强暴占有。和平占有,指非以强暴手段而为占有,如买受赃物;反之,则为强暴占有,如强夺他人钱包。二者区别的主要实益在于取得时效(第 768 条至第 770 条)。

### (三) 公然占有与隐秘占有

占有依其方法可分为公然占有与隐秘占有。公然占有,指不以隐藏方法,避免他人发现而为占有,如佩戴珠宝出入社交场合;反之,则为隐秘占有,如将股票藏诸银行保管箱。二者区别的实益亦在于取得时效(第 768 条至第 770 条)。

### (四) 继续占有与不继续占有

占有依其时间是否间断,可分为继续占有与不继续占有。继续占有,指继续无间断而为占有;反之,则为不继续占有。二者区别的实益亦在于取得时效(第 768 条至第 770 条)。

### (五) 无瑕疵占有与有瑕疵占有

无瑕疵占有,指善意并无过失、和平、公然、继续的占有。有瑕疵占有，指占有出于恶意、有过失、强暴、隐秘或不继续。“民法”第947条规定：“占有之继承人或受让人，得就自己之占有或将自己之占有与其前占有人之占有合并，而为主张。合并前占有人之占有而为主张者，并应承继其瑕疵。”此之所谓瑕疵，指有瑕疵占有而言。

## 三、案例解说

区别有权占有及无权占有的主要实益在于本权行使、善意取得和时效取得，兹就上述案例加以说明：

甲得否向丁请求返还恐龙蛋，应检讨的请求权基础为“民法”第767条第1项前段规定：“所有人对于无权占有或侵夺其所有物者，得请求返还之。”其要件为：甲系所有人，丁为无权占有。

甲本为恐龙蛋的所有人，乙盗卖于丙，依让与合意交付之（第761条），乙非该蛋所有人，系属无权处分，问题在于丙得否善意取得该恐龙蛋的所有权。以动产所有权之移转为目的而善意受让该动产之占有者，纵其让与人无让与之权利，受让人仍取得其所有权（第801条、第948条）。丙明知乙盗取恐龙蛋之事，非属善意，不能取得该恐龙蛋的所有权。丙死亡，丁继承之，亦不因此取得恐龙蛋的所有权。

应再检讨的是，丁是否时效取得该恐龙蛋的所有权。“民法”第768条规定：“以所有之意思，十年间和平、公然、继续占有他人之动产者，取得其所有权。”丙向乙购买恐龙蛋，具有所有的意思，受让占有系出于和平的手段，置诸客厅，供亲友观赏，为公然占有。其占有期间虽仅二年，惟丁系丙的继承人，亦以所有之意思，8年间和平、公然、继续占有，得将自己的占有与丙之占有合并而为主张（第947条），依“民法”第768条规定取得恐龙蛋的所有权。

综据上述，该恐龙蛋由丁取得所有权，甲非所有人，丁非无权占有，甲不得依“民法”第767条之规定向丁请求返还。

为便于观察，兹将本例题的请求权思考方式，简列如下：

一、甲得向丁主张的请求权基础:第767条第1项前段?
　(一)甲为恐龙蛋的所有人?
　　1. 甲原为所有人
　　2. 乙窃盗恐龙蛋让售于丙
　　　(1)乙系无权处分(第118条)
　　　(2)丙非善意,不能取得恐龙蛋的所有权(第801条、第948条)
　　3. 丁时效取得该恐龙蛋的所有权
　　　(1)不能继承其所有权
　　　(2)时效取得
　　　　①丙之占有:以所有之意思,和平、公然、继续占有2年
　　　　②丁之占有:以所有之意思,和平、公然、继续占有8年
　　　　③占有的合并(第947条第1项)
　　　　④丁时效取得恐龙蛋的所有权(第768条)
　　4. 甲丧失恐龙蛋的所有权
　(二)丁非无权占有
二、甲不得向丁依"民法"第767条第1项前段规定请求返还恐龙蛋

## 第二款　自主占有、他主占有

甲移民后,将房屋出租于乙,为期1年。其间甲回来处理事务,向乙租用该屋的一个房间,为期1个月。甲1个月后离开时将保险箱寄放乙处,该保险箱内有一把春秋时期的古剑。试就此例说明:(1)甲、乙对房屋与房间、保险箱与古剑的占有状态。(2)设乙擅自开箱取剑,作为己有,设定质权于丙时的占有状态。

### 一、区别标准

占有,以占有人是否具有所有的意思为标准,可分为自主占有与他主占有:

1. 自主占有:指以所有的意思而为占有。所谓以所有的意思而为占有,仅以具有所有的意思为已足,是否为真正所有人,误信为所有人,甚至明知非所有人,均所不问,从而窃盗对于盗赃的占有、侵占人对侵占物的占有亦属自主占有。

2. 他主占有:指非以所有的意思而占有,凡基于占有媒介关系而占有他人之物的,如承租人、受寄人、借用人、地上权人、质权人、留置权人等,均为他主占有人。

值得特别提出的是,附条件买卖(保留所有权)买受人对标的物的占有。附条件买卖,指买受人先占有动产之标的物,约定至支付一部或全部价金,或完成特定条件时,始取得标的物所有权之交易("动产担保交易法"第 26 条)。例如,甲向乙购买某车,价金 72 万元,约定甲先占有该车,价金分期付款,于全部支付时,甲始取得该车所有权。在此交易,买卖契约系有效成立,物权行为则附停止条件。关于买受人占有标的物的状态,德国实务上认为在出卖人与买受人间成立占有媒介关系,以买受人为直接占有、他主占有、出卖人为间接占有、自主占有。学说上多认为保留所有权买卖并不成立占有媒介关系,应以买受人为直接占有人,且为自主占有。[①] 判例(裁判)、学说迄未论及此项问题,比较言之,似以后说较为可采。[②]

对于某物的占有,究为自主占有或他主占有,取决于占有人的意思,所有人自住其屋、盗贼占有盗赃,皆为自主占有。遗失物的拾得人为他主占有。无权占有他人土地兴建房屋,得为自主占有,亦得为他主占有(例如,以行使地上权的意思而为占有),应依表现于外部的意思认定之。自主占有的意思,系属支配其物的自然的意思,无行为能力人亦得有之,故孩童或受监护宣告之人亦得因物之先占或交付而取得自主占有。为避免举证责任的困难,"民法"设有自主占有的推定(第 944 条)。

## 二、区别实益

自主占有与他主占有的主要区别实益在于时效取得所有权(第 768 条至第 770 条),或先占(第 802 条),均须以自主占有为要件。占有人的赔偿责任,亦因自主占有或他主占有而有不同(第 956 条)。需注意的是,关于占有的保护,不因自主占有或他主占有而异,"民法"第 960 条及第 962 条规定对自主占有与他主占有,均有适用余地。

---

① Raiser, Dingliche Anwartschaften (1961), S. 71.

② 参见王泽鉴:《附条件买卖中买受人之期待权》,载《民法学说与判例研究》(第七册),北京大学出版社 2009 年版,第 177—263 页。

关于自主占有与他主占有的认定标准及区别实益,试就上述例题加以说明:

1. 关于房屋与房间的占有:甲有某屋,出租于乙,甲再向乙承租该屋的一个房间。就房屋言,乙为直接占有、他主占有;甲为间接占有,自主占有。就房间言,甲为直接占有、他主占有;乙为间接占有、他主占有。在此情形,甲为房屋自主占有人,同时为房间他主占有人。甲返还其承租的房间后,该房屋全部由乙直接占有、他主占有。

2. 关于保险箱与古剑的占有:甲将保险箱交乙保管,成立寄托关系,乙为直接占有、他主占有;甲为间接占有、自主占有。关于保险箱内古剑的占有,如何认定,不无疑问,依社会交易观念,似应认为甲仍为占有人,乙未占有该剑。乙见甲久未归来,擅自破坏保险箱取出古剑占为己有,出质于丙,由丙取得直接占有、他主占有,乙则取得间接占有、自主占有,均为无权占有。

## 第三款　直接占有、间接占有

1. 甲有A屋,出租于乙,乙转租于丙,甲向丙承租该屋之B室,作为办公处所。试说明甲、乙、丙对A屋及B室的占有关系。设甲与丙间的租赁契约不成立、无效或被撤销时,占有关系是否因此而受影响?

2. 甲有某车出借于乙,乙转借于丙。设丁侵夺丙的占有时,甲得对丁主张何种权利?

### 一、直接占有与间接占有的意义

"民法"第941条规定:"地上权人、农育权人、典权人、质权人、承租人、受寄人,或基于其他类似之法律关系,对于他人之物为占有者,该他人为间接占有人。"此为"民法"关于直接占有与间接占有的规定。此项分类在理论上甚值研究,在实务上颇为重要。

直接占有,指直接对于物有事实上的管领力。间接占有,指自己不直接占有其物,惟本于一定的法律关系对于直接占有其物之人,有返还请求权,因而对于物有间接管领力。例如,甲出租某屋给乙,乙(承租人)为直接占有人,甲(出租人)为间接占有人。

在罗马法上,交易观念认为对于租赁物行使管领力的,不是承租人,而为出租人,故将 Possessio 归于出租人,由其享有占有利益。反之,在日耳曼法上,对物为占有的(Gewere),仅系承租人。德国继受罗马法时,此二种法律见解发生冲突,为期调和,德国民法乃将日耳曼法上出租人的地位规定为间接占有(《德国民法典》第 868 条),现行"民法"继受之。间接占有人对于物并无事实上管领力,法律所以扩大占有概念,将之包括在内,主要功能有二:

1. 为使"民法"关于占有的规定原则上亦得适用于间接占有,尤其是取得时效和占有保护请求权。

2. 为使动产的交付(尤其是所有权的移转),得依占有改定为之(第 761 条第 2 项),便利物的交易。例如,甲委任乙以自己的名义向丙购买某书,并约定乙自丙受让该书之际,其所有权移转于甲,乙则借用该书 1 个月。在此情形,甲因占有改定而取得该书所有权,就该书的占有言,乙为直接占有人,甲为间接占有人。

## 二、间接占有的要件

"民法"第 941 条规定的间接占有,其构成要件有三:占有媒介关系、他主占有的意思、返还请求权。

分述如下:

### (一) 占有媒介关系

1. 占有媒介关系的意义

间接占有的成立,须基于一定的法律关系对于他人之物为占有,此种一定的法律关系,学说上称为占有媒介关系(Besitzmittlungsverhältnis),"民法"第 941 条以地上权、农育权、典权、质权、租赁、寄托加以例示。直接占有人又称为占有媒介人(Besitzmittler)。所谓其他类似关系,可分三类:

(1)契约:如承揽、委任、附条件买卖(保留所有权)、运送、信托,须为具体的法律关系,不限于"民法"规定的类型,无名契约亦属之,如借名登记。

(2)基于法律规定:如法定代理人管理未成年子女的特有财产(第 1088 条)。基于无因管理而为占有,亦属之。

(3)基于公权力行为:检察官或司法警察等依"刑事诉讼法"第 133

条以下规定为物之扣押。

2. 间接占有不因占有媒介关系不生效力而受影响

间接占有的成立,不以占有媒介关系有效为要件,占有媒介关系纵不生效力,其间接占有并不因此而受影响。例如,甲出租某屋给乙,租赁契约不成立或无效时,纵当事人明知其事,只要直接占有人(承租人)有为他人(出租人)占有的意思,仍可成立间接占有。

(二) 他主占有的意思

在占有媒介关系上,直接占有其物者须有为他人占有的意思(Fremdbesitzwille)。直接占有人对于物为占有,须来自他人(间接占有人),并于该占有媒介关系消灭后,负返还占有物的义务,此为间接占有被肯定为占有的理由。直接占有人一旦改变他主占有的意思,而变为自主占有时(参阅第945条),间接占有即归消灭。

(三) 间接占有人的返还请求权

间接占有系以间接占有人得对直接占有人请求返还占有物为要件。此项占有物返还请求权,不限于基于占有媒介关系所生的请求权(如租赁物返还请求权),所有物返还请求权或不当得利请求权亦包括在内。例如,甲向乙借用某车,不知使用借贷契约无效而为占有,乙对甲享有所有物返还请求权,仍可成立间接占有。

## 三、多阶层的间接占有

间接占有不以对于物有事实管领力为必要,系因一定法律关系而成立,故可发生多层次的间接占有,学说上称为占有阶层或占有建物(Besitzgebäude)。[1] 兹举二例加以说明:

1. 甲出租某车于乙,乙将该车转租于丙时,丙为该车的直接占有人(他主占有),乙为第一阶层的间接占有人(他主占有),甲为第二阶层的间接占有人(自主占有),至于直接占有人丙是否知悉较高阶层间接占有的存在,在所不问。[2]

---

① Heck, Sachenrecht, S.31; Baur/Stürner, Sachenrecht, S. 60.

② 参照"最高法院"1985年台上字第2716号判决:"原审并未否定上诉人曾向益○公司购买机器设备出租于被上诉人之事。倘该机器设备,可认为属于上诉人所有,而杨○企业公司现之占有,又系由于被上诉人转租之故,是被上诉人对于该机器设备,既难谓非为间接占有人,则上诉人本于所有人地位而为之返还请求,当不生不能给付之问题。"

2. 甲有某屋,出租于乙,甲向乙借用该屋之一室时,就该屋之一室言,甲为直接占有人(他主占有),乙为第一阶层的间接占有人、他主占有人;就整个房屋言,甲则为第二阶层的间接占有人、自主占有人。

需注意的是,在此种多阶层的间接占有,要推定最高阶层的间接占有人系基于所有的意思的自主占有(第 944 条)。例如,甲出租某地给乙,乙转租给丙,丙借丁使用时,甲为最高阶层的间接占有人,推定其为自主占有。①

多阶层的占有有助于了解占有的观念及占有的保护,例如,甲有 A 屋出租于乙,乙转租于丙,被丁无权侵夺,丁雇戊看管该屋。兹将其占有种类及法律关系图示如下(请先自行研究):

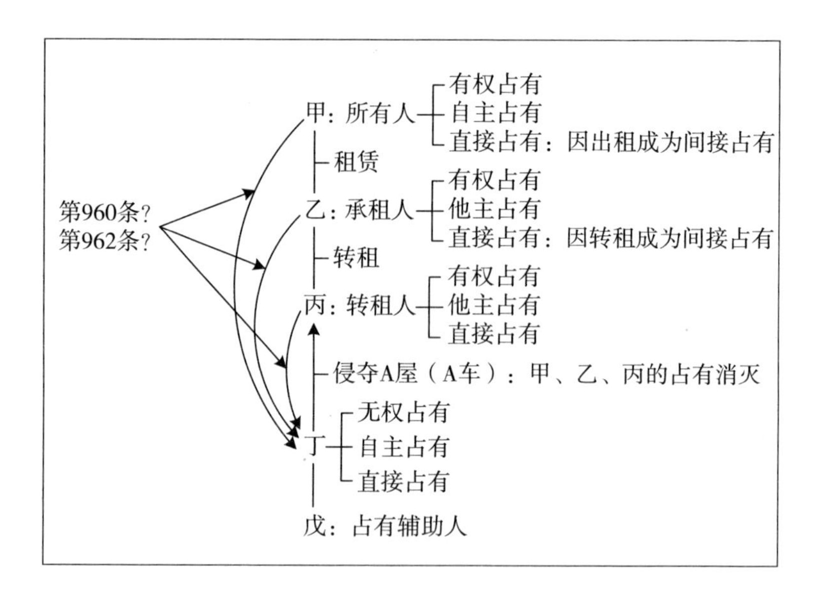


**四、间接占有人的法律地位**

“民法”规定间接占有的主要目的,在于使其原则上得适用占有的规定,兹分二项加以说明:

---

① 此种多阶层的占有关系,可再举一例,以供参考:甲出租某屋给乙,乙转租于丙,甲向丙借用该屋车库。请读者自行研究甲、乙、丙各阶层的占有状态(直接占有、间接占有,自主占有、他主占有)。

（一）间接占有与时效取得

“民法”第768条至第772条规定时效取得，系以占有他人之物为基本要件。所谓占有，除直接占有外，亦包括间接占有在内。关于此点，“最高法院”1982年台上字第559号判决谓：“按对于物有事实上管领之力者，为占有人。又质权人、承租人、受寄人或基于其他类似之法律关系，对于他人之物为占有者，该他人为间接占有人，为‘民法’第940条、第941条所明定。依此规定，直接占有固系占有，而间接占有亦属占有，其占有人以在他人土地上有建筑物或其他工作物或竹木为目的而使用其土地，合于‘民法’第769条或第770条规定之要件，依同法第772条规定，均得依时效取得地上权，并得依‘土地登记规则’第113条规定，请求为地上权取得登记。至地上权取得时效之中断，依‘民法’第772条、第771条前段规定，系指占有人自行中止占有，或变为不以取得地上权之意思而占有或其占有为他人侵夺者而言，若将占有之土地出租他人，依‘民法’第941条规定为间接占有而非时效之中断。本件原告主张……购置台北市和平东路2段××巷××弄××号房屋及其基地，该房屋有附建围墙，墙内使用案外人陈○○所有坐落……土地0.0006公顷，虽嗣后将房屋出租他人而将户籍迁出他处，惟房屋所有权迄仍为其所有等情，提出……房捐及房屋税缴纳通知书、邻居证明书、户籍誊本等为证，因系争占有地在围墙之内，与原告所有房地并同租于他人，该系争占有地自不能谓非仍为其所管理收益之中，依‘民法’第941条规定，原告即属间接占有人。至户籍誊本固可为本件证明占有事实方法之一，然非唯一之方法，其他如纳税收据，所有权状，房屋租赁契约等，未始不可证明其有间接占有及占有未中断之事实。台北市古亭地政事务所以原告……将户籍迁出，遽指为‘占有间断’，尚嫌率断，而诉愿决定谓地上权之登记，并无间接占有之规定，未免对于‘民法’有关占有之规定有所误会。”

本件判决阐释占有的若干基本问题具有启示性，可供参照。

（二）间接占有人的占有保护

间接占有人的保护，系实务上的重要问题，俟于讨论占有保护时再行详论。

## 第四款　自己占有、占有辅助

甲有A、B二画，被乙所盗，乙将A画出租于丙，将B画交其受雇人丁保管。(1)试说明乙、丙间,乙、丁间的占有关系,有何不同,为何不同。(2)甲得否向丙诉请返还A画,向丁诉请返还B画?(3)丁拒不交还该画于乙时,乙得主张何种权利?(4)设戊侵夺A画或B画时,乙、丙、丁得主张何种权利?

## 一、自己占有与占有辅助的区别标准与实益

### (一) 自己占有的意义

"民法"第942条规定:"受雇人、学徒、家属或基于其他类似之关系,受他人之指示,而对于物有管领之力者,仅该他人为占有人。"此项规定旨在区别自己占有与占有辅助。"家属",系"民法"物权编于2010年2月修正时所增列,因日常生活中亦常因家属关系,受他人指示而为占有之辅助,例如父外出旅行,指示其子管领其车。关于家属,应特别注意的有三:

1. 同住的子女:抗告人虽为债务人之女,并与之住于同一屋内,但其本人如确已结婚成家独立生活,而无从自内部关系证明其使用被执行之房屋系受债务人之指示时,尚难谓该再抗告人为债务人之辅助占有人(1976年台抗字第163号判例)。

2. 共同生活的配偶:

(1)系争房屋系由余〇衡一人向罗〇娥承租经营牛肉面店,其妻胡〇珠亦居住其内,为原审确定之事实。则胡〇珠是否基于配偶共同生活关系,随同余〇衡居住于系争房屋内,而为占有辅助人,自有详加研求之必要(2012年台上字第563号)。

(2)应提出的是,夫妻互负同居义务(第1001条),应认为就共同居住的房屋(婚姻住宅,Ehewohnung)成立共同占有,不论该屋究属何人所有。夫妻其中一方更换房屋门锁不让他方进入,应认系侵夺他方占有(第962条)。[1]

3. 家属认定基准:称家者,谓以永久共同生活为目的而同居之亲属团体;同家之人,除家长外,均为家属,复为"民法"第1122条、第1123条第2项所明定。是以家之构成员(包括家长与家属),须以永久经营实质

---

① Baur/Stünur, Sachenrecht, S. 86; Wellenhofer, Sachenrecht, S. 61; 参见魏大喨:《高龄生存配偶就婚姻住宅法定居住权研议》,载《政大法学评论》2021年第165期。

之共同生活为目的而同居。查林○源与林杨○雯……迁居汀州路房屋,系争房屋留予林○锦、林○佑居住,其二人依序为1977年、1978年间出生,为原审认定之事实。倘属无讹,林○源已多年未居住系争房屋,且与林○锦、林○佑有相当时间分居两处,未于系争房屋同居经营共同生活,况林○锦等二人于上诉人受移转登记时,均早已成年,林○佑又似已结婚,有户籍誊本可参,另依原审卷附台北地方法院2010年婚字第413号林○源诉请林杨○雯离婚判决,其事实及理由记载:林○源于婚姻关系存续期间将林杨○雯逐出家门而造成分居之事实,似谓其二人并无同居且已交恶,果尔,林○源与被上诉人间是否具有家长、家属关系?其如何指示被上诉人为系争房屋之占有辅助人?自有进一步详加研求之必要(2018年台上字第807号)。

### (二) 自己占有与占有辅助的区别

#### 1. 区别标准

自己占有,指占有人自己对物为事实上的管领。占有辅助,指基于特定的从属关系,受他人之指示,而对于物为事实上的管领。例如,甲雇乙驾车时,甲为占有人,乙为占有辅助人。占有辅助人此项概念系德文Besitzdiener的翻译,为德国法学家Bekker所创设。[①] 自己占有人在德国法上称为Besitzherr,在中国台湾地区学说上称为占有主人(或占有主)。值得注意的是,学说上认为占有辅助人系占有人的占有机关。应与之严予分辨的是,法人经由其机关(董事)而为占有。例如,甲公司的董事乙以公司的名义购买一辆汽车,为自己所用,由丙驾驶时,公司为自己占有人,其占有由董事(机关)行使之,丙系受乙之指示而管领该车,为占有辅助人。

#### 2. 区别实益

区别自己占有与占有辅助的实益,在于占有辅助人虽事实上管领某物,但不因此而取得占有,系以他人为占有人。占有辅助人既非占有人,自不享有或负担基于占有而生的权利义务。例如,某公司的收款员掉落支票,该支票的遗失人系公司(占有主人),而非收款员(占有辅助人),得声请公示催告的,是该公司,而非收款员。

---

① Bekker, Der Besitz beweglicher Sachen, JherJB34 (1895), 1(42).

### (三) 占有辅助制度的重要性

占有辅助制度,自古有之,但在现代分工的工商业社会,更具重要性,劳工对于使用的工具、店员对于专柜商品、证券公司交易员对其保管的股票、银行经理对其经手的金钱、电脑操作员对其办公桌等,皆处于占有辅助关系。在现代工商社会,大多数人系基于雇佣关系而管领他人之物,殆皆为占有辅助人。

### (四) 占有辅助与代理

在台湾地区“民法”上,代理仅适用于法律行为(第 103 条),不适用于占有。占有辅助具有代理的功能,例如,甲雇乙捕鱼,捕鱼系事实行为,不能代理,但得成立占有辅助关系,对乙捕获之鱼由甲取得对鱼的占有。

需注意的是,同一人得兼具占有辅助人与代理人的地位。例如,甲嘱其受雇人乙,以甲名义,向丙购买移动电话,并受领其物。在此情形,乙系甲的代理人,与丙订立买卖契约,并作成移转移动电话所有权的让与合意,至于移动电话的交付,则依占有辅助关系完成之,于乙受领移动电话,而有事实上管领力时,即由甲取得其占有,发生动产所有权移转的法律效果(第 761 条)。

## 二、占有辅助的要件

占有辅助关系的成立,以受他人指示而对于物有管领力为要件。所谓受他人指示,系指命令与服从的社会从属关系,雇佣关系最称典型,“民法”第 942 条特以受雇人、学徒、家属作为占有辅助人的例示。所谓其他类似关系,凡受他人指示,居于社会的从属支配关系,皆属之,究基于私法或公法、契约或法律、时间长短、外部可否认识,皆所不问,委任关系则不包括在内。兹举例说明如下:

1. 受雇人:受雇人基于雇佣契约,而管领雇用人之物,为占有辅助人。雇佣契约纵使不生效力(如受雇人为未成年人,未得法定代理人同意),其占有辅助关系不因此而受影响。

2. 试车:甲向乙车商购车,先单独试驾该车二小时,在此情形,不成立指示从属关系,甲非占有辅助人,应认成立占有媒介关系,甲为直接占有,乙为间接占有。

3. 父母管理未成年子女的特有财产:父母管理未成年子女的特有财

产(如继承的珠宝),成立直接占有与间接占有关系。父母将该特有财产交由未成年子女保管时,则成立占有辅助关系。

4. 父母与子女同住一屋:已结婚成家独立生活的子女与父母同住于一屋,倘无从证明使用该屋系受其父之指示时,不成立占有辅助关系。"最高法院"1976年台抗字第163号判例谓:"所谓辅助占有人,重在其对物之管领,系受他人之指示,至是否受他人之指示,仍应自其内部关系观之,所谓内部关系,即'民法'第942条所指受雇人、学徒或其他类似关系。再抗告人虽为债务人之女,并与之住于同一屋内,但其本人如确已结婚成家独立生活,而无从自内部关系证明其使用被执行之房屋系受债务人之指示时,尚难谓该再抗告人为债务人之占有辅助人。"

甲无权占有戊之土地兴建违章建筑一栋,与其妻乙及未成年之子丙、丁共居于该违章建筑,嗣戊以所有权人诉请拆除房屋并交还土地,关于拆屋部分应以具有拆除权能之房屋所有权人甲为被告,至还地部分则仍应以甲为被告,将乙、丙、丁列为被告,并无必要。因渠等居于甲所建房屋,并非独立生活,应该认为系甲的占有辅助人,而非占有人。

5. 公法关系:警察管领警车、军人管领武器,虽基于公法,仍可成立占有辅助关系。

## 三、占有辅助的法律效果

### (一) 占有的取得与丧失

1. 因占有辅助人而取得占有

占有辅助人在其从属关系的范畴内,取得对于某物之事实管领力时,即由其占有主人取得占有。例如,钟表店师傅接受顾客交修的手表时,即由店主取得其占有;餐厅的清洁工打扫时拾得掉落座位下的碎钻耳环,应认为由餐厅主人取得其占有,而为遗失物拾得人。[①] 占有主人享有占有所生的权利,负担因占有而生的义务。

值得提出的是,"最高法院"1975年台抗字第220号判决谓:"直接占有,依代理人或占有辅助人之行为而取得者,该代理人或占有辅助人固不

---

① BGHZ 8, 130. 在本件判决,某戏院的带位员发现甚具价值的钻石戒指,交其雇主。失主未认领时,由谁取得该遗失物所有权发生争论。德国联邦法院认为带位员依契约负有在戏院清查遗失物的义务,其发现戒指并非为其自己,而是为其雇主取得占有。

成立另一占有关系,但代理人等之占有,非为本人或主人之意思而为占有时,要不因其与本人或主人间有代理关系或雇佣等关系之存在,而使该本人或主人当然取得直接占有人之地位。”对此判决,应说明的有二点:

(1)直接占有固得由占有辅助人之行为而取得,但直接占有得否依代理人之行为而取得,尚有疑问。代理仅适用于法律行为,不适用于占有,前已论及。

(2)占有辅助人须有为主人的意思,但占有辅助人系在其受指示的范畴内而为物的管领时(如家中帮佣之人,公司人员的收发包裹),此项意思不必特别表示。

2. 因占有辅助人而丧失占有

占有辅助关系终了时,占有主人自己未取得对于该物事实上之管领力时,即丧失其占有,如雇主解雇司机而未使其交还汽车。受雇人侵占其管领之物(如店员擅取专柜内衣服回家使用),纵其雇佣契约尚继续存在,雇主的占有仍归消灭。餐厅清扫工发现座椅下的钻石耳环,未交给餐厅主人,擅行让售交付于他人时,餐厅主人的占有亦告丧失。占有辅助人掉落其管领的汉代古币时,对占有主人而言,因丧失占有而使该古币成为遗失物。

(二) 占有主人与占有辅助人间的关系

1. 占有辅助人对占有主人不得主张占有的保护

占有辅助人对于物虽为事实上的管领,但未取得占有,法律上仍以其主人为占有人,占有主人纵使强行取回其物,占有辅助人亦无主张自力救济或占有保护请求权的余地(第960条、第962条),此为法律创设占有辅助制度的主要规范功能。

2. 占有主人对占有辅助人的请求权基础

占有辅助人拒绝交还其所管领之物时,占有主人仅得主张雇佣契约上的请求权或所有物返还请求权,而不得主张占有的保护请求权,或因占有被侵害的侵权行为损害赔偿请求权。

(三) 与第三人的关系

1. 占有辅助人的自力救济权

占有辅助人得行使“民法”第960条所定占有人的权利(第961条)。占有辅助人行使自力救济时,应服从占有主人的指示。

2. 对占有辅助人不得主张占有保护请求权

占有辅助人管领某物,但非为物之占有人,故不生无权占有的问题。

占有主人侵夺他人之物,例如,甲盗取乙的工程设计图交其职员丙保管,乙对占有辅助人丙不得主张所有物返还请求权或占有保护请求权,仅能向占有人甲主张之。需注意的是,在无权占有的情形,请求权人于取得迁让房屋的执行名义,声请执行迁屋时,得对占有辅助人一并强制其迁让。

## 第五款　单独占有、共同占有

1. 试就下列情形说明当事人间的占有关系:(1)甲、乙共有某二层楼的房屋,约定分住一层,得共同使用庭院。(2)甲有银行存折及信托资金凭证,寄存在乙银行保险箱,由甲及乙银行保管不同钥匙,无法单独开箱。

2. 甲、乙共同购买某别墅。甲占有该别墅,不让乙使用时,乙得向甲主张何种权利?甲在夏天使用别墅,主张乙应于冬天居住时,其法律关系有何不同,理由何在?

3. 试就下列情形说明当事人间的占有关系及其得主张的权利:(1)甲男与乙女同居,共租一屋。二人失和,甲带女友丙住进该屋。(2)甲居住其妻乙所有的房屋。二人失和,甲带女友丙住进该屋,或乙带男友住进该屋。

### 一、单独占有

单独占有,指一人对于物所为的占有,易言之,即占有人排除他人对物的支配而为占有,如单独所有人或承租人对于房屋的占有、独行盗对于盗赃的占有。需注意的是,部分占有(对物的一部为占有)亦属单独占有,如承租某笔土地的部分作为停车场、承租某屋的墙壁悬挂广告招牌。部分占有人亦得将其占有移转于他人,例如甲承租乙所有房屋的一层,而将该层的一室转租于丙,成立另一个部分占有。部分占有人彼此间得互相主张占有的保护,不受限制。

### 二、共同占有

“民法”第965条规定:“数人共同占有一物时,各占有人就其占有物使用之范围,不得互相请求占有之保护。”又第963条之1规定:“数人共同占有一物时，各占有人得就占有物之全部，行使第九百六十条或第九百六十二条之权利。依前项规定，取回或返还之占有物，仍为占有人全体占有。”分三点综合加以说明：

### （一）共同占有的意义

共同占有，指数人共同占有一物，如数人共借某车环岛旅行、数人共租某屋居住。甲有某公寓，自住A室，将B室出租于乙，C室借丙使用时，甲、乙、丙各为部分占有（单独占有），但对共享的客厅、浴室、厕所或厨房则成立共同占有。

需注意的是，共有人对于共有物非当然为共同占有人。甲、乙共有某二层楼的房屋，订立契约，每人分管一层时，各成立单独占有。倘约定各得使用为楼房全部时，则属共同占有。共有人中之一人受全体委托而保管共有物时，成立单独占有。

在合伙的情形，如何认定其占有关系，尚有争论，原则上应以事实管领其物的合伙人为直接占有人。其他合伙人为间接占有人，其为数人时，得成立共同占有。

### （二）共同占有的种类

共同占有可分为通常共同占有与公同共同占有，分述如下：

1. 通常共同占有

通常共同占有（单纯共同占有、分别共同占有），指各共同占有人于不妨害他共同占有人时，各得单独管领其物。例如，配偶的一方居住于他方的房屋时，应认为成立通常共同占有。数人共租某屋，各得使用庭院、浴室、厕房或客厅，亦属之。

2. 公同共同占有

公同共同占有简称公同占有，指全体共同占有人，对于占有物仅有一个管领力而为占有，例如，甲、乙二人将有价证券寄存银行保险箱，约定其返还应对二人共同为之（公同共同的自主占有、间接占有）。客户及银行对于保险箱，各有不同的钥匙，须一起使用始能开箱时，就保险箱言，成立公同共同占有，但就保险箱内的物品，应认为由客户单独占有。

### （三）共同占有的法律关系

1. 共同占有人间的内部关系

(1) 占有保护请求权

“民法”第965条之规范目的在于各占有人就其占有物使用范围，不得互相请求占有保护。例如,甲、乙共有某地,设有小型高尔夫练习场,甲认为乙的使用期间超过约定范围时,甲不得对乙主张己力防御或请求占有物的返还,因为占有的使用范围与本权有关,应依本权决定,提起本权之诉。至于在完全剥夺他公同共有人占有的情形,例如在上举之例,乙占用整个球场,根本不让甲使用时,甲得主张占有的保护(第962条),其取回或返还的球场,仍为占有人全体占有(第963条之1)。

兹再举一例加以说明。甲、乙、丙同租一屋,共享浴室。若甲加装新钥,根本不让乙或丙使用时,此为剥夺共同占有人的占有,乙或丙得主张占有的保护(第960条、第962条、第963条之1)。若甲主张其使用浴室之日为某日,不让乙或丙进入,乙或丙对此有所争执时,则属使用范围问题,不得请求占有的保护。最后需再强调的是,"民法"第965条规定对通常共同占有与公同共同占有,皆有适用余地。

(2)侵权行为损害赔偿请求权

"民法"第965条规定所排除的是占有保护请求权,其他请求权,尤其侵权行为损害赔偿请求权或不当得利请求权不受影响。

2. 共同占有的对外关系

在对外关系,各共同占有人得单独请求占有的保护。占有被侵夺时,仅得请求返还占有物于全部共同占有人。共同占有人得将其占有的地位(共同占有)让与他人。须移转单独占有时,各共同占有人应协力为之。例如,甲、乙共有某车,出售于丙时,甲、乙应协力使丙取得单独占有(第348条、第761条)。在甲将其应有部分出售于丙时,除让与合意外,甲应使丙取得共同占有,如交付汽车的钥匙。

## 第六款　完全占有、部分占有

完全占有(Vollbesitz)指对物之全部为占有(如占有某屋)。部分占有(Teilbesitz)指占有物(尤其是建筑物)之某部分(如旅馆的一个房间),或某物之重要成分(如租用大厦某外墙悬挂广告)。部分占有的典型案例,系甲将其屋的一个房间出租于乙,在此情形,承租人(乙)为该房间的直接占有人,出租人(甲)为该房间的间接占有人,出租人(甲)就其他房间则为直接占有人。

《德国民法典》第865条对部分占有设有明文,明定其适用占有保护规定(《德国民法典》第858条至第864条)。在中国台湾地区"民法",关于部分占有当然亦有“民法”第960条及第962条的适用。

## 第七款 占有状态的特殊问题

1. 甲在信箱看到丙女寄给其夫乙的信件，拆开阅读，知其有超友谊关系，乃将该信交付律师丁保存，作为提起离婚诉讼的证物。试说明该信件上的占有关系。

2. 甲有狼犬，出租于乙，乙交其佣人丙看管，丙管束疏误，致该狼犬咬伤丁。试问丁得向何人请求损害赔偿。

3. 某甲诉请乙交屋还地，于诉讼系属中，乙将该房地出租于丙，但甲未追加丙为当事人。其后，甲获得胜诉判决确定，并以该判决为执行名义，声请强制执行。试问该执行名义，对于丙是否得执行？

### 一、配偶间的占有关系

#### （一）关于婚姻同居房屋的占有关系

关于夫妻同居的房屋，不论该屋的所有权属于何人，或采取何种财产制，其占有关系应依实际情况定之。准此以言，对于婚姻同居的房屋及屋内共同使用的家具应成立共同占有。该屋系由配偶一方承租时，亦同。同居的房屋或屋内家具为配偶一方所有时，他方配偶的共同占有亦同时成立占有媒介关系。

#### （二）配偶一方管领他方配偶的信件

甲女与乙男结婚后感情破裂，甲查知乙与丙女有婚姻外关系。某日甲在信箱内发现丙寄给乙的信件，私拆该信后，即交付律师丁，拟作为诉请离婚的证据。在此情形，甲受领其夫乙的信件，通常系属于占有辅助人的地位而为管领。甲私拆该信，交付律师丁保存时，甲之占有辅助地位消灭，自主占有该信，而与丁成立占有媒介关系，丁为直接占有人，甲为间接占有人。乙得依“民法”第767条（或第962条）规定向甲或丁请求返还该信（参阅案例1）。

### 二、“民法”第190条规定的动物占有人

“民法”第190条规定：“动物加损害于他人者，由其占有人负损害赔

偿责任。但依动物之种类及性质已为相当注意之管束,或纵为相当注意之管束而仍不免发生损害者,不在此限。动物系由第三人或他动物之挑动,致加损害于他人者,其占有人对于该第三人或该他动物之占有人,有求偿权。”本条所谓动物占有人,究系指何而言,学说上有三种见解:一是专指直接占有人。[①] 二是指直接占有人和占有辅助人,不包括间接占有人。[②] 三是指直接占有人、间接占有人和占有辅助人。

为澄清此项争论,在法学方法论上,首先必须说明的是,侵权行为法的规定,应依其本身规范目的加以解释。“民法”第188条第1项前段规定:“受雇人因执行职务,不法侵害他人之权利者,由雇用人与行为人连带负损害赔偿责任。”通说认为此之所谓受雇人非指雇佣契约的受雇人,应依本条规范目的,认为凡客观上被他人使用,而受其监督者,均属受雇人,报酬的有无、劳务的种类、期间的长短、从事劳务基础的契约是否有效,均所不问。关于“民法”第190条所称的占有人[③],亦不应依物权编的规定而认定,因其所涉及的,不是物之占有关系,而是对第三人的损害赔偿,应以对于动物有事实上管领能力为判断标准。准此以言,所谓占有人,除直接占有人外,应包括占有辅助人,因其对于动物有事实上的管领力,不能不负其责(参阅案例3)。

## 第八款　占有状态的推定

“民法”第770条规定:“以所有之意思,十年间和平、公然、继续占有他人未登记之不动产,而其占有之始为善意并无过失者,得请求登记为所有人。”若当事人对“所有之意思”“十年间”“和平”“继续”占有,而其占有之时为“善意”,并无“过失”,发生争论,难以认定时,法院应如何判决?

占有状态各有不同,效力互异,依证据法的一般原则,凡主张某种事实存在者,负举证责任。惟占有事实的举证,诚属不易,若使占有人就占有各种事实的存在,皆须举证,则法律认许占有得脱离本权,而受独立保

---

① 参见戴修瓒:《民法债编总论》,第199页。

② 此为多数学者的见解,参见胡长清:《中国民法债篇总论》,第176页;王伯琦:《民法债篇总论》,第97页;郑玉波:《民法债编总论》,第213页。

③ 参见陈汝吟:《民法动物占有人侵权责任之比较研究》,载《台湾大学法学论丛》2018年第47卷第4期。

护,以维护社会秩序平和之目的,殆难实现。“民法”第944条乃规定:“占有人推定其为以所有之意思,善意、和平、公然及无过失占有。经证明前后两时为占有者,推定前后两时之间,继续占有。”立法理由谓:“查民律草案第1276条理由谓占有人以所有之意思,善意、和平,且公然占有者为常例,法律之推定取常例而不取变例,故设本条第1项规定,以保护占有人之利益。又同律第1277条理由谓前后两次占有者,若有确实证据,其两次占有相继续者为常例,不相继续者为变例,故设本条第2项规定,使占有人于其占有继续与否,不负立证之责任,以保护其利益。”此项占有状态的推定,学说上称为“占有事实的推定”,以别于“民法”第943条的“权利推定”。

需注意的是,“民法”第944条原未推定“无过失”,此系“民法”物权编于2010年2月修正时所增列,认为所谓“无过失”乃系就其善意占有已尽其注意义务,在“善意”已受推定之范围内,无过失为常态,有过失为变态,且无过失为消极的事实,依一般举证责任分配原则,占有人不须就常态事实及消极事实负举证责任。

占有状态(事实)的推定,使占有人就其主张的占有事实,毋庸举证,而其相对人,苟欲攻击其主张时,须负举证之责任,有助于促进占有制度的规范功能,并与动产物权的取得(如时效取得、善意取得、先占),占有人的权利(第952条)、占有人的责任(第953条、第956条)、占有人费用偿还请求权(第954条、第955条、第957条)等具有密切关系。前“司法行政部”1978年8月31日台函民字第07641号函谓:“依‘民法’第944条第2项规定:‘经证明前后两时为占有者,推定前后两时之间,继续占有。’故如请求人于前后两时占有当时,分别就其占有之事实及其关于构成时效取得要件之事实,请求公证人予以公证者,公证人自当予以公证,占有人即得凭前后两时关于时效事实之公证书,主张因时效而取得物权,请求地政机关依法办理登记。”

## 第九款 占有状态的变更

1. 甲向乙借阅某书,在该书签名并盖藏书印章,经过10年,得否主张时效取得该书所有权?

2. 甲有某地出租于乙,乙将该地转租于丙。丙意图变更以所有之意思或行使地上权的意思而占有时,应否表示,对谁表示?

3. 甲向乙长期借某画展览,5年后甲向乙表示其发现该画为其去世的父亲所有,由其继承,乙亦主张该画系其父遗产。此项争议发生后5年,乙向甲请求返还该画,甲拒绝之,试说明其法律关系。

占有依其状态的不同,得为各种分类,其区别标准及区别实益已详前述。各类占有状态得互相变更,例如,承租人于租期届满拒不返还租赁物时,由有权占有变更为无权占有,此项变更可就租赁关系认定之。直接占有与间接占有的区别在于一定媒介关系的有无,亦易判断。在无权占有,其占有状态究为和平或强暴,公然或隐秘,继续或不继续,其变更虽较易认定,但善意与否,涉及主观意思,则不易查知。其难以认定的,尚有由他主占有变更为自主占有。为避免争论,"民法"特设第945条及第959条规定,以资适用。

## 一、他主占有变为自主占有

在占有状态变更,常发生的是由他主占有变为自主占有,例如,由租赁关系的他主占有,变为以所有的意思而占有,此项变更关系影响当事人利益(尤其是时效取得所有权)甚巨,"民法"第945条设有三项规定,说明如下:

### (一) 立法目的、要件及准用

#### 1. 立法目的

"民法"第945条第1项规定:"占有依其所由发生之事实之性质,无所有之意思者,其占有人对于使其占有之人表示所有之意思时起,为以所有之意思而占有。其因新事实变为以所有之意思占有者,亦同。"本项规定系采罗马法上"无论何人,不得仅以意思的变更而变更占有原因"的原则,以保护使其占有之人的利益,使其得适时行使权利,阻止占有人的时效取得。

#### 2. 要件

(1)他主占有人对使其占有之人表示以所有之意思而占有

①占有意思的变更

占有依其所由发生之事实之性质,无所有之意思者,其占有人对于使其占有之人表示所有之意思时起,为以所有之意思而占有。例如,甲向乙承租某地,停放汽车,甲占有该地,系基于租赁契约,依其所由发生的事实之性质,无所有之意思,系属他主占有。设甲对该地的占有欲变更为以所有意思而占有,应对于使其占有之出租人乙表示之。

甲向乙借阅某书,甲欲变为以所有之意思而占有,仅在该书签名盖章尚有不足,必须对乙表示之,否则经过10年,亦不能主张时效取得该书所有权(参阅案例1)。此种以所有之意思而占有的表示,得为明示或默示,性质上非属意思表示,乃事实上的表示,不以具有行为能力为必要,无须得使其占有之人的承诺。

②向使其占有之人为变更占有意思的表示,并通知所有人

由他主占有变更为自主占有,其意思应向使其占有之人为之。使其占有之人如有数人,应向其全体为之。使其占有之人如已将其占有物所有权让与他人者,应向其受让人表示。甲有电脑,被乙所盗,出借于丙,丙欲变更为自主占有的意思,究应向甲或乙为之,不无疑问。在转租的情形,例如,甲将某屋出租于乙,乙转租于丙,于丙向甲表示以所有的意思而占有时,是否即可发生将他主占有变为自主占有的法律效果(参阅案例2)?

依“民法”第945条第1项规定的文义,丙向使其占有之乙表示其以所有之意思而占有,即为已足,但为保护所有人的利益,“民法”第945条第2项乃明定:“使其占有之人非所有人,而占有人于为前项表示时已知占有物之所有人者,其表示并应向该所有人为之。”在上举之例,若丙明知其自乙借用或承租的电脑系属甲所有时,其变更所有的意思,应向所有人甲表示之。

③变更效力的发生时期

他主占有变更为自主占有,其效力何时发生,应类推适用意思表示的规定。对话表示,自使其占有之人了解时起,在非对话表示,自其表示达到使其占有之人时起,发生效力。

(2)他主占有人因新事实变为以所有的意思而占有

占有依其所由发生事实的性质,无所有之意思者,其占有人因新事实变为以所有之意思占有者,为以所有之意思而占有。所谓新事实,指以使他主占有人取得所有权为目的之事实而言,例如买卖、赠与或互易。此项新事实不包括继承在内。因为继承人所继承的为原有的状态,须有新事实发生,始能由他主占有变更为自主占有。例如,甲出租某车给乙,乙死亡后,由丙继承之,其后甲将该车出卖于丙时,自该时起,丙由他主占有变为自主占有。

3. 准用

其他占有意思的变更,"民法"第 945 条第 3 项规定:"前二项规定,于占有人以所有之意思占有变为以其他意思而占有,或以其他意思之占有变为以不同之其他意思而占有者,准用之。"占有人占有特定物意思之变更,应不限于第 1 项所定之情形,有以所有之意思占有变为以其他意思而占有者,例如以所有之意思变为以地上权之意思占有等是。有以其他意思之占有变为以不同之其他意思而占有者,例如以地上权意思之占有变为以租赁或农育权意思而占有等是。此种占有状态之变更及占有人之通知义务,应与第 1 项、第 2 项相同,爰予准用。

(二) 法律效果:时效取得上的适用

"民法"第 945 条关于他主占有变为自主占有之规定的主要实益在于时效取得,最高法院 1937 年上字第 876 号判例谓:"所有权取得时效之第一要件,须为以所有之意思而占有,故占有依其所由发生之事实之性质无所有之意思者,非有民法第 945 条所定,变为以所有之意思而占有之情事,其所有权之取得时效,不能开始进行。"又院字第 2699 号谓:"共有系数人按其应有部分,对于一物有所有权之状态,各共有人既各按其应有部分而有独立之所有权,则其中一人对于他共有人之应有部分,自不得谓非他人之物。公同共有系数人基于公同关系而共有一物之状态,各公同共有人既无独立之所有权,其中一人对于该物,亦不得谓非他人之物。故共有人或公同共有人中之一人,对于共有物或公同共有物,皆得依'民法'关于取得时效之规定,取得单独所有权。惟共有人或公同共有人中之一人,单独占有共有物或公同共有物,依其所由发生之事实之性质,无所有之意思者(例如受全体之委托而保管时),非依'民法'第 945 条之规定,变为以所有之意思而占有,取得时效不能完成,以前'最高法院'判例与此见解有异者,应予变更。"①

① "司法院司法业务研究会"第三期有一则法律问题:"甲将一部汽车借于乙使用,六年后,乙依据'民法'第 768 条'以所有之意思,五年间和平公然占有他人之动产者,取得其所有权'之规定,拒绝将该辆汽车返还,甲因此依借用物返还请求权或不当得利返还请求权起诉请求乙返还,应否准许?""司法院"第一厅研究意见,同意研讨结论,认为:"如乙系依使用借贷关系而使用汽车,即不能主张以所有意思占有而取得所有权。但如乙依'民法'第 945 条规定变为以所有之意思占有而取得所有权时,甲即不能依借用物返还请求权或不当得利返还请求权诉请乙返还汽车。"

## 二、善意占有变为恶意占有

“民法”第959条规定:“善意占有人自确知其无占有本权时起,为恶意占有人。善意占有人于本权诉讼败诉时,自诉状送达之日起,视为恶意占有人。”关于本条规定之立法目的和法律效果,立法理由作有简要说明:“善意占有人,于本权诉讼败诉以其判决为不当,自信自己尚有权利,不得仅以其于本权诉讼败诉一事,当然以其为恶意占有人。然善意占有人于本权诉讼受败诉之判决者,大抵皆于本权诉讼时得知其无占有之权利,应于本权诉讼自诉讼拘束发生时起,视为恶意占有人,所以保护回复占有物人之利益也。既视为恶意占有人,故于本权诉讼败诉之善意占有人,应自其诉讼拘束发生之时起,返还占有物上所生之孳息,此外一切权利义务,均依恶意占有人之例办理。”

“民法”第959条为恶意占有拟制的规定,不得以反证推翻。本权诉讼,指争执有无占有权原之诉讼,如所有权人向无权占有人诉请返还占有物,出租人向承租人请求返还租赁物的诉讼。所谓诉讼拘束,指诉讼系属,自本权诉状送达于被告(即善意占有人)之日起视为恶意占有人。

# 第十款　占有状态体系构成的案例研习

> 甲公司有A屋,由乙董事管理,乙将该屋出租于丙,丙雇丁看管,丙将该屋外墙转租于戊、壬二人共同使用悬挂广告。(1)试说明该屋与墙壁的占有关系。(2)戊认为壬使用墙壁超过约定部分或时间时,其法律关系如何?(3)在“立法委员”选举期,庚候选人的助理辛擅自拆除戊、壬悬挂的广告招牌,张贴竞选标语时,其法律关系如何?

## 一、关于房屋和墙壁的占有关系

### (一)关于房屋的占有关系

甲公司有A屋,由乙董事管理,乙董事系甲公司的机关,为公司管领其物,其效果归属于甲公司,使公司对该屋为占有(所谓的机关占有,Organbesitz)。乙董事既非占有人,亦非占有辅助人,然得行使“民法”第960条的自力救济权,盖其行为乃法人的行为。

乙董事将该屋出租于丙。丙系基于租赁权而占有,为有权占有,其占有非出于以所有之意思,为他主占有。丙占有该屋系本于租赁关系,为直接占有人,而以甲公司为间接占有人。丙雇丁看管该屋,丁系受丙的指示而对于该屋有管领力,为占有辅助人,以丙为占有人。

(二) 关于房屋墙壁的占有关系

墙壁为房屋的重要成分,甲公司为房屋的占有人,其占有及于墙壁。丙承租该屋,其对该屋的占有亦及于墙壁。丙将该屋的墙壁出租于戊、壬二人共同使用悬挂广告时,戊、壬取得部分占有,墙壁为物的重要成分,可独立支配,亦得为占有的客体。戊、壬对墙壁的部分占有为共同占有、有权占有、他主占有,并为直接占有;丙为间接占有,甲亦为间接占有,成立多阶层的占有关系。

## 二、共同占有人间的占有保护请求权

戊、壬共同承租房屋的墙壁,成立部分占有、共同占有,已如上述。此种共同占有属于普通共同占有,各共同占有人于不妨害他共同占有人的情况下,各得管领其占有物。戊认为壬使用墙壁超过约定使用范围,系属内部关系之争议,依"民法"第 965 条之规定,不得互相请求占有的保护,因其涉及本权,应依本权,以为决定。"民法"第 965 条所排除的,乃占有保护请求权,共同占有人的侵权行为损害赔偿请求权或不当得利请求权,不因此而受影响。

## 三、直接占有及间接占有的占有保护

关于房屋墙壁,成立多阶层的占有关系,戊、壬为直接占有,丙为间接占有,甲公司亦为间接占有。庚的助理辛擅行拆除戊、壬的广告牌,而在该屋墙壁张贴竞选标语,系属侵夺戊、壬的占有,戊或壬得以己力防御之(第 960 条),或请求庚除去其侵害(第 962 条)。此外,戊、壬得依不当得利规定请求庚返还使用该墙壁所受的利益,及依侵权行为规定请求赔偿侵害其占有所生的损害。丙与甲公司对于房屋的墙壁系属间接占有人,通说认为间接占有人无"民法"第 960 条规定的自力防御权,但有"民法"第 962 条规定的占有保护请求权。

## 第四节　占有的取得和消灭

### 第一款　直接占有的取得和消灭

1. 6岁之甲窃取5岁之乙的电动玩具,甲不久悔之,即交还于乙。试说明该电动玩具上占有的变动。

2. 甲以行使地上权的意思占有乙所有的土地,长达19年,兴建房屋,屋内挂有秦陵古剑。甲遭空难死亡,独生子丙居住他处,重病住院,不能返回,试问:(1)丙是否承受甲之占有,法律依据何在?(2)丙于一年后得否主张时效取得,请求登记为地上权人?(3)设丁盗取古剑,出售于善意之戊时,丙得否向戊请求返还?

#### 第一项　直接占有的取得

##### 一、直接占有的原始取得

直接占有的原始取得,指不基于他人的占有而为新占有的取得。所谓新占有的取得,指取得对于物的事实上的管领力。其取得占有的事由,得为事实行为,如猎兽、捕鱼(无主物先占)、拾得遗失物;亦得为侵权行为,如抢夺他人钱包、霸占他人房屋。直接占有的原始取得,得依占有辅助人为之,如雇人掘宝。

需注意的是,直接占有的取得须有占有的一般意思,例如,信箱、奉献箱或自动贩卖机的设置者,对投入的信件、财物或金钱有取得占有的意思。占有的意思以具有行使管领力的意思能力为要件。此项意思能力为自然的意思能力,而非法律行为能力,故限制行为能力人或无行为能力人事实上有行使管领力的能力时,亦得原始取得占有。例如,未满7岁的儿童亦得因拾得他人遗失的钱包,或抢夺他人的电动玩具而取得占有。设有某清丽佳人,睡于公园草坪,爱慕者放置于玫瑰花于其身上,须俟其睡醒后决定保有,始取得玫瑰花的占有。

##### 二、直接占有的继受取得

直接占有的继受取得,指基于既存的占有而取得直接占有,可分为占

有的移转取得及占有的概括承受。前者系依当事人的行为而取得占有,又称为占有的让与;后者乃依法定事实而取得占有。分述如下:

(一) 占有的移转

1. “民法”第761条规定的准用

“民法”第946条规定:“占有之移转,因占有物之交付而生效力。前项移转,准用第七百六十一条之规定。”“民法”第761条规定:“动产物权之让与,非将动产交付,不生效力。但受让人已占有动产者,于让与合意时,即生效力。让与动产物权,而让与人仍继续占有动产者,让与人与受让人间,得订立契约,使受让人因此取得间接占有,以代交付。让与动产物权,如其动产由第三人占有时,让与人得以对于第三人之返还请求权,让与于受让人,以代交付。”关于此项准用(参阅2021年台上字第1716号),说明如下:

“民法”第761条系以动产为规范对象,其准用于“占有之移转”时,则包括动产(如交付出借的汽车)和不动产(如交付出售的某屋)。此项占有的移转,可分为二类:第一类为单纯移转占有,如返还窃盗之物;第二类为伴随其他法律关系,其主要情形有二:

(1)质权的设定,因取得占有而生效力(第885条第1项)。

(2)物之出卖人或出租人交付其物于买受人或承租人,以履行契约上的给付义务。

2. 占有移转的态样

关于“民法”第761条规定的准用于“占有之移转”,分现实交付、简易交付、占有改定和指示交付四种情形。实务上较为常见的是不动产买卖标的物的交付。例如,甲有A、B、C三屋,A屋自住,B屋出借于乙,C屋出租于丙。甲将A、B、C三屋出售于乙,而向乙承租A屋时,关于A屋之交付得依占有改定,关于B屋之交付,得依简易交付,关于C屋之交付,得依指示交付为之。兹分别说明如下:

(1)现实交付

“民法”第946条第1项规定:“占有之移转,因占有物之交付而生效力。”此之所谓交付,指现实交付而言。所谓现实交付,指让与人将其对于物的事实管领力移转于受让人,如配送电视机于买受人的住所,房屋的出租人将钥匙交于承租人。

占有让与系法律行为,通常虽多为契约,但亦有为一方行为者,例如窃贼于失主丧失被盗动产之占有后,自动将动产返还于失主。无论其为契约或一方行为,均适用法律行为的一般规定,以具备行为能力为必要。对此见解,应注意的有二点:

①依法律行为的理论,让与人为无行为能力人或限制行为能力人时,虽有事实上意思能力,仍不能发生移转占有的效力。例如,甲出租某屋于乙,半年后甲交付该屋于乙时,已受监护宣告。在此情形,乙因不能依有效的让与行为,而受让该屋的事实上管领力,应认为系原始取得其占有。

②窃贼自动返还被盗的动产于失主,通说认为系法律行为,而且为一方行为,已如上述。此种情形应解为仍属此之所谓占有之移转,否则难以说明此项占有的变动。甲窃取乙占有的电动玩具,为原始取得,其后悔而返还之,其占有的移转,系属法律行为。设甲或乙为6岁儿童时,其移转行为无效,乙为原始取得该玩具的占有(参阅案例1)。

(2)简易交付

简易交付,指"民法"第761条第1项但书规定:"但受让人已占有动产者,于让与合意时,即生效力。"例如,甲有某件陶艺作品被乙所盗,甲查知乙酷爱其作品,深具欣赏力,感知音之难得,表示赠与乙,乙允受之,于为让与合意时,即取得其所有权,立法目的在于便利交易。"最高法院"1957年台上字第64号判例谓:"系争房屋于双方立买卖契约之前,既由被上诉人本于租赁关系而占有,则依'民法'第946条准用同法第761条第1项但书之规定,被上诉人就系争房屋自买卖契约成立之日起,即已接受上诉人之交付,依同法第373条该屋之利益,由此当然归属被上诉人。乃上诉人犹谓原有租赁关系并未消灭,基于出租人地位请求被上诉人支付租金,显非正当。"

(3)占有改定

"民法"第761条第2项规定:"让与动产物权,而让与人仍继续占有动产者,让与人与受让人间,得订立契约,使受让人因此取得间接占有,以代交付。"例如,甲售某车给乙,欲继续使用1个月时,得与乙订立使用借贷契约,由乙取得间接占有,以代交付。关于此项规定之准用,"最高法院"1959年台上字第611号判例谓:"系争房屋上诉人于买受后,出租于原出卖人居住,则依'民法'第946条第2项准用第761条第2项之规定,既已取得间接占有,以代交付,即应以租赁契约成立之日期,为系争房屋移转占有之日期。”

(4)指示交付(返还请求权之让与)

“民法”第761条第3项规定:“让与动产物权,如其动产由第三人占有时,让与人得以对于第三人之返还请求权,让与于受让人,以代交付。”例如,甲有某花瓶寄托乙处,其后甲将该瓶赠与丙,得将对乙之返还请求权,让与丙,以代交付。关于本项规定之准用,多发生于买卖。最高法院1943年上字第5455号判例谓:“‘民法’第348条所谓交付其物于买受人,即移转其物之占有于买受人之谓。占有之移转,依‘民法’第946条第2项准用第761条之规定,如买卖标的物(作者注:在本件,买卖标的物为不动产)由第三人占有时,出卖人得以对于第三人之返还请求权,让与买受人以代交付。故除有出卖人之交付义务在第三人返还前,仍不消灭之特约外,出卖人让与其返还请求权于买受人时,其交付义务即为已经履行,买受人不得以未受第三人返还,为拒绝支付价金之理由。”又“最高法院”1955年台上字第828号判例谓:“买卖标的物之利益及危险,自交付时起,由买受人负担,固为‘民法’第373条所明定。但该条所谓交付,并非以现实交付为限,亦可准照同法第946条第2项、第761条第3项规定,让与返还请求权,以代交付。”

(二) 占有的概括承受

1. 占有的继承

“民法”第1148条第1项前段规定:“继承人自继承开始时,除本法另有规定外,承受被继承人财产上之一切权利、义务。”占有为事实,虽非权利,仍能依此规定承受占有。若认为占有人一旦死亡,其占有的意思,既不存在,同时亦断绝其与物的管领关系,当然归于消灭,而不得继承,显然不足保护继承人。为此,《德国民法典》第857条特别规定:“占有移转于继承人。”大清民律草案第1274条亦明定:“占有得继承之。”立法理由谓:占有法律之利益,应使其可以继承,而继承人第依开始继承一事,即取得占有,无须事实上立于管领其物之地位,亦不必问其知有占有或有欲占有之意思与否,此继承法则当然之理也。各国或地区立法例,间有不许继承占有者,然保护占有失之于薄,故本律不采之。现行“民法”未采此条文,但于第947条第1项规定:“占有之继承人或受让人,得就自己之占有或将自己之占有与其前占有人之占有合并,而为主张。”亦肯定占有的继承性。

占有的继承,以被继承人死亡开始时占有某物为要件。其占有悉依被继承人死亡时的占有状态(有权占有或无权占有、有瑕疵占有或无瑕疵占有、自主占有或他主占有、直接占有或间接占有等),移转于继承人,继承人是否知悉,在所不问。继承的占有为一种"对物无事实上管领力的占有"。此种观念化的占有,因继承人取得对于物之事实管领力而现实化,并得变更其占有状态。

关于肯定占有继承性的实益,试举一例加以说明。甲以行使地上权的意思,占有乙的土地,兴建房屋,长达 19 年,屋内悬挂秦陵古剑。甲遭空难死亡,其独生子丙居住他处,因病住院,不能返回。在此情形,丙虽在外地,仍因继承而继受取得甲的占有。1 年后乙得将自己占有与甲的占有合并而为主张,依时效取得的规定,请求登记为地上权人(第 772 条、第 769 条)。屋内古剑被丁所盗,让售于善意之戊时,丙得依"民法"第 949 条之规定向戊请求返还(参阅案例 2)。

2. 其他概括承受

占有的继承系典型的概括承受。在其他概括承受的情形,如法人解散后,其剩余财产应归属于法人住所所在地之地方自治团体("民法"第 44 条第 2 项、"财团法人法"第 33 条),亦应肯定占有的当然移转。至于遗嘱所指定之遗嘱执行人开始执行职务,占有并不当然移转,仅发生占有移转请求权。

## 第二项　直接占有的消灭

### 一、丧失对于物之事实上之管领力

#### (一) 管领力的丧失

"民法"第 964 条前段规定:"占有,因占有人丧失其对于物之事实上管领力而消灭。"管领力丧失的情形有二:

1. 由于占有人的意思:如将不动产交付买受人。配偶的一方因分居而离去婚姻存续期间同居的房屋。抛弃占有物[1],抛弃占有的行为,得为作为(如丢弃情书),亦得为不作为(如戒指掉入水池而不打捞)。此项使其占有丧失的意思,不是法律行为上的意思表示,而是自然的意思,不以具有行为能力为必要。

2. 非由于占有人的意思:如物被窃或遗失。

(二) 管领力仅一时不能行使

需注意的是,“民法”第964条但书规定:“但其管领力仅一时不能实行者,不在此限。”例如,宠物走失,可预期其归来;占有的土地被洪水浸没数日;因山崩桥断,一时不能取回放置彼岸的物品;旅客退房之际,发现尚有手表遗留于浴室。“最高法院”1955年台上字第93号判例谓:“被上诉人主张系争物,系向贩卖与其物同种之物之商人以善意购得,依‘民法’第950条之规定,上诉人非偿还其支出之价金,不得回复其物,自非无据。至警察扣押该物,系暂时停止被上诉人事实管领力,尚难认为其占有业已丧失。”

### 二、其他情形

占有物之物质的灭失,亦为占有消灭原因之一。所谓物质的灭失,包括毁灭(如茶杯破碎)、消耗(如燃烧煤球)或添附(如以油漆涂墙)。在诸此情形,占有人的管领力事实上已无所附属,占有应归消灭,自不待言。

## 第二款　间接占有的取得和消灭

甲有某琴,出租于乙,乙转租于丙。其后甲将该琴所有权让与丁,指示交付之。试说明:(1)该琴上的占有关系。(2)设丙擅将该琴作为己有,设质于戊(善意或恶意)时,其占有关系。(3)设丙擅将该琴作为己有让售于庚(善意或恶意),并为交付时,其占有关系。

---

① 关于抛弃占有的认定,“最高法院”1983年台上字第3674号判决谓:“系争摊位占用之土地,虽非被上诉人所有,但该摊位占用之地区,为经政府公告指定为摊位营业地区,并对各摊位办理登记,发给执照,自应受占有之保护。被上诉人对于系争摊位之使用,因受法令之限制,不能设置固定摊架,只能白天摆摊,夜间收摊。但不能因其收摊,即谓被上诉人已放弃占有之意思。矧被上诉人为有照之固定摊贩,则其占有系争摊位,自应认为继续占有并不间断。”

## 第一项 间接占有的取得

间接占有,指基于他人既存的占有而取得占有,性质上系属继受取得,分为创设取得和移转取得,说明如下:

### 一、间接占有的创设取得

间接占有的创设取得,指基于他人的占有而创设间接占有。此种间接占有的发生事由有三:

1. 直接占有人为自己创设间接占有:例如所有人出租(出借、寄托、设定地上权或质权)其物于他人时,系将其直接占有让与他人,而为自己创设间接占有。

2. 直接占有人为他人创设间接占有:例如出卖人出售某物,并向买受人借用其物,依占有改定使自己成为直接占有人,买受人成为间接占有人。

3. 非占有人为自己取得直接占有,同时为他人创设间接占有:例如以监护人的资格受领某物之交付时,监护人自己成为直接占有人,受监护人成为间接占有人。

### 二、间接占有的移转取得

#### (一) 间接占有的让与

间接占有人得依指示交付(返还请求权的让与),将其间接占有让与他人。例如出租人甲(间接占有人)将其租赁物所有权转让于乙时,得以其对于承租人丙(直接占有人)的返还请求权让与乙,使乙继受取得间接占有。此项返还请求权的让与,无须通知原直接占有人。

#### (二) 间接占有的继承

占有具有继承性,前已论及,间接占有系一种占有,自得为继承的客体。继承之占有具有瑕疵时,并应承继其瑕疵。

### 三、实务案例

关于间接占有的取得,实务上二个关于典权的判例具有启示性,可供对照:

1. 最高法院 1944 年上字第 3754 号判例谓:"'民法'第 911 条所称

之占有,不以典权人直接占有为必要,此观于民法第 915 条之规定自明。出典人于典权设定后,仍继续占有典物者,如已与典权人订立契约,使典权人因此取得间接占有时,依同法第 946 条第 2 项、第 761 条第 2 项之规定,即不得谓典物之占有尚未移转于典权人。"此为间接占有的创设取得。

2. "最高法院"1949 年台上字第 163 号判例谓:"典权之成立,依'民法'第 911 条规定,固以移转占有为要件。惟该条所称之占有,不以典权人直接占有为必要,此观同法第 915 条之规定自明。是出典人于典权设定后,苟因典物在第三人占有中,而将其对于第三人之返还请求权让与典权人,使典权人因此取得间接占有时,依同法第 946 条第 2 项、第 761 条第 2 项之规定,即不得谓典物之占有尚未移转于典权人。"此为间接占有的移转取得。

## 第二项　间接占有的消灭

间接占有的成立要件,失去其一时,间接占有即告消灭,分述如下:

### 一、直接占有人丧失占有

直接占有人丧失占有时,间接占有无所附属,应归于消灭。此项占有的丧失是否基于直接占有人的意思,在所不问。在基于直接占有人的意思而丧失占有的情形,间接占有人同意与否,亦非所问。例如甲借某小提琴于乙,乙擅将该琴让售于丙,并为交付时,甲的间接占有消灭。在前举之例,设乙将该琴转借于丙,则成立多阶层的间接占有,甲的间接占有并不消灭。

### 二、直接占有人表示不承认间接占有

直接占有人对间接占有人表示不承认其间接占有的地位,亦为间接占有消灭的原因。例如甲借小提琴于乙,乙系以他主占有的意思而为占有,设乙对甲表示该琴原为其所有,则自乙为此表示时起,甲的间接占有归于消灭。

### 三、返还请求权消灭

间接占有系本于一定的法律关系,而对事实上占有其物之人有返还请求权。此项返还请求权一旦因时间经过、解除条件成就,而不存在

时,间接占有亦归消灭。

### 第三款 依代理人、占有辅助人而取得占有

甲授权其职员乙,以甲的名义出卖某屋,丙公司的经理丁与乙订立买卖契约,并约定由甲承租该屋二年。丁开具支票交付乙,清偿价金。试说明该屋及支票的占有关系。

在现代分工的社会,法律交易多须借助他人,占有的取得亦不例外。兹分别就代理与占有辅助二种情形加以说明。

#### 一、依代理人而取得占有

代理,指代理人以本人名义所为之意思表示或所受意思表示,直接对于本人发生效力(第103条)。得被代理的,限于法律行为,占有不得为代理的客体,无从依代理人而取得占有或移转占有,其构成例外的,有下列二种情形,因其仅为意思表示,不涉及事实上管领力的变更:

1. 占有改定:例如甲委任乙出售某屋,并授予代理权,向买受人丙承租该屋。

2. 指示交付:例如甲有某车,出租于乙,其后甲委任丙出卖该车,并授予代理权。丙将该车出售于丁,并同时让与甲对乙的返还请求权,以代交付。

#### 二、依占有辅助人而取得占有

依占有辅助关系取得占有,在交易上颇为常见。占有的原始取得或继受取得均得依占有辅助人为之。占有辅助具有替代代理的功能。在占有的原始取得,如雇人捕鱼、发掘埋藏物。在占有的继受取得,例如甲公司职员乙向丙公司店员丁购买电脑,付款取货。在此情形,买卖契约(债权行为)系由乙、丁分别代理甲公司和丙公司互为意思表示而订立,标的物和价金让与合意(物权行为)亦分别由乙、丁代理为之。至于物的交付,则依占有辅助关系而完成,即丁交付电脑于乙时,乙系甲公司的占有辅助人,由甲公司取得其占有,乙支付价金(货币或支票)于丁时,由丙公司取得其占有,而分别让与买卖标的物和价金(货币或支票)的所有权(第761条第1项)。

## 第四款　占有继受取得的效力

占有取得的效力,于占有者其人发生,直接占有或间接占有均得移转或继承(继受取得),因而产生占有合并或分离的问题。“民法”第 947 条规定:“占有之继承人或受让人,得就自己之占有或将自己之占有与其前占有人之占有合并,而为主张。合并前占有人之占有而为主张者,并应承继其瑕疵。”兹分占有合并与占有分离,加以说明。

### 一、占有的合并

占有的合并,指继承人或受让人(合称继受人)得将自己的占有与前占有人的占有合并而为主张,其主要实益在于时效取得。例如甲明知某地为乙所有,以行使地上权的意思,和平、公然、继续占有该地,10 年后甲将其占有让与丙,丙亦以行使地上权的意思占有该地。1 年后丙将该地及地上建筑物出租于他人。5 年后,丙死亡,由丁继承之。再经过 4 年,丁得主张合并甲与丙的占有,请求登记为地上权人(第 772 条、第 769 条)。关于此例,应说明的有五点:

1. 法律允许占有的合并,旨在保护占有人,实践占有继续功能,以享有时效取得的利益。

2. 得主张占有合并的,仅限于占有的继受取得人。占有的原始取得人非基于他人占有而取得占有,无合并主张的余地。

3. 所谓前占有人,不限于直接前占有人,前占有人之占有系继受取得的,皆得合并而为主张,但以相互间有继续为必要,“最高法院”1963 年台上字第 2149 号判例谓:“占有乃对于物有事实上管领力之一种状态,占有人主张时效上之利益,必其占有并未间断,始得就占有开始之日起连续计算,故后占有人以前占有人之占有时间合并计算者,亦必后占有人为前占有人之合法继承人时(包括一般继承与特定继承),始得为之。”可资参照。至于占有的原因为继承或受让,其占有的状态为直接占有或间接占有,均所不问。

4. 在上开之例,甲占有之始非为善意,丁合并甲之占有而为主张时,应承继其瑕疵,故应准用“民法”第 769 条,而非第 770 条。

5. 承受人主张占有的合并后,发现前占有人的占有具有瑕疵,为避免遭受不利益,得予撤回。

## 二、占有的分离

占有的分离,指占有的继受人得将自己的占有与前占有人的占有分离,仅就自己的占有而为主张。“民法”对此未直接设有明文,但可由第947条第1项规定反面推论之。此亦在保护现占有人,因其既已取得占有,当可自为主张,不能强其须合并他人的占有而承继其瑕疵。至其实益,例如甲恶意占有乙未登记的房屋,5年后死亡,其继承人丙善意并无过失相信该屋为其父所有,而继承之,和平、公然、继续占有达10年,即可仅主张自己的占有,依“民法”第770条之规定,请求登记为所有人。

# 第五款　占有取得和消灭的体系构成与案例研习

甲发现稀有螃蟹化石,支付报酬交由乙教授鉴定。丙盗取该化石,出售于收藏家丁,丁授权其助理戊以丁名义订立买卖契约并受领其物。戊知丙窃盗之事,但丁不知。9年后,丁病故,由其子庚继承之。1年后庚在仓库发现该螃蟹化石,即将之赠与财团法人辛博物馆,并即依让与合意交付之,甲查知其事。试说明该螃蟹化石上的占有关系本权(所有权)。[①]

## 一、体系构成

占有虽系事实,而非权利,但为受法律保护,其取得和消灭,相当于权利的得丧变更。就占有的取得言,可分为原始取得和继受取得。继受取得可分为创设取得和移转取得。就占有的消灭言,可分为绝对的消灭(如抛弃占有、标的物灭失)和相对的消灭(如占有的移转、取得,主体的变更)。引起占有取得或消灭的法律事实,有为行为(事实行为、法律行为或侵权行为),有为行为外的事实,例如继承。占有的取得与消灭攸关物权的得丧变更(请阅读条文并参见本书相关部分的说明,先行解答),为便于观察,图示如下:

---

① 笔者于1994年3月赴新西兰克赖斯特彻奇作短期停留,并在坎特伯雷大学法学院图书馆,撰写本书,研读关于 Accident Compensation 制度的资料。在坎特伯雷大学旧址附近博物馆,看到数个螃蟹化石,造型奇特,平生罕见,印象深刻,沿清丽的 Avon 河,经幽静的 Gagley 公园,回旅馆途中构思比例,附志于此,以供追忆。

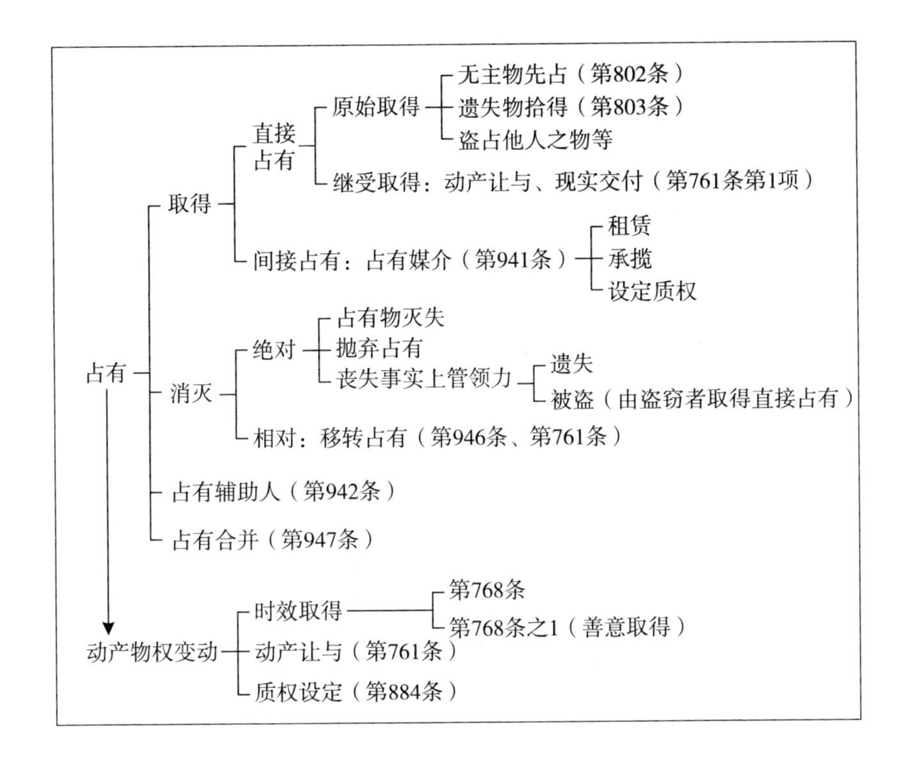


## 二、案例研习

甲发现稀有螃蟹化石，以所有的意思，占有无主的动产（直接占有，原始取得），取得其所有权（第 802 条）。甲将该螃蟹化石交由乙教授鉴定（承揽契约，第 490 条），系本于一定的法律关系，成立占有媒介关系（第 941 条），乙教授事实上占有该螃蟹化石，为直接占有人，甲则为自己创设取得间接占有。

丙自乙教授处盗取该螃蟹化石，原始取得占有（直接占有），乙教授丧失其直接占有，甲之间接占有，亦归消灭。

丙出售螃蟹化石于收藏家丁，丁的助理戊明知盗赃情事，仍以丁的名义代订买卖契约并受领其物（第 345 条、第 761 条、第 103 条），其买卖契约和让与合意系由戊代理丁为意思表示。戊自丙受领螃蟹化石的交付，则系居于占有辅助人之地位（第 942 条），由丁取得占有，受让其所有权（第 761 条、第 103 条）。丁的代理人戊明知螃蟹化石系属盗赃，其事实之有无,应就代理人决之(第105条),丁系自无权利人丙处受让动产所有权(第118条),其占有不受法律之保护,不能取得螃蟹化石的所有权。丁以所有之意思(自主占有),和平、公然占有甲之动产超过5年,且长达9年,但其占有之始非属善意,并非无过失,丁不能依“民法”第768条之1之规定取得螃蟹化石的所有权。

丁占有螃蟹化石9年后病故,其继承人庚纵不知其父遗产中有该螃蟹化石,未为实际上管领,仍承继其父占有,得就自己之占有(1年)与其父(前占有人)之占有(9年)合并(第947条),而主张其占有长达10年,得依“民法”第768条之规定时效取得螃蟹化石的所有权(第768条)。庚将螃蟹化石赠与辛博物馆,并移转其所有权,乃有权处分,并为交付(第761条第1项),由辛博物馆继受取得螃蟹化石的所有权及占有。

需说明的是,本案例系采所谓的历史方法,说明螃蟹化石的物权变更。若所提出的问题系甲得否向辛博物馆请求返还该螃蟹化石时,应采请求权基础方法(兼用历史方法)鉴定体裁解题。此对于培养法律思维方法甚为重要,参阅拙著《民法思维》。

## 第五节 占有的效力

占有的效力系占有制度的核心问题。民法对占有赋予各种效力,如时效取得、无主物先占、遗失物拾得等,已于本书相关部分加以论述。兹就占有权利的推定、动产物权的善意取得、占有人与回复请求人的权利义务及占有的保护,论述如下。

### 第一款 占有权利的推定①

1. 甲占有某名贵琵琶,乙向甲租用该琵琶举行演奏会。试问:(1)丙对乙主张该琵琶为其所有,请求返还时,乙主张该琵琶系租自甲,应推定甲为所有人时,法院对其争执应如何判决?(2)该琵琶被丁所盗,甲向丁主张所有物返还请求权时,丁得否要求甲证明其为所有人?(3)甲向乙请求返还琵琶时,乙主张有租赁关系存在时,如何定其举证责任?

① 参见游进发:《占有本权与事实推定》,载《法学丛刊》2010年第55卷第3期。

2. 甲自建违章房屋，乙乘甲省亲之际，迁入居住，并以所有人地位，分租于丙。试问：(1) 甲对乙争执该屋为其所有时，乙得否提起确认房屋所有权存在之诉，或请求登记该房屋为其所有？(2) 甲对丙主张所有物返还请求权时，其法律关系如何？

## 一、规范目的

“民法”第 943 条第 1 项规定：“占有人于占有物上行使之权利，推定其适法有此权利。”此为占有权利的推定（或占有权利的推定力）。例如甲以行使所有权的意思占有某琵琶，推定甲为所有人，乙争执该琵琶为其所有时，须举证推翻之。此项规定的主要作用在于诉讼，就上例而言，若争执琵琶所有权之乙无相反的证明，或其所提出的反证无可凭信时，法院应为甲系所有人的判决（参照 2020 年台上字第 1650 号）。法律所以设占有权利的推定，其理由有四：

1. 保护占有背后的权利：占有某物通常多基于本权，具有权利存在的盖然性，尤其是“民法”对动产物权的移转采交付主义，占有权利的推定具有保护占有背后权利的功能。

2. 维持社会秩序：占有权利的推定可以免除举证责任的困难，易于排除妨害，维护物之秩序。吾人所穿衣服，所戴手表，所驾汽车，所用钢笔，倘不推定吾人所有，则他人将任意争执，诉讼不断，危及社会秩序。

3. 促进交易安全：占有的权利既受推定，产生公信力，使善意信赖占有而为交易者，得受保护，有益交易安全。

4. 符合经济原则：占有权利的推定，有助于保护本权，避免争议，维持社会秩序，促进交易安全，可以减少诉讼，节省资源，发挥物尽其用的作用。

## 二、适用范围

兹分其适用及不适用情形说明如下：

### （一）适用权利推定的情形

有权利推定适用的情形包括：

1. 动产物权，不限于所有权，亦包括租赁权、质权。

2. 占有未登记之不动产而行使物权。兹有一个法律问题：甲自建未经登记之房屋,乙乘甲不在,迁入居住多时,并以所有人地位,分租于第三人使用,问乙据以请求登记该房屋为自己所有,提起确认房屋所有权存在之诉时,究应由何人负举证责任?

"司法院"第一厅研究意见认为,按确认之诉,非原告有即受确认判决之法律上利益者,不得提起。本件乙占有房屋而行使其权利,如甲未争执其权利,当事人法律上之地位并不因此而居于不安之状态,则该当事人并不因此而有受侵害之危险,亦即无即受确认判决之法律上之利益,无保护之必要,不得提起确认之诉。如甲争执其权利,对甲提起确认所有权存在之诉,除甲有反证外,依最高法院 1940 年上字第 378 号判例意旨,自毋庸举证。

在前揭法律问题,占有人得否进一步请求将其占有的房屋登记为其所有?"司法院"第一厅研究意见表示:"不在研究范围,不予论列。"笔者认为应采否定说。"民法"第 943 条之立法目的在于维持社会现状及交易安全,占有权利推定的效力,属于消极性,占有人不得利用此种推定,请求为所有权登记的积极证明,否则"民法"关于时效取得所有权及其他财产权的规定,将成具文。

占有权利的推定须以占有某物为要件。占有辅助人为其主人管领某物而行使权利时,推定其占有主人适法有此权利。此项占有权利的推定,不限于直接占有,间接占有亦包括在内。例如甲占有某画,出租于乙,乙转租于丙时,依其所行使的权利,推定甲(最高层的间接占有人)为该画所有人,乙(间接占有人)和丙(直接占有人)有租赁权。

(二) 不适用权利推定的情形

"民法"第 943 条第 2 项规定:"前项推定,于下列情形不适用之:一、占有已登记之不动产而行使物权。二、行使所有权以外之权利者,对使其占有之人。"

1. 占有已登记之不动产而行使物权:不动产物权变动非经登记不生效力,对于已登记之不动产物权,其交易相对人所应信赖的,乃地政机关之登记,不能依凭不动产之现时占有状态而为权利之推定。

2. 行使所有权以外之权利者,对使其占有之人:立法理由系以根据债权(如租赁或借贷)或限制物权(如动产质权)等所有权以外之权利而占有他人之物者,在占有人与使其占有人间,如径依"民法"第 943 条第 1 项规定而为权利适法之推定,其结果殊欠合理。例如,甲将物交付乙占有,嗣甲以所有物返还请求权请求乙返还,乙认为其间有租赁关系存在,主张因租赁权而占有。依诉讼法上举证责任分配的法则,乙对有权占有的事实负举证责任,方符事理。

关于占有权利的推定,“民法”第943条规定包括不动产与动产。在不动产,因采登记制度,“民法”第759条之1第1项规定:“不动产物权经登记者,推定登记权利人适法有此权利。”占有与登记名义发生抵触时,应以登记的内容为准。未经登记的不动产,仍有“民法”第943条的适用,前已说明。至于船舶,原则上虽适用动产之规定(“海商法”第6条),但法律设有登记制度(参阅“船舶登记法”),其办理登记者,应以登记为准,未登记者,仍适用“民法”规定。

需注意的是,汽车登记为行政管理事项,非属所有权移转要件,仍应适用“民法”规定,占有人于占有的汽车上行使的权利,推定其适法有此权利。“民法”第68条第2项规定:“主物之处分,及于从物。”在解释上应认主物上被推定的权利及于从物。

## 三、推定的效力

### (一) 法院应依职权适用

权利占有一旦被推定,法院应依职权适用之。“民法”第191条第1项本文规定:“土地上之建筑物或其他工作物所致他人权利之损害,由工作物之所有人负赔偿责任。”例如某人占有未登记的建筑物,以所有之意思行使其权利而推定其为所有人时,应依“民法”第191条之规定,对被害人负损害赔偿责任。

### (二) 利于或不利于占有人的推定

“民法”第943条规定占有权利的推定,不限于为占有人的利益,对其不利益亦有适用之余地。此项占有权利推定的效力,不仅占有人可以援用,第三人亦可主张之,分别说明如下:

1. 占有人自己援用

甲占有某套虎年金币,举行拍卖,乙主张该套金币为其父丙所有,于逃难时托甲保管,乃向甲请求返还。在此情形,甲得援用“民法”第943条之规定,推定其为该套金币所有人,而受保护。

2. 第三人的援用

债权人得主张债务人占有的动产,为债务人所有,而声请法院查封之。因过失毁损他人占有之物，向占有人为损害赔偿时，得援用推定占有人为所有人，而发生清偿的效果。

3. 直接占有人得援用关于间接占有人的权利推定

甲出租某琵琶给乙，丙向乙主张该琵琶为其所有，请求返还时，乙（直接占有人）得援用推定甲为该琵琶所有人而拒绝之。

由上述可知，占有权利的推定力，非仅立于消极地位者得加援用；占有人对于他人积极主张其为有权占有时，亦得援用之，非仅用于防御，亦可用于攻击。

（三）对过去占有人的效力

占有权利的推定，不仅对现占有人，对过去之占有人，亦有适用余地，此于占有的合并、时效取得、侵权行为损害赔偿等具有实益。例如，甲占有某琵琶，被乙毁损后，出售于丙，并为交付。在此情形，甲虽非现占有人，亦得援用其过去占有期间为所有人的推定，向乙请求损害赔偿。

需注意的是，取得对于物的管领力，在许多情形并非困难，为避免占有人滥于主张推定的效力，此项反证，不应过于严格，否则将使“推定”变成“视为”。只须依据所有调查结果与全辩论意旨，足生推翻推定的心证即为已足，或如能反证证明有某种与受推定之权利状态完全不兼容的权利状态存在时，亦足推翻该项推定。在购买商品而取得占有，但未支付价金之情形，若依该项买卖所属行业，买受人未付清价金，交易上通常出卖人皆保留买卖标的物之所有权时，此项表面证据即可反证推翻法律的推定。

## 第二款　动产物权的善意取得

——学习法律思维的重要课题

### 第一项　概说：信赖保护原则、权利表征和善意取得

#### 第一目　问题说明

法律交易上动的安全的维护有赖于建立信赖保护原则，而此须以具有一定的权利表征作为基础，如何落实于具体制度，则涉及利益衡量、公示方法、风险承担与交易成本（资讯成本）等因素。兹先就三个信赖问题

加以说明：

## 一、对行为能力的信赖

众所周知，“民法”设有行为能力制度，规定无行为能力人(受监护宣告之人、未满7岁未成年人)的法律行为无效；限制法律行为人(7岁以上的未成年人)的法律行为，未经法定代理人允许的，其单独行为无效，契约则效力未定(第75条以下规定)。需特别注意的是，对行为能力的信赖，并不受保护，例如某甲30岁，受监护宣告，为无行为能力人(第15条)，出售某件古玉给乙，并即交付，乙纵属善意信赖甲为成年人有行为能力，亦不能取得该古玉的所有权，因为行为能力制度旨在保护受监护宣告之人或未成年人，应优先于交易安全。

## 二、对债权存在的信赖

对债权为无权处分，亦时有之。例如甲对乙有债权，将其债权让与丙，并交付债权凭证，该债权让与行为因甲为受监护宣告之人而无效。丙出卖该债权于丁，并即让与(第294条)，同时交付债权凭证。在此情形，纵丁善意信赖丙的处分权，并有债权凭证的存在或交付，亦不受保护，因债权本身并无公示方法可作为权利表征。

## 三、对代理权的信赖

对代理权的信赖，原则上亦不受保护。例如甲授予代理权于乙，出租某屋，乙(代理权授予行为无效)以甲的名义与丙订立租赁契约。乙系无权代理，丙纵属善意，亦不得主张发生代理的效力。其构成例外的是“民法”第169条规定的表见代理，即由自己之行为表示以代理权授予他人，或知他人表示为其代理人而不为反对之表示者，对于第三人应负授权人之责任。但第三人明知其无代理权或可得而知者，不在此限。

另外需特别提出的是，“民法”设有二个重要的善意信赖保护制度：

1. 不动产物权善意取得：“民法”第759条之1规定：“不动产物权经登记者，推定登记权利人适法有此权利。因信赖不动产登记之善意第三人，已依法律行为为物权变动之登记者，其变动之效力，不因原登记物权之不实而受影响。”此乃信赖登记公信力而建立的不动产善意取得规定(本书第135页)。

2. 动产物权善意取得：让与动产所有权者，无移转所有权之权利时，善意受让人在何种要件之下得取得其所有权？此在法律规范的设计所应考虑的因素较诸不动产物权善意取得更为多元，而成为一个法学研究的重要课题。

## 第二目　动产物权善意取得

### 一、问题、案例与规范

占有的移转（交付）为动产物权变动的公示方法（第 761 条），占有人推定其为以所有之意思而占有（第 943 条、第 944 条）。动产物权（尤其是所有权）的存在，既以占有为表征，则善意信赖此项表征而为法律交易者，纵其表征与实质权利不符，亦应受保护。关于动产物权的善意取得，“民法”基于体系的考虑，分别于不同章节设其规定。“民法”第 801 条、第 948 条至第 951 条之 1 规定动产所有权的善意取得，第 886 条规定动产质权的善意取得。

动产善意取得制度涉及立法政策、比较法的规范模式、利益衡量、法律基本概念，可供更深刻学习认事用法的论证，明辨案例异同，培养法律思维及请求权基础方法，理解“民法”五编制（尤其是总则、债编及物权编）的适用关系，建构法释义学，且为考试常见的试题，具有法学教育的意义，在实务与理论均属重要，特作较详细的说明，以供参考。

学习法律，始于案例及区别案例异同。兹举三个简单案例作为思考出发点：

1. 甲将所有的 A 琴出租（或出借、寄托）于乙，乙擅以该琴作为己有，出售于丙，并依让与合意移转所有权，交付于丙。
2. 承案例 1，乙系擅将 A 琴赠与丙。
3. 承案例 1，A 琴系为乙所盗，或遗失被乙拾得。

法律人的基本能力在于能将社会生活中的具体案例，纳入法律的规范体系，认识理解其所涉及的问题。兹将前揭三个案例图示如下（请查阅相关条文）：

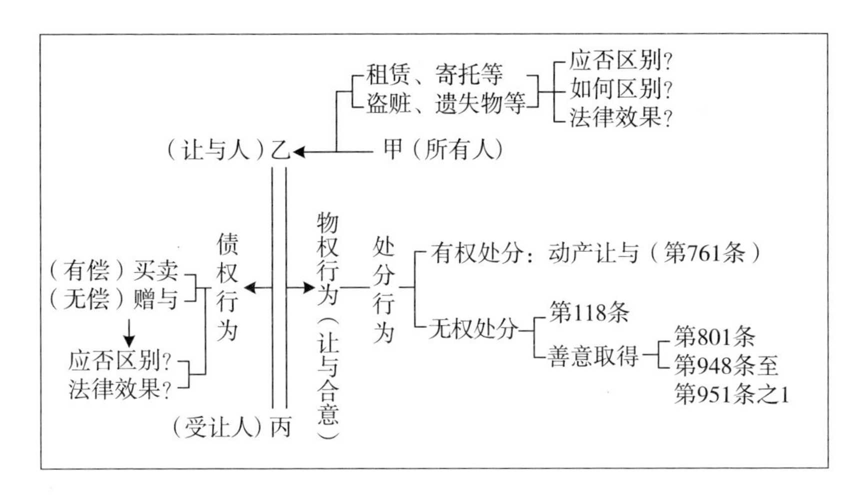


1. 请理解前揭图示的基本概念及法律关系。

2. 请思考区辨前揭三个案例的异同。

3. 请说明应如何规范善意取得的要件与效果。

4. 为何要区别无权让与的动产系“租赁或寄托之物”与“盗赃或遗失物”。

## 二、无权处分与动产物权善意取得

### (一) 无权处分的意义

动产物权善意取得的发生,系因所有权的让与人无移转其所有权,或出质人无设定质权的权利。所谓无移转其所有权或设定质权的权利,系指所有人或出质人欠缺得就该动产物权为有效处分行为之权能(处分权)。应予明辨的是三个基本概念:

1. 处分行为

(1)债权行为(负担行为)与物权行为的区别:要了解民法上的动产善意取得制度,必须认识处分行为与债权行为的区别。处分行为,指直接使某种权利发生变动的法律行为,如所有权的移转或质权的设定。此等处分行为皆有其原因行为(债权行为、负担行为),就所有权的移转言,如买卖、互易或赠与;就质权的设定言,如设定质权的约定。所有权的移转或质权设定系基于物权行为,债权行为则为物权变动的法律上原因。

(2)前揭三个案例应区别乙与丙间的三个法律行为:①乙出卖(或赠

与)A琴于丙的债权行为。②丙支付价金于乙的物权行为。③乙移转A琴所有权于丙的物权行为(处分行为)。

2. 处分权

(1)出卖他人之物:处分行为以处分人有处分权为有效要件。至于债权行为(如买卖)则不以有处分权为必要,故出卖他人之物时,其买卖契约仍属有效。

(2)谁有处分权:凡财产权人就其权利标的物原则上皆有处分权,如物的所有人得让与其所有权或设定质权等。非财产权人的第三人,得由所有人授予处分权。依法律规定享有处分权的,如法定代理人(第1086条、第1088条)、破产管理人("破产法"第92条)等。

3. 无权处分与无权代理

应与无权处分严格加以区别的,是无权代理。代理人在代理权限内所为的处分行为对本人发生效力(第103条)。无代理权而以本人名义为处分行为时,其代理行为效力未定(第170条)。例如,甲授予代理权于其受雇人乙出售某电脑时,乙以甲的名义与丙所为的买卖契约(债权行为)及移转所有权的让与合意(处分行为)对甲均发生效力。但在代理权授予行为无效的情形,其买卖契约(债权行为)及移转所有权的让与合意(处分行为),均属效力未定,丙纵为善意信赖乙的代理权,原则上仍不受保护,前已论及,兹再强调之。

(二) 无权处分行为的效力与善意取得

1. 无权处分行为的效力

"民法"第118条规定:"无权利人就权利标的物所为之处分,经有权利人之承认始生效力。无权利人就权利标的物为处分后,取得其权利者,其处分自始有效。但原权利人或第三人已取得之利益,不因此而受影响。前项情形,若数处分相抵触时,以其最初之处分为有效。"本条所称的处分,指处分行为,不包括买卖契约等债权行为。无权处分行为的效力,并非无效,而是效力未定。依"民法"第118条之规定,使其确定生效的方法有二:

(1)经有权利人之承认。最高法院1944年上字第6950号判例谓:"民法第118条第1项所谓有权利人之承认无须践行一定之方式,如有权利人就此有明示或默示之意思表示,虽未以书面为之,亦无妨于承认效力之发生。"需注意的是,最高法院1934年上字第2510号判例谓:"无权利人就权利标的物为处分时,如其行为合于侵权行为成立要件,虽其处分已经有权利人之承认而生效力,亦不得谓有权利人之承认,当然含有免除处分人赔偿责任之意思表示。”(本件判例已停止适用,但仍值参考)由此可知,权利人的承认虽使处分行为发生效力,无权处分人的侵权行为损害赔偿责任不因此而受影响。

(2)无权利人于为处分后取得其权利(如继承或受让标的物所有权)。最高法院1940年渝上字第1405号判例谓:“无权利人就权利标的物为处分后,因继承或其他原因取得其权利者,其处分为有效,民法第118条第2项定有明文。无权利人就权利标的物为处分后,权利人继承无权利人者,其处分是否有效,虽无明文规定,然在继承人就被继承人之债务负无限责任时,实具有同一之法律理由,自应由此类推解释,认其处分为有效。”

2. 动产物权的善意取得

无权的处分行为系效力未定,已如上述,但在让与动产所有权或设定动产质权的情形,受让人或质权人善意受让动产占有者,仍能取得所有权或质权(第801条、第886条、第948条以下)。所谓善意受让动产占有,指善意信赖处分人的处分权,法律为保护此项善意信赖,使无权处分行为发生效力。

需再说明的是,在受让人非属善意而不能取得动产所有权时,所有人仍得承认让与人无权处分的行为,使其发生效力,使受让人取得所有权,所有人得向让与人主张权益侵害不当得利请求权(第179条)。

## 第二项 动产所有权的善意取得

### 第一目 利益衡量与规范模式

1. 甲寄托某名贵稀有日本六头网鲍于乙处,乙擅将该鲍鱼作为己有,出卖于善意之丙,并依让与合意交付之。丙以丁寄存的未记载权利人的有价证券支付价金。试问:

(1)丙是否取得该鲍鱼所有权,乙得否取得该有价证券?

(2)乙系将该鲍鱼赠与丙时如何?

(3)在上开情形,设该鲍鱼系盗赃或遗失物时,丙是否取得其所有权?区别无权处分之标的物为寄托物、盗赃或遗失物,其理由何在,是否合理?

2. 请从保护所有权、交易安全、交易成本的观点,思考应如何设计动产善意取得制度,并借此制度认识立法及法律适用上的利益衡量。

## 一、所有权的保护、交易安全与交易成本

(一) 三个核心问题

动产所有权善意取得制度最可体现法律上的利益衡量与价值判断,对法学思考甚有帮助。甲寄托某鲍鱼于乙处,乙擅将该鲍鱼作为己有,出卖于丙,并移转其所有权。设丙为恶意时,无保护的必要,不能取得其所有权,甲得对丙主张所有物返还请求权(第767条第1项前段)。设丙为善意时,应如何处理,则值研究。此涉及三个“民法”上的基本利益或价值:

1. 所有权的保护。
2. 交易安全。
3. 善意取得的交易成本。

(二) 所有权保护与交易安全

从保护所有权的立场言,所有权不能因他人的无权处分而消灭,所有人得向受让人请求返还其物,受让人则应向让与人依其法律关系(买卖、互易或赠与)寻求救济。然绝对贯彻所有权保护原则,交易活动必受影响,在市场或商店购物,对让与人占有其物的信赖,倘不予保护,则购物者人人自危,恐遭不测损害,交易殆难进行。由购买者去查知让与人是否为所有人,有无处分权,交易成本甚大,纵具侦探才能,亦属困难。所有权的保护(静的安全)和交易便捷(动的安全)这二个利益必须妥协,期能兼顾。

(三) 善意取得与交易成本:善意取得的经济分析[①]

动产所有权的善意取得涉及所有权移转的效率,风险及风险责任分担而成为经济分析的课题。法律交易发生资讯成本,罗马法所采“一个人不能移转其不拥有的权利”(nemo plus juris transferre possit, quam eo ipse

---

① Schäfer/Ott, Lehrbuch des ökonomischen Analyse des Zivilrechts (4. Aufl., 2005);〔德〕汉斯-贝恩德·舍费尔、〔德〕克劳斯·奥特:《民法的经济分析》(第四版),江清云、杜涛译,法律出版社2009年版,第551页。

hahet)的原则欠缺效率,因为所有人无须承担监控成本,径可向受让人请求返还,由受让人单方面承担资讯费用。

善意取得制度具有分配资讯成本的作用,使权利人与受让人皆须承担部分监控成本和资讯成本,可以降低交易成本,促进有效率地利用物的资源。善意取得规则作为一种分配资讯成本的工具或机制,体现于其要件:

1. 无权处分人对动产的占有:占有及所有权的推定,可以减少受让人的资讯成本。

2. 占有原因的区别:无权处分人占有标的物,基于原占有人的意思时,应由权利人监控,负担风险,学说上应为"自己行为引致原则"(Veranlassungsprinzip)。在非基于所有人的意思而为占有的情形(盗赃或遗失物等),"民法"设有特别规定,让此等物的移转较为困难,而使窃盗或侵占遗失物,不具吸引力,亦具经济上的合理性。

3. 不知或非因重大过失的善意:此乃在分配权利人的监控成本及受让人应承担的资讯成本。

### (四) 善意取制度(要件及效果)设计上应考虑的因素及利益衡量

动产所有善意取得制度在规范设计上应衡酌考虑下列四个基本问题:

1. 明确作为正当化善意信赖权利表征的客观要件:受让占有?

2. 所有人丧失占有的原因:应否区别基于其意思(如租赁、寄托)或非基于其意思(如盗赃或遗失物)而异其善意取得的效果?关于盗赃或遗失物,应否区别一般动产(如鲍鱼、书画)与金钱或未记载权利人之有价证券?

3. 善意受让动产所有权,应否区别其原因行为(债权行为)是有偿(如买卖、互易)或无偿(赠与)?

4. 如何定义受让人的善意?

## 二、比较法上的规范模式①

### (一) 罗马法

罗马法系采"任何人不能以大于自己所有的权利让与他人"的原则。

---

① Zweigert, Rechtsvergleichend-Kritisches zum gutgläubigen Mobiliarerwerb, RabelsZ 23 (1958). 此为比较法上的研究课题,Wellenhofer, Sachenrecht, S. 126.

此乃基于法律逻辑及利益衡量,偏重于所有权保护。受让人纵属善意,亦不能取得动产所有权,所有人得向受让人主张所有物返还请求权。需注意的是,善意受让人得主张时效取得,其取得时效期间仅为 1 年,以维护交易活动及安定的法律秩序。

(二) 德国法[1]

日耳曼法系采“所有人任意让他人占有其物者,则只能对该他人请求返还”的原则。此乃基于以手护手(Hand wahre Hand)的观念,认为:“汝将汝的信赖置于何处,应于该处寻之”(Wo du deinen Glauben gelassen hast, du musst ihn suchen),偏重于保护交易安全。德国民法采此,其规范内容有四点特色:

1. 对“善意”设有定义规定:即受让人明知或因重大过失而不知物权不属于让与人之所有者,即非善意(《德国民法典》第 932 条第 2 项)。

2. 所有人因被盗、遗失或其他事由而丧失其动产时,受让人不能取得其所有权。此项规定不适用于金钱、无记名证券及以公开拍卖方法而让与之动产(《德国民法典》第 93 条)。

3. 无权处分为无偿(如赠与)时,基于该处分而直接取得利益之人,应依不当得利规定负返还义务(《德国民法典》第 816 条第 1 项)。

4. 让与人须完全丧失物之占有,而由受让人取得之(《德国民法典》第 933 条第 2 项)。

(三) 瑞士民法

《瑞士民法典》关于动产善意取得,系于动产所有权章之第 714 条第 2 项加以规定:“善意受让动产所有权者,纵让与人无让与所有权之权利,如受让人就物之占有受关于占有规定之保护,仍为动产之所有人。”所谓“受关于占有规定之保护”,指占有章第 933 条至第 935 条规定,即:

1. 善意受让动产所有权或有限物权的人,纵让与人未被授予让与权,其取得仍受保护(《瑞士民法典》第 933 条)。

2. 占有人,因被盗或遗失,或违反其意思而丧失其动产者,在 5 年内得向任何受领人请求返还。物由公开拍卖或由市场或由贩卖商品之商人

---

[1] 丰富的研究成果:Giehl, Der gutgläubigen Mobiliarerwerb: Dogmatik und Rechtswirklichkeit, AcP 161 (1962), 357; Kindler/Paulus, Redlicher Erwerb, Grundlagen und Grundprinzipien, Jus 2013, 393; Thorn, Der Mobiliarerwerb vom Nichtberechtigten (1996).

受让者,须对最初及事后善意受领人,偿还其所支付之价金始得请求返还。其他情形,返还须依关于善意占有人请求权之规定为之(《瑞士民法典》第934条)。

3. 金钱及无记名证券,纵违反占有之意思而丧失者,其占有人亦不得对善意受领人请求返还之(《瑞士民法典》第935条)。

(四) 日本民法

日本民法关于动产善意取得,系于物权编占有权之效力一节设其规定:

1. 平稳且公然开始占有动产之人,如为善意并无过失者,实时取得该动产上所行使之权利(《日本民法典》第192条)。

2. 占有物系盗品或遗失物者,被害人或遗失人,得于自被盗或遗失起二年内,对于占有人请求该物之回复(《日本民法典》第193条)。

3. 占有人以善意于拍卖或公共市场收买盗品或遗失物,或由贩卖与该物同种之物之商人收买者,被害人或遗失人非偿还占有人所付出之价金,不得回复该物(《日本民法典》第194条)。

(五) 中国大陆民法典

2020年制定的《中华人民共和国民法典》于动产善意取得,设有二条具中国特色的规定:

1. 第311条规定:"无处分权人将不动产或者动产转让给受让人的,所有权人有权追回;除法律另有规定外,符合下列情形的,受让人取得该不动产或者动产的所有权:(一)受让人受让该不动产或者动产时是善意;(二)以合理的价格转让;(三)转让的不动产或者动产依照法律规定应当登记的已经登记,不需要登记的已经交付给受让人。受让人依据前款规定取得不动产或者动产的所有权的,原所有权人有权向无处分权人请求损害赔偿。当事人善意取得其他物权的,参照适用前两款规定。"

2. 第312条规定:"所有权人或者其他权利人有权追回遗失物。该遗失物通过转让被他人占有的,权利人有权向无处分权人请求损害赔偿,或者自知道或者应当知道受让人之日起二年内向受让人请求返还原物;但是,受让人通过拍卖或者向具有经营资格的经营者购得该遗失物的,权利人请求返还原物时应当支付受让人所付的费用。权利人向受让人支付所付费用后,有权向无处分权人追偿。"

## 三、中国台湾地区“民法”[①]

### (一) 基本内容

“民法”关于动产所有权的善意取得,系分别于第 801 条(第二章第三节动产所有权)及第 948 条至第 951 条之 1(第十章占有)设其规定,其基本内容为:

1. 善意取得原则:以动产所有权之移转为目的,而善意受让该动产之占有者,纵其让与人无让与之权利,其占有仍受法律之保护,而取得其所有权。但受让人明知或因重大过失而不知让与人无让与之权利者,不在此限。动产占有之受让,系依“民法”第 761 条第 2 项为之者,以受让人受现实交付且交付时善意为限,始受保护(第 801 条、第 948 条)。

2. 盗赃、遗失物特别规定:动产如系盗赃、遗失物或其他非基于原占有人之意思而丧失其占有之物,原占有人自丧失占有之时起二年之内,得向善意受让之现占有人请求回复其物。依前项规定回复其物者,自丧失其占有时,回复其原来之权利(第 949 条)。盗赃、遗失物或其他非基于原占有人之意思而丧失其占有之物,如现占有人由公开交易场所,或由贩卖与其物同种之物之商人,以善意买得者,非偿还其支出之价金,不得回复其物(第 950 条)。盗赃、遗失物或其他非基于原占有人之意思而丧失其占有之物,如系金钱或未记载权利人之有价证券,不得向其善意受让之现占有人请求回复(第 951 条)。

3. 善意取得包括有偿让与和无偿让与:动产善意取得的法律原因究为有偿(买卖)或无偿(赠与)均所不问,此涉及所有人如何向让与人(无权处分人)主张不当得利请求权的问题,俟后再为说明。

### (二) 规范体系

兹将现行法上动产善意取得的规范体系、构成要件及法律效果图示如下:

---

① 参见郭瑞兰:《动产善意取得之研究》,政治大学 1980 年法律研究所硕士论文;刘得宽:《占有改定与即时取得》,载《法学丛刊》1970 年第 15 卷第 2 期;杨与龄:《盗赃之善意取得与回复》,载《法令月刊》1981 年第 32 卷第 6 期;苏永钦:《动产善意取得若干问题》,载《民法经济法论文集》,1988 年版,第 167 页;苏永钦主编:《民法物权争议问题研究》,1999 年版,第 301 页;郑冠宇:《占有的相关问题之探讨》,载《月旦法学杂志》2000 年第 66 期;谢在全:《民法物权论》(上),第 515 页;郑冠宇:《民法物权》,第 106 页。

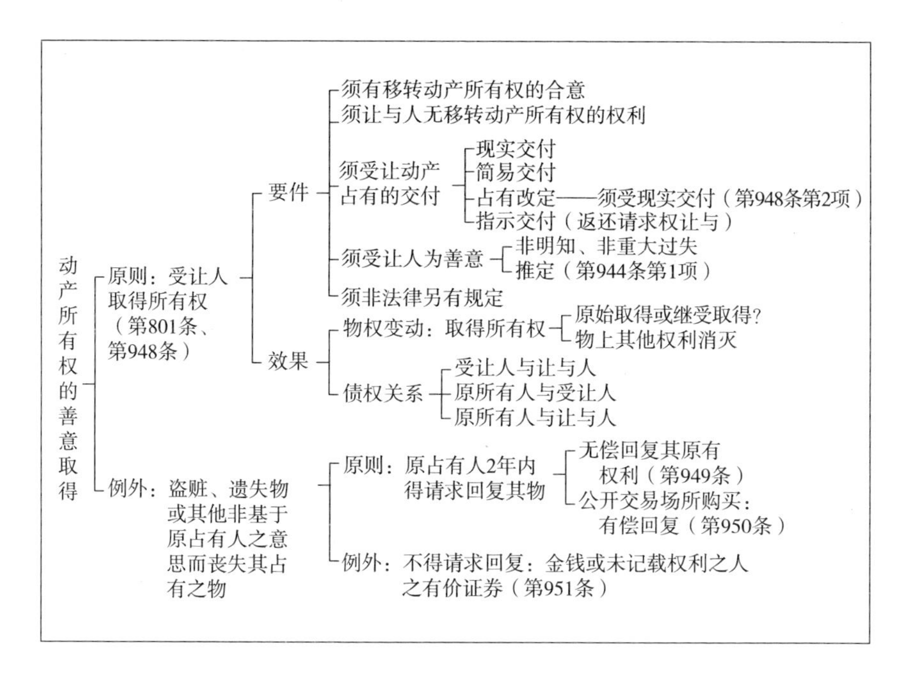


关于"民法"动产所有权善意取得制度，应说明的有三点：

1. 动产所有权善意取得是个古老的问题，有各种不同的规范模式。现行"民法"系以交易安全为出发点，明定善意取得动产所有权的原则，但对盗赃、遗失物或其他非基于原占有人意思而丧失占有之物（以下为行文方便，简称为"盗赃或遗失物"），设有例外，规定二年以内得请求回复其物（第949条），以保护所有人的利益。值得注意的是，"民法"对此例外，复设例外（第950条、第951条）。在此种原则及例外的规定，可见立法者如何权衡折中，以建立一个较为合理的制度。

2. 动产所有权的善意取得，系以让与人之"占有"及受让人的"善意"为基本构成要件。"民法"第801条、第948条所谓其占有仍受法律之保护，在于肯定占有的公信力，以占有表征让与人的处分权，作为受让人信赖保护的客观要件。

3. 盗赃或遗失物如何处理，是善意取得制度上最困难的问题。在德国民法，受让人原则上不能取得盗赃或遗失物的所有权。"民法"规定所有人于二年内得请求回复其物，其期间与日本民法同，较《瑞士民法典》规定之5年为短，立法目的在于尽速了结法律关系，以维护交易安全。

“民法”对盗赃或遗失物之所以设特别规定，主要是因为在此等情形，物离去所有人，而由让与人占有，既非基于所有人的意思，应予适当的保护。在所有人依其意思使让与人占有其物的情形，所有人自己创造了一个可使第三人信赖的状态，对交易安全产生危险性，理应承担其物被无权处分的不利益。从法律经济的分析的观点言，物的所有人只要尽相当的注意（如在图书盖上戳记），通常即能控制此项危害交易的来源，可谓是较便宜的成本避免者。因善意受让动产之占有而取得他人的所有权，与正义原则有违，旨在促进交易安全及经济效率。

## 第二目 动产所有权善意取得的要件

关于动产所有权的善意取得，“民法”于第 801 条与第 948 条设其规定，此外尚须具备“民法”第 761 条规定的基本要件。综合言之，系指以动产所有权之移转为目的，而善意受让该动产之占有者，除法律另有规定外，纵让与人无让与之权利，受让人仍取得其权利。其构成要件有五，应依序加以检查认定：(1)须有移转动产所有权的合意。(2)须让与人无移转动产所有权的权利。(3)须受让动产的占有。(4)须受让人为善意，即非明知或非因重大过失而不知让与人无让与之权利。(5)须非法律另有规定。

兹分述如下：

### 一、移转动产所有权的让与合意

1. 甲在其父遗物中发现 A 古玉，认为系其父遗产，让售于善意之乙。其后发现该古玉系丙所有。试说明该古玉的物权变动。

2. 在前揭案例，假设甲与乙间让售 A 古玉的买卖契约不成立（或无效、或被撤销）时，乙得否主张善意取得该古玉所有权？

#### （一）让与合意

1. 物权契约

“民法”第 761 条第 1 项规定：“动产物权之让与，非将动产交付，不生效力。但受让人已占有动产者，于让与合意时，即生效力。”所谓让与合意，指让与动产所有权之物权的意思表示的合致，此乃物权契约，为一种处分行为。此种让与合意须具备法律行为的一般生效要件，尤其是当事人须有行为能力,受监护宣告之人擅自无权处分他人的动产,受让人纵属善意受让该物的占有,亦不能取得其所有权。

2. 不适用于物权法定移转:继承

动产所有权的善意取得须有让与合意,系基于法律行为(处分行为)而取得。非基于法律行为而受让动产所有权,不适用善意取得规定,继承为其著例。例如,甲寄托某件古玉于乙处,乙死亡,其继承人丙虽善意占有该件古玉,仍不能取得其所有权,丙将该古玉让售于丁,系无权让与,发生善意取得问题(案例 1)。

3. 拍卖的适用

需注意的是,关于法院的拍卖亦有善意取得规定的适用。通说对法院拍卖采私法行为说,认为属民法上的买卖,并以债务人为出卖人,故债权人以无实体权利的执行名义,对债务人占有的第三人动产声请法院拍卖时,拍定人(买受人)仍得善意受让其所有权。

(二) 交易行为

动产所有权善意取得制度在于保护交易安全,须限于"交易行为"(Verkehrsgeschäft)。交易行为,指让与人和受让人在法律或经济上非属同一主体。甲公司与乙公司合并为丙公司,而移转属于甲公司的动产于丙公司时,因主体同一,不具交易行为的性质,无适用善意取得规定的余地。至于交易行为系有偿或无偿,在所不问。

(三) 无原因行为的无权处分

动产所有权的移转系处分行为,其原因行为得为买卖、互易、赠与、消费借贷,并包括其他以动产所有权之移转为目的之法律行为及清偿债务的给付行为。例如甲因过失致乙所有的 A 物灭失,甲擅以丙所寄托的 B 物为赔偿时,亦有善意取得的适用。

有争论的是,善意取得是否须以有效的原因行为为要件。例如甲有某电脑出借于乙,乙以之作为己有,出卖(或赠与)于丙,并依让与合意交付之。设乙与丙的买卖(或赠与)不成立,或乙以意思表示错误撤销赠与契约时,丙是否仍能主张善意取得该电脑的所有权?

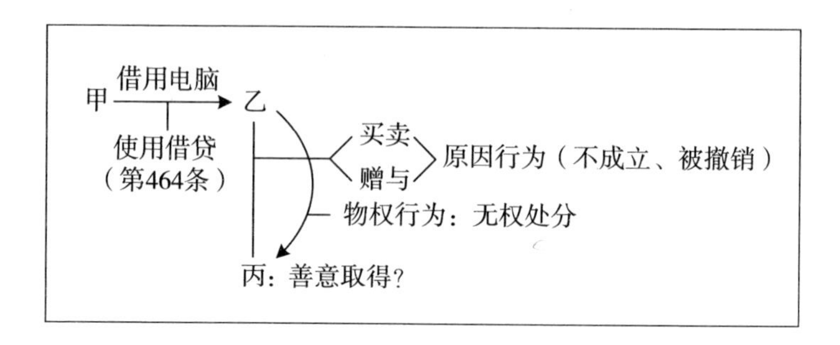


对此问题，史尚宽先生采否定说，强调善意取得的要件须有有效的原因行为（买卖等），其立论深刻，足供参照。[①] 笔者认为动产善意取得，不必以原因行为（债权行为）的有效为要件，分三点言之：

1. "民法"第801条规定："动产之受让人占有动产，而受关于占有规定之保护者，纵让与人无移转所有权之权利，受让人仍取得其所有权。"就法条文义而言，并不以有效原因行为为要件。

2. 原因行为与物权行为的区别及物权行为无因性，系民法的基本原则，于动产善意取得制度上亦应适用。

3. 原因行为有效存在时，善意受让人取得动产所有权，具有法律上的原因，原因行为不存在时，则善意受让人系无法律上原因取得动产所有权，应依不当得利规定负返还的义务。此项法律状态，符合现行"民法"的基本原则，与善意取得制度的规范意旨。

## 二、让与人无移转所有权的权利

动产所有权的善意取得，以让与人无权让与为要件。所谓无让与的权利，包括无所有权，或无为他人或代他人以自己名义处分其物的权利。兹分四种情形加以说明：

1. 无所有权：如承租人、受寄人、借用人、附条件买卖买受人（出卖人保留所有权）等。让与人取得动产所有权的法律行为无效（如通谋虚伪表示）或被撤销时，亦属之。在二重买卖，所有权人将其物的所有权依占有改定或指示交付移转于买受人中之一人后，再将该物现实交付于其他买受人，以移转所有权时，其让与亦属无权处分。

---

① 参见史尚宽：《物权法论》，第506页。

2. 所有权受限制：其主要情形为债务人的动产被查封后，债务人仍将其所有权移转于他人时，依“强制执行法”第51条第1项之规定，对债权人不生效力。通说认为查封为公法上之强制处分，不因第三人是否善意而影响其效力，无“民法”第801条及第948条所定善意取得之适用。依“民法”第819条第2项之规定，共有物之处分应得共有人全体之同意，设共有人中之一或数人未经其他共有人同意而为处分时，所有权行使受限制，其处分权亦有欠缺，于此情形，应有善意取得规定的适用。

3. 欠缺处分权：此指本有得以自己名义处分他人动产的一般权限，但对特定物无处分权而言，例如行纪人受托出卖物品，误将寄存之物一并出售。

4. 代理：本人无处分权，由代理人代为处分行为时，因代理人的意思表示，直接对本人发生效力（第103条），亦有善意取得规定的适用。

## 三、受让动产的占有

试就下列二例说明当事人间的法律关系，区别其异同并说明理由：

1. 甲出售A长笛给乙，于为让与合意时，甲表示借用三天。甲于次日擅将该长笛出售于丙（善意或恶意），并依让与合意而为交付。

2. A长笛系丁所有，借甲使用，甲擅将该长笛出售于善意之乙，乙于甲为让与合意时，表示寄存三日。甲于次日擅将该长笛出售于善意（或恶意）之丙，并即依让与合意交付该笛。

受让动产的占有，系善意取得的信赖基础。依“民法”第761条之规定，动产占有的移转有现实交付、简易交付、占有改定和指示交付（返还请求权的让与）四种情形，分述如下：

### （一）现实交付

1. 现实交付的意义

现实交付，指将对于动产的事实管领力移转于受让人（第761条第1项本文）。例如甲擅将向乙租用或借用的电脑让与丙，其现实交付可依下列方式为之：

（1）甲自己交付该电脑于丙。

(2)甲自己或使其受雇人(占有辅助人)将该电脑交付于丙的受雇人(占有辅助人)。

2. 指令取得(Geheisserwerb)的问题

关于现实交付,最值得注意的是所谓“指令取得”,此系德国判例学说上所谓 Geheisserwerb 的翻译,其所涉及的特殊的案例类型为:无权让与人未占有动产,而指令占有人对受让人为交付。例如甲以保留所有权的方式出卖某件机器给乙,乙转售于丙,乙对甲伪称其对丙亦为所有权的保留,甲乃将该件机器交付于丙。德国联邦法院肯定丙的善意取得,其理由系不占有标的物的无权处分人既然已使第三人将其动产交付于受让人,衡诸立法目的,自应使受让人取得其所有权。此项见解强调善意取得的权利表征,不在于让与人的占有本身,而在于受让人取得占有的实现。“民法”亦可采此见解,受让占有既已实现,应肯定其善意取得。

具有启示性的是所谓连锁交易①,例如甲有某件唐三彩陶马,交乙鉴定,乙擅将之出卖于丙,丙转售于丁,丙指令乙对丁为交付(参阅下图):

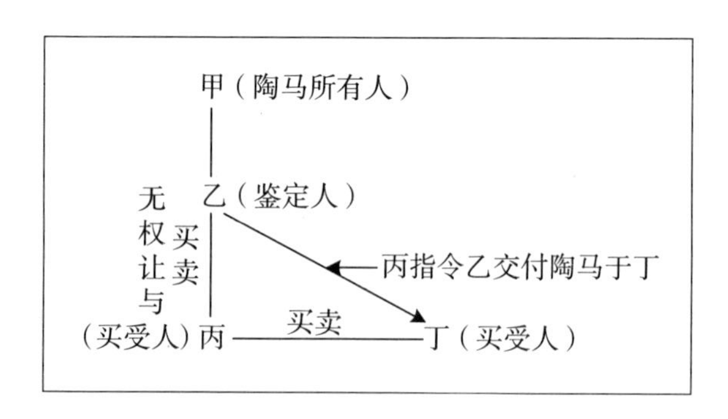


在此案例,若乙为唐三彩陶马的所有人,则丙指令乙将唐三彩陶马交付于丁时,系完成二个物权变动,即乙与丙间、丙与丁间分别作成二个让与合意;至其交付,则由丙指令乙对丁为之,先由丙取得唐三彩所有权,再于所谓法律瞬间(Juristische Sekunde)移转于丁,其法律状态与乙交付于丙,丙再交付于丁,并无不同。

在乙系无权处分的情形,应认为:

① Martinek, Traditionsprinzip und Geheisserwerb, AcP 188, 573; Vieweg/Lorz, S. 133 f.; Müller/Gruber, S. 289 f.

(1)丙系善意时,先自乙处受让唐三彩陶马所有权,丁则自丙处受让其所有权。

(2)丙系恶意时,未能取得唐三彩陶马所有权,其将该唐三彩陶马所有权让与丁,系属无权处分,丁得依善意受让规定取得其所有权。

有争论的是德国实务上一个著名的案例:甲销售煤炭,乙向甲订购时,甲已结束营业,甲要求其同业丙对乙交付,丙的送货单载明价金清偿前保留所有权。乙因已向甲付清价款,拒绝对丙付款,丙乃向乙请求返还煤炭。问题在于乙得否主张善意取得。德国联邦法院采肯定说,认为甲系无权处分丙的煤炭,使丙对乙为交付,乙信赖甲为所有权人,因善意受让煤炭的占有而取得其所有权。[①] 此项判决,可供参考。

(二) 简易交付

"民法"第761条第1项但书规定:"但受让人已占有动产者,于让与合意时,即生效力。"学说上称为简易交付。让与人系有权处分时,受让人是否由让与人取得动产的占有,在所不问。

在无权处分的情形,《德国民法典》第932条第1项后段明定,须受让人系自让与人处取得动产的占有(直接占有或间接占有),让与人须完全放弃其所有,受让人始能取得其所有权。"民法"未设相当规定,但学说肯定之[②],可资赞同。盖受让人占有动产非来自让与人,欠缺表征权利的信赖基础,不能仅因让与合意即可取得其所有权。兹举三例说明如下:

(1)甲出租其琴于乙,乙转租于丙。其后乙擅以该琴作为其所有,出卖于丙,于让与合意时,丙若为善意,即可取得其所有权。丙之占有动产,不以直接占有为必要,于让与合意时,纵乙已将该琴转租于丁(或借丁使用),丙仍能取得其所有权。

(2)甲有某书交乙影印,乙出借该书于丙,丙转借于丁。其后,乙擅以该书为己有出卖于丁,于让与合意时,善意之丁即取得该书所有权。丁自第三人(丙)取得动产占有,而该第三人丙系媒介让与人(乙)的占有,让与人(乙)的间接占有具有可信赖的表征,亦属自让与人受让占有。

---

① BGHZ 36, 56; Westermann/Gursky, Sachenrecht, I. S. 350.

② 参见史尚宽:《物权法论》,第507页。

(3)甲有某名犬,委乙训练,该犬走失,丙拾得之。设乙对丙伪称该犬为其所有,愿出卖于丙,善意的丙不能因让与合意而取得该犬所有权,因其并未自乙受让该犬的占有,不受保护,不能主张善意取得该犬的所有权。

（三）占有改定

1. 问题说明

"民法"第761条第2项规定:"让与动产物权,而让与人仍继续占有动产者,让与人与受让人间,得订立契约,使受让人因此取得间接占有,以代交付。"例如,甲擅将乙借用的自行车让售于丙,甲为参加环岛旅行,乃与丙订立租赁契约,使丙取得间接占有,以代交付(第941条)。在此情形,丙得否主张善意取得自行车的所有权?"最高法院"2003年台上字第1218号判决谓:"让与动产物权,而让与人仍继续占有动产者,让与人与受让人间,得订立契约,使受让人因此取得间接占有,以代交付。又以动产所有权或其他物权之移转或设定为目的,而善意受让该动产之占有者,纵其让与人无让与之权利,其占有仍受法律之保护,'民法'第761条第2项、第948条定有明文。动产所有人虽不得专以他人无权让与为理由,对于依'民法'第761条规定取得动产占有之善意受让人请求回复其物,惟此系以该动产原即由无权让与人占有为前提,否则,自无上开'民法'规定之适用。"

《德国民法典》第933条规定,依占有改定移转动产所有权者,须受让人自让与人受让动产的交付,且于交付之际为善意时,始取得其所有权。关于此项规定的立法理由,系认为须俟受让人受让动产的交付,而能完全排除让与人的占有,其占有地位终局稳固,始受保护。[①]

旧"民法"未设类如《德国民法典》第933条的规定,通说认为解释上不必以受让人取得其物之占有为要件,占有改定本身即足使善意受让人取得动产物权。[②] 此项见解强调让与人占有动产的权利表征,偏重交易安全。

---

① Picker, Mittelbarer Besitz, Nebenbesitz und Eigentumsvermutung in ihrer Bedeutung für den Gutglaubenserwerb, AcP 188, 511; Baur/Stürner, Sachenrecht, S. 521.

② 参见史尚宽:《物权法论》,第508页;深入的讨论,参见刘得宽:《占有改定与即时取得》,载《法学丛刊》1970年第15卷第2期。占有改定与实时取得是日本法上争论的问题,参见〔日〕田中整尔:《占有改定と实时取得》,载《ジュリスト》300号(学说展望)。

2. "民法"第948条第2项的增订:公示原则的贯彻

"民法"物权编于2010年2月修正在"民法"第948条增订第2项规定:"动产占有之受让,系依第七百六十一条第二项规定为之者,以受让人受现实交付且交付时善意为限,始受前项规定之保护。"立法理由谓:"善意取得,让与人及受让人除须移转占有之合意外,让与人并应将动产交付于受让人。第761条第1项但书规定之简易交付,第3项指示交付均得生善意取得之效力,且让与人均立即丧失占有。惟如依同条第2项之占有改定交付者,因受让人使让与人仍继续占有动产,此与原权利人信赖让与人而使之占有动产完全相同,实难谓受让人之利益有较诸原权利人者更应保护之理由,故不宜使之立即发生善意取得效力,于受让人受现实交付且交付时善意者为限,始受善意取得之保护,以保障当事人权益及维护交易安全。"兹举三例加以说明:

(1)在甲擅将乙出借的自行车让售于丙之例,须于甲将自行车返还于丙,由丙占有时,丙始取得该自行车的所有权。

(2)甲有某长笛,寄托乙处,乙擅行出卖于善意之丙,乙伪称要参加演奏会,而与丙订立租赁契约,使丙取得间接占有,以代交付。在此情形,丙尚不能取得该长笛的所有权,甲仍得对乙终止寄托关系,而向乙主张所有物返还请求权。须俟乙将该长笛交付于丙,而丙在交付时尚属善意时,丙始能取得其所有权。此项动产交付,须依让与人乙的意思而为之,受让人丙擅自取走该长笛,仍不能取得其所有权。

(3)甲擅将乙出借的电脑让售于丙,丙付款后表示将电脑寄存甲处三日,丙与甲间成立寄托的占有改定,甲为直接占有人,丙为间接占有人。丙并未因现实交付,且交付时为善意,而取得电脑所有权。在此情形,乙得向甲终止借用契约,请求返还该电脑(第767条第1项前段)。该电脑被他人侵夺时,丙虽得行使占有物返还请求权(第962条),但无所有物返还请求权(第767条第1项前段)。甲将该电脑让售于善意之丁,并依让与合意交付时,由丁取得其所有权,丙不得以所有权受侵害向甲行使其权利。由此案例可知,以占有改定方式受让动产所有权者,承担一定程度交易上的风险(参阅前揭案例)。

(四) 指示交付(返还请求权的让与)

"民法"第761条第3项规定:"让与动产物权,如其动产由第三人占有时,让与人得以对于第三人之返还请求权,让与于受让人,以代交付。"

兹分二种情形言之：

1. 处分让与人系间接占有人：例如甲出借某照相机给乙，乙转借于丙，其后乙擅以该照相机作为己有出售于丁，并让与其对丙在使用借贷契约上的返还请求权，以代交付。丁为善意时，取得照相机的所有权。

2. 处分让与人非间接占有人：例如甲出租A摄影机给乙，被丙所盗，其后乙擅以该摄影机作为己有出售于丁，并让与其对丙依"民法"第962条之规定得主张的占有物返还请求权时，丁得否善意取得A摄影机的所有权？

《德国民法典》第934条第2项规定，在让与人非属间接占有人的情形，因无正当性的权利表征，受让人欠缺信赖保护的基础，须受让人（丁）自第三人（丙）取得动产的占有时，始取得其所有权。

"民法"未设此规定，学说上有认为不以此为要件，故受让人虽未占有其物（直接占有或间接占有），仍能取得其所有权。[①] 此项见解，在法律文义上固有所据，但衡诸受让占有（直接占有、间接占有）系善意取得正当化的客观要件，似应参照《德国民法典》第934条第2项之规定，就"民法"第761条规定作目的性限缩，须受让人（丁）自第三人（丙）取得动产占有时，始能取得其所有权。

## 四、受让人的善意

### （一）善意的意义

1. 核心问题、解释上的争议

动产物权善意取得，须以受让人的"善意"为要件。问题在于所谓善意，应作何解，是否须以无过失为必要？《德国民法典》第932条规定："受让人明知或因重大过失而不知动产不属于让与人所有者，即为非善意。"《日本民法典》第192条明定"善意并无过失"，旧"民法"第948条仅规定"善意"，如何解释，有四种见解：

（1）所谓善意，系指不知让与人无让与的权利，有无过失，在所不问。"最高法院"1981年台上字第3077号判决谓："汽车为动产，其所有权之移转因交付而生效力，不以向监理机关申请过户为必要，观同法第761条第1项规定亦可明了。系争货车，果如上诉人所云，因刘○聪出卖，递经

---

① 参见史尚宽：《物权法论》，第508页。

陈○中、杨○典而由上诉人承买，并已交付；又设上诉人于当时亦不知杨○典无移转该货车所有权之权利，而应受关于占有规定之保护，则纵让与人杨○典无移转所有权之权利，自仍应认上诉人已取得其所有权。”此项判决似认为善意系属“不知”，未讨论是否有过失之问题。

(2)所谓善意，系指不知让与人无让与权利，是否出于过失，固非所问，然依客观情势，在交易经验上，一般人皆可认定让与人无让与之权利者，即应认为恶意。

(3)所谓善意，指不知或不得而知让与人无让与权利。“最高法院”1982年台上字第2819号判决谓：“让与动产所有权，如让与人无让与其所有权之权利，而受让人又非善意(指明知或可得而知让与人无让与权利之谓)，受让人固不因之取得其所有权。惟如让与人非无让与所有权之权利，当不发生受让人是否非善意之问题，受让人依让与之效力，自当然取得其所有权。”

(4)所谓善意，应参考德国立法例，解释为须非明知或因重大过失而不知让与人无让与权利。

2. “民法”第948条第1项但书规定：非明知或非因重大过失不知让与人无让与之权利

(1)立法修正

旧“民法”第948条所谓“善意”，就其文义言，固可解为不以无过失为必要，此在体系上亦有依据(参阅第770条)，但衡诸善意受让制度在于兼顾所有人利益及交易安全之立法目的，受让人对于让与人是否有受让权利，应自负一定程度的注意义务，上开第二种、第三种及第四种见解在结论上皆同此观点，其所涉及者，乃合理分配资讯成本的负担。

鉴于善意取得制度的重要性，实务与学说的见解歧异，“民法”物权编于2010年2月修正第948条，特明定“明知或因重大过失而不知让与人无让与之权利者，不在此限”，亦即受让人出于非明知或非因重大过失而不知，始受保护。立法理由强调原规定在于保障动产交易之安全，故只要受让人为善意(不知让与人无让与之权利)，即应保护之。惟受让人不知让与人无让与之权利系因重大过失所致者，因其本身具有疏失，应明文排除于保护范围之外，以维护原所有权静的安全。

(2)因重大过失而不知:买受人的查询义务[①]

是否因重大过失而不知,应综合斟酌让与人的情事、标的物的种类及其价值、买卖的场所与推销方式等因素加以判断。买受人原则上不负有查询义务,但在若干情事,例如购买二手车之人,未查看行车执照等相关资料,某件物品通常为保留所有权标的物,受让人未为必要的查询时,通常得认系具有重大过失。

非明知或非因重大过失而不知,系法律概念,在具体案例的认定,则为事实问题。

(二) 善意的推定

"民法"第944条第1项规定,占有人推定其为以善意占有,故主张受让人非属善意者,应负举证责任。

(三) 经由代理人取得动产所有权的"善意"问题

受让人系由他人代理者,关于其是否善意,应适用"民法"第105条规定,即其事实之有无应就代理人决之。但代理人之代理权系以法律行为授予者,其意思表示如依照本人所指示之意思而为时,其事实之有无,应就本人决之。例如,甲授权乙向丙购买宜兴名壶,乙与丙作成让与合意,丙将该壶交付于乙。在此情形,设丙系无权让与该壶时,关于"善意"受让,其事实之有无,应就代理人乙决之。乙之让与合意如系照甲之指示而为时,其事实之有无,则就本人甲决之。

(四) 让与行为被撤销与受让人之善意

甲出卖某名贵鸡血石于乙,乙转售于丙,并依让与合意交付之。其后,甲以受胁迫为理由撤销其让与行为(物权行为)时,视为自始无效(第114条)。在此情形,乙让与该鸡血石于丙,应构成无权处分,丙之善意系针对甲与乙间的撤销事由而言,若丙知悉甲受胁迫之事实时,应认非属善意,不能取得该鸡血石的所有权。

(五) 善意的准据时点

受让人须在完成最终取得行为时系属善意。此项善意的准据时点,应视受让动产占有的态样而定:

1. 在现实交付,通常系指交付之时。

---

① 查询义务涉及交易成本,乃经济分析的重要问题,参见张永健:《社科民法释义学》,2020年版,第260页。

2. 在简易交付,指让与合意之时。

3. 在占有改定,指以受让人受现实交付之时。

4. 在指示交付(让与返还请求权),指受让人取得返还请求权之时。

需注意的是,所有权的让与附停止条件或始期者,其善意准据时点如何决定?例如,甲擅将乙寄托之钢琴以分期付款之方式出售于丙,约定在价金全部清偿前,甲保留所有权。在此情形,丙之善意究以附停止条件让与合意作成之时、钢琴交付时,抑或条件成就时作为判断时点,甚有争论。附条件买卖(保留所有权买卖),其条件成就常在一段期间之后,以条件成就之时作为准据时点,不利受让人,为维护交易安全,以物交付之时作为准据时点,较为合理。

(六) 受保护的范围

善意取得制度旨在补救让与人处分权之欠缺,其保护范围限于对处分权的信赖。对于行为能力或代理权的信赖,无适用或类推适用善意取得规定的余地,例如,甲为受监护宣告之人(或无代理权人),乙纵善意信赖其为完全行为能力人(或有代理权),向其购车而受让其所有权,其善意仍不受保护,不能取得该车之所有权,前已论及,兹再强调之。

### 五、须非法律另有规定

所谓另有规定,系指“民法”第949条的规定而言。依此规定,占有物如系盗赃或遗失物等,原占有人自丧失占有起二年以内,得向善意受让之现占有人请求回复其物。关于盗赃或遗失物的善意取得问题,俟后再行详论。

## 第三目 动产所有权善意取得的法律效果

### 一、物权变动:动产所有权的取得

甲有名贵长白山百年老参,设定质权于乙,乙外出观光,寄托于丙,丙擅以之作为己有,出售于非因重大过失不知其事之丁,并依让与合意交付。试问:(1)丁取得该老参所有权时,乙的质权是否消灭?(2)设丁复将该百年老参所有权让与戊,而戊明知丙系无权处分时,得否取得其所有权?(3)设丙以丁迟延给付价款,解除契约,丁返还百年老参于丙时,其物权关系如何?

（一）善意取得的性质

动产所有权善意取得的要件一旦具备，受让人即取得其所有权，故善意取得又称为实时取得。善意取得性质上究为原始取得抑为继受取得，甚有争论：

1. 原始取得：通说认为此项取得系直接基于法律规定，故为原始取得。[1]

2. 继受取得：继受取得说认为此种动产所有权的取得系基于让与行为（物权行为），与因时效取得、先占或添附而取得所有权，尚有不同。"民法"第801条及第948条规定亦使用"移转"或"受让"之字样，可资参照。

需强调的是，法律所补足的，系让与人处分权之欠缺，继受取得的性质不因此而受影响，笔者认为继受取得说较值赞同。

（二）无负担的取得动产所有权

1. 通说见解

受让人善意取得所有权时，该动产上第三人权利（例如质权、留置权、动产抵押权）是否归于消灭？原始取得说采肯定见解，强调此为法律性质上的当然。依继受取得说，有认为物上权利继续存在。

2. 笔者见解

笔者认为，动产上负担（如动产质权、留置权）是否消灭，不能依善意取得的性质而为判断，二者是不同层次的问题。在肯定动产所有权善意取得后，应再检视善意受让人对该物上负担是否善意加以认定。

《德国民法典》第936条第1项规定："受让之动产曾对于第三人之权利有所负担者，该第三人之权利因所有权的取得而消灭。"第2项规定："受让人在前项规定取得占有之时，对于第三人之权利非为善意者，该第三人之权利不因之而消灭。"在此情形，受让人的善意系由法律推定。此项规定，可供参照。又《中华人民共和国民法典》第313条规定："善意受让人取得动产后，该动产上的原有权利消灭。但是，善意受让人在受让时知道或者应当知道该权利的除外。"原则上同于《德国民法典》第936条之规定。

值得注意的是，《德国民法典》第936条规定，受让人因让与人有权处

---

[1] 参见史尚宽：《物权法论》，第514页；郑玉波（黄宗乐修订）：《民法物权》，第120页。

分而取得动产所有权时,亦得适用。“民法”未设规定,亦应作此解释。

（三）善意取得所有权的终局性

因善意受让而取得动产所有权,系属终局确定,故善意受让人将其取得的动产所有权让与他人,纵该次受让人为恶意,仍能取得其所有权。例如,甲寄托翠玉白菜于乙处,乙伪称为己有,让售于善意之丙,丙转让其所取得的所有权于丁,丁纵明知乙无权处分之事,仍能取得其所有权,因对丁而言,丙系有权处分。设丁系利用中间善意取得人(丙)向乙购买该翠玉白菜时,就法律逻辑言,固可肯定丁仍能取得其所有权,甲仅能依“民法”第184条第1项后段规定向丁请求损害赔偿。惟此系脱法行为,无保护之必要,应例外地不认其为中间善意取得人的权利继受,故甲得向丁主张所有物返还请求权。

（四）无权处分的回首取得①

应特别提出讨论的是无权处分人回首取得(Rückerwerb)问题。甲有古董怀表交乙检查,乙擅将该表作为己有,出卖于善意之丙,并即交付其物,移转其所有权。其后乙以丙给付价金迟延而解除契约,丙依让与合意返还该表所有权于乙。在此情形,德国学说有认为丙因善意受让取得该表所有权,返还该表所有权于乙,系有权处分,乙仍能取得其所有权,但对甲应依不当得利规定负返还义务,此在法律上逻辑固有依据。惟衡诸善意取得制度旨在促进交易安全,无权利让与人实无保护的必要,故通说认为,于受让人返还其物的所有权于让与人时,原来所有权的状态即行回复,由原所有人取得其物的所有权,该标的物上的权利(如质权),亦应随之复活。

前述无权处分人回首取得的原则,于让与人与受让人间原因关系不存在,受让人依不当得利规定返还其所有权时,亦适用之(本书第704页)。

## 二、动产所有权善意取得当事人间的债权关系

请参阅本书第694页以下说明。

---

① 此为民法上著名争论问题,参见Edwad, Der Rücherwerb des Nicht-berechtigten, Jher Jahrb 76 (1926), 233 ff.; Wiegand, Der Rückerwerb des Nichtberechtigten, JuS 71, 62 ff.; Wolf/Raiser, Sachenrecht, § 69 Ⅳ; Baur/Stürner, S. 529; Wieling, Sachenrecht, I. S. 397.

## 第四目　盗赃、遗失物或其他非基于原占有人之意思而丧失其占有之物
### ——善意取得的特别规定

### 一、动产所有权善意取得的例外：盗赃、遗失物或其他非基于原占有人之意思而丧失其占有物的无偿回复

(一) 适用范围与立法目的

"民法"第949条规定："占有物如系盗赃、遗失物或其他非基于原占有人之意思而丧失其占有者，原占有人自丧失占有之时起二年以内，得向善意受让之现占有人请求回复其物。依前项规定回复其物者，自丧失其占有时起，回复其原来之权利。"此为关于盗赃、遗失物或其他非基于原占有人之意思而丧失其占有物的善意取得特别规定。

盗赃或遗失物如何规范，系动产善意取得制度上的难题，"民法"设第949条以下规定，立法理由书谓："占有物为盗赃或遗失物时，不得使占有人实时取得于其物上可行使之权利，所以保护被害人及遗失主之利益也。但使永久不予确定，对于占有人亦未免失之过酷，故本条规定时效，占有物如系盗赃或遗失物，自被害人或遗失人自被盗或遗失之时起，如已经过二年，即不得再向占有人请求回复其原物。"

"民法"物权编于2010年2月修正第949条规定时，特别增列"或其他非基于原占有人之意思而丧失其占有者"，立法理由谓：善意取得，原占有人得请求返还者，现行条文仅限于盗赃及遗失物，惟《德国民法典》第935条、《瑞士民法典》第934条第1项等立法例，尚及于其他非因权利人之意思而脱离占有之物，例如遗忘物、误取物等是，为更周延保障原权利人静的安全，爰扩张适用范围及于其他非基于原占有人之意思而丧失物之占有者。

"民法"第949条修正增列"或其他非基于原占有人之意思而丧失其占有者"，具有重要意义，使盗赃或遗失物成为例示规定，尤其是凸显了动产善意取得制度上的"自己引致原则"(Veranlassungsprinzip)：

1. 基于原所有人之意思而使他人占有动产(如租赁、使用借贷、寄托、设定动产质权)者，应自己承担该他人无权让与动产所有权而被第

三人善意取得的风险。

2. 非基于原所有人之意思而丧失其物者,如受让人善意,仍能取得其所有权。但所有人得在二年内向善意受让人请求回复其物,立法目的在于调和“交易安全”与“自己引致原则”,而为合理的风险分配。

(二) 要件

受让人对盗赃、遗失物或其他非基于原占有人之意思而丧失其占有之动产,仍得善意取得其所有权,从而必须符合善意取得的要件。兹就何谓盗赃、遗失物或其他非基于原占有人之意思而丧失其占有之物,说明如下:

1. 盗赃

何谓盗赃?“最高法院”1951 年台上字第 704 号判例谓:“占有物非盗赃,亦非遗失物,其占有并具有‘民法’第 948 条所定应受法律保护之要件者,所有人即丧失其物之回复请求权,此观‘民法’第 949 条之规定自明。至所谓盗赃,较诸一般赃物之意义为狭,系以窃盗、抢夺、或强盗等行为,夺取之物为限,不包含因侵占所得之物在内。”由此判例可知,盗赃不包括诈欺或侵占所得之物。

2. 遗失物

遗失物,指非基于占有人之意思而丧失占有,现又无人占有,且非无主的动产而言。例如,甲借某摄影机于乙,乙误置于风景区,丧失其管领力,对甲、乙而言,该摄影机为遗失物。遗失物拾得人依法取得遗失物的所有权(第 807 条)之后,再为让与时,系有权处分,无“民法”第 949 条的适用。

“民法”第 810 条规定:“拾得漂流物、沉没物或其他因自然力而脱离他人占有之物者,准用关于拾得遗失物之规定。”故漂流物或沉没物的善意取得,亦适用关于遗失物的规定。

值得提出讨论的是,“法务部”1984 年 9 月 6 日法 1984 律字第 10573 号函谓:“民法”第 949 条之规定,惟于拾得人不为报告,未依法取得所有权而违法将其拾得物转让他人,归于善意占有人之手时,始有适用(请参见史尚宽:《物权法》,第 517 页)。本件案例失窃之摩托车,如系警员于执勤时拾得,应认其所属机关为拾得人,既已依法公告招领,逾 6 个月无人招领……其后又经拍卖再转售,如其拍定人及受让人均属善意,应无“民法”第 949 条规定之适用。

本函的法律见解,原则上可资赞同,但其认为拍定人或受让人须均属善意,易滋误会。该失窃的摩托车既由公权力机关依法取得其所有权,因拍卖而移转其所有权,乃有权处分,本无“民法”第 949 条的适用,不生拍卖拍定人或受让人是否善意的问题。

3. 其他非基于权利人之意思而丧失占有的动产

“民法”第 949 条的适用不限于盗赃或遗失物,并及于其他非基于原占有人之意思而丧失占有的动产,说明如下:

(1)自居于继承人地位占有他人动产:甲病故,遗有某古砚,乙自居于继承人地位而占有该砚,让售于丙,其后证实丁为真正继承人时,应认为该砚系反于丁的意思而丧失其占有。

(2)无行为能力人或限制行为能力人抛弃动产的占有,抛弃之际无意思能力。

(3)占有辅助人无权让与其管领的动产。

(4)因诈欺或错误而交付动产,系基于权利人之意思而丧失占有。受胁迫而移转占有,其丧失占有亦系基于权利人的意思,但其交付系处于不可抗拒的情形时,则应认为系属盗赃或非基于权利人之意思而丧失占有。

4. 举证责任

盗赃、遗失物或其他非基于原占有人之意思而丧失其占有之物,系善意取得的例外规定,应由请求回复其物的原占有人负举证责任。

5. 案例说明

(1)甲有某画,是否真迹,发生争议,交乙鉴定。乙为直接占有人,甲为间接占有人。设该画为丙窃取时,为盗赃;乙遗失时,则为遗失物;乙擅将该画作为己有让售于丁,系属侵占,不构成盗赃。

在乙擅将该画作为己有让售于恶意的丙,丁自丙处盗之,让与善意的戊时,是否成立盗赃,不无疑问,宜采肯定说,故仍有“民法”第 949 条规定的适用,盗赃不因其多次转让而失其性质。

(2)占有辅助人系受他人(占有主人)的指示而对于物有管领力。其管领之物被盗或遗失时,对占有主人言,为盗赃或遗失物。店员擅取店内商品,脱离店主的占有,则属盗赃。占有辅助人将管领之物误交于无受领权人时,例如歌剧院衣帽间的服务人员,误将甲之大衣交付于乙,对该歌剧院言,该件大衣系非基于其意思而丧失占有。在诸此情形,“民法”第 949 条之规定均有适用余地。

(3)需再强调的是,动产一旦成为盗赃或遗失物,则恒为盗赃或遗失物。例如,甲有名贵达摩兰,被乙所盗,乙让与丙,丙转售于丁,丁转售于戊,虽辗转数手,该达摩兰仍为盗赃物,甲自达摩兰被盗时起二年以内,得向善意之戊,请求回复其物。

(三) 法律效果:请求回复其物①

甲有名犬,被乙所盗,出售于丙(善意),丙复将该犬出售于丁(善意),并为交付。试问:甲自丧失该犬之时起二年以内,得向何人请求返还该犬?在此二年以内,该犬所有权属于何人?(参阅下图)

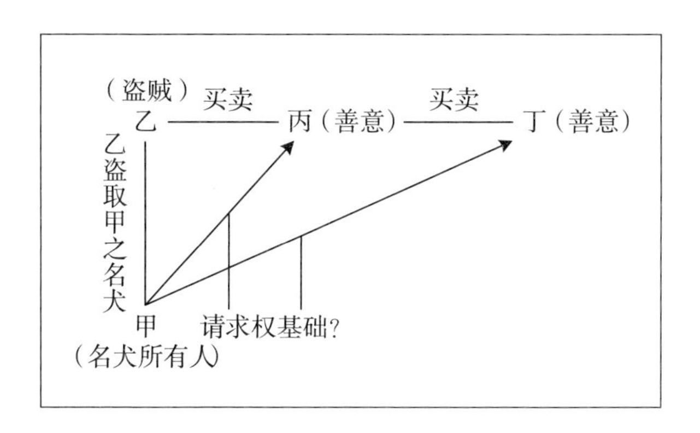


1. 请求回复的当事人

占有物如系盗赃、遗失物或其他非基于原占有人之意思而丧失其占有之物,原占有人自丧失占有之时起二年以内,得向善意受让之现占有人请求回复其物(第949条)。②

请求回复之人,不限于物之所有人,包括有本权之人(如承租人、借用人、质权人、留置权人)。

需注意的是,"民法"第951条之1规定:"第九百四十九条及第九百五十条规定,于原占有人为恶意占有者,不适用之。"此为"民法"物权编修正所增订,其意旨有二:(1)采通说见解,肯定"民法"第949条及第950

---

① 参见陈添辉:《即时取得盗赃物之所有权?》,载《法令月刊》2017年第68卷第8期。

② 应注意的是,"最高法院"2016年台上字第90号判决谓:"动产之受让人占有动产,而受关于占有规定之保护者,纵让与人无移转所有权之权利,受让人仍取得其所有权。又以动产所有权,或其他物权之移转或设定为目的,而善意受让该动产之占有者,纵其让与人无让与之权利,其占有仍受法律之保护,'民法'第801条、第948条固定有明文。惟明知为赃物仍予买受再予出让第三人,致原所有权人不能回复其所有物或回复显有困难致生损害者,亦系对所有权人之财产权利之不法侵害,应依'民法'第184条第1项前段规定负损害赔偿责任。"

条的回复请求权人,除物之所有人外,尚及于其他具有占有本权之人。(2)原占有人纵无占有本权,除系恶意占有之情形外,善意占有人所受之保护,依占有章之规定几与有权占有人同,特增订此条规定。依此规定,得请求回复之人包括无占有本权的善意占有人,例如非因重大过失误认某画为其父遗产而为占有之人。

2. 被请求之人

被请求之人[①],须为盗赃、遗失物或其他非基于权利人之意思而丧失占有之物之善意受让的现占有人。"最高法院"1955 年台上字第 165 号判例谓:"请求回复占有物之诉,应以现在占有该物之人为被告,如非现在占有该物之人,纵使占有人之占有系因其人之行为而丧失,占有人亦仅就此项行为具备侵权行为之要件时,得向其人请求赔偿损害,要不得本于回复占有物请求权,对之请求回复其物。"可供参照。

所谓现占有人,包括直接占有人与间接占有人。例如,甲有某最新型蓝牙音箱,出借于乙,被丙所盗,丁又自丙处盗之,让与善意之戊,戊出租于庚。在此情形,甲或乙得向戊(间接占有人)及庚(直接占有人)请求回复其物。甲、乙得向丙或丁依侵权行为规定请求损害赔偿。丙欠缺占有本权,且非善意占有人,无回复请求权(参阅案例,比较其异同)。

3. 盗赃或遗失物的存在

原占有人为回复其物之请求时,须以该物之存在为要件,该物若已灭失,不得请求回复。

4. 二年请求回复期间的起算及其法律性质

原占有人请求回复其物的期间为二年,自丧失占有之时起算。被盗之时,指被害人实际丧失占有之时,例如盗砍他人树木出售,其被盗之时,应自树木搬出山林时起算。何时被盗,何时遗失,应由被害人负举证责任。此二年期间系属除斥期间,故不生时效中断或不完成问题。经过二年期间,其回复请求权归于消灭。准此以言,甲盗取乙所有某画,二年后再让售于善意之丙时,无"民法"第 949 条规定的适用,对所有人诚属不

---

① 法人经由其董事或职员购买盗赃或遗失物,其被请求回复之人为法人。"最高法院"1981 年台上字第 3157 号判决谓:"万〇银楼为有限公司组织,此有卷附及股东名册可稽。被上诉人王〇铿及陈〇云,虽为万〇银楼有限公司执行业务股东及总经理,但其个人与该公司究非同一人格,万〇银楼有限公司纵有向张〇人收购讼争饰品,亦系该公司有恶意占有情事,上诉人仅得向该公司请求返还,要无对被上诉人为本件请求之余地。"

利,立法目的在于尽速确定物权关系。

5. 二年回复期间内所有权的归属

二年回复期间内,其物所有权究归属于原所有人(原权利人归属说)或善意受让人(占有人归属说)?

此为重要争议问题,涉及让与请求权的内容和法律性质。“最高法院”1988年台上字第2422号判决采善意受让人归属说,通说亦采此见解,可资赞同,其理由有三:

(1)就文义言:所谓请求“回复”其物,顾名思义,以其物归属于受让人为前提,若仍属原权利人所有时,应规定为请求“返还”其物。

(2)就体系言:善意受让人系依“民法”第801条规定取得动产所有权。第949条乃例外规定,在于使原所有人回复其所有权。

(3)就善意取得制度言:所有权归属于受让人始足贯彻保护交易安全之目的,使善意受让人于此二年期间仍可受到物权法上的保护,例如其占有物被侵夺时,善意受让人得主张所有物返还请求权(“民法”第767条);第三人对占有物为强制执行时,受让人得提起第三人异议之诉。

值得特别指出的是,“民法”物权编2010年2月修正时于“民法”第949条第2项规定:“依前项规定请求回复其物者,自丧失其占有时起,回复其原来之权利”,明确采取“善意受让人”归属说。

6. 回复请求权的性质

如上所述,二年期间以内盗赃或遗失物的所有权应解为系归属于善意受让人,原占有人的回复请求权,在于复活被盗或遗失前的权利关系,具有形成权的性质。“民法”第949条第2项明确加以规定,盖善意取得占有物之回复乃善意取得之例外,原即重在财产权静之安全的保障,故以自丧失其占有时起,溯及回复其原来的权利。善意受让人取得的所有权,因此项回复请求权的行使,而归于消灭,负返还其物之义务。请求回复之后,善意受让人纵未将标的物交付于请求回复之人,原权利关系仍当然回复原状。

7. 请求回复的效力与善意受让人的责任

原占有人请求回复其物时,本权关系即告复活,所有权溯及地复归于原权利人,其后该物毁损或灭失时,受让人应依“民法”第956条以下规定,负恶意占有人责任。在请求回复前,则适用关于善意占有人的规定(第952条至第955条)。

8. 无偿回复其物

最后需再说明的是,原占有人依“民法”第949条请求回复其物,系属无偿,不必偿还善意受让人所支出的价金。善意受让人(买受人)得依契约关系向让与人(出卖人)行使其权利(参阅第349条以下规定)。

## 二、动产所有权善意取得例外的例外

甲在古董市场以1万元向古董商人乙购买鸡血石,并即付款取货。其后发现该鸡血石系丙所有,半年前被盗取,乙系购自他人,不知其事。甲支付乙的1万元系丁的遗失物,为甲所拾得。试说明当事人间的法律关系。

### (一) 盗赃、遗失物或其他非基于原占有人之意思而丧失其占有物的有偿回复

1. 构成要件

“民法”第950条规定:“盗赃、遗失物或其他非基于原占有人之意思而丧失其占有之物,如现占有人由公开交易场所,或由贩卖与其物同种之物之商人,以善意买得者,非偿还其支出之价金,不得回复其物。”此系盗赃或遗失物的有偿回复的规定,旨在加强保护信赖公开交易场所的善意买受人,以维护交易活动。“民法”第950条系“民法”第949条的例外规定,除须具备其构成要件(盗赃或遗失物、善意受让)外,其适用范围仅限以下二种情形的买卖。互易则得为准用,但赠与不包括在内:

(1)由公开交易场所买得者:公开交易场所,非仅指公营的市场,凡公开交易的场所均属之,包括百货公司、超市、便利商店、庙会市集、古董市场、网络购物平台等。

(2)由贩卖同种之物之商人买得者:此之商人,指行商而言,如沿门沿路叫卖杂货,不以办理营业登记为必要。[①] 此种行商以前在农村颇为

---

① “最高法院”1955年台上字第93号判例谓:“被上诉人主张系争物,系向贩卖与其物同种之物之商人以善意购得,依‘民法’第950条之规定,上诉人非偿还其支出之价金,不得回复其物,自非无据。至警察局扣押该物,系暂时停止被上诉人事实管领力,尚难认为其占有业已丧失。”又台北地方法院1966年7月份司法座谈会提出如下法律问题:“某甲由兼营打字机买卖之图书公司购得盗赃打字机一台,嗣经警察追赃,径持取交失主,兹某甲诉请失主偿返其支出之价金,法院应否准许。”研究结果认为:“‘民法’第950条所谓贩卖与其物同种之物之商人并不以办理营业登记者为限,倘事实上系贩卖与该物同种之物之商人即有该条规定之适用。”

常见，今日渐为商店所取代。

2. 法律效果

(1)原占有人得偿还价金，回复其物

具备上述要件时，原占有人，自丧失占有之时起，二年以内，得偿还占有人所支出之价金，回复其物。[①] 价金指买受其物时所支出的价金。

回复请求权人为回复之请求，但未提出价金时，其效力如何？学说上有以下不同的见解：

①有认为权利人如于二年期间内为回复之请求，其所有权即可保存，纵于二年内未付价金，其所有权仍不丧失，占有人须于取得时效完成后，始能取得该物之所有权。此说过分偏惠回复请求人。

②有认为权利人回复之请求，虽不以现金给付的偿还为必要，然请求人不于二年内为现金给付之提出，则占有人确定取得其所有权。此说亦偏惠请求人，且使回复关系悬而不定。

③有认为"民法"第950条之规定，仅可解为在物归原主社会观念下，法律特许被害人或遗失人(原占有人)有偿还善意取得人所支出价金之买回权而已。倘被害人或遗失人未现实提出价金而请求回复，则对于善意占有人已取得之所有权无影响。此说的结论，可资赞同，但"民法"第950条所规定的是否为买回权，尚值研究。

④笔者认为依"民法"第950条之规定"非偿还其支出之价金，不得回复其物"的文义，并为保护善意受让人，解释上应认为偿还占有人所支出之价金系请求回复其物的法定要件。未于二年内现实提出价金而请求回复时，其回复请求不生效力，善意受让人所取得的所有权不受影响，不负返还其物的义务。

(2)占有人自行返还其物

需注意的是，回复与否，为被害人或遗失人的权利，现占有人不能强

---

① "最高法院"2002年台上字第1366号判决谓：按盗赃或遗失物之被害人，依"民法"第949条规定，自被盗或遗失之时起，二年以内，得向占有人请求回复其物，该项期间系法定除斥期间，其时间经过权利即告消灭，纵未经当事人主张或抗辩，法院亦应依职权予以调查审认；于被害人依同法第950条规定，为盗赃或遗失物之有偿回复之情形，亦同。系争汽车原属吕○胜所有，于1993年10月20日失窃，于1986年3月21日经警察查扣，至1997年11月28日始将该车交由被上诉人领回，为原审确定之事实。上诉人主张伊为系争汽车所有权之善意受让人，纵属实情，惟吕○胜或被上诉人既未自系争汽车被盗时起二年以内请求回复，其回复请求权已消灭，上诉人亦无从依"民法"第950条规定请求被上诉人偿还其支出之价金。

行送还其物,而要求偿还价金。善意买受人任意将盗赃或遗失物交还回复请求权人,如其拒绝偿还价金时,买受人得请求返还标的物,自不待言。

(3)警察机关将盗赃发还被害人

警察机关查获盗赃时,多先将之扣押发还被害人。在此情形,“最高法院”1988年台上字第2422号判决谓:“倘其物系经警察机关发还被害人者,于被害人未偿还价金以前,该请求权人之所有权,亦不消灭。”

(二) 金钱或未记载权利人之有价证券不得请求回复

“民法”第951条规定:“盗赃、遗失物或其他非基于原占有人之意思而丧失其占有之物,如系金钱或未记载权利人之有价证券,不得向其善意受让之现占有人请求回复。”此乃“民法”第949条例外规定的例外,复归于“民法”第948条善意取得的原则,立法目的在于促进金钱或未记载权利人之有价证券的流通,维护交易安全。①

金钱,指现实通用的货币。其已丧失通用效力的,与一般物品无异,不包括在内,应径适用善意受让一般规定。所谓未记载权利人之有价证券(第908条),不限于“民法”第719条规定的持有人对于发行人得请求其依所记载之内容为给付的证券,即其他无记名证券,亦属之,例如汽车票、火车票、戏票、邮票、无记名股票等。关于票据的善意取得,“票据法”第14条设有规定,无“民法”的适用。

(三) 案例解说

在前揭案例(本书第684页,再阅读之,先行研究),应分别检讨丙对甲、丁对乙的请求权:

1. 丙对甲的请求权

丙得否向甲依“民法”第767条第1项之规定请求返还鸡血石?丙原系鸡血石所有人,因被盗而落入乙手中,乙无权让与该鸡血石于甲。甲之善意系由法律推定,甲得依“民法”第801条及第948条之规定善意取得该鸡血的石所有权。该鸡血石系属盗赃,丙自丧失占有时起二年内,得向善意受让人甲请求回复其物(第948条第1项)。惟该鸡血石系甲在公开场所善意购买,丙非偿还甲所支出的1万元价金,不得请求回复其物(第

① “最高法院”1955年台上字第100号判例谓:“依‘民法’第944条第1项之规定,占有人推定其为善意占有者,除上诉人有反证足以证明上开推定事实并非真实外,即不能空言否认被上诉人之善意占有,依同法第951条规定,盗赃或遗失物如系金钱或无记名证券,不得向其善意占有人请求回复。”

950条)。丙在依"民法"第950条规定回复其所有权前,不得向甲依"民法"第767条第1项前段之规定请求该鸡血石。

2. 丁对乙的请求权

丁得否向乙依"民法"第767条第1项前段之规定请求返还1万元?乙系善意受让甲无权让与的1万元(第801条、第948条),该1万元为丁的遗失物,丁自丧失其占有之时起二年内得向乙请求回复其物(第949条),但1万元系属金钱,丁不得向善意受让之现占有人请求返还(第951条)。丁非该1万元货币的所有人,丁不得向乙依"民法"第767条第1项之规定请求返还其物。

## 第五目　动产所有权善意取得的适用范围

### 一、适用对象:动产

"民法"规定的善意取得系以动产为规范对象,如何适用于不动产的部分、船舶、经设定动产担保交易的动产、有价证券(尤其是股票)等,尚值研究,分述如下:

(一) 不动产的部分

不动产之出产物,尚未分离者,为该不动产之部分(第66条第2项),如树林、菜园的蔬菜、果树上果实等。不动产的出产物尚未分离的,不能单独成为物权的客体,但得为买卖或赠与之标的。甲有果园,租乙经营,租赁契约无效,乙擅将树上果实出售于丙。在此情形,乙与丙间的买卖契约有效,但丙尚未取得未分离果实的所有权。在乙将分离的果实交付于丙时,丙因善意受让而取得其所有权;在丙经乙同意将果实从原物分离,而取得占有时,亦有善意受让规定的适用。

(二) 船舶

船舶,指在海上或与海相通水面或水中航行之船舶("海商法"第1条)。船舶不适用"海商法"者("海商法"第3条),依"民法"规定,有动产善意取得规定的适用。"最高法院"1962年台上字第2242号判例谓:"查系争渔船之总吨数仅为5.09吨,有卷附基隆港务局通知可稽,复为上诉人所不争执,其既未满20吨,依'海商法'第3条第1款规定,即不能认系'海商法'上之船舶,而应视为'民法'上所称动产之一。其权利之取得,亦不以作成书面,并经主管官署盖章证明为要件,而质权人取得动产,而受关于占有规定之保护者,纵出质人无处分其质物之权利,质权人仍得行使其质权,'民法'第 886 条定有明文。被上诉人由于诉外人陈金水设定质权而受让系争柴油机之占有,上诉人既未能提出任何确切证据,证明被上诉人系属恶意取得,依上说明,自非上诉人所得请求返还。"本件判例系针对动产质权的善意取得而言,对动产所有权的善意受让,亦有适用余地。

(三) 经设定动产担保交易的动产

"动产担保交易法"创设附条件买卖(保留所有权)、动产抵押及信托占有三种不占有标的物之动产担保制度。"动产担保交易法"第 5 条第 1 项规定:"动产担保交易,应以书面订立契约。非经登记,不得对抗善意第三人。"经设定动产担保交易的动产亦得为善意取得的对象。例如,甲以附条件买卖方式出售某电视机给乙,乙在条件成就取得所有权前,擅将该电视机出卖于丙,并依让与合意交付时,丙因善意受让而取得其所有权,惟附条件买卖经登记者,得对抗善意受让人。

(四) 金钱、有价证券或股票

善意受让的动产包括金钱(第 951 条),例如擅以他人寄存的金钱清偿债务时,有善意受让规定的适用。

关于有价证券,'民法'第 951 条明定未记载权利人之有价证券得为善意取得的客体。股票得否善意取得,不无疑问。"最高法院"1970 年台上字第 278 号判决谓:"记名股票为证明股东权之有价证券,而非动产,无'民法'第 948 条规定之适用。"惟为贯彻背书制度与交易安全,似可类推适用票据善意取得的规定。[①]

## 二、分别共有的善意取得

分别共有,指数人按其应有部分,对于一物共享有其所有权(第 817 条)。例如,甲、乙共购一只日本秋田狗,约定应有部分各为 1/2。关于分别共有的动产善意受让问题,举三例加以说明:

1. 甲、乙共有某犬,由乙保管,乙未得甲同意,擅将该狗让售于丙,丙得因善意受让取得其所有权。

---

① 参见赖源河:《股票有无善意取得规定之适用》,载《公司法论文选辑》(法律学研究第一辑),政治大学法律研究所,1985 年版,第 1 页。

2. 甲、乙共有某犬,交丙训练,丙擅以该狗作为己有,出卖所有权 1/2 于丁,丁因善意受让该狗的共同占有,而与甲、乙成为分别共有人。

3. 在上举之例,若丙对丁表示其系该狗的共有人,应有部分为 1/2 时,受让人不能主张善意取得该应有部分,而成为分别共有人。法律仅推定物之占有人为单独所有人,而未推定其为在分量上享有一定比例的分别共有人,受让人对此项表示的信赖,不受保护。

## 三、被诈欺或胁迫为意思表示的撤销与第三人的善意取得

"民法"第 92 条第 1 项规定:"因被诈欺或被胁迫而为意思表示者,表意人得撤销其意思表示。但诈欺系由第三人所为者,以相对人明知其事实或可得而知者为限,始得撤销之。"第 92 条第 2 项规定:"被诈欺而为之意思表示,其撤销不得以之对抗善意第三人。"反面推论之,被胁迫而为之意思表示,其撤销得以对抗善意第三人。关于本条规定与第三人的善意取得,分诈欺与胁迫二种情形加以说明:

### (一) 被诈欺而为意思表示与第三人的善意取得

甲受乙诈欺,让售毕加索的版画于丙,丙转售丁,并交付之,其后甲以受诈欺为原由,撤销其与丙间的法律行为(买卖契约与物权行为)。法律行为经撤销者,视为自始无效(第 114 条第 1 项)。在此情形,丙自始未取得该版画所有权,丙出售该版画于丁,系出卖他人(甲)之物,买卖契约仍属有效,物权行为则为效力未定。丁得主张甲不得以其无效对抗善意第三人。丁亦得主张善意取得该版画所有权(第 948 条)。甲受乙诈欺而交付版画于丙,该版画由丙占有系基于甲的意思,不构成盗赃,无"民法"第 949 条规定的适用。

### (二) 被胁迫而为意思表示与第三人的善意取得

甲受乙胁迫,贱售张大千的泼墨山水画于丙,丙转售于丁,并交付之,其后甲以受乙胁迫为原因,撤销其与丙间的法律行为(买卖契约与物权行为)。法律行为经撤销者,视为自始无效(第 114 条第 1 项)。在此情形,丙自始未取得该画所有权,丙出售该山水画于丁,系出卖他人之物,买卖契约仍属有效,物权行为则效力未定。被胁迫而为之意思表示,其撤销固得以之对抗善意第三人,但此为一般规定,动产善意取得乃特别规定,应优先适用,故善意的丁因受让而取得该山水画的所有权。所谓盗赃,原则上不包括因胁迫而取得之物在内,故无"民法"第 949 条规定

的适用。丁既因善意取得该画所有权,甲自无依"民法"第 767 条第 1 项前段之规定主张所有物返还请求权的余地(参阅下图)。

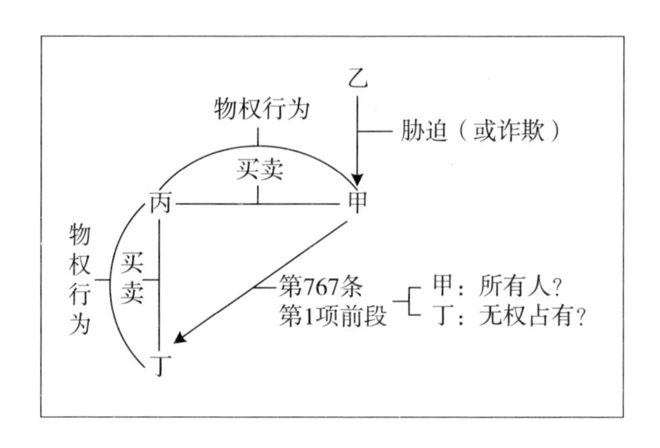


### 第三项 其他动产物权的善意取得

甲拥有名贵亦宛然木偶戏精致木偶,借乙展览,试就下列情形说明其法律关系:(1) 乙擅将该木偶作为己有,设定质权于丙时,善意之丙得否主张善意取得质权?(2) 乙将该木偶交丙修缮,善意之丙于修缮费未受清偿前,得否留置该木偶?(3) 乙擅将该木偶作为己有,设定动产抵押于丙,善意之丙得否主张取得动产抵押权?

动产物权,除所有权外,尚有动产质权、留置权及动产抵押权,兹分述其善意取得的问题如下:

#### 一、动产质权

动产质权,谓债权人对于债务人或第三人移转占有而供其债权担保之动产,得就该动产卖得价金优先受偿之权(第 884 条)。"民法"第 886 条规定:"动产之受质人占有动产,而受关于占有规定之保护者,纵出质人无处分其质物之权利,受质人仍取得其质权。"所谓受关于占有规定之保护,指"民法"第 948 条第 1 项本文"以动产所有权,或其他物权之移转或设定为目的,而善意受让该动产之占有者,纵其让与人无让与之权利,其占有仍受法律之保护"之规定。动产质权为"民法"第 948 条所谓"其他物权之"设定。兹分动产质权的善意取得、盗赃或遗失物的例外及典当业的特别规定三种情形加以说明。

(一)动产质权的善意取得

以动产质权之设定为目的,而善意受让该动产之占有,纵出质人无处分其质物之权利者,受质人仍取得其质权(第886条、第948条)。例如,甲有某件精致木偶,借乙展览,乙擅将之作为己有,设定质权于丙,丙因善意受让该木偶之占有而取得质权。需注意的是,"民法"第885条规定:"质权之设定,因供担保之动产移转于债权人占有而生效力。质权人不得使出质人或债务人代自己占有质物。"由是可知,受让占有,不限于现实交付,即简易交付及指示交付亦可,惟不得依占有改定为之,以维持质权的留置效力。动产所有权因动产质权的善意取得而受限制。原权利人须俟担保的债权清偿后,始能请求返还。

(二)盗赃或遗失物的例外

"民法"第949条规定:"占有物如系盗赃、遗失物或其他非基于原占有人之意思而丧失其占有者,原占有人自丧失占有之时起二年以内,得向善意受让之现占有人请求回复其物。依前项规定回复其物者,自丧失其占有时起,回复其原来之权利。"本条规定,于动产质权的善意取得亦应适用。"民法"第950条系规定标的物之有偿回复,仅适用于买卖或互易,对动产质权的设定取得,并不适用之。

(三)典当业的特别规定

"民法物权编施行法"第20条规定:"'民法'物权编修正前关于质权之规定,于当铺或其他以受质为营业者,不适用之。"原"典押当业管理规则",现已改为"当铺业法"。原"典押当业管理规则"第17条(现为"当铺业法"第26条,2001年6月6日公布,阅读之)规定:"收当物品中如经有关机关查明确系赃物时,其物主得依质当原本取赎,但经查证其明知为赃物,而故为收受者,应无偿发还原物主。"

"典押当业管理规则"第17条规定是否违反"民法"第949条规定?"司法院"释字第26号解释采否定说,认为典押当业,既系受主管官署管理,并公开营业,其收受典押物,除有明知为赃物而故为收受之情事外,应受法律之保护。"典押当业管理规则"第17条之规定,旨在调和回复请求权人与善意占有人之利害关系,与"民法"第950条之立法精神,尚无违背,自不发生与同法第949条之抵触问题。"最高法院"1981年台上字第1977号判决依据大法官此号解释,及"银楼业许可规则"第11条亦规定,银楼业收兑金银饰物中,如经有关机关查明系赃物时,其物主得依收兑原价取赎,但经查证其明知为赃物,而故为收兑者,应无偿发还原物主。此项规定与"典押当业管理规则"第 17 条之规定,出于同一趣旨,故前开释字第 26 号解释,于银楼业收兑赃物时,非不得比照援用。

## 二、留置权

"民法"第 928 条规定:"称留置权者,谓债权人占有他人之动产,而其债权之发生与该动产有牵连关系,于债权已届清偿期未受清偿时,得留置该动产之权。债权人因侵权行为或其他不法之原因而占有动产者,不适用前项之规定。其占有之始明知或因重大过失而不知该动产非为债务人所有者,亦同。"由债权人占有"他人"的动产及"占有之始明知或因重大过失而不知该动产非为债务人所有"的规定,可知债权人非"明知或因重大过失而不知"占有非属债务人所有的动产,亦能取得留置权,纵该动产系盗赃或遗失物亦然。

## 三、动产抵押权

"动产担保交易法"第 15 条规定:"称动产抵押者,谓抵押权人对债务人或第三人不移转占有而就供担保债权之动产设定动产抵押权,于债务人不履行契约时,抵押权人得占有抵押物,并得出卖,就其卖得价金优先于其他债权而受清偿之交易。"同法第 5 条第 1 项规定:"动产担保交易,应以书面订立契约。非经登记,不得对抗善意第三人。"此项不占有标的物之动产抵押权得否善意取得,实值研究。[①]

高等法院 1985 年法律座谈会提出一个法律问题:融资性租赁之承租人,将租赁标的物之机器,伪称系自己所有,向第三人贷款,设定动产抵押权,并出具切结书,声请登记完毕。嗣因届期未能清偿,经第三人实行抵押权,声请拍卖抵押物,在强制执行程序中,出租人即真正所有权人,提起第三人异议之诉,是否有理由?

本法律问题的关键,在于动产抵押权得否适用善意取得。有下列两说:

---

① 参见苏永钦:《动产善意取得若干问题》,载《民法经济法论文集》(一),第 167 页(尤其是第 190 页)。

1. 甲说:民法动产物权之变动,系以占有为表征,故占有标的物者,即为所有人,信赖此项表征,从事法律行为者,纵表征与实质权利不符,亦应加以保护,本题"动产担保交易法"虽未设明文规定,依该法第3条规定,本法未规定者,适用"民法"规定,应类推适用动产质权之善意取得,且动产抵押,法律既明定不以受让占有为要件,其基本结构与"民法"质权既未尽相同,则在适用"民法"规定时,既不能纯作形式上之观察,而应探讨法律规定之基本精神及利益衡量之标准,在动产抵押,善意第三人所信赖者系无权处分人占有标的物之事实,此为善意取得之基础,故依法理言之,动产抵押权之发生即无须交付标的物,无受让占有之事实,即不应以受让占有为要件,始能保护善意抵押权人之利益,维护交易之安全。[①] 从而第三人因善意取得动产抵押权,其声请拍卖自属合法,真正所有权人提起第三人异议之诉应无理由。

2. 乙说:(1)"民法"善意取得之规定,均以受让占有动产而受关于占有规定之保护为要件,此观"民法"第801条、第948条、第886条规定自明,而动产抵押权则系不以移转占有为特征,依"动产担保交易法"第5条规定,动产担保交易应以书面订立契约,非经登记不得对抗善意第三人。正因为不移转占有,故法律创设以登记为对抗效力,足见动产抵押与民法质权之要件并不相同,自不能类推适用,此参照"海商法"创设船舶抵押,学者即谓不得再适用"民法"之规定设定动产质权亦可证明。(2)又查"动产担保交易法施行细则"第6条规定,登记时,应具备之证件包括标的物之所有权之证明文件或使用执照者,其文件或执照并应由债务人出具切结书担保标的物具有完整之所有权,足见设定动产抵押并非仅以占有动产为表征,如第三人仅凭债务人之切结而设定动产抵押,自应依切结书所载向债务人请求损害赔偿,而不应类推适用让第三人善意取得动产抵押权,从而真正之所有权人提起第三人异议之诉说应有理由。

结论:采乙说。"司法院"第一厅研究意见:研讨结果采乙说,核无不合[1985年2月25日(1985)厅民一字第118号函复高等法院]。

---

① 参见王泽鉴:《民法学说与判例研究》(第一册),北京大学出版社2009年版,第111页。

### 第四项 动产所有权善意取得当事人间的债权关系

甲有某名贵版画(时值10万元),寄托于乙处,乙将之作为己有,以10万元(或8万元、12万元)出售(或赠与)于善意之丙,并依让与合意交付之。试说明当事人间的法律关系。

动产所有权的善意取得涉及三方面关系,一为物的所有权人,二为无权处分人(让与人),三为善意取得人(受让人)。善意受让人取得动产所有权时,在当事人间发生不同的债权关系,充分显现物权变动与债权关系在民法体系上的关联性及互补的功能。兹分让与人与受让人、原所有人与受让人及原所有人与让与人间的债权关系,加以说明。为便于观察,兹参照上揭案例,将其基本问题,图示如下:

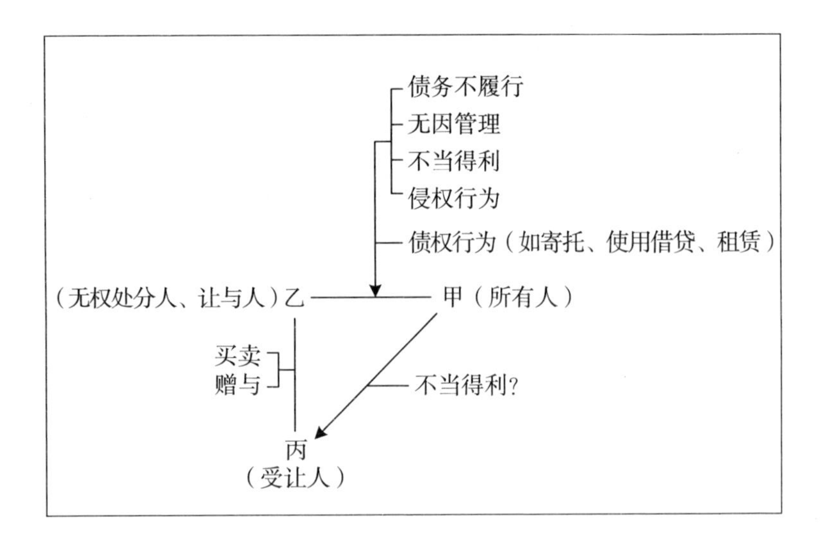


## 一、让与人与受让人

让与人与受让人间的法律关系,依其原因行为而定。原因行为为买卖时,买受人既因善意受让而取得买卖标的物所有权,不发生权利瑕疵担保问题(参阅第349条),买受人不得将标的物返还于原所有人,而向出卖人主张权利瑕疵担保责任。原因行为不成立、无效或被撤销时,物权行为不因此而受影响,受让人仍取得其所有权,但应依不当得利规定负返还义务(第

179 条),而发生无权处分人回首取得的著名争议问题(本书第 704 页)。

## 二、原所有人与受让人

### (一) 有偿的无权处分

乙擅将甲寄存的版画出售于善意之丙,并为让与,动产所有人甲因受让人善意取得而丧失其所有权时,对受让人丙不得主张所有物返还请求权。受让人取得所有权,系基于法律规定,立法意旨在于使受让人终局地保有其所有权,其受利益,具有法律上原因,亦不成立不当得利(第 179 条)。

### (二) 无偿的无权处分

1. 问题提出

应注意的是,善意受让动产所有权系基于无偿的原因行为(如赠与),亦属有之(学说上称之为无偿的无权处分)。例如,甲有版画,委乙鉴定,乙将该版画赠与善意的丙,由丙取得其所有权。在此情形:(1)对丙言,甲并无不当得利请求权,因丙受利益系有法律上原因。(2)对乙言,甲亦无不当得利请求权,因乙系将该版画赠与丙,并无对价,未受有利益。甲仅能依侵权行为规定向乙请求损害赔偿,惟须以乙有故意或过失为要件,若乙无故意或过失,即不成立侵权行为;纵属成立侵权行为,倘乙无资力,亦有难获赔偿之虞。为解决此项问题,民律草案第 934 条第 2 项仿《德国民法典》第 816 条第 1 项后段规定:“若其处分未得报偿,因处分直接受利益之人,负归还于权利人之义务。”现行“民法”未设此规定,如何处理,学者见解不一。

2. 学说见解

郑玉波先生认为:依《德国民法典》第 816 条第 1 项后段规定,善意受让人如系无偿取得者,应负返还义务,“民法”对此无规定,解释上如为贯彻善意受让制度之精神,则善意受让人纵系无偿取得,亦不应使负不当得利之返还义务。然若顾及原权利人之利益,则在有偿取得之情形,固不能使负返还义务,但在无偿取得,如原处分人无资力时似应使负返还义务为宜,不过在“民法”上尚未能如此解释,若有第 183 条之情形,则又当别论。[1]

---

① 参见郑玉波:《民法债编总论》,第 135 页。

梅仲协先生采肯定说：认为无权之处分，系无偿行为者，此时由该处分而获利益之第三人，即属无法律上之原因，虽该第三人与真正权利人间，无直接的财产损益变动之存在，而依公平之原则，不当得利请求权之行使，应向该第三人为之。例如书籍之使用人，将借用之书籍，赠与善意第三人者，该第三人对于贷与人，应负返还之义务。[①]

郑玉波先生系从立法政策的观点强调为顾及原权利人的利益，应使受让人负返还义务为宜。

梅仲协先生则认为在现行法上受让人亦负有此项返还义务，此项结论，应值赞同，因为：(1)原权利人有保护的必要，此在无权处分人不负侵权责任时，特为显著；受让人系无偿取得利益，使其负返还义务，并不违反公平原则。(2)无偿受益人与其他权利人的重大利益发生冲突时，应予适当让步，"民法"设有规定(第410条、第416条及第183条)，使原权利人得向无偿受让人请求返还其所受利益，符合"民法"上的价值判断。无偿之无权处分所生的问题即在于请求权基础。

3. 笔者见解：类推适用"民法"第183条规定

在无偿的无权处分，应使受让人负返还义务，实值赞同。关于原权利人的请求权基础，笔者认为得"类推适用""民法"第183条规定，使无偿受让人负返还责任。其理由有二：

(1)原权利人有受保护之必要。现行"民法"未设规定，系属违反规范计划的法律漏洞。

(2)受让人同属无偿取得利益，二者利益状态相同，基于同一法律理由，应为相同处理，以实践法秩序一致的价值判断。

## 三、原所有人与让与人

### (一) 契约责任

原所有人与让与人间具有契约关系(如租赁、寄托)时，原所有人因让与人的无权处分，致第三人善意取得其所有权，不能回复其物时，得依债务不履行规定向让与人请求损害赔偿(第226条)。

### (二) 不当得利

让与人基于有偿的原因行为(如买卖)而为无权处分(有偿的无权处

---

① 参见梅仲协：《民法要义》，第135页。

分),致第三人善意取得其所有权,原所有人不能回复其物时,得依不当得利规定向让与人请求返还其所受的利益。

此系典型的权益侵害不当得利:(1)乙受有价金的利益。(2)侵害甲所有权的权益归属,致甲受损害。(3)无法律上原因。其应偿还的利益,应依客观价格加以计价(第181条)。价金高于市价者,应返还客观的市价,价金低于市价时,返还其所受价金(第181条)。

(三)无因管理的准用

让与人明知无权利而让与他人动产所有权,乃明知为他人的事务,仍作为自己的事务而为管理,构成所谓的不法管理。无权利人因处分所得利益超过损害赔偿者,例如,擅将他人寄托时值10万元版画以12万元出售,在此情形,无权利人倘得保有此项超过的价金,于情理显有不合,且足诱导他人为侵权行为,就利益衡量及价值判断言,不宜使无权利人取得此项利益,故应准用"民法"第177条第1项规定,使原所有人得向无权利人请求返还其所得的利益(12万元)(第177条第2项)。

(四)侵权行为

让与人因故意或过失不知其无处分权而为无权处分,致第三人善意取得他人动产所有权时,应负侵权责任(第184条第1项前段)。

## 第五项　动产物权善意取得的物权变动、原所有人的请求权及案例研习

### 第一目　体系构造与思考模式

#### 一、物权变动体系

动产物权善意取得制度旨在调和所有权保护与交易安全,现行"民法"建构了如下规范体系(查阅条文!):

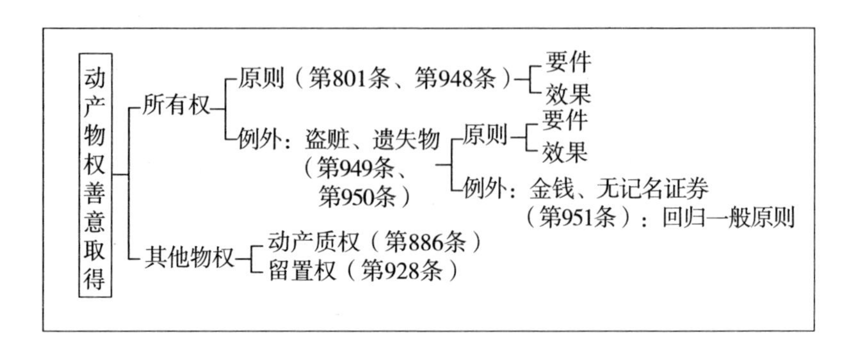


前揭规范体系构造的特色,在于区别动产所有权与其他动产物权(质权与留置权)的善意取得。尤其是就动产所有权善意取得,先设原则性规定(第948条),复就盗赃、遗失物或其他非基于原占有人之意思而丧失其占有者设特别规定(第949条),再就盗赃、遗失物(第950条)、金钱、无记名证券(第951条)之回复请求权设例外规定。

原则—例外—例外之例外,此等规范体系充分体现关于动产善意取得的利益衡量、立法技术及法之适用,而有助于法律的学习。请再复习民法物权善意取得制度在比较法上规范模式的特色、善意取得的要件及效果,举例说明其重要的争议问题。思考为何要区别"盗赃、遗失物或其他非基于原占有人之意思而丧失其占有者"及"非盗赃、遗失物或其他非基于原占有人之意思而丧失其占有者"而设不同规定?为何不区别"盗赃"及"遗失物"而设相同的规定?说明其不同之点及共同因素,如何异其法律效果?区别异同系法律人的基本能力,更是法律的任务。

## 二、原所有人的请求权:思考模式①

在动产物权无权让与,受让人善意取得动产所有权时,发生二个问题:

(1)原所有人得向受让人主张何种权利?其请求权基础?

(2)原所有人得向无权让与人主张何种权利?其请求权基础?

此为民法理论及实务上的重要问题,先举一个案例如下:

> 甲出借其培育的新品种名贵兰花(时值10万元)供乙展览,乙擅将该兰花以12万元(或9万元)让售于丙(或赠与丙),并依让与

① Vieweg/Lorz, Sachenrecht, S. 155 f.

合意而为交付。丙受让兰花占有时，非因重大过失不知乙非该兰花所有人。试说明当事人间的法律关系。

所谓当事人间的法律关系，系指甲得向丙或乙主张何种权利。此应分为二个层面加以检讨：

(1)甲得否向丙依“民法”第767条第1项前段规定请求返还兰花。此须以甲仍为兰花所有人，而丙系无权占有为要件。此涉及兰花所有权的变动，应依前揭“动产物权变动体系”加以检查认定。

(2)若肯定丙善意取得兰花所有权，须再检查认定甲得向丙和乙分别主张何种权利，其请求权基础为何。

图示其思考模式如下：

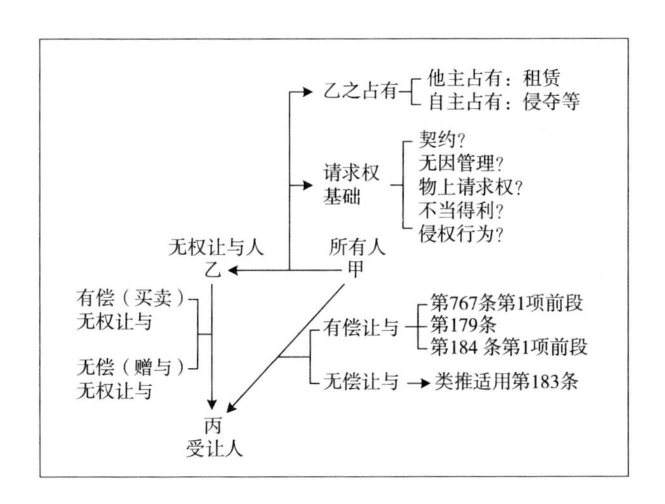


关于原所有人请求权，通常应先检讨甲对丙的请求权，其理由系此为甲利益之所在，并为甲对乙得主张何种请求权的基础。其核心问题在于区别乙究系有偿让与或无偿让与。无论何者，受让人均得善意取得动产所有权。

至于甲对乙的请求权，首先应认定乙之占有究为他主占有(如租赁)或自主占有(如侵夺)。在租赁的情形，应区别乙无权让与兰花于丙，究系在租赁期间或租赁关系消灭后。之所以如此区别，因为在甲对乙主张物上请求权时，涉及所有人(回复请求权人)与占有人间的关系(第952条至第958条)，此甚为重要，常被忽略，应特别注意。关于甲得对乙主张的权利，聚集了民法上主要的请求权基础，应依序加以检讨，将于下文就四个案例加以论述(务请先自行研究,写成书面)。

## 第二目 案例研习

——请求权基础的思维方法①

### 一、四个核心问题

民法的动产物权善意取得涉及四个核心问题,兹再借助案例研习,以供复习及培养法之适用的思维方法:

1. 有偿无权处分、善意取得:原所有人的请求权,尤其是对无权处分人的不当得利请求权。
2. 无偿无权处分、善意取得:此为民法的特色,原所有人的请求权?
3. 无权处分人动产所有权的回首取得。
4. 动产所有权善意取得的性质及无物上负担的善意取得。

### 二、案例1:有偿无权处分与善意取得

(一) 案例

甲有A版画,时值10万元,借乙展览,乙擅将该版画作为己有,出售于丙(价金11万元或9万元),丙于依让与合意受让A版画占有时,非因重大过失不知其非属乙所有,试说明甲得对乙、丙主张何种权利?

(二) 解说

案例所提出的问题是甲得向乙、丙主张何种权利,但在解题时宜先说明甲对丙的请求权,盖此为检讨甲对乙的请求权的前提问题。

1. 甲对丙的请求权

(1)“民法”第767条第1项前段

甲得向丙依“民法”第767条第1项前段规定请求返还A版画,此须甲系该A版画所有人,而丙系无权占有。甲原为A版画所有人,因乙无权让与A版画于丙,丙依让与合意受让A版画占有时,系非因重大过失不知乙无让与的权利,丙善意取得A版画的所有权(第801条、第948

---

① 参见王泽鉴:《民法思维:请求权基础理论体系》,北京大学出版社2022年重排版。

条)。甲非 A 版画所有人,不得向丙依“民法”第 767 条第 1 项前段规定请求返还其物。

(2)“民法”第 179 条

甲得否向丙依“民法”第 179 条规定请求返还其所受让 A 版画所有权？丙取得 A 版画所有权受有利益,侵害甲的权益归属,致甲受有损害。丙受有利益,系基于“民法”善意取得规定(第 801 条、第 948 条),具有法律上原因,不成立侵害他人权益的不当得利。甲不得向丙依“民法”第 179 条规定请求返还 A 版画所有权。

(3)“民法”第 184 条第 1 项前段

丙非因重大过失不知乙系无权让与,善意取得 A 版画所有权,不成立“民法”第 184 条第 1 项前段规定的侵害他人权利的侵权责任,以贯彻善意取得制度,其理由系不能一方面使丙取得 A 版画所有权,另一方面又使其负侵权行为损害赔偿责任。

2. 甲对乙的请求权

(1)“民法”第 226 条

甲得否向乙依“民法”第 226 条规定请求损害赔偿？

乙借用甲的 A 版画,并擅自无权让与该版画于丙,而为丙善意取得,致不能返还 A 版画于贷与人(第 470 条),系因可归责的事由致给付不能(嗣后主观不能),甲得向乙依“民法”第 226 条规定请求损害赔偿。

(2)“民法”第 184 条第 1 项前段

乙擅将甲出借的 A 版画无权让与丙,而为丙善意取得,系因乙故意不法侵害甲的所有权。甲得向乙依“民法”第 184 条第 1 项前段规定请求损害赔偿。

(3)“民法”第 179 条

应特别讨论的是,甲得否向乙依“民法”第 179 条规定请求返还乙将 A 版画让售于丙所得的利益。乙将 A 版画让售于丙,取得价金对价,受有利益。甲系 A 版画所有人,乙将该版画让售于丙,侵害应归属于甲的权益内容,致甲受损害。乙受利益欠缺法律上的依据而无法律上原因。甲得向乙依“民法”第 179 条规定主张侵害权益不当得利请求权。

问题在于在有偿无权处分,不当得利受领人所应返还的利益。《德国民法典》第 816 条第 1 项前段规定:“无权利人就标的物为处分,而该处分对权利人为有效者,无权利人应将其处分所得之利益返还于权利人。”在本件案例,甲擅将乙出借的版画(时值10万元)以11万元(或9万元)出售于丙时,应将处分所得价金11万元(或9万元)返还甲,此在德国学界发生重大争论。学说上有认为在此情形,甲应返还的是客观的价额(10万元),始符合不当得利的意旨。[①]

"民法"未设相当于《德国民法典》第816条第1项的规定,应依不当得利的一般原则,认为在有偿(买卖)无权处分的情形,无权处分人所应返还的系物的客观价额。[②] 就本件案例言,应分三种情形加以认定:

①乙应返还的是A版画的客观价额10万元。此较符合不当得利的规范意旨。

②乙出售A版画的价金为11万元时,甲仅得请求10万元。但就出卖的价金11万元,得依无因管理规定请求返还(第176条第2项)。

③乙出售A版画的价金为9万元时,应认所受利益不存在,乙仅须偿还9万元(第182条)。

## 三、案例2:无偿无权处分与善意取得

### (一) 案例

甲有一部1945年初版的六法全书(时值10万元),寄存于乙法官处,乙死亡后,其子丙医生非因过失误认该六法全书为其父遗产,赠送丁教授,丁于受让该六法全书之占有时,非因重大过失不知丙无让与的权利。试问甲得向丙、丁主张何种权利?

### (二) 解说

1. 甲对丁的请求权

(1)"民法"第767条第1项前段

先应检讨的是,甲得否向丁依"民法"第767条第1项前段规定请

---

① 此为德国不当得利法上著名的争论问题,尤其是二位权威民法学者的见解值得参考:Larenz/Canaris, Schuldrecht II, § 72.1.2; Medicus/Petersen, Bürgerliches Rechts, S. 280.

② 最高法院1941年上字第40号判例谓:"不当得利之受领人,依其利益之性质或其他情形不能返还者,依民法第181条但书之规定,固应偿还其价额,惟受领人因将原物出卖而不能返还者,其所受之利益既仅为卖得之价金,即应以卖得之价金为其应偿还之价额。"兹举一例加以说明:甲出卖A车于乙,并让与其所有权,其后发现买卖契约不成立(或无效、被撤销)时,甲得向乙主张A车所有权的不当得利请求权。A车灭失时,乙应偿还其客观价额。乙将A车出卖于丙而不能返还者,亦应偿还其客观价额。"最高法院"认为应以卖得之价金作为应偿还之价额(可能高于或低于客观价额),非无研究余地。

求返还六法全书。此应为否定。丙无权让与甲的六法全书,丁非因重大过失不知丙无让与权利而受让该书的占有,善意受让该六法全书。丙赠与该六法全书系属所谓的无偿无权处分,丁仍能善意取得其所有权。

(2)“民法”第179条

丁善意受让该六法全书所有权,受有利益,侵害甲的权益归属,致甲受损害,此系基于民法善意取得制度,具有法律上原因。甲不得向丁依“民法”第179条规定主张权益侵害不当得利。

(3)“民法”第184条第1项前段

善意取得制度之规范目的在于维护交易安全,保护善意受让人,故甲亦不得以丁系因过失受让六法全书,致侵害其所有权,而向丁依“民法”第184条第1项前段规定请求侵权行为损害赔偿。

2. 甲对丙的请求权

(1)甲对丙无契约法上的请求权。

(2)丙无偿处分甲的六法全书所有权,未受有利益,不成立“民法”第179条规定的不当得利。

(3)丙因过失无权让与甲的六法全书,由丁善意取得,侵害甲的所有权,应依“民法”第184条第1项前段规定负损害赔偿责任。在本件案例,丙非因过失,不知该六法全书系甲所有,不负侵权行为损害赔偿责任。

3. 法之续造:甲对丙请求权的创设

(1)法律漏洞

据前所述,在无偿无权处分,甲对丁无可得主张的请求权。丙无过失时,甲对丙亦无可得行使的权利。

《中华人民共和国民法典》第311条规定,非以合理价格转让动产所有权的,不适用善意取得。《德国民法典》第816条第1项第2款规定,处分为无偿者,负担将因处分所得之利益,依不当得利返还于权利人的义务。

据上所述,于无偿无权处分的情形,在利益衡量上,原权利人应较无偿受让人受到保护。“民法”第183条规定:“不当得利之受领人,以其所受者,无偿让与第三人,而受领人因此免返还义务者,第三人于其所免返还义务之限度内,负返还责任。”衡诸此规范意旨,在无偿无权处分的情形,“民法”关于无偿受让人的返还未设相关规定,应认系违反法律规范计划,构成法律漏洞。

(2)类推适用

无偿无权处分的受让人无偿取得动产所有权,其情形相当于"民法"第183条规定的不当得利无偿受让人所受利益,二者的利益状态相同,应类推适用"民法"第183条规定,以贯彻等者等之、相同者应为相同处理的平等原则,使无偿无权处分的善意受让人负返还其所受利益的责任。在本件案例,甲得向丁类推适用"民法"第183条规定的请求返还其所取得的六法全书所有权。①

## 四、案例3:无权处分人的回首取得

### (一) 案例

甲有新型电脑,借乙使用,借期届满后,乙因急需偿还债务,擅将该电脑让售于丙,并依让与合意而为交付,丙非因重大过失不知乙无让与权利。其后发现乙与丙间买卖契约不成立(或无效、被撤销),丙依不当得利规定返还该电脑所有权于乙。试问甲得否向乙请求返还该电脑?

### (二) 解说

1. 甲得向乙依"民法"第767条第1项前段规定请求返还电脑,须甲为电脑所有人,乙为无权占有。②

(1)甲为原电脑所有人。

(2)乙无权让与甲所有的电脑于丙,丙于依让与合意受让该电脑的占有时(第761条),非因重大过失不知乙无让与权利,丙得依"民法"第801条及第948条规定善意取得该电脑所有权。

(3)乙与丙的买卖契约不成立(或无效、或被撤销),丙应依"民法"第179条规定返还电脑所有权于乙,其所有权的移转,应依"民法"第761条规定的让与合意及交付为之。在此情形,发生无权处分人乙回首取得动产(电脑)所有权的问题。

---

① 在无偿无权处分,学者通说均肯定有"民法"第183条规定的适用,但未对其究为适用或类推适用详作说明。参见梅仲协:《民法要义》,第135页;郑玉波:《民法债编总论》,第115页。较详细说明,参见王泽鉴:《不当得利》(第2版),北京大学出版社2015年版,第161页以下。

② 本题解答,系兼采请求权基础及历史方法的鉴定体裁,参见王泽鉴:《民法思维:请求权基础理论体系》,北京大学出版社2020年重排版,第53、108页。

(4)在无权处分人回首取得动产所有权的情形,学说上有忠实于法律规定文义者,认为应由无权处分人取得动产所有权,原所有人得对其请求损害赔偿。

较值赞同的是通说见解,认为在此情形,该动产(电脑)所有权应归属于原所有人,其理由系善意取得制度旨在保护受让人,而非在于保护无权处分人,从而应就善意取得作目的性限缩,使其所有权直接复归由原所有权人取得。[①]

(5)据上所述,甲为电脑所有人,乙系无权占有。

2. 甲得向乙依"民法"第767条第1项前段规定请求返还电脑。

## 五、案例4:动产物权的并存位序关系:无物上负担的善意取得

### (一) 案例

甲有石雕,设定质权于乙,乙因急需资金,向丙借款,擅将该石雕设定质权于丙,丙交由其受雇人丁保管。丁因股市投资失利,将该石雕让售于戊,并即依让与合意将该石雕交付于善意之戊,试说明:

1. 动产上数物权的并存次序关系。

2. 甲未于二年以内向戊请求回复其物时,该石雕上的物权关系。

3. 甲(或乙、丙)于二年以内向戊请求回复其物,并发现该石雕在回复请求前(或其后)因戊的过失致严重污损时,甲得向戊主张何种权利?

### (二) 解说

1. 动产上数物权的并存次序关系

(1)动产物权的种类

"民法"上的动产物权,除所有权外,尚有担保物权,前已于相关部分说明,为便于讨论,整理如下(阅读条文):

① Baur/Stürner, Sachenrecht, 52 Rn. 34; Prütting, Sachenrecht, S. 199; Marina Wellenhofer, Sachenrecht, S. 123; Wieling/Finkenauer, Sachenrecht, S. 162.

(2)同一动产上的多数担保物权

①多数质权:例如,甲将A动产(书画、珠宝、乐器等)先设定质权于乙(现实交付),再以让与返还请求权之方式设定质权于丙,或乙擅将该动产设定质权于善意之丁。

②留置权与质权:甲有A动产被其房屋出租人乙留置,甲趁乙不知时,取走A动产,设定质权于丙。

(3)次序关系

不动产上有数担保物权时,系以登记之先后定其次序(第865条)。关于动产,"民法"未设明文。依一般原则,应依设定(取得)先后定其次序。

值得提出的是,《德国民法典》第1209条规定:"质权次序之先后,以设定时为准,其为将来之债权或附条件之债权而设定者,亦同。"又《德国民法典》第1208条设有特别规定:"动产为第三人之权利有所负担者,质权仍优先于该权利,但质权人在取得质权时,对此项权利不具善意者,不在此限。第932条第1项第2段、第935条及第936条第3项之规定,于此情形准用之。"需说明的是,《德国民法典》第932条系关于动产善意取得之规定;《德国民法典》第935条系关于盗赃、遗失物或其他非基于原占有人之意思而丧失其占有之物,受让人不能善意取得之规定。关于《德国民法典》第936条请参阅以下说明。[①]

《德国民法典》第1208条规定善意质权人的优先取得,旨在维护交易安全及善意取得无负担的所有权。所谓善意系指质权人不知或非因重大过失不知质物上有物上负担(例如质权)等。《德国民法典》此项规定可

---

① Müller/Gruber, Sachenrecht, S. 305; Vieweg/Lorz, Sachenrecht, S. 322.

供“民法”解释适用的参照，举例说明如下：

①甲有A物设定质权于乙，乙擅将A物再设定质权于善意之丙，丙善意取得质权（第886条），若丙善意不知A物上有乙的质权时，其取得的质权优先于乙的质权。

②甲有A物设定质权于乙，甲趁乙不知时取走A物，再设定质权于善意之丙，在此情形，A物原占有人乙系非因其意思而丧失占有，在德国民法上，善意之丙不能取得质权（类推适用《德国民法典》第1207条第1项第1段）。“民法”上，善意之丙仍取得质权（第948条），但原占有人乙自丧失占有之时起二年内，得向丙请求回复其物（第949条）。

（4）动产所有权取得与第三人权利的消灭

动产上有质权或留置权等第三人权利，动产所有权移转时，受让人是否取得无负担的所有权，涉及限制物权的法律命运。[①]

对此问题，“民法”未设规定，《德国民法典》第936条明定：“受让之动产，曾对于第三人之权利有所负担者，该第三人之权利因所有权之取得而消灭。前段之规定，在第929条第2句之情形，仅于受让人自让与人取得占有时，始得适用之。依第929a条或第930条之规定而为让与，或依第931条规定所让与之物，非属于让与人之间接占有者，第三人之权利，仅在受让人基于让与而取得动产之占有时，始归消灭。受让人在前项所定取得占有之时，对于第三人之权利非为善意者，该第三人之权利不因之而消灭。在第931条之情形，权利属于第三占有人者，受让人纵为善意，其权利亦不因而消灭。”[②]应说明者有三：

①《德国民法典》第936条之所以设此规定，旨在保护善意受让人。同于动产物权的善意取得，所谓善意系指不知或非因重大过失不知动产上有第三人的限制物权，除质权外，包括保留所有权的期待权、动产让与担保。

②善意取得无负担所有权，对自有权利者受让所有权，与自无权让与权利者善意取得动产所有权，均有适用余地。

③善意取得无负担所有权，须具备动产善意取得的要件，尤其是受让

---

① Müller/Gruber, Sachenrecht, S. 305; Vieweg/Lorz, Sachenrecht, S. 154.

② 《德国民法典》第929条第2句规定简易交付，第929a条规定未登记船舶之合意，第930条规定占有改定，第931条规定返还请求权的让与。

人须自让与人取得动产的占有，其目的在于保护直接占有人。

《德国民法典》第 936 条规定得作为“民法”解释适用的参照，兹举三例说明如下：

①有权受让所有权：甲承租乙的房屋，因积欠租金，乙留置甲置于房屋内的 A 物(第 445 条)。甲趁乙不知取回 A 物，让售于丙，并为交付(第 761 条)。在此情形，丙善意不知 A 物上有乙的留置权时，乙的留置权因丙取得 A 物所有权而消灭。

②动产善意取得：甲有 A 物设定质权于乙，乙擅将 A 物所有权让与善意之丙(第 948 条)。丙取得所有权时善意不知乙在该物上的质权，取得无负担(乙的质权)的所有权。

③甲有 A 物，被其债权人乙所留置(第 928 条)，甲将 A 物所有权让与丙，以占有改定或让与返还请求权的方式移转占有时，乙的留置权于受让人基于让与合意而取得动产之占有时，始归消灭(《德国民法典》第 936 条第 1 项第 3 段)。

2. 甲未于二年以内请求回复石雕

甲以自有的石雕设定质权于乙，乙取得质权(第 885 条)。其后乙擅将该石雕设定质权于善意之丙，并为交付，丙善意取得质权(第 886 条)。此二个质权的次序，依一般原则，应依设定之时间定其先后。然为贯彻民法善意保护制度，丙善意不知该石雕上有乙的质权时，其次序优先于乙(参照《德国民法典》第 1208 条)。

丙的受雇人丁(占有辅助人)擅将该石雕让售于善意之戊，系违反原占有人甲的意思而丧失其占有，戊仍善意取得石雕所有权，但原占有人甲自丧失占有之时起二年以内，得向善意受让之现占有人戊请求回复其物，并自丧失其占有时起，回复其原来之所有权(第 949 条)。

甲未于二年以内请求回复其物时，戊终局确定取得石雕所有权，其所取得的石雕所有权上有无第三人权利(乙、丙的质权)的负担，应视戊于善意取得石雕所有权时，是否善意(不知或非因重大过失不知该物上有第三人的限制物权)而定。其非善意，应由第三人负举证责任。

需再强调的是，此项善意取得无负担的所有权，乃基于保护交易安全，与动产所有权善意取得的性质究为原始取得或继受取得无关。为便于观察，将前述说明图示如下：

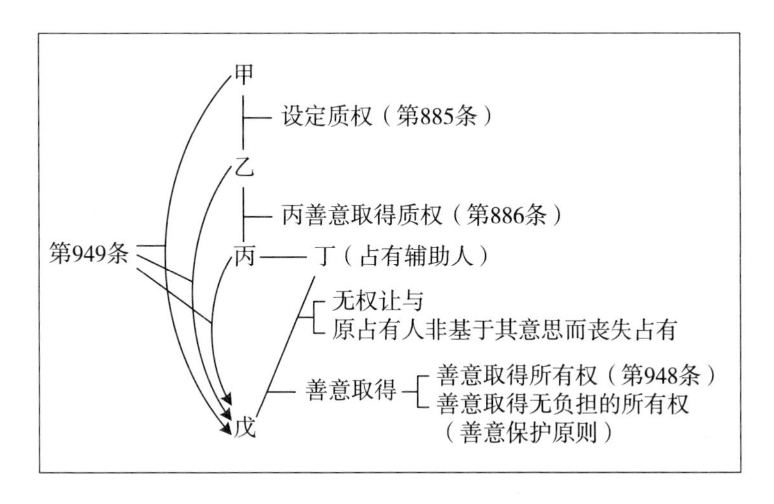


3. 甲(乙、丙)于二年以内请求回复其物

(1)甲于二年以内请求回复其物

甲于二年以内请求回复其物时,自丧失其物之占有时起,回复其所有权(第 949 条)。甲得向戊依“民法”第 767 条第 1 项前段规定请求返还石雕。

应特别强调的是,在此情形并应适用所有人与占有人的回复请求关系(第 952 条至第 958 条,法定债之关系)。在甲请求回复其物前,戊系善意占有人(不知或非因重大过失不知丁无让与的权利),其就石雕之灭失或毁损,如系因可归责于其自己之事由所致者,对于回复请求人甲仅以灭失或毁损所受之利益为限,负赔偿责任(第 953 条)。自甲对戊请求回复时起,戊为恶意占有人,其关于物之使用收益、损害赔偿、支出费用的偿还,应适用关于恶意占有人的相关规定(第 956 条至第 958 条)。

(2)乙、丙于二年以内请求回复其物

石雕的质权人乙、丙,得于二年以内向戊请求回复其物,并自丧失占有之时起,回复其质权,而向戊依“民法”第 767 条第 2 项规定(准用第 767 条第 1 项前段规定)请求交付石雕,其究由何人取得石雕的占有,应视其为序先后而定。在质权人乙、丙与戊之间亦得发生占有回复关系(第 952 条至第 958 条),请参照前述说明及下文论述。例如,在丙向戊请求回复其物后,因戊之过失致石雕灭失或毁损时,丙得向戊请求损害赔偿

(第956条)。质权人乙、丙就此损害赔偿请求权,依物上代位性,仍有质权,其次序与原质权同(第899条)。

## 第六节　物之回复请求人与占有人的关系

### 第一款　概　说

#### 一、三个基本问题

物之所有人向无权占有或侵夺其物者请求返还其物时,当事人间发生以下三个问题:

(1)物的使用收益,应否返还?

(2)物的灭失、毁损,应否赔偿?

(3)对物支出费用,应否求偿?

对此三个问题,本得适用民法一般原则,即关于物的使用收益,依契约或不当得利;关于物的灭失、毁损,依侵权行为;关于对物支出费用,依无因管理或不当得利。惟日本、瑞士及德国民法的立法例多另设规定①,"民法"斟酌损益,设第952条至第958条,以资规范,为便于参照,列表如下:

---

① 参见《日本民法典》第195条至第196条、《瑞士民法典》第916条至第940条。《德国民法典》系规定于第987条至第1003条,明定为所有物返还请求权的从请求权(Nebenansprüche),其条文繁杂,区别过于苛细,解释适用上争论甚多,颇滋疑义。现行"民法"系采日本民法及瑞士民法立法例,较为简明。日本民法,参见〔日〕我妻荣/有泉亨:《物权法》,第496页;瑞士民法的解释适用,Hindenling, Der Besitz, in: Sachenrecht, Schweizerishes Privatrecht, S. 508 f.; 德国法上的主要著作,U. Köbl, Das Eigentümer-Verhältnis in Anspruchsystem des BGB (1971); Pinger, Funktion und dogmatische Einordnung des Eigentümer-Besitzer-Verhältnisses (1973); Vieweg/Lorz, Sachenrecht, S. 217 f.; Wellenhofer, Sachenrecht, S. 314 f.

<table>
<tr><th colspan="2">占有类别<br>项目</th><th colspan="2">善 意</th><th>恶 意</th></tr>
<tr><td colspan="2">使用收益<br>(孳息)</td><td colspan="2">于推定其为适法所有之权利范围内,得为占有物之使用、收益(第952条)</td><td>负返还孳息之义务,如已消费或因过失而毁损,或怠于收取者,应偿还孳息价金(第958条)</td></tr>
<tr><td colspan="2" rowspan="2">因可归责之事由致占有物灭失毁损之赔偿责任</td><td>自主占有</td><td>仅以因灭失或毁损所受之利益为限负赔偿责任(第953条)。善意占有人如因不可归责于自己之事由,致占有物灭失或毁损者,对于回复请求人虽不负损害赔偿责任,然善意占有人若因此受有利益,仍应依不当得利规定负返还责任</td><td rowspan="2">1. 负全部赔偿责任(第956条)<br>2. 恶意、他主占有人因不可归责于自己之事由,致占有物灭失或毁损者,对于回复请求人应无损害赔偿责任,然若因占有物之灭失或毁损受有利益者,则依不当得利规定负返还责任</td></tr>
<tr><td>他主占有</td><td>负全部赔偿责任(第956条)</td></tr>
<tr><td rowspan="3">费用</td><td>必要费用</td><td colspan="2">得请求偿还,但已就占有物取得孳息者,不得请求偿还通常必要费用(第954条)</td><td>得依关于无因管理之规定请求偿还(第957条)</td></tr>
<tr><td>有益费用</td><td colspan="2">于占有物现存之增加价值限度内,得请求偿还(第955条)</td><td>1. 法无明文<br>2. 得否依不当得利规定求偿,尚有争议</td></tr>
<tr><td>奢侈费用</td><td colspan="2">1. 法无明文<br>2. 不得求偿</td><td>1. 法无明文<br>2. 不得求偿</td></tr>
</table>

## 二、规范目的及法律性质

### (一) 规范目的

“民法”之所以特设第952条以下规定,而不径适用“民法”一般规定,旨在优惠善意占有人,加重恶意占有人的责任。兹举一例题加以说明:甲有A犬,寄托于乙,乙擅将该犬作为己有,出售于善意之丙,A犬生B犬,A犬因丙之受雇人的过失而受伤,价值减损。在此情形,甲向丙请求回复其物(A犬),而适用“民法”一般规定时,甲得依“民法”第767条第1项前段规定,向丙请求返还A犬,依第184条第1项前段规定请求A犬受伤价值减损的损害赔偿。

（二）法律性质

1. 法定债之关系

回复请求人与占有人的权利义务，性质上系属一种法定债之关系，除第952条以下有特别规定外，原则上应适用债编通则规定，例如占有主人对占有辅助人的故意或过失，应与自己的故意或过失负同一责任（第224条）；给付迟延时，债务人对于因不可抗力而生的损害，亦应负责（第231条第2项）。

2. 独立请求权

需注意的是，回复请求人与占有人间的关系虽系从属于所有物返还请求权等主请求权，但其本身系独立之债的请求权，得脱离主请求权（如所有物返还请求权）作为处分的客体。所有权让与时，此类已发生的从请求权，并不随同移转。在诉讼上，主请求权与此类从请求权为多数的诉讼标的。

## 三、善意与恶意：体系建构因素

（一）判断基准

关于回复请求人与占有人间的关系，"民法"系以占有人的"善意"或"恶意"作为判断因素：

1. 善意："民法"未设定义，应与"民法"第948条关于"善意"的规定作同一解释，指非明知或非因重大过失而不知其无占有本权而言。[①] 其理由有三：(1)符合体系解释。(2)《德国民法典》第932条第2项规定设有明文，"民法"第948条系采德国民法规定，德国判例、学说均肯定所谓"善意"系指非明知或非因重大过失不知。(3)之所以作此解释，旨在合理减少资讯成本，保护占有人。

2. 恶意：指非善意而言，即明知或因重大过失不知其无占有本权。其因过失而不知者，非属恶意。

3. 判断时间：占有人有于取得占有之时，即为恶意的，如故买盗赃；有于其后成为恶意的，如承租其屋后始知其租赁契约无效时，应自明知其无占有的权利时起，负恶意占有人责任。

需注意的是，"民法"第959条规定："善意占有人自确知其无占有本

---

① 参见郑冠宇：《民法物权》，第215页。

权时起,为恶意占有人。善意占有人于本权诉讼败诉时,自诉状送达之日起,视为恶意占有人。”所称“确知其无占有本权”,如所有人已向占有人提出权利文件或相关机关对其发出返还占有物之通知。所谓“本权诉讼败诉”,指实体裁判确定而言。

(二)　占有辅助人的善意恶意

占有经由占有辅助人而取得的,在现代分工交易社会,颇为常见。占有辅助人的善意或恶意,如何归由占有主人负担,学说上得有三种见解:

1. 类推适用“民法”第105条规定:其善意或恶意的事实,应就占有辅助人决定。

2. 类推适用“民法”第188条第1项规定:视占有主人是否尽其选任监督义务而定。

3. 依取得占有过程而定:在依法律行为取得占有的情形,类推适用“民法”第105条规定;在其他情形,则类推适用“民法”第188条第1项规定。

比较言之,以第三说较为可采,兹举二例加以说明:

(1)甲向乙承租某车,由司机丙受让其占有,丙知其租赁契约不成立时,应类推适用“民法”第105条,由甲负恶意占有人责任。

(2)甲雇用乙开垦林地,乙故意或过失占用丙的土地种植树苗,开辟林道,甲对乙未尽选任监督义务时,应类推适用“民法”第188条第1项规定,负恶意占有人责任。

(三)　未成年人的恶意与识别能力

占有人为未成年人时,为贯彻民法保护未成年人的基本原则,恶意的成立,应类推适用“民法”第187条规定,以占有人是否具有识别能力加以认定。

## 四、占有回复关系的当事人

“民法”第952条以下规定的回复请求人,不限于所有人,凡基于物权关系(如地上权、质权)、租赁权,得请求回复其物的占有,皆属之。占有人包括直接占有人和间接占有人。

## 五、消灭时效

关于占有人与回复请求人间请求权的消灭时效,“民法”未设特别规定,应适用“民法”第125条,其请求权因15年间不行使而消灭。

## 第二款 占有物的使用收益

甲有果园,由乙承包,乙收取果实,出售获利。其后经诉讼确认果园租赁契约无效,乙拒不返还,仍然收取果实出售。试说明甲与乙间的法律关系。

### 一、善意占有人

(一)得为占有物的使用收益

“民法”第952条规定:“善意占有人于推定其为适法所有之权利范围内,得为占有物之使用、收益。”立法理由谓:“善意之占有人,既推定其有适法之权利,自应使其得使用及收益占有物,即其取得之孳息亦无归还于回复占有物之义务,盖历年取得之孳息,若令其悉数返还,善意之占有人,必蒙不测之损害,非保护善意占有人利益之道。”

所谓“于推定其为适法所有之权利范围内”,指有使用及收益的权利而言,如所有权、地上权、租赁权等。若占有人所行使的权利,依其内容无收益权(如寄托、动产质权、留置权)时,则纵令其占有系出于善意,亦不得为占有物之使用、收益。

所谓使用,指依物的用法,而加利用,如乘坐车辆、演奏乐器、居住房屋、以牛耕地、以马运货。所谓收益,指收取占有物的天然孳息或法定孳息,如种稻收谷、赁屋收租。所谓得为使用收益,指善意占有人得享有使用,取得孳息。收取的孳息已消费的,无须偿还其价额;未消费的,得保有之,不必返还(参阅案例)。

关于善意的时间,收益为天然孳息时,以其由原物分离之时为准;收益为法定孳息时,按善意存续期间的日数,取得其相当期间的孳息(第70条)。在善意存续期间,占有人对物有使用权。

(二)不当得利的特别规定[①]

善意占有人,依推定其为适法所有之权利,既得为占有物之使用收益,就其使用收益,自不必依不当得利规定负返还责任。应注意的是,实

① 参见游进发:《全部免除善意占有人使用收益返还偿还义务之恣意性与非适当性》,载《东吴法律学报》2009年第21卷第2期。

务上认为本条系排除不当得利的特别规定,“最高法院”1988 年台上字第 1208 号判决谓:“按占有人于占有物上行使之权利,推定其适法有此权利。又善意占有人依推定其为适法所有之权利,得为占有物之使用及收益,分别为‘民法’第 943 条、第 952 条所明定。是占有人因此项使用所获得之利益,对于所有人不负返还之义务,此为不当得利之特别规定,不当得利规定于此无适用之余地。不动产占有人于其完成物权取得时效并办毕登记时,就时效进行期间之占有人,亦应解为有上述规定之适用,方能贯彻法律保护占有人之意旨。本件上诉人既系善意占有人,且在系争土地上行使地上权,并因地上权取得时效完成,办毕地上权登记,则其于地上权取得时效进行期间就占有之土地,自有以建筑物为目的而为使用之权,对于此项使用所获得之利益,依上说明,即无返还所有人即被上诉人之义务,被上诉人依不当得利规定,请求上诉人返还利益,于法难予准许。”此项见解,可资赞同。[1]

## 二、恶意占有人

### (一) 孳息的返还

“民法”第 958 条规定:“恶意占有人,负返还孳息之义务。其孳息如已消费,或因其过失而毁损,或怠于收取者,负偿还其孳息价金之义务。”立法理由谓:“恶意占有人,当其占有之时,逆知将来须以其占有物所生孳息,及占有物共返还于回复占有物人,纵使其返还现存之孳息,并清偿现已无存孳息之价金,必不至因此而受不测之损害。”占有人是否恶意,以收取孳息或孳息可得收取时为准(参阅案例)。

所谓孳息,包括天然孳息(如果实;动物的产物,如牛奶或鸡蛋)和法定孳息。所谓孳息已消费,应从广义解释,包括出售或赠与。所谓因其过失而毁损,例如收取的母犬所生的幼犬,因饲养不当而生病或死亡。所谓怠于收取,指应收取而不收取,例如甲向乙购买果园,经法院判决其买卖

---

① 此为实务常见问题,“最高法院”2015 年台上字第 2252 号判决谓:“按租赁契约为债权契约,出租人不以租赁物所有人为限,出租人未经所有人同意,擅以自己名义出租租赁物,其租约并非无效,仅不得以之对抗所有人。至所有人得否依不当得利之法律关系,向承租人请求返还占有使用租赁物之利益,应视承租人是否善意而定,倘承租人为善意,依‘民法’第 952 条规定,得为租赁物之使用及收益,其因此项占有使用所获利益,对于所有人不负返还之义务,自无不当得利可言。”

契约及物权行为无效,应返还果园,甲任意让果实腐烂。孳息的价金应依交易上客观价值定之。

(二) 对占有物的使用

"民法"第958条仅规定恶意占有人返还孳息的义务,惟与"民法"第952条对照观之,恶意占有人对占有物亦无使用的权利。学说上有认为"孳息"应解为包括使用占有物所得的利益在内,使恶意占有人负偿还价额的义务。此项结论,可资赞同,惟何谓孳息,法有定义(第69条),解释上尚难包括物的使用利益,衡诸"民法"第958条规定之立法目的,应类推适用之。

## 三、直接占有与间接占有上的使用收益

甲有某屋,出卖于乙,并移转其所有权。乙出租该屋于丙。若甲与乙间的买卖契约和物权行为不成立、无效或被撤销时,甲得依"民法"第767条第1项前段规定向乙(间接占有人)或丙(直接占有人)请求回复其物。关于对占有物使用收益的返还,分四种情形加以说明:

1. 直接占有人与间接占有人均为善意:在此情形,直接占有人与间接占有人均有使用收益的权利。就上举之例而言,丙得使用房屋,乙得保有收取的租金。

2. 直接占有人与间接占有人均为恶意:在此情形,直接占有人与间接占有人均无使用收益的权利。就上举之例而言,甲得向丙请求偿还使用房屋的价额,或向乙请求返还收取的租金。

3. 直接占有人为善意,间接占有人为恶意:在此情形,直接占有人有使用收益的权利,间接占有人无使用收益的权利。就上举之例而言,丙得使用房屋,乙应返还收取的租金。

4. 直接占有人为恶意,间接占有人为善意:在此情形,直接占有人无使用收益的权利,间接占有人有使用收益的权利。就上举之例而言,丙应偿还使用房屋的价额,乙得保有收取的租金。

## 第三款　占有物灭失或毁损的赔偿责任[1]

甲在其父遗物中发现一件古瓶,甲不知(或因过失不知)其系乙所有,借甲父观赏。甲将该瓶让售于善意之丙。试问乙得向甲主张何种权利?

### 一、善意占有人

#### (一) 立法目的

"民法"第953条规定:"善意占有人就占有物之灭失或毁损,如系因可归责于自己之事由所致者,对于回复请求人仅以灭失或毁损所受之利益为限,负赔偿之责。"立法理由谓:"占有物灭失毁损,其事由应归责于占有人者,若其占有人系善意占有人,又为自主占有人时,应使依不当得利之原则,将受益额悉数清还回复占有物人,否则必令其负赔偿全部赔偿之义务,未免过酷,故设本条,以保护善意自主占有人之利益。"由此可知本条规定旨在保护善意自主占有人。

#### (二) 占有人的意义

所谓占有人,系指自主占有人,不包括他主占有人。他主占有人明知占有他人之物,必须返还,应负注意义务。例如,甲出租某机车于乙,乙不知租赁契约无效,因过失致该车毁损或灭失时,无"民法"第953条的适用,乙应依"民法"第956条规定负赔偿责任。

#### (三) 可归责于占有人自己的事由

所谓可归责于占有人自己之事由,指占有人对于占有物的灭失或毁损具有故意或过失。占有人对占有辅助人的故意或过失,应与自己的故意或过失负同一责任(第224条)。占有物的灭失或毁损系因不可抗力时,善意占有人不负赔偿责任。

#### (四) 灭失或毁损

所谓灭失,指占有物全部毁灭,如屋遭火焚、玉杯破碎,或占有物因添附而丧失其所有权。所谓毁损,指占有物部分受损,如刮伤车身、污染地毡,占有人不使用占有物或滥用占有物,致其价值贬损,亦应包括在内。

---

[1] 参见游进发:《"民法"第953条及第956条无权占有人损害赔偿责任之形构——不当得利原则采用原因与现存利益意义之析出》,载《法令月刊》2009年第60卷第6期。

(五) 损害赔偿范围

损害赔偿范围限于因灭失或毁损所受的利益,系采不当得利原则,以限制其责任。所受的利益,如占有物投有保险时,为保险金;占有物因添附而灭失时,为偿还价额(第 816 条);占有物被第三人侵害时,为损害赔偿。

(六) 适用范围:占有物的无权处分

"民法"第 953 条规定的"占有物之灭失或毁损",应否扩张解释包括因其他事由不能返还,尤其是因善意占有人无权处分占有物,致第三人善意取得其所有权的情形在内,发生争议(参阅案例)。多数学者采肯定的见解,但亦有采否定说,认为:学者间虽多依《德国民法典》第 989 条规定,为肯定之解释。但《德国民法典》第 989 条明定:占有人自诉讼系属之日起,因可归责于自己之事由,致物受毁损、灭失,或由于其他原因不能返还而生损害者,对于所有权人应负责任。与"民法"第 953 条之规定,不但列举之范围不同("民法"非未列举不能返还之情形),而且责任之轻重亦不一致(《德国民法典》非以所受之利益为限),自难为同一之解释。如有因可归责于善意占有人之事由,致占有物不能返还者,回复请求人当可依侵权行为之规定请求损害赔偿。[①]

笔者采肯定说,应说明的有三点:

1. "民法"第 953 条与《德国民法典》第 989 条规定,确有不同,但不能因此而认为依《德国民法典》第 989 条规定而为解释。

2. 所谓灭失,解释上得包括物理的灭失及法律上的灭失,二者在法律价值判断上应作相同的处理。物理灭失时,其赔偿责任限于所受的利益,法律上灭失时,则依侵权行为规定负赔偿责任,此种区别似非合理。

3. 肯定"民法"第 953 条规定对法律上灭失的适用,其主要实益在于使请求人得依此规定请求无权处分人所得的对价。例如占有人将占有物让与第三人,第三人因善意受让取得其所有权时,回复请求人得请求占有人交付出卖占有物的价金;但其赔偿额不得超过实际所受损害,如占有物价值为 1 万元而出售的价金为 15000 元时,仅得请求 1 万元。在此种无权处分的情形,亦得成立不当得利请求权,发生竞合关系。至于善意占有

---

① 否定见解,参见姚瑞光:《民法物权论》,第 414 页。《德国民法典》第 989 条规定,HK-BGB/Schulte-Nölke, § 989.

人将占有物赠与善意第三人,未受有利益,自无须负赔偿责任。

## 二、恶意占有人

“民法”第956条规定:“恶意占有人或无所有意思之占有人,就占有物之灭失或毁损,如系因可归责于自己之事由所致者,对于回复请求人,负赔偿之责。”立法理由谓:“恶意占有人,或无所有意思之占有人,皆明知其占有物属他人所有,故占有物灭失毁损,其事由应归责于恶意占有人,及无所有意思之占有人时,应使其向回复占有人赔偿全部损害。”

此条所规定的责任主体包括恶意占有人或他主占有人。所谓可归责于自己之事由,指故意或过失而言,占有人对占有辅助人的故意或过失,亦应与自己的故意或过失,负同一责任。返还占有物给付迟延时,对因不可抗力而生的损害,亦应负责(第231条第2项)。所谓灭失或毁损,包括其他不能回复的情形。

需注意的是,窃盗因故意或过失致赃物灭失者,固应负本条责任。窃盗无权处分赃物,因受让人为善意,所有人于二年内未请求回复,致丧失其所有权时,亦有“民法”第956条的适用。又“最高法院”1961年台上字第1194号判例谓:“盗赃之故买人,依‘民法’第949条之规定,被害人本得向之请求回复其物,如因其应负责之事由不能回复时,依‘民法’第956条之规定,亦不得谓无损害赔偿之责任。”[①]所谓赔偿,包括所受损害及所失利益,其赔偿范围不限于所受利益。

## 三、因不可归责于占有人的事由,致占有物灭失或毁损

“民法”第953条及第956条系规定,占有人就占有物灭失或毁损的损害赔偿责任,其范围因占有人为善意或恶意而有不同,但均以可归责于自己的事由为要件。占有人(无论其为善意或恶意)非因可归责自己的事由,致占有物灭失或毁损时,应适用一般规定。兹举二例加以说明:

---

① “最高法院”1974年度第3次民庭庭推总会议决议:“赃物之故买(或收受、搬运、寄藏或为牙保)已在被害人因窃盗、抢夺、强盗等侵权行为受有损害之后,盗赃之故买人(或收受、搬运、寄藏或为牙保人)对被害人系成立另一侵权行为。又盗赃之故买人,收受人或寄赃人依‘民法’第949条之规定,被害人本得向之请求回复其物,如因其应负责之事由,不能回复时,依同法第956条之规定,亦应负损害赔偿责任。是盗赃之故买人(或收受、搬运、寄藏或为牙保之人)与实施盗赃之人,不构成共同侵权行为。”

1. 甲非因过失不知其占有的录像机为乙所有，而出售于丙，为丙善意取得时，甲就其取得的价金，应依不当得利规定（第179条以下）返还于乙。

2. 甲出借数件文物供乙展览，乙投有保险，借期届满后，该批文物意外灭失时，甲得依“民法”第225条第2项之规定，向乙请求交付其受领的保险金。

## 第四款 对占有物费用支出的偿还

甲有20世纪70年代德国金龟车，被乙无权占有，甲请求回复其车时，于下列情形就乙为善意或恶意时，说明乙得向甲主张的权利：(1)乙定期保养该车，支出费用。(2)乙因车祸对该车为重大修缮。(3)乙将该车的手摇门窗，改为电动。(4)乙将该车改漆自己喜好的颜色。

占有人对占有物支出费用，甚为常见，如何一方面不使支出者受有损失，他方面又不能使回复请求人增加负担，设合理的规范，实费斟酌。[①] 现行“民法”系以占有人的善意或恶意为基准，区别必要费用及有益费用，而设其规定。分述如下：

### 一、善意占有人

#### （一）必要费用

1. 通常必要费用

“民法”第954条规定：“善意占有人因保存占有物所支出之必要费用，得向回复请求人请求偿还。但已就占有物取得孳息者，不得请求偿还通常必要费用。”立法理由谓：“占有物所必要之费用，为保存其物所不可缺者，应使善意占有人，得向回复占有物人请求偿还。然通常所必要之费用，例如小修缮费，大抵皆由所收取孳息中支用，若善意占有人已取得孳息者，此项费用，即归其担负，不使请求清偿，以昭公允。”

---

① 此为德国法上争论甚多的问题，参见 Baur/Stürner, Sachenrecht, S. 102; Schwab/Prütting, Sachenrecht, S. 233; Westermann/Gursky, Sachenrecht, I. S. 219（附有详细参考资料）。关于德国法与美国法的比较研究，参见 Möhrenschlager, Der Verwendungsersatzanspruch des Besitzers im anglo-amerikanischen und deutschen Recht (1971).

所谓通常必要费用,指因保存或管理占有物通常必要的费用,如简易修缮费、饲养费、税捐、公寓大厦管理费、汽车定期保养费等(参阅案例)。支出的费用是否必要,以支出时的情事,依客观标准认定。[①] 此等通常必要费用,原则上得请求偿还,但善意占有人已取得孳息者,不得请求偿还,因通常必要费用皆自孳息中支出,彼此相抵,二者价值是否相当,则所不问,纵必要费用多于孳息,善意占有人亦不得请求差额。

2. 特别必要费用

所谓必要费用,除前述通常必要费用外,尚有所谓的特别必要费用(或称临时必要费用),如房屋遭地震毁损、汽车被洪水淹没而支出的重大修缮费用。在此情形,善意占有人纵已收取孳息,仍得请求偿还。

(二) 有益费用

"民法"第955条规定:"善意占有人,因改良占有物所支出之有益费用,于其占有物现存之增加价值限度内,得向回复请求人,请求偿还。"所谓有益费用,指因利用或改良占有物,且增加其价值的费用,例如以土填平城壕空地[②]、将木窗改成铝门窗、将汽车门窗由手摇改为电动等(参阅案例)。占有物的价值既因改良而增加,应使善意占有人于现存限度内得请求偿还,否则回复占有物人将获不当得利,不足以昭公允。

(三) 奢侈费用

善意占有人就占有物所支出的费用,除必要费用或有益费用外,尚有所谓的奢侈费用。立法理由谓:"奢侈费为占有人因快乐或便利而支出之费用,不能向回复占有物人请求清偿,权衡事理,可以推知,无须另设明文规定。"

属于奢侈费用的,例如为宠物美容、更换汽车颜色等(参阅案例)。关于如何判断奢侈费用,"最高法院"1992年台上字第222号判决谓:"所谓奢侈费用乃超过物之保存、利用或改良所必要而支付之费用,系争房屋经上诉人在法定空地增建,于屋顶加盖铁厝,并将楼梯拆迁,被上诉人并

---

① "最高法院"1955年台上字第21号判例谓:"'民法'第957条所谓因保存占有物所支出之必要费用,系仅指因占有物之保存不可欠缺所支出之费用而言,至支出之费用是否具备上述要件,应以支出当时之情事,依客观的标准决定之。"此项见解于"民法"第954条亦有适用余地。

② 最高法院1948年上字第6226号判例谓:"上诉人等擅自使用公有城壕所费甚巨,确属真实,除得向土地所有人请求返还,因此所增加之价值外,要不能谓已取得土地上之任何权利,因而主张优先承租。"

未因系违章建筑而请求上诉人拆除、回复原状,亦未经拆除大队,依违章规定予以拆除,是该违建部分以及楼梯拆迁,似为被上诉人现实所使用。然则该部分所支出之费用,能否谓系超过物之保存、利用或改良所必要之奢侈费用,已滋疑义。"

## 二、恶意占有人

### (一) 必要费用

"民法"第957条规定:"恶意占有人,因保存占有物所支出之必要费用,对于回复请求人,得依关于无因管理之规定,请求偿还。"恶意占有人的求偿,受有二项限制:(1)限于必要费用;(2)只许依无因管理的规定,回复占有物之人请求清偿其必要费用,其求偿范围较善意占有人所得请求偿还者为狭。

本条所谓必要费用,除通常必要费用外,应包括特别必要费用在内。支出之费用是否为必要费用,应以支出当时之情事,依客观标准决定之(参照1955年台上字第21号判例)。所谓得依关于无因管理规定,请求偿还必要费用,系指依无因管理的法律效果而言。[①] 分三点加以说明:

1. 必要费用的支出利于回复请求人,且不违反其意思,例如医治病牛,修缮遭台风毁损的屋顶。在此情形,恶意占有人得依"民法"第176条第1项规定,请求偿还其支出的费用。

2. 必要费用之支出,虽违反回复请求人明示或可得推知之意思,但系为回复请求人尽公益上之义务(第174条第2项),例如缴纳地价税、汽车牌照税时,恶意占有人仍得依"民法"第176条第1项规定,请求偿还其支出的费用(第176条第2项)。

3. 必要费用支出不利于本人,或违反回复请求人明示或可得推知之意思,例如占住他人即将拆除的房屋而修缮。在此情形,回复请求人主张享有该费用支出之利益时,以所得利益为限,恶意占有人得请求偿还(第

---

① 参见"最高法院"1954年台上字第433号判例谓:"上诉人就其占有之系争房屋关于建筑未完工部分出资修建,系在被上诉人向原所有人某甲买受之后,业经双方因本权涉讼,上诉人受败诉之判决确定在案。依'民法'第959条之规定,上诉人自本权诉讼系属发生之日起,即应视为恶意占有人,固不得依同法第955条,以改良占有物所支出之有益费用为原因,请求偿还。惟恶意占有人因保存占有物所支出之必要费用,对于回复请求人,依关于无因管理之规定请求偿还,仍为同法第957条之所许。"

177 条）。[①]

（二）有益费用

恶意占有人得否请求因改良占有物（如粉刷患有壁癌的墙壁、更换破旧的地板为瓷砖）所支出的有益费用？“民法”对此未定明文，立法理由说明所以未设规定，乃在否定恶意占有人的请求权，略谓：“恶意占有人，明知无占有其物之权利，只许将必要之费用，依无因管理之规定，向回复占有物人请求清偿，至其所出之有益费用，不在请求清偿之列。盖此项费用，若许其请求清偿，恶意占有人可于其占有物多加有益费，借此以难回复占有物人。”

问题在于恶意占有人得否主张不当得利请求权？“最高法院”1972 年台上字第 1004 号判决采肯定说，认为：“必要费用，固得依关于无因管理之规定请求偿还（‘民法’第 957 条），其所支出之有益费用，固亦得依不当得利之规定请求返还，但恶意占有人不得于其所负担使用代价返还扣除之，应另行请求。”关于恶意占有人得否依不当得利规定请求返还有益费用，笔者曾采参酌前揭立法理由，衡量当事人利益，考虑不当得利原则及德国学说[②]，而采否定说。[③] 兹改采肯定说，认为仍应有不当得利请求权的存在，其理由有三：[④]

1. “民法”关于占有回复请求关系的规定，乃在平衡占有人因支出费用而实际发生的财产减少。不当得利旨在取去无法律上原因而生财产增

---

① “最高法院”2002 年台上字第 887 号判决谓：1999 年 4 月 21 日修正 2000 年 5 月 5 日施行前之“民法”债编第 177 条，固未如修正后之第 2 项增设有“准无因管理”之规定而得准用同条第 1 项“未尽义务人无因管理”之规定向本人请求其所得之利益，且该准无因管理人明知他人之事务而以自己之利益为管理，如属恶意之不法管理，衡诸诚信原则，亦不得径依同法第 816 条按关于不当得利之规定请求偿金。惟该无因管理人若为恶意占有人，其因保存占有物不可欠缺所支出之必要费用，自仍得依关于无因管理之规定对本人请求偿还，此观同法第 957 条规定甚明。查原审既认定上诉人为不法管理之恶意占有人，鸠工整建系争房屋经添附新建材并增建面积后其残存价值达 1507600 元，竟又谓上诉人上述整建仅属改良房屋之行为而非保存该房屋所必要之支出，不得依“民法”第 957 条之规定为请求云云，显然忽略该“改良费用”之中在系争房屋原面积范围内者似仍含有其“必要费用”在内。果尔，则能否径认上诉人不得请求该整建房屋所支出之必要费用，已非无疑。

② Reuter/Martinek, Ungerechtfertigte Bereicherung, 1983, S. 698 ff.; BGHZ41, 157 ff.

③ 参见王泽鉴：《恶意占有人对有益费用之不当得利请求权》，载《民法学说与判例研究》（第一册），北京大学出版社 2009 年版，第 269—276 页。

④ Koppensteiner/Kramer, S. 204 ff.; Larenz/Canaris, Schuldrecht, Bd. II. Halband II, S. 345 ff.; Löwenheim, Bereicherungsrecht (2. Aufl., 1988), S. 118 ff.

加，其应返还的范围非系占有人实际上对物所支出者，而是于受益人尚存的利益。二者之规范目的不同，不生排除问题。

2. 若采否定说，则占有某物而支出有益费用者，无不当得利请求权，其未占有某物而支出有益费用者，却得主张不当得利请求权。此项差别待遇欠缺合理依据。

3. 采否定说的主要理由，系为避免增加回复请求人的负担，确有所据。然此不当得利亦可获得合理解决，即受益人得主张此种强加于其物的支出，对其而言，非属受有利益或所受利益不存在。例如甲无权占有乙的房屋，修缮其围墙，乙得主张其围墙原预定拆除，所受利益不存在，不负返还责任。

## 三、占有人的留置权、同时履行抗辩权及取回权

### （一）留置权

占有人请求偿还的费用，于未受清偿时，得就占有的动产，主张留置权，不因其为善意或恶意而异。但其动产系因侵权行为而占有者，则不得留置（第928条）。

### （二）同时履行抗辩？

"最高法院"1980年台上字第696号判决谓："'民法'第955条所定善意占有人因改良占有物所支出之有益费用偿还请求权，与土地所有人之回复请求权，非因契约而互负债务，不生同时履行问题。上诉人谓曾对讼争土地支出有益费用一节，纵令属实，亦应另行请求，要不得作为拒不还地之依据。"此对恶意占有人的支出必要费用偿还请求权，亦得适用。

### （三）取回权

占有人对占有物支出费用，有增添设备，如加装双重铝门、铺设地砖或种植花草等。对此等设备，于不因分离而损害占有的范围内，占有人（无论善意或恶意）得取回之。[①]

---

① 关于取回权，参照《德国民法典》第997条规定："占有人将另一物作为重要组成部分附着于占有物的，可以将附着物分离并占为己有。于此适用第258条的规定。如果占有人根据第994条第1款第2句的规定不得要求偿还费用，或者分离对占有人无利益，或者至少向占有人偿还组成部分在分离后其所得部分的价值时，不享有此分离权。"

## 第五款 适用范围与竞合关系

### 第一项 适用范围

#### 一、占有人须为无权占有

"民法"第952条至第958条系规定占有人对回复请求人的权利与义务,须以占有人为无权占有为要件,此由区别善意占有人与恶意占有人即可知之。日常生活上的事例,如窃盗他人的动产;霸占他人的房屋、土地;非善意受让盗赃或遗失物的占有;或虽善意,但被害人或遗失人自被盗或遗失之时起二年内,请求回复其物。

#### 二、基本关系不成立、无效、被撤销或解除

占有他人之物,系基于租赁、寄托、地上权或典权等法律关系时,其权利义务原则上应各依其基本关系定之。其所涉及的问题,以买卖、租赁为例加以说明:

(一) 买卖契约

买卖契约及移转标的物所有权的物权行为均不成立、无效或被撤销时,买受人占有标的物系属无权占有,出卖人得依"民法"第767条第1项前段规定向买受人请求返还其物,有"民法"第952条以下规定的适用。在仅买卖契约不成立、无效或被撤销的情形,买受人基于有效的物权行为(物权行为无因性)取得标的物所有权,系属有权占有,应依不当得利规定负返还义务,无适用"民法"第952条以下规定的余地。买卖契约解除时,买受人须返还受领的标的物(第259条),应适用一般规定,亦无"民法"第952条以下规定的适用。

(二) 租赁契约

关于租赁关系,应分三种情形言之:

1. 租赁关系有效存在:在此情形,承租人在租赁关系存续期间占有租赁物,系属有权占有,关于租赁物的使用收益、灭失或毁损的损害赔偿,支出费用的偿还,应依租赁关系及一般原则处理之。

2. 租赁契约不成立、无效或被撤销:在此情形,承租人自始无占有的权利,得适用"民法"第952条以下规定。

3. 租赁关系因终止或届期而消灭:在此情形,于租赁关系终止或届期前,应适用一般规定。租赁关系终止或届期后,承租人拒不返还租赁物时,构成无权占有(德国学说称之为不再为有权占有人,nicht mehr berechtigter Besitzer),得有"民法"第952条以下规定的适用。

## 第二项　竞合关系

### 一、问题的说明

在"民法"第952条以下规定的适用范围内,占有物的返还有时不免与不当得利或侵权行为相伴而生,因此产生究应适用何种法规的难题:即"民法"第952条以下规定究属排除性的特别规定,抑得与其他请求权发生竞合关系?

关于所有人与占有人的回复关系(das Eigentümer-Besitzer-Verhältnis),德国通说认为系属一般原则的特别规定(abschliessende Sonderregelung)。[①] 早期通说认为"民法"第952条规定系具法条竞合的特别规定,其后则强调应采请求权竞合说。倪江表谓:"无占有权利之占有人,与回复请求人间之法律关系,往往有与无因管理、不当得利、侵权行为或债务不履行所生之关系并存者,而本款所述之各种规定(笔者注:指'民法'第952条以下规定),则并不妨害此等规定之适用。在请求权发生竞合时,有请求权人,自得任择其一,以为行使。如行使其一,不能满足时,则得行使他一种,总以达其目的为足。例如窃盗他人之物,而占有之,经所有人请求回复者,此时占有人,不但一面应负不当得利及侵权之责任,一面亦应负本款所述之责任。"[②]系采绝对的请求权竞合说。郑玉波教授基本上亦采此见解,认为当事人得自由选择之,如发生请求权竞合时,权利人不妨择其有利者行使。[③]

笔者认为就法律规范意旨言,宜采特别规定说。应强调的是,无论采法条竞合说或请求权竞合说,均应认为法律为"保护"善意占有人,或"制

---

① Prütting, Sachenrecht, S. 250 f.; Vieweg/Lorz, Sachenrecht, S. 246 f.

② 倪江表:《民法物权论》,第428页。

③ 参见郑玉波(黄宗乐修订):《民法物权》,第490页;谢在全:《民法物权论》(上),第538页(原则上无第952条至第958条的适用);郑冠宇:《民法物权》,第213页(依原法律关系调整)。

裁”恶意占有人而设有特别规定时,应依其规范目的,排除一般规定的适用(或就特别规定加以限制)。兹分就契约、无因管理、不当得利与侵权行为说明如下。

## 二、契约上的请求权

基于契约(如承包果园、租用土地),系有权占有,所生的请求权应适用契约法规定。契约关系消灭,其因无权占有而生的请求权原则上有“民法”第952条以下规定的适用,得与契约上的返还请求权并存。[①]

## 三、无因管理

适法无因管理(如收留走失宠物)系有权占有,不适用“民法”第952条以下规定。关于不适法无因管理(如违反所有人意思占有某物),基于无因管理的利他性质及其规范目的,应认为“民法”第177条等相关规定已具完整性,排除“民法”第952条以下规定的适用。

## 四、不当得利请求权

### (一)占有物的消费、添附或无权处分

“民法”第953条规定:“善意占有人就占有物之灭失或毁损,如系因可归责于自己之事由所致者,对于回复请求人仅以灭失或毁损所受之利益为限,负赔偿之责。”又“民法”第956条规定:“恶意占有人或无所有意思之占有人,就占有物之灭失或毁损,如系因可归责于自己之事由所致者,对于回复请求人,负赔偿之责。”此二条规定并不排除返还之物因占有人消费、添附或无权处分,而应成立的不当得利。[②] 兹举三例加以说明:

1. 甲无权占有乙所有的木炭,误以为己有而用之烤肉,系使用他人之物而受有利益,无法律上之原因,应依不当得利规定负返还义务。

2. 甲无权占有乙所有的油漆,不知非属己有而用之漆墙,因添附而取得油漆所有权,应依不当得利规定支付偿金(第811条、第816条)。

---

① Müller/Gruber, Sachenrecht, S. 211; Vieweg/Lorz, Sachenrecht, S. 248.

② 参见王泽鉴:《不当得利》(第2版),北京大学出版社2015年版,第286页;〔日〕田中整尔:《占有论研究》,第402页;Larenz/Canaris, Schuldrecht, Band II. Halbband 2, II/2, S. 338 f.

3. 甲有某电脑,借乙使用,乙(或其继承人)擅将该电脑让售于善意之丙(丙善意取得其所有权),获得价金时,不论此项无权处分发生在使用借贷契约存续中、使用借贷契约终了后,或使用借贷契约自始无效,亦不论乙(或其继承人)善意与否,甲均得主张权益侵害不当得利。

(二) 使用收益

1. 善意占有人

"民法"第 952 条规定:"善意占有人于推定其为适法所有之权利范围内,得为占有物之使用、收益。"此项规定旨在优惠善意占有人,依其规范目的,应认为排除不当得利请求权(1988 年台上字第 1208 号)。

2. 恶意占有人

"民法"第 958 条规定:"恶意占有人,负返还孳息之义务。其孳息如已消费,或因其过失而毁损,或怠于收取者,负偿还其孳息价金之义务。"本条规定并未排除不当得利请求权。例如恶意占有人让售天然孳息于善意第三人,而由第三人取得其所有权时,应依不当得利规定返还其所得价金于回复请求人。

(三) 支出费用

1. 善意占有人

关于支出费用的偿还,"民法"区别占有人的善意与否,而设不同规定。即善意占有人因保存占有物所支出之必要费用,得向回复请求人请求偿还,但已就占有物取得孳息者,不得请求偿还通常必要费用(第 954 条);因改良占有物所支出之有益费用,于其占有物现存之增加价值限度内,得向回复请求人请求偿还(第 955 条)。此等规定系特别规定,排除不当得利的适用。

2. 恶意占有人

"民法"第 957 条规定:"恶意占有人,因保存占有物所支出之必要费用,对于回复请求人,得依关于无因管理之规定,请求偿还。"于此发生一项疑问,即恶意占有人对于占有物所支出的有益费用,得否依不当得利规定请求返还,此系甚有争论的问题。笔者曾采否定说,今改采肯定见解,得依不当得利请求返还,前已论及(本书第 722 页),敬请参阅。

## 五、侵权行为损害赔偿请求权

### (一) 善意占有人的侵权责任

"民法"第953条规定:"善意占有人就占有物之灭失或毁损,如系因可归责于自己之事由所致者,对于回复请求人仅以灭失或毁损所受之利益为限,负赔偿之责。"此项规定旨在保护善意自主占有人,依其规范目的,应认排除侵权行为规定的适用。例如甲有某捷克水晶杯,出售于乙,并为交付,乙非因重大过失不知甲系受监护宣告之人,其法律行为无效,乙不能取得水晶杯所有权。乙系善意占有人,乙保管该杯不周,致遭灭失。甲向乙请求回复该水晶杯时,乙因该杯灭失未受有利益,不负赔偿责任(第953条)。

### (二) 恶意占有人或他主占有人的侵权责任

"民法"第956条规定:"恶意占有人或无所有意思之占有人,就占有物之灭失或毁损,如系因可归责于自己之事由所致者,对于回复请求人,负赔偿之责。"本条规定不排除侵权行为规定的适用。例如甲有某车被乙所盗,乙驾车违规超速,发生车祸,致该车毁损时,甲得依"民法"第956条或第184条第1项前段规定,向乙请求损害赔偿。

## 第六款　案例解说:狼犬的买卖

> 甲有A母狼犬,寄托于乙,乙擅将该犬作为己有,让售于丙,并为交付。丙因重大过失而不知该犬非乙所有。A犬生下B犬,丙将B犬让售(或赠与)善意之丁。A犬生病,丙支出医疗费用。其后因丙受雇人过失,致A犬受伤,未完全康复,价值减半。丙为A犬支出美容费用。试思考分析甲得向丙请求返还A犬时,可能产生的法律关系,并请研读"民法"第952条至第958条规定,说明其与"民法"一般规定的适用关系。

为便于理解"民法"第952条至第958条关于物之回复请求人与占有人间关系规定的适用,特将此案例的法律关系图示如下:

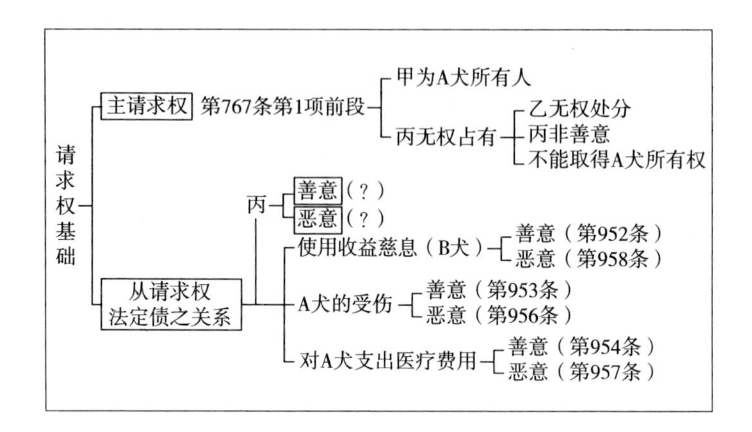


1. 处理具体案例的法之适用,首先应该检视的是,甲对丙有无“民法”第767条第1项前段规定的所有物返还请求权(返还A犬),此为主请求权(Hauptanspruch)。就本件案例言,应为肯定,乙无让与A犬所有权的权利,丙因重大过失不知乙无让与的权利,其占有A犬不受保护,不能取得A犬所有权(第801条、第948条第1项)。

2. 在肯定甲得向丙依“民法”第767条第1项规定请求返还A犬时,要进一步检查“民法”第952条至第958条规定,学说上称之为从请求权(Nebenansprüche),系一种规定回复请求人(甲)与占有人(丙)间权利义务的法定债之关系。

3. 回复请求人与占有人间的法律关系系建立在占有人究为善意或恶意之上,因占有人的善意或恶意而异其权利义务,主要涉及物之使用收益的返还、物之毁损的损害赔偿,以及对支出费用的求偿。规范意旨在于优惠善意占有人,而加重恶意占有人的责任。关于善意或恶意的概念及其不同的法律效果,请参阅本书相关部分的说明。

4. 在本件案例,丙因重大过失不知A犬非属乙所有,系属恶意,而发生如下的法律效果:

(1)B犬(孳息)的返还:B犬为A犬的孳息,系属甲所有,恶意占有人丙负返还义务。若B犬因丙过失而死亡,丙负赔偿之义务(第956条)。“民法”第956条所谓灭失,应作广义解释,包括让售及赠与在内。在此案例,丙将B犬让售于善意之丁,而由丁取得B犬之所有权时,甲得向丙请求赔偿,在赠与的情形亦同。

(2)A 犬的损害赔偿:丙系恶意占有人,对 A 犬因受雇人过失所致毁损,应负同一责任(第 224 条),有可归责之事由,对于回复请求人甲,负赔偿责任(第 956 条)。

(3)对 A 犬支出费用:丙医治 A 犬,系保存占有物所支出的费用,丙得向甲依关于无因管理的规定请求偿还(第 957 条)。对 A 犬美容非属改良占有物的有益费用(第 957 条),丙不得向甲请求偿还。

前揭说明,系就恶意占有人而言。关于善意占有人(如丙非因重大过失不知乙无权让售 A 犬,A 犬系属甲的遗失物,甲于二年内得向丙请求返还 A 犬),请就相关规定(第 952 条至第 955 条)比较其异同及立法理由,自行研究。

5. 关于“民法”第 952 条至第 958 条与一般规定(尤其是不当得利与侵权行为)的竞合关系,应依立法目的认定,优先适用特别规定。此在案例研习(尤其是法之适用)应特别注意。例如丙善意占有 A 犬,关于其使用收益(第 952 条)及损害赔偿(第 953 条),系属优惠善意占有人的特别规定。值得注意的是,丙无权让与 A 犬于善意之丁,而由丁取得其所有权时,甲仍得向丙依“民法”第 179 条规定行使权益侵害不当得利请求权。

# 第七节 占有的保护

## 第一款 请求权基础

> 甲有 A 地,出租于乙,乙计划建造停车场,被丙无权占有经营夜市摊位,出租于丁。试就此简单案例,说明甲、乙得向丙、丁依何法律规定主张何种权利?其消灭时效期间为何?

“民法”对占有的保护,可分为物权法上的保护与债权法上的保护。前者包括占有人自力救济权(第 960 条、第 961 条)及占有保护请求权(第 962 条),后者包括不当得利(第 179 条)与侵权行为损害赔偿请求权(第 184 条)。为便于观察,先图示如下,再作说明(请阅读条文,先自行研究思考,并在读完本节后写成书面解答):

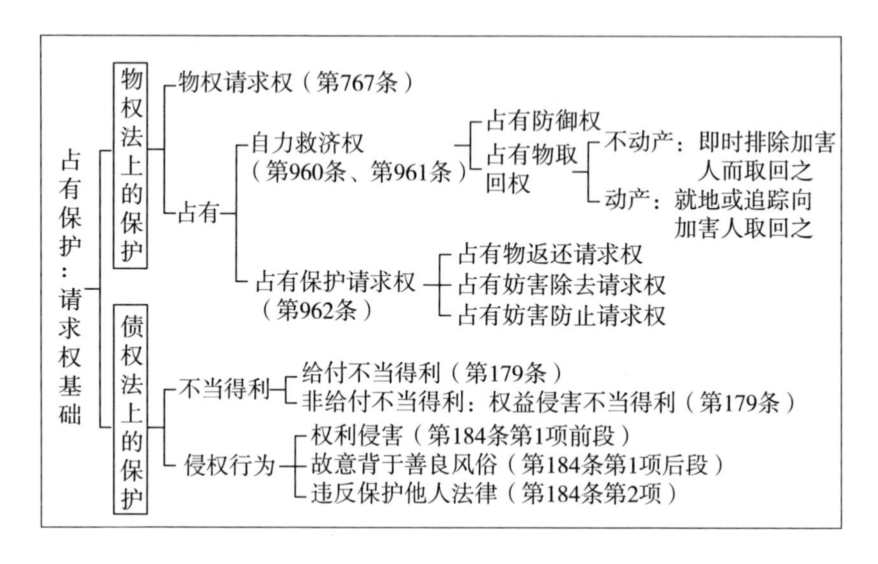


1. 彻底理解案例事实。

2. 寻找请求权基础，明确其构成要件及效果，而为法之适用的涵摄论证。

3. 研究请求权竞合，尤其是消灭时效。

## 第二款　占有在物权法上的保护

### 第一项　立法目的与规范机能

1. 甲有某车，被乙所盗，甲于数日后发现该车，欲自力夺回时，乙得否以己力防御之？

2. 在上例，设乙占有该车后，再被丙所盗时，乙得否以己力防御或向丙请求返还该车的占有？

#### 一、立法目的与消灭时效

##### （一）立法目的

“民法”物权编规定占有人的自力救济权与占有保护请求权，在于维持物的秩序与社会平和，占有人或侵害人有无本权，均所不问，诚如德国法学家Jhering在其名著《论占有》中强调的：强盗与小偷亦受保护（Schutz des

Besitzes heisst auch Schutz der Diebe.)[①],举三例加以说明:

1. 甲向乙购买某狗,并已付款,乙迟不交狗,甲欲自行牵狗。在此情形,甲对乙虽有请求交付该狗的债权,乙仍得以己力防御;于该狗被甲侵夺后,乙得就地或追踪向甲取回之。

2. 甲有某山坡地,被乙霸占开垦种植槟榔,其后甲欲强行夺回。在此情形,甲对该地虽有所有权,乙亦得以己力防御;于该地被甲侵夺后,乙得实时排除甲之侵夺而取回之。

3. 甲有某车,被乙所窃,丙复自乙窃取该车。在此情形,乙对该车虽无任何权利,亦得以己力防御或取回之。该车被丙窃走后,乙得对丙主张占有物返还请求权。

(二) 消灭时效

占有被侵夺或妨害时,占有人的自力防御权与占有保护请求权得同时发生,成立竞合关系,前者须实时为之,后者期间为 1 年,"民法"之所以要如此规定,旨在保持占有现状,维护社会秩序,其后仅能依本权(尤其是所有权)另求救济。

## 二、规范机能

关于占有人自力救济权或占有保护请求权,实务相关的判决不多,其主要原因系此等权利仅具暂时性,最后常须依本权关系加以决定。假处分亦具保全权利实现的功能,"最高法院"1973 年台抗字第 506 号判例谓:"关于假处分之规定,于争执之法律关系有定暂时状态之必要者,准用之。'民事诉讼法'第 538 条定有明文。所谓法律关系,指金钱请求以外凡适于为民事诉讼之标的,有继续性的,皆属之,如所有权、通行权、占有状态、扶养义务、专利权等,被侵害或有争执时均是。"

应指出的是,占有他人之物而无本权(例如拾得遗失物),或虽有本权(如租赁权)而不能对第三人主张的,亦属不少,故占有在物权上的保护,具有重要实益。[②] 需强调的是,研究民法不能仅因实务上案例较少,而低估一个法律制度的社会功能,此应从诉讼外的效能加以评断,纯

---

① Jhering, Über den Grund des Besitzschutzes (1869), S. 53.

② "最高法院"1954 年台上字第 176 号判例谓:"租赁物交付后,承租人于租赁关系存续中,有继续占有其物而为使用收益之权利,故其占有被侵夺时,承租人自得对于无权占有之他人,行使其占有物返还请求权,此就'民法'第 423 条、第 941 条及第 962 条等规定观之甚明。"

就沉淀于诉讼的案件去观察,难免误认法律的本质。

### 三、共同占有

数人共同占有某物者,如共住一屋、共享一车等,关于其占有的保护,"民法"第963条之1规定:"数人共同占有一物时,各占有人得就占有物之全部,行使第九百六十条或第九百六十二条之权利。依前项规定,取回或返还之占有物,仍为占有人全体占有。"又依"民法"第965条规定:"数人共同占有一物时,各占有人就其占有物使用之范围,不得互相请求占有之保护。"前已说明,敬请参阅。

## 第二项 对于占有的侵夺或妨害

试就下列情形,说明是否构成对于占有的侵夺或妨害,而有"民法"第960条或第962条的适用:

1. 甲向乙承租房屋,于租赁关系消灭后,甲拒不返还房屋。
2. 甲向乙借用望远镜观测哈雷彗星,借期届满,拒不返还。
3. 甲擅自停车于乙车库之前,致乙车不能进出。
4. 甲出租车位给乙,丙强行侵夺占用。
5. 甲向乙购买西藏高原出产的冬虫夏草,业已付清价金,乙借故不交付,甲强行取走。

占有的保护,无论是"民法"第960条规定的占有人之自力救济权,或第962条规定的占有人物上请求权,均以占有被侵夺或占有被妨害为前提,兹先就此加以说明其构成要件及占有瑕疵。

### 一、侵夺或妨害占有要件

(一) 侵夺或妨害占有

1. 侵夺与妨害占有的区别

侵夺占有,指非基于占有人的意思(违反占有人的意思)而排除其对物的事实上管领力,乃以积极不法行为将占有物之全部或一部移入自己之管领,如抢夺、窃取动产,霸占他人房屋,对他人土地擅设围障。承租人于租赁期间届满后,未将租赁物返还者,因租赁物原系基于出租人之意思而移转占有于承租人,其后承租人纵有违反占有人意思之情形,既非出于积极之侵夺而占有租赁物，出租人尚不得对之行使占有物返还请求权（2007年台上字第2642号）（案例1、2）。[①]

对占有物的侵夺得为全部或一部，如使单独占有变为共同占有，全部占有变为一部占有。侵夺占有之人得为自己创设占有，或使第三人取得占有。占有辅助人擅行丢弃其管领之物，亦属对占有的侵夺。

妨害占有，指非侵夺占有而妨碍占有人管领其物，致其使用可能性及利益遭受侵害。日常生活所习见的，如丢弃垃圾于他人土地，散放瓦斯、蒸气、臭气、烟气、热气、灰屑、喧嚣、振动及其他与此相类者侵入邻地。

占有的侵夺或妨害是一种流动的状态，乃量的问题，而非质的问题，有时颇难判断，例如停车于他人车库入口处，究为侵夺占有或妨害占有，不无疑问，但宜解为系妨害占有（案例3）。擅在他人墙壁悬挂招牌，究属侵夺占有或妨害占有，亦有争论，宜解为系侵夺占有，二者区别的实益在于“民法”第960条规定的适用，即第1项规定的占有防御权适用于侵夺或妨害占有的行为，第2项规定占有物取回权，则限于占有物被侵夺的情形。

2. 意思能力

占有的侵夺或妨害包括作为及负有作为义务而不作为，不以故意或过失为要件，是否具有意思能力，在所不问，故受监护宣告之人或精神丧失之人侵夺或妨害他人的占有，如9岁学童侵夺6岁孩童的玩具，均有“民法”第960条或第962条规定的适用。

3. 间接占有的侵夺

对占有的侵夺或妨害，系针对直接占有而言。间接占有非属对于物为事实上管领力，而是一种观念化的占有或事实上管领力的拟制。“民法”第960条所谓占有人，不包括间接占有人，但“民法”第962条所谓占有人则包括间接占有人。在此情形，其间接占有是否被侵夺，应就直接占

---

① “最高法院”2016年台上字第773号判决谓：“按占有人，其占有被侵夺者，得请求返还其占有物，‘民法’第962条前段定有明文。是占有人必其占有物被侵夺，始得行使占有物返还请求权。至间接占有是否被侵夺，应以直接占有人之占有是否被侵夺决定之。查上诉人因系争委托合约而交付系争地上物予海〇公司占有，嗣海〇公司将其经营权让与吴〇〇，吴〇〇再让与被上诉人，被上诉人系因辗转受让经营权，基于吴〇〇、海〇公司之意思，占有系争地上物等情，为原审认定之事实。则被上诉人占有系争地上物，乃因受让经营权而非侵夺原直接占有人吴〇〇之占有，上诉人自不得本于‘民法’第962条前段规定对之请求。原审依此见解而为不利于上诉人之论断，并不违背法令。”

有人决定之。"最高法院"2016年台上字第773号判决谓："按占有人，其占有被侵夺者，得请求返还其占有物，'民法'第962条前段定有明文。是占有人必其占有物被侵夺，始得行使占有物返还请求权。至间接占有是否被侵夺，应以直接占有人之占有是否被侵夺决定之。查上诉人因系争委托合约而交付系争地上物予海〇公司占有，嗣海〇公司将其经营权让与吴〇〇，吴〇〇再让与被上诉人，被上诉人系因辗转受让经营权，基于吴〇〇、海〇公司之意思，占有系争地上物等情，为原审认定之事实。则被上诉人占有系争地上物，乃因受让经营权而非侵夺原直接占有人吴〇〇之占有，上诉人自不得本于'民法'第962条前段规定对之请求。"可资参照。

（二）须非基于占有人的意思

1. 基于占有人的意思而占有

占有的侵夺或妨害须非基于占有人的意思。对占有的侵害得占有人的同意时，非属法所禁止的私力。占有人为此同意，无须有行为能力，只要有意思能力，即为已足。因错误、诈欺或胁迫而丧失占有，占有人的意思纵被撤销，仍不构成对占有的侵夺。占有人的同意，须于侵夺或妨害占有时存在，事先表示的同意，得随时撤回之。此项同意，指直接占有人的同意，间接占有人的同意不包括在内。占有辅助人的同意，非经占有人授权，不生效力，自不待言。

2. 承租人于租赁关系终止后拒绝返还租赁物

需特别提出的是，当初系基于占有人之意思而移转占有时，虽其后反于占有人之意思而占有，亦不得谓系侵夺。例如在租赁关系存续中，承租人向出租人表示以所有的意思而占有，或在租赁关系消灭后，承租人拒不返还租赁物而继续占有，均不成立对占有物的侵夺。诚如"最高法院"1993年台上字第2276号判决所云，"民法"上占有物返还请求权之行使，以占有人之占有被侵夺为要件，观于"民法"第962条之规定而自明。所谓占有之侵夺，系指违反占有人之意思，以积极之不法行为，将占有物之全部或一部移入自己之管领而言。若承租人于租赁期间届满后，未将租赁物返还者，因租赁物原系基于出租人之意思而移转占有于承租人，其后承租人纵有违反占有人意思之情形，既非出于侵夺，出租人尚不得对之行使占有物返还请求权。在此情形，出租人系所有人时，得依"民法"第767条第1项前段规定请求返还其物。出租人非所有人时，于租赁关系终止后,得依“民法”第455条规定请求返还租赁物。

（三）违法性

占有虽属事实,但既受法律保护,侵害占有,除有违法阻却事由外,当然具有违法性。违法阻却的主要事由,如正当防卫、自助行为、相邻关系上的容忍义务或法院的强制执行等。

需注意的是,债权或物权尚不足作为侵夺或妨害他人的依据,例如甲向乙购买某犬,甲不能违反乙的意思,擅行牵走该犬;甲出租某屋给乙,租期届满,甲不能违反乙的意思强行使其搬家。权利的实现须依法定程序为之,不能诉诸私力,诚如“最高法院”1963年台上字第1446号判决谓:“‘民法’第962条之规定,乃为保护占有而设,故虽对于占有人有返还请求权存在,如不依合法程序而夺取占有人之占有时,则占有人仍得请求返还其占有物。”

## 二、占有的瑕疵及其承继

1. 甲有瓷器,被乙侵夺,乙死亡后其继承人丙不知其事,甲得否向丙请求返还?

2. 甲的土地被乙侵夺占有,出租于丙(善意或恶意),甲得否向丙请求返还该地?

（一）概括承继人

侵夺或妨害他人的占有,系具有所谓的瑕疵(占有瑕疵)。占有的瑕疵性存在于行为人与占有人之间,具相对性,第三人不得主张之。占有瑕疵应由概括承继人承担之。例如甲侵夺乙占有的字帖,甲死亡,由丙继承,不论善意与否,均应承受甲取得占有的瑕疵,乙得向丙请求返还该字帖(第962条)。

（二）特定承继人

所谓特定承继人,指从侵夺占有者取得占有之人,不限于继受取得者(如承租人、借用人),第二个窃盗者,亦包括在内。关于特定承继人应否承担占有的瑕疵,《德国民法典》第858条第2项规定:“占有以暴力取得者,具有瑕疵。因继承而继受占有,或关于取得占有,在取得时明知其前占有人之占有具有瑕疵者,不得就此瑕疵而为抗辩。”又《日本民法典》第200条第2项规定:“占有回收之诉,不得向侵夺人之特定继承人提出之。

但其承继人知侵夺之事实者,不在此限。”均明定恶意承继人应承担占有瑕疵,但善意承继人则不承担之。[①] “民法”未设明文,引起争论[②],有二种见解:

1. 恶意特定承继人应承继占有的瑕疵,但善意承继人则不承担之。[③]

2. 占有物返还请求权的相对人为侵夺占有物之人及其承继人(包括恶意之特别承继人)。但善意的特定承继人如合于“民法”第 948 条之规定者,其占有受法律之保护,故不得对之请求返还占有物。善意的特定承继人,如非以动产所有权或其他物权之移转或设定为目的而承继者,如承租人、借用人、受寄人等,即不合于“民法”第 948 条之规定,被侵夺之占有人,仍得对之请求返还。

关于此项争论,多数说采第一种见解,其理由为善意承继人的利益,应予保护,以谋交易安全。被侵夺之占有物既已移转于特定承继人,而形成新的占有秩序,不宜再行扰乱。被侵夺之物一旦归善意特定承继人占有,不得对其请求返还。例如甲无权占有某屋,被乙侵夺,出租于丙。在此情形,丙为直接占有人,乙为间接占有人,甲得向乙请求返还其间接占有。至于甲得否对丙请求返还占有物,视丙恶意或善意而定。丙为恶意时,甲得行使占有物返还请求权。对善意的特定承继人丙,则不得请求返还其占有物。需注意的是,此系就占有保护请求权而言。

设甲系该屋所有人,依“民法”第 767 条第 1 项前段规定向丙请求返还其无权占有之物时,丙不论善意与否,均负有返还义务。“最高法院”1994 年台上字第 1178 号判决谓:“对于物有事实上管领之力者,为占有人。又承租人基于租赁关系对于租赁物为占有者,出租人为间接占有人,此观‘民法’第 940 条、第 941 条之规定自明。出租人系经由承租人维持其对物之事实上管领之力,仍系现在占有人,同法第 767 条规定所有人对于无权占有其所有物者得请求返还之,所称占有不惟指直接占有,间接占有亦包括在内。”

---

① 日本民法,参见〔日〕我妻荣/有泉亨:《物权法》,第 511 页;德国民法,参见 Westermann/Gursky, Sachenrecht, I. S. 144 f.。

② 较深入详细的讨论,参见黄宗乐:《占有保护请求权》,载《辅仁法学》1983 年第 2 期。

③ 参见梅仲协:《民法要义》,第 459 页;倪江表:《民法物权论》,第 437 页;史尚宽:《物权法论》,第 535 页;郑玉波(黄宗乐修订):《民法物权》,第 503 页。

### 第三项 占有人的自力救济权①

1. 甲寄售名贵钻石于乙经营的珠宝店。甲交付该钻石于乙后,离店之际,丙持枪闯入,夺取甲寄售的钻石。试问甲、乙、店员丁或第三人得行使何种权利?设丙夺取钻石后逃逸,甲、乙、店员丁或第三人得行使何种权利?

2. 甲擅将汽车停放在乙自他人租用的车位(或车库之前禁止停车的道路上),致乙不能停车(或开车出门)。试问:(1)乙得否请人拖吊该车,向甲请求返还支出的费用?(2)乙被迫在外停车时,得否向甲请求赔偿其支付的停车费用?(3)乙得否依不当得利规定向甲请求返还停车于其车位的利益?

"民法"第960条规定:"占有人,对于侵夺或妨害其占有之行为,得以已力防御之。占有物被侵夺者,如系不动产,占有人得于侵夺后,实时排除加害人而取回之;如系动产,占有人得就地或追踪向加害人取回之。"第1项称为占有防御权(在德国民法称为Besitzwehr),第2项称为占有物取回权(在德国民法称为Besitzkehr),合称为自力保护权或自力救济权。

需说明的是,占有固为事实,并非权利,但究属财产之法益,且对于侵夺或妨害占有者,"民法"第960条至第962条并设有保护之规定,则侵害之,即属违反保护他人之法律,得成立侵权行为。又占有之侵夺或妨害,系指违反占有人之意思,以不法之私力,将占有物之全部或一部移入自己管领之行为而言,并不以其手段具有暴力强制性为必要(2021年台上字第1125号)。因此,即便非以暴力强制性手段侵夺或妨害占有,若该手段系属不法,仍得成立侵权行为。

#### 一、占有防御权

##### (一)占有防御权与正当防卫

占有人对于侵夺或妨害其占有之行为,得以已力防御之(第960条第1项),系属一种自力救济。关于自力救济,"民法"第149条规定:"对于现时不法之侵害,为防卫自己或他人之权利所为之行为,不负损害赔偿之

---

① 参见陈洸岳:《占有物返还请求权与违法自力救济之冲突》,载《月旦法学教室》2019年第203期。

责。但已逾越必要程度者,仍应负相当赔偿之责。”“民法”第960条规定占有防御权,系“民法”第149条正当防卫的特殊情形,就保护占有特设规定,扩张私力救济的范围,以维护社会秩序。

(二) 要件

占有防御权的发生,以占有被侵夺或妨害为要件。关于对占有的侵夺或妨害,如抢夺财物、霸占房屋,或丢弃垃圾于他人土地等。对占有的侵害,须现实存在,如已过去,自无以己力防御的必要。

(三) 法律效果

1. 己力防御

对占有的侵夺或妨害的自力防御,限于客观上的必要,例如对抢夺财物的,得为反抗;对闯入房屋的,得为驱逐;对倾倒垃圾于其土地的,得为制止。有多种措施可供采取时,应选择对加害人影响最小的。占有人误认侵夺或妨害的存在,或其防御逾越必要范围时,其防御行为具有不法性,就其故意或过失应负损害赔偿责任。

2. 行使占有防御权之人:直接占有人、占有辅助人

“民法”第960条所谓占有人,指直接占有人,不包括间接占有人。盖此种保护对象,系重在占有的事实支配状态。

值得注意的是,“民法”第961条规定:“依第九百四十二条所定对于物有管领力之人,亦得行使前条所定占有人之权利。”立法理由谓:“受雇人、学徒等,或基于其他类似关系之人,对于物有管领力者,亦应使其得行使前条所定占有人之权利,否则于保护占有人之道,仍未完备也。”例如司机对侵夺其管领汽车之人,得以己力防御之。占有辅助人得以己力防御的,包括其业务范畴内之物,如银行工作人员对持枪闯入银行抢夺之人皆得行使防御权。第三人防御他人的占有,应适用“民法”第149条关于正当防卫的规定。

## 二、占有物取回权

(一) 占有物取回权与自助行为

占有被侵夺后,其侵害行为业已结束,其物归由侵害人占有,如甲抢劫乙银行运钞车,已驾车逃离。在此情形,被害人不能再为己力防御,为强化对占有人的保护,“民法”第960条第2项更进一步规定占有物取回权。

占有物取回权,系属一种自助行为。关于自助行为,“民法”第151条规定:“为保护自己权利,对于他人之自由或财产施以拘束、押收或毁损者,不负损害赔偿之责。但以不及受法院或其他有关机关援助,并非于其时为之,则请求权不得实行或其实行显有困难者为限。”关于二者的适用关系,分二点言之:

1. “民法”第960条第2项的适用,不以不及受法院或其他机关援助,并非于其时为之,则不得实行或其实行显有困难者为限。

2. “民法”第960条第2项规定的取回期间(实时)经过后,占有人仍得依第151条规定为自助行为。

占有人依“民法”第960条第2项规定行使占有物取回权,乃法所允许,侵夺人不得加以抗拒,实务上有一则案例可供参考。最高法院1940年上字第2397号判例(刑事)谓:“占有物被侵夺者,如系动产占有人,得就地或追踪向加害人取回之,为民法第960条第2项所明定。某甲对于被告所欠之款,并未具有同法第151条所载情形,遽将其家中之铜煲菜刀径自取去抵债,该被告自可本于占有关系依上开民法第960条第2项规定向其追踪取回,某甲于被告行使取回权之际,加以抗拒,甚至动武斗殴,即系对于他人权利为一种不法侵害,被告为防卫自己权利起见,以自力排除其侵害行为,不得谓非正当防卫,纵令某甲因此受有伤害,而当时情势该被告既非施用腕力,不足以达收回原物之目的,则其用拳殴击,仍属正当防卫之必要行为,对于此种行为所生之结果,按照刑法第23条前段规定自在不罚之列。”此虽属刑事案件,仍值参考。[①]

(二)不动产占有被侵夺时的取回权

占有物被侵夺者,如系不动产,占有人得于侵夺后,实时排除加害人而取回之。所谓占有人,指直接占有人,不包括间接占有人,但占有辅助人得行使之(第961条)。

所谓实时,指实行取回不动产所需的最短期间,应就具体案件依客观标准加以决定,被害人何时知之,有无过失,均所不问。计算取回期间时,应考虑必要的预备行为,且不排除先与侵夺者为短暂的谈判。例如山

---

① 关于本件判决,参见洪逊欣:《中国民法总则》(修订版),第672页。有学者认为,应将“民法”第960条第2项的占有物取回权视为一种正当防卫之规定,解释上可直接适用“刑法”第23条规定,参见王皇玉:《窃盗被害人之赃物追回权与正当防卫》,载《月旦法学杂志》2004年第107期。

间别墅被数名不良少年侵夺,谈判失败后,被害人下山召集亲友,排除加害人而取回,衡其情事,应认仍属实时为之。被害人取回其物,超过“实时”的期间限制时,具有违法性,对因过失所生的损害,应依侵权行为规定负赔偿责任。因时间一久,已形成新的秩序,占有人应请求公力救济,不得自力为之。

(三) 动产被侵夺时的取回权

占有物被侵夺者,如系动产,占有人得就地或追踪向加害人取回之。“民法”明定“就地或追踪”,乃鉴于动产的移动性,特就其空间范围,以界定其时间,实际上相当于“实时”。所谓就地,指侵夺时占有人事实上支配能及的空间范围。所谓追踪,指加害人虽已离开占有人事实上支配所能及的空间范围,但仍在占有人跟踪中而言。

## 三、案例解说

**案例1:侵夺他人占有的钻石:占有辅助人的自力救济权**

丙持抢闯入乙经营的珠宝店,夺取甲寄售的名贵钻石,系侵夺他人占有的动产,乙(直接占有人)、乙的店员丁(占有辅助人)得以己力防御之(第960条、第961条)。甲(间接占有人)或第三人对为防卫甲对丙现时不法侵害乙占有所为之行为,构成正当防卫(第149条)。

丙夺取钻石后逃逸,乙或乙的店员丁得就地或追踪向丙取回之。甲或第三人就地或追踪向加害人取回被侵夺之物时,如何处理,不无疑问。甲或第三人系受被侵害的占有人请求协助时,法所允许,固不待言。在其他情形,原则上应适用无因管理的规定。

**案例2:违法停车侵夺或妨害他人土地的占有:拖吊汽车**

甲将其汽车停放于乙租用的车位时,系侵夺乙的占有,乙得以己力防御之(第960条第1项)。在甲停放汽车之后,占有已被侵夺时,其被侵夺者,系不动产,占有人得于侵夺后,实时排除加害人而取回之。在通常情形,加害人于停车后,即行离去,所谓排除侵夺,解释上应包括请人拖吊该车。违规停车,已成为重大社会问题,“实时”如何认定,实值研究。德国实务上曾认为停车后4小时内采取排除措施,尚可接受;但立刻拖吊,不稍等候,则为占有物取回权的滥用。[1] 此项见解,可供参考。

甲擅将汽车停放在乙的车库之前禁止停车的道路上,致乙的汽车不能进出,系妨害乙的占有,其妨害状态继续存在,乙得以己力防御之(第960条第1项),采取拖吊该车的必要措施。在此情形,占有人无须如占有物之取回,受短时间的限制。

## 第四项　占有人的物上请求权

1. 甲出卖土地于乙,不知买卖契约无效,交付该地于乙,但未办理登记。该地被丙侵夺,出租于知情(或不知情)的丁,丁经营停车场,增建房屋,雇戊管理之,戊将废土倒于庚的土地。试问:(1)甲得向乙、丙、丁、戊主张何种权利?(2)乙得向丙、丁、戊主张何种权利?(3)乙、庚所主张的请求权之目的和要件有何不同?(4)庚对甲、乙、丙、丁、戊等主张何种权利?

2. 甲为参加元宵节花灯比赛,以金片等贵重材料制作胖金猪花灯,交乙装设电灯,被丙所盗。试问:(1)甲得否对丙提起占有物返还之诉?(2)甲强行自丙取回该胖金猪花灯时,乙得否以己力防御或追踪取回之?(3)甲夺回该胖金猪花灯后半年,丙提起占有之诉时,法院应如何判决?(4)对无权占有人提起的占有之诉,本权人得提起何种诉讼?

### 第一目　概　说

#### 一、概念用语

"民法"第962条规定:"占有人,其占有被侵夺者,得请求返还其占有物;占有被妨害者,得请求除去其妨害;占有有被妨害之虞者,得请求防止其妨害。"关于此项请求权,判例(裁判)、学说称为占有人之物上请求权(或占有人之请求权、占有物上请求权、基于占有而生之请求权或占有保护请求权)。本条规定旨在保护占有,占有保护请求权的用语,相当于德国通说所谓的 Besitzschutzanspruch。学说上有称之为占有诉权(Besitz-

---

[1] 此为德国法上的争议问题,较详细的讨论,参见 van Venopy, NJW 1977, 1926, JuS 1979, 102; Hoffstetter NJW 1978, 256.

klage),乃着眼于其法制史上的渊源,实务上多以诉为之。但应强调的是,此项请求权为实体上的权利,于裁判外亦得行使。

## 二、“民法”第962条与第767条的异同

### (一) 法律构造

“民法”第962条规定的占有保护请求权(占有人之物上请求权),与“民法”第767条规定的所有人之物上请求权,形式结构虽相似,但内容不同,分四点言之:

1. 保护目的:占有保护请求权旨在保护占有,以占有人为请求权主体。所有人之物上请求权,旨在保护所有权,以所有人为请求权主体。

2. 构成要件:占有物返还请求权以占有被侵夺为要件。所有人之所有物返还请求权以无权占有为要件。例如甲有某物出租于乙,租赁契约消灭后,乙拒不返还时,甲得向乙主张所有物返还请求权,但不得主张占有物返还请求权。占有被侵夺时,占有人得主张占有物返还请求权,有无所有权,在所不问。

3. 诉讼程序:占有的保护贵在迅速,其程序力求简便,故占有保护请求权适用简易程序(“民事诉讼法”第427条第2项),上诉第三审法院受有限制(“民事诉讼法”第436条之2、第436条之3、第436条之5)。所有人之物上请求权,于诉讼上行使时,原则上以通常诉讼程序为之。

4. 消灭时效:占有保护请求权,自占有被侵夺或妨害,或危险发生后1年间不行使而消灭(第963条)。所有人之物上请求权消灭时效期间为15年,不动产已登记者,无“民法”第125条消灭时效规定之适用。①

### (二) 竞合适用

占有保护请求权与所有人之物上请求权之目的与效力不同,各自独立,互不相妨,得发生竞合关系,得合并或先后行使之。就举证责任言,主张占有保护请求权较为有利,但实务上则以所有人物上请求权较为常见,其主要理由,除时效期间外,系因其属终局与确定的保护之故。

---

① “司法院”释字第107号解释:“已登记不动产所有人之回复请求权,无‘民法’第125条消灭时效规定之适用。”释字第164号解释:“已登记不动产所有人之除去妨害请求权,不在本院释字第107号解释范围之内,但依其性质,亦无‘民法’第125条消灭时效规定之适用。”

## 第二目　占有物返还请求权

### 一、要件:占有被侵夺

（一） 占有的侵夺

占有人,“其占有被侵夺者”,得请求返还占有物(第962条)。“最高法院”1988年台上字第1299号判决谓:“按占有人,其占有被侵夺者,得请求返还其占有物,此即所谓占有人之占有物返还请求权。是占有人必须其占有物被侵夺,始得行使占有物返还请求权。”①

占有被侵夺,指非基于占有人的意思而排除占有人对物的事实上管领力,前已言之,敬请参阅。日常生活的主要情形如:(1)抢夺路人的钱包、银行运钞车的金钱。(2)偷窃书店的图书。(3)霸占他人房屋。(4)将汽车停在他人的车位。(5)占用他人土地摆设摊位。

（二） 举证责任

占有被侵夺,而请求返还占有物者,须先证明原有占有的事实(1957年台上字第478号)。

### 二、法律效果:请求返还占有物

（一） 请求权当事人

1. 请求权人

(1)直接占有人与间接占有人;有权占有、无权占有。以占有被侵夺

---

① “最高法院”1988年台上字第1299号判决谓:“原审依审理之结果,以:系争摊位,系由上诉人出租于千〇公司,上诉人与被上诉人间,并无租赁关系,此为双方不争之事实。是上诉人对被上诉人既无租赁关系存在,自无本于租约之终止,而为请求之可言。至上诉人虽又依占有物返还请求权请求被上诉人迁离系争摊位,然被上诉人之使用系争摊位,系经千〇公司交付而取得占有,自非不法。上诉人竟本于占有物返还请求权,而为请求,亦无可取。因而将第一审就被上诉人部分所为上诉人胜诉之判决,予以废弃,改判驳回上诉人此部分之诉,于法并无不合。按占有人,其占有被侵夺者,得请求返还占有物,此即所谓占有人之占有物返还请求权,是占有人必其占有物被侵夺,始得行使占有物返还请求权。本件被上诉人既系经千〇公司交付取得系争摊位之占有,为原审所确定之事实,自难指为侵夺上诉人之占有。上诉人虽又称:被上诉人之前手经伊终止租约后,被上诉人之占有便有成为无权占有云云,惟‘民法’第962条规定,与同法第767条之规定不同,占有人不得主张第三人为无权占有而请求返还。上诉论旨,指摘原判决不当,求予废弃,非有理由。”(参照2016年台上字第773号)

为原因而“请求返还占有物”，惟占有人始得为之。[①] 数人共同占有一物时，各占有人得就占有物全部行使第 962 条权利（第 963 条之 1）。占有辅助人得行使“民法”第 960 条所定的占有人自力救济权（第 961 条），但不得行使第 962 条所定的保护请求权。此之所谓占有人，除直接占有人（如承租人）外，尚包括间接占有人（如出租人），有权占有或无权占有，均所不问。[②]

（2）承租人对无权占有租赁物之人的请求权。“最高法院”1954 年台上字第 176 号判例谓：“租赁物交付后，承租人于租赁关系存续中，有继续占有其物而为使用收益之权利，故其占有被侵夺时，承租人自得对于无权占有之他人，行使其占有物返还请求权，此就‘民法’第 423 条、第 941 条及第 962 条等规定观之甚明。”此项判例可资赞同。租赁关系消灭后，承租人虽无继续占有其物而为使用收益的权利，其占有被侵夺时，承租人仍得对于无权占有之他人行使占有物返还请求权。

2. 请求权的相对人

占有人得向其请求返还者，为侵夺占有之人。侵夺占有之人，将占有物出租，寄托他人而由直接占有人变为间接占有人时，其为侵夺人的地位，尚属存在，故占有人仍得向其请求返还占有物，或请求让与其对直接占有人的返还请求权。侵夺他人占有的瑕疵，应由概括承继人（如继承人）或恶意的特定承继人（如承租人、窃盗）承担之，前已论及，无论其为直接占有人或间接占有人，均得为请求占有物返还的对象。例如甲有某车出借于乙，丙自乙盗该车，出借于丁。在此情形，甲（原间接占有人）亦得向丁（现直接占有人）请求将该车返还于乙（原直接占有人）。兹将其占有物返还请求权的当事人图示如下：

---

① “最高法院”1953 年台上字第 922 号判例谓：“以占有被侵夺为原因请求返还占有物，惟占有人始得为之。所谓占有人指对于物有事实上管领力者而言。”又 1975 年台上字第 2026 号判例谓：“占有被侵夺者，依‘民法’第 962 条上段规定，其占有人固得请求返还占有物，但所谓占有人，必就其占有物有事实上之管领力，否则，即使对于占有物有合法之权源，亦不能本于占有请求返还。”

② “最高法院”1985 年台上字第 752 号判决谓：“‘民法’有关保护占有之规定，于无权源之占有，亦有其适用。故占有人事实上管领占有物，纵无合法权源，对其主张权利者，仍应依合法途径谋求救济，以排除其占有。如果违背占有人之意思而侵夺或妨害其占有，非法之所许者，占有人对于侵夺或妨害其占有之行为，得依‘民法’第 960 条第 1 项规定，以己力防御之。‘民法’第 962 条规定之占有保护请求权，于无权源之占有人亦得主张之。如果占有被不法侵害，占有人即非不得依侵权行为之法则，请求赔偿其所受之损害。”

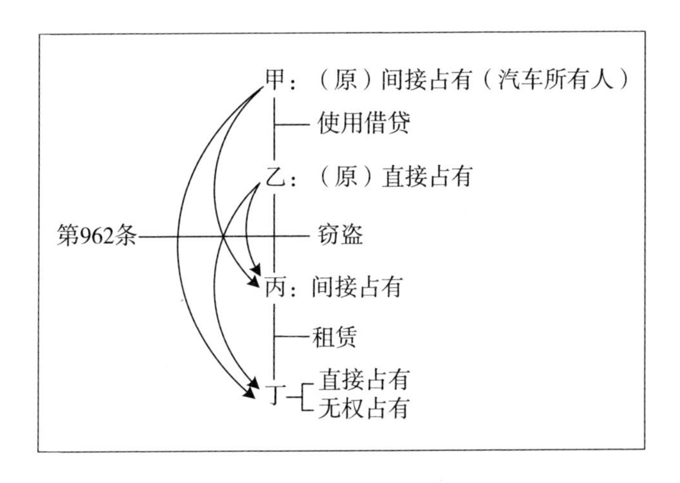


（二）请求内容

占有物返还请求权的内容，为请求返还其占有被侵夺之物。占有物返还请求权确定判决的执行，应依“强制执行法”的规定（第123条、第124条第1项）。此项请求权之目的在于回复其物的占有，而非在于回复其物的原有状态，故占有物毁损灭失时，仅得依“民法”第956条或第184条规定请求损害赔偿，以加害人有可归责的事由或故意过失为要件。

占有，因占有人丧失其对于物之事实上管领力而消灭（第964条）。占有人行使占有物返还请求权而回复其占有时，无论是因强制执行或由侵夺之人任意返还，其占有视为继续（第771条第1项第4款但书，第964条但书），取得时效自不中断（第771条）。

（三）占有瑕疵与占有物返还请求权的排除：交互侵夺①

甲侵夺乙占有之物，其后乙又向甲夺回之。例如甲偷窃乙的脚踏车，并将该车停放超市前，乙看到后取回该车。在此种所谓的交互侵夺，乙或甲得行使自力救济权（第960条），问题在于甲得否对乙行使占有物返还请求权？就“民法”第962条规定文义观之，似应采肯定说，惟乙（夺回人）于返还后仍得向甲请求回复该物，诉讼上甚不经济，何况甲取得占有，具有瑕疵，扰乱物的占有秩序，较值非难，故《德国民法典》第861条第2项规定：“被侵夺之占有，于现时占有人或其前占有人为有瑕疵，且

① 参见温丰文：《占有之自力救济与交互侵夺》，载《月旦法学教室》2003年第12期。

于侵夺前一年内取得者,不得请求回复其占有。"为顾及诉讼经济原则及衡量当事人利益,在理论上得认为夺回人(乙)于得行使占有物返还请求权期间,即自被侵夺时起1年(第963条)内夺回者,得视为侵夺前的占有犹继续存在,而排除侵夺者(甲)的占有物返还请求权。此项规定可供参照。

### 第三目 占有妨害除去请求权

#### 一、要件:占有被妨害

(一) 典型案例

占有"被妨害"者,占有人得请求除去其妨害。占有被妨害,指以侵夺以外的方法妨碍占有人管领其物。占有的妨害多发生于不动产,兹举社会生活中常见情形如下:

1. 丢弃垃圾、废土于他人的庭院或空地。
2. 装设管线排泄废水于邻地。
3. 停车不当,阻挡他人使用其车库或车位。
4. 散放瓦斯、臭气、烟气、热气、灰屑、喧嚣、振动于邻地,超过相邻关系所应容忍的限度(第793条)。

(二) 毁损占有物与妨害占有

毁损他人的占有物(如车祸毁损他人汽车),是否为妨害占有?鉴于加害人对所生的损害,仅于具有故意或过失时,始负侵权行为赔偿责任,应采否定说,否则被害人将以排除侵害的方式,请求损害赔偿。

(三) 出租人对拒不返还租赁物的承租人断水断电[①]

> 甲有A屋出租于乙,乙积欠租金,甲终止租赁契约,乙经催告后仍不偿还积欠的租金,并继续占有A屋,拒不返还,甲乃对A屋断水断电。在此情形,乙得主张何种权利?

1. 契约上请求权

出租人应以合于所约定使用收益之租赁物,交付承租人,并应于租赁关系存续中,保持其合于约定使用、收益之状态(第423条)。此项保持义务通常包括供应水电。甲与乙间的租赁契约业已终止,甲供应水电的义

---

[①] Vieweg/Röthel, Fälle zum Sachenrecht, S. 147.

务已不复存在。乙对甲无基于契约而发生的请求权,甲亦不负有供应水电的后契约义务。乙于终止契约后,经甲催告仍不返还租赁物及偿还积欠的租金,乙不应期待甲以自己的费用继续供应水电。

2. 占有妨害除去请求权

乙得否向甲依“民法”第962条规定请求除去甲对其占有之妨害?乙系A屋之无权占有人,“民法”第962条规定的占有人亦包括无权占有人,问题在于甲是否妨害乙的占有?对此问题应采否定见解。占有指对物的事实上管领力,须侵害对物的事实上管领力,始构成对占有的妨害。水电的中断并不妨害乙对A屋的事实上管领力,而限制其对A屋的使用可能性。供应水电系因租赁契约而发生,并非基于对A屋的事实上管领力。据上所述,中断水电并不成立对乙占有A屋的妨害,乙不得向甲依“民法”第962条规定请求除去甲对其占有之妨害。

3. 侵权行为损害赔偿请求权

乙于租赁契约终止后无权占有甲的A屋。无权占有非属“民法”第184条第1项前段所称权利。纵认甲断水断电系妨害乙的占有,乙亦不得向甲依“民法”第184条第1项前段规定请求侵权行为损害赔偿。

## 二、法律效果:请求除去妨害

### (一) 请求权人

以占有被妨害而“请求除去妨害”的,惟占有人始得为之,同于占有物返还请求权的主体,需注意的是,请求权人不限于所有人,亦包括不动产承租人等,请参照之。

### (二) 请求权的相对人

占有人得向其请求妨害除去者,为妨害占有人。妨害占有之人,指因其行为妨害占有之人(行为妨害人,Verhaltenstörer),或因其意思容许妨害占有状态存在之人(状态妨害人,Zustandstörer),前者如丢弃废料于他人庭院,后者如果树被强风吹倒于邻地,而未清除。妨害占有的瑕疵,亦应由概括承继人或特定承继人承担,而为请求的对象。至于占有辅助人则非属请求权的相对人。兹举二例加以说明:

1. 甲经营工厂,雇乙丢弃废料于丙地,其后甲将工厂出售于丁,丁继续丢弃废料。在此情形,于丁丢弃废料之际,丙得以己力防御(第960条)。此外,丙得请求丁中止其丢弃废料的妨害行为,请求甲或丁除去其所造成妨害的状态。

2. 甲有某屋,出租于乙,乙开设露天啤酒屋,半夜喧哗,严重干扰丙居家安宁。在此情形,乙为妨害行为,系所谓的行为妨害人。甲容许妨害的状态存在,为状态妨害人,均负有除去妨害的义务。

(三) 请求内容

占有妨害请求权的内容在于请求"除去其妨害",即停止妨害行为,如停止丢弃垃圾,或除去其妨害状态,如清除堆积的垃圾。此项妨害除去请求权非属损害赔偿请求权,在具体案件虽会导致回复原状的同一效果(第213条),但不发生以金钱赔偿的问题(第214条、第215条)。

侵害之人应负担除去妨害的费用。被害人以自己费用除去其妨害时,得依不当得利或无因管理的规定,请求返还所支出的费用。被害人对妨害的发生或扩大与有过失时,应类推适用"民法"第217条规定,减轻侵害人应负担的费用。

在诉讼上,占有妨害除去请求权应以给付之诉的方式主张之。法院判决应宣告除去妨害的必要措施。其强制执行,应依"强制执行法"的规定,自不待言。

## 第四目 占有妨害防止请求权

### 一、要件:占有有被妨害之虞

占有"有被妨害之虞"者,占有人得请求防止其妨害。占有是否有被妨害之虞,非依占有人的主观意思决之,应依社会观念,就其发生的盖然性,客观地加以判断。其常见的情形如:

1. 山坡地的高楼,遭地震倾斜,有倒塌的危险。
2. 捷运施工致地层下陷,危及邻近房屋。
3. 兴建房屋的设计图显示侵占邻地。

妨害占有只须将来有发生之虞,即为已足,不以一度发生妨害,而有再度发生的危险性为必要。过去曾数度发生妨害行为时,倘无相反情事,通常可认为将来亦有妨害之虞。

### 二、法律效果:请求防止其妨害

占有人得向造成妨害占有危险之人,请求"防止其妨害",排除妨害占有的危险状态。防止的费用应由妨害人负担之。此项不作为请求权系属实体法上的权利。在诉讼上依给付之诉主张之。

关于各种占有保护请求权,已详如上述,兹举一例综合加以说明。甲擅自占用乙向他人承租的土地开辟高尔夫练习场,并正购买建材,准备在该地其他部分增建房屋。在此情形,乙得请求甲返还占有的土地,除去妨害占有的设施,中止其妨害占有的行为。此三个占有保护请求权的要件和效果不同,各自独立,得发生竞合关系。

## 第五目　占有保护请求权的行使期间

### 一、立法理由

"民法"第963条规定:"前条请求权,自侵夺或妨害占有或危险发生后,一年间不行使而消灭。"立法理由系认为占有保护请求权人,若随时皆得主张,则权利状态恒不确定,害及社会之安宁。

### 二、消灭时效

此项期间的性质,非属除斥期间,乃为消灭时效。"最高法院"1964年台上字第2636号判例谓:"占有人其占有被侵夺者,得请求返还其占有物,是项返还请求权,依'民法'第962条及第963条之规定,自被侵夺后一年间不行使而消灭,乃指以单纯的占有之事实为标的,提起占有之诉而言,如占有人同时有实体上权利者,自得提起本权之诉,纵令回复占有请求权之一年短期时效业已经过,其权利人仍非不得依侵权行为法律关系请求回复原状。"此项判例具有二点意义:

1. 肯定1年期间为消灭时效,而非除斥期间。
2. 肯定占有保护请求权得与其他请求权发生竞合关系。

值得注意的是,占有人之占有被侵夺者,其占有物返还请求权之消灭时效应自侵夺占有时起算;于占有遭妨害者,倘妨害之行为已停止,而该妨害行为所造成之妨害状态仍继续存在者,占有人之占有妨害除去请求权,应自妨害占有之行为发生时起算消灭时效。纵占有人嗣后始知悉其占有遭侵夺或妨害,亦不影响该消灭时效期间之起算(2017年台上字第2729号)。

## 第六目　占有之诉与本权之诉

### 一、占有之诉与本权之诉的意义

占有保护请求权,在裁判上或裁判外均得行使。其在裁判上行使的,须依诉为之,称为占有诉讼或占有之诉,分别言之,即返还占有物之诉,除去妨害占有之诉,防止妨害占有之诉。占有之诉,不问其标的之金额或价额,一律适用简易程序,期能迅速处理(“民事诉讼法”第427条第2项第4款)。

相对于占有者,系本权,如所有权、地上权、租赁权等。其依本权而提起的诉讼,称为本权之诉,如基于所有权提起所有物返还之诉、基于租赁权提起租赁物返还之诉。

### 二、占有之诉与本权之诉的独立并存

有本权的占有人,其占有被侵害时,既有本权诉权,亦有占有诉权。例如甲所有的停车位被乙侵夺时,甲得对乙提起返还所有物之诉(本权之诉),亦得提起返还占有物之诉(占有之诉)。此二种之诉,得同时提起,或分别提起之,其一败诉时,仍得提起其他之诉,不受一事不再理的拘束。占有之诉与本权之诉,虽不相碍,但本权之诉终究是终局确定的保护,故在本权诉讼经确定判决,认为被告有占有的权利时,原告所主张的占有保护请求权的要件不具备,不得再行提起。例如甲以乙侵夺其停车位而提起返还所有物之诉,经法院判决,乙系基于租赁关系而为占有,败诉确定时,甲不得再提起返还占有物之诉。

### 三、占有之诉与本权之诉的对立

占有之诉与本权之诉相对立时,应如何处理,试举一例加以说明。甲有某屋出租于乙,租约届满,乙拒不返还,甲于乙外出期间,住进该屋,搬出乙的家具。在此情形,甲系侵夺乙对该屋的占有,乙得对甲提起返还占有物之诉(占有之诉),甲系房屋所有人,得对乙提起返还所有物之诉(本权之诉)。关于其对立关系,分二点言之:

1. 乙提起占有之诉时,甲不得以其对占有物有本权(所有权)而为抗辩。法院应仅审查原告有无占有的事实及其占有是否被侵害,被告有无

本权,则所不问。

2. 甲针对乙的占有之诉,得提出返还所有物的反诉。其结果将造成有本权之人,得以私力实现其权利于先,以反诉维护其权利于后,与禁止私力的原则,未尽符合。[①]

## 第七目　间接占有人的保护请求权

1. "民法"第960条及第962条规定所称占有人是否包括间接占有人?其理由何在?

2. 甲有某地出租给乙。试问:(1)租赁期间,甲擅行占用该地时,乙得对甲主张何种权利?(2)租赁关系届满后,乙拒绝返还该地,甲得否依"民法"第962条规定请乙返还该地,或以占有被侵害为理由,请求损害赔偿?(3)在租赁期间,甲向乙借用该地,未经乙同意,擅行出租于丙时,乙得否依"民法"第962条规定向丙请求返还该地,或以占有被侵害为理由,请求损害赔偿?

本件案例有助于理解占有的核心概念及基本问题,请先思考其请求权基础。

占有,依占有人是否事实上管领其物为标准,可分为直接占有及间接占有。例如甲有某地,出租于乙,乙为直接占有人,甲则为间接占有人。应讨论者有三:

1. 间接占有人侵害直接占有。
2. 直接占有人侵害间接占有。
3. 第三人侵害间接占有。

### 一、间接占有人侵害直接占有

间接占有人侵夺直接占有人占有之物,时常有之,例如甲出租某车于乙,在租赁期间内,甲(间接占有人)违反乙(直接占有人)的意思,擅行取回汽车。甲经营民宿,乙为房客,甲(间接占有人)未经乙同意,擅闯乙(直接占有人)所住之房间。遇此等情形,直接占有人得行使"民法"第960条规定的自力救济权,或第962条规定的占有保护请求权。

---

① 参见史尚宽:《物权法论》,第539页;Baur/Stürner, Sachenrecht, S. 77;〔日〕我妻荣/有泉亨:《物权法》,第513页。

## 二、直接占有人侵害间接占有

### （一）“最高法院”1989年台上字第326号判决：承租人拒绝返还租赁物的侵权责任

在“最高法院”1989年台上字第326号判决一案，上诉人联全企业股份有限公司（以下简称“联全公司”）出租某地于麻豆货运行。租赁期间届满后，麻豆货运行拒绝返还租赁物。原审认为联全公司依“民法”第962条及第184条第1项所定之侵权行为法律关系，请求麻豆货运行赔偿损害，尚非无据。

“最高法院”废弃原审判决，其要旨有二：

1. 麻豆货运行之占有系争土地，原系联全公司本于租赁关系而交付，麻豆货运行既未侵夺联全公司之占有，亦无妨害其占有可言，与“民法”第962条规定，殊无关涉。

2. 又联全公司纵得依“民法”第455条规定，请求麻豆货运行返还租赁物，并依债务不履行规定请求损害赔偿。在麻豆货运行交还租赁物前，联全公司对于系争土地为间接占有人。其与直接占有人麻豆货运行之间既得本于租赁关系请求债务不履行之损害赔偿，即不得对直接占有人，以占有受侵害为由，依据侵权行为之规定请求赔偿损害。盖占有为对于物支配之事实，与占有之本权有别。间接占有人与直接占有人间关于占有之关系，惟有依其相互间之法律关系定之，尚不发生占有被侵害之侵权行为问题，此与主张占有受第三人侵害之情形，固不相同；与主张所有权或其他为占有之本权受侵害，得并请求侵权行为侵害赔偿之情形，亦不得相提并论。

### （二）分析讨论

本件判决至为重要，“最高法院”的判决理由立论正确，实值赞同，分三点言之：

1. 联全公司出租某地给麻豆货运行，后者为直接占有人，前者为间接占有人。租赁期间届满后，占有媒介关系（租赁）消灭，承租人拒不返还租赁物，而继续占有，构成无权占有。诚如“最高法院”所云，承租人占有系争土地，系本于出租人的交付，不因其拒不返还，而构成侵夺或妨害出租人的占有，而无“民法”第962条的适用。出租人为该地所有人时，得行使所有物返还请求权（第767条第1项前段），或租赁物返还请求权(第455条)。

2. 承租人拒不返还租赁物,并未侵夺或妨害出租人的占有,故出租人不得以占有被侵害为理由,依侵权行为法规定,请求损害赔偿。①

3. 出租人因承租人拒不返还租赁物受有损害时,得依债务不履行(给付迟延)的规定请求损害赔偿。此外,出租人系租赁物的所有人时,尚得以所有权被侵害为理由,依侵权行为法规定对承租人请求损害赔偿(第184条第1项前段),或依不当得利规定请求返还其无权使用他人之物所受的利益(第179条)。

应说明的是,物(不动产或动产)的承租人乙在租赁关系消灭后,擅将租赁物出租于第三人丙并为交付时,亦未构成对出租人甲占有的侵夺,出租人甲对承租人乙或第三人丙亦均无"民法"第962条规定的请求权。此为实务重要问题,有助于更深刻认识"民法"第962条规定的适用,图示如下:

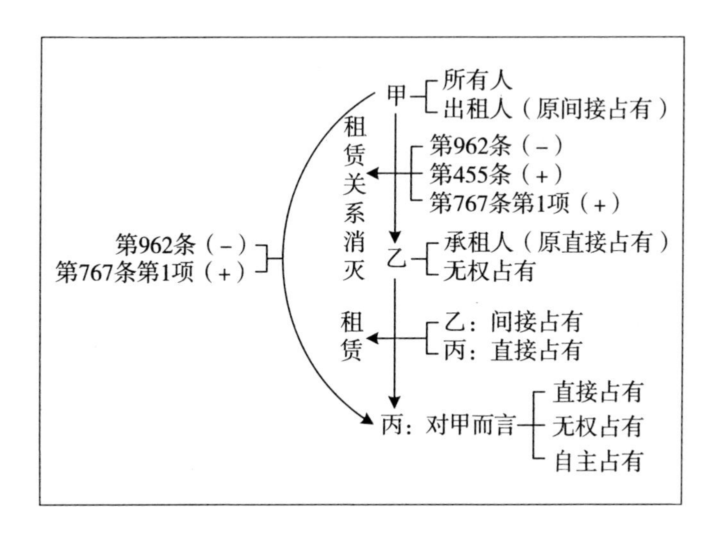


① 德国联邦最高法院(Bundesgerichshof,简称BGH),有一个判决(BGH 32, 194),采取相同见解,明确表示:"间接占有人就直接占有人因故意或过失所致之损害,不得依《德国民法典》第823条第1项规定,主张占有是本条所称其他权利,而请求损害赔偿。"(Der mittelbare Besitzer kamm für Schäden, die der unmittelbare Besitzer verschuldet hat, von diesem keinen Schadensersatz nach §823 Absatz 1 BGB unter dem Gesichtspunkt beanpruchen, dass der Besitz als sonstiges Recht im Sinn dieser Vorschrift anzusehen sei.)可供对照。

## 三、第三人侵害间接占有

关于第三人侵害间接占有的保护,《德国民法典》第869条设有规定:"1.对占有人实施暴力者,间接占有人亦有民法第861条及第862条之请求权。2.占有被侵夺时,间接占有人得请求对原占有人回复其占有;原占有人不能或不欲受领者,间接占有人得请求对自己回复其占有。3.具备上列之要件时,间接占有人在第867条之情形,亦得请求许其寻查取回其物。"依此规定,德国通说认为《德国民法典》第859条关于占有人的自力救济的规定(相当于"民法"第960条),其所谓占有人不包括间接占有人,《德国民法典》第861条及第862条(相当于"民法"第962条)所谓的占有人包括直接占有人或间接占有人。

"民法"未设相当于《德国民法典》第869条的规定,因此关于间接占有的保护,须依占有的本质及社会机能,就"民法"第960条及962条规定加以解释适用。

1. "民法"第960条第1项规定:"占有人,对于侵夺或妨害其占有之行为,得以己力防御之。"占有人,指直接占有人,不包括间接占有人在内。间接占有人为防御直接占有所为之行为,应适用"民法"第149条关于正当防卫的规定。

2. "民法"第962条规定:"占有人,其占有被侵夺者,得请求返还其占有物;占有被妨害者,得请求除去其妨害;占有有被妨害之虞者,得请求防止其妨害。"本条所称占有人包括直接占有人及间接占有人。其侵夺或妨害,系针对直接占有,间接占有之被侵害,应就直接占有认定之(2016年台上字第773号)。例如甲有别墅,借乙使用,丙强占该别墅,系侵夺乙的直接占有,并因而致甲之间接占有被侵夺。在此情形,间接占有人原则上仅能请求侵夺者将占有物返还于直接占有人,间接占有亦因此而回复,惟直接占有人不能或不愿受领占有物时,间接占有人得请求返还于己。

3. 为何不同:间接占有人的保护不同于直接占有人,主要是因为间接占有并非对于物为事实上的管领,而是一种观念化的占有。民法第960条与第962条的适用,均以直接占有被侵夺或妨害为要件,旨在维护平和秩序。"民法"第960条所谓占有人之所以不包括间接占有人,因其并未对物为事实上的管领,尚无赋予自力救济权的必要。

## 第三款　占有在债权法上的保护①

### 第一项　占有的不当得利

1. 甲占有某千年何首乌出卖于乙，依让与合意交付后，乙出借该千年何首乌于丙。若买卖契约不成立时，试就下列情形说明甲得否对乙主张不当得利请求权：(1)该千年何首乌为甲所有。(2)该千年何首乌为丙所有，被甲所盗。

2. 甲有某发财小货车，被乙侵夺，丙又盗之，用之于运送货物。试问：乙对丙有无不当得利请求权？

"民法"第179条规定："无法律上之原因而受利益，致他人受损害者，应返还其利益，虽有法律上之原因，而其后已不存在者，亦同。"不当得利可分为给付不当得利与非给付不当得利（尤其是权益侵害不当得利）二个类型。兹就占有而生的不当得利，分述如下：

#### 一、给付不当得利

给付不当得利，指给付因自始欠缺目的或目的不达而生的不当得利。占有系一种利益，得为不当得利之客体。例如甲有某千年何首乌，出售于乙，依让与合意交付后，发现买卖契约不成立、无效或被撤销。在此情形，乙即取得该千年何首乌"所有权"及"占有"，因欠缺给付目的，系无法律上原因，而受利益，应负返还所有权及"占有"的义务。又如甲占有某屋，出租于乙，并为交付，其后甲以意思表示错误为理由，撤销租赁契约，亦得依不当得利规定请求乙返还该屋的占有。

应特别指出的是，在上举之例，纵使甲非该千年何首乌或房屋的所有人，亦无论其占有是否为有权占有，甲均得依不当得利规定，向乙请求返还其无法律上原因所受的"占有"。乙将该千年何首乌或房屋出借或转租于丙时，其现存的利益为间接占有，对丙享有返还请求权，应将之让与于甲，由甲向丙请求返还。

① 参见王泽鉴：《不当得利》（第2版），北京大学出版社2015年版，第303页。

### 二、非给付不当得利(权益侵害的不当得利)

非给付不当得利类型中以侵害他人权益的不当得利最为重要,例如甲擅将乙寄托的鲍鱼让售于丙,丙善意取得该鲍鱼所有权时(第 801 条、第 948 条),甲所受的利益(对丙的价金债权或受领的价金),系侵害应归属于乙(所有人)的权益,致乙受损害,无法律上的原因,应负返还的义务。

关于侵夺他人占有的不当得利,分二种情形加以说明:

(一) 请求人系有权占有

甲承租乙所有某地,摆设小吃摊贩卖香肠,系属有权占有,丙侵夺该地作为停车场。在此情形,丙使用该地,受有利益,侵害应归属于甲的权益,致甲受损害,应依不当得利规定返还其所受的利益。此项使用利益,依其性质不能返还,应偿还其价额(第 181 条)。

(二) 请求人系无权占有

甲占有某小发财车,被乙侵夺,丙又自乙侵夺之,用于运货。在此情形,乙得否对丙主张不当得利?乙系恶意占有,对该车无使用收益的权能,欠缺权益归属内容,丙未侵害应归属于乙的权益,不成立不当得利。无权占有人系属善意时,于推定其为适法所有之权利范围内,得为占有物之使用收益(第 952 条),对侵夺其占有之人,得依不当得利规定请求返还其使用占有物所受的利益。

## 第二项　侵害占有的侵权责任

1. 甲向乙承租某地,辟为停车场,丙擅在该地停车,丁任意丢弃废料,致甲不能使用该地。试问:甲得向丙、丁主张何种权利?

2. 甲出租某屋给乙,经营简易自助餐。乙积欠租金,甲终止租约,乙屡经催促,拒不返屋。甲趁乙南下省亲,强行夺回该屋,另租他人。试问:乙以占有被侵害不能营业为理由,诉请甲为损害赔偿,有无理由?

### 一、问题的提出

"民法"第 184 条规定:"因故意或过失,不法侵害他人之权利者,负损害赔偿责任。故意以背于善良风俗之方法,加损害于他人者亦同。违反保护他人之法律，致生损害于他人者，负赔偿责任。但能证明其行为无过失者，不在此限。”关于侵害他人占有的侵权责任，涉及三个问题[①]：

1. 请求权基础：究应适用“民法”第 184 条第 1 项前段或第 2 项？
2. 占有的状态：应否区别有权占有或无权占有，而作不同的处理？
3. 损害赔偿：占有被侵害时，被害人得请求何种损害赔偿？

## 二、实务上见解

（一）“最高法院”1985 年台上字第 752 号判决

“民法”有关保护占有之规定，于无权源之占有，亦有其适用。故占有人事实上管领占有物，纵无合法权源，对其主张权利者，仍应依合法途径谋求救济，以排除其占有。如果违背占有人之意思而侵夺或妨害其占有，非法之所许者，占有人对于侵夺或妨害其占有之行为，得依“民法”第 960 条第 1 项规定，以己力防御之。“民法”第 962 条规定之占有保护请求权，于无权源之占有人亦得主张之。如果占有被不法侵害，占有人即非不得依侵权行为之法则，请求赔偿其所受之侵害。本件上诉人伟强公司占有系争房屋，纵令因执行法院除去其租赁关系后实施拍卖，以致合法占有之权源归于消灭，蔡金贵等于取得系争房地之所有权以来，仍不得反于伟强公司之意思，以己力妨害其占有。原审以蔡金缄等搬走伟强公司储存之寄托物并锁闭库门，致伟强公司损失营业上之收入，亦属权利之正当行使，认为与侵权行为之构成要件不符，其法律上之见解，不无违误。

（二）“最高法院”1982 年台上字第 3748 号判决

查占有固为事实，并非权利，但究属财产之法益，“民法”第 960 条至第 962 条且设有保护之规定，侵害之，即属违反法律保护他人之规定，侵权行为之违法性非不具备，自应成立侵权行为。至占有人对该占有物有无所有权，初非所问。而如原审之认定，上诉人就前开土地既仅登记名义人，实际上并无所有权，且依约定未有使用之权能，就被上诉人之由于管

---

① 参见苏永钦：《侵害占有的侵权责任》，载《台湾大学法学论丛》1987 年特刊号；王泽鉴：《侵害占有之侵权责任与损害赔偿》，载《民法学说与判例研究》（第三册），北京大学出版社 2009 年版，第 172—181 页；德国法上的资料，参见 Fabricius, Zur Dogmatik des《Sonstingen Rechts》gemäss §823 Abs. 1. BGB, AcP 160 (1961), S. 273 ff.; Medicu, Besitzschutz durch Ansprüche auf Schadensersatz, AcP 165 (1965), S. 115 ff.; Schick, Besitzschutz nach §823 BGB?; Wieser, Der Schadensersatz des Besitzers aus §823 BGB, JuS 1970, 577.

理而占有使用,尚无可对抗之事由,纵原审论述该土地之所有权,谓为广安宫所有,又谓为全村人(指扩兴村民)共有云云,容有未洽;仍于被上诉人本件之请求权无影响。

## 三、分析讨论

### (一) 请求权基础:“民法”第184条的适用

“最高法院”1985年台上字第752号判决谓:“如果占有被不法侵害,占有人即非不得依侵权行为之法则,请求赔偿其所受之侵害。”所谓“侵权行为之法则”未明确“民法”第184条规定的三个请求权基础(第184条第1项前段、第1项后段、第2项)。“最高法院”1982年台上字第3748号判决明确表示占有固为事实,并非权利,但究属财产法益,“民法”第960条至第962条关于保护占有的规定,属于“民法”第184条第2项保护他人的法律。侵害占有者,应依此规定负损害赔偿。应说明者有二:

1. 占有非属权利,不适用“民法”第184条第1项前段规定。就单纯的占有言,固值赞同,但占有系基于一定权利(如租赁权、使用借贷等)时,享有使用收益的权能而具有支配性,应更进一步认为其占有因此强化为一种应受侵权行为法保护的权利,而有“民法”第184条第1项前段规定之适用。

2. “民法”第184条第2项为独立的侵权行为类型,“民法”第960条至第962条规定系属保护他人之法律(1982年台上字第3748号),此系认为占有保护规定攸关公益,旨在保护占有人。①

### (二) 侵害有权占有及损害赔偿:“民法”第184条第1项前段的适用

诚如前述,占有虽为事实,但仍与一定权利(租赁、使用借贷等)结合而受“民法”第184条第1项前段所称权利的保护。

例如甲租赁房屋,因故意或过失不法侵害而不能为使用收益。其可能发生的损害,主要有四种:

1. 使用收益的损害:占有人对占有物不能使用收益而生的损害,如租赁的车位被侵夺致不能停车、房屋被霸占致不能居住、汽车被盗致不能运货等。此项损害最属常见。

---

① 此亦为德国通说见解,BGHZ 181 233 Rn. 15; Hartung, Besitz und Sachherschaft (2001), 69; 不同意见,Midicus, AcP 165 (965), 115,强调《德国民法典》第859条第1项规定旨在保护公益。

2. 支出费用的损害：占有人对占有物支出费用，本得向回复请求人请求偿还，因该物被侵夺而毁损、灭失致不能求偿而受有损害。

3. 责任损害：占有人因占有物被第三人侵夺致毁损或灭失，对回复请求人应负损害赔偿责任。

4. 时效取得损害：占有人因占有物被侵夺，致取得时效中断，不能取得所有权（参照第768条以下规定）。有权占有被害人得请求赔偿的损害，包括使用收益的损害、支出费用的损害和责任损害。至于时效取得的损害，仅系取得某种权利的希望，尚难解为系法律的损害，似不得请求损害赔偿。

（三）侵害无权占有："最高法院"见解的检讨

"最高法院"1985年台上字第752号判决肯定恶意占有人亦得依侵权行为法则（似指"民法"第184条第2项）请求使用收益损害（营业上的收入损失）的赔偿。[①] 德国学者Heck从经济的观点，强调无权占有人亦有保护的必要，例如甲以其无权占有的某件机器从事生产，已成为企业的一部分，具有继续占有使用的经济利益，所有人乙强行取回该件机器，导致生产停顿时，应负担损害赔偿责任。[②]

"民法"关于占有的保护，无权源的占有人亦得为主张，固属无误，因其立法目的在于维持社会平和。至于得否依侵权行为法规定请求损害赔偿，应从权益保护的观点加以判断。善意占有人，依推定其为适法所有之权利，得为占有物之使用收益（第952条），其占有被不法侵害时，得依"民法"第184条第2项规定（甚至第184条第1项前段），请求损害赔偿。恶意占有人不得为占有物之使用收益（第952条）。在财货归属上，恶意占有人对于占有物，并无使用收益的权能，原则上应不得就不归属其享有的权益，请求损害赔偿。甲侵夺乙的房屋或汽车，乙强力取回之时，恶意占有人得向所有人请求其因不能使用其无权占有房屋或汽车的损失，衡

---

① 此为实务上的基本见解。高等法院1983年法律座谈会曾提出一个法律问题：某甲无权占用某乙之土地种植树木，某丙擅予砍伐出售。某甲是否得依侵权行为之规定请求某丙赔偿其损害？讨论意见：甲说（肯定说）：无权占有他人之土地使用收益者，仅该他人得予依法排除其侵害，第三人仍无权对其使用收益妄加干涉。某甲自得诉请某丙赔偿其损害（"最高法院"1981年台上字第83号判决参照）。乙说：（否定说）：某甲种植之树木依"民法"第66条第2项之规定非属某甲所有，某甲自不得本于侵权行为请求某丙赔偿其损害（"最高法院"1980年台上字第3114号判决参照）。结论：以甲说为当。盖占有应受法律保护，此观诸"民法"第943条、第962条各规定甚明。"司法院"第一厅研究意见：同意研究结论。

② Heck, Sachenrecht, Neudruck (1960), S. 12.

诸占有保护之规范目的、情理、正义感情,应非妥适。[①] 诚如德国法学家Jhering所云,强盗与小偷亦享有占有保护,但仅止于自力救济或占有保护请求权,以维护社会秩序,似不能因此而言为强盗与小偷得对取回其物的所有人,亦得请求不能对盗赃物为使用收益而生的损害。[②]

## 第四款 物权与占有的保护

### ——体系构成与案例研习

### 第一项 体系构成

法学的任务在于建构体系,法诠释学始于案例,法之适用在于结合体系与案例。兹先将物权与占有保护的规范体系,图示如下:

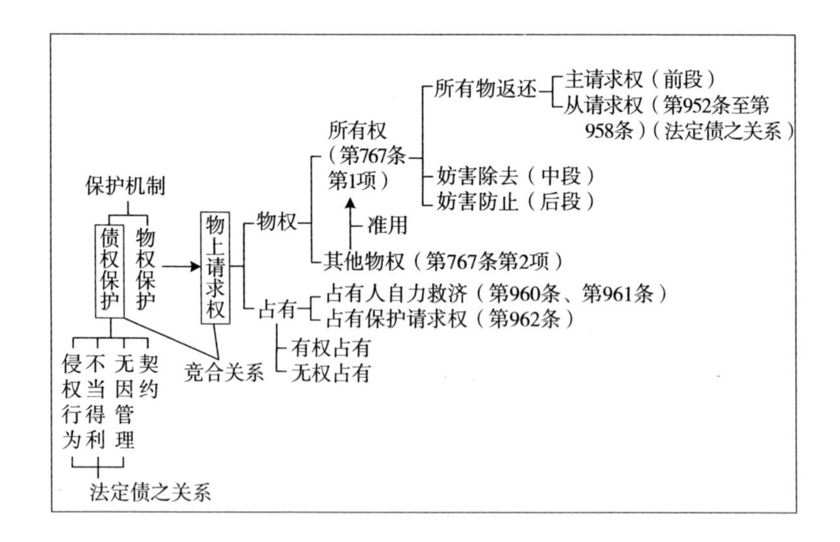


① 此为德国联邦法院及多数学者的见解。在BGHZ 73,355判决一案,甲有某厂房出租于乙,乙转租于丙。其后甲对乙有效终止契约。甲自丙取回厂房,丙诉请损害赔偿。德国联邦法院认为此项终止契约对丙亦生效力(《德国民法典》第556条第2项),丙无使用收益的权利,就甲侵夺其占有物,亦不能主张使用收益减少的损害赔偿。参见Baur/Stürnen, Sachenrecht, S. 80.

② 日本民法明定占有为一种权利(占有权),关于侵害占有权的不法行为上损害赔偿,亦有争论,学说上多认为无本权或主张本权,但不能立证的单纯占有,就占有权自体之侵害,无请求不法行为上损害赔偿的余地。参见〔日〕几代通著、〔日〕德本伸一补订:《不法行为法》,1993年版,第66页;〔日〕加藤一郎:《不法行为》(增补版),1974年版,第110、221页;〔日〕前田达明:《不法行为》,1980年版,第79页。

物权与占有的保护体现于请求权基础,分为物权请求权(物上请求权)与债权请求权(契约、无因管理、不当得利、侵权行为)。原则上应依契约、无因管理、物上请求权、不当得利、侵权行为的次序加以检查。需特别注意的是物上请求权与债权请求权得发生竞合关系(尤其是第952条至第958条关于回复请求权人与占有人的关系)。

物上请求权分为所有权(及其他物权)的物上请求权与占有的物上请求权,分述如下:

## 一、所有权的物上请求权

"民法"第767条规定物权的物上请求权,适用于所有权(第767条第1项),准用于其他物权(第767条第2项),以下为行文方便,专就所有权加以论述。

### (一) 三个请求权

所有权的物上请求权有三:

1. 所有物返还请求权(前段):在此情形常发生所有人的回复请求权与占有人的关系(第952条至第958条)。所有物返还请求权为主请求权,回复关系上的请求权为从请求权,系属法定债之关系,其与一般债法上请求权(尤其是不当得利与侵权行为)的竞合关系是一个重要的研究课题。

2. 妨害除去请求权(中段):例如请求涂销错误的登记、清除丢弃的垃圾。

3. 妨害防止请求权(不作为请求权,后段):例如请求防止排泄废水、噪音、空气污染。

前述三种请求权系三个独立的请求权基础,得为竞合并存,例如土地所有人得请求拆除违建、返还土地,并防止再为侵害。

### (二) 功能及特色

所有权的物上请求权旨在实现物权,不以故意或过失为要件。其重要的特色在于物上请求权不得与所有权分离而为让与移转,不同于所有权被侵害而发生的损害赔偿请求权。

## 二、占有的物上请求权

(一) 二个请求权

1. 自力救济权:包括直接占有人的自力救济(第960条)以及占有辅助人的自力救济(第961条)。

2. 占有人的物上请求权:包括直接占有人及间接占有人。间接占有人占有被侵夺,应就直接占有人认定之。

(二) 功能及特色

占有保护旨在保护社会平和秩序,仅具一时性。占有人的物上请求权得为让与移转。尤其是无权占有人亦有占有的物上请求权,例如窃车者得对侵夺其占有的所有人行使自力救济(第960条);对侵夺其车者,得请求返还该车(第962条)。

# 第二项 案例研习

## 一、案例

试就下列案例,说明当事人间的法律关系(请先自行思考如何解答,作成解题构造,写成书面):

1. 甲在其所有(或租用)的土地经营超市(或开设医院),乙擅自占用其停车位(或停在停车场出入口,妨害甲的货车或救护车出入),甲请丙拖吊该车。甲得否向乙请求拖吊费及其他损害赔偿?

2. 甲出租某地给乙经营停车场,丙侵夺部分土地设置夜市摊位。

3. 甲有小发财车(A车)出租于乙,丙盗窃该车用于营业,其后丁又自丙处盗窃该车。

4. 乙拾得甲遗失的名贵波斯猫(A猫),让售于非因重大过失不知乙无让与权利之丙。其后A猫生小猫(B猫),丙将B猫让售于善意之丁。因丙的家人照顾不周,致A猫受伤,医疗后价值减损,丙支出费用为A猫美容,将A猫让售于善意之戊。半年后甲发现乙拾得A猫,向乙行使返还请求权。

5. 试区别下列二种情形:

(1) 甲出租某果园于乙,乙违约擅将果园转租于丙(明知或不知乙违约转租),丙收成果实出售。

(2) 乙明知(或非因重大过失不知)果园租赁契约不成立或无效,修缮果园,施肥灌溉,收成果实出售,因未适当防范台风,致果树毁损。

认事用法首应理解究明的是案例事实,并来回于法律规范与案例事实之间,发现争点,寻找可能适用的请求权,分析其成立要件。其核心在于针对争点问题而就法律概念加以解释、涵摄、评价、论证而为法之适用。(务请参阅本书相关部分说明及拙著《民法思维》,自行研究写成案例,始能更深刻理解。并请注意区别案例异同。)

## 二、说明

### 案例1:侵夺或妨害他人对土地的占有使用:拖吊不法停车①

(一) 解题构造

本件案例旨在强调物权法与债法的体系关联及法律适用上的协力关系。兹将本案例的基本构造图示如下:

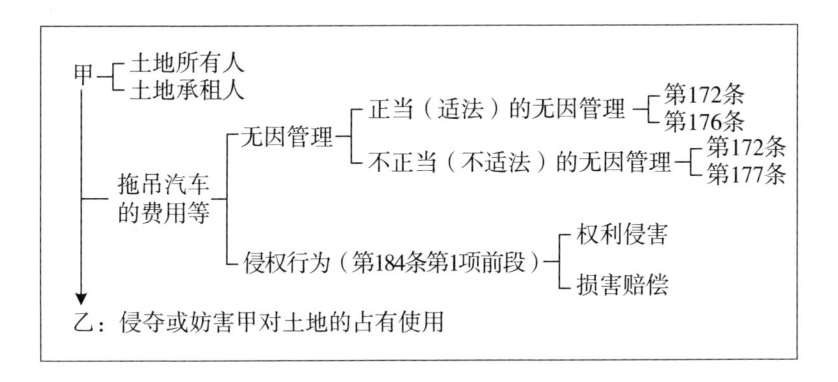


① 拖吊不法停车系德国民法实务常见的案例,亦常出现于司法考试,为案例研习的重要课题,Vieweg/Röthel, Fälle zum Sachenrecht, S. 137; Wellenhofer, Sachenrecht, S. 66; Huneke, Abschleppen vom Supermarktparkplatz-Selbsthilfe oder Abzocke?, Jura, 2010, 852.

（二）解说

1. 无因管理[①]

（1）正当（适法）的无因管理："民法"第 172 条、第 176 条

正当（适法）的无因管理，指未受委任，并无义务，而为他人管理事务（第 172 条），其管理利于本人，并不违反本人明示或可得推知之意思（第 176 条）。

①拖吊汽车系属一种事务，甲系为自己利益而拖吊汽车。惟乙不法停车于甲的停车位（或将车停在停车场出入口妨害甲的货车或救护车进出），系侵夺或妨害甲的占有，而负有排除侵夺或妨害的义务（第 960 条、第 962 条）。甲拖吊乙的汽车，未受委任，无法律上的义务，并亦具有为他人管理事务的意思，得成立无因管理（第 172 条）。

②管理事务指管理事务的承担，是否利于本人系指客观利益而言，应斟酌一切与本人、管理人及事务的种类、性质等相关情事，客观上认定是否利于本人。至于其管理事务之结果是否确实有利于本人，尚非所问，以免管理人之权利取决于管理结果之成败，使无因管理制度之规范功能染上射幸色彩（2018 年台上字第 136 号）。至于本人是否认为有利，并非决定标准（2008 年台上字第 1543 号）。

拖吊汽车旨在免除停车者排除不法侵夺或妨害他人占有使用土地的义务（第 962 条），其管理事务依客观、合理、守法之人的观点言，应可认系有利于本人。

管理事务于本人无明示的意思时，是否符合其可推知的意思，此应就个案的一切情事，尤其是本人的利益加以认定。在一般情形，拖吊汽车不符当事人可推知的意思，但在具有危害汽车的情状，得认定符合可推知的意思，例如停车地点附近发生火灾，汽车有遭受损害的风险。

③结论：在认定甲拖吊乙的汽车，其无因管理利于本人，符合其明知或可推知的意思时，甲得向乙依"民法"第 176 条第 1 项规定请求偿还其所支出的拖吊费用。

（2）不正当（不适法）的无因管理："民法"第 172 条、第 177 条

①不正当（不适法）的无因管理，指管理事务的承担不利于本人，违

---

① 关于无因管理的法律构造及其解释适用，尤其是正当（适法）的无因管理与不正当（不适法）的无因管理的区别，参见王泽鉴：《债法原理》，北京大学出版社 2022 年重排版，第 398 页。

反本人明示或可推知的意思。在此情形，“民法”第 177 条第 1 项规定：“管理事务不合于前条之规定时，本人仍得享有因管理所得之利益，而本人所负前条第一项对于管理人之义务，以其所得之利益为限。”所谓“所得利益”，系指不当得利而言（参照《德国民法典》第 884 条之 1）。本人所受利益系免除其排除不法侵夺或妨害他人占有使用土地的义务，此项利益不能返还，应偿还其价额。问题在于此项价额如何计算？有认为系指管理人拖吊汽车的费用（客观基准），有认为系指本人因汽车被拖吊所节省的费用（主观基准，如节省的油费等）。[①] 前者利于管理人（土地所有人），后者较符合法律文义及体系，应以后说较值赞同。[②]

②“民法”第 176 条第 2 项规定，管理事务虽违反本人之意思，而本人之意思违反公共秩序善良风俗者，仍有“民法”第 176 条第 1 项规定的适用。公共秩序主要涉及人民的生命、健康、财产等。例如不法在他人土地停车于防火巷口或医院急诊室前，妨害消防车或救护车出入，致无法救火或送急诊病人就医等。在此情形，管理人仍得向不法停车者（本人）依“民法”第 176 条第 2 项规定请求拖吊费用。

2. 侵权行为

（1）“民法”第 184 条第 1 项前段

乙无权停车于甲所有（或租赁）的土地，或停车于停车位或停车场出入口前，妨害甲的货车或救护车进出，系因故意或过失不法侵害甲的所有权（或有权占有）。“民法”第 184 条第 1 项前段的规定尚包括有本权的占有（例如租赁）。甲得向乙依“民法”第 184 条第 1 项前段规定请求赔偿其所受损害。

（2）损害赔偿

①拖吊汽车的费用：甲得向乙依“民法”第 184 条第 1 项前段规定请求拖吊汽车的费用。此项损害系因乙违法停车，甲请人拖吊汽车，以排除甲土地所受侵夺或妨害，应肯定此项拖吊费用与权利被侵害具有责任范围的因果关系。

②其他得请求赔偿的损害：甲得向乙请求赔偿的，尚包括准备拖吊的

---

① JA 7/205, 534.

② Ermann/Buck-Heeb, § 818 Rn. 17 f.; Koppens seiner, NJW 1971, 1969, 1771; Kaiser, Wichtige zivilrechtliche Abschleppfälle im Assessorexamen, JA 2015, 534.

费用、土地所有人(或承租人)在他处停车所付的停车费,或使用出租车或公共运输所支出的费用等。在此等情形,均有损益相抵(第216条之1)及与有过失(第217条)等规定的适用。

③不得请求赔偿的损害:其不得请求的,例如设置监视器,盖此与排除或防范损害无关,不得归责于不法停车者。

**案例2:侵夺他人承租的土地**

(一)解题构造

为掌握案例事实而为法之适用,在较复杂(尤其是涉及二个以上当事人)的案例,应建立简明的解题构造,显现当事人间的基本法律关系,将案例事实加以法律概念化。兹提出案例2的解题构造:

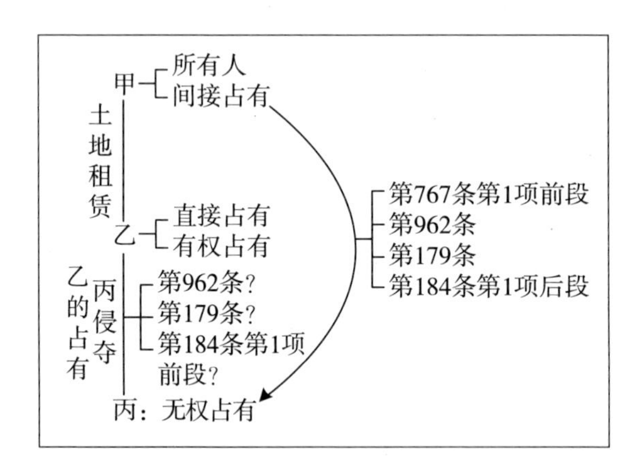


(二)解说

案例研习应采鉴定型体裁,即先提出请求权基础,再检查论证其是否具备请求权基础的要件。兹就案例2试作纲要式的解说(请参阅本书相关部分说明):

I 甲对丙:

1. "民法"第767条第1项前段?

(1)甲系土地所有人。

(2)丙无权占有。

甲得向丙依"民法"第767条第1项前段规定请求返还土地。

2. “民法”第962条?

(1)甲间接占有土地(第962条包括间接占有)。

(2)间接占有的侵夺应就直接占有认定之。丙自乙的直接占有侵夺土地,亦构成对甲间接占有的侵夺。

甲得向丙依“民法”第962条规定请求返还土地,交付于土地承租人乙。

3. “民法”第179条?

问题在于丙无权占有甲所有出租于乙的土地,是否构成侵害甲之权益的不当得利?此应予否定,盖甲已将物的占有使用收益移转于乙,甲对丙不得依“民法”第179条规定请求侵害权益的不当得利。

4. “民法”第184条第1项前段?

甲系土地所有人,丙无权占有土地,系侵害甲的所有权,造成损害的(如污染土地),甲得依“民法”第184条第1项前段规定向丙请求损害赔偿。

Ⅱ 乙对丙:

1. “民法”第962条?

(1)乙占有其自甲承租的土地系直接占有、有权占有。

(2)丙侵夺乙的占有。

乙得向丙依“民法”第962条规定请求返还占有的土地。

2. “民法”第179条?

(1)丙占有土地受有利益。

(2)丙侵害乙基于承租契约得占有使用收益土地的权利,致乙受损害。

(3)丙受利益无法律上原因。

乙得向丙依“民法”第179条规定请求侵害权益的不当得利。

3. “民法”第184条第1项前段?

(1)占有系一种事实,通说肯定基于一定法律关系的占有,得因而强化为一种应受保护、具排他性的权利。

(2)丙侵夺乙基于租赁契约而占有的土地,系故意不法侵害乙的权利。

乙得向丙依“民法”第184条第1项前段规定请求损害赔偿。

**案例3:无权占有的保护**

在案例3,甲有小货车出租于乙,丙盗用该车用于营业,其后丁又自丙处盗用该车。请比较案例2与案例3的异同。法律的任务在于明辨异同,此亦为法律人最基本的能力。案例3于此处不为解说,请自行研

究,始能更深刻理解,提供如下解题构造,以供参照:

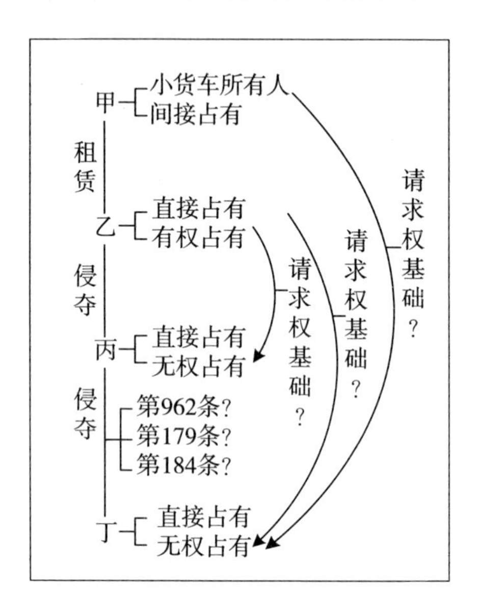


**案例4、5**

请参阅本书相关部分的说明,自行研究解答。

## 第八节 准占有①

1. 甲有乙银行的存单及印章,被丙所窃,交其受雇人丁冒领款项。(1)试问丙是否"占有"甲对乙银行的债权?(2)试说明甲、乙、丙间的法律关系。

2. 甲就其所有的A地设定通行不动产役权于B地所有人乙,乙将B地随同不动产役权出租于丙。(1)试问乙及丙是否"占有"该不动产役权?(2)甲或第三人设置障碍,妨害丙的通行时,丙得否以己力排除之?(3)设定不动产役权的法律行为无效时,其法律关系是

① 参见史尚宽:《物权法论》,第546页;谢在全:《民法物权论》(上),第577页;郑冠宇:《民法物权》,第765页;〔日〕舟桥谆一:《物权法》,第331页;〔日〕我妻荣/有泉亨:《物权法》,第331页; Gräfe, Die Lehre vom Rechtsbesitz in der Rechtsgeschichte der Neutzeit, Diss. Köln (1983); Krückmann, Die Ermächtigung und der Rechtsbesitz, in: Die Reichsgerichtspraxis im Deutschen Rechtsleben (1929), Ⅲ, 79 ff.; Pawlowsi, Der Rechtsbesitz im geltenden Sachen-und Immaterialgüterecht (1961).

否不同?

## 第一款 准占有的意义、沿革与功能

### 一、意义

占有,系指对物的事实上管领力,以物为客体。权利得否为占有的客体?"民法"采肯定的见解,第966条规定:"财产权,不因物之占有而成立者,行使其财产权之人,为准占有人。本章关于占有之规定,于前项准占有准用之。"此种以财产权为客体的占有,学说上称为准占有(Qusai-possession)或权利占有(Rechtsbesitz),其占有人称为准占有人。

### 二、沿革

权利得否为占有的客体,法制史上历经变迁。在罗马法,占有以物为限,惟对地役权设有例外。日耳曼法上的占有(Gewere)与权利具有密切关系,故其占有亦及于权利。1804年《法国民法典》扩大权利占有的概念,包括身份关系在内(第1985条以下、第2888条)。此种及于身份关系的占有,称为"身份占有",指仅外形有夫妻或父子关系时(如未结婚同居,私生子女),虽无结婚配偶或婚生的父子身份,亦认为其有夫妻或父子身份的效力。《德国民法典》制定时对应否规定权利占有,发生争议,最后认为权利占有不具实益,未设一般规定,仅承认地役权的准占有,而于第1029条规定:"土地所有人已将地役权登记于土地登记簿,土地占有人行使此项地役权而受妨害时,准用关于占有保护之规定,但以妨害发生前一年内曾为一次之行使者为限。"[①]《日本民法典》受《法国民法典》的影响,采概括主义,第205条规定:"本章之规定,于为自己意思而行使财产权之情形准用之。"[②]"民法"系仿日本民法而设准占有制度。

---

① 《德国民法典》物权部分起草人Johow在其所提草案第84条规定:"对于权利不得为占有。"(An Rechten finden Besitz nicht statt.)认为权利占有系属多余,殆无实益。参见Westermann/Gursky, Sachenrecht, I. S. 160; Wieling, Sachenrecht, I. S. 240. 关于《德国民法典》第1029条的批评,参见Heck, Sachenrecht, S. 59.

② 参见〔日〕舟桥谆一:《物权法》,第330页;〔日〕我妻荣/有泉亨:《物权法》,第502页;〔日〕广中俊雄:《物权法》,第357页。

### 三、立法目的及规范机能

占有制度旨在保护对于物之事实上管领,以维持社会的平和秩序。“民法”认为对权利的事实上支配关系,亦应纳入保护范围。立法理由谓:“查民律草案第 1316 条理由谓占有无体物(权利是也),应准占有有体物之例保护之。如占有地役权、抵押权等,不必占有某物,亦得行使权利之财产权是也。此本条所由设也。”

值得研究的是权利占有的规范机能。实务上最常见的,是债权准占有。“最高法院”1953 年台上字第 288 号判例谓:“财产权不因物之占有而成立者,行使其财产权之人为准占有人,债权乃不因物之占有而成立之财产权之一种,故行使债权人之权利者,即为债权之准占有人,此项准占有人,如非真正之债权人而为债务人所不知者,债务人对于其人所为之清偿,仍有清偿之效力,此通观‘民法’第 310 条第 2 款及第 966 条第 1 项之规定,极为明显。”由此规定,可知真正的债权人,固为准占有人,其非真正的债权人而行使债权人的权利时,如第三人持真正存折并在取款条上盖存款户真正印章向金融机关提取存款,亦属债权准占有人。除债权准占有,其他案例尚属罕见,权利占有制度的实益,仍待评估。

## 第二款　准占有的发生及消灭

### 一、准占有的发生

占有的发生,须以对于物有事实上管领力为要件。准占有的发生以对不因物之占有而成立的财产权,行使其财产权为要件。分述如下:

(一) 财产权

准占有之标的,限于财产权,不及于人格权及身份权。所谓财产权,包括物权、债权及知识产权。

(二) 不因物之占有而成立的财产权

准占有之标的,虽限于财产权,然亦须为不必占有其物,亦得行使权利的财产权,如不动产役权、抵押权、商标权、专利权、著作权或债权。就物之占有而成立的财产权,如所有权、地上权、农育权、典权、质权、留置权及租赁权等,因其既可借占有制度而受保护,无承认其为准占有的必要。

财产权之作为准占有标的,是否应以得继续行使为要件,颇有争论,解释上应采否定说。法律规定准占有,旨在保护外形的事实,以维护社会秩序,故在外观上足以认识该财产权系归属某人,即可成立准占有,一次清偿即归消灭的债权,虽不以继续给付为目的,亦得为准占有之标的。至于撤销权、解除权因系附随于债权契约或物权契约而存在的权利,而非独立的财产权,不能与其基本权利分离,而单独为准占有的标的。

(三) 财产权的行使

准占有以对财产权之行使为要件。所谓权利之行使,指实现权利内容的行为。就债权之行使而言,如债权人向债务人请求履行债务。就不动产役权之行使而言,在积极不动产役权,如通行供役不动产、设置汲水的管线;在消极不动产役权,如约定不得建筑横墙遮蔽窗户光线与空气之不动产役权[①],于供役不动产所有人不为横墙之建筑时,即可认为系对不动产役权之行使。

## 二、准占有的消灭

准占有以行使财产权为要件,因权利行使之事实的丧失而消灭。其权利行使事实之丧失,得基于准占有人的意思,如窃贼将其盗窃的存折及图章返还于债权人;亦得基于其他事由,如不动产役权的准占有因不动产役权被涂销登记而消灭。

# 第三款 准占有的效力

## 一、关于占有规定的准用

准占有的效力,系准用关于占有的规定(第966条第2项),除其性质不兼容者外,占有的规定,皆可准用,如占有状态(占有辅助人、直接占有、间接占有)、事实的推定、权利的推定及占有的保护。关于动产善意取得的规定,因系以动产的占有为要件,无准用余地。准占有除准用关于占有

---

① 最高法院1943年上字第1527号判例:“不得建筑横墙遮蔽窗户光线与空气之地役权,虽系继续而不表见,汲水地役权之行使,以地役权人每次之行为为必要,虽系表见而不继续,均与民法第852条所定地役权因时效而取得之要件不合。”不得建筑横墙遮蔽窗户光线与空气之地役权,系消极地役权;汲水地役权,则为积极地役权。

的规定外,尚有二种效力:

1. 对于债权之准占有人,善意所为的清偿,有清偿的效力(第310条第2款)。

2. 准占有之标的如为继续行使之权利,得发生所有权以外财产权的时效取得(第772条)。

## 二、债权的准占有

债权系属财产权,不因物之占有而成立,得为准占有之标的,虽非债权人,事实上行使债权者,亦为债权准占有人,如表见继承人、债权证书的持有人、债权让与无效的受让人。兹举一例加以说明。甲有乙银行的存单及印章,被丙所窃,交其受雇人丁冒领款项。在此情形,丙行使甲对乙银行的债权,为债权准占有人,并为无权占有,丁为丙的受雇人,受丙的指示,而为债权的行使,系属丙的占有辅助人。丙凭真正之存单及印章由其占有辅助人丁冒领款项,乙银行不知其非债权人者,依“民法”第310条第2款规定,银行得对存款户主张有清偿之效力,存款户不得请求返还同一数额之金钱,银行不负侵权行为或债务不履行之损害赔偿责任。倘乙银行明知丙非债权人,对甲不生清偿之效力。存款户得行使寄托物返还请求权,请求乙银行履行债务,在此情形亦不发生侵权行为或债务不履行之问题(案例1)。

## 三、不动产役权的准占有

不动产役权系属财产权,不因物之占有而成立,得为准占有之标的,罗马法及德国法虽不承认权利占有,但皆例外肯定地役权(不动产役权)的准占有。兹举一例加以说明。甲就其所有的A地,设定通行不动产役权于B地的所有人乙,乙将B地出租于丙,其后发现不动产役权的设定行为无效。甲乃以不动产役权设定无效,阻丙通行,并擅自拆除丙因行使权利而为的设置。在此情形,关于不动产役权准占有的效力,分五点言之:

1. 不动产役权准占有的成立,以不动产役权经登记为要件,惟不动产役权是否存在,在所不问,故不动产役权的设定行为虽属无效,对不动产役权的准占有不因此而受影响。

2. 乙先就不动产役权取得准占有,再将B地出租于丙时,其对不动产役权的准占有随同移转,于乙、丙间成立占有媒介关系,丙为直接准占有人,乙为间接准占有人,均属无权准占有。

3. 不动产役权系不因物的占有而成立,但为行使不动产役权,其准占有人得为设置,如架设便桥。在此情形,就该设置之物得成立占有,适用关于占有的规定。

4. 甲擅自拆除丙为行使不动产役权而设置的便桥,系侵夺丙的占有,丙得行使自力救济权(第 960 条),或主张占有保护请求权(第 962 条)。甲阻止或妨碍丙之通行,系侵夺或妨害丙对不动产役权的准占有,丙得以己力防御之(准用第 960 条)。由此可知,准占有制度亦具有维护社会平和秩序的机能。

5. 甲依法诉请涂销不动产役权的登记时,乙与丙对不动产役权的准占有归于消灭。

# 主要参考书目


## 一、中文书籍

史尚宽:《民法物权》,1987 年版。
吴光明:《新物权法论》,2009 年版。
李光夏:《民法物权新论》,1955 年版。
李肇伟:《民法物权》,1962 年版。
姚瑞光:《民法物权论》,1999 年版。
倪江表:《民法物权论》,1954 年版。
张企泰:《中国民法物权论》,1948 年版。
曹杰:《中国民法物权论》,1964 年版。
梅仲协:《民法要义》,1954 年版。
陈荣传:《民法物权实用要义》,2014 年版。
黄右昌:《民法物权诠解》,1972 年版。
黄栋培:《民法物权论》,1968 年版。
杨与龄:《民法物权》,1985 年版。
刘志敭:《民法物权》(上卷),1948 年版。
郑玉波著、黄宗乐修订:《民法物权》,2012 年版。
郑冠宇:《民法物权》,2022 年版。
谢在全:《民法物权论》(上、下),2020 年版。
谢哲胜:《民法物权》,2012 年版。
苏永钦主编:《民法物权争议问题研究》,1999 年版。

## 二、日文书籍

铃木禄弥:《物权法讲义》(二订版),1959 年版。

舟桥谆一:《物权法》,1960 年版。
广中俊雄:《物权法》(第二版增补),1982 年版。
我妻荣著、有泉亨补订:《新订物权法》(民法讲义Ⅱ),1983 年版。
川井健:《物权法》,1985 年版。
田中整尔编:《物权法》,1986 年版。
高岛平藏:《物权法制の基础理论》,1986 年版。
鹰岛信孝:《物权变动の法理的检讨》,1994 年版。

## 三、德文书籍

### (一) 教科书

Baur/Stürner, Lehrbuch des Sachenrechts, 18. Aufl., 2009.
Brehm/Berger, Sachenrecht, 3. Aufl., 2014.
Eichler, Institutionen des Sachenrechts, 1954-1960.
Heck, Grundiss des Sachenrechts, 1930.
Medicus/Petersen, Bürgerliches Recht, 27. Aufl., 2019.
Müller, Sachenrecht, 2. Aufl., 1989.
Müller/Gruber, Sachenrecht, 2016.
Prütting, Sachenrecht, 37. Aufl., 2020.
Schwab/Prütting, Sachenrecht, 29. Aufl., 2000.
Vieweg/Lorz, Sachenrecht, 9. Aufl., 2022.
Westermann, Sachenrecht, 8. Aufl., 2011 (Bearbeiter: H. P. Westermann, Gursky, Eickmann).
Wieling, Sachenrecht, Bd. I, 1990.
Wieling/Finkenauer, Sachenrecht, 6. Aufl., 2020.
Wilhelm, Sachenrecht, 2. Aufl., 2001.
Wolf, Lehrbuch des Sachenrechts, 2. Aufl., 1979.
Wolf, Sachenrecht, 14. Aufl., 1997.
Wolff/Raiser, Sachenrecht, 10. Aufl., 1957.

### (二) 德国民法注释书(Kommentare)

Erman, Hankommentar zum BGB, 11. Aufl., 2008.
Jauernig, Bürgerliches Gesetzbuch mit Erläuterungen, 10. Aufl., 2003.

Münchener Kommentar zum Bürgerlichen Gesetzbuch, 4. Aufl., 2001.
Palandt, Bürgerliches Gesetzbuch, 67. Aufl., 2008.
Staudinger, Kommentar zum Bürgerlichen Gesetzbuch, 13. Aufl., 1999-2002.

# 索　引

六画



七画



八画



九画

## 十画



## 十一画



## 十二画